LIBERTY'S EXILES

AMERICAN LOYALISTS
IN THE
REVOLUTIONARY WORLD

by
MAYA JASANOFF

新世界的流亡者

美國獨立戰爭中的輸家，如何促成大英帝國重拾霸權

瑪雅・加薩諾夫[著]
馬睿[譯]

貓頭鷹書房 460

新世界的流亡者

美國獨立戰爭中的輸家，如何促成大英帝國重拾霸權

LIBERTY'S EXILES

American loyalists in the revolutionary world

瑪雅．加薩諾夫◎著

馬睿◎譯

貓頭鷹

專業好評

美國獨立戰爭中，以華盛頓為首的「愛國派」向來吸引眾人目光，因為他們扮演「贏家」的角色。本書突破傳統框架，以戰敗的「效忠派」為焦點，深入描繪這群「輸家」戰後撤離美國、轉進他鄉以及最終返回英國的漫長過程，並論證英國雖為「輸家」，但先前在美國的失敗經驗，卻成為日後蛻變成強權帝國的主要基礎。本書不但翻轉了「成王敗寇」以及「歷史由勝利者書寫」的傳統說法，更是一本感受「大歷史」、「全球史觀」精髓的絕佳好書。

——盧令北／東吳大學歷史系副教授

在高中新課綱世界史的專題脈絡下，關於「美國獨立」的相關歷史，會分別放在第三冊「民主的形成與挑戰」單元及稍後的「西方對美、非兩洲的開發與掠奪」單元，因篇幅的限制，對於這段歷史的敘事及評價，難免無法兼顧各方角度及觀點，還好貓頭鷹出版社此刻適時出版《新世界的流亡者》一書，對於獨立戰爭中支持英國的白人、黑人與印第安人的後續故事、遭遇等，做出以往少有的平衡研究，沒想到這群被主流歷史論述忽視的人群，在五大洲英國殖民地之移動發展，卻成為大英帝國在下個世紀繼續稱霸的力量。閱讀這本佳作，將更能體會關注「人群的移動」與強調「多元觀點」在歷史教育上的重要。

——陳正宜／台北市立南湖高中歷史教師

過往評價歷史人物時，總以成敗論英雄，而十八世紀後期發生的美國獨立戰爭，歷史的紀錄總標誌著華盛頓與十三州人民脫離英國殖民的勝利，象徵自由、獨立的可貴與精神，但隱藏在歷史表象背後，往往不見得都那麼光鮮亮麗。瑪雅．加薩諾夫的新書《新世界的流亡者：美國獨立戰爭中的輸家，如何促成大英帝國重拾霸權》，則是從這些少為人知的視角出發，重新檢視美國獨立戰爭中支持英軍而被忽略的一方。學習歷史應多視角的觀察，並能設身處地理解敵對雙方的立場，才不至於偏頗失真，作者透過「難民」、「殖民者」、「臣民」等三方視角，來讓讀者較全面的重新認識美國獨立後的那段英、美歷史，確實值得推薦。

本書作為作者「帝國移民三部曲」之一，講述著藉由人群的移動，使現代全球化逐漸成形的過程。此與一〇八年高中歷史課綱中提及的「人群的移動與交流」、「移民與殖民」等主題相關，亦適合中學教師備課與學生文本閱讀訓練之用。

——王偲宇／國立員林高中歷史科教師

國際讚譽

一部立意新巧、研究深入、文筆優美的史書。

——《紐約時報書評》

這本書研究精深、書寫流暢，帶給讀者很多啟發……加薩諾夫為「效忠派」書寫了一篇恰如其分的頌詞。

——安德魯・羅伯茨，《每日野獸》

精采的敘事……加薩諾夫的驚人成就在於她能吸引讀者，讓他們帶著同情的興趣去關注革命失敗者的艱辛歷程。

——《波士頓環球報》

充滿靈氣和趣味……（加薩諾夫）用自己出色的史學天賦書寫了數萬名效忠派被迫從北美殖

民地出走的經歷，那裡已經變成了美國。……她的這本著作鉤深索隱，長處之一就是她能夠極為精準動人地再現某些效忠派難民的故事。

——戈登．S．伍德，《紐約書評》

一部有趣、有意義且文筆優美的研究著作，任何人如果認為美國的建國歷程可以毫無含糊地定義為自由和公正擺脫了暴政和壓迫之枷鎖，都應該讀一讀這本書。

——《西雅圖時報》

失敗者鮮有機會撰寫歷史，但北美效忠派總算有了自己的歷史學家瑪雅．加薩諾夫。這本書不僅寫了他們在獨立戰爭期間辛酸乃至悲慘的命運，還寫了效忠派大流散，六萬多黑人和白人男女流散到加拿大、加勒比地區、非洲和印度的經歷。從未有人講述過這個故事，且聽加薩諾夫用她不同尋常的優雅風格娓娓道來。

——約瑟．J．艾理斯，《那一代：可敬的開國元勛》作者

由勝利者撰寫美國歷史、且歷史中僅有勝利者出場的日子早就一去不返了。但這樣一部與美國革命為敵並最終戰敗的效忠派的歷史，還是讓我們等了太久。瑪雅．加薩諾夫不僅讓他們擺脫了後人的傲慢俯視，更讓他們鮮活立體地躍現於紙上。本書對革命年代種種事件的闡釋充滿才華

和啟迪，在過去三十年出版的書籍中，鮮有其比。這不僅是一部堪比琳達．科利的《英國人》的一流學術著作，還是一部感人至深的傑作，它實現了歷史學家最難實現的抱負：讓過往的經歷重獲新生。

——尼爾．弗格森，《帝國：大英世界秩序興衰以及給世界強權的啟示》作者

《新世界的流亡者》這本書無論眼界還是立意，所涉之廣還是研究之深，求真精神還是誘人氣派——甫一開始就顛覆了所有毫無異議的假設——直可媲美琳達．科利或年輕時的西蒙．沙瑪。事實上，瑪雅．加薩諾夫不僅是一位出色的作家、勤奮的研究人員和優秀的歷史學家，她還是一個天才。

——威廉．達爾林普爾，《最後的蒙兀兒：一個王朝的覆滅：德里，一八五七》作者

瑪雅．加薩諾夫的《新世界的流亡者》從全新的視角再現了效忠派的經歷和美國革命的餘波。除了一七七六年精神外，亞桑諾夫還再現了致力於重建無敵大英帝國的一七八三年精神，隨後又對效忠派在該重建中所起的複雜作用進行了極富魅力的重新解讀。她這本析毫剖釐的著述寫得優美動人，以最幽微的筆觸修訂了我們所知的歷史，也奠定了她躋身於新一代優秀歷史學家的地位。

——肖恩．威蘭茨，《美國民主的興起》作者

推薦序

歷史是勝利者的證言？
——以閱讀與敘事角度來看《新世界的流亡者》

莊德仁

打破以偏概全的刻板印象

在本書第一章中，作者用她生動的筆觸，描述不太受到關注的歷史角落。「當天，在喜氣洋洋的紐約民眾中間，還夾雜著一些不那麼開心的面孔。對於效忠派，也就是在獨立戰爭期間支持英國的殖民者而言，英軍的撤離令他們愁腸百轉，而非興高采烈。」這是描寫美國獨立成功後，英國勢力撤離北美殖民地，北美住民中親英派的心情。熟讀臺灣史的讀者很容易想到當二戰結束，臺籍青年辜振甫等人試圖利用當時在台的二十多萬日軍，跟駐台日軍中的主戰派擬定「台灣自治方案」以拒絕國民政府接收臺灣一事。的確，歷史往往是為勝利者服務，勝利者運用強大的宣傳資源，讓關於過去的紀錄趨向於有利自己統治正當性的描述。加上有關過去場景已被破壞，許多紀錄需潛心於故紙堆中爬梳方能水落石出。過去的景象往往對於後代讀者而言，僅是種以偏概全的刻板印象罷了！

本書的副標題「美國獨立戰爭中的輸家，如何促成大英帝國重拾霸權」。作者或許「天生反骨」試圖將歷史學家的慧眼作為探照燈，帶領讀者一同前往那段刻意被忽略，在美國獨立成功後那群「失敗者」為祖國的努力。一開始，作者想要告訴讀者幾個觀念：美國獨立並非如同教科書所言般地「順天應人」，英國失去北美殖民地後，隨即創建日不落國的帝國榮光，這個偉業正是那群不認同美國獨立的北美「失敗者」協力下的成果。作者讓讀者反思：若歷史是為勝利者服務，這段非凡的歷史在十九世紀大英帝國旗幟飄揚全世界時，會如何記錄？如今美國已為世界霸權，又該如何看待這段歷史呢？

深度閱讀的建議

美國史丹佛大學教授山姆．溫伯格（Sam Wineburg）鼓吹「像歷史學家一般閱讀」，建議讀者不要全然接受眼前文本提供的訊息，而是要一邊閱讀，一邊發問「說了什麼？」、「對誰說？」、「為什麼要這麼說？」這類的問題。

作者發現這群「失敗者」往往被冠上「托利黨」的保守形象，這群大約占美國殖民者人數五分之一到三分之一之間的「龐大」人群，他們雖然都對國王效忠，但對於為何要離開美國並非充滿一致性。這些人並非都是白人還包括兩萬名黑奴，絕大多數難民非至英國，而是直奔其他英屬殖民地，接受了免費土地、物品和補給品等獎勵措施。這些效忠派的足跡遍及大英帝國的各個角落。且效忠派難民們因為經歷過獨立戰爭，他們堅決抵制帝國自上而下的無理統治，正是他們的抵抗開展出大英帝國在皇權體制下與平衡資產階級利益的有限自由模式。故建議讀者在閱讀作者「說了什麼？」之外，更可從作者在滿足當前「全球化」架構下的不同讀者受眾之需求下，所想要呈現「後獨立戰爭的新視野」。

神入概念下的敘事策略

學者指出「發生在一個時間和空間架構下之事件的一系列因果關係」，此可視作最簡單扼要的敘事定義。作者要讓讀者更能感同深受當時「失敗者」的選擇，她以第三者角度，非常「客觀」精確地描述每位主角的時空脈絡以呈現他們的內心感受。像第一章故事，一七七五年夏天來到美國的二十五歲湯瑪斯．布朗，他帶著七十四位契約傭僕在喬治亞省奧古斯塔，花了九個月時間，建立起欣欣向榮的五千六百英畝（二千二百公頃）莊園。

當一七七五年四月起英國和北美軍隊在波士頓郊外交火後，布朗的莊園最近的大城市紛紛加入戰局，且要求布朗和他的鄰居們也要加入，作者用神入的筆觸，讓讀者看到布朗的想法：「他的土地和地位都要仰仗喬治亞省總督的保護，他還擔任了一個地方治安官的公職。何況他覺得，面對大英帝國全副武裝的軍隊，這個外省叛亂獲勝的可能性微乎其微。」讀者在理解布朗的考量後，應該很清楚他／她為什麼會選擇「拒絕」革命的原因。

新時代的歷史教育

在搜尋引擎普及的當下，歷史教育不應僅是告訴學生很多過去的事，而是讓學生在可以發現過去的不同面貌下，看到不同歷史人物在重要時刻的差異化選擇，更神入理解此選擇下的艱難。這種理解並非是同情與支持，而是營造優質公民社會民主對話環境的重要基礎。

莊德仁　台北市立建國高中歷史教師、台灣師範大學歷史所博士。

導讀

效忠派的美麗與哀愁

——美國獨立革命一個有血有肉但鮮為人知的後坐力

馮卓健

在美國攻讀博士班的生活壓力相當大，排解壓力的方式之一就是看點輕鬆的喜劇，而我最喜歡看的美國喜劇之一就是《生活大爆炸》（*The Big Bang Theory*）。第一季中有一集，男主角謝爾頓參加鄰居佩妮的萬聖節晚會時，穿上一件衣服裝扮成都卜勒效應（Doppler Effect）。劇中用一個簡單的說法來說明都卜勒效應：隨著觀察者的位子不同而會獲得不同的觀察結果。這樣的效應也適用於對歷史事件的觀察，特別是美國獨立革命：當我們從不同角度來看美國革命，我們會觀察到不同的美國革命。

效忠派與美國革命

一般人對美國革命的印象不外乎是以華盛頓、亞當斯和傑佛遜等人為首的愛國者（Patriots）

在政治和軍事上領導大陸軍擊敗英國軍隊，迫使英國承認北美十三州的獨立。而這場獨立運動的起源則大多歸因於啟蒙時代以來政治思想的發展，以及英國殖民地政策的改變。然而，即使英國的北美殖民地的人民深受啟蒙政治思想的影響，而主張自己的權利和自由，英國殖民地政策的改變，特別是對美洲殖民地的課稅，也不必然會使抗議活動轉變成獨立運動。因為在同一時期，在同一地點，也有著另外一群人同樣深受啟蒙思潮的影響，同樣反對英國國會對美洲的課稅，但是走向了另外一條不一樣的路。那就是這些效忠派（Loyalists）。這些效忠派的人士儘管反對英國國會對美洲的課稅，但是也反對革命人士所採取的激進手段，他們希望殖民地與英國可以達成和解。當愛國者宣布獨立時，這些效忠派不願見到社會的秩序被顛覆，而決定保持他們對英國國王的忠誠，以維護一個長治久安的帝國。愛國者往往指責這些效忠派為保守守舊，並且認為他們選擇支持英國也就是侵犯了殖民地人民的自由。然而對這些效忠派而言，真正的自由必須在一個穩定的社會秩序中被維護，愛國者的叛逆行為才是破壞了英國北美殖民地的自由。

美國獨立戰爭不僅是殖民母國與殖民地的戰爭，也是北美殖民地的一場內戰。美國的大陸軍除了面對英軍以及黑森傭兵外，也同時在與效忠派組成的軍團作戰。經過殘酷的戰爭，效忠派與愛國者之間的對立除了在理念上外，更被暴力、死亡、仇恨而更加深化了。在戰爭結束之後，有些效忠派得以留在家鄉，成為新成立的美國的國民。其他效忠派主動或被迫遠走他鄉，邁向未知的未來，這些效忠派的遭遇反映了美國獨立革命的另外一面。然而在眾多美國革命的歷史書寫中，這些效忠派在歷史的後見之明下往往淪為美國革命英雄史觀敘述下的配角。在這本書中，效忠派翻身成為瑪雅．加薩諾夫（Maya Jasanoff）故事中的主角。加薩諾夫將效忠派的故事放在獨立戰爭後大西洋世界甚至於整個大英帝國的脈絡中，藉由描述效忠派中包含美洲原住民、非裔美洲人，以及白人等等不同族群在獨立戰爭後力求生存的奮鬥故事，將效忠派的企圖、掙扎、哀傷、無奈等經歷描述得相當動人，讓讀者看到這些美國革命中的失敗者如何在失去家園後在大英帝國的世界中安身立命。

從效忠派的出發點來觀察，加薩諾夫認為是以一種全新的方式來審視這場革命的國際影響。傳統上會以「一七七六年精神」來探索美國革命的理念及成果如何實踐了啟蒙以來的政治理論，並啟發了後來其他的殖民地的獨立運動。然而，藉由探索效忠派的蹤跡，加薩諾夫展示了美國革命在世界上留下的印記不僅是在美國這個新的共和國上，也在當時正持續擴展中的大英帝國上，特別是文化與政治上的影響。藉此，她提出「一七八三年精神」以與「一七七六年精神」對比。美國在革命後最終成立一個立憲的民主共和國，而大英帝國為了對抗「一七七六年精神」則以開明立憲的模式加速發展。她的「一七八三年精神」包含三個元素，首先是大英帝國的領土擴張，而效忠派成為帝國擴張的代理人與擁護者。其次，大英帝國致力於自由和人道主義的理想，深化了帝國將所有各種族群跟信仰的臣民納入英國權利體系的承諾。這一點反映在英國政府如何看待他們對效忠派的承諾，以及如何對待這些為了效忠而一無所有的政治難民，如何協助他們立足於帝國的其他地區，甚至扮演重要的政治角色，包含印第安人以及曾經身為奴隸的非裔美洲人。與此同時的第三個元素則是大英帝國強化了行政上的控制，更加傾向中央集權式的階級政府。

一七八三年精神

「一七八三年精神」的這三個元素都分別有其複雜性，彼此之間在乍看之下甚至有些衝突。藉由討論魯賓遜、約翰斯頓等白人效忠派家族的故事，像大衛．喬治和喬治．利勒這樣的被解放的奴隸的故事，像約瑟．布蘭特這樣印第安人領袖的故事，以及像鄧莫爾勛爵跟卡爾頓男爵這樣的英國北美殖民地的官員的故事，加薩諾夫在本書中探究了這些複雜與衝突。大英帝國為了對美國革命的理念做出回應，確實著重於賦予殖民地人民更多的權利，以確保他們的忠誠。然而他們並不是以「民主」的模式來一視同仁地分配這些政治權利，而是將權利集中在受過教育的仕紳和地主階級手上，以穩定社會秩序和政治發展。另一方面，英國政府認為他們對這些在獨立戰爭中支持英國的非裔前奴隸有道義上的責任，因此也努力地維持他們的生計。然而在對這些前奴隸進行人道援助的同時，儘管英國普遍認為奴隸制度是不道德的，整個社會仍然對這些深色皮膚的人帶著種族的偏見，於是最終仍然認定他們沒有在英國本土謀生的能力，而啟動了獅子山殖民計畫。所以，英國確實是努力實現自由與人道的理念，但並不是以現代所理解的方式，而是以一個符合當時特定的文化脈絡的方式，也因此這個理念跟實踐之間有著千絲萬縷的複雜關係。但作者相當成功地從當事人的角度出發，帶領讀者去思索他們各自不同的立場跟觀點，讓讀者可以感受到當事人的矛盾與衝突。

這些效忠派在美國革命時認為愛國者的行動與理念過激，而且由於他們堅持保持與英國的關係，維持對英國國王的忠誠，他們起而反對愛國者的革命。在戰爭過後，他們帶著在北美殖民地自治的政治傳統前往大英帝國的各個角落，將自由的思想，以及作為英國臣民的權利主張也帶到了他們所前往的每個地方。然而另一方面，英國受到美國革命的影響，他們得到的教訓是「北美殖民地太過自由了」，因此他們決定在企圖讓人民感覺到他們的善意的同時，也要緊縮殖民地的政治權利。這樣的理念跟做法和效忠派的自由與自治的理念，以及對權利的主張產生了衝突。前往加勒比海的效忠派，以及前往加拿大的效忠派，忽然變得更像是美國革命前的愛國者了。與此同時，在美國取得政權的愛國者們，看到一個缺乏強力中央政府的各州鬆散的聯邦正搖搖欲墜，因而在一七八七年的夏天聚在一起重新編寫了他們的憲法。這部憲法將政權維持在菁英的掌握中，建立一個中央政府，以一個強有力的總統為行政部門之首，重新強調了法律與秩序。這些愛國者們，看起來更像是革命前的效忠派。

從《新世界的流亡者》看今日的台灣

這本書談的是十八世紀晚期到十九世紀中葉的大英帝國，在學術上是一本頗負盛名的專業之作，美國歷史學會甫卸任的主席瑪麗・貝絲・諾頓（Mary Beth Norton）也曾在學術期刊上發表對這本書的書評，認為這本書在美國近年新的一波效忠派研究中是非常出色也十分重要的著作。諾頓本人也是美國革命以及美國早期共和史的大師級學者，著作等身，而她取得博士學位後的第一本書就是寫流亡到英國的效忠派的歷史。因此她對於加薩諾夫本書的讚美更顯珍貴。這本書除了高度的學術價值外，書中的內容也可以帶給我們今日的台灣讀者一些反思的空間。我希望可以在這裡提供一些思考的方向。

今日的台灣有許多人在對文化母國（主要是中國）與自己的在地認同（台灣）這兩種認同之間掙扎。這種掙扎的複雜性在於這兩種認同不必然是互斥的，就像效忠派的英國認同與美洲認同並不必然是矛盾的，而是可以並存的。在美國革命之前，一般的美洲人民都認為自己既是英國人也是美洲人。例如，湯瑪斯．傑佛遜在起草《獨立宣言》前幾個月也曾寫信給他的好友表示他是最不希望跟英國分離的人。然而當與英國政府的對抗升級了，最後多數人都被迫做出選擇，在書中加薩諾夫也描述了一些人的例子。即使這些效忠派選擇效忠英國也不表示他們對美洲缺乏認同，書中提及效忠派的一個文膽查爾斯．英格利斯在戰後本來希望可以留下，但他向紐約新政府提出的申請被拒絕了，他只好離開紐約。對這些效忠派而言，美洲是他們的家，他們跟愛國者的區別在於他們對於應該怎麼管理這個家有不同的主張。加薩諾夫沒有提到的是，英格利斯在給一個紐約愛國者的信中甚至寫到如果他獲准留下，他願意效忠新的國家。當然，正如這本書中所呈現的，效忠派是一個很複雜的群體，所以並不是每個效忠派都跟英格利斯有同樣的想法，但他們當中許多人對美洲這塊土地有很深的認同。所以在閱讀效忠派的經歷時，看到他們對英國的情懷以及對英王的忠誠，我們也可以想想在台灣這塊土地上許多人對中國文化的情感。如果你是屬於抗拒對中國文化認同的人，或許可以思考這樣的情懷是不是完全排他性的，還是類似這些效忠派的情況，是可以有多種認同在不同層次上並存？這樣的思考可以有助於讓持有不同認同的人互相理解而能進一步地在公共領域溝通。

然而另一方面，前往英國的效忠派，在英國遇到相當大的文化衝擊，發現英國不是他們想像中的母國，因為英國畢竟不是他們的家。許多人流落到英國後即使獲得了賠償，仍然落落寡歡，也有許多人再次離開英國重新踏上旅程前往英國在美洲的其他殖民地。例如前述的英格利斯離開紐約後在陰錯陽差之下無法前往新斯科舍，而只能來到英國，但後來在他力爭之下他還是前往新斯科舍擔任英國國教的主教。在加薩諾夫的書中不乏這樣的例子，儘管視英國為他們的母國也是他們的政治效忠對象，但實際到達帝國核心地區卻發現格格不入難以適應。像這樣與母國文化的衝突也值得台灣讀者思考。文化認同涉及一種共同體的想像，在想像與現實碰撞之後，現實往往不是深化了這個共同體的想像就是讓這個認同想像產生根本上的變化。對台灣持著各種認同想像的人，無論認同自己是中國人、台灣人，抑或是原住民或其他文化，除了去思索自己的認同經驗，也可以去理解他人的認同經驗。

效忠派的故事告訴我們，正如同今天世界各國政治錯綜複雜的派系鬥爭，美國在塑造其國家的共和傳統的過程中也有許多不同的聲音。當西方民主價值在全球遭遇前所未有的挑戰的今日，人們開始反思其長期以來被當作理所當然的優越性。因此，認識和思考這個西方建立民主共和傳統的關鍵時刻顯得更為重要。美國革命與今日的台灣有著不同的時空背景，但愛國者對自由和民主的主張，效忠派對秩序和傳統的堅持，美國與英國難以切割的文化與情感上的聯繫，這些都跟今日台灣的一些現象有著驚人的相似性。尤其愛國者雖然在革命時期在論述上偏重自由，而效忠派的論述則偏重秩序，然而雖然愛國者跟效忠派對自由有不同的定義，但在他們的論述中均各自提出了自由的主張。另一方面，愛國者中的菁英對於社會失序同樣憂心忡忡。因此，愛國者和效忠派雖然最後做出截然不同的政治選擇，但他們思想的距離其實沒有那麼遙遠，是政治情勢激化了雙方在輿論上的極端與對立。這可能也是為什麼許多愛國者跟效忠派在革命前往往是關係密切的朋友，而革命後也保持書信往來，甚至化敵為友，許多本書末提及的，那些留在美國的效忠派也終究得以再融入新的政治體系。在我們閱讀十八世紀末到十九世紀中的效忠派的故事時，如果可以好好思考書中人物的經歷，反思今日台灣各種意識形態的衝突與主張，或許透過將自己抽離出當下所處的情境脈絡，以更客觀的眼光來看待兩百多年前的美國革命，特別是加上這個從效忠派出發的視野，我們就可能以更宏觀的視野來看待我們所處時代的眾聲喧譁。

歷史，往往能讓我們認識與我們生活經驗截然不同的人，了解他們的經驗可以讓我們走出我們的同溫層，去理解我們本身之外的更為廣闊的世界。加薩諾夫的《新世界的流亡者》向我們介紹了一群在美國歷史上往往不是被忽略就是被視為叛徒的人，而我們讀者也可以藉由去認識這些人的故事，來尋求理解在我們的周圍，那些與我們不盡相同的人。

馮卓健　美國聖路易大學美國史博士。博士論文以紐約的效忠派為主題，就讀博士班期間多次在美國學術會議上發表論文。曾受邀前往羅伯特史密斯國際傑佛遜研究中心以及美國哲學學會擔任訪問學者。會議論文曾在密蘇里歷史協會年會上獲得最佳學生論文獎。

謹以此書紀念卡瑪拉·森（一九一四至二〇〇五）

和

伊蒂絲·加薩諾夫（一九一三至二〇〇七），

他們是移居海外的僑民，也是說故事的人。

新世界的流亡者：美國獨立戰爭中的輸家，如何促成大英帝國重拾霸權　目次

第二部　殖民者

第三部　臣民

人物介紹（按在本書中出現的順序）

貝弗利·魯賓遜及家人

貝弗利·魯賓遜（一七二二至一七九二）生於維吉尼亞，一七四八年移居紐約，娶了富有的女繼承人蘇珊娜·菲力浦斯。他在一七七七年出資籌建了皇家美洲軍團。紐約撤離後，魯賓遜定居英格蘭，直到一七九二年去世。他的遺孀和兩個女兒，蘇珊和瓊安娜，也在英格蘭度過餘生。他的五個兒子分別在大英帝國各處建功立業。長子小貝弗利·魯賓遜（一七五四至一八一六）曾擔任皇家美洲軍團陸軍中校，一七八七年定居弗雷德里克頓城外，成為新不倫瑞克省菁英階層的一員。次子弗雷德里克·菲力浦斯·「菲爾」·魯賓遜（一七六三至一八五二）是職業軍人，也是半島戰爭*和一八一二年戰爭中功勳卓著的將軍，並因此獲封爵位。魯賓遜將軍去世時，是英軍中的「祖父」，是英國軍隊有史以來服役時間最長的軍官。幼子威廉·亨利·魯賓遜（一七六五至一八三六）憑藉著在英軍軍需處的出色表現，也同樣獲封爵位。他娶了凱薩琳·斯金納為妻，她是效忠派將軍科特蘭·斯金納之女，也是瑪麗亞·斯金納·紐金特的姊姊。

約瑟·布蘭特（一七四三至一八〇七）

莫霍克印第安人約瑟·布蘭特（莫霍克族名泰因德尼加），在他還是殖民地紐約的一名少年時，就得到了英國印第安人事務督察專員威廉·詹森爵士的資助，後者娶了布蘭特的姊姊莫莉（約一七三六至一七九六）為妻。布蘭特在康涅狄格州惠洛克的印第安人學校接受教育，後來為英國出戰，參加了「七年戰爭」[†]和皮蒂亞克戰爭[‡]。美國革命期間，約瑟和莫莉·布蘭特幫助招募易洛魁人加入英國一方。一七八三年，布蘭特提議無家可歸的莫霍克人在加拿大安家。在自己位於格蘭德河（如今安大略省的布蘭特福德）的新家，他試圖重新統一被加美邊境分離的易洛魁族人，建立一個新印第安人聯盟，並向西擴張。他曾於一七七五年和一七八五年兩度訪英，為莫霍克人提出領土要求；但隨著一七九〇年代走近尾聲，他與英國殖民地官員的分歧日益擴大，建立西部聯盟的希望也化為泡影。他於一八〇七年去世，葬在布蘭特福德的莫霍克教堂之側。

伊莉莎白·利希滕斯坦·約翰斯頓（一七六四至一八四八）

伊莉莎白·約翰斯頓半生顛沛流離。她是獨生女，十歲喪母，革命之初，父親約翰·利希滕斯坦在保皇軍中作戰，她過著與世隔絕的生活。一七七九年，她嫁給了威廉·馬丁·約翰斯頓（一七五四至一八〇七），這位效忠派陸軍上尉曾就讀醫學院，是著名的喬治亞效忠派路易士·約翰斯頓醫生的兒子。約翰斯頓隨英軍從薩凡納、查爾斯頓和東佛羅里達撤離，於一七八四年定居愛丁堡。一七八六年，約翰斯頓一家移居牙買加，威廉在那裡行醫為業。約翰斯頓在牙買加的歲月過得非常艱難；她於一七九六年到一八〇二年回到愛丁堡，一八〇六年移居新斯科舍。一八〇七年威廉去世後，她又於一八〇七年到一八一〇年重返牙買加，關閉丈夫的診所。她人生的後四十年遠比前四十年安定，與成年的孩子們和她自己的父親為伴，後者於一八一三年死於安納波利斯羅亞爾。十個孩子中，有六個都先於她去世，長子安德魯於一八〇五年在牙買加死於黃熱病，長女凱薩琳於一八一九年死於波士頓的一家瘋人院。

＊半島戰爭（一八〇八至一八一四）是拿破崙戰爭的主要部分之一，地點發生在伊比利亞半島，交戰方分別是西班牙帝國、葡萄牙王國、大英帝國和拿破崙統治下的法蘭西第一帝國。這場戰役被稱作「鐵錘與鐵砧」戰役，「鐵錘」代表的是數量為四萬到八萬的英—葡聯軍，指揮官是威靈頓公爵；同另一支「鐵砧」力量，即西班牙軍隊、遊擊隊及葡萄牙民兵相配合，痛擊法國軍隊。戰爭從一八〇八年由法國軍隊占領西班牙開始，至一八一四年第六次反法同盟打敗拿破崙軍隊終告結束。——除特別說明外，本書注腳均為譯者注。

†「七年戰爭」發生在一七五四年至一七六三年，主要衝突集中於一七五六年至一七六三年。當時世界上的主要強國均參與了這場戰爭，影響覆蓋歐洲、北美、中美洲、西非海岸、印度及菲律賓。

‡皮蒂亞克戰爭發生於一七六三年至一七六六年，是由美國原住民部落的鬆散聯盟發起，主要來自五大湖地區，伊利諾州和俄亥俄州，他們不滿英國在英法北美戰爭中戰勝法國後對五大湖地區的政策。來自眾多部落的勇士加入了起義，試圖將英國士兵和殖民者趕出該地區。

大衛・喬治（約一七四三至一八一〇）

大衛・喬治生於維吉尼亞的一個奴隸家庭。一七六二年他從主人家逃了出來，最終落腳在南卡羅萊納的希爾弗布拉夫，由印第安人貿易商喬治・加爾芬撫養。在那裡，半是由於受到了喬治・利勒的影響，喬治皈依了浸禮會信仰，成為希爾弗布拉夫浸禮會的一名元老。一七七八年，喬治隨英國軍隊來到薩凡納以屠夫為業，並繼續隨利勒布道。隨著英軍撤退，喬治攜家人以自由黑人效忠派身分前往新斯科舍。喬治在那裡成為一名積極的福音傳教士，在謝爾本創建教會，向濱海諸省分*的黑人和白人教眾講道。一七九一年，喬治成為獅子山公司在非洲重新安置黑人效忠派計畫的主要支持者，幫助約翰・克拉克森為該計畫招募殖民者。一七九二年他成為自由城的首批定居者之一。喬治曾於一七九二年至一七九三年到訪英格蘭，除此之外，餘生皆在獅子山度過，並創立了非洲首個浸禮教會，於一八一〇年去世。

第四代鄧莫爾伯爵約翰・默里（一七三二至一八〇九）

鄧莫爾是一位蘇格蘭貴族，他的父親曾於一七四五年支持「小僭王」†。這個家族雖同情詹姆斯黨人，卻仍保留了貴族頭銜，鄧莫爾也在上議院擔任蘇格蘭貴族代表近三十年。他於一七七〇年以紐約省總督身分前往北美，一七七一年成為維吉尼亞地區總督。一七七五年因宣布只要愛國者名下的奴隸願意加入英軍服役即可獲得自由身而名聲大噪。鄧莫爾成為效忠派利益的擁護者，推動多項繼續戰爭的計畫（包括約翰・克魯登的計畫），對於效忠派為贏得財務賠償的努力表示支持。他於一七八六年被任命為巴哈馬總督，在任上支持威廉·奧古斯塔斯·鮑爾斯建立馬斯科吉國的提議。鄧莫爾於一七九六年被召回國，去世之前一直待在英國。

第一代多徹斯特男爵蓋伊·卡爾頓（一七二四至一八〇八）

英裔愛爾蘭人卡爾頓是一名職業軍人，於一七四二年參軍，參與了一七五九年攻占魁北克的戰役，其後參與魁北克事務達近四十年。一七六六年到一七七八年，卡爾頓擔任魁北克省總督，因參與撰寫一七七四年《魁北克法案》而聞名。不過真正讓他在效忠派中名聲大振的，是他在一七八二年到一七八三年擔任英軍總司令，指揮撤離英軍占領的城市並為效忠派組織流亡行動。卡爾頓一七八六年重返魁北克擔任英屬北美總督，並新晉獲封多徹斯特男爵。多徹斯特雖深受效忠

* 加拿大海洋省份地處大西洋西岸，由新不倫瑞克、新斯科舍和艾德華王子島組成，與後來加入加拿大聯邦的紐芬蘭和拉布拉多共同構成了更大範圍的加拿大大西洋省分。

† 一六八八年英格蘭發生光榮革命，詹姆斯二世被推翻，其女瑪麗二世及其信奉新教的丈夫、荷蘭執政奧蘭治的威廉被擁立為斯圖亞特王朝國王。詹姆斯二世逃亡法國，致力於爭取各方面的支持，重返英國奪回王位。支持他的人即被稱為「詹姆斯黨人」（Jacobites）。詹姆斯二世之子詹姆斯·法蘭西斯·愛德華·斯圖亞特，在流亡中長大，認為自己有權得到王位，要求英格蘭、蘇格蘭、愛爾蘭王位，稱英格蘭和愛爾蘭國王詹姆斯三世、蘇格蘭國王詹姆斯八世，並得到表叔法國國王路易十四的認可，史稱「老僭王」，他死後，其子查爾斯·愛德華·斯圖亞特成為詹姆斯黨繼承人，被稱為「小僭王」。

派愛戴，卻不贊同一七九一年《加拿大法案》中所確立大英帝國政策的多項發展。一如他職業生涯的其他時段，多徹斯特一再與同僚發生衝突，終於一怒之下在一七九四年辭官退休。他於一七九六年回到英格蘭，過著閒適的鄉紳生活。他的弟弟湯瑪斯·卡爾頓（約一七三五至一八一七）於一七八四年到一八一七年擔任新不倫瑞克省總督，但從一八〇三年到他去世，他一直在英格蘭遙控著北美的行政事務。

喬治·利勒（約一七五〇至一八二〇）

利勒生而為奴，在喬治亞長大。他於一七七二年受洗，成為一名四處奔波的浸禮會講道牧師，是大衛·喬治的精神導師。利勒的效忠派主人賦予他自由，戰爭時期，他大部分時間都住在英軍占領的薩凡納。他在那裡為安德魯·布萊恩施洗，後者後來創立了薩凡納的第一個非洲浸禮會教堂。一七八二年撤離薩凡納後，利勒以效忠派農園主摩西·柯克蘭的契約傭僕的身分前往牙買加。他在京斯敦建立了該島上的第一個浸禮會教堂，但在整個一七九〇年代，他因自己的宗教活動受到了愈來愈多的迫害。在一次煽動暴亂罪名未能成立後，利勒卻因負債而入獄三年。他雖仍積極參與各類商業活動，一八〇〇年後他再也未能重返講壇為大眾布道，他在默默無聞中了此餘生。

約翰・克魯登（一七五四至一七八七）

克魯登在一七七〇年之前，從蘇格蘭移民至北卡羅萊納的威爾明頓，在那裡加入了他叔叔（也是同名長輩）的商行約翰・克魯登公司。戰爭期間，克魯登在效忠派軍團中服役，一七八〇年被任命為查爾斯頓被扣押財產專員，受託管理很多愛國者名下的農園，以及數千奴隸組成的勞動大軍，讓他們生產補給品，以供英軍軍需和商業銷售。撤離查爾斯頓後，克魯登移居東佛羅里達，並試圖阻止將該殖民地割讓給西班牙。如同許多東佛羅里達難民，克魯登在一七八五年移民巴哈馬群島，和叔叔一起住在埃克蘇馬島上。他繼續推行重建英屬美洲帝國的計畫。一七八七年，精神失常已久的克魯登在巴哈馬去世。

威廉・奧古斯塔斯・鮑爾斯（一七六三至一八〇五）

鮑爾斯是同時代中最張揚炫目的效忠派冒險家。他於一七七七年加入效忠派軍團，但一七七九年就做了逃兵，在克里克印第安人部落中安了家。他娶了一個克里克酋長的女兒，在她的村莊裡住了好幾年。革命之後，鮑爾斯開始謀畫在克里克地盤上（此時已成為西屬佛羅里達的地盤）罷免政敵和商業競爭對手。他的這些目標得到了鄧莫爾伯爵和各類其他帝國官員的支持。一七八八年，首次入侵佛羅里達以慘敗告終。一七九一年，第二次野心更大的遠征讓鮑爾斯接近了自己的夢想，建立一個親英的克里克國，即馬斯科吉國。但他在一七九二年被西班牙人俘虜，先後被關進了哈瓦那、加的斯和菲律賓的監獄。一七九八年，鮑爾斯越獄逃跑，途經獅子山回到佛羅里達，為建立馬斯科吉國做最後的努力。這雖然是他最為成功的提議，甚至還曾於一八〇〇年，在現今達拉哈西附近建立了一個都城，且在自己的領地上稱王好幾年，卻還是在一八〇三年被美國所影響的克里克人所出賣。鮑爾斯於一八〇五年在哈瓦那逝世，至死都是西班牙人的囚徒。

次要人物

十三殖民地

湯瑪斯・布朗：主管印第安人事務的效忠派指揮官。
約瑟・加洛韋：帝國聯盟的支持者和效忠派說客。
查爾斯・英格利斯：牧師、效忠派檄文執筆人，後擔任新斯科舍主教。
威廉・富蘭克林：班傑明・富蘭克林之子，前賓夕法尼亞省總督，效忠派組織者。
威廉・史密斯：先後擔任紐約和魁北克首席大法官，是蓋伊・卡爾頓爵士的心腹。
派翠克・托寧：一七七四年至一七八五年為東佛羅里達地區總督。

英國

薩姆爾・休梅克：賓夕法尼亞難民，畫家班傑明・韋斯特的好友。

約翰．厄德利．威爾莫特：議員和效忠派賠償委員會委員。
以撒．洛：前紐約議員和商人。
格蘭維爾．夏普：廢奴主義者和獅子山定居地的資助者。

新斯科舍

雅各．貝利：牧師和作家。
約翰．帕爾：一七八二年至一七九一年為新斯科舍省總督。
班傑明．馬斯頓：謝爾本測繪師。
波士頓．金：黑人效忠派木匠。
「老爹」摩西．威爾金森：黑人衛理公會牧師。

新不倫瑞克和魁北克

愛德華．溫斯洛：創立新不倫瑞克省計畫的遊說者。
弗雷德里克．哈爾迪曼德：一七七七年至一七八五年為魁北克省總督。
約翰．格雷夫斯．西姆科：一七九一年至一七九八年為上加拿大省總督。

巴哈馬群島

約翰·麥斯威爾：巴哈馬群島總督，一七八〇年至一七八五年為其活躍期。

約翰·威爾斯：印刷商，政府批評者。

威廉·威利：副檢察長，鄧莫爾勛爵的反對者。

牙買加

路易莎·威爾斯·艾克曼：效忠派印刷商家族的成員。

瑪麗亞·斯金納·紐金特：日記作者，總督之妻。

獅子山

湯瑪斯·彼得斯：「黑人先驅」軍團老兵，重新定居專案領袖。

約翰·克拉克森：效忠派移民組織者，一七九一年至一七九二年為自由城負責人。

札卡里·麥考利：一七九四年至一七九九年為獅子山總督。

印度

大衛·奧克特洛尼：東印度公司將軍，尼泊爾的征服者。

威廉·林尼厄斯·加德納：軍事冒險家。

新世界的流亡者

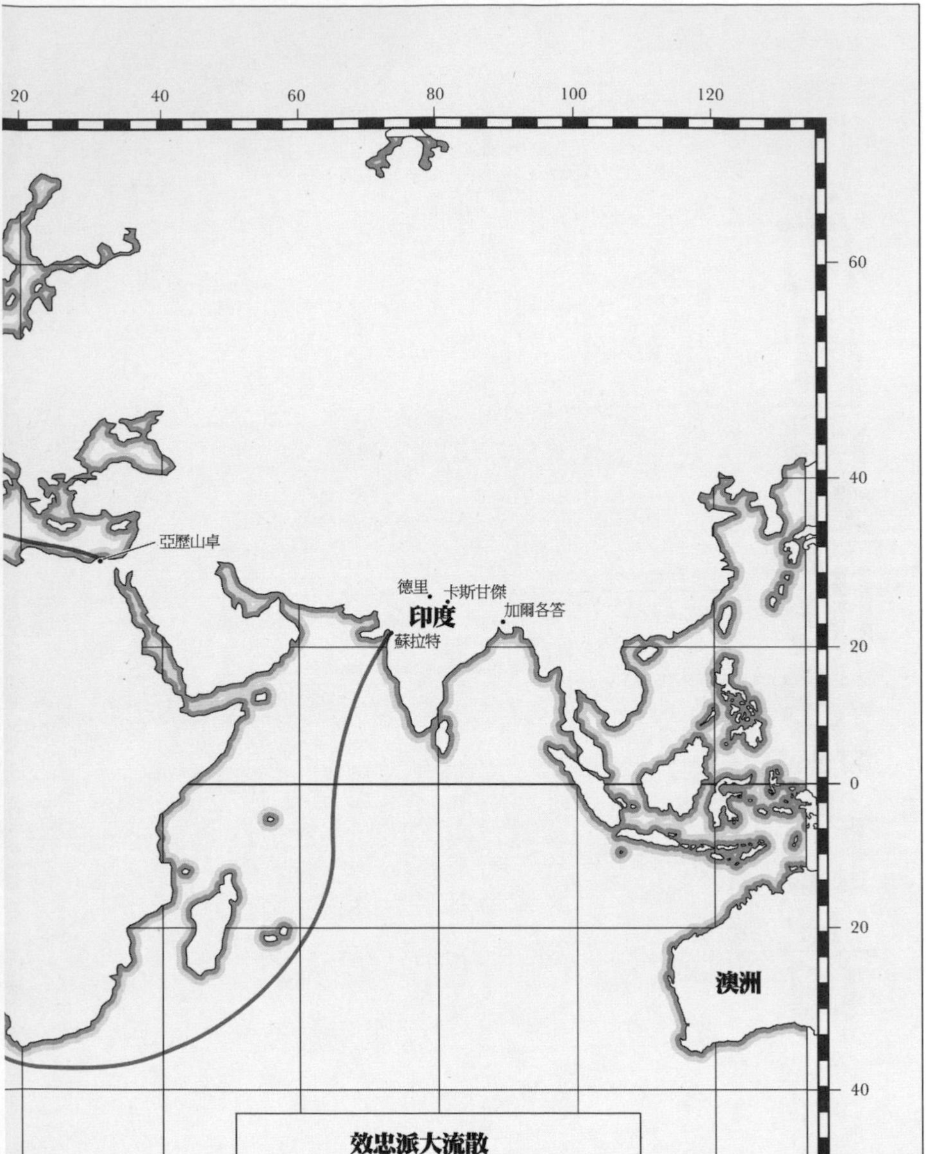
20
40
60
80
100
120
60
40
20
0
20
40
亞歷山卓
德里
卡斯甘傑
加爾各答
印度
蘇拉特
澳洲
效忠派大流散
伊莉莎白・約翰斯頓
大衛・喬治
魯賓遜家族
20
40
60
80
100
120

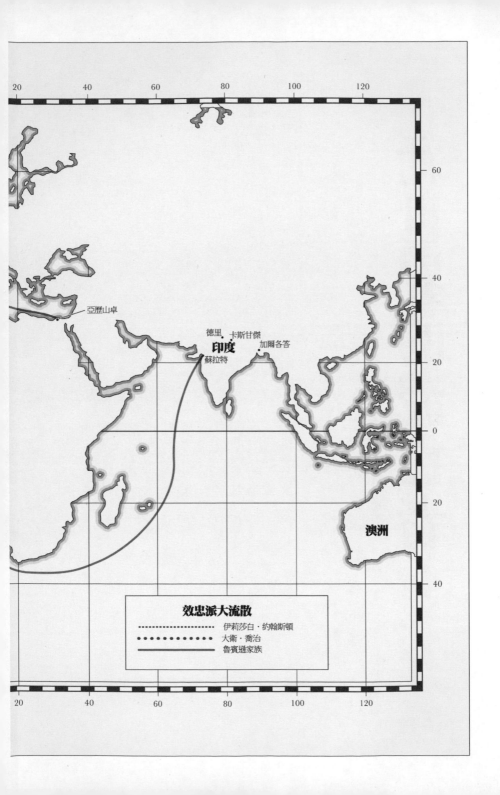

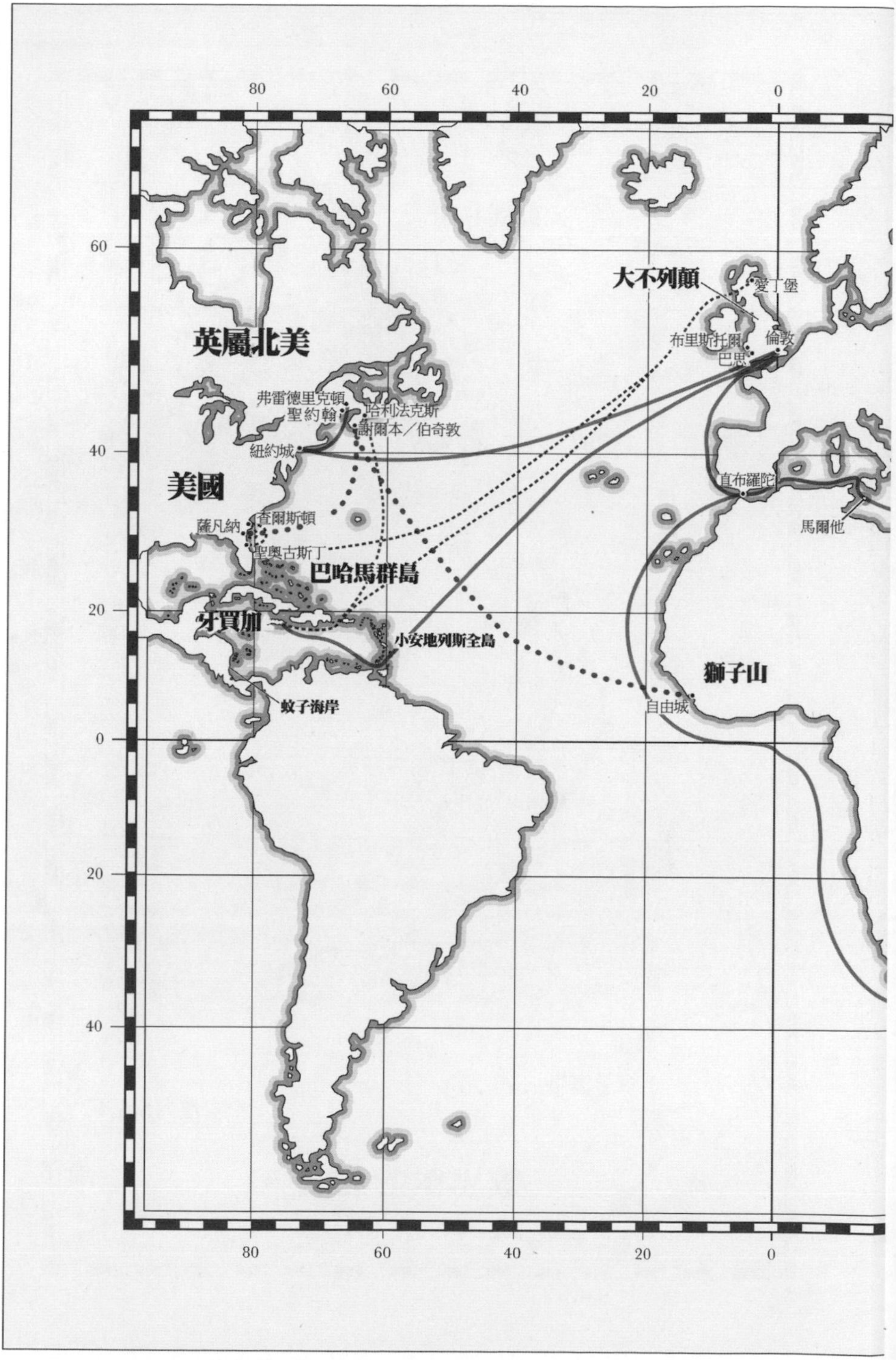
80
60
40
20
0
英屬北美
大不列顛
愛丁堡
布里斯托爾
倫敦
巴思
弗雷德里克頓
聖約翰
哈利法克斯
謝爾本／伯奇敦
紐約城
美國
直布羅陀
馬爾他
薩凡納
查爾斯頓
聖奧古斯丁
巴哈馬群島
牙買加
小安地列斯全島
獅子山
自由城
蚊子海岸

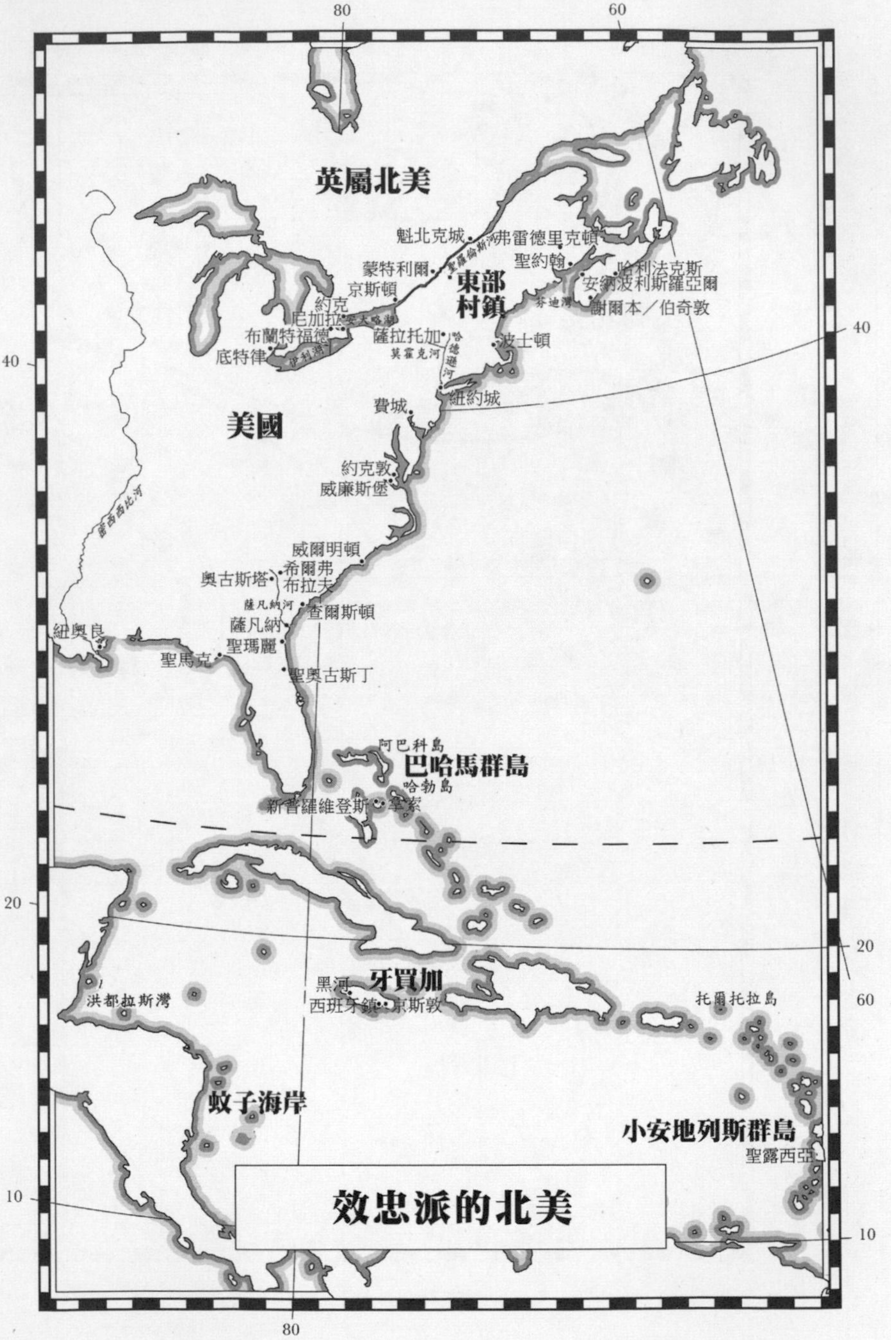
80
60
英屬北美
魁北克城
聖羅倫斯河
弗雷德里克頓
聖約翰
蒙特利爾
東部村鎮
哈利法克斯
安納波利斯羅亞爾
京斯頓
芬迪灣
謝爾本／伯奇敦
約克
尼加拉
安大略湖
布蘭特福德
薩拉托加
哈德遜河
莫霍克河
波士頓
底特律
伊利湖
40
紐約城
費城
美國
約克敦
威廉斯堡
密西西比河
威爾明頓
奧古斯塔
希爾弗布拉夫
薩凡納河
查爾斯頓
薩凡納
紐奧良
聖瑪麗
聖馬克
聖奧古斯丁
阿巴科島
巴哈馬群島
哈勃島
新普羅維登斯
拿索
20
黑河
牙買加
西班牙鎮
京斯敦
洪都拉斯灣
托爾托拉島
蚊子海岸
小安地列斯群島
聖露西亞
10
效忠派的北美

引言 一七八三年精神

美國獨立戰爭有著對立的兩方，但一七八三年十一月二十五日的那個午後，喬治．華盛頓將軍騎著一匹灰色駿馬進入紐約城時，只有一方出現在世人面前。在華盛頓的身邊，紐約總督快馬加鞭，兩側還有騶從衛隊護駕。發福的將軍亨利．諾克斯緊隨其後，他的身後是八排大陸軍*軍官，浩浩蕩蕩地行進在鮑厄里街上。市民排成很長的一列列隊伍尾隨著他們，有人騎馬，有人步行，帽子上都戴著黑白帽章和月桂樹枝。[1]數千人擠入街道，觀看這事先排練的遊行隊伍朝曼哈頓南端的巴特里行進。自一七七六年以來，整整七年的戰爭與和談期間，紐約一直被英軍占領。今天，英國人終於要走了。下午一時，隨著一聲砲響，最後一批英軍部隊離開了哨所。他們朝碼頭行進，爬上大划艇，划向等在海港的運兵船。英國人占領美國的時代正式宣告結束。[2]

喬治．華盛頓在紐約的勝利出場等於是美國革命獲勝一方的凱旋閱兵。整整一周，愛國者們大擺筵席，點燃篝火，張燈結綵地慶祝撤離，還燃放了北美地區有史以來最盛大的煙火表演。[3]

*編按：大陸軍是依一七七五年第二次大陸會議決定成立的武裝力量，用來對抗英軍。

在弗朗薩斯客棧，華盛頓和他的朋友們觥籌交錯，把酒言歡直至深夜。為美利堅合眾國乾杯！為美國的歐洲盟友法國和西班牙乾杯！為美國那些「為了我們的自由而犧牲的英雄」乾杯！「願美國成為地球上每一位受迫害者的避難天堂！」[4]幾天後，一份報紙上刊登了一則軼事，說有位英國軍官到海岸邊走了一遭。這位軍官本來堅信權力交接之後的紐約此時已被騷亂弄得焦頭爛額，卻驚奇地發現「城中的一切井然有序，沒有暴民，沒有暴動，沒有騷亂。」「這些美國人啊，」他驚歎道，「真是一群奇人，他們知道如何自治，別人誰也治不了他們。」[5]一代又一代紐約人在十一月二十五日這天紀念「撤離日」，這個紀念日後來被併入了感恩節，那是美國人在十一月份慶祝國民團結得更為恆久和不朽的節日。[6]

但若有人不想讓英國人離開呢？當天，在喜氣洋洋的紐約民眾中間，還夾雜著一些不那麼開心的面孔。[7]對於效忠派，也就是在獨立戰爭期間支持英國的殖民者而言，英軍的撤離令他們愁腸百轉，而非興高采烈。戰爭期間，數萬效忠派曾為了安全搬進了紐約和英軍占領的其他城市。英國人的撤離，把未來該何去何從的緊迫問題擺在他們的眼前。在新獨立的美國，他們還能指望什麼待遇呢？他們會被投入監獄嗎？會遭到襲擊嗎？還能保有自己的財產或飯碗嗎？由於對自己的生命、自由乃至在美國能否幸福充滿疑慮，六萬效忠派決定跟隨英國人，到大英帝國的其他地方去碰碰運氣。他們還帶走了逾一萬五千個黑奴，這樣一來，外流總人數就達到了七萬五千人，相當於當時美國人口的四十分之一。[8]

他們北上來到加拿大，乘船前往英國，遠行至巴哈馬群島和西印度群島；有些人甚至到了更遠的非洲和印度。但不管他們去向何方，這條流放之旅終究是航向未知。美國有難民們摯愛的親友，他們的事業和土地、他們的家園和自幼長大的街道，他們曾賴以為生的一切，全都要忍痛拋捨。在他們看來，美國與其說是「受迫害者的避難天堂」，不如說是虎視眈眈的迫害者。只有大英帝國才會為他們提供避難所、土地、緊急救助和財務獎勵，幫助他們重建家園。撤離日對效忠派難民並不是一切的終結，而是嶄新的開始，會把他們帶向一個新世界，縱然前途未卜，卻充滿活力。

舉例而言，雅各．貝利就生動地記述了他為何要逃離革命中的美國。貝利在麻塞諸塞出生長大，一七六〇年成為一名英國聖公會傳教士（英國國教），在緬因的波納爾伯勒邊境地區傳教。當他在地處偏遠的荒野傳教時，他的哈佛同班同學約翰．亞當斯在波士頓高聲表達了各殖民地對英國的不滿，成為獨立事業強而有力的倡導者。然而貝利曾宣誓對國王效忠，也就是他的教會元首，他認為誓言是神聖的，因而在他看來，若公開放棄對國王效忠，既是叛國，也是瀆聖。隨著加入反叛一方的壓力日增，貝利勉強保持著自己的忠誠。當他拒絕為殖民地議會宣布的一個特殊感恩日賦予榮耀時，波納爾伯勒的愛國者們威脅要在教會門前豎起一根自由之杆，如果他不為節日祈福，就在那裡鞭打他。[9]另一個嚇人的凶兆是，他發現自己有七隻羊被宰殺了，還有一頭「漂亮的小母牛」在他的牧場上遭到槍殺。[10]到一七七八年，這位牧師已經「遭到憤怒暴民的兩次襲擊，四度被拖到冷漠無情的委員會前問話……三度被從家中驅趕出去……兩次遭槍殺未遂。」他在鄉野間流浪以逃避被捕，期間他年輕的妻子和孩子們只好忍飢挨餓，「接連幾天都沒有東西吃。」在貝利看來，愛國者們擺明著就是迫害者，是「一群乖戾粗野之人，他們手握權柄、心懷怨毒，只要看見任何人與大不列顛有關或對它有所依戀，便張牙舞爪大聲咆哮，恨不得扒其皮、噬其血、食其肉。」[11]

貝利無疑地有點語言天分，擅長聳人聽聞。然而他誇張的描寫也確實表達了他對家人安全發自內心的擔憂。他仍然不願意公開背叛國王，也同樣不願意因為拒絕這麼做而身陷囹圄，眼前似乎只剩下一個選擇了，哪怕它乏善可陳。一七七九年六月的一天，天光未亮，貝利一家人便面色嚴峻地「開始為我們的放逐準備行裝了」。他們穿著僅存的各色七零八落的殘破衣服，收拾起被褥和「我們所剩無幾的一點值錢東西，」走向一條船，它將載著他們駛向最近的英屬避難所新斯科舍。儘管在家鄉遭受各種磨難，離開故土仍讓雅各和薩莉·貝利難抑「心中的悲苦」。兩周後當他們駛入哈利法克斯港，看到「不列顛的旗幟飄揚」[12]時，忍不住大鬆一口氣。貝利感謝上帝「引導我和家人安然無恙地撤退到這自由與安全之所，從此遠離暴政之癲狂，壓迫之兇殘。」他們總算來到大英帝國的領地，終於安全了。但貝利一家人落腳「在一片陌生的土地上，一文不名、衣食無著、連個住處也沒有，更別說家具了，」未來如何，只能聽天由命。[13]

如同雅各·貝利這些從革命的美國出走的難民，本書將追隨他們的足跡，呈上首部效忠派大流散的全球史。雖然已有歷史學家探討過效忠派在殖民地內部的經歷，特別是像貝利這樣長於表達之人的思想意識，卻從未有人充分描述過效忠派在美國革命期間和之後散居世界各處的歷史。[14]這些難民是誰，他們為什麼要離開美國？答案五花八門，蓋因他們千差萬別。一般的成見往往認為效忠派是一小撮保守派菁英：是富有、受過教育的、是英國聖公會教徒，與英國有著密切的聯繫，所有這些屬性被囊括在一個貶義的標籤「托利」中，這也是英國保守黨的綽號。[15]事實上，歷史學家估計，美國殖民者中始終效忠國王的人數在五分之一到三分之一之間。[16]效忠思想橫跨了早期美國的社會、地理、種族和民族光譜，跟他們那些愛國同胞相比，這些人的「美國性」一點也不弱。保守派既包括剛來不久的移民，也包括五月花號登陸者的後代。他們可能是王室公職人員，也可能是麵包師傅、木匠、裁縫和印刷商。他們中既有英國聖公會牧師，也有衛理公會和貴格會教徒，既有見多識廣的波士頓人，也有卡羅萊納偏僻鄉村的農民。

最重要的是，並非所有的效忠派都是白人。對十三殖民地的五十萬黑奴而言，革命提供了一個異常驚人的機會，英國軍官提出，同意參戰的奴隸即可獲得自由之身。兩萬名奴隸把握住這個承諾，從而使得獨立戰爭成為美國內戰之前規模最大的北美奴隸解放運動。革命同樣為美洲原住民印第安人提供了一個難以推卻的選擇。經歷了好幾代殖民者對土地如飢似渴的入侵和蠶食，好幾個印第安民族，特別是北方的莫霍克族和南方的克里克族，選擇與大英帝國結盟。迄今為止，效忠派白人、黑人和印第安人的經歷一般都被割裂為互不相關的歷史敘事，他們之間當然有著重要差異，[17]然而隨著英國的戰敗，不同背景的效忠派都面臨著同樣的兩難，是去是留，且他們全都被算做是革命的難民。他們的故事是相似的，在很多重要方面也相互糾纏、難解難分，因而本書將把他們視為一個整體來書寫。

對於效忠派難民，或許最令人吃驚的一個真相是，在他們的決策過程中，意識形態起的作用大相逕庭。他們雖然都對國王效忠，對帝國盡責，但除此之外，他們的具體信仰卻有著極大差異。其中有些人，能像貝利這樣，明確陳述自己所持立場背後複雜的思想原因。但其他人持效忠立場只是因為個人希望維持現有秩序，覺得最好還是跟著那個熟悉的魔鬼。此外還有一種廣泛存在的實用主義觀點，不論在經濟上還是戰略上，殖民地還是要成為大英帝國的一分子要更有前途。[18]效忠派觀點的廣度和深度直指這次衝突的一個基本特點，一直以來，它都被大而化之的「革命」一詞掩蓋了。這擺明是一場內戰，但通常被當代人描述為大西洋兩岸間的戰爭。[19]這場戰爭導致族群分化、友人反目、家人決裂，而其中最著名例子當數開國元勛班傑明．富蘭克林與他唯一的兒子、效忠派威廉；這是越戰之前美國人參戰時間最長的戰爭，也是一八六一年至一八六五年美國內戰之前最為血腥的戰爭。再現美國獨立戰爭的偶然性、高壓性和極端暴力，就能解釋為什麼那麼多效忠派會選擇出走，像雅各．貝利一樣，他們遠離故土是因為忠於原則，也是因為害怕騷擾。同樣，私利也是與核心信仰一樣強有力的激勵因素，逃跑的奴隸和與英國同盟的印第安人或許是最清楚的例子。

各種各樣的意識形態和非意識形態原因，導致本書中的每個人都做出了同一個決定命運的選擇：離開革命的美國。[20]本書著手探討了他們之後的命運。在逃離美國的六萬名效忠派中，大約有八千個白人和五千個獲得自由的黑人到了英國，但他們發現自己在那裡只是陌生國度裡的陌生人。絕大多數難民直奔其他英屬殖民地，接受了免費土地、物品和補給品等獎勵措施。一半以上移居到了北方的英屬新斯科舍、新不倫瑞克和魁北克等省，使得這些曾由法國人明顯占有優勢的區域，轉變成如今以英語為主要語言的加拿大。*還有約六千位，特別是來自美國南方的移民前往牙買加和巴哈馬群島，還帶領了一萬五千個黑奴中的絕大部分。有些人去了更遠的遠方。東印度公司軍中不久便會零星出現美國出生的軍官，包括臭名昭著的叛徒貝內迪克特・阿諾德的兩個兒子。少數不走運的人最終被送往澳大利亞植物灣，成為那裡最早一批囚犯。其中最驚人的移民過程，或許當屬在英國廢奴主義者的資助下，近一萬二千位黑人效忠派遷往非洲，在獅子山建立了烏托邦式的聚居地：自由城。簡言之，效忠派的足跡遍及大英帝國的各個角落。經過還算天下太平的十年，效忠派大流散的路線圖看起來已與大英帝國地圖相差無幾了。

好幾項研究曾關注過這個移民過程中的具體人物和具體地點，然而效忠派在全球範圍的大流散卻從未得到完整的重構。[21]關鍵原因在於，歷史往往是在國家邊界的框架之內書寫。在美國，美國革命的歷史是由勝利者書寫的，他們主要的興趣在於探討獨立戰爭的諸多創新和成就。效忠派難民的故事根本不在美國國家敘事的框架之內。他們同樣很少得到英國歷史學家的關注，因為這會勾起戰敗的難堪回憶，特別是英國人在他們能傾其兵力的「七年戰爭」和拿破崙戰爭中的大獲全勝。另一方面，效忠派在加拿大歷史中最為舉足輕重，某些十九世紀的加拿大保守派將他們

＊從美國革命到一八六七年加拿大聯邦建立，這些省分統稱為「英屬北美」（British North America）。一七九一年以前，「加拿大」這個詞等同於魁北克省，一七九一年該省分裂為上加拿大省（如今的安大略省）和下加拿大省（如今的魁北克省）。

稱為是締造了光榮的帝制盎格魯－加拿大傳統的「開國元勛」，冠之以「聯合帝國效忠派」的榮譽，這是帝國政府賦予難民及其後代的稱號。然而這些待遇再次印證了「托利」這個成見，很可能也是近代學者們忽略這段歷史的原因之一。

之所以從未有人寫過這段全球史，還有一個現實原因。一八四〇年代，首位探索這個主題的美國歷史學家洛倫佐．薩拜因曾經哀嘆「那些……遠離故土之人……變成了亡命天涯的流浪者，這些人很少會留下什麼紀念。他們的文件早已散佚，就連他們的名字也已被世人遺忘。」[22]事實上，我們會驚訝地發現，還有很多東西保存了下來：私人信件、日記、回憶錄、請願書、人員名冊、外交急件、法律訴訟等等。挑戰之處在於如何把它們拼湊起來。二十一世紀的學者是幸運的，在資金和資料讀取方面有得天獨厚的優勢，得益於最新的技術，我們可以用全新的方式去探索國際歷史。輕觸一鍵，就能搜索世界各地的圖書館書目和資料庫，憑藉著一台筆記型電腦，就能在客廳裡閱讀數位化的善本書籍和文件。旅行也愈來愈方便，我們可以去拼接散落在各個大陸的文件線索，一睹難民世界中的遺跡：效忠派在巴哈馬的小島上蓋起的房子、在自由城城上的陡坡上開墾的耕田，抑或他們墓碑，歷經滄桑卻仍佇立在加拿大的海風中。

從這些出發點來考察美國革命和大英帝國，無疑是以一種全新的方式來審視這場革命的國際影響。對於美國獨立戰爭全球反響，傳統上一直被理解為與「一七七六年精神」有關，它啟迪了其他民族，特別是法國人，去伸張自己的平等和自由權利。[23]探尋效忠派的足跡，則會展示出那場革命在世界上留下的不同印記：不是鐫刻在新興共和國，而是鐫刻在經久不衰的大英帝國上。

效忠派難民親自把美國的事物和觀念帶入大英帝國。幸運兒帶來了他們珍愛的物件：製作精美的糖盒、食譜，或者還有更沉重的東西，這個來自查爾斯頓的家族用於印製聖奧古斯丁和巴哈馬群島首張報紙的印刷機。[24]然而他們也帶來了文化和政治影響，其中不容小覷的，就是效忠派大規模轉運奴隸所彰顯的種族態度。一個引發劇變的文化輸出，就是那些黑人效忠派講道牧師把浸禮會信仰從卡羅萊納的偏僻鄉村帶往四方，他們在新斯科舍和新不倫瑞克、牙買加和獅子山建立了首批浸禮會教堂。所有這些文化輸出中最具「美國性」的，是效忠派難民隨身攜帶著一種反對帝國權力的抱怨話語。在英屬北美、巴哈馬群島和獅子山，效忠派難民向倒楣的英國總督們要求各種政治代表權，在總督耳中，其詭異程度一點也不亞於他們的愛國者同胞們提出的要求。如今，「效忠派」一詞往往暗含著誓死效忠某一目標的意味，但北美效忠派顯然並不是無條件地擁護英國統治者。

考量這些類型的革命遺產，會讓我們注意到大英帝國的一段明顯的過渡期，並有助於解釋一個看似矛盾的事實。美國革命是大英帝國在第二次世界大戰之前最大的一次慘敗。然而它僅僅用了十年就大大挽回了頹勢，不可謂不驚人。在早期先例的基礎上，英國的勢力在世界各地重組、擴張和重建，包括愛爾蘭和印度、加拿大和加勒比海地區、非洲和澳大利亞。[25]總的說來，在一九四〇年代之前，一七八〇年代成為大英帝國歷史中變故最多的十年。此外，這些年發生的諸多事件為英國統治的原則和做法確立了一個經久不衰的框架。我們姑且稱之為「一七八三年精神」，它為大英帝國帶來了延續到二十世紀中期的蓬勃活力，也建立起一個開明立憲帝國的模式，在美國、法國和拉丁美洲等地逐漸成形的民主共和國的對立面，樹立了一個極為重要的替代選擇。

這次戰後重建經歷了怎樣的過程？效忠派難民又在其中扮演了怎樣的角色呢？「一七八三年精神」包括三個主要元素。[26]第一個也是最明顯的，是大英帝國在世界各地的領土大大擴張了，而效忠派成為帝國擴張的代理人和擁護者。歷史學家過去總是喜歡把美國革命描述為「第一」和「第二」大英帝國的分水嶺，前者多半是商業的、殖民的、大西洋沿岸的，而後者則以亞洲為中心，涉及對顯然是異族的百萬臣民實施直接統治。而效忠派難民成為兩者之間的橋梁。身為英屬北美、巴哈馬群島和獅子山的先驅殖民者，他們顯示了這個大西洋帝國在所謂帝國「向東搖擺」過程中的持久生命力。他們還在世界其他地方推動了野心勃勃的擴張進程，支持將英國主權延伸至西屬美洲或美國的西部邊界。今日回望，這些想法雖然有些牽強，但在當時，美國的未來還未可知，而英國已經（超越其他歐洲帝國）在地球上某些最遠的角落站穩腳跟之時，很難說這些想法純屬荒誕不經。在澳大利亞殖民的第一個嚴肅提案，正是由一位北美效忠派所提出的。[27]

效忠派難民還啟迪了「一七八三年精神」的第二個特徵：明確致力於自由和人道主義理想。雖然美國革命宣稱，海外的英國臣民與英國國內民眾的待遇不盡相同，至少在政治代表權上處於弱勢，但革命也產生了另一個結果，那就是深化了帝國保證將所有臣民納入英國權利體系的承諾，無論其族群歸屬和信仰。效忠派難民成為家長制統治顯而易見的關注對象。黑人效忠派從愈來愈傾向於廢奴的帝國當局獲得了自由，自覺地與蓄奴的美國形成了鮮明對比。那些貧困匱乏的效忠派，不管他們屬於哪一類，都能從一個涵蓋整個帝國的難民救助方案中獲得土地和補給品，該專案堪稱現代國際援助組織工作的先驅。效忠派甚至還因為遭受損失而從一個由英國政府建立的委員會那裡獲得了財務賠償，這是國家福利制度的一個里程碑。

然而效忠派也近距離地看到開明價值觀也有種種局限。美國革命後，英國官員大體上得出的結論是，十三個殖民地獲得的自由太多了，而非太少，因而強化了行政管控。更加傾向於中央集權的階級制政府，便標誌著「一七八三年精神」的第三個元素，也是效忠派難民們始終抵制的。面對自上而下的統治，他們屢次要求獲得更多的代表權，而帝國當局卻不願回應，當初正是這個矛盾從根本上導致了美國獨立戰爭的爆發。效忠派固然從各種人道主義專案中獲益，但他們也須面對英國政策中無數看似矛盾之處。這個帝國一方面賦予黑人效忠派自由，另一方面又積極推動對外販賣效忠派名下的奴隸。它對北方的莫霍克印第安人同盟給予土地，卻基本上背棄了南方的克里克人和其他同盟。它承諾賠償效忠派的損失，但事實上往往供給不足；它把開明原則融入了等級分明的治理。統觀整個大流散，難民效忠派的經歷凸顯了承諾與期待、臣民所願與統治者所給予之間的不對等。這樣的不滿最終成為後革命時期大英帝國一直以來的特點，也是從「第一」帝國到「第二」帝國、從殖民地爭取獨立的第一次大戰到後期反殖民地運動的另一個延續性特徵。

幾乎沒有人預見到，在一場革命的餘波中得以鞏固的「一七八三年精神」，也就是致力於威權、自由和全球擴張的精神，竟很快就在另一場革命中經歷了考驗。一七九三年初，距離撤離日還不滿十年，英國就與革命的法國開始了一場史無前例的衝突，這場戰爭幾乎不間斷地持續到一八一五年。幸運的是，英國已經歷了美國共和制異見的考驗，「一七八三年精神」為它提供了一套現成的做法和政策，用以對抗法國模式。與法國的自由、平等、博愛相反，英國祭出了在皇權和穩定階級制度下有限的自由模式。與其說這是一種反革命觀點，不如說是一種後革命視野，它的形成部分得益於在北美那場戰爭中吸取的教訓。它最終獲得了優勢。英國一八一五年在戰場和談判桌上對法國的全面勝利，證明「一七八三年精神」戰勝了法蘭西共和國和拿破崙模式，也使得自由主義和立憲君主制成為歐洲內外一種明確的政府模式。[28]

時至今日，大英帝國的自由憲政遺產仍與美國的民主共和制長期並存，如此一來，「一七八三年精神」可謂與「一七七六年精神」一樣，都對二十一世紀的政治文化產生了重要影響。然而從某些特定的視角來看，或許「一七七六年精神」與「一七八三年精神」原本就沒有太大差別。後革命時期的美國同樣要與各種野心和問題糾纏，與和其決裂的大英帝國面對的問題大體相當：地理擴張的衝動、與歐洲各帝國的競爭、對原住民的管理、關於民主的局限和奴隸制是否合乎道義的爭論。[29]當美國起草自己的憲法時，英帝國當局也在為從魁北克到孟加拉的各個殖民領地制定憲法。[30]當大英帝國擴張到新的殖民地，彌補了在北美的損失時，美國也很快著手建立起自己的帝國，僅僅用了一個世代，便一路西擴，將國土面積增加了一倍多。雖然它們的政治制度存在著一個根本分歧：一個是君主制，另一個是共和制，但對於「自由」和法治的核心重要性，聯合王國與美利堅合眾國所見略同。[31]

一八一五年，英國及其同盟在滑鐵盧大勝；大英帝國站上了世界之巔。那時，效忠派難民已經在他們出走的各個地點建立起新的家園和社會。經歷了重重劫難和動盪、失望和壓力，許多倖存的難民最終找到了安心之處，他們的子女更是如此。他們從失去家園到融入新社會的軌跡，映照出大英帝國從戰敗到榮升全球霸主的歷程。那些離開美國而投奔大英帝國的效忠派，搖身成為了一個全球大國的臣民，在接下來的一個多世紀，這個大國的國際影響力無出其右。從某種意義上說，效忠派笑到了最後。

本書再現了那些普通人的故事，他們的個人生活被歷史事件攪得天翻地覆。記錄他們的旅程本身也是在探尋他們的足跡。前三章描述了效忠派所經歷的美國革命；導致他們離去的原因；大部分人出走的過程，即從英國占領的各個城市大規模撤離，這是美國革命歷史中的一個很重要但鮮為人知的片段。第四到第六章記錄了那些前往英國和英屬北美（如今加拿大東部三省）的難民，探討了效忠派定居的三個特點：難民的衣食來源和接受賠償情況；他們如何建立新的社區；以及他們如何影響了戰後帝國政府的重組。第七到第九章將目光投向南方，考察了前往巴哈馬群島、牙買加和獅子山的難民的命運。這些地區的難民即使在最好的年歲，也須克服艱苦的自然環境和經濟條件，法國革命的爆發更是雪上加霜，因其加劇了關於政治權利的衝突和圍繞奴隸制和種族等問題的矛盾。最後一章縱覽拿破崙戰爭和一八一二年戰爭，考察了在移民過程展開的一個世代後，效忠派從他們的出發地美國，來到對帝國的意義超過了美國的所在，也就是印度，他們的現狀如何。

沒有人能夠在一本書中囊括六萬個故事，因此我選擇關注一群代表各種不同難民經歷的人物。他們集合起來，可以讓我們近距離感受到這次大出走事實上意味著什麼，參與者的切身感受如何。那些難民既屬於一個很大的世界，一個不斷擴張的全球帝國，也屬於一個小得驚人的世界，散居各處的眾人跨越巨大的時空間隔，彼此保持著聯繫。值得一提的是，其中不少人遷徙了不止一次。對反覆出現在本書中的帝國公職人員而言，遷徙是他們的職責所在，比方說紐約指揮官和加拿大總督蓋伊・卡爾頓爵士；還有革命前的維吉尼亞省總督，和革命後的巴哈馬地區總督鄧莫爾勳爵。然而對四處漂泊的平民來說，多次遷徙更加重了戰爭的動盪離亂後果，也凸顯出帝國引導人口沿著特定路線流動的能力。[32]

來自喬治亞的中產階級效忠派伊莉莎白・利希滕斯坦・約翰斯頓就深切地體會到了生活在動盪的世界是何滋味。戰爭結束時她還未滿二十歲，便帶著家人穿越南方一個個日漸荒蕪的英屬偏遠村鎮：薩凡納、查爾斯頓和聖奧古斯丁，期間她的孩子一個接著一個出生。這些遷徙變成了戰後更遠大行程的預演，約翰斯頓一家先後遷往蘇格蘭、牙買加，最後總算在新斯科舍安定下來，距離他們開始這場漫長遊歷，已有整整二十年。有家有產的紐約大亨貝弗利・魯賓遜的故事則可與約翰斯頓一家的故事相對照，頗有啟發，他們來自更富裕的特權階層。原本在美國擁有良田萬頃，後來一家人卻擠在英國格羅斯特郡的一處不大的居所。但他把自己所剩的資源全都投資在參軍的孩子們身上，這是當時大英帝國能夠提供的向上流動的最佳機制。魯賓遜的孩子們在帝國的各個角落建功立業，從新不倫瑞克到牙買加、直布羅陀、埃及和印度。魯賓遜孫輩中有些人甚至回到紐約，在先輩們失守的地方再造輝煌。約翰斯頓和魯賓遜兩家人一樣，演繹了白人效忠派難民共有的長久考慮：保住自己的社會階層和地位、重建家業、為孩子們的成功創造條件。他們所留下的文件也讓我們感同身受地體察到：對這些面對失敗、漂泊和離散的難民們來說，戰爭造成了何等的情感創傷。

許多難民把自己的歷程視為人生中毀滅性的挫敗，但也有些人意識到，這樣的動盪時局或許也意味著良好的機遇。這類幻想家中最有遠見的，或許當屬北卡羅萊納的商人約翰．克魯登，他親眼看到自己的家業與英國的權威一起崩潰，卻仍不屈不撓地推行各種重建計畫，希望自己和大英帝國一樣東山再起。克魯登重建英屬美洲帝國的各項計畫表明，即使在戰後，英國人的野心仍蓬勃地持續與發展。出於同一目的，馬里蘭效忠派威廉．奧古斯塔斯．鮑爾斯則選擇「利用（克里克印第安人）原住民」，並利用他在不同文化間的橋梁作用，倡議在美國西南邊境建立一個效忠派的印第安國。莫霍克酋長約瑟．布蘭特則領導了更實質的努力，以伸張印第安人的主權，他是當時北美最傑出的印第安人，自稱效忠派。戰後布蘭特在安大略湖附近避難，打算從那裡起家，建立一個西部印第安人聯盟，保護原住民的獨立自主，以免被不斷前進的白人殖民者蠶食殆盡。

革命對黑人效忠派所造成的損失當然被一個重要的獲益抵銷了：他們獲得了自由。這是邁向未來的第一步，而那樣的未來在當時是超乎想像的。出生在維吉尼亞一個奴隸家庭的大衛．喬治既獲得了自由，又獲得了信仰，在革命中的南卡羅萊納皈依了浸禮會。戰後他遷徙到新斯科舍，在那裡開始布道，很快便擁有了一批浸禮會教眾。幾年後，當他決定在獅子山尋找新的耶路撒冷時，很多信徒隨他一起踏上了征程。信仰的網絡把大西洋沿岸的黑人效忠派聯結在一起。喬治的精神導師喬治·利勒選擇了從偏遠鄉村到大英帝國的另一條路線，他和英國人一起撤離到牙買加，在那裡創立了島上的第一個浸禮會教堂。

為了再現這些個人的艱辛旅程，我探訪了效忠派每個重要目的地的檔案館，力求找到這些難民本人對自己經歷的敘述。每個人對他們行為的解讀往往經過了事後加工，效忠派關於自己的許多著述也是難免有某種目的。顯然，現存最大的文件寶庫，效忠派賠償委員會的紀錄就是如此，該委員會是為了賠償效忠派所受的損失而成立的。每一位索償者都力圖證明自己對帝國的忠誠、經歷的百般痛苦和遭受的巨大財物損失，這與他們的利益直接相關。與黑人效忠派有關的最佳資料則呈現了另一種偏見，要歸咎於那些急於推行某種傳教事業的英國傳教士。有關印第安民族最現成的資料都是由白人官員為了自己的目的而撰寫，戴著帝國濾鏡對其內容進行了篩選。還有常因記憶偏差而對事實的扭曲。就像伊莉莎白·約翰斯頓的記述，戰後多年撰寫的個人敘事，往往會強調悲劇、不公和憤怒，在美好的記憶褪色之際，怨恨卻仍在心頭縈繞。十九世紀初在英屬北美出版的紀錄尤其如此，紀錄中將效忠派描述成受害者，與對立立場的美國人將其描寫成惡人相比，其曲解和誤導的程度不相上下。

這類材料中沒有一個是完全客觀的，但講述自身故事的方式，也就是強調什麼，又對什麼避而不言，本身就能讓歷史學家了解到那個年代的許多事實，絲毫不亞於他們講述的具體細節。難民的悲劇敘述值得我們用心傾聽，一個重要原因就是我們很少能聽到這樣的話語。這些經歷捕獲了人類經驗的某些面向，這些往往被關於這個時期的傳統政治、經濟或外交史所遺漏，但遺漏了這個部分，我們就無法正確理解革命對參與者的影響、帝國與臣民之間的互動，以及難民如何面對遷徙漂泊。它反轉了我們熟悉的敘事，展開了一幅截然不同的畫面，充滿了另類、偶然與驚喜。誰也無法一開始就預見到美國獨立戰爭的結局與美國的生死存亡，或大英帝國將何去何從。對於一七七五年即將吹響內戰號角的美國殖民者而言，前路漫漫，必將充滿動盪、苦痛和莫測的未知。

第一部

難民

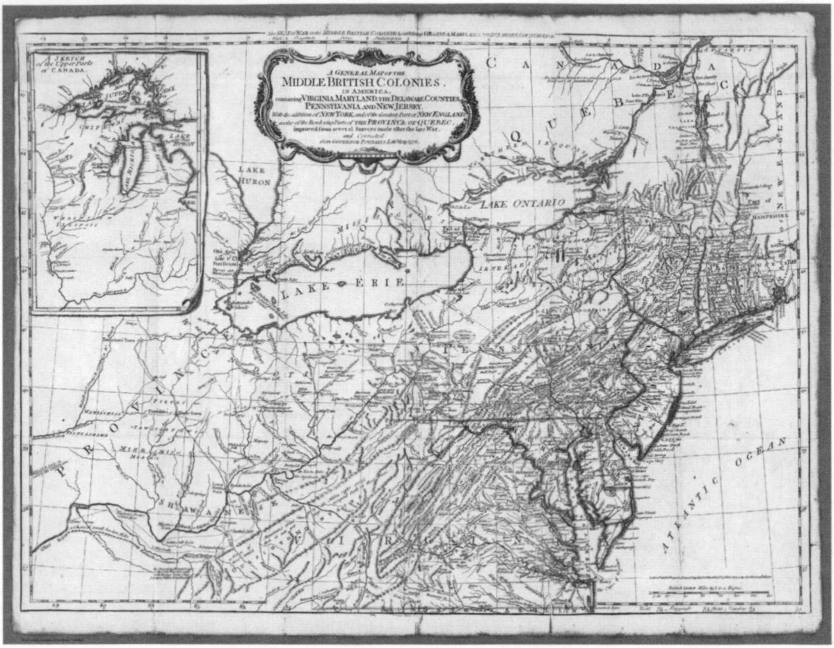

摘自湯瑪斯・波納爾，《美國中部的英屬殖民地一覽圖》，一七七六年。

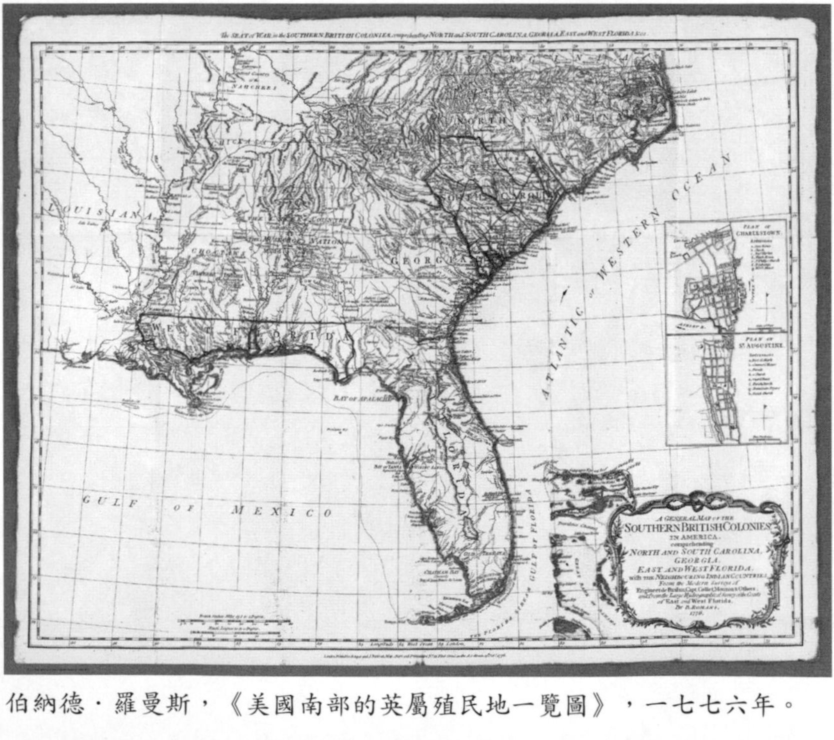

伯納德・羅曼斯，《美國南部的英屬殖民地一覽圖》，一七七六年。

第一章　內戰

湯瑪斯・布朗永遠不會忘記那一天，美國革命徹底改變了他的生活。那是一七七五年夏，二十五歲的他登陸北美後的第一個夏天。一年前，他帶著七十四個契約傭僕剛剛從風暴肆虐的英格蘭港口惠特比來到殖民地，在喬治亞省奧古斯塔附近的鄉間經營一個農園。這些新來的移民一定對那充滿異國風情的亞熱帶景觀嘖嘖稱奇，高大的黑橡樹像一個個近二十公尺的木樁般直聳雲霄。[1]九個月後，布朗和他的僕役們就把大部分樹林變成了耕地。二千二百公頃的莊園欣欣向榮，他在自己那座富麗堂皇的大房子裡監管著莊園的大小事務，佃戶們在周圍建起了自己的三十六所農舍。布朗的馬廄裡馬匹成群，牛群和公豬也用牧草和飼料養得膘肥體壯。他向總督申請了更多的土地，派人去英國再帶來一船工人，「心滿意足地看著自己在那個國家的事業蒸蒸日上，超出了他最樂觀的期待。」[2]然而另一股勢力卻在暗潮湧動，悄然改變著湯瑪斯・布朗的新世界。那年八月的一天，那股勢力終於湧向他，一支一百三十人的武裝隊伍徑直朝他的房子走來。

來北美之前，布朗就聽說了過去十年導致英美關係日益破裂的「麻煩」。英國徵收的一系列稅賦，觸發了關於議會權限和殖民地英國臣民權利的激烈衝突。布朗自信地認為，喬治亞與動亂中心新英格蘭相距千里，與這類事件應該「不會有所牽連或關注」。即使是一七七四年，把全部資產和未來投入北美殖民地看來仍是個不錯的選擇。然而一七七五年四月，英國和北美軍隊在波士頓郊外交火，打響了革命的第一槍，從此殖民地就再也沒有哪一個角落能長久地置身事外了。在距離布朗的莊園最近的大城市薩凡納和查爾斯頓，愛國者們集結起來支持叛亂，要求布朗和他的鄰居們也加入。這麼做對他有任何好處嗎？其實沒有。他初來乍到，但他打算在殖民地度過餘生，一七七五年，殖民地的白人人口中有百分之十都是最近十五年才到此的新移民，就此而言，他是不是新移民無關緊要。他的土地和地位都要仰仗喬治亞省總督的保護，他還擔任了一個地方治安官的公職。何況他覺得，面對大英帝國全副武裝的軍隊，這個外省（編注：相對於「文明」的歐洲、英國而言，指美洲）叛亂獲勝的可能性微乎其微。在這緊要關頭，不管他對於家國大義有何想法，僅私利一項就讓布朗清晰地看到了自己的選擇。他拒絕了愛國者的提議，反而加入了一個對立的效忠派組織。布朗接著發現，愛國者的邀請就變成了要求，門前的這群武裝分子就是來傳達訴求的。

布朗站在自家廊下，身上黏溼的熱氣，彷彿襯衫裡又加了一件緊身衣。起初他試圖冷靜地與來人周旋，說自己無意與鄰居為敵，但「絕不能拿起武器對抗他賴以為生的國家」。談話很快就變成了對峙。有些愛國者「威脅說除非他加入組織，否則就強行把他拖到奧古斯塔去」。布朗回到屋裡拿起了武器，「決心盡一切可能抵抗暴力。」「看誰敢這麼做，後果自負！」他喊道，揮舞著自己的手槍。六個人衝向他，刀光閃過，槍聲響起，一枝槍托從他的頭頂砸下，打破了他的頭骨。他眼前一黑。[3]

接下來發生的故事是布朗後來根據自己迷迷糊糊的記憶補全的。他的頭被打破了，抽痛不已，身上還流著血，被拖著一路疾行，最終來到奧古斯塔。他被推倒在地，雙臂捆在一棵樹的樹幹上。他看到自己裸露的雙腿向外張著，像是怪裡怪氣的陌生事物，他看見他們把灼熱的棕色瀝青澆在上面，燙傷了雙腿，緊緊地黏在皮膚上。在他的腳下，他們堆起並點燃了柴火。火焰遇到瀝青後燃燒得更旺，皮肉都被烤焦了。他的雙腳著火，兩根腳趾被燒成了殘肢。襲擊者們拽著頭髮，拉過他被砸破的頭，把頭髮一簇簇揪下來。頭髮揪光之後，他們又用小刀割下一條條的頭皮，血沿著他的耳朵、臉頰和脖頸流淌。布朗被剝下一半頭皮，顱骨破裂，雙腳殘跛，渾身多處遭到砍傷和毆打，但他居然奇蹟似地活了下來。後來，有個醫生到他被關的地方給他包紮傷口，他身上的骨折慢慢痊癒。一個心懷同情的衛兵可憐眼前這位嚴重傷殘之人，同意放了布朗。他逃出生天，騎馬越過省境到了南卡羅萊納，在一位效忠派朋友家裡藏身。[4]

後來許多年裡，布朗經常想起愛國者們「對他施以慘無人道的酷刑」。他選擇性地不提他在奧古斯塔被強行拖去遊街受到公眾嘲笑，也沒提他和這類襲擊的許多受害者一樣，最終崩潰並同意加入組織（他一逃出來就立即公開否定了這個行為）。[5]但向襲擊者屈服帶來的屈辱，更加堅定了布朗反擊的決心。這次事件將他從一般市民變成了與革命勢不兩立的武裝敵人。僅用了幾周時間，在他仍因腳傷不良於行、頭上還綁著繃帶時，布朗就召集了數百位鄉間居民組成了一個效忠派民兵組織，「國王突擊隊」，對愛國者予以回擊。在遭受愛國者身心上的虐待後，布朗後來成了一名復仇心切的效忠派指揮官，殘忍的惡名遠近皆知。[6]

長久以來的歷史傳統，將美國革命宣揚為一場關乎理想的戰爭，而非屍山血海的鏖戰。[7] 然而對布朗和成千上萬被捲入這場衝突的平民而言，這就是美國革命的面目：暴徒橫行、鄰人反目，每個人都被迫在重重壓力之下做出選擇。隨著革命在各個殖民地愈演愈烈，一個又一個北美人面臨抉擇。他們是加入叛軍，還是繼續對國王和帝國效忠？答案與很多因素相關，包括核心價值觀、信仰、私利、當地局勢以及人際網絡。但不管他們當時的反應有多少偶然因素，其結果影響深遠，令他們始料未及。

何為效忠派？效忠派期望中的北美和大英帝國是什麼樣的？[8] 首先必須指出，跟本土英國人相比，同為北美殖民者的效忠派和愛國者之間有更多共同點。效忠派和愛國者關心的都是獲得土地、保有奴隸和監管殖民地貿易。原籍也不一定是導致政治分歧的重要因素。例如，湯瑪斯·布朗是個效忠派，但他從奧克尼群島帶來的一位契約傭僕卻立即逃走並加入了一個愛國者民兵組織。[9] 歸根究柢，關於效忠的選擇，更取決於雇主、職業、利潤、土地、信仰、家庭和朋友關係，而不是身為一個北美人或英國人所隱含的任何身分認同感。戰爭之初，殖民者們往往認為自己既是北美人也是英國人，因為他們既是殖民地的居民，也是英國的臣民。

革命事件的壓力日增，才是真正導致殖民地的北美人分裂成效忠派和愛國者兩大陣營的原因：威脅、暴力、強制宣誓以及最終的戰爭爆發。到一七七六年，愛國者們拒絕承認國王的權威，並為這種做法發展出了新的政治和哲學理由，而效忠派卻希望保留英國臣民的身分，希望十三殖民地仍是大英帝國的領土。效忠派大概能就這些基本觀點保持一致。然而，如果認為效忠派在思想意識上是整齊畫一的，或者認為他們只想保持現狀，就大錯特錯了。事實上，許多效忠派領袖都曾尋求改革帝國關係。他們抵制可能出現的威權統治，並急於捍衛自己的代表權。的確，在一七六〇年代和一七七〇年代的殖民地抗議聲中，未來的效忠派和愛國者們同樣齊聲反對英國暴政。在權利和自由等問題上，他們往往持有相同的殖民地視角，也以同樣委屈的語言反對帝國當局的不公正對待。這將在未來的戰後年代產生重要的反響，那時效忠派難民將發現，自己對於身為英國臣民的期待，與英國本土統治者時有不合。

說來也怪，殖民地的一切麻煩都始於英帝國歷史上最大的一次勝利。一七六三年，英國在「七年戰爭」中大獲全勝，使帝國版圖囊括了法屬加拿大、西屬佛羅里達和寶貴的加勒比群島，也讓它在印度站穩了腳跟。但與此同時，英國也債臺高築。為了抵銷成本，議會通過了一系列旨在促進帝國安全和繁榮的殖民地措施，然而它卻無意間激起了殖民地的反對。最惡名昭彰的當屬一七六五年的《印花稅法案》，這項對紙製品加收的稅賦看似無傷大雅，大大的適得其反，北美人（和很多英國人）指責這是濫用帝國權力，是由沒有充分代表殖民地的議會所強加的。很多未來的效忠派都曾發聲反對《印花稅法案》，但這些反對之聲也遭到了對北美「托利派」的首次全面攻擊，懷疑他們這麼做是希望加強王室與貴族的權力。街頭幫派，其中之一自稱「自由之子」（Sons of Liberty），他們破壞財產，襲擊個人，最旗幟鮮明的做法就是在人身上塗滿瀝青、插上羽毛，這是愛國正義的新標誌。[10]

暴力在殖民地已經是家常便飯了，而一七七三年，茶葉稅的徵收引發了更大的麻煩。十二月的一天深夜，波士頓的「自由之子」們在臉上塗滿條紋，看上去像印第安武士的樣子，湧上了停泊在波士頓港的英國茶葉船，把貴重的貨物傾倒入海。英國議會對此的回應是，通過了所謂的《強制法案》，關閉了波士頓港口，要求賠償茶葉。北美人立即宣稱這些法案是「不可容忍法案」。來自十三殖民地的代表決定在費城召開一次大陸會議，研議協調出一個回應共識。

在一七七四年九月到達費城的議員中，有少數幾位已經準備要開戰了。在一次大會晚宴上，當激進的檄文執筆人、剛剛從英格蘭回國支持愛國者一方的湯瑪斯・潘恩舉杯祝酒時，現場想必響起了熱烈的歡呼聲：「願英國火石與美國鋼鐵碰撞能產生自由之火花，以照耀……之苗裔焉！」但絕大多數代表可能還是在全體舉杯祝願「英國和殖民地在憲法的基礎上和諧統一」時，發出了更為由衷的歡呼。[11]在大多數議員看來，可能發生的戰爭根本沒有必要，何況那還是自毀的極端行為。最好是能找到一種既能主張殖民地權利和自由，又能繼續存留在帝國的羽翼之下的途徑。

為實現這個目標，賓夕法尼亞議會的議長約瑟・加洛韋提出了一個很有說服力的方案。[12]加洛韋與大多數同僚一樣，認為殖民地「在大不列顛的議會中沒有被〔充分〕代表，」但他們「討厭被人認為渴望獨立。」相反，加洛韋提議北美建立自己的議會：由一位大統領擔任議長的「大議會」。該北美議會應由每個殖民地派代表組成，將為管理殖民地事務「保持和行使一切立法權利、權力和許可權。」它還應有權否決英國議會制定的任何涉及北美的立法。這樣一來，殖民地既能享有地方自治，又能保留帝國貿易和保護的好處。加洛韋聲稱，如果殖民地想要遠離「內戰的恐怖」以及必然隨之而來的「北美的毀滅」，這樣一個「聯盟計畫」是唯一的出路。[13]

革命前夕，加洛韋的計畫是最重要的殖民地改革方案，但它並不是憑空產生的。加洛韋的導師班傑明・富蘭克林曾經在二十年前提出過一個非常相似的計畫，也就是一七五四年的奧爾巴尼聯盟計畫，該計畫是由他與後來被痛斥為「托利派」的麻塞諸塞省總督湯瑪斯・哈欽森一同制定的。[14]曾有一幅令人難忘的政治漫畫，將殖民地畫成一條斷蛇，富蘭克林在下面題寫過一句話，「不聯合，即死亡」（Join, or Die），指出北美大陸的聯合對北美未來的繁榮意義重大。[15]加洛韋把自己的聯盟計畫寄給當時在倫敦的富蘭克林，後者將此計畫給英國高層官員傳閱；富蘭克林唯一反對的是，它恐怕會讓北美捲入過多的大英帝國戰爭。富蘭克林的兒子、時任紐澤西省總督的威廉，則全心全意地支持該計畫。畢竟，它因訴諸北美人的感受而受到青睞。除了參戰之外，加洛韋的計畫給予殖民地管理一切事務的權力，提議賦予北美殖民地的自治權高於其他任何英屬領地，包括蘇格蘭在內。根據他的提議，北美立法機關所受到的約束也小於愛爾蘭議會。最重要的是，加洛韋指稱，他的計畫將有助於北美自身的發展。如果殖民地想要繼續發展和繁榮，就必須有一種至高無上的權威將它們團結起來，這符合富蘭克林「不聯合，即死亡」的精神；他指出，那或許就是所謂的「北美憲法」。[16]

一七七四年九月底的某天，議會對於加洛韋的聯盟計畫進行漫長的辯論。紐約代表團特別贊同該計畫，德高望重的律師約翰・傑伊明確表示贊成。一位來自南卡羅萊納的年輕正直的農園主宣稱，它「幾乎是一項完美的計畫。」加洛韋對自己的成就暗自得意，「每一位有產之士、許多最賢能的議員，都支持該議案。」但並非所有的同僚都被說服了。維吉尼亞省的派翠克・亨利堅稱，「我們無法滿足於被其他代表所代表」。[17]「自由之子」的創始人薩姆爾・亞當斯認為，殖民地徹底退出大英帝國會更有前途。投票表決加洛韋的計畫，五個殖民地投了贊成票，六個殖民地反對，計畫被擱置了。[18]議會沒有選擇進一步與英國結盟，反而公布了一系列決議，聲明北美人有權擁有英國臣民的「所有權利、自由和豁免權」，言辭鏗鏘，很像後來的《獨立宣言》。[19]

加洛韋計畫的贊成和反對票數的些微差距，為歷史學家提出了一個「如果」的有趣問題。如果那一票投向了另一邊呢？如果加洛韋的計畫被採納，十三殖民地後來的走向如何？愛爾蘭或許能提供解答：一七八二年的一系列改革之後，愛爾蘭議會被賦予了加洛韋曾為美國尋求的那種立法自由。一八〇〇年，愛爾蘭直接與大不列顛聯合，它的議會也被大不列顛議會吞併了。但更好的答案將在北美本地成形：一八六七年，上、下加拿大兩省、新不倫瑞克和新斯科舍合併成為大英帝國內部的一個聯邦自治領。這個聯合體被稱為「加拿大」，是帝國的首個「地方自治」（對本土政策擁有自治權）的範例，為十九世紀後期的愛爾蘭和印度自治運動提供了一個模版。在一七七四年的費城，加洛韋提出的帝國改革模式可說是在好幾個世代前就預言了地方自治。這是一個典型的例子，說明效忠派有他們自己充滿活力的政治願景。

看到自己的預言部分應驗，加洛韋當然不會感到欣慰。但他的計畫是北美試圖維繫與大英帝國之聯繫的最後一次集體努力，在議會否決後，便不可阻擋地走向內戰了。緊張關係已經到達臨界點，正面衝突只是時間早晚的問題。

警報最終在一七七五年四月十九日的黎明之前響起。據傳英國士兵正從波士頓趕來，要查封康科特附近的一個愛國者武器庫，麻塞諸塞省列星敦的民兵組織成員紛紛從床上爬起。民兵們以最快的速度在列星敦綠地集合，迅速備好毛瑟槍等待著，七百名訓練有素的英軍正規部隊有人步行、有人乘車，朝他們的方向前進。隨後便響起了槍聲。誰也不知道究竟是英國士兵還是北美民兵打響了那「傳遍世界的槍聲」（如詩人拉爾夫．沃爾多．愛默生後來那句著名的詩中所寫）。[20]但那無關緊要。因為雖然力量懸殊、目的不同，這兩隊人馬間的相似度要高於他們之前面對的其他任何敵人。對他們乃至成千上萬已經捲入戰爭的人來說，美國革命不是一部關於締造新國家的世界時代劇。這是一場關於舊帝國分裂的艱苦內戰。它加速了英國臣民日益分裂成北美人和英國人兩大對立陣營的痛苦過程。[21]效忠派的問題在於他們與兩方面都有著千絲萬縷的聯繫，既是扎根於此的北美殖民者，也是忠心耿耿的英國臣民。

對於在費城開會的議員而言，思想和信仰是他們爭論的明確主題。然而對於被迫捲入一場內戰的二百五十萬北美人來說，思想早已被暴力變得殘酷無情，乃至徹底取代。衝突一開始就足以將某些哪怕曾當選議員的人推到另一邊，其中就包括著名的紐約商人以撒．洛。雖然自一七六〇年代起，洛一直反對帝國濫用權力，但步入戰爭的深淵卻讓他愈來愈無法認同。一七七五年五月第二次大陸會議召開之時，洛退出了議會，待在家裡；沒過幾天，當有人請他出錢為愛國者部隊購買武器時，他更是徹底辭去了公職，不久便轉而支持英國了。[22]列星敦和康科特的小規模戰鬥打響之後，殖民地在幾周之內便建立起各級安全委員會，為新成立的愛國者立法機構執行效忠宣誓。這些誓言成為愛國者和效忠派之間分歧的重要標誌。拒絕宣誓的人可能會被監禁，面臨沒收財產或直接驅逐出境的處罰。拒不服從之人隨後還將面臨大眾司法審判。波納爾伯勒的牧師雅各・貝利還算是幸運的，只是莊園裡的牛羊受到襲擊。一七七五年，至少有二三十人有過跟湯瑪斯・布朗一樣的遭遇，被施以酷刑，被塗上瀝青，插上羽毛，當眾羞辱。[23]

隨後，戰爭本身的暴力開始蔓延。凱薩琳・斯金納第一次親身經歷革命時只有五歲，一天夜裡，士兵們闖入她家裡，把她猛扯下床，用刺刀捅入床墊，查看她的父親有沒有藏在床底下。凱薩琳的父親科特蘭・斯金納是紐澤西的最後一任皇家首席檢察官，他（像布朗一樣）拒絕了愛國者的提議，逃到英國人的地盤，把家人留在紐澤西鄉下。叛軍襲擊把斯金納一家人困在他們自己的房子裡，他們藏在地窖裡躲避槍擊，飢寒交迫、以淚洗面。最後，凱薩琳的母親總算設法帶著十個年幼的孩子逃到她大女兒的莊園上避難。冬天來了，寒風凜冽，白晝漸短。每當他們外出田野，都會看到又一間附屬建築被焚燒了，他們又有一頭豬或牛被叛軍毒死了。靠著貯存在凍得硬梆梆田地底下的蕎麥，斯金納一家勉強熬過了一七七六年到一七七七年的那個冬天。在一個極寒之日，家裡最年幼、一個笑迷迷、年僅十四個月的男嬰死去了。接連幾天，他們把他幼小的屍體留在屋裡，因為沒有牧師為他舉行葬禮，也找不到教堂，無法下葬。最後凱薩琳的大哥大姊們

「趁夜把那個可憐的小東西帶出去，埋在了田間角落裡。」[24]這類痛苦場景給凱薩琳留下了極其深刻的創傷，以至於六十多年後，她還能清晰地回憶起來當時的一幕幕，她的妹妹瑪麗亞大概也是一樣。

效忠派密切關注著戰爭的進展，有時他們藏起來避免正面衝突，有時則前往英軍的地界尋求庇護。當然，一開始，他們理所當然地認為英國會輕易獲勝。然而，一七七六年三月，當英軍因愛國者的襲擊而決定撤離波士頓時，事態卻明顯朝著令人不安的反方向發展。在撤離這座城市的命令中，英國將軍威廉・豪向任何希望追隨他們的效忠派平民開放了自由通道，無意間為接踵而來的數次撤離開了先例。至少一千一百名效忠派跟隨撤離的部隊一起乘船前往新斯科舍的哈利法克斯。[25]「據說，世上再沒有比這些可憐的人此刻的樣子更悲慘的活物了。」大陸軍總指揮喬治・華盛頓繼續說，「他們知道自己忘恩負義實屬邪惡，因而寧願將命運……交付給海上肆虐的風暴，也不願面對他們被冒犯的同胞。」[26]拋開華盛頓話裡話外的蔑視，難民們大概會同意他對他們悲慘情境的描述。波士頓難民們幾乎放棄了自己的一切財產和社會關係，成為第一批經歷大規模撤退的效忠派，也成為第一批體驗到種種艱辛的帝國流放者。

在英軍火力集中的紐約，三一教堂的助理牧師查爾斯・英格利斯焦灼地目睹著局勢日益惡化。身為被英格蘭聖公會授予聖職的牧師，英格利斯（和雅各・貝利一樣）無法容忍放棄對國王效忠，那畢竟是他所在教會的最高元首。但看到自己的國家陷入戰爭更讓他難過。一七七六年一月，湯瑪斯・潘恩發表了題為《常識》的小冊子，慷慨激昂、擲地有聲地為北美的獨立與共和制辯護。英格利斯隨即寫出了一本小冊子，動之以情、曉之以理地反駁潘恩的觀點，題為《公正地論述北美的真正利益所在》。「我在這本小冊子中看不到常識，只看到癲狂。」英格利斯寫道，「就連霍布斯也會因為有該書作者這樣的信徒而臉紅。」英格利斯生動地描述了他認為潘恩的觀點會給北美帶來怎樣災難性的後果：「殘酷的戰爭……將摧毀我們曾經的樂土……血流成河，千萬生靈如蹈水火。」英格利斯申辯道，北美真正需要的是改革帝國關係，以確保北美人的「自由、財產和貿易安全」。他說，「沒有哪一個活著的人像我此刻一樣，為北美當前的局勢而痛徹肺腑，抑或為能看到這一切在眼前消失，看到我們把自由建立在恆久的憲法基礎上，而歡喜若狂。」但他發自內心地認為，共和必將導致混亂失序，獨立必會帶來衰落凋零。他理當「為上帝、為我的國王和國家」而抵制這一切。潘恩的匿名作品出版時署名「一個英國人」，但出生於愛爾蘭的英格利斯卻在自己出版的小冊子上驕傲地署名「一個北美人」。[27]

英格利斯希望潘恩的小冊子「像其他文字一樣被世人遺忘。」[28]但事實上，它甫一出版便轟動一時，據說單是一七七六年就售出了五十萬冊，相當於每五個北美人就有一人擁有一冊，正是這本小冊子推動了北美人一面倒地擁護獨立。[29]相反，英格利斯的小冊子卻被印刷商全數收回並付之一炬，英格利斯譴責這是「對出版自由的無情踐踏」。更多的冒犯隨之而來。紐約安全委員會命令國王學院（今哥倫比亞大學）裡傾向效忠派的董事們把學院的圖書館清空，好把整個建築變成大陸軍的軍營。一七七六年五月，被懷疑是紐約效忠派的人被趕到一處，被迫上交了他們擁有的全部武器。隨後的那個月，更多人被暴民抓捕，「被迫騎在木棍上，赤身裸體，身上傷痕累累。許多人被迫逃離了城市，再也不敢回來。」到夏天，因密謀暗殺喬治・華盛頓的謠言，英格利斯和他的朋友們已活在「極大的驚懼和恐怖中」。[30]隨後，國會在一七七六年七月四日投票通過了《獨立宣言》。關於聯盟、改革和身為英國人之自由的一切愛國言論皆被一掃而空，而湯瑪斯・傑弗遜關於普世的、「不證自明」和「不可剝奪的權利」的清晰表述取而代之。儘管在文件上，該宣言把英屬十三殖民地變成了獨立的「美利堅合眾國」。雖然美國真正成為現實還有很長的路要走，但該宣言對於鞏固愛國者和效忠派各自的立場有至關重要的作用。從現在起，獨立變成了壁壘分明的界線，要麼支持，要麼反對。獨立使得任何協助或支持英國的人變成了美國的叛徒。它還附帶著一個象徵意義。《獨立宣言》所使用的語言把英王喬治三世變成了愛國者們恨之入骨的英國統治者。反之，對效忠派而言，國王成為他們團結的焦點；支持國王是他們每個人共有的信仰。

不再有國王，不再有英國議會，不再有大英帝國：隨著《獨立宣言》的消息傳遍北美，眾人立即明白了它的意義所在。象徵國王權威的標誌在狂熱的反偶像運動中被砸碎。愛國者們在波士頓街頭遊行，毫不留情地拆除搗毀客棧招牌、匾額或任何帶有皇家象徵的東西。在巴爾的摩，他們用車推著國王的雕像遊街，像推著一個被判死刑的人前往刑場，然後在數千群眾面前將其焚毀。在紐約市的鮑靈格林，一夥士兵和急切的市民用繩子圍住英王喬治三世的一座騎馬雕像，把它從大理石基座上拉下來，砍去雕像的頭部，把它插在鐵籬尖上。英格利斯記錄了那個被斬首的雕像被拉著橫穿城市，一直來到大陸軍兵營，也就是「在幾個軍團的首領面前宣讀《獨立宣言》」的地方。雕像中寶貴的鉛將被熔化，製成了四萬多顆子彈。[31]

英格利斯被「當前嚴重的事態」和「對任何膽敢為國王祈禱的人發出的最為兇殘的威脅」嚇壞了。他還算幸運，很快就找到了逃脫的途徑。因為準備進攻紐約市，許多皇家海軍的船隻停在港口，「像林中樹木一樣密集。」[32]一七七六年八月的最後一周，一支三萬人的部隊在布魯克林登陸，紅色軍服的英軍遠看就像紅浪翻滾。他們在布魯克林高地擊潰了華盛頓的大陸軍，橫渡東河占領了曼哈頓。英國在紐約的全面勝利幾乎當場就終結了戰爭，只是因為英國方面的錯誤決策和美國的好運，才讓華盛頓得以逃出生天，他日捲土重來。相反，在戰爭餘下的時間裡，紐約市成了英國軍事行動的中心基地，它也成為效忠派在殖民地的最大據點，效忠派紛紛從周圍飽受戰爭蹂躪的地區湧入這個避難所。[33]一七七六年九月英軍最初占領時，這座城市僅有五千個居民，看到英軍到來，許多愛國者都逃走了。不到六個月後，效忠派難民就讓城市人口增加了一倍，不久，紐約收容了二萬五千到三萬名效忠派，成為北美殖民地的第二大城市。[34]

難民們來到紐約尋求保護和穩定，但他們也為此付出了代價。英軍到達幾日後，曼哈頓東南端的一條船道失火。火舌吞噬了百老匯，繼而焚毀了整個城市四分之一的建築物。英軍指揮官們認為大火是由愛國者縱火犯點燃的，立即宣布紐約全城戒嚴，一直持續到戰爭結束。[35]效忠派們痛恨在軍事占領區生活，不得不忍受喧囂的英軍士兵各種心血來潮的古怪念頭。[36]（英軍士兵駐紮於北美家庭中一直讓殖民地怨聲載道，不是沒有理由的。）一七七六年秋，忿忿不平的紐約難民向英軍總指揮提交了一份抱怨戒嚴的請願書。「值此時艱，吾等穿荊度棘，攀藤附葛，仍一貫扛鼎助力，今特此上書表明心意，堅定吾等對大不列顛於殖民地合憲權威之回應支持，」請願者強調道。「〔故〕對令當世蒙羞，至為邪惡、無端違逆之叛軍，吾等未曾予以分毫弘獎激勵；自其興起之日，乃至逞兇肆虐，吾等始終不以為然，甘冒虎口之險，傾蕩家財，針鋒相對。」如此耿耿忠心，他們辯稱，他們理應受到「勉勵嘉獎」，而不是任帝國的鐵拳較以往更勝地緊勒住他們的咽喉。[37]

一封坦蕩直白的依附宣言，這份請願書顯然不似《獨立宣言》那樣言辭優美、振奮人心。但它清楚表明了廣大北美效忠派民眾希望從大英帝國那裡得到什麼。不似與《獨立宣言》所宣稱的，他們無意與英國「解消政治捆縛」。相反，他們尋求英國與殖民地之間「迅速恢復同盟」，因為該同盟曾帶來了那麼多「共同幸福與繁榮」。然而另一方面，這些紐約人可不是落後的反動派。他們與英國和平重建同盟的尋求，更傾向於像約瑟．加洛韋等人的計畫那樣，讓殖民地獲得更大的自治權。他們也不是不假思索地對某個實際上的占領軍「效忠」。

該「依附宣言」還準確闡明這些效忠派都是何許人也。一七七六年十一月底，這份請願書在華爾街斯科特客棧的一張桌子上放了三天，有意願者均可簽名。共有七百多人簽上了自己的名字，是《獨立宣言》簽名人數的十二倍。簽署者的名單來自社會各個階層，從有家有產的顯貴人物到無足輕重的當地農民和手工業者。第一位簽名人休．華萊士是城裡最富裕的商人之一；他和弟弟亞歷山大都是愛爾蘭移民，藉由娶了前議員以撒．洛的兩個妹妹，鞏固自己白手起家的產業。查爾斯・英格利斯和紐約其他主要牧師緊隨其後。紐約市最顯赫的地主家族，包括德蘭西家族、利文斯頓家族和菲力浦斯家族，也派代表在請願書上簽上了自己的名字。但絕大多數簽名者都屬於維持紐約日常運轉的普通人：有客棧老闆和木匠，也有來自哈德遜河谷和紐澤西的農民，包括日爾曼人、荷蘭人、蘇格蘭人和威爾士人。他們中間有為英軍供應麵包的烘焙師約瑟・奧查德，有理髮師和香水商詹姆斯・迪斯。很多簽署者後來還參加了戰鬥：像阿莫斯・盧卡斯離開了自己位於長島的農田，加入了一個效忠派軍團，格林威治的鐵匠詹姆斯・斯圖爾特是「七年戰爭」的老兵，也於一七七七年加入英軍。這份請願書一方面記錄了那個時代的社會等級階序，位於最上面的是「顯赫的市民」，他們的扈從和普通市民尾隨其後，但另一方面，它也彰顯了效忠派的社會多樣性。[38]

正如愛國者圍繞著一個獨立國家的理想團結在一起，對國王的忠誠也促成了一個與之並立的北美聯合體，它的理想是維護一個長治久安的帝國。然而，這些紐約效忠派的一個不祥之兆，後來成為了他們反覆深陷其中的困境。他們的確找到了一個安全之所，但並不見得舒適。他們期待從英國手中獲得的，不一定是英國當局願意給予的。此外，他們雖然不打算與帝國徹底斷絕關係，但也不希望被當成搖尾乞憐的雜役對待。在戰爭期間遭到這樣的待遇是一回事，但很多人會失望地發現，直到和平時期，效忠派的期待與英國的慣常做法之間是相互脫節的。

如此說來，難怪會有傾向於國王的殖民者覺得自己身處兩難，不願公開宣稱投身效忠派，那只會讓他們受到處罰、被沒收財產、背井離鄉，承受隨之而來的百般痛苦。一七七七年冬天，紐約大地主貝弗利・魯賓遜就面臨著這樣的困境。戰爭開打將近兩年，魯賓遜仍不知如何是好。他出生於維吉尼亞，一七四〇年代成為一個殖民地軍團的軍官來到紐約，同行的還有兒時好友和軍官同僚喬治・華盛頓。他在那裡遇到了紐約大地主家族成員蘇珊娜・菲力浦斯並娶了她。（華盛頓追求蘇珊娜的妹妹未果，後者拒絕了他，嫁給了一位未來的效忠派。）因為這次婚姻，魯賓遜成了該地區擁有最多地產的顯貴之一。魯賓遜一家住在紐約市以北九十六公里的哈德遜高地的一所奢華大宅裡。從富足的租戶那裡收取豐厚的地租、友鄰和睦，還育有天真活潑的兩個女兒和五個兒子，貝弗利・魯賓遜有足夠的理由相信，一七七〇年代會成為他一生中最閃亮的年華。「自從那個黃金年代以後，他和家人就再也沒有享受過那麼完美的天倫之樂和田園之趣了，」魯賓遜的四子弗雷德里克・菲力浦斯・「菲爾」・魯賓遜曾在回憶中暢訴幽情。[39]相反，此時的貝弗利・魯賓遜必須要面對他一生中最大的抉擇了。

他會公開宣稱效忠國王嗎，畢竟他身為一名民兵軍官和縣法官，已經屢次宣誓對國王效忠。他還能繼續保持沉默嗎？抑或他能和許多熟人一起，與那個已經變質的帝國斷絕關係？他的選擇要冒極大的風險。魯賓遜的內心深處不希望自己的世界發生變化，他怎麼會有那樣的希望呢？作為一名上流社會的地主，他在北美的生活與英國貴族無異。然而公開效忠派身分則會給自己、家人和財產帶來巨大的危險。更何況他深愛著這片國土，也牽掛著它的未來。如果殖民地打贏了這場戰爭，美利堅合眾國宣布獨立了，他不一定樂意因此而放棄紐約的一切。

魯賓遜還算幸運，叛軍沒有找上門來，像他們對湯瑪斯・布朗那樣。但一七七七年二月，事情終於到了緊要關頭，魯賓遜被一個「陰謀偵察委員會」傳喚，就他的中立態度接受了審訊。審訊官中有一位是魯賓遜的老朋友、紐約律師和議員約翰．傑伊。「閣下，」傑伊冷靜地告訴他：「我們已經渡過了盧比孔河＊，現在每個人都必須表明立場，放棄對大不列顛國王效忠，宣誓對北美合眾國忠誠，否則就是投敵，因為我們已經宣布獨立了。」[40]這樣的兩難選擇直指魯賓遜的要害。「我還無法想像背棄對國王的忠誠，」在他們見面之後，他沮喪地寫信給傑伊說，也「不願意讓自己或家人離開這個國度。」他說自己會最後跟朋友們商量一下，「想想我這千瘡百孔的可憐國度當前這可悲可嘆、失魂落魄的境遇。」魯賓遜最後說道，「如果我確信無法公正合理地達成和解，我將……樂意與我的國家同甘共苦。任何事情也無法誘惑或強迫我做出任何我認為……有損我的國家利益的事情。」[41]

魯賓遜的掙扎也讓傑伊焦慮不安。傑伊本人也早就希望能與英國和解，因此他也支持加洛韋的聯盟計畫。面對獨立的盧比孔河，他跨了過去，但好幾位密友卻留在了對岸。[42]由於迫切希望阻止又一起友誼破裂，傑伊發自內心地懇求蘇珊娜．魯賓遜，請她說服丈夫不要公開自己的效忠主張。「魯賓遜先生已經將自己和家人及後代的幸福置於險境，為的是什麼？是在自己的想像中維護對一位國王的不切實際的忠誠……這位國王利用自己的議會……宣稱有權在一切情況下對您和您的子女加以束縛。」他請她考慮一下，若他們仍效忠英王，魯賓遜一家會有怎樣的遭遇。「切記，如果您帶著這麼大一家子人前往紐約，大概會飢寒交迫，無盡的焦慮會讓您不得安寧，」他警告說：

想像一下那個兵臨城下的場景吧，您本人和孩子們將身陷交戰兩軍之中，如果撤離，您將撤向哪裡，跟誰一起，又將以何種方式開啟那段旅程？您能想像永遠生活在軍隊的羽翼之下，惶惶不可終日嗎？如果上帝的旨意是美國必將自由，您準備在哪個國度度過餘生，如何撫養孩子們長大成人？這些事情可能只是我危言聳聽，但請別忘了它們也有可能成為現實。[43]

事實證明，傑伊的警告竟字字透著先見之明。但這樣的遠見也未能讓友人改變心意，即使面臨內戰，魯賓遜最終還是拒絕與國王決裂。一七七七年三月，貝弗利．魯賓遜終於表明立場，旗幟鮮明地與英國人站在一起。長久以來，魯賓遜一家一直都是這場衝突的旁觀者，此時卻全數投入了戰爭。魯賓遜籌資建立了一個新的外省軍團（附屬於英國軍隊的效忠派軍旅之一），名為「皇家北美軍團」，他本人親自擔任上校團長。他的長子小貝弗利．魯賓遜擔任該軍團的陸軍中校，次子擔任上尉。[44]當他的四子菲爾．魯賓遜符合年滿十三歲的參戰年齡時，這位少年也在一支英國步兵部隊中擔任職務。蘇珊娜．魯賓遜和其他幾個孩子撤退到被占領的紐約尋求保護。在

＊盧比孔河（Rubicone）是義大利北部的一條河流。在西方，「渡過盧比孔河」（Crossing the Rubicon）是一句成語，意為「破釜沉舟」，它源於西元前四十九年，凱撒破除了將領不得帶兵渡過盧比孔河的禁忌，帶兵進軍羅馬，與格奈烏斯．龐培展開內戰，並最終獲勝的典故。

那裡，查爾斯．英格利斯主持了一個小小的儀式，小貝弗利娶了另一位皇家北美軍團軍官的妹妹安娜．巴克利。就在魯賓遜一家為維護他們心目中的帝國北美而戰時，紐約州政府以獨立之名沒收了魯賓遜的莊園。後來，華盛頓和手下軍官們將魯賓遜的宅邸當作總部（彩圖一），他曾在此處和效忠派友人推杯換盞，如今他在同樣的地方向英軍指揮進攻身分。[45]

就在貝弗利．魯賓遜還在為是否在這場戰爭中採取立場而搖擺不定時，附近的一群紐約人已經在積極地為大英帝國而戰了。他們是莫霍克印第安人，是參與美國革命的眾多原住民族之一。雖然他們的經歷顯然與殖民者和奴隸不同，但出於多種原因，而與白人和黑人效忠派站在同一陣營。在殖民者看來，印第安人參戰意義尤其重大，對他們自己選擇立場也不無影響。[46]但這並不只是一場白人之間的內戰，它也使得北美原住民之間相互聯合和分裂。對於莫霍克人而言，與英國人並肩作戰所導致的結果，與白人和黑人效忠派既相似又有交集，最終也把他們拉入了效忠派難民的隊伍。

在白人殖民地的邊境，美國革命看起來並不像是一場關於賦稅和代表權的戰爭。這是一場關於土地權利的戰爭，與其說是《印花稅法案》等提高政府收入的措施是戰爭的導火線，不如說是《一七六三年公告》，而根據該公告，英國禁止殖民者在阿帕拉契山脈以西的地區建立殖民地。[47]英國官員之所以通過了這個措施，部分原因是為了制止白人和印第安人之間隨擴張而產生不可避免的暴力。對渴望土地的殖民者來說，沒有什麼比這樣的立法更邪惡了。殖民者和印第安「野蠻人」之間數十年的戰爭產生了一些極端野蠻的作戰方式，在白人看來，最登峰造極的莫過於剝頭皮。[48]（當湯瑪斯・布朗聲稱一七七五年八月那天，「我的頭皮被剝下了三四處」時，他使用了北美殖民者所能使用的最惡毒的中傷：把襲擊他的人比作印第安人。）[49]印第安人－白人關係的暴力史，對拓荒殖民者們效忠與否的決定產生了重要影響。布朗和他的鄰居們之所以選擇效忠英王，原因之一就是他們指望英國政府保護他們免受印第安人的襲擊。而愛國者們反叛的原因之一，則是英國人**未能**保護他們。

革命的到來也給了印第安人一個選擇。長期以來，歐洲列強長期依賴印第安人在殖民地戰爭中跟他們並肩作戰，這次也不例外。英國人和愛國者都派人前去招募印第安人加入行列，也就給了印第安人機會去權衡自己的信仰、良心和集體利益等問題。哪一方會讓他們最大限度地保護自己的自治權？就這方面的考慮而言，沒有哪一個原住民民族比莫霍克人記錄得更完整，或許他們也是算計得最精明的。由於這個時期印第安各民族仍屬自治，歷史學家往往拒絕把那些替英國人作戰的印第安人定義為「效忠派」，而只是把他們視為「同盟」。但莫霍克人跟英國的聯繫尤其長久深入。在他們自己乃至同時代的白人看來，他們也可以被視為效忠派。

作為易洛魁族聯盟，即所謂「六族聯盟」的一部分，莫霍克人與英國人的結盟可以追溯到遠在革命很久以前。英國與易洛魁人的聯盟被稱為「鏈條盟約」，其基礎既是雙方簽訂的條約，私人之間的關係也起了很大的變革作用。將近二十年來，擁有巨大影響力的北部印第安人事務督察專員威廉・詹森爵士一直都在維護著這種關係。詹森堪稱成功愛爾蘭移民的典型，一七三八年到達紐約時，他可以利用的資源只有一個很好的親戚（他的叔叔是一位著名的海軍上將），和他招募來在他叔叔的莊園上耕作的十幾個家庭。他最終建立了一個龐大的個人帝國，占地十六萬公頃，橫亙莫霍克河谷。在他自己的詹森莊園裡，威廉爵士過著一種新式封建領主的富貴生活，有幾百位佃農為他服務。與此同時，他還和自己的第三任妻子，傑出的莫霍克族人瑪麗·「莫莉」·布蘭特合作，監管著一片多元文化領地。夫婦二人生養了八個白人莫霍克人混血兒，他們住的房子是最卓越的喬治亞式風格建築，有黑奴服侍，往來的賓客既有白人，也有印第安人。在定期舉辦的印第安人會議上，詹森夫婦為數百人舉辦奢華的宴會，圍著會議篝火談判和簽訂條約。詹森在殖民者和印第安人中的權威影響力，使得他在一七六八年促成了《斯坦威克斯堡條約》*的簽訂，在紐約和賓夕法尼亞兩地的英國和印第安人地盤之間畫出了明確的邊界。

一七七四年，就在他的世界分崩離析的前夜，詹森去世了。但「詹森」仍然是紐約北部地方的一個號召力很強的名字。督察專員的職位將由他的女婿蓋伊·詹森和兒子約翰·詹森爵士相繼擔任，另一位女婿擔任副專員。詹森一家根據英國的政策給予莫霍克人許多特權，與此同時，莫霍克人也向英國人授予特權。威廉爵士去世後僅僅數月，戰爭就爆發了，詹森莊園中地位最高的女性前輩莫莉·布蘭特積極召集易洛魁人為英國人而戰。效忠派是她顯而易見的立場：無論是親友關係網，還是與殖民者之間的夙仇，以及仔細權衡的私利，都指向英國一方。六族聯盟的其他成員也都追隨莫霍克人的選擇，只有一個著名的例外。奧奈達印第安人認為愛國者可能會贏得這場戰爭，並基於這個考慮選擇加入了另一方。就這樣，美國革命分解了易洛魁人聯盟，把六族聯盟變成了五族與一族之間的對立；它還從內部分化了印第安人，有些村落仍然保持中立，其他村莊則紛紛參戰。[50]

莫莉．布蘭特的行為讓英國人相信，「對五族來說，她的一句話比任何白人說一千句話都管用，無一例外。」[51]因此，英國人反覆承諾她特殊待遇，如房子和高達每年三千到四千英鎊的津貼。[52]與此同時，紐約愛國者們則就布蘭特的影響提出了全然不同的證詞。「瑪麗．布蘭特（別名詹森）」是記錄在案的效忠派名單上僅有的五個女人之一，根據紐約州沒收法案，她們被正式剝奪了全部財產。（另外四個女人也全都姓詹森。）[53]不管她本人如何描述自己的立場，英國人和北美人的這些行為顯然把莫莉．布蘭特描繪成了一位效忠派。

但最鮮明體現英國人與莫霍克人之間關係的，當屬莫莉那位四十歲的弟弟泰因德尼加，他的非印第安人朋友們喜歡叫他約瑟．布蘭特。[54]在莫霍克語中，「泰因德尼加」意為「兩根樹枝」，或者「兩邊下注之人」；約瑟在兩種文化中成長起來，姊姊莫莉帶他進入詹森莊園那個多種族的社會中，威廉爵士幾乎待他如養子，所以他這個名字真是恰如其分（編注：約瑟是聖經中雅各之子中最得寵的）。十八歲時，約瑟已經是「七年戰爭」的授勳老兵了，詹森資助他前往康

＊一七六八年的《斯坦威克斯堡條約》（*Treaty of Fort Stanwix*）是六族聯盟（或易洛魁人聯盟）與英國北部印第安人事務督察專員威廉．詹森爵士簽署的，是根據《一七六三年皇家公告》談判的第一個主要條約。在該公告將殖民地的邊界確定為阿帕拉契山脈、把大部分北美腹地仍保留為原住民領土之後五年，《斯坦威克斯堡條約》又把該邊界向西推到了俄亥俄河。

乃狄克，在傳教士依利沙・惠洛克所創辦的著名「印第安學校」學習。他後來自謙地表示自己在那所學校裡精修的英語是「一半英語一半印第安語」，但這個標籤倒也合適，因為惠洛克的學校的確有助於布蘭特鞏固了自己的雙重身分。[55]得益於家世和婚姻關係，布蘭特在莫霍克社會和政界享有很高的地位，並在父母位於莫霍克河谷的農場裡過著舒適的生活。與此同時，他也頗擅長與白人結交，成為虔誠的基督徒，並為來此向莫霍克人傳教的聖公會傳教士約翰・斯圖亞特擔任翻譯。[56]

革命把布蘭特的跨文化角色搬上了國際舞臺。不久，他就成了莫霍克人的酋長，族名泰因德尼加，還擔任軍職，人稱約瑟・布蘭特上尉，是英軍中軍階最高的印第安人。他還學會了把盎格魯－莫霍克人的角色扮演到極致，完美得令人炫目。一七七五年底，他陪同印第安人事務督察專員蓋伊・詹森一起前往倫敦，希望為莫霍克人爭取土地的行動，直接向國王爭取支持。「他身穿普通的歐洲服裝時，似乎沒什麼出眾之處，」當時的一家報紙如是說。但他知道如何讓自己與眾不同。他請著名的肖像畫家喬治・羅姆尼為自己畫了一幅肖像，他頭戴一綹猩紅色羽毛，左手上橫搭著斗篷，右手握著一把印第安戰斧，脖子上戴著閃閃發光的十字架和甲冑（彩圖二）。他的魅力迷住了詹姆斯・博斯韋爾，被引薦到宮廷，還被請入一所著名的共濟會會所。論及自己對倫敦的印象，印象最深的是那裡的淑女們，還有俊美矯健的良馬。[57]

莫霍克人在布蘭特姊弟的帶領下，以詹森莊園為基地參與美國革命，是多民族利益在大英帝國旗幟下的一次真正融合的體現。作為效忠派，莫霍克人可以從英國人那裡獲得比其他印第安民族更多的支持和資助。英國人也依賴他們協防加拿大邊境，那是英屬殖民地中最長的邊境線。但當戰爭開始將矛頭指向莫霍克人時，效忠派立場最終也無法保護他們。

在莫霍克河谷，一七七七年的夏天是野蠻血腥的，因為慘烈的戰鬥分化了易洛魁人聯盟。愛國者和奧奈達人軍隊洗劫了莫莉．布蘭特的家鄉卡納約漢利村，還把她的房子搶劫一空；一位軍官來來回回，把她的絲質長袍和金銀首飾裝了好幾大車帶走了。愛國者們住進莫霍克人漂亮的房子，用他們儲存的玉米、捲心菜和馬鈴薯大擺筵席。[58]但那一年之所以載入史冊，是因為英軍在紐約的另一場進攻。這次戰役由約翰．伯戈因將軍指揮，原計畫是要分化殖民地，為英國贏得戰爭。卻事與願違。英軍進攻過程中的一次意外，成了糟糕的凶兆，一位北美少婦被殺，還被英國的印第安人同盟剝了頭皮。這個事件激起了愛國者對英國人歇斯底里的仇恨，讓他們前所未有地將英軍的紅色軍服與其所僱用的紅皮膚「野蠻人」聯繫起來。[59]志願兵紛紛加入愛國者軍隊，而伯戈因的軍隊節節敗退。到十月，英軍從大約八千人減少到五千人，而與之對峙的北美軍隊則是他們的兩倍。他們被北美軍隊不停地追趕騷擾，最終到達紐約奧爾巴尼附近的薩拉托加村時，士兵們疲憊到極點，在大雨滂沱中就紛紛倒在溼漉漉的地上睡去了。一七七七年十月十七日，在團團包圍和持續攻擊下，伯戈因將軍帶著他的軍隊向愛國者投降了。[60]

英軍在薩拉托加的投降成為美國革命的轉捩點。英國最高指揮官在屈辱中辭職，遠在倫敦西敏區的英國政府也不可挽回地分裂了。最重要的是，薩拉托加為美國帶來了一個至關重要的歐洲盟友，法國開始與美國並肩作戰。一年後，西班牙也緊隨其後。突然間，英國不光是與北美的愛國者為敵，更變成了一場與兩個最大的帝國對手間的全球戰爭。外國勢力的加入產生了關鍵影響，強化了愛國者與效忠派、北美人和英國人之間的分裂感。在薩拉托加投降後，對效忠派的迫害大幅增加絕非巧合，體現在一系列反效忠派法律上。那場戰鬥之後僅僅六個月，就有六個州強化並擴大了各類考驗法案，強迫眾人效忠宣誓。一七七八年，新罕布夏、麻塞諸塞、紐約和南卡羅萊納都通過了允許逮捕或流放效忠派的懲罰性法律。賓夕法尼亞通過了一個對「各種叛國者」沒收財產、剝奪公民權的法案。紐澤西建立了一個安全委員會。德拉瓦禁止與敵人進行貿易。喬治亞實施了一個語詞含混但目的險惡的法律，要求嚴防「本州境內的不忠……人士的行為可能導致的危險後果。」[61]當英國人占領費城僅僅九個月後，又於一七七八年六月戰略性地放棄該地時，有數千效忠派成為欲赴英國的難民，其中就包括約瑟・加洛韋和他的女兒貝琪。

逃跑的不光是白人。薩拉托加幾乎敲響了易洛魁人支持英國的喪鐘。「伯戈因將軍慘敗的消息傳來，」莫莉・布蘭特「就發現五族變得非常動搖和不穩定了。」但她仍召集了盟友，提醒一位塞內卡酋長「牢記他和已故的威廉・詹森爵士之間長久的偉大友誼和眷愛，只要一提起詹森爵士，她的雙眼便噙滿淚水，」並牢記他曾承諾「與英國國王及其友人結成生死與共的友誼和同盟。」她的言辭說服了酋長「和在場的其他五族成員，他們向她承諾效忠，對她值得敬仰的亡友恪守承諾，因著他和她，堅定持久地擁護國王，為她所受的冤屈和傷痛報仇。」[62]莫霍克人的效忠立場占了優勢。但此時，莫莉・布蘭特和大部分莫霍克人都已成為難民，他們向西逃往加拿大邊境尋求安全，與其他效忠派的命運無異。

自一七七五年以來，英國官員一直希望效忠派能夠在人數上獲得優勢，以便戰爭速戰速決，這不是期待而是指望。大約一萬九千名效忠派人士加入了各個外省軍團，尚可與大陸軍鼎盛的二萬五千軍力相匹敵，但與包括愛國民兵在內的北美聯合力量相比就少得多了，更別提英軍到處都缺少兵力。[63]薩拉托加之後，召集效忠派人馬變得比以往更為緊迫。約瑟・加洛韋和其他幾位傑出的難民，在英格蘭說服英國大臣們，尤其是殖民大臣喬治・傑曼勛爵，如果給他們足夠的支持，仍將有更多的效忠派為英國而戰。最大的勝算當屬南卡羅萊納和喬治亞。在人口組成、經濟和文化上，這兩個南方的殖民地，和鄰近的效忠派領地：東、西佛羅里達及英屬西印度相近的程度，與它們和革命策源地新英格蘭的相似程度差不多。在這兩個地方，奴隸與白人的比例是各個殖民地中最高的（約一：一上下），這往往會鼓勵那裡害怕奴隸暴動的白人想方設法維護社會穩定。尤其是建立於一七三三年的喬治亞省，白人人口只有三萬五千人左右，許多人都與英國和英屬加勒比地區保持密切聯繫。[64]因此，在薩拉托加的災難性投降後，英國應將戰略重點轉向南方。

約翰・利希滕斯坦（他時常把自己的姓氏英語化，自稱萊頓斯通）恰是那種英國希望能夠提供支持的南方效忠派。一七六二年，利希滕斯坦從歐洲東部邊緣移民到喬治亞：他出生於俄羅斯聖彼德堡的一個日爾曼新教牧師家庭。在喬治亞，他娶了凱薩琳・德勒加爾為妻，岳父是該殖民地的第一批殖民者，一位胡格諾派教徒。利希滕斯坦在薩凡納以南的斯基達韋島上收購了一片規模適中的靛青農園，還有十幾個奴隸；他還在一條政府偵察船上擔任船長，在海岸附近的水道巡邏，並因而掙得一份佣金。利希滕斯坦家唯一的孩子伊莉莎白生於一七六四年，她回憶兒時在斯基達韋島上的家是真正的樂園，種滿了「無花果、桃子、石榴、榅桲、李子、桑葚、油桃和橘子」。但寧靜的牧歌生活並沒有持續多久。伊莉莎白十歲時，母親去世了；兩年後，戰爭的爆發再次讓她的世界天翻地覆。利希滕斯坦繼續指揮偵察船，直到愛國者們要求他把偵察船交出來。他拒絕了，選擇效忠於為他提供生計的政府。但愛國者還是沒收了船，利希滕斯坦撤回到斯基達韋島上。[65]

一七七六年的一天清晨，利希滕斯坦正在刮鬍子，看到窗外一群武裝分子正朝他家走來。他還算幸運，有個奴隸勇敢地引開了那群人，讓他有時間趕緊穿好衣服，帶著三個奴隸搭乘一艘小船逃走。這幾位逃亡者逃到停泊在薩凡納城外的一艘英國軍艦上。利希滕斯坦隨這艘軍艦（船上還帶著現已被免職的喬治亞殖民地總督詹姆斯・賴特爵士）來到新斯科舍哈利法克斯的避風港。他在哈利法克斯參加了一七七六年攻打紐約的遠征軍，在那裡被正式任命為英軍的軍需官。

正因為擔任這個職位，利希滕斯坦成為一七七八年底在薩凡納城外沼澤地上登陸的三千名英國和效忠派士兵之一，開啟了英軍向南進攻的序幕。對於他和許多在稻田中行軍的人來說，這是重返家園。利希滕斯坦對這片區域瞭若指掌，幫助來自蘇格蘭高地的陸軍上校阿奇博爾德・坎貝爾選擇了下船的地點。英國人迅速占領了薩凡納，把那裡當為後續軍事行動的據點。在湯瑪斯・布朗的突擊隊員和其他效忠派援軍的幫助下，坎貝爾向奧古斯塔進軍，以保護邊遠地區不受侵襲。詹姆斯・賴特爵士恢復了總督職位，使喬治亞成為唯一一個正式恢復國王控制的叛亂殖民地。

這段時期，伊莉莎白・利希滕斯坦一直在一個姨媽鄉下的農園中躲避戰亂。約翰・利希滕斯坦如今重返薩凡納，他立即簽發了一張通行證，讓分別已久的女兒前來會合。她進城時，那裡仍然處處是戰鬥的痕跡：街上鋪滿了從書籍和帳本上撕下的紙張；從被褥裡扯出的羽毛與塵土到處飛揚。她對周圍的一切都不熟悉。首先是父親，她已經三年沒有見過父親了，對他敬畏有加，卻無法親近。城市生活也讓這位「不諳世故、不了解世界及其風俗習慣的女孩」覺得陌生，過去幾年她一直避世隱居。儘管如此，伊莉莎白已不再是個十二歲的孩子了。十五歲的她是個年輕姑娘，和父親新結交的效忠派朋友們打成一片。的確如此，父親很快便驚慌地發現，她戀愛了。[66]

伊莉莎白在薩凡納時，住在路易士．約翰斯頓醫生家裡，這位蘇格蘭人一七五〇年代初在聖基茨短暫停留後移民到喬治亞，在聖基茨娶了一位農園主的侄女。約翰斯頓能者多勞，從事多種職業，既是行醫醫生、也是富裕的農園主，又是一位公務員，他是總督議會成員，還擔任議會議長。戰爭爆發時，醫生和他的家人拒絕放棄忠誠，成為薩凡納最著名的效忠派人士之一。約翰斯頓的一個弟弟是薩凡納首屈一指的印刷商，拒絕在自己的報紙上印製愛國宣言。為保護自己和寶貴的印刷字模，他關閉了印刷廠，把設備帶到安全的鄉下。[67]約翰斯頓醫生的幾個兒子抱持著家庭的政治立場上了戰場。一個兒子安德魯加入布朗的突擊隊，在佛羅里達邊境艱苦作戰。另一個兒子威廉．馬丁．約翰斯頓與約翰．利希滕斯坦乘坐同一條船逃出薩凡納，又和他成了好友，並在紐約加入一個效忠派軍團。戰前，「比利」*是個交友廣泛卻不負責任的醫學生（師從賓夕法

*比利是威廉的暱稱。

尼亞德高望重的醫生和愛國者班傑明．拉什），整日尋歡作樂，不務正業。在英軍所占的紐約駐地，這位上尉很快就成了城中「時髦的花花公子」之一，是個大眾情人、紈綺子弟、無賴賭徒。難怪當利希滕斯坦這位二十五歲的朋友開始追求比他小十歲的年輕的伊莉莎白，而伊莉莎白看似反應熱烈時，護女心切的父親立即收拾行裝，把她送回姨媽與世隔絕的莊園裡。威廉．約翰斯頓離開薩凡納，加入遠征南卡羅萊納的部隊，伊莉莎白則默默地思念著他。[68]

然而這場致使那麼多人骨肉分離的戰爭，卻讓這對年輕人再度重逢了。一七七九年九月初，一支法國艦隊出現在薩凡納城外，一支法美聯軍開始包圍城市，人數是守軍的五倍。威廉所在的軍團趕來保衛薩凡納。那時伊莉莎白已經回到城中，又住進了約翰斯頓醫生的家裡。轟炸開始時，她和約翰斯頓家裡的老人們一起退到了近海的一座小島上，與五十八位婦孺一起擠在一個穀倉裡，那些人「每人都有至少一個親戚在軍隊裡作戰。」圍城中的平民還算幸運，炸彈掠過守軍的頭頂，在薩凡納尚未鋪砌的沙地街道上嘶嘶響著熄火了。連續轟炸了六天後，法國人和美國人試圖以閃電戰攻占城市，但被成功擊退。效忠派市民們在戰鬥結束之後回到城市，看到道路「被炸彈砸出了深深的裂痕，」他們的房子也「被如雨般落下的砲彈砸得不成樣子」。但利希藤斯坦和約翰斯頓兩家人全都安然無恙。此次經歷圍城而倖存或許讓利希藤斯坦放鬆了對女兒未來的擔憂。緊接著那個月，伊莉莎白．利希藤斯坦和威廉．約翰斯頓結婚了（彩圖三）。[69]這次聯姻使得新婚的約翰斯頓太太在社會階層上攀升了一大步，從中等莊園主進入了受過高等教育、擁有政治影響力、富裕的喬治亞效忠派菁英階層中。在後來的歲月中，威廉的家族關係大大影響了這對夫婦的人生走向。

南方效忠派以為收復喬治亞是一個好的開端，更多的勝利會接踵而來。的確，前幾年的挫敗在一段時間內看似被逆轉了。一七八〇年，英軍占領了南卡羅萊納的查爾斯頓，把那個城市也變成了效忠派的避難所。[70]愛國者曾經剝奪了南卡羅萊納效忠派的財產，迫使他們以國家敵人的身分流亡，如今有些人回來收復了被沒收的財產。[71]愛國者曾把宣誓效忠加入新的州立法，如今英國人讓成百上千的查爾斯頓居民（包括這座城市的大部分猶太社區）在證明書上簽字，承諾「忠於大不列顛國王陛下。」[72]愛國者曾沒收了效忠派的財產，如今他們自己的農園和奴隸也被英國人「扣押」或徵用了。一位名叫約翰．克魯登的北卡羅萊納商人被任命為專員，專門管理這些的被扣押財產，他積極著手經營，力求為英國人創造最大的經濟效益。[73]

新婚的約翰斯頓夫婦尤其享受這段時局好轉的日子。因為曾冒著生命危險去奧古斯塔送軍事情報，威廉一直「主訴神經緊張」。他去了紐約，希望那裡更溫和的氣候能有助於康復，因為「浪漫愚蠢」的一時衝動，他堅持要帶自己的新娘一起穿越這飽受戰爭蹂躪的國土。一七八〇年，這對夫婦就在英軍占領的長島鄉下度過了一個寧靜放鬆的夏天。[74]

但隨著約翰斯頓夫婦遲來的蜜月漸入尾聲，英國人在南方相對的好運也要結束了。在戰略上，占領查爾斯頓的部分原因是為了確保薩凡納的安全。如今為了控制整個南卡羅萊納，指揮南方軍隊的將軍查爾斯．康沃利斯勛爵覺得必須占領北卡羅萊納，為此，康沃利斯認為他有必要再次北上入侵維吉尼亞。他走後，喬治亞和卡羅萊納鄉下的愛國者和效忠派民兵爆發了激烈衝突。

湯瑪斯·布朗受到了直接的衝擊。他曾把奧古斯塔變成效忠派的一個基地，還設立了一個南方印第安人事務督察專員的新職位，尋求克里克人和切羅基人的支持。一七八〇年秋，愛國者襲擊了奧古斯塔，布朗的軍隊被團團圍住，無力反抗。待援軍終於到達時，布朗因被子彈打穿了兩條大腿，再度成了跛子，他最信任的中尉之一安德魯·約翰斯頓也犧牲了。對於效忠派這次代價高昂的勝利，愛國者指控布朗和他的手下剝下了傷病員的頭皮，對戰俘就地正法施以絞刑，還任由被斬首的愛國者曝屍街頭，不得安葬。[75]

這類駭人聽聞的報導，使得愛國者的起義暴動在整個喬治亞和南、北卡羅萊納的腹地激增，升級為一場游擊戰爭，讓英國人應接不暇。奧古斯塔戰役幾周後，發生在北卡羅萊納的國王山的一場游擊戰鬥大大削弱了英軍後方的力量。在此同時，康沃利斯的軍隊只能龜速前行，補給嚴重不足，人員不斷縮減，還三天兩頭受到愛國者的襲擊。[76]維吉尼亞仍遙不可及。

位於北美革命地理中心的維吉尼亞，是北美最早的殖民地，當時無論面積還是人口，都是十三殖民地中最大的。維吉尼亞和麻塞諸塞一起構成了革命的兩個意識形態標竿。它是喬治·華盛頓和湯瑪斯·傑弗遜等開國元勛的故鄉，也是北美奴隸制農園業的腹地。當戰爭的第一槍在麻塞諸塞打響僅僅一天後，就有衝突在維吉尼亞的首府威廉斯堡自行爆發了。然而儘管維吉尼亞的地位如此重要，直到康沃利斯一七八一年入侵之前，這裡卻很少發生軍事衝突。相反，這片殖民地的特殊之處在於，它身為另一場革命的震央，數千公里之外也受其震波影響。大衛·喬治就是那場革命的二萬名黑人參與者之一。77

於一七四〇年前後，大衛出生在維吉尼亞東部泰德沃特地區一個農園的奴隸家庭，自懂事起就在田地裡勞動，擔水、梳理棉花、用長滿繭子的手指摘菸葉。他度過了一個極其殘酷的少年時代：親眼看到姊姊被鞭打到裸露的後背看上去「像是腐爛一般」。而逃跑的哥哥曾被人用獵犬追了回來，雙手被吊在一棵櫻桃樹上狠命抽打，等到被用鹽水潑向他開裂的傷口時，整個人大概也都沒感覺了。他聽到母親被人鞭打，還低聲「祈求慈悲」。二十歲那年，大衛決定逃離這地獄般的生活。他走了一夜，第二天又走了一整天，出了埃塞克斯縣，又出了維吉尼亞，過了羅阿諾克河，又過了皮迪河，一直走到了喬治亞邊境。他在那裡安然地勞動了兩年，直到他的主人再次找到他，大衛再度逃跑，一直逃到了奧古斯塔。即使在那裡，距離他維吉尼亞的主人八百公里之遙，大衛的處境仍不安全。六個月後，主人的兒子出現在附近要抓他，大衛又一次逃跑了。這一次，他在希爾弗布拉夫被一個很有勢力的印第安貿易商喬治・加爾芬收養了，此地坐落於薩凡納河岸，與奧古斯塔隔河相望。

出生於愛爾蘭的加爾芬娶了一位克里克印第安人妻子，育有混血子女，可視為是與威廉・詹森爵士大致對等的南方人。在南方的偏僻鄉間，希爾弗布拉夫是個名副其實的多種族王國，在那裡，逃跑的大衛融入了一個多元化的社區，總共有一百多個奴隸，與白人和印第安人相對自由地混居在一起。他說主人「對我很好，」勞動條件舒適寬鬆，後來他還遇到了一個黑人和克里克人混血的女人菲莉絲，娶她為妻。但在希爾弗布拉夫的那些年，對大衛影響最為持久和深遠的卻是另一件事。一七七〇年代初，一位黑人牧師來到樹林裡向奴隸們宣講浸禮會教義。大衛覺得牧師的講道讓他時而著迷、時而不安。「我發現自己充滿罪惡，」他懺悔道，意識到他「必須祈禱，才能獲救。」一次，在加爾芬農園的一個磨坊裡興高采烈地聚會後，大衛和菲莉絲一起在磨坊的水溝裡接受了洗禮。大衛難以抑制信仰帶給他的狂喜。傾聽著另一位充滿神性的黑人浸禮會教徒喬治・利勒在一片玉米田裡講道，大衛有種難以抗拒的渴望，希望有朝一日自己也能帶領教眾祈禱。利勒鼓勵這位剛剛皈依的教徒從心所願。得到加爾芬的允許後（那個時代，許多農園主都害怕自己的奴隸接受基督教教義，因此加爾芬算是很了不起），大衛開始在希爾弗布拉夫向奴隸們布道，還把導師利勒的名字作為自己的姓氏。不久，他在那裡主持了北美第一個黑人浸禮會教眾集會。[78]

到一七七五年戰爭爆發時，維吉尼亞似乎已遠在大衛・喬治的生活之外了。然而，衝突的影響很快就侵入了他的飛地，原因就肇始於他所逃離的那個地方。英軍在維吉尼亞的運氣從一開始就不好，為此，第四代省督鄧莫爾伯爵約翰・默里要承擔部分責任。含著金鑰匙出生的鄧莫爾勛爵雖生於蘇格蘭貴族家庭，但他在成長期間卻敏銳地感受到了命運的不可捉摸。一七四五年，他的父親支持查爾斯・愛德華・斯圖亞特（「英俊王子查理」，也就是詹姆斯黨僭王）奪權，試圖從漢諾威國王喬治二世手中奪回英國王位。選擇效忠斯圖亞特王朝讓許多著名的詹姆斯黨人丟了爵位，有些人還付出了更大的代價。鄧莫爾的家族雖躲過了嚴厲懲罰，但這次僥倖脫險想必影響了他後來不屈不撓地追求權利和個人利益。一七七〇年，他被任命為紐約省總督，一年後又被任命為維吉尼亞省總督，他最為人所知的，或許就是強勢占有土地的方式（以攻擊印第安人而取得的成就），他專制、傲慢和自私的臭名很快便遠播四方了。在列星敦和康科特戰役後那天，鄧莫爾就表現出了這些特質，他命令手下取出威廉斯堡彈藥庫中的火藥，以防落入可能的叛軍手中。他的這個單方面行動，對中間派和愛國者一樣不友好。[79]聽到武裝志願兵要求歸還火藥，鄧莫爾居然用一枝上膛的槍在軍火庫設下陷阱，導致三個試圖闖入的志願兵受傷。維吉尼亞首府的人誓要總督血債血償。一天夜裡，鄧莫爾和家人趁天黑逃到位於詹姆斯河上的一艘英軍護衛艦上尋求保護。

鄧莫爾這麼做倒不是認輸。他旋即把皇家海軍的福伊號軍艦變成了一個非常時期流亡政府的總部，利用艦隊發起軍事行動，攻擊漢普頓、諾福克和其他臨海城鎮的愛國者。成百上千的效忠派出海加入這個英屬維吉尼亞的水上前哨，逃跑的奴隸也獲准上船避難。不久，鄧莫爾便管轄起一個「水上城鎮」，近二百條軍艦上共居住了三千人。[80]愛國者們譴責鄧莫爾「毫無必要地放棄了政府的行政職能，把本殖民地的事務置於極端混亂之中。」但那還不是最糟的，因為鄧莫爾似乎還把槍枝塞到了逃亡奴隸的手中，「挑動我們的奴隸起來暴動。」[81]

如果說邊境殖民者們因擔心印第安人襲擊而人心惶惶，那麼奴隸叛亂則在每一個英屬殖民地奴隸社會種下了噩夢的種子。自一七七四年起，焦慮的愛國者們就傳言英軍可能會將奴隸武裝起來，在北美社會底層內部激起暴動。[82]如今鄧莫爾就是這麼做的。一七七五年十一月七日，他發布了一個公告，宣布「凡（叛亂者名下的）契約傭僕、黑奴和其他人等，只要能夠和願意拿起武器加入國王陛下的部隊，將立即獲得自由。」（彩圖四）[83]公告發布後兩周之內，鄧莫爾報告說有二百到三百名奴隸來到他的軍艦上，加入了戰鬥隊伍。逃跑者「以最快速度被組織成一個兵團」，名為「衣索比亞軍團」，這些黑人士兵戰鬥時戴著統一的胸章，上面銘刻著「給奴隸以自由」，這口號讓這些鼓吹自由的白人愛國者們毛骨悚然。

鄧莫爾的公告或許並非源於道德準則，只不過是權宜之計。賦予自由身的承諾即使僅限於愛國者們名下的奴隸，也確實為英軍帶來了寶貴的新兵，在沒有明顯削弱效忠派奴隸主支援的前提下，大大打擊了叛軍的士氣。然而撇開動機不提，我們很難低估這份公告的社會效應。口耳相傳，自由的話題很快就傳遍了南方的大小農園，奴隸們開始逃跑了。單身母親領著孩子們投奔英國人；老人和年輕人並肩前行，有時整個社區一起出逃，每個農園都有幾十個奴隸逃走。鄧莫爾的衣索比亞軍團很快就擴充到八百多人，若非一場天花瘟疫使得鄧莫爾軍艦上的數百人喪生，該軍團的兵力很可能會翻倍。諷刺的是，某些最德高望重的愛國者的奴隸，卻投效到英國人麾下。喬治·華盛頓有好幾個奴隸都從弗農山莊逃到水上城鎮。維吉尼亞議員派翠克·亨利的幾個奴隸也跑了，這位因著名的戰鬥口號「不自由，毋寧死」而留名千古的愛國者宣稱，鄧莫爾的公告是北美人應當宣布獨立的原因之一。[84]

然而，一七七六年七月四日，鄧莫爾的水上城鎮因疾病而大量減員，也看不到任何好轉的跡象。鄧莫爾被迫和他的衣索比亞軍團一起撤退到紐約。雖說這位總督天性百折不撓，他在維吉尼亞維護王室權威的努力卻變成了一場鬧劇，成為前詹姆斯黨人一生中的又一敗局。但鄧莫爾的公告本身卻獲得了持久的生命力。它邀請非裔北美人加入戰鬥，大大改變了效忠派的性質，乃至實際兵力。英國軍事指揮官們立即如法炮製，對願意參戰的奴隸發出賦予自由的承諾。英軍在一七七六年春轟炸北卡羅萊納的威爾明頓時，很多逃跑的奴隸來加入他們，以至於將軍亨利·克林頓爵士把他們組成了另一個黑人軍團，名為「黑人先驅」（Black Pioneers）。（從威爾明頓逃跑出來的奴隸中，有一個名叫湯瑪斯·彼得斯的人後來成為流亡黑人效忠派的重要領袖。）在革命期間，共計約有二萬個黑人奴隸加入英軍，數目大致與加入效忠派軍團的白人相當。英國指揮官們期待白人效忠派人數激增的希望眼看就要破滅了，但鄧莫爾等人始終心存幻想，希望黑人能幫助英國保住這些殖民地。

關於黑人解放的消息傳遍了南方的各個角落，也傳到了遠在希爾弗布拉夫的大衛·喬治和他朋友們的耳裡。喬治的主人加爾芬是一個愛國者，或者用喬治更為含混的說法，是一個「反效忠派」。加爾芬被愛國者們任命為印第安人督察專員，他在這個職位上與效忠派對手湯瑪斯·布朗爭奪克里克人的支持。由於加爾芬的努力，當英軍進入鄉間時，克里克人對於是否支持英軍仍搖擺不定。但當英軍在對岸的希爾弗布拉夫安營紮寨時，加爾芬名下黑奴們的選擇卻十分明朗。一七七九年一月三十日，大衛·喬治和家人與加爾芬的其他奴隸，共九十人橫渡薩凡納河來到英軍的營地，成為黑人效忠派並贏得了自由身。[85] 喬治一家來到了英軍占領的薩凡納，大衛在那裡找到了雜貨商和屠夫的工作，菲莉絲為英國士兵洗衣服。在喬治看來更棒的是，他的精神導師喬治·利勒在薩凡納和他團聚了。他們一起繼續布道，把其他逃跑的黑奴團結成為一個有信仰的群體。正如同白人效忠派，黑人效忠派之間的信仰紐帶，在其後奔赴未知世界的旅途中，讓他們擁有了一種至關重要的歸屬感。[86]

一七八一年，隨著北方的軍事行動停止，康沃利斯將軍指揮的南方軍隊陷入麻煩，某些人認為，英軍大批解放奴隸的行為，看似比以往更符合戰略需要。一七八一年八月，黑人先驅軍團中的一位名叫墨菲．施蒂勒的中士遭遇了一起超自然事件。當他坐在位於紐約城中華爾特街的軍團兵營中時，聽到了一個刺耳卻無形的聲音。它指示施蒂勒，讓當時的總指揮克林頓將軍「帶話給華盛頓將軍，說他必須帶兵向國王的軍隊投降，否則上帝的憤怒將會落在他們身上。」如果華盛頓拒絕，克林頓「就告訴他，他會發動全北美的黑人起來跟他作戰。」[87]那個聲音足足糾纏了施蒂勒兩個星期，最後他把話傳給了總指揮。施蒂勒關於黑人踴躍加入英軍的願景（這是個效忠派所支持反覆出現希望的特殊版本），一定讓克林頓認真思索了一番，因為他一直倡導英軍招募奴隸。如此眾多的奴隸，大概也正是此時康沃利斯在戰鬥上所急需的增援。

康沃利斯行軍期間，黑奴繼續加入，其中包括《獨立宣言》作者湯瑪斯．傑弗遜名下的二十幾個奴隸。然而，儘管有這些援兵到來，康沃利斯仍沒有足夠的人力把「上帝的憤怒」降於任何人。他指揮著約六千名士兵，物資很快就耗盡了。康沃利斯決定在威廉斯堡附近的一個危險的半島上紮營，等待增援。[88]炎炎烈日下，士兵們在這個名為約克敦的新前哨附近修築防禦工事。天花和斑疹傷寒在營地肆虐，大批黑人倒下，因為他們沒有注射過天花疫苗。由於供給短缺，幾乎每個人都患上了貧血，包括英軍地盤內的數百名效忠派平民。[89]到了夏末，康沃利斯的部隊只剩下近一半人還能打仗。隨後，在一七八一年八月的最後一天，偵察兵看到一支艦隊朝他們開來，卻發現那不是他們期盼已久的英軍增援部隊，而是法國人。敵人的海軍從海上逼近英國人。與此同時，華盛頓從賓夕法尼亞趕來，從陸路包抄英國人。兩周後，一萬六千人組成的法美聯軍在約克敦城外駐紮下來。寡不敵眾、還要照顧效忠派平民的英國軍隊被包圍了。絕望的康沃利斯向克林頓將軍報告說「此地已無法守衛，如果您無法立即救我於水火，大概就要準備面對最壞的消息了。」[90]

轟炸始於十月九日夜間，法國和北美聯軍有條不紊地朝英軍陣地進發，把小心建起的土壘炸成了流沙。陣地之內，約克敦變成了一片火與血的地獄。逃兵們紛紛逃出被圍的軍營，報告說裡面的士兵「因為過度勞累和疾病」早已筋疲力竭了。看著身邊的傷亡人數激增，黑人和白人效忠派每天都經歷著飢餓和疾病的嚴酷考驗。為節省物資，康沃利斯下令把馬殺死，把天花病人從醫院趕出去，還驅逐了很多跑來加入英軍的黑人。[91]但他們還是彈盡糧絕，援兵遲遲不到。是時候談判了。就在薩拉托加戰役的周年紀念日（這是大陸軍不會錯失的巧合）康沃利斯派遣一名信使帶著休戰旗，赴敵營談判投降事宜。[92]

一七八一年十月十九日下午二時，康沃利斯和他的軍隊走出約克敦，向喬治·華盛頓和他的法國盟軍投降。他們排成整齊的隊伍走出那可怕的地獄，「武器扛在肩上，旗幟裝入箱內，鼓樂隊奏著不列顛或日爾曼的一首進行曲。」[93]傳說那天樂隊演奏的曲調名為〈世界顛倒了〉。如今回想起來，這實在是令人難以置信的巧合，因為從某些角度看來，舊的世界秩序的確被傾覆了。

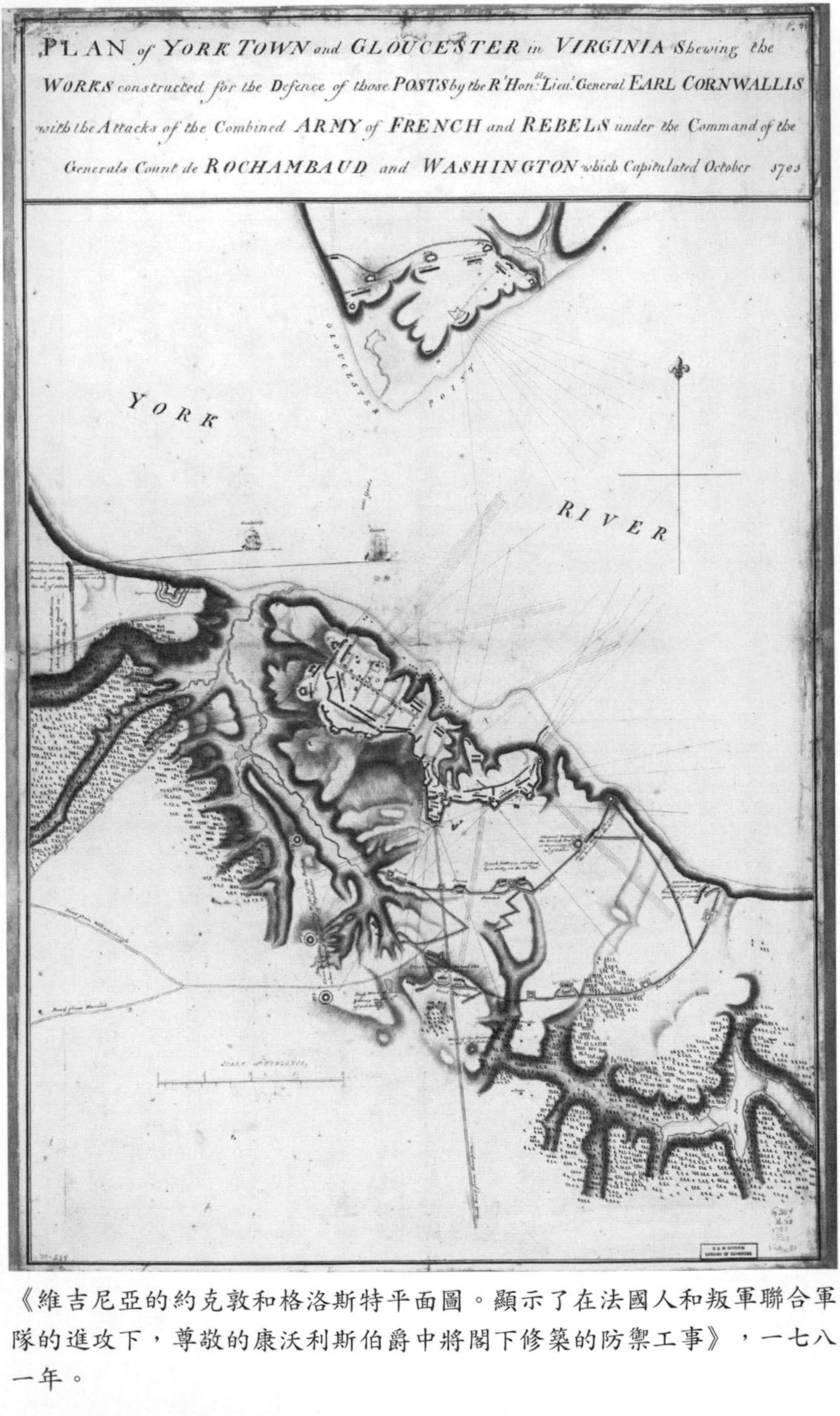

《維吉尼亞的約克敦和格洛斯特平面圖。顯示了在法國人和叛軍聯合軍隊的進攻下，尊敬的康沃利斯伯爵中將閣下修築的防禦工事》，一七八一年。

不被看好的弱勢一方凱旋而歸，不可一世的帝國卻搖搖欲墜。此曲大概會在時人心中引起特別的共鳴。這首歌謠最初出現於一個多世紀以前的英國內戰，圍繞著王權和議會權力等問題，衝突把英國人分裂成了不同陣營。[94]它大概會讓聽者想起這為數眾多、經歷了美國革命之人過去數年來的遭遇。內戰往往會徹底顛覆參與者的世界，有時那些被顛倒的世界再也不會恢復了。

雖然約克敦的戰事殘酷血腥，康沃利斯和華盛頓很快就商定了雙方都能接受的投降條件和英軍戰俘的命運，這往往是這類談判的關鍵要點。但在約克敦的倖存者中，有一群人發現自己根本沒有受到任何保護。在發給華盛頓的投降協議草案中，康沃利斯寫道「如今在約克〔敦〕和格洛斯特的，來自這個國家各個地方的原住民或居民，不應由於參加英軍而受到懲罰。」在他看來，倖存的效忠派蹣跚地走出被蹂躪的軍營，已經受到了足夠的懲罰。但華盛頓直言「本條款不予同意。」[95]在康沃利斯提出的眾多要求中，遭到徹底拒絕的只有這一條。效忠派選擇了英國人，此時他們將不得不直面自己的選擇所帶來的後果。

第二章 惶惶不安的和平

在大西洋的另一側，當四面楚歌的英國首相諾斯勛爵聽到康沃利斯投降的消息時，他彷彿「胸口挨了一槍。」「哦，天呀！一切都結束了，」他揮舞著雙手驚呼道，一邊慌亂地在房間裡踱來踱去。[1]在某個層面上，他說對了。約克敦戰役傳統上一直被認為是美國獨立戰爭的終點。那是英國軍隊和大陸軍之間的最後一場對陣，直接導向和平談判，英國在談判後承認了美國獨立。

然而，就連諾斯本人也一定知道，投降並不意味著戰爭結束。在北美大陸之外，英國與法國和西班牙的全球衝突仍在肆虐。約克敦沒有改變此刻印度南部的英軍進程，他們正揮汗如雨地與法國的盟友蒂普素檀*苦戰，也沒有為守衛直布羅陀和梅諾卡島而與西班牙對壘的英國士兵，減

*蒂普素檀（Tipu Sultan，一七五〇至一七九九），南印度邁索爾王國素檀海德爾．阿里之子，其父阿里去世後繼任邁索爾素檀，在任上曾進行了一系列軍事和經濟改革。他是虔誠的穆斯林，但對其他宗教很寬容，曾讓法國人建起邁索爾的第一座教堂。

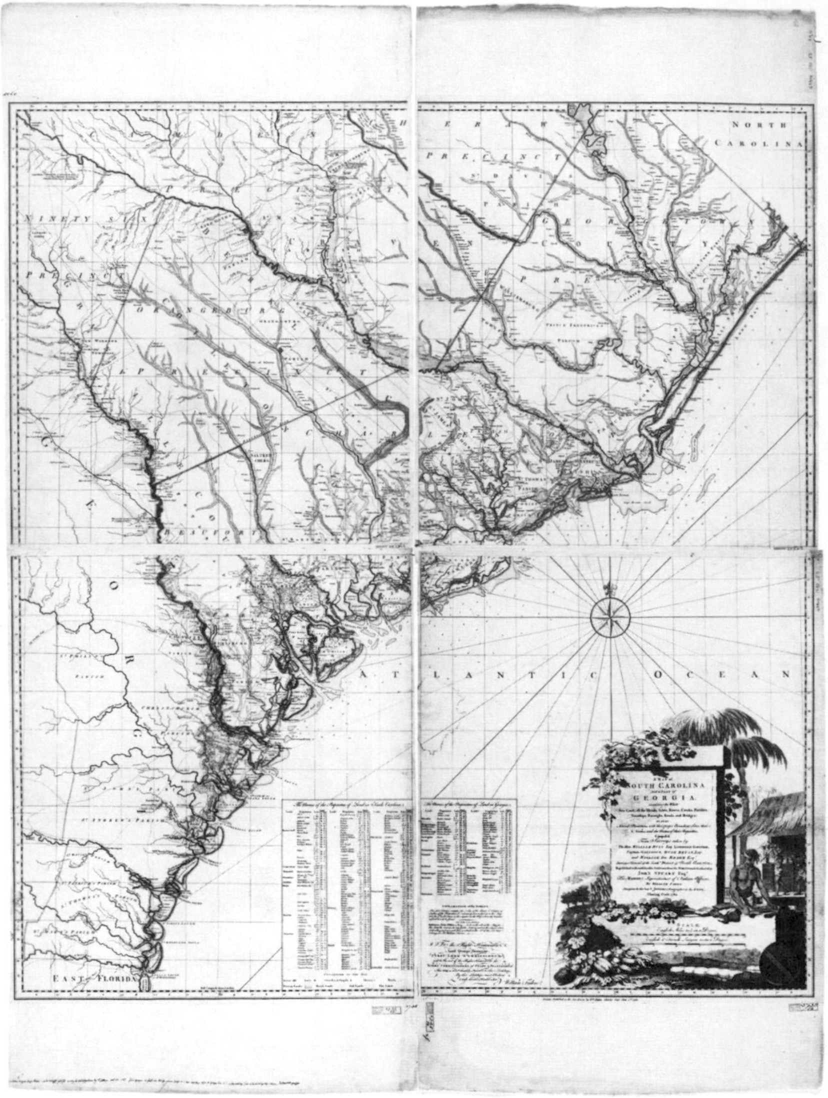

威廉·法登，《南卡羅萊納和部分喬治亞地圖》，一七八〇年。

輕絲毫壓力。最重要的是，它沒能阻止曾在維吉尼亞包圍康沃利斯將軍的法國艦隊駛入加勒比海，對英國那些寶貴的蔗糖小島虎視眈眈。在北美，衝突也在繼續，只不過規模不大，正統的革命歷史往往對其忽略不計罷了。康沃利斯勛爵和喬治．華盛頓之間的戰爭或許在約克敦城外的戰壕裡結束了，但湯瑪斯．布朗的戰爭還在繼續，約瑟．布蘭特的戰爭也是如此。從紐約城外郊區到佛羅里達邊陲，游擊戰仍折磨困擾著全美各個社區。英國在一七八二年一月停止軍事行動之後，這些衝突比以往更像一場效忠派、愛國者和印第安人之間的內戰。

效忠派聽到約克敦的消息時，他們的反應跟諾斯截然不同。起初，有人甚至不相信。「一份康沃利斯勛爵投降的傳單從澤西傳來……震驚了全城，」約克敦戰役六天之後，紐約效忠派首席法官威廉．史密斯在日記中寫道，「我不相信，」他輕鬆得出結論，「懷疑這是敵人使詐，為了阻止效忠派起義或阻止我方軍事行動。」[2]這位五十三歲的法官是個天生的懷疑論者，這是他和貝弗利．魯賓遜一樣遲遲不肯公開立場的原因之一，他一直拖到最後，直到被一個愛國者委員會傳喚，迫使他在宣誓效忠共和國，或者是搬去英軍占領的紐約之間做出選擇。最後關頭，史密斯（法官）搬到了紐約。當然，他很快就意識到關於約克敦的可怕傳言是真的，老兵們開始回到紐約，訴說他們親眼見到戰鬥結束，以及「〔效忠派〕難民落入篡位者之手」的悲慘命運。然而在史密斯和其他位高權重的效忠派看來，仍然沒有理由認為戰爭結束或自己戰敗了。史密斯和他的朋友們編造出英軍繼續進攻「抵銷南方災難」的各種策略。其中一人堅稱，「這裡，包括加拿大和〔聖〕奧古斯丁在內，……有四萬人呢，如果我們當初合理部署，一切理當盡在掌握，不過……仍然不該喪失信心。」[3]查爾斯頓被扣押財產專員約翰・克魯登，提出了一個稍有不同的增兵計畫。他說，如果能召集一支由一萬名被解放的奴隸組成的軍隊，北美仍然可以「被它自己的力量征服」。克魯登把這條建議寄給了他的保護人鄧莫爾勛爵，後者又激動地把它拿給亨利・克林頓將軍看。[4]

即使英國已經停戰，效忠派仍然相信英國可以保住對殖民地的統治權。英國可以拒絕承認殖民地獨立，賦予它們一定的自治權，像是約瑟・加洛韋的聯盟計畫，或威廉・史密斯提出的建立北美議會的類似提議。[5]這是戰時英國和平倡議的重點，也就是答應殖民地截至一七七五年的所有要求，甚至提出可能允許北美代表進入下議院。雖然美國國會拒絕了英國人意義最為重大的建議，也就是一七七八年卡萊爾和平委員會的調解，堅稱獨立是繼續談判的前提條件，但史密斯和加洛韋等人仍堅決主張建立一個帝國聯邦。[6]如果他們知道國王喬治三世本人強烈反對獨立，或許會感到些許安慰，國王甚至威脅說如果允許美國獨立，他就退位。他宣稱，「與北美分離，會讓大英帝國喪失在歐洲諸國中的地位，而我這個國王的地位也將隨之變得一文不值。」[7]

在某種程度上，由於在約克敦戰役之後仍存在著各種可能性，英美談判雙方花了一年才制定出初步和平條約，又費時一年才簽訂最後的和平條約，英國軍隊這才最終撤離。歷史學家們往往會把這兩年一筆帶過，彷彿最終的結局早已注定。然而，對於北美效忠派來說，特別是那些已經逃到英軍占領的城市的人，這幾年的和談與戰時一樣令人惶惶不安。效忠派眼看著自己維繫英國與殖民地關係的希望一個個破滅。他們希望繼續軍事進攻，但英國已經宣布停戰。他們希望殖民地仍然是聯合帝國的一部分，但英國承認了美國獨立。他們希望能免於報復行為並保證自己的財產安全，但英美條約讓許多人覺得，他們像約克敦的效忠派一樣被英國人「拋棄」了。他們希望留在大英帝國，卻眼睜睜地看著英國人啟程離去。到一七八二年中，英軍占領的紐約、查爾斯頓和薩凡納的效忠派不得不對未來何去何從做出選擇：是留在美國，還是前往大英帝國的其他地盤。面對持續的暴力和亂局，絕大多數人選擇與英國人一起撤離。然而和平的結果如此令人心碎，也讓他們對協商出這等結果的英國當局深感失望。因此，很多效忠派往往帶著怨憤之情踏上流亡之路，而讓他們怨恨的正是以往依靠的政府。他們在美國的最後數月著實心灰意冷，也奠定了他們未來在大英帝國其他各地反覆重演的不滿模式，其影響甚至遠至新斯科舍、牙買加和獅子山。

遠在歐洲的各大政治和外交會議，或近在維吉尼亞的戰場，都讓效忠派夢想破碎。在倫敦西敏市，繼續作戰的想法和諾斯勛爵那個搖搖欲墜的政府一樣，再也得不到任何支持。畢竟，很多英國人本就不想在殖民地開戰。「美國的朋友」包括當時一些最偉大的政治家，如傑出的政治哲學家艾德蒙·伯克，還有年僅二十一歲便於一七八一年入選議會的未來領導人小威廉·皮特，以及激進貴族查爾斯·詹姆斯·福克斯，此人身穿淺黃色和藍色衣服招搖過市，這是華盛頓部隊的軍裝顏色，藉此表達自己對美國的支持。雖然長期以來，諾斯的政敵們一直因內部分歧而未能施展雄才偉略，但在約克敦戰役之後，反對派終於團結起來，決心徹底終結北美的這場戰爭。[8]

一七八二年二月的一天深夜，一位深得敬重的將軍自下議院狹窄的木頭板凳上起身，高聲痛斥這場戰爭「染上了帝國最優秀子弟的鮮血，處處……攻城掠地，家破人亡；北美的每一個角落都充斥著憤怒，國內也未能免遭破壞。」[9]他接著提出一個動議，阻止「北美大陸這場在為武力降服叛亂殖民地為目的而起的可惡戰爭繼續下去。」凌晨一時三十分，議會投票，以十九票的些微優勢通過該動議。[10]兩周後，諾斯在一次「不再信任」投票*中（這是英國歷史上首次使用這個舉措）落敗，遞交了辭呈。[11]諾斯第二天前去跟國王喬治三世告別時，國王仍然固執地不肯同意美國獨立，他冷冷地打發了首相，說：「記住，閣下，這次是你負我，非我負你。」[12]

一七八二年六月，美國的另一位朋友、新任首相謝爾本伯爵威廉·佩蒂做出了承認美國獨立的重要決定。從英國人老謀深算的視角來看，這個讓步是有道理的，因為十三殖民地的未來只是戰略大局的一部分，而大局還要考慮法國和西班牙。對英國來說，美利堅合眾國獨立與否並沒有那麼重要，關鍵是它仍屬於英國的勢力範圍，而不致投靠法國。然而對效忠派來說，這可是迄今最壞的消息，結束了他們繼續與帝國建立關係的一切可能。它還為行政管理者提出了下一個重大挑戰。該如何從實質上解除殖民地關係？這個問題由兩個截然不同的部分組成，其中一個在巴黎解決，英國和美國的和談者們已經著手敲定美國獨立的細節了。他們要畫清邊界，要釐清從貿易優惠到解決跨大西洋債務等大大小小的經濟關係。第二個問題才是效忠派們最關注的。會制定哪些條款來保護他們免受法律和社會報復，為他們被沒收的財產提供補償？

與此同時，在北美，英國官員必須制定出英國人淡出這片大陸的具體步驟。共要撤離約三萬五千名英國士兵和黑森士兵†，英國在紐約、查爾斯頓和薩凡納這三個城市的龐大駐防地也要拆除。這些城市中還有至少六萬個效忠派和奴隸，在英國的保護之下生活，他們的福利也必須考慮在內。更麻煩的是，亨利．克林頓爵士在約克敦戰役後立即辭去總指揮一職，所以這項重大任務在當時沒有具體負責的人。繼任者的工作內容著實令人欽佩，卻又不值得羨慕：不啻是把一個帝國的整套機構連根拔起。誰會被委以這樣的重任呢？幸虧，國王和他的大臣們雖有許多分歧，卻在這個人選上很快有了共識：退伍軍官和殖民地行政官員蓋伊．卡爾頓爵士（彩圖五）。

在左右效忠派難民命運的所有英國官員中，蓋伊．卡爾頓爵士無疑是最舉足輕重，也是最為人信任和愛戴的人物。（比方說，鄧莫爾勛爵一直參與效忠派事務，卻很少得到大家的信任，更

＊不信任投票（vote of no confidence）或不信任決議（resolution of no confidence），中文俗稱「倒閣」，是議會制及半總統制國家議會的一種議會議案。傳統上由反對派提交給議會，希望打敗政府（內閣）或使政府難堪。在少數情況下，它也可能由對政府已失去信心的昔日支持者放入議會的議程，該議案由議會投票決定通過或拒絕。一般而言，假如議會表決通過不信任動議或無法通過信任動議，政府只有辭職或解散議會並進行大選這兩個選擇。這裡提到「這是英國歷史上首次使用這一舉措」，為後來的這一制度首開先河。

†黑森士兵（Hessian soldiers）是十八世紀受大英帝國僱用的德意志籍傭兵組織。美國獨立戰爭期間大約有三萬人在北美十三州服役，其中近半數來自德意志的黑森地區，其他來自類似的小邦。在英國服役的背景下，他們全部被歸類為「黑森人」（Hessians），北美殖民地居民則稱他們為「僱傭兵」。

不要說喜愛了。）身為英國從美國撤離過程的主要管理者，關照英國保護下的難民和奴隸是卡爾頓的首要任務。他的行動決定了他們的未來走向，這是任何其他決策者所無法匹敵的，他的想法更是形塑了效忠派移民路線的關鍵。那麼，這位新任總指揮究竟是個什麼樣的人呢？英王喬治時代最犀利的評論家之一賀瑞斯．渥波爾認為，卡爾頓是「一個嚴肅莊重的人，一名良將，眾人眼中的智者」，比他之前那些無能的指揮官都要強得多。[13]許多見過這位將軍的人都同意渥波爾的說法。卡爾頓態度生硬而保守，身高一百八十三公分，（在那個時代算是）高大威猛，還長了一個威嚴的長鼻子，居高臨下的眼神多半會讓下屬們脊背發涼。不過如果有人在一七八二年四月一日，也就是這位將軍來到樸資茅斯，等待刻瑞斯號帶他駛向紐約那天見到他，一定會在他刻板的面容後面看到自信，還有至少一絲沾沾自喜。卡爾頓曾經來過北美，三次都令他終生難忘，此前他又經歷了很長一段政治迷茫期，這次任命無疑給了他證明自我的機會。

卡爾頓本人正是英國大西洋世界的產物，戰前在北美的經歷也大大影響了他的態度，並在後來的職業生涯中發揮了很大作用。卡爾頓出生於一七二四年，是倫敦德里之外的一個英裔愛爾蘭鄉紳階級，如同出身英倫三島邊緣那些野心勃勃家庭中的很多男孩，他不到二十歲便入伍參軍，這也是他的兄弟們所選擇的道路。不久，他就和另一位小他兩歲的軍官詹姆斯．沃爾夫成為密友。卡爾頓還在中尉軍階上埋頭服役時，沃爾夫已經連升幾級，令上司們刮目相看，並在那個時代的幾場關鍵戰役中建功立業了。不久，卡爾頓的好友就成了他最重要的保護人。一七五八年，當沃爾夫準備在加拿大指揮部隊與法國人作戰時，幫助卡爾頓得到兵站總監的任命。兩人於一七五九年啟航出海（那是卡爾頓第一次北美之行），並一起度過了一個令人沮喪的夏天，魁北克城久攻不下。一七五九年九月，針對這座守衛森嚴的首府，沃爾夫策畫發動一場閃電戰，希望能一舉攻克。進攻那天，當晨霧在城牆外的亞伯拉罕平原上升起之時，卡爾頓站在英軍士兵的前列，指揮一支近衛軍先遣隊攻城。到那天下午，他頭部受傷，而好友沃爾夫則犧牲了。但他們打贏了這場戰役，而且這場勝利的確意義重大。正因為他們占領了魁北克，整個法屬加拿大才在一七六三年的《巴黎條約》中被割讓給英國。在遺囑中，沃爾夫把自己「所有的書籍和文件」都留給了卡爾頓，還給了他一份一千英鎊的豐厚遺產。[14]

一七七一年，出生於北美的藝術家班傑明．韋斯特創作了一幅空前轟動的油畫作品，〈沃爾夫將軍之死〉，讓沃爾夫（和韋斯特）名聲大噪，但卡爾頓卻不願意在那副畫作中露臉，此時他一定已經感受到，如果說沃爾夫的死讓他失去了一位知己，那麼失去了沃爾夫的保護和提拔至少是同樣重大的損失。這時，卡爾頓已經以帝國總督和准將的身分回到了魁北克。這一次他在這座首府的石築城牆內任職，距離他們在城外疆場上鏖戰的日子已有近七年之久。當他從站在古老的、搖搖欲墜的聖路易城堡上，從那裡的窗戶俯瞰城市時，卡爾頓大概覺得自己又從另一個方面回到了原點。魁北克是個非英語系的殖民地，絕大多數人口雖然是白人天主教徒，卻比大英帝國的其他任何地方都更像他的家鄉愛爾蘭。卡爾頓努力學習法語，並設法協調大多數法語天主教居民（法語居民）與英語清教徒商人之間相互衝突的利益，後者人數雖少但勇於發聲。卡爾頓認為，英國的治理方式「永遠不會產生與國內相同的效果，主要是因為無法在北美的森林裡體現王權或貴族階層的尊嚴。」因此，他全面支持維持法國的制度體系，而非引進英國的法律和政府機構，因為它們「不適應加拿大人的天性，」他還同樣強烈地支持專制直轄權。[15]一七七〇年，他前往英格蘭，就如何改革加拿大的行政管理向政府諮詢。這些討論最終形成了一七七四年的《魁北克法案》，被公認是大英帝國以立法適應和包容不同文化、不同種族之臣民的里程碑。

該年稍晚，卡爾頓回到魁北克繼續任職，根據《魁北克法案》逐步釐清權力關係。這一次他還帶來了新婚不久的美麗妻子（她出身貴族，接受法語教育，比他小三十歲）以及他們兩個年幼的兒子。《魁北克法案》保留了法國的民法，並確保天主教徒的信仰自由，但唯一的立法權掌握在總督和議會手中，因而保護法裔加拿大人的利益只是表面文章。沒有民選議會、沒有陪審團審判、沒有人身保護法，卡爾頓堅稱，法裔加拿大人不需要這些。艾德蒙・伯克等人譴責這是一個專制的立法，但一位大臣反脣相譏：「如果說專制政府可以放心地交給誰管理……我堅信它在〔卡爾頓的〕手中再安全不過了。」[16]卡爾頓本人非常滿意這個大部分根據他的設計而起草的法案，也很高興看到大多數魁北克人都樂意接受其中的條款。[17]

但問題在於英裔加拿大人不接受，更不用說十三殖民地的英國臣民了。他們覺得這個法案既是徹頭徹尾的威權主義，也是對他們自身權利和利益的無禮冒犯。這些曾經撕裂南方北美殖民地的不滿之聲，很快就傳到了加拿大街頭的咖啡館裡。有報導說，有來自波士頓的旅客，被持不同政見的加拿大人當街攔住搜身，試圖切斷英國官員之間的通訊聯繫。來自麻塞諸塞的特務滲透到魁省，組織反政府抗議。列星敦和康科特戰役幾天後，蒙特利爾城內的英裔加拿大愛國者，在一座喬治三世的半身像上潑黑漆，給它戴了一頂主教冠，還在身上掛了一個粗鄙的牌子，上書「看看這位加拿大教皇或英格蘭傻瓜吧。」[18]讓卡爾頓感到非常欣慰的是，**法語居民**總算沒有大規模加入這類愛國集會，但對他組織民兵保衛本省的動員，他們的回應似乎也不怎麼積極。[19]

中立固然不錯，然而被入侵就又是另一回事了。因為裝備不良，又不願招募大批印第安人參軍（像某些英國官員鼓勵他做的那樣），卡爾頓只能用他有限的兵力勉強抵擋住遊擊隊的襲擊。但一七七五年九月，大陸軍在貝內迪克特．阿諾德和理查．蒙哥馬利兩位將軍的指揮下入侵加拿大，準備在冬天到來之前速速攻入魁北克。想到他本人就曾成功地包圍這座他如今正設法守衛的城市，也不知卡爾頓是喜是悲，是振奮還是懊悔？一七七五年最後一天的黎明之前，又餓又冷的美國人頂著一場肆虐的暴風雪攻城，到傍晚的夕陽在天邊鋪開雲錦之時，戰鬥就結束了。和一七五九年那場戰役一樣，指揮戰鬥的人倒在城牆外：阿諾德的左腿嚴重受傷，蒙哥馬利則戰死在風雪中。但美國畫家約翰．特朗布試圖用自己的畫作〈蒙哥馬利將軍之死〉使這個事件名垂千古，卻遠沒有他的老師班傑明．韋斯特所畫的沃爾夫那麼成功。因為這一次，勝利的是魁北克守軍，他們守衛的是大英帝國的外省。吊詭的是，多年後，當殘疾的阿諾德首次一瘸一拐地覲見國王之時，卡爾頓還上前扶了美國人一把。[20]

美國人的入侵被擊退，**法語居民**也拒絕了美國國會所發出參加革命的外交建議後，卡爾頓發起了對紐約的反攻。一七七六年十月，他在尚普蘭湖大敗愛國者，與伯戈因的軍隊會師。然而，看到「嚴酷的季節很快就要開始了，」他又退回加拿大過冬去了。[21]伯戈因等人譴責他沒有繼續向南打到泰孔德羅加堡，而讓美國人逃跑了，犯下了（他們所謂的）致命錯誤。不管他們是對是錯，對卡爾頓的職業生涯而言，這是個毀滅性的決定。他此前已和勢力極大的殖民大臣喬治・傑曼勛爵結下了梁子。聽取了伯戈因的惡意中傷，傑曼更是變本加厲，免除卡爾頓軍事指揮的職務，還試圖撤掉他的總督一職。卡爾頓搶得先機，於一七七七年辭去所有職務，心懷厭惡地回到英格蘭。

卡爾頓第六次橫跨大西洋時，未來一片迷茫，聲名受損，職位遭貶。然而離開北美最終卻將他帶入了期待中最有利的處境。一個又一個英國將軍功敗北美，與此同時，卡爾頓・蓋伊爵士和瑪麗亞夫人遠離這場經營不善的戰爭，在倫敦的社交圈中活躍，鞏固了他們在英國上流社會的關係網。不知不覺，卡爾頓的政治立場也給他帶來了好運。他的能力一向為國王所賞識，現在他與傑曼的宿怨又讓他深受議會反對派的喜愛。在先前辭去軍事指揮官職務之後，再次被任命為北美英軍總指揮帶給他一種特別甜美的滿足感，要是知道他的復職還促使宿敵傑曼被趕下臺，他一定更加春風得意。[22]

因此，當他在一七八二年春再次登陸美洲時，卡爾頓・蓋伊爵士百感交集。但他現在該面對前路上的挑戰了。他敲破了首相密令的封印，閱讀自己的使命。最「緊迫的目標、凌駕於其他一切考量之上」聽起來似乎很簡單：卡爾頓要從紐約、查爾斯頓和薩凡納撤離「駐軍、砲兵部隊、給養、一切物資、各種公共設施」如有必要，連東佛羅里達的聖奧古斯丁也包含在內。與此同時，身為和平專員，他還須盡可能安撫美國人，以便「恢復舊日的友誼，平息近期的仇恨，」這是為了離間美國人和法國人的攻心術。卡爾頓必須對效忠派施以「最溫情和正直的照顧」，幫助他們遷往「國王陛下所屬的美洲的任何其他地方，從其所願。」[23]

任務的概述清楚明瞭，但執行起來卻困難重重。在英軍占領的城市中，有多達十萬名士兵和平民要撤離，但可用的資源嚴重短缺，沒有足夠的物資供給，也沒有明確指示究竟該把他們送往哪裡，而他能調遣的船隻還不到五十艘。何況雖然官方宣布停戰，卡爾頓在當地看到的現實卻截然不同。從紐約到南方的沼澤和森林，內戰仍在繼續，為即將開始的撤離蒙上了暴力的陰影。

重溫約克敦戰役之後那幾個月仍在北美大陸肆虐的暴力，將有助於理解為什麼某些效忠派會如此熾烈地捍衛他們心目中的英屬北美。同樣重要的是，它還有助於解釋為什麼那麼多效忠派選擇跟英國人一起離開。戰時的暴力曾讓成千上萬的效忠派逃到英國的地盤，希望能短暫地避一避風頭。但自相殘殺一直持續到和平時期，眼前的危險和未來可能遭遇的報復，讓效忠派對於自己在美國的長期福祉惶恐不安，把他們的遷移變成了一場全球性的大流散。

一七八二年五月五日，卡爾頓甫在紐約登陸，就立即捲入了一場爭端，顯示出派系之爭仍在殖民地持續肆虐。爭端部分圍繞著紐約的效忠派領袖威廉·富蘭克林展開，他是紐澤西最後一任皇家總督，也是愛國政治家班傑明·富蘭克林唯一的兒子。那是多少年前的事了？父子倆一起去放風箏，汗溼的繩子在威廉的小手中纏繞牽引，方形的彈力絲質風箏擺動著，飛舞著，隨風衝向雨雲密布的天空。整整三十年，富蘭克林父子在生活中彼此相伴，在工作中通力合作，一起往來於倫敦和北美之間，一起分享威廉的幼子坦普爾的童真稚趣。然而，戰爭的到來卻造成了父子間無法彌合的分歧。班傑明・富蘭克林與英國當局決裂，簽署了《獨立宣言》，遷居巴黎，此刻他正在巴黎擔任和平專員，也是美利堅合眾國最受人尊敬的公眾人物之一。威廉・富蘭克林雖然不是專制政權的朋友，也支持帝國改革，卻無法公開放棄對國王效忠，還因為拒絕這麼做，在一個愛國者監獄裡被囚禁了兩年。在入獄期間，他心愛的妻子伊莉莎白病危，但華盛頓不准威廉去探視她。她未能見丈夫最後一面，「心碎而死」。還有一件事令威廉痛心不已，班傑明實際上收養了坦普爾・富蘭克林，他把坦普爾帶到巴黎，成了美國和平專員的祕書。班傑明和威廉・富蘭克林的關係再也沒有好轉，成為這場內戰中知名度最高的骨肉分離案例。[24]

威廉・富蘭克林在獲釋後來到紐約，遍體鱗傷、心灰意冷的他決心以牙還牙。他不間斷地組織效忠派，在一七八〇年正式成立了所謂的效忠派聯合會，它支援準軍事組織「安全公司」（相當於愛國者的安全委員會），在大後方保護效忠派。[25]在該委員會的資助下，激烈的派系之戰在約克敦戰役後仍在大紐約地區持續。一七八二年早春的一天，一個名叫約書亞・哈迪的愛國者上尉被發現吊死在桑迪胡克的一棵樹上，哈迪生前因在紐澤西中部施暴而惡名昭彰。屍體胸前釘著一張紙，上面寫著，「我們這些難民長期以來目睹自己的兄弟被殘殺，現在……決定只要還有一個難民活在世上，就一命抵一命……**處死哈迪為菲力浦・懷特報仇。**」一個效忠派上尉顯然在收到威廉・富蘭克林的指示之後下令處死哈迪，為的是報復前幾天另一位效忠派菲力浦・懷特被愛國者就地正法。聽說這個事件後，喬治・華盛頓怒不可遏，要求效忠派交出兇手，否則就要下令處死一個英國戰俘為其抵命。更糟的是，被美國人選出來報復的軍官是約克敦戰俘，查爾斯・阿斯吉爾，是個年輕、人脈廣闊的準男爵爵位繼承人。不久，紐約的爭吵就變成了一場國際事件，首相謝爾本請班傑明・富蘭克林親自出面為阿斯吉爾求情。[26]

新任總指揮到達紐約城時，愛國者正高聲要求公正執法，效忠派也拿起武器捍衛自己的正義，因一名無辜軍官成為華盛頓報復法則的犧牲品，英國正規軍也蠢蠢欲動。登陸第一天，卡爾頓花了兩個小時跟威廉・富蘭克林和威廉・史密斯就此案密談。阿斯吉爾最終還是被釋放了，多虧他母親直接向美國的另一個同盟瑪麗・安托瓦內特王后*求情。此事令華盛頓快快不悅：他的立場是絕不寬容，眼看就要採取殘暴行動了。而威廉・富蘭克林更是滿腹牢騷。當大家把此案骯髒惡劣的細節提交調查委員會和軍事法庭審理時，威廉一副深仇夙願的樣子，言語輕率，失於謹慎，損及他賢明領袖的形象。此事令其父親、前總督心灰意冷。一七八二年仲夏，消息傳到美國，說英國已經同意承認美國獨立，也就是說威廉・富蘭克林的父親贏了，更令他悲憤交加。一

*瑪麗・安托瓦內特（一七五五至一七九三），法國大革命前的最後一個王后，於一七七四年嫁給路易－奧古斯特，也就是未來的路易十六。法國大革命爆發後，王室出逃未成，一七九二年九月二十一日，路易十六被廢，法國宣布廢除君主制。王室遭拘於聖殿塔內。安托瓦內特被控犯有叛國罪，路易十六被處決九個月後，即一七九三年十月十六日，她被交給革命法庭審判，判處死刑，魂斷斷頭臺，享年三十八歲。

七八二年八月，威廉·富蘭克林乘船前往英國，開始了流放生涯，隨身攜帶著「一份效忠派獻給國王的請願書，強烈反對帝國分裂，並懇求國王的保護」，而威廉·史密斯認為那只是「藉口」。請願書列出了一長串不滿，處處針對他此去尋求庇護的政府。[27]

仍然籠罩全美的暴力讓卡爾頓疲於應付，阿斯吉爾事件只是冰山一角。在紐約和賓夕法尼亞的西部邊緣，英國的印第安同盟則捲入了另一場激烈的派系鬥爭。薩拉托加戰役之後，莫莉·布蘭特和村裡的其他莫霍克人一起遷居尼加拉。和許多難民一樣，她也「根本無法適應這個地方和國度，」因為「起初她似乎很難拋棄自己的老母親……和朋友們，住在這個全然陌生的國度。」[28]儘管如此，她仍繼續為英國集結支持力量，而英國人在安大略湖最東端的卡爾頓島上為她蓋了一座房子作為回報。約瑟·布蘭特參與了一系列愈演愈烈的進攻和反攻：愛國者在整個芬格湖群地區發動了一場焦土戰役；而印第安人部隊和效忠派民兵，則突襲了從莫霍克河直到俄亥俄河的數十個愛國者前哨基地。[29]僅一個月時間，布蘭特的襲擊就導致九十人被捕和被殺，一百多座房子被毀，五百多牛馬被劫。[30]這類殘暴的邊境戰爭表明，白人殖民者與印第安人之間的冤仇根深柢固，英美之間正式宣布停火根本無法化解這樣的深仇大恨。約克敦戰役結束五個月後，這些仇恨匯聚成了一場平民屠殺，大概是整個美國革命期間規模最大的。在賓夕法尼亞最西部，奉行和平主義的摩拉維亞德拉瓦印第安人，整村被愛國者逮捕，有條不紊地謀殺，就像屠宰前牲畜被擊暈那樣，先重擊每個男性受害者的頭部，然後剝下他們的頭皮。[31]卡爾頓能否壓制住邊境暴力，將深深影響莫霍克難民的未來。

然而，在這些持續衝突的戰場中，對卡爾頓而言，最激烈的戰場往往也是最迫切需要解決的。在南部腹地，效忠派正在為留住英國勢力而決一死戰。威廉．約翰斯頓和他的岳父約翰．利希藤斯坦仍然在最前線奮戰，指揮騎兵旅在薩凡納沼澤叢生的郊外巡邏。約克敦戰役兩周後的某一天，約翰斯頓和手下正在營地休息，看到三百位愛國者從森林裡朝他們走來。他們很快就被包圍了，約翰斯頓無疑不想重蹈弟弟安德魯在奧古斯塔戰死的命運。當他正準備把劍交給對方的指揮官以示投降時，一個愛國者士兵卻突襲了約翰斯頓的一位下屬。這樣的侮辱激怒了約翰斯頓，他立即開始奮力回防。還好沒多久，湯瑪斯．布朗的突擊隊就派了一個先遣隊來支援寡不敵眾的效忠派，指揮先遣隊的是約翰斯頓的世交好友威廉．威利。[32]

約翰斯頓與死神擦肩而過，但內戰期間的南方，這類事件多不勝數。一位美國軍官回憶道，「輝格派和托利派*之間劍拔弩張，以至於『喬治亞的有條件釋放』成了『被槍殺』的同義詞。」[33]愛國者和效忠派的休戰跟他們火爆脾氣一樣陰晴不定。布朗大概從不承認自己的殘忍名聲，但另一位效忠派軍官，卻用驕傲的口氣讚美他如何在卡羅萊納邊境燒掉敵人的房子、用繩子把逃兵吊死在樹上、逮捕人質、劫掠奴隸和馬匹。[34]所有這些導致卡羅萊納和喬治亞鄉間「被不同的作戰部隊徹底瓜分，」以至於那一大片土地竟沒有一頭活的牲畜，連松鼠或鳴禽都沒有，只有紅頭鷲

*編按：一七六八年後批評英國法規的人自稱為輝格派，與立場相同的英國輝格黨對應。美國輝格黨又用來指稱美國革命期間反抗英國的「愛國者」。而忠於英王的殖民地人民自稱「托利派」。

俯身啄食屍體。[35]一七八二年春，美國軍隊駐紮在薩凡納城外幾公里處，忙著煽動英軍開小差逃兵。湯瑪斯·布朗從城裡突圍出來，打算與三百名印第安盟軍裡應外合，把美國人驅趕回去。然而布朗卻未能與印第安人聯合起來，他的突擊陷入了僵局。幾周後，印第安人也被擊敗了，倖存的戰士紛紛湧入英國人的地盤尋求保護。至此，挽救英國統治的戰鬥，在喬治亞徹底結束了。[36]

正是在這樣的背景下，卡爾頓啟動了一連串關鍵行動：從英軍占領的薩凡納和查爾斯頓撤離。卡爾頓認為這一步「無關乎選擇，而是戰敗後必須接受的慘痛後果。」[37]英軍已經沒有足夠的兵力守衛這些城市了，更不要說此時加勒比地區還急需增援。一七八二年六月初，一封標記為「絕密」的信件寄達查爾斯頓的英軍總部。卡爾頓信中在告誡指揮官亞歷山大·萊斯利，「收到此函後一兩天內，將有一支運輸艦隊在查爾斯頓城外靠岸；那是我派去協助薩凡納和聖奧古斯丁撤離的；不僅要撤出士兵及一切軍事和公共設施，還要帶走選擇一同離開的效忠派。」[38]萊斯利將軍立即把消息傳到薩凡納，請喬治亞總督詹姆斯·賴特爵士通知「國王的忠實臣民……在當前令人不安的情形下，向他們提供安全和膳宿……一直是總指揮的首要考慮。」[39]兩個月後，萊斯利受命撤離查爾斯頓，執行的正是同樣的任務。

卡爾頓眼中不可避免的戰略之舉，在兩個城市的數千效忠派看來卻無疑是一場災難。撤離的消息激起了他們抗議和悲憤。賴特總督堅信，只需再增派五百人的部隊，就能「把叛軍徹底逐出本省了。」[40]但英國人卻放棄了它。賴特報告說，「您很難想像國王陛下忠實的臣民們心中有多麼失望和痛苦，我想閣下也不知道……這意味著拋棄了多麼龐大的產業。」[41]在查爾斯頓，一份署名為「公民」（注意，不是英王的「臣民」）的傳單挖苦地提議效忠派可以嘗試各種方式，祈求即將前來的愛國者施恩：

> 一個男人求太太或某個朋友寫信代他求情；另一個男人的太太的姨媽有個表兄此時正在美國軍營裡服役；……最後還有個人想出了一個絕妙的主意，那就是即使他此時此地正在英軍城衛隊服役，在內心深處，他一直是美國人的朋友。[42]

然而對大多數效忠派來說，英軍撤退可不是一場玩笑。他們聽說了城外發生的災凶禍患，聽說了效忠派正被懷恨在心的愛國者追殺。[43]喬治亞和南卡羅萊納的愛國立法者於一七八二年通過的沒收法案，將五百位著名的效忠派視為叛國者驅逐出境，違者處死，沒收了他們的財產，還對「其他」「以叛徒方式協助、唆使和參與……叛國行為的各色人等」判以同樣的處罰。[44]當效忠派商人代表團前去會見愛國者當局，詢問如果他們留下來會有什麼待遇時，得到的答覆一點也不樂觀。薩凡納的效忠派被告知他們可以花費「合理的時日……處理財產以及與錢有關的問題，」但大陸軍無法承諾提供充分的保護，當然，根據《沒收和放逐法案》，（定義含糊的）「叛國者」始終有可能被追究責任。[45]南卡羅萊納的類似規定讓查爾斯頓的商人們堅信，愛國者準備「報復和懲罰無辜。」[46]對數百位地位低下的難民，例如，對在查爾斯頓城內臨時建造「不蔽風雨的茅舍」裡避難的人而言，前景也好不到哪裡去。八百多位「貧苦難民」依靠英國軍隊派發的微薄現金度日，也很難指望如果回到被戰爭蹂躪得千瘡百孔的家園，生活會有多大的改善。[47]

他們該怎麼做？這個國家剛剛經歷了一場內戰，可能會對效忠派實施報復，他們的財產很有可能在他們離家時就已經被沒收或摧毀了。英國船隻停泊在海港裡，免費提供前往陌生國度的自由通道。前路茫茫，但至少有一點是肯定的。離境的效忠派仍然可以安全地生活在大英帝國的領地裡。撤離命令下達後短短數周，薩凡納和查爾斯頓的絕大多數市民就下定決心要離開了。

在二十一世紀，這樣大批人離開家園、傾城而出的情景雖令人沮喪，卻似乎已經是司空見慣的戰爭後果了。然而在一七八〇年代，英國根本未曾這樣大規模撤離市民。也從來沒有任何研究美國革命的歷史學家詳細描述過英國人撤離的情況。然而，英國勢力停留在美國的這最後數月所發生的一切，為我們熟悉的美國建國形象反射出令人震驚的景象。因為就在美國的愛國者們考慮如何把十三殖民地改造為美利堅合眾國，如湯瑪斯・潘恩所說，「把世界推倒重來」的同時，數萬難民卻啟程前往大英帝國，如一位效忠派所說，「讓一切從頭開始。」[48]

那麼，他們將往哪裡去？對薩凡納和查爾斯頓的許多白人效忠派來說，目的地的選擇圍繞著一個最重要的考量，跟一種非常特殊的財產有關，它是可攜帶的、寶貴的、活生生的：奴隸。效忠派以何種價格出售或僱用奴隸的問題，對他們是否逃亡以及逃往何處的決定影響甚鉅。戰時，大多數離開殖民地的難民都前往英國或新斯科舍。但在英國，從一七七〇年代初開始，擁有奴隸事實上就已屬非法，而在新英格蘭和紐約難民們偏愛的新斯科舍，被普遍認為氣候不適合南方農園的奴隸生活。牙買加和其他英屬西印度群島看似更好，但這些島嶼的殖民開發已臻成熟，已經沒有多少未開墾的土地了，而且眾所周知，那裡的生活成本很高，死於熱帶疾病的機率也很大。

如此一來，只剩下一個英屬領土吸引著南方奴隸主：鄰近的英屬省分東佛羅里達。東佛羅里達在氣候和地質條件上多少有點像喬治亞，還有大片未開墾的土地，在效忠派農園主看來，似乎是他們複製現有生活方式的最後一根救命稻草。野心勃勃的東佛羅里達總督派翠克・托寧熱心地鼓勵效忠派遷居到此。「聽說康沃利斯伯爵不幸戰敗的消息之後，」他發布了一份公告，邀請「鄰近殖民地那些處境悲慘和遭受迫害的效忠派成為本省的殖民者。」[49]數百人已經來了。唯一的麻煩是在卡爾頓最初的命令中，聖奧古斯丁也被列入了撤離計畫。沮喪的效忠派和同情的官員們齊聲抗議該舉措，賴特和托寧兩位總督也一樣。[50]在效忠派的壓力下，卡爾頓取消了撤離命令，理由是佛羅里達能為效忠派們提供「方便的避難所，他們最為寶貴的財產可以不費力氣地運輸至此地，在這片國土上，他們的黑奴也可以繼續付諸使用。」[51]於是東佛羅里達成為南方效忠派的首選目的地，在效忠派出走路線的決策過程中，凸顯出財產考量的重要性，尤其是奴隸勞動。

薩凡納的效忠派是第一批直接面對出走現實的人，在接下來的數月，這樣的現實一遍遍重演，一次比一次規模更大。七千名白人市民和奴隸準備在不到四周內離境。早已經無從知曉效忠派如何、以及是否做好離鄉背井的心理準備，但他們有很多具體的雜事要一一處理。這座棋盤式布局、四四方方的城市，如今變成了一個移動的嵌合體。大家每天忙著售賣、打包、交易、話別。士兵們把軍備物資堆在城牆下面，準備用船運到海邊。奴隸們拖著家具和行李，幾百人聚集在一起，準備隨主人一起前往海外。最終，薩凡納城裡的五千個黑奴幾乎全都要離開，跟效忠派的財產一起被運出城市。一七八二年七月十一日，衛戍部隊在駁船上集合，繞著雜草叢生的曲折河岸駛向海濱。一位紐約士兵在日記中寫道，「許多居民看到我們離去，都悲痛萬分，特別是那些女士，她們的愛人必須隨同我們的撤離棄城而去；有些女士改變了心意和信仰，也離開城市，跟我們一起走了。」[52]

要了解那些去國離鄉的效忠派心中所想已是難事，要洞察出走人口的絕大多數，也就是大約五千名黑奴（人數比白人移民者多出一倍多）的態度，更是難上加難。不過，喬治·利勒身為極少數一同撤離的自由黑人之一，他在一些記述中談到了自己出走的原因。利勒或許為此次旅程找到了某種更高的慰藉，因為他是追隨著兩個主人前往港口的：一個在天國，一個在人間。自從在戰前就已解放他的效忠派前主人，被愛國者的子彈炸飛一隻手而死之後，其後約三年內，利勒一直以自由人的身分在薩凡納城裡生活。利勒很可能像許多其他自由黑人一樣，在薩凡納以車夫為生，幫忙為英軍運送補給，正如他的朋友大衛·喬治就曾在自己的肉鋪裡支持英軍。但利勒（以及喬治）真正的工作是為上帝服務：像他曾在希爾弗布拉夫附近的玉米地、林中空地和穀倉裡所做的那樣，為城裡的黑人布道。大衛·喬治在薩凡納大亂之前舉家搬到查爾斯頓，但利勒卻留下來繼續布道，直到英軍占領期的最後一刻。

利勒知道，自由可能並非常態。有一次，一些白人把他關進了監獄，因為不相信他的舊主人已經解放了他。在出示了自己的自由證明書之後，才在一個白人保護人的幫助下獲釋，那位保護人就是鄉間農園主和效忠派軍官摩西・柯克蘭。（一七七五年，湯瑪斯・布朗遭受酷刑之後，也是柯克蘭收留了他。）利勒欠柯克蘭的人情還不止這些。利勒的妻子和四個年幼的孩子全都生而為奴，柯克蘭顯然幫他贖回了他們的自由。利勒同意放棄自己的部分自由，以契約奴僕的身分為柯克蘭勞動數年當成回報。如今英國人要撤離薩凡納，柯克蘭被流放，喬治・利勒「在某種意義上必須」跟他一起走，他的身分不再是奴隸，但也不完全是自由人。和其他人一樣，利勒在出發前也有很重要的準備工作。他站在薩凡納河的淺灘上，在城牆腳下為安德魯、漢娜和小黑格・布萊恩施了洗禮，為教會添了三位新成員，這三位都是一個效忠派浸禮會教徒名下的奴隸。既然上帝要喬治兄弟把他的訓諭帶到美國以外的地方，就需要安德魯兄弟接替他的工作，為喬治亞的黑人傳道解惑了。[53]

一七八二年七月二十日，利勒和家人隨第一批船隊駛出薩凡納，前往牙買加的羅亞爾港。[54]他和英國人一起撤離的原因看似簡單：為了保護自己和家人有限的自由。然而在上船的那一刻，利勒大概看到了這麼多白人選擇離開的壓倒性理由：為了保護他們被奴役的財產。單桅帆船斑馬號（這是個容易引起聯想的名字，因為乘客包括黑白分明的兩個種族）及其兩翼的十二艘船上只有區區五十個白人效忠派。乘客中的絕大多數是一千九百個黑人，幾乎全都是奴隸。[55]整個黑人社區全都乘船出海了，其中兩百多個奴隸為總督詹姆斯・賴特爵士一人所有，賴特曾經把五百多個奴隸安排在十一個農園中勞動，這兩百多人只是他擁有的龐大奴役勞動力的一小部分。奴隸們在戰爭中倖存下來，卻要在賴特的一位副手納旦尼爾・霍爾的監護下被運往牙買加，在那裡不是被僱用，就是被出售，成為加勒比地區奴隸勞動力的一員，那裡的艱苦條件和殘酷待遇可是臭名遠揚。[56]

第二天，另一支撤離艦隊駛向聖奧古斯丁。這支船隊上也是奴隸占多數；喬治亞代理省督約翰·格雷厄姆管理著自己和其他人名下至少四百六十五個黑人男人、女人和孩子。[57]與此同時，湯瑪斯·布朗也護送著另一個更不尋常的非白人隊伍。約二百位跟他並肩與愛國者作戰的克里克族和巧克陶族武士在戰場上奮戰一年後，這時準備返回自己的村莊。[58]他們在船上出現，表明英國人對自己的南方印第安人同盟罕見地讓步了，而且他們也是這次大出走中唯一的逆行人群：對他們、且只有對他們而言，這次遠行是回歸故鄉。聖奧古斯丁船隊還帶著威廉·約翰斯頓那一大家子人中的大多數：父親老路易士·約翰斯頓、他的哥哥小路易士·約翰斯頓以及他的妹妹妹夫們和他們的子女。約翰斯頓一家有充分的理由偏愛佛羅里達，他們家裡共有七十一個男女奴隸和孩子，老路易士·約翰斯頓是喬治亞難民中最大的奴隸主之一。

然而，伊莉莎白和威廉·約翰斯頓卻隨威廉所在的軍團一起加入了開往查爾斯頓的艦隊。伊莉莎白並未跟婆家人一起去聖奧古斯丁，卻和威廉一起前往查爾斯頓的舉動顯然很不尋常，多半是因為她那時懷著七個月的身孕，但還是拒絕了威廉的一位愛國者好友表示可以保護她住在薩凡納，直到她「更適合旅行」的好心提議。約翰斯頓夫婦短暫的婚姻生活聚少離多，伊莉莎白受夠了那樣的日子。在威廉離家作戰期間，她已經獨自一人撫養了他們的長子安德魯，一個「漂亮可愛的小夥子」，「熱烈奔放的性情」「很像」父親。當然，她希望待在威廉身邊還有另一個理由。沒有她的陪伴，威廉又重拾起賭博的舊習，「此惡行的破壞力如此之大，」眼看著就要毀了他們這個不斷添丁增口的家庭。[59]他沒有對妻子坦白自己的巨額賭債，而是寫信向岳父沮喪地懺悔，懇求利希藤斯坦在需要時幫他們一把。[60]更糟的是，威廉的行為使他跟自己的父親和姊妹們產生了裂痕。伊莉莎白說，「你不知道你讓我多難過，一個父親唯一希望和掛懷的就是自己的孩子們快樂，你讓他憂心如焚，該多麼殘酷啊！」[61]有錢有勢的路易士·約翰斯頓醫生，不是個可以輕易疏遠的人。與他決裂恐怕會斬斷這對年輕夫婦最重要的經濟來源。

因此，當她看到英軍在薩凡納潰敗之時，伊莉莎白·約翰斯頓在衝動之下，選擇了跟丈夫一起走：「我丈夫不喜歡分離，我也堅決不肯留下。」她從沒有提起過離鄉背井有何道義擔當。更值得注意的是，她也從沒有提起過導致她那一大家子人出走的顯而易見的原因。根據喬治亞的《沒收和放逐法案》，約翰斯頓的每一位男性近親都被放逐了，包括威廉·約翰斯頓、他的父親路易士和她的父親約翰·利希藤斯坦。在她自己的敘述中，丈夫不是因為政治情緒，而是因為感情因素離開的，是他們的愛情讓他選擇了出走。

當約翰斯頓夫婦到達查爾斯頓，才發現那裡也同樣是一派撤離前的騷亂。日復一日，英國官員們要面對食物、蘭姆酒、船隻和現金短缺；場面愈來愈亂、士氣愈來愈低；還有一萬多平民要求救濟和保護。查爾斯頓的指揮官萊斯利悲嘆道，「這裡的平民問題如此混亂，我已無力安排，特此宣布本人無法完成如此重任，也沒有章程來支持此任務，每天從早到晚，我要面對這麼多令人沮喪的建議書和請願書，等等。」[62]愛國者正在朝他們進軍，切斷了城市的糧食來源，迫使萊斯利不得不派覓食分隊去鄉間搶劫穀物。[63]士兵們變得愈來愈焦躁不安和散漫，他們「放浪形骸」，並且逃跑的士兵也愈來愈多。[64]為了殺雞儆猴，他們當著二千人的面對一位逃跑未遂的士兵處以絞刑；還有兩個人「因窩藏兩名逃兵，在城裡的鬧區各挨了五百下鞭刑，然後被逐出駐地。」[65]赤貧難民的情況也沒好多少。從一七八一年十一月到一七八二年十一月，一個社區的棺材匠為死去的效忠派製作了二百一十三口木棺：那一長串配偶、祖父母，特別是孩子的名字令人心碎；其中有一個少年名叫「阿梅里卡」（America，意為「美洲」），還有一些人死時除了身高，什麼紀錄也沒有留下。[66]

一七八二年八月，撤離命令下達之後的幾周內，共有四千二百三十名白人效忠派宣布將跟隨英國人一起離開，還將帶走七千一百六十三個黑人，其中大多數是奴隸。[67]遵循薩凡納的先例，東佛羅里達成為首選目的地。但查爾斯頓要比薩凡納大得多，經濟也更發達，撤離這麼多奴隸使得情況尤其複雜混亂。

英國占領期間，有大約一百個愛國者名下的地產及五千多個奴隸被「扣押」，由效忠派的被扣押財產專員約翰·克魯登經營，收益歸英國軍隊所有。如今撤離在即，許多效忠派自己名下的奴隸被愛國者抓走了，想要帶走被扣押的奴隸當作補償。這樣的交換聽起來雖符合邏輯，卻是非法的，因為效忠派無權擁有這些愛國者名下的奴隸。讓事情更趨複雜的是，還有好幾百位在查爾斯頓生活和工作的黑人效忠派（包括此時正在查爾斯頓的大衛·喬治及其家人）有合法證明，可以以自由人身分隨英國人一起離開。愛國者們害怕他們寶貴的奴隸隨船駛入大英帝國，不管是被扣押的還是被賦予自由的。英國怎麼能一面撤離黑人，以防愛國者名下的奴隸非法被抓，一面又向黑人效忠派承諾人身自由呢？萊斯利寫信給卡爾頓請求指示。他認為，「無論我們如何處理那些在被扣押財產上被抓的奴隸，對那些因為相信我們的保護而自願加入我們的人，出於道義，我們都不能拋棄，任由前主人對他們實施殘忍的處罰。」[68]卡爾頓非常贊同：「既然承諾給他們自由，就必須兌現承諾。」[69]

面對效忠派和愛國者要求公平分配財產，以及眼前身處困境的黑人自由人和奴隸，約翰·克魯登專員忙得不可開交，深感力不從心。尤其是克魯登本人也身陷債務：很多人僱傭勞動力時沒有付錢給他，也沒有上繳被扣押財產的收成，他的政府帳目上欠帳已高達一萬英鎊。[70]（與此同時，他和弟弟兩人也債臺高築，以至於他們可憐的父親，一位住在倫敦的長老會牧師，請經紀人不要再擴大兩個兒子的信用貸款了。）[71]然而約翰·克魯登天性積極樂觀，他在約克敦戰役後曾建議自己的保護人鄧莫爾勛爵組織一支自由黑人的軍隊繼續作戰的舉動，就是個很好的例子。一七八二年夏，查爾斯頓的供給嚴重不足，克魯登裝備了一支槳帆船船隊，派他們進入低地水路去搶奪愛國者的穀物供給。[72]隨後那幾個月，克魯登仍然盡其所能地幫助效忠派解燃眉之急，只不過他的想法和辦法有時頗為怪誕不經。

克魯登對自己管理被扣押財產的業績十分滿意，斷言許多「地產的耕種情況比我接管的時候好多了，（而且如果沒有他的照管）它們早就被貧窮的債主毀得不成樣子了。」當然，他認為關於奴隸的糾紛很好解決。他自己的指導原則是盡量把所有被扣押的奴隸歸還給他們的主人，「希望並堅信這樣做會對他們有類似的影響，讓他們歸還英國臣民的財產。」[73]因此，對於愛國者名下的奴隸，克魯登警惕地防範著效忠派帶走這些本不屬於他們的財產。他相信愛國者也會同樣尊重效忠派的財產和黑人效忠派的自由。在他看來，在一個領域維護奴隸主的權利，同時在另一個領域支持被解放黑人的自由，兩者之間沒有矛盾：這關乎榮譽問題。

一七八二年十月，當第一批船隻即將駛離查爾斯頓時，萊斯利和南卡羅萊納的愛國者總督就交換俘虜和被扣押財產的交接取得共識。萊斯利下令，「所有奴隸，如果是**南卡羅萊納**境內**美國**臣民的財產，均應留在原地，歸還原主，那些因在軍隊服役而被受到特別憎惡的奴隸，以及被單獨承諾自由之人除外。」為了安撫愛國者，並「防止財產的巨大損失，從而毀掉很多家庭，」他主動提出如有黑人效忠派的前主人就奴隸事項提出爭議，他願意支付合理的價格予以補償。[74]然而自稱自由效忠派的黑人人數過多，所涉的「巨額費用」讓萊斯利目瞪口呆。[75]因此，萊斯利組織了一個審查委員會，調查那些「因堅信各種公告和承諾而來，希望獲得自由」的黑人，判斷他們的身分的真偽。[76]美國審查者則有權檢查出港船隻上是否有被非法帶走的奴隸。萊斯利的處理方式，成為蓋伊・卡爾頓爵士不久以後在紐約監督更大規模黑人撤離的重要範本。

大衛・喬治和他的家人，就是被委員會確認為自由黑人的。據估計，共有一千五百位自由黑人自查爾斯頓撤離，他們一家就在其中。[77]喬治驚喜地發現他的家人和白人難民一樣，有權自由前往大英帝國的其他領地。一七八二年十一月初那幾天，他們跟著首批船隊駛出了查爾斯頓。[78]絕大多數船隻駛向紐約或聖奧古斯丁，但喬治一家人的目的地更加不同尋常。他們和大約五百位同船乘客一起去了新斯科舍，未來一年，將有成千上萬的效忠派難民湧向這個英屬北美省分，他們是最早到達的一批。[79]

碰巧，威廉·約翰斯頓或許就是批准喬治離境的軍官之一。威廉和其他十個人一起接受委任，組成了萊斯利的審查委員會，在查爾斯頓的最後那些天裡，他聽取了很多逃離奴隸制黑人男女的故事。伊莉莎白·約翰斯頓在一座莊嚴僻靜的隔離所裡誕下兩人的長女凱薩琳。外面，城市的人煙日漸稀少，「一切都在移動，亂七八糟的。」一位士兵寫道：「各個教派的人似乎都陷入了混亂，那場面根本無法描述。這人在傾其所有購買物資，補足存貨；那人在想辦法去國王陛下軍隊的另一個駐地；還有人挨家挨戶地收債。」[80]約翰斯頓家在查爾斯頓倒是沒有財產需要處理，但他們也要面對新的選擇。威廉的軍團正準備出發，和查爾斯頓的大部分駐軍一起駛向紐約。去紐約的路途遙遠，而且它可能也即將面臨撤離，不大適合伊莉莎白和孩子們去。這一次他們決定她獨自去聖奧古斯丁，和威廉的親人們住在一起，他處理完手頭上的事再去找他們，在那裡建立起他們第一個真正的家。[81]

一七八二年十二月初，伊莉莎白·約翰斯頓帶著她蹣跚學步的兒子、剛出生不久的女兒和一個黑人保母一起走上一艘小船，划入海港，登上了準備駛向佛羅里達的縱帆船。水路彎彎曲曲，簡直像是駛入了拼圖遊戲之中。她的頭頂上懸著這座水上城市的弧形木質城牆，被泥漿和焦油塗得黝黑；人影綽綽，沿著甲板和索具疾速小跑著，帆布船帆在縱橫交錯的桅杆上綿延。很多輕舟和小船在水面上畫出波浪，將效忠派和奴隸、桶裝的食物和補給品、家具和牲畜運送到在海港等待的大船上，連聖邁克爾教堂那些寶貴的吊鐘都運來了。[82]逾一千二百個白人效忠派和二千六百個黑人划著船，加入了駛向牙買加的船隊。另一群人包括兩百多個黑人效忠派士兵，他們準備駛向聖露西亞*。還有包括各級政府官員在內的幾百人加入一個前往英國的船隊。最後，十二月十二日下午，士兵們開始在城市碼頭集合，上船前往紐約。兩天後，美國人正式收復了查爾斯頓，而約翰斯頓夫婦卻分別前往相反的方向：他和駐軍一起去了紐約市，她則去了東佛羅里達，加入了正在迅速擴大的效忠派社區。[83]

在薩凡納和查爾斯頓的撤離中，總共有兩萬多效忠派、奴隸和士兵踏上旅途：那麼多人離鄉背井，拋家捨業；那麼多人漂流海上，前路未卜。這些撤離過程中的混亂局面所暴露的矛盾，將一直伴隨著難民的流放生涯。效忠派去國離鄉既是因為仇恨，也是出於道義，明知他們投奔的行政管理人員問題重重，卻仍然依賴他們。自由黑人和奴隸也登上了同樣的船隻，身分混亂，且隨時可能受到虐待。約翰斯頓一家和喬治一家都曾兩度撤離，這揭示了另一個後來不斷重複的現象：這些難民中有許多人終將一而再地舉家遷徙。然而，雖說這次移居海外意味著未知的命運，讓效忠派憂心忡忡，它也可能意味著更好的未來，讓他們有機會以大英帝國臣民的身分重建新生活。比起焦慮和哀嘆，我們雖很少聽到這樣的聲音，但確實有難民對撤離的態度更加樂觀。損失了這麼多，他們一定會有新的發現。約翰．克魯登在乘船前往聖奧古斯丁時，就是這麼想的，他的夢想還沒有終結。他想，「這或許是世界史上最重要的一個時刻。」[84]如果不能利用這個重大機遇做出一番事業，活在這樣寶貴的時刻不就沒有意義了嗎？

在約克敦戰役一年之後，隨著那些船隻駛出查爾斯頓，效忠派們終於接受了失敗的現實，真的該拋開過去，迎向新生活。戰爭結束了，美國真的獨立了。至少有八千個白人和黑人難民已經在其他英屬殖民地定居，特別是東佛羅里達。但效忠派仍有些希望懸在空中。美利堅合眾國將會怎樣保護效忠派，免受報復並補償他們的損失？答案要由遠在巴黎的和平專員們討論解決，這將對那些仍未決定去留的效忠派產生重大的影響。

英美和談的結果掌握在區區五人手中，每個人的態度都有著舉足輕重的意義。美國和平委員會中資格最老的成員是班傑明．富蘭克林，他的同伴包括紐約律師約翰．傑伊和麻塞諸塞的約翰．亞當斯；第四位美國專員，南卡羅萊納的農園主亨利．勞倫斯後來也加入了他們。英國方面的談判僅由一人主持，理查．奧斯瓦爾德被首相謝爾本勛爵親自委以此職。奧斯瓦爾德擔此大任雖說不上出人意料，也相當不同尋常。這位來自格拉斯哥的商人年近八旬，曾靠跨大西洋貿易起家，主要是從切薩皮克[†]向英國運送菸草，從他與合夥人在獅子山的邦斯島上所擁有的一個貿易要塞向美國運送奴隸。奧斯瓦爾德在東佛羅里達投資購買了大量地產。最重要的是，他有很多親密的美國朋友，包括富蘭克林和勞倫斯。的確，在這個意義上，他可以說是「美國的朋友」，以至於許多人覺得不能指望他替英國人主持公道。其他政府大臣還派了一位副手去監視他，這位亨

＊聖露西亞（Saint Lucia），東加勒比海鄰近大西洋一島國，十九世紀時為英國殖民地。

† 切薩皮克（Chesapeake），維吉尼亞州東南部一城市。

利・斯特雷奇是個機敏的公務員，最初曾做過東印度公司指揮官羅伯特・克萊夫的祕書，和奧斯瓦爾德一樣，他也在東佛羅里達擁有大片地產，跟勞倫斯等人關係親密。[85]

在酒店套房裡，在晚餐桌上，在往來於巴黎各個街區的信件中，談判者們就如何把十三殖民地自大英帝國分出爭論不休。到一七八二年秋末，只有幾個關鍵問題還懸而未決。美國人希望能自由前往盛產鱈魚的紐芬蘭海岸，還希望能畫定美國的西部和北部邊界。許多美國人都欠英國債主的錢，關於這些債務如何清償也有些爭論。但最麻煩的未決問題還是跟效忠派有關：美國是否打算、又將如何補償他們？解決方案慢慢的浮上檯面。奧斯瓦爾德讓出了捕魚權。雙方同意以密西西比河為美國的西部邊界。約翰・亞當斯隨後提出，債務問題應該與效忠派的財產問題分開處理，這個決定真是幫了大忙，「讓斯特雷奇先生大喜；我覺得我在他臉上的每一個皺紋裡都看到了笑意。」亞當斯還堅稱，美國人戰前的債務都應該償還，此事關乎洋基佬*的名譽。[86]

最後只剩下效忠派這個問題了。放下道義責任不談，謝爾本勛爵和手下的大臣們知道，如果不能為效忠派爭取讓步，必將招來政敵的攻擊，因此他叮囑奧斯瓦爾德和斯特雷奇嚴肅對待此事。[87]這是戰爭與和平之間的最後一道障礙了，然而當他們坐下來就這最後一項展開談判時，他們或許沒有料到，美國對手中一位成員的抵制態度有多堅決。班傑明・富蘭克林固執地反對給效忠派任何補償。就連傑伊和亞當斯也覺得奇怪，富蘭克林何以在這個話題上如此言辭激烈：「富蘭克林對托利派的態度非常強硬，在這個問題上，他比傑伊先生和我堅決得多，」亞當斯如此寫道。[88]幾周過去了，富蘭克林的態度愈來愈強硬。他威脅說，如果英國要求補償效忠派的財產，他就要求英國賠償美國在戰爭期間的一切損失。他表示，效忠派那些年「肆意燒毀和破壞農舍、村莊和城鎮，」直言拒絕退還任何東西給他們。「你最好別提難民，」他向奧斯瓦爾德宣稱。[89]要麼接受他的條件，要麼繼續開戰。顯然，兩個國家對於事關兩國關係的每一個重大問題達成協議，都要比一個父親原諒兒子的背叛來得容易。富蘭克林拒絕補償效忠派的態度，也將反映他在生命的最後時刻對威廉所做的事情上。富蘭克林在遺囑中明確指出，只把自己在新斯科舍（效忠派的首要避難處）的地產及一批書籍和文件留給威廉。「他在上一場戰爭中針對我的行為，能夠解釋我為什麼不能把他企圖從我手中奪走的地產留給他，」耿耿於懷的父親解釋道。[90]

富蘭克林的挑戰起了作用。初步和平條款中只有一處微弱含混地涉及了效忠派的利益。第五條指出「國會將誠摯地建議各州立法機關促成歸還此前屬於真正的英國臣民的一切地產、權利和財產。」也就是說，國會將懇請各州施恩，把效忠派的財產還給他們，但具體實施與否，還要看各州的臉色。由於富蘭克林的堅持，該條款在措辭上只限於那些「沒有拿起武器對抗上述美利堅合眾國」的效忠派，一下子就把數萬效忠派老兵給排除在外了。[91]「真正的英國臣民」這個措辭後來還造成了效忠派內部的爭執，他們認為這是在英國臣民內部建立邪惡的等級制度，不認為他們都一樣是「真正的」英國臣民。

一七八二年十一月底，就在條約的最後定稿即將簽署之時，第四位美國和平專員到達巴黎，

＊編按：洋基（Yankee）早期指的是新英格蘭地區的白人居民，或是北美地區居民。

剛好夠他在條約中加入最後一條利己條款。亨利・勞倫斯為了跟荷蘭談判一項貸款，於兩年前乘船前往歐洲，但他的船隻卻被皇家海軍攔截了，他以叛國罪名被關在倫敦塔中。他在一個很小的石頭牢房中被監禁了十五個月，其間不時生病，被密切監視，還被衛兵嘲弄，他們演奏著「〈洋基歌〉的曲調……我覺得就是在嘲笑我。」[92]最終，多虧他的老朋友和熟人（此人不是別人，正是理查・奧斯瓦爾德）多方遊說，又交了保釋金，他才獲釋。勞倫斯在條約簽署前夜加入了同事們，在文本中補充了一條細節。他說，英國必須同意撤離過程「不會導致任何毀壞或帶走任何黑人，或美國居民的其他財產。」奧斯瓦爾德與勞倫斯一起做了幾十年的奴隸貿易，對這一條自然沒有異議，於是它被寫入了條約，這在往後對於黑人效忠派產生了深遠的影響。

一七八二年十一月三十日，五位專員聚集在莫斯科人大酒店內奧斯瓦爾德的套房裡，簽署了初步和平條款。對於英國何以對自己的前殖民地如此慷慨，當時許多人都覺得不可思議，但預言家們另有高見。後來在富蘭克林的宅邸舉辦的一場聚會上，一個法國人諷刺英國代表團，預言說「聯合起來的十三個國家或許會成為世界上最大的帝國。」奧斯瓦爾德的祕書驕傲地答道，「的確如此，但他們全都說英語，無一例外。」[93]不管美利堅合眾國未來會變得多偉大，語言本身就確保了它將始終維繫著與英國的紐帶，這是其他任何主要外國勢力都望塵莫及的。在英國看來，這次和談實現了一個最重要的目標，那就是確保美國還在英國的勢力範圍之內，而沒有落入對手法國的手中。還不止這些。如果真如許多時人所言，美國未能集結成一個單一的國家，那麼根據該條約，英國就能夠優先拼湊起那些分散的領土。約克敦戰役之後持續數個月的戰鬥表明，投降本身並沒有結束戰爭。那些了解內情的人知道，這份條約的慷慨條款同樣暗示了，在美國境內和周邊，英國人的野心也不是這一紙條約所能終結的。

有了美國人的協議在手，英國談判者旋即結束了與法國和西班牙的和談，以一種老練的、十八世紀外交賭博的方式交換領土。法國和英國同意大致回歸到戰前狀態。對效忠派來說影響更大的是，英國安排將東、西佛羅里達割讓給了西班牙，換取繼續保有直布羅陀。一七八三年九月，英國與美利堅合眾國、法國和西班牙簽署了最終的和平條約，統稱為《巴黎條約》。那張羊皮紙為美國革命戰爭畫上了句號。然而在北美大地上，撤離行動離結束還早得很。

第三章　無序新世界

一七八三年三月二十五日，全美各家報紙刊登了交戰各方簽訂的初步和平條款。愛國者們鳴鐘祝酒、燃放煙花，慶祝這場歷時八年的戰爭終於正式結束了。然而對於還在紐約和東佛羅里達，處於英國人保護下的四、五萬效忠派來說，這不啻是一則噩耗，宛如刊登在黑框裡的訃告。十三個英屬殖民地不復存在了，看看他們是如何授人以柄的吧。就連英國內務大臣本人在敦促蓋伊・卡爾頓爵士「請盡一切努力和解調停，以促使第五條完全生效」時，大概也意識到這是強人所難。那是班傑明・富蘭克林關於財產補償不置可否的表示，「它的實現，在很大程度上要仰仗美國國會的善意。」[1]的確要仰仗善意。戰爭結束了，美國獲得了獨立，如今效忠派得不到任何確切的補償承諾，和平條約的第五條會成為效忠派永遠的恥辱，那是迄今他們的利益被出賣得最慘的一次。東佛羅里達的效忠派還將聽到更壞的消息，英國已經同意把他們的避難所拱手讓給西班牙。然而除了英國政府之外，這些效忠派還能求助於誰呢？英國人最後也是最大規模的撤離（從紐約和東佛羅里達撤離）就在這樣心灰意冷的氛圍中開始了。

卡爾頓本人一直不滿在巴黎而非在紐約進行和談，自然也不滿他本人無法在和談中發揮重要

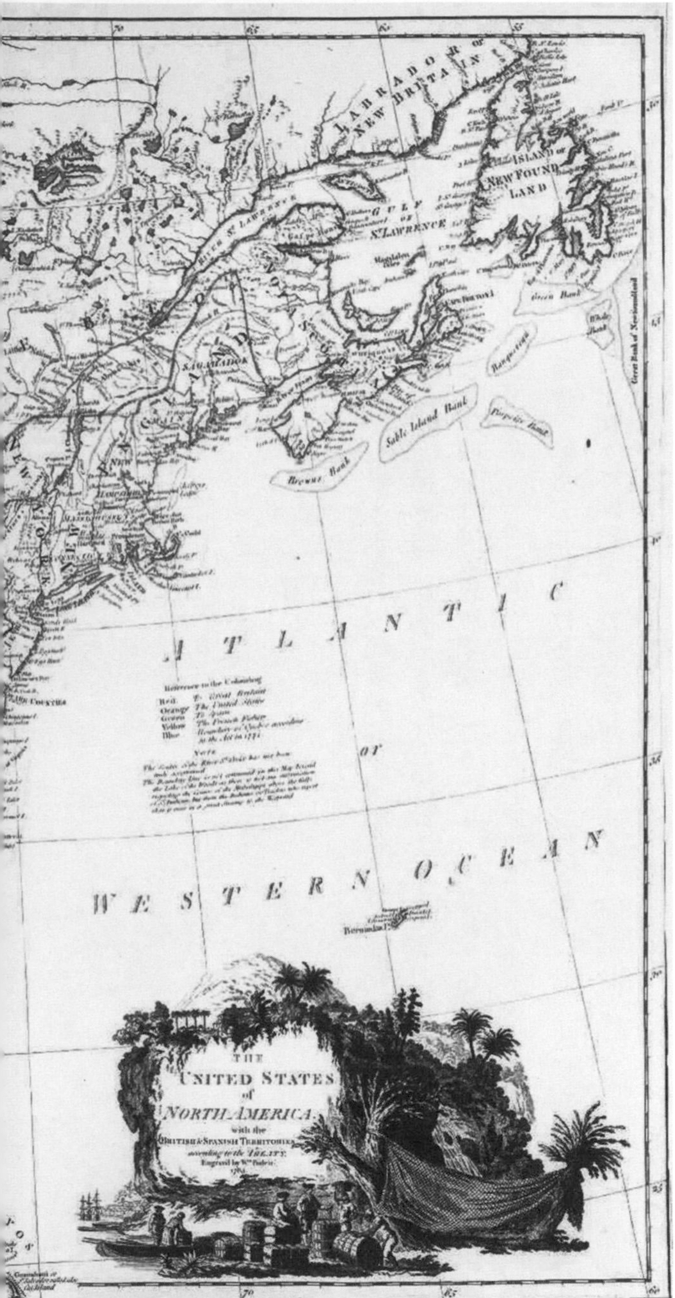

威廉·法登，《根據一七八三年條約，內有英國和西班牙領土的美利堅合眾國》，一七八五年。

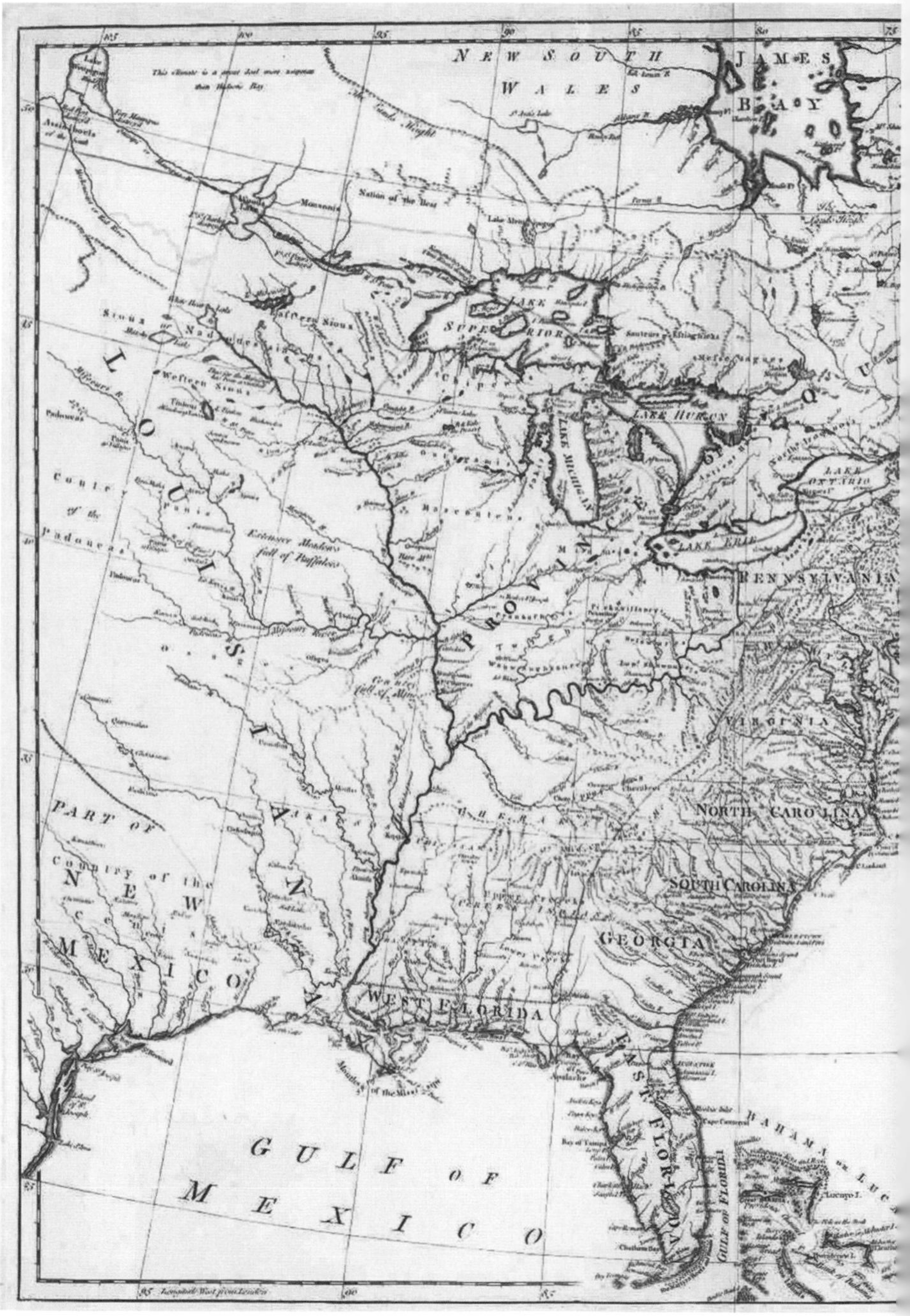
NEW SOUTH WALES
JAMES BAY
This climate is a great deal more temperate than Hudson's Bay
Nation of the Best
LAKE SUPERIOR
LAKE HURON
LAKE MICHIGAN
LAKE ONTARIO
LAKE ERIE
PENNSYLVANIA
LOUISIANA
Western Sioux
Extensive Meadows full of Buffaloes
PROVINCE
VIRGINIA
NORTH CAROLINA
SOUTH CAROLINA
GEORGIA
WEST FLORIDA
EAST FLORIDA
GULF OF FLORIDA
PART OF NEW MEXICO
GULF OF MEXICO
Mouths of the Missi
Bay of Tampa
Cape Canaveral
Lucayo I.
Longitude West from London

作用。在紐約，效忠派領袖們如今視他為忠實可靠的朋友，是他們的利益的捍衛者。卡爾頓與威廉·史密斯的關係尤其親密，長久以來，他和史密斯一樣，希望與美國建立某種帝國聯盟。就在和平條約簽署的前夜，他還對史密斯表示，自己「堅信我們可以重新聯合起來，如果帝國出現了一絲裂縫，定是由於我們的愚蠢所致。」[2]他幾乎把條約看成是對他個人的重大打擊，對涉及效忠派的「可恥條款尤其感到難過」。更有甚者，他們簽訂了如此虛弱無力的條款，如今居然讓他來扛這個努力恢復（如白廳*所指示）「兩國之間的和諧與團結」的重擔。他根本就反對美國獨立，如今卻不得不利用自己的「明智判斷」和「人道精神……去安撫和說服群眾，誠摯地杜絕任何一方發生的或可能已經發生的一切人身傷害。」[3]不過，在魁北克的那些年讓卡爾頓學會了不少治理殖民地的訣竅，他在這場內戰的廢墟上，想出了一些有創意的點子幫助眾人走出困境。他會盡一切可能幫助北美效忠派，因他自己的忠誠感，以及自己關於帝國的願景，全都有賴於此。

截至此時，卡爾頓一直都遙控著北美各個城市的撤離。如今他目睹著一場迄今為止最大、也最複雜的撤離，其規模遠超南方的那些。撤出紐約城意味著一整套令人生畏的後勤挑戰。駐防軍已駐守了七年之久，單單要撤離超過二萬人的士兵，就已是個嚴峻的任務了。還有城市加固要塞時使用的各式大砲要打包裝船，若干個馬廄裡的馬匹要運送，還要為數千人尋找和派發糧食及供給。這只是卡爾頓的部分任務。紐約還有約三萬五千位效忠派平民，如果遵循薩凡納和查爾斯頓的舊例，這些人幾乎全都要走。運送他們的船隻要從哪裡來，又該如何給他們配給糧食？他們要去向哪裡，定居需要什麼樣的設備？在自己的紐約總部，卡爾頓發現難民們的去向四面八方，令他分身乏術。殘疾人和無依無靠之人的懇求源源不斷地湧來。他要監督與印第安人的外交事務，要應付北美腹地仍在持續的暴力，要處理來自佛羅里達、牙買加、魁北克和新斯科舍等地的求助函，還要與英國官員通信，敦促他們對遷徙者採取慷慨的政策。然而，在如此千鈞重擔下，卡爾頓和手下還是及時制訂了一系列措施，為跨大西洋難民救濟專案奠定了基礎。

南方的撤離展開時，卡爾頓曾建議英國政府在新斯科舍、佛羅里達等殖民人口相對稀少的省分，分贈些許土地給效忠派難民，免收費用和代役稅。十八世紀中期在新斯科舍曾有過先例，從法裔阿卡迪亞人手中沒收的土地，被重新分配給講英語的殖民者；類似的分地政策也曾惠及「七年戰爭」的老兵，收效良好，既能鼓勵殖民，也能為以往被視為潛在的社會不穩定因素的復員軍人，提供收益豐厚的工作。不過卡爾頓提出的效忠派分地方案，是帝國重建龐大計畫的一部分。他認為，在美國的失敗使得「我們必須與那些仍然效忠的省分保持最為密切與誠懇的聯繫。」在英屬北美和其他地方為效忠派分地，可以確保「每個人都樂意拿起武器保衛家園，因為只有這

＊白廳（Whitehall，又譯懷特霍爾）是英國倫敦西敏市內的一條大道，自特拉法加廣場向南延伸至國會廣場，也是英國A三二一二號公路（特拉法加廣場至切爾西）的首段。這裡是是英國政府中樞的所在地，包括英國國防部、皇家騎兵衛隊閱兵場和英國內閣辦公室在內的諸多部門均坐落於此，因此「白廳」一詞亦為英國中央政府的代名詞。

樣他們才能自保。不僅應該免收代役稅和各種政府辦公費用，大不列顛在未來也不應對其徵稅。」[4]於是該政策就有了兩重目的：既獎勵了那些已證明對帝國忠誠的人，同時也讓大英帝國的其他地方能夠更加忠誠和安全。

一七八三年一月，一個紐約效忠派聯合組織派代表前往新斯科舍，察看位於羅斯韋港的一處殖民地，那是個未經開發的港口，位於哈利法克斯以南約一百六十公里處。新斯科舍省總督約翰．帕爾尚未從倫敦方面收到任何關於分地的指示，但他承諾提供四十萬塊木板給難民建造新房。就是從那些木板開始，一個名副其實的效忠派都市一點一點地建立起來。起初大約六百位效忠派加入了準備遷出的羅斯韋港聯合會。當他們的艦隊在一七八三年四月準備出發時，簽約一起離境的人「超過了七千人」。[5]卡爾頓的兵站總監、能幹的倫敦商人布魯克．沃森為這些拓荒者們準備了壯觀的一長串物資：鏟子和鋸、水桶和黃油桶、游標卡尺和鉗子、槍彈、火藥、砲彈、油燈、鎖，還有長柄勺。[6]船隻從英國駛來接殖民者時，他們帶著斧頭和鋤頭，各種可能用得上的木瓦、「木鑽」和「鑽頭」。[7]當第一批紐約撤離艦隊在他面前裝貨完畢、準備出海時，卡爾頓寫信給帕爾總督，說他很欣慰「我們能夠給這些理應得到救濟之人一些庇護，我相信他們未來一定會促進財富增加、商業繁榮和政權穩固，給我們這個領土大大減少的帝國提供豐厚的回報。」[8]幾個月後，卡爾頓得知英國內閣已經批准了他的分地提議。效忠派重新定居的幾個關鍵要素全都到位了：自由通道、免費補給品和分發土地。

黑人效忠派的遷徙，是卡爾頓並未提及，另一個由他極力促成，並與效忠派出走新斯科舍具有相同意義的重要面向。如果說初步和平條約的第五條讓白人效忠派大為震驚，那麼第七條，亨利・勞倫斯關於禁止英國「帶走任何黑人或其他財產」的規定，則讓黑人們驚恐萬狀。南卡羅萊納的前奴隸波士頓・金記得，和平的消息「讓所有的人歡天喜地，除了我們這些自奴隸制逃脫、在英國軍隊中尋求保護的人；因為紐約城裡到處都在傳，說所有的奴隸……都要被送還給他們的主人。」金好不容易才「感覺到自由的快樂，那是我從未品嘗過的滋味。」他從一個殘忍的主人家裡逃到了查爾斯頓，在一場天花瘟疫中九死一生倖存下來，忍受了在軍隊中服役的種種不適。一七八一年底，金來到紐約，因為找不到工具重操自己的木匠手藝，他在一個又一個主人家裡打雜，掙扎著果腹蔽體。至少他還有自由。但整個一七八三年春天，金和他的同伴們都心神不寧，生怕將來「我們的舊主人會從維吉尼亞、北卡羅萊納和其他地方趕來，在紐約街頭抓住他們的奴隸，甚至把他們從睡覺的床上拽起來。」由於「難以形容的痛苦和恐懼」，紐約的一些黑人效忠派嚇得茶飯不思，「夜不能寐。」[9]

一七八三年四月十五日，一份張貼於紐約城各處的傳單想必更令他們心灰意冷，該傳單謄抄了第七條的內容，又加上了卡爾頓的命令「任何未在英國地盤上住滿十二個月，也沒有指揮官簽發特殊護照之人，均不得以難民身分上船。」[10]將有三位軍官負責檢查每一艘離境的船隻，看看有無財產（這裡是指人）被非法轉移。有些黑人效忠派持有證書證明自己曾在軍中服役，但很多人沒有。這就是他們歷盡艱辛逃跑的結果嗎：當街被綁，或者在碼頭上再度淪為奴隸？

然而，當初查爾斯頓撤離之時，卡爾頓曾堅稱，獲得了自由承諾的奴隸就應該擁有自由，如今在紐約城裡，他信守諾言。他仿效萊斯利將軍在查爾斯頓成立委員會的模式，成立了一個自己的委員會，負責評估這些聲稱自由的黑人案件。每周三從上午十時到下午二時，該委員會的成員（由四名英國代表和三名美國代表組成）坐在珍珠街上的法蘭西斯客棧裡，聽取關於前奴隸的糾紛。那些被委員會批准放行的人，會獲得一份印刷的自由證書，上有紐約指揮官薩姆爾·伯奇將軍的簽名（彩圖六）。然後在碼頭，審查員把每個離境黑人的姓名登記在一個不斷變長的登記表上，還有他們的年齡、前主人的姓名、簡略的體格描述以及備註，諷刺的是，這些大致就是奴隸買賣時登記的資訊。這份登記表，即所謂的《黑人登記表》（*Book of Negroes*），成為大出走中真正獨一無二的文件；數萬白人效忠派難民就沒有這樣的登記表。之所以需要如此詳細登記造冊，是因為跟白人相比，這些遷出者的身分也是特殊的。他們是人，但也可以被當作財產。就這樣，這份紀錄黑人效忠派的自由身分的文件，再度登記了他們曾身為奴隸的事實。[11]

英國人的自由承諾仍然有效，但美國人可不怎麼高興。一七八三年五月初的一個周二上午，卡爾頓乘坐毅力號（這船名起得倒是貼切）沿哈德遜河逆流而上，前往塔潘齊的寬闊水域，與喬治·華盛頓會面。整整一年，兩位指揮官一直以措辭冷淡的信件往來，這是他們第一次見面。在岸上彼此打量一番之後，兩人大概都會因為在對方身上看到了自己的影子而略有些尷尬：他們身高相仿，大概都是一百八十公分高，都長著大鼻子、薄嘴唇，身穿鑲有穗帶的制服大衣和高筒靴，服飾的威嚴與他們與生俱來的莊重氣質相得益彰。兩位指揮官有迫在眉睫的事項要討論，包括幫派搶劫者正在鄉間破壞打劫、交換戰俘，以及撤離的時間表等。但華盛頓在會議一開始先就他覺得最為緊迫的事項，對卡爾頓來了一番訓話：從紐約撤出人類財產之事。卡爾頓平靜地解釋，已有一支艦隊啟航前往新斯科舍了，船上的黑人效忠派都已登記在冊。「已經啟航了！」華盛頓驚叫道。（如果他知道船上的一名黑人哈里·華盛頓曾經屬於他名下，大概更要驚掉下巴了。）卡爾頓回答說，他不能遵守條約中任何「與此前事關國家榮譽的承諾相矛盾的〔條款〕，無論膚色如何，那些承諾必須兌現。」[12]

當天晚上，華盛頓在自己位於奧蘭治的總部，寫了一封充滿指責的信給卡爾頓：

聽您說已經有船啟航，帶走了大批奴隸之事，我深感震驚。這個行為是否符合、或者在何種程度上可被視為違反了條約，非我所能決定。但我無法對閣下您隱瞞我個人的意見，我認為此舉完全迥異於條約的文本和精神。

他要求卡爾頓詳細解釋，他們目前採取了哪些措施來防止此類不當行為再次發生。但卡爾頓逐條回覆了對手的指責，面對震怒，他充滿了道德優越感。他冷冷地寫道，華盛頓聽到這個消息居然會感到「震驚」，著實古怪，因為一切程序都是以最公開透明的方式進行的。所有開往新斯科舍的船隻都被檢查過了，唯一的糾紛「是由在我到達之前就已被宣布自由的黑人引起的。由於我無權剝奪那份自由……對有關他們的每一則事項都進行了精確的紀錄。」此外，他最後說，「如果阻止這些黑人啟航，無論動用何種方式，他們仍會找到各種辦法離開此地，讓前主人再也無法找到他們，當然那樣一來，前主人們無論如何都沒有任何機會獲得補償了。」簡言之，他的做法完全符合英國法律的精神和文本。「相關的黑人……在我到達紐約之時就已經獲得了自由，因此我無權……阻止他們前往他們認為合適的任何地方。」[13]

在珍珠街，委員會在薩姆爾・法蘭西斯的熱心招待下，繼續從事他們每周的工作，據說法蘭西斯本人就有一半黑人血統。他們發放了數百份自由證明書，在碼頭上，名單登記冊愈來愈長，記錄著「粗壯結實」等細節，有時還有「多病少婦」、「漂亮姑娘」，還有「孱弱」又「纖細」的「小夥子」。到委員們工作結束之時，已有兩千多個名字被登記在《黑人登記表》上了。波士頓・金手握證明書，帶著大他十二歲的新婚妻子維奧萊特，和一百三十二名自由黑人（包括哈里・華盛頓）一起登上了駛向羅斯韋港的拉邦當斯號，開始了新的生活。「黑人先驅」軍團的成員，包括墨菲・施蒂勒，就是曾被超自然的聲音困擾，說一個偉大的黑人軍隊可以贏得這場戰爭的那位，以及未來的黑人效忠派難民領袖湯瑪斯・彼得斯，也領到通往自由的船票，登上了開向安納波利斯羅亞爾的約瑟號。

卡爾頓剛正無私地捍衛黑人效忠派之舉有理有據，無可辯駁，凸顯出某些美國人和英國人對待奴隸的態度正在形成強烈的反差。卡爾頓親自挑選的私人祕書莫里斯・摩根是個能言善辯的廢奴主義者，曾在一七七二年發表了英國第一個提出逐漸在西印度群島解放奴隸的建議書。[14]卡爾頓本人並非廢奴主義者；他從未公開宣稱要解放奴隸。在某種意義上，他的行為只是出於一種個人榮譽感：君子言出必行，但也反映了他堅信國家榮譽的概念，並堅信一個家長制領導作風的政府有責任捍衛國家榮譽，這個觀念很快也會在戰後大英帝國各個領地的統治者中蔚然成風。和許多行政管理同僚一樣，他在擔任魁北克總督期間錘煉了自己的信念，認為一個臣民多樣化的帝國，最好由強有力的行政當局來治理。畢竟，他或許曾想過，如果行使帝國權力的統治者不能代表無權無勢臣民的利益，帝國權力又有什麼意義呢？

約三萬五千位紐約的效忠派平民大概很少有人曾經料到，有朝一日他們會淪落到在出境和險境之間做出選擇。一七八三年春夏兩季，他們篩選比較了一長串承諾和威脅，決定走不走、什麼時候走、往哪裡走。套用美國報紙上刊登的一則由愛國者撰寫的諷刺打油詩〈托利派的獨白〉裡的話：「出走還是留下——這是個值得考慮的問題嗎？／是把命運託付給陰冷的芬迪灣那／肆虐的狂風，陰冷的天空／還是與叛亂者共處一國！／何況，我們的留下會激起他們最強烈的憤怒，／在我們如今已經沒人庇護的頭頂爆發，／把我們擊垮。」[15]

聽到和平的消息，愛國者們紛紛回到紐約收復他們的財產，但那些逆流而動的效忠派卻顯然看不到有誰對他們伸出和解之手。「那些企圖回家的人幾乎全都受到了極端惡劣的對待，很多人被打，錢和衣服被搶，又被送了回來，」卡爾頓對英國內閣如是說。[16]在韋斯特賈斯特縣，著名的效忠派德朗西家族的一位年長成員遭到了「最暴力的」毆打，讓他「滾回哈利法克斯，或者滾回他該死的國王那裡去，無論他還是他的崽子們都不會得到寬恕，被這個國家收留。」[17]另一個城鎮宣布效忠派「在收到離境的正式警告之後，逗留時間不得超過七天，違者將被處以等同於弒親罪的處罰。」一波基普西的市民們宣布效忠派理應受到「這個國家的憎惡和責罰。一七七五年精神仍在閃耀，並將繼續發揚光大，否則，美國的自由就不復存在了。」[18]一位自稱「布魯特斯」*的作者發布了一個兇險的警告，在地區報紙上廣泛刊登，題為《致所有英國政府的擁護者和英國軍隊的信徒，也就是通常所謂的托利派》。他命令道，「趁你們還力所能及，趕緊逃吧！因為過不了多久，你們困頓和沮喪的日子就會來臨；如果你們中有人拒絕這及時的勸告，屆時除了全體公民理所當然的復仇之外，你們什麼也不會得到。」[19]

與這些令人憂心的報導相反，是出現在紐約報紙上的正面宣傳，還帶有效忠派移民的簽名，誇耀他們新的定居地多麼宜人。一位在羅斯韋港定居的效忠派，描述那裡真正是一派群魚躍然水面的場景：鱒魚、鮭魚、鱈魚、大比目魚（這確實是肉質最鮮美的魚），還有鯡魚，數量之多，「據說一個人帶著撈網過去，一天能打撈二十大桶。」[20]另一個人說：「我常常為我來到了這個地方而感謝上帝，並真誠地認為羅斯韋港不久就會成為北美最繁榮的首府之一。」[21]在芬迪灣近旁的聖約翰，一位移民誇耀那裡氣候涼爽，土地肥沃，還有各種美味的野生動物，「駝鹿（我覺得比任何牛肉都好吃）、野兔、兔子、山鶉、鴿子。」[22]聖約翰島（如今的艾德華王子島）上的效忠派宣稱，「大概和你們一樣，我們也曾聽說過這片國土上最糟糕的事；什麼這裡的人都在挨餓；我們肯定找不到吃的，自己還會被昆蟲吃掉……事實上恰好相反……來看看吧，要親眼所見，才能做出正確的判斷。」[23]如果這些北方地區都沒有吸引力，那麼還有遍地綠松石的巴哈馬群島，那個群島「只需一些居民稍事耕種，就會變得和西印度群島中的任何島嶼一樣繁榮。」[24]

到一七八三年夏末，紐約城裡的效忠派一批批離境，有些愛國者回來了。這個全北美最大的城市之一，它天翻地覆的情景一定很怪異。一位略顯困惑的（無疑是愛國者）評論人如此寫道，「這裡的眾人每天談論的只有撤離，這……讓這些人的樣貌看上去很可笑。有人面帶微笑，有人面露愁容，還有人瘋瘋癲癲。聽他們的談話簡直會令你感到歡樂：有人……說新斯科舍那個天寒地凍的地方是新建的天堂，還有人說那根本就是個不適合任何人類居住的地方。托利跟托利爭個不休；他們詛咒自己效忠的權勢，這把他們自己也變成了**叛亂者**。」[25]《王家公報》的各個欄目上，充斥著售賣和生意關閉的廣告，以及提醒效忠派從哪個碼頭上船的通知。英國正規軍和黑森士兵打包裝備，準備整個軍團撤離。火砲從城牆撤下，彈藥也裝箱待運。雜貨鋪正出售多餘的庫存：六萬三千五百九十六雙鞋子和六萬八千零九十三雙精紡毛料襪子，一萬零一百個鞋扣，二萬一千根縫衣針。[26]夏日的周三和周六，貨運處會拍賣它的役用馬和騎乘馬、拉車和各種裝備。[27]

在英軍占領結束之前、那兵荒馬亂的最後幾個月裡，貝弗利．魯賓遜上校對效忠派的艱難處境有著特別細緻的觀察。作為三位難民巡視員之一，他和同事們去拜訪了數百位一度從遠至佛羅里達湧入紐約城的「貧苦效忠派」，評估他們有何需求。單是一七八三年第一季度，巡視員就為五百二十九位難民分發了近九千紐鎊（紐約貨幣）。[28]他親眼看到該名單上有大約二百一十二位紐約人，從安適怡然的小康生活淪為赤貧。如今他和他們一樣，也不得不決定未來該安家於何處

*布魯特斯（Brutus），在文學和藝術作品中一般指瑪律庫斯．尤里烏斯．布魯特斯（Marcus Junius Brutus），晚期羅馬共和國的元老會議員。他是凱撒的朋友，後來組織和參與了暗殺凱撒的行動。

了。

魯賓遜一家打了一場大仗。魯賓遜上校本人促成了這場革命中最不名譽的事件之一：一七八〇年大陸軍將軍貝內迪克特．阿諾德變節投誠英軍。作為西點的愛國者指揮官，阿諾德曾在魯賓遜被沒收的宅邸內居住，密謀西點向英軍投降之事，那座宅邸就位在哈德遜河岸邊，與西點要塞隔河相望。魯賓遜是英國人派去聯繫阿諾德的完美誘餌。他乘坐英國軍艦禿鷲號前往西點，以與房子有關的私人事務為藉口，要求與阿諾德會面，沒過多久，阿諾德就乘坐禿鷲號逃到了英國人的地盤，從此臭名遠播。很快，魯賓遜的長子小貝弗利就跟隨這位投誠的將軍在維吉尼亞作戰。與此同時，他的兩個兒子莫里斯和菲爾．魯賓遜也成了愛國者的戰俘。上校為了讓兩個孩子獲釋，花了十八個月的時間多方努力，最後因為他和喬治．華盛頓之間那「尚未熄滅的友誼之火還存有最後一點點餘燼，」才總算成功了。[29]

魯賓遜清楚地看到，美國獨立將迫使「北美效忠派得依靠敵人的恩惠才能要回他們的財產，而事實上我們都確信，他們根本不會歸還那些財產。」和平條約的條款更讓他確信，效忠派在美國根本沒有立足之地。魯賓遜的皇家北美軍團獲得了在新斯科舍的分地承諾。和絕大多數效忠派老兵一樣，他的下屬們也一道前往北方，在軍團分派的土地上定居下來，用他們的戰友情誼換得鄰近的農莊。上校本人更鍾情於英國，「希望政府……不會任由我們餓死，還會給我們一些微薄的薪俸。」[30]（他那位紐澤西同仁科特蘭．斯金納也作出了同樣的選擇，舉家遷往英格蘭，而他的前軍團也在聖約翰河谷安頓下來。）[31]但魯賓遜在寫給卡爾頓的一份尷尬的備忘錄中承認，

「我的處境非常艱難，必須依靠政府的資助才能離開此地。」他請求政府預支六個月的薪水給他，供他支付搬遷中的具體費用。[32]一七八三年夏末，魯賓遜和妻子、女兒及幾個兒子一起乘船駛向英格蘭。小貝弗利和皇家北美軍團的人一起去了新斯科舍，而菲爾還跟他所在的英國步兵部隊一起駐紮在紐約。此次星離雲散之後，魯賓遜家族再也沒能團聚，成為眾多因遷出故土而骨肉分離的家族之一。未來若干年，散居各處的親戚們還會以親情滿滿的信件互通聲息，但有些人再也沒有見過面。

當然，和其他英軍占領的城市一樣，在紐約的效忠派也沒有全部撤離。有些家族選擇共同分擔去留的難題，女性家庭成員留在原地繼續索要財產（在某些州，嫁妝財產被排除在沒收範圍之外），男人們則出去尋找新的居住地。雖然故土難離乃人之常情，選擇出走之人的數量卻著實多得驚人。最終，紐約效忠派中單是出走至新斯科舍一處的登記人數就高達將近三萬人。另有約二千五百人去了魁北克和巴哈馬群島的阿巴科。[33]總的說來，紐約撤離可能是美國歷史上（與總人口相比）規模最大的平民遷徙。

卡爾頓把自己出發的日期定在了一七八三年十一月，到那時，紐約城裡已經沒有多少效忠派平民了。撤離日那天等在史泰登島附近的艦隊將駛向英國，船上都是政府職員，還有剩下的部隊和難民。十九歲的菲爾·魯賓遜就在撤離日當天行軍出城的最後一批英軍部隊中，是「家族中唯一一個親眼目睹那屈辱場面的人。」[34]卡爾頓的心腹威廉·史密斯也滯留到令人心酸的最後一刻。他給留下來處理家族事務的妻子珍妮特寫了一份授權委託書，起草了遺囑，打包好箱子，和卡爾頓一起乘坐小船划向刻瑞斯號，也就是十八個月前帶總指揮來到北美的同一條船。擠在一個「五個人坐在一張桌子上寫字」的船艙裡，史密斯充滿愛意地給留在岸上的珍妮特回信。他安慰妻子說，「不要擔心，這裡的一切都會好的。」然而史密斯自己卻迫不及待地想要出發了，特別是他們還莫名其妙拋錨一周之久，讓他目睹了慶祝獨立的煙花在鮑靈格林的上空燃起。在寫給妻子的「又一封告別信」中，他希望「我看到的煙花不會引發事故……跟所有的人說再見。抱一抱哈里特，告訴她我永遠不會忘記愛她，只要她愛你，聽你的話。你永遠永遠的，威・史。」兩天後，刻瑞斯號終於繞桑迪胡克一圈，駛入了公海。[35]

就這樣，英國占領美國的日子正式結束了。從此以後，效忠派難民的故事將在英屬世界的其他各地繼續，從哈利法克斯到拿索，從倫敦到尚未建起的其他城市。但即使紐約城已經正式投降，效忠派的出走還沒有完全結束。因為在英屬北美的最南端，在東佛羅里達的海濱，效忠派還將展開最後、也最出人意料的撤離，他們驚恐地聽說自己的避難天堂即將被割讓給西班牙，而就撤離與否激烈爭論。從孕育希望的避難所到最後一個出發點，東佛羅里達成為兩段難民經歷之間的橋梁，把由戰爭引起的離家遷徙，變成了對和平避風港的持久探尋。

伊莉莎白・約翰斯頓花了三周時間才筋疲力盡地沿喬治亞海岸來到聖奧古斯丁，她被困在船上，連睡覺時也在行船。最後他們終於轉入了聖奧古斯丁水灣，船卻撞上一塊沙洲，嚇得他們心驚肉跳。還好，他們總算清除了障礙，但查爾斯頓的另一支船隊就沒那麼好運了，他們的船在淺灘撞毀，毀壞了許多難民小心運出的財產。六七條船斜靠在沙灘上，一看就知道損失很大。約翰斯頓對這片平坦的異鄉的第一印象一點也不好。她看出婆家人都「對現狀很不滿意，」對未來抱怨個不停。小安德魯一直在生病，天氣「一直很潮溼，不然就是多雲，」如她在寫給丈夫的信中所說，她「真的很後悔沒有隨你一起去紐約……和我心愛的威廉分開的日子多麼難熬啊。」[36]

但他們安定下來之後，天氣好轉，陽光照耀，很快便讓約翰斯頓迷上了這個「非常宜居的」地方，對這裡充滿好奇。她認出了很多來自薩凡納的熟悉面孔，雖然從殼灰岩石頭房子上的壓縮貝殼、到如今已被用作軍營的前聖方濟各會修道院的欄杆，再到身穿各色服裝的梅諾卡人和地中海其他小島上的居民，這些勞工在十年前被招募到此處來開墾南部的新士麥那，在在都提醒著她這裡不是喬治亞。她偶爾會瞥一眼該計畫招募的拓荒者安德魯・特恩布爾那位充滿異國風情的妻子，一個「士麥那的淑女，總是穿著自己國家的服飾，看上去是個雍容高貴的女人。」約翰斯頓喜歡在寬闊而突出的環城堡壘上散步，讓微風輕拂她的衣裙。經歷過戰時薩凡納和查爾斯頓的物資短缺，如今能吃上從海裡釣上來的鮮魚，是多大的享受啊！「我從未像住在……那裡那段日子那樣健康，也的確從沒有那麼胖過，」她後來回憶道。最好的消息是，威廉從紐約請假準備回來小住一段時日，屆時他們就能一起規畫未來了。[37]

到一七八三年初，已有一萬二千位效忠派和奴隸在東佛羅里達定居。[38]雖然總督派翠克・托寧要養活這麼多「沒有物資、錢財、衣物，也沒有農具，處境極為悲慘」的難民有些為難，但他歡迎他們到來，認為這即將開啟「本省的美好時代」。[39]托寧滿面紅光地預言，他的地盤將會向南北兩端擴張，進一步擴大聖約翰河和聖瑪麗河兩岸日益成熟的社區。英國在「七年戰爭」結束後，從西班牙手中獲得了這片領土，很快就被幾百個英國地主在投機熱潮中給瓜分了，其中許多是貴族和顯要，光是他們占有的土地面積就超過了一百一十三萬公頃。托寧總督「親愛的朋友」亨利・斯特雷奇，也就是那位英國的副和平專員，就擁有四千公頃，而托寧本人則搶占了另外八千公頃。[40]但很少有地主實際居住在他們的土地上（斯特雷奇和托寧除外），因而該省基本上還處於未開發狀態。

東佛羅里達最值錢的土地都已經被占了，這當然是新來的殖民者（如伊莉莎白的公公路易士・約翰斯頓醫生）初來該省時「極為不滿」的原因之一；另一些肥沃的土地位於印第安人的地盤，更讓他們可望不可即。[41]此外，聽說很少有英國人的農園開發成功，或許是另一個造成不滿的原因。新士麥那的景象真是糟糕透頂。這個矮棕櫚圍成的樂園變成了近代版的黑暗之心。瘧疾和營養不良導致數百殖民者死亡，而它的創建者安德魯・特恩布爾變成了一個奴隸監工，用鞭子和鎖鏈強制執行這個災難性的勞動制度。

然而即使新士麥那失敗了，到一七七七年，它的倖存者們都退回了聖奧古斯丁，而在東佛羅里達殖民的回報，卻看似比以往都近在眼前。[42]托寧總督知道，效忠派和奴工的湧入，可能正是該省從此翻盤、走向繁榮所需要的。為了滿足效忠派對土地的需求，他想出了一個計畫，把大地塊內部的小地塊沒收充公。湯瑪斯・布朗（和約翰斯頓醫生一樣）是托寧的政府議會成員，他把很多舊日的士兵都安排在聖約翰河周圍，還為他自己在該地區爭取了十塊地，總計四萬公頃，大大超過了他在奧古斯塔失去的二千二百公頃。[43]富裕的效忠派把自己的奴隸租出去賺錢，而較為貧苦的殖民者只能建造茅草房和小木屋，開始伐木和清理林地，準備種植玉米和水稻。[44]多虧了有像南卡羅萊納印刷商威廉・查爾斯・威爾斯這樣勤勞創業的難民，聖奧古斯丁呈現出一派大都會盛景，托寧在那裡住了十年，從未見過如此繁榮的景象。威爾斯拆除了他家族在查爾斯頓的印刷廠（戰前查爾斯頓最主要的報紙就是在那裡印刷的），把全套設備帶到了聖奧古斯丁。在那裡，他利用一本名叫《印刷商的語法》的書中提供的寶貴示意圖，以及「一位普通的黑人木匠」的協助，成功地重建了印刷廠，還在一七八三年初，出版了佛羅里達的第一份報紙。業餘時間，威爾斯經營著一個由迷戀戲劇的軍官們組成的劇團，並參與表演，該劇團上演一些業餘創作，「為苦悶的難民們帶去一絲慰藉」。[45]

在東佛羅里達的亞熱帶溼地上，開墾出利潤豐厚的農園，把勉強維持的邊疆哨所變成富裕繁榮城鎮的這個目標，富有想像力的英國殖民者們花了二十年也未能實現，效忠派做得到嗎？眾多官員將這場難民危機視為擴張殖民地天賜良機，身為其中一員，托寧自然希望如此。約翰・克魯登，也就是曾在查爾斯頓負責管理被扣押財產的那位專員，也抱持同樣看法。克魯登如今是一位在佛羅里達流離的難民，但他和托寧一樣，對東佛羅里達的未來充滿信心。其中的區別是，克魯登的熱情已開始變得近乎癲狂。他仍執著於自己身為專員的職責，主張追蹤被效忠派非法從南卡羅萊納帶出的奴隸。一七八三年三月，他來到加勒比海上的著名奴隸交易中心托爾托拉島，他在那裡看到「很多南部各省居民名下的黑人都在出售，而出售之人根本無權處理他們。」[46]他從托爾托拉回到聖奧古斯丁，但他索回被扣押奴隸的想法卻遭政府和議會阻撓。[47]托寧總督不理解克魯登何以一片痴心地為愛國者索回奴隸，在托寧看來，正是愛國者把效忠派害得慘兮兮。同樣重要的是，托寧是個土地投機者，「每天主要考慮的，就是如何犧牲很多人的利益中飽私囊，」他可不打算犧牲本省的寶貴勞動力。[48]到五月，克魯登就前往紐約尋求卡爾頓的支持了。六月，他繼續出發前往倫敦，請求政府內閣的批准。[49]

一個熱心的效忠派居然以此為業，似乎是個古怪的執念。當然，從他所寫的文字來判斷，他還是個準廢奴主義者。但這樣做既符合克魯登念念不忘的公義感，也是他個人的野心所在。他的跨大西洋遊歷，無疑是因為看到這麼多奴隸被根本無權擁有他們的人抓走了，他發自內心地憤怒，但也反映了他渴望自我提升和官方認可的積極心態。克魯登是一個明顯的例子，表明逆境確實鼓勵某些難民想出了富有創意的替代方案，即使那些方案有時牽扯到不同於一般的同盟和不尋常的目標。[50]不管和平的結果如何，克魯登仍然能夠為他自己和效忠派同胞們想出某種辦法從中獲利。隨著時間的流逝，他的想法變得愈來愈不切實際了。

終於，一七八三年四月，和平條約的消息傳來，對東佛羅里達的效忠派來說，彷彿遭到了颶風襲擊。與美國簽訂的和平條約中第五條，讓他們再無可能從美國獲得任何補償。但對他們而言，跟英國與西班牙及法國簽訂的和平條約第五條相比，這一條也不算什麼了：英國同意把東、西佛羅里達割讓給西班牙，沒有任何附加條件。英國外交官們似乎認為這是個合理的安排，他們更盡心地保住在戰略上非常寶貴的直布羅陀，而不是經濟表現令人失望的佛羅里達兩省。但和平條約等於是徹底剷除了效忠派立足的根基。他們經歷了在脅迫下背井離鄉的磨難，往往還不止一次，也直接面對挑戰，準備在一片未經開發的土地上重建家園。現在就連這個得來不易的避風港也要被奪走了，而且還是被他們自己的政府奪去的。除非效忠派已經準備好宣誓效忠西班牙政府並皈依天主教，否則他們必須在十八個月的限期內打包走人。

伊莉莎白．約翰斯頓寫道，「對這些不幸的效忠派來說，戰爭帶來的痛苦還不及這次和平條約的一半，除了建議他們指望美國國會的慈悲之外，沒有任何涉及他們的條款，事實上就是徹底拋棄了他們。」她的公公路易士「因為這樣的和平消息對他的精神打擊太大，身體不適，精神委靡，但有這麼大一家人要養活，他別無選擇，單是未卜的前景就已足夠令他分心了。」[51]在得知這個可怕消息的幾天後，約翰．克魯登在晚餐時回憶起難民聚會中舉杯祝願國王健康時的情緒反應：「如果他〔國王〕看到這群人，不知他感覺如何；兩位紳士痛苦地用手帕掩住面頰，卻沒能遮住淚水從他們忠誠的面孔上淌下。」[52]在另一位年輕的喬治亞效忠派看來，和平的消息：

使我們的感情遭受了最為劇烈的衝擊。我們被自己的國王拋棄了，被自己的國家流放了，災難一個接著一個，我們還有什麼依靠……上帝啊！這是怎樣的苦難！我們曾經非但衣食無憂，還過著那般奢華的生活……如今居然淪為無家可歸的流浪者，又被英國議會拋入了悲慘和絕望的漩渦，議會不再指望我們的服務了，便如此輕視和嘲弄我們的苦難。

「我們都被拋棄了，」他說道。「我明確地記得，這次不是我辜負了我的國王，而是我的國王拋棄了我。」[53]

彷佛能從這樣的哀鳴實質感受到效忠派的痛苦。「自己的國家」美國的大門已經對他們徹底關閉，雪上加霜的是，如今自己的國王也對其避而遠之。在經歷了「過去這場戰爭期間這麼多五花八門的場面和顛沛流離」之後，一位效忠派「根本不相信」這個消息，直到他在報紙上「看到了國王的演講」，讀過他所效忠的君主同意和平的文字之後，他才接受了這個事實：他們被徹底出賣了。[54]東佛羅里達效忠派宣洩情感的方式如此深情，簡直近乎矯揉造作，恰恰表明了帝國臣民對國王的形象多麼發自內心的依戀。還體現了成千上萬被多年戰爭和流離弄得遍體鱗傷之人，還要被迫再次遷居，是多大的心理衝擊。這在他們心中所留下的傷痕，會在若干年後的某個目的地突然爆發。

白人效忠派並不是唯一被他們的君主傷害的佛羅里達人。關於東佛羅里達被割讓的消息很快就傳到了印第安人的領地，曾長期與英國人結盟的克里克人無法相信自己的耳朵。在獲知消息的震驚之下，他們與托寧總督和印第安人事務督察專員湯瑪斯．布朗召開一個會議。「我們居然在分不清誰是朋友誰是仇敵時，拿起斧頭站在了英國人一邊，」一位克里克酋長回憶道：

> 國王和他的武士們曾說他們永遠不會拋棄我們。難道偉大的國王被征服了嗎？還是他真的打算拋棄我們了？抑或他準備把自己的朋友出賣為奴，還是乾脆把我們的土地讓給了

他和我們共同的敵人？你認為我們可以轉過臉去懇求敵人施恩嗎？不會的。只要他還有土地接納我們，並派船來接我們跟朋友們一起走（我們是不會投奔敵人的）。

另一位酋長回憶說，他還是個孩子時，便在父親的膝上了解到他的族人與英國人之間的親密紐帶，兩個族群的人之間聯繫根深柢固，已經通婚「結成了一體」。他也覺得，與其被美國或西班牙壓制，還不如流亡：「如果英國人真打算放棄這片土地，我們會跟他們一起走。我們無法與維吉尼亞人或西班牙人握手言和。我們根本無法與他們共處。」[55]克里克人的新領袖亞歷山大・麥吉利夫雷進一步加強了抗議的力道。看看他非同尋常的名字就知道，麥吉利夫雷有蘇格蘭血統：他的父親是奧古斯塔一個著名的效忠派印第安商人，母親是法國人和克里克人混血。麥吉利夫雷在克里克族人中的地位，相當於約瑟・布蘭特之於莫霍克人，是一個與白人社會關係密切、致力於引導自己的民族面對白人帝國的入侵，維護自身利益的印第安人領袖。[56]「我想我們有權從利用我們為他們的目標血戰到底的國家那裡獲得保護和支持，」他寫信給布朗說。克里克人「懷抱感恩和友誼的原則為英國」而戰，在八年的忠誠服務之後，看到「我們自身和自己的領土被出賣給了敵人，被瓜分給了西班牙人和美國人」，這是「殘酷且不公的」。[57]

布朗本人也無顏面對這些印第安人朋友：「我們這些不幸的可憐同盟的境況對我的打擊很大。他們對我一貫忠誠，我也從未欺騙過他們。」自戰爭一開始，他們始終並肩作戰，他覺得把他們拋給西班牙人統治的決定，簡直損害了他的個人榮譽。[58]布朗知道有些酋長誓死反抗，他擔心「他們因為憤怒和失望，會把自己的仇恨發洩在那片土地上那些不幸的居民身上。」不管克里克人「很嚴肅地提議放棄自己的國土跟隨我們」聽上去「有多麼荒誕不經，」事實上這樣的遷徙是有先例可循的。西班牙人一七六三年離開佛羅里達時，雅瑪西印第安人就跟他們一起去了古巴；如今在加拿大，也有一個莫霍克人效忠派定居地正在英國人的資助下日漸成形。布朗建議卡爾頓把克里克人「遷到巴哈馬群島」，到了那裡，他們可以在英國的保護下從頭開始。[59]

但克里克人不是黑人效忠派：卡爾頓不覺得英國違背了與「那些你如此親近地稱之為『受騙的印第安人』」的諾言。如果他們想去巴哈馬群島，那麼他願意提供船隻帶他們去，但最好「勸服他們不要採取這種摧毀自己幸福的行動。」[60]相反地，布朗和他的同事試圖軟化印第安人與西班牙人的關係，維護印第安人對英國的好感，成為防禦美國人的緩衝帶。在布朗的敦促下，亞歷山大·麥吉利夫雷接受了為西班牙服務的職位，成為一家蘇格蘭商業公司沉默的夥伴，該公司一直壟斷著珍貴的佛羅里達印第安人貿易。[61]托寧總督一想到「在這些未開化的野蠻人心中還深植著無法澆滅的對英國人的誠摯友誼和忠實愛戀的火種；它可以燃燒成烈焰，可以在未來加以改善，為我們所用，」[62]便充滿了自豪感。後來的英國官員發現他們仍然維繫著這樣持久的忠誠，該是多麼寶貴啊！

東佛羅里達的效忠派始終抱有一線希望，妄想條約中的條款還有可能被逆轉或廢除，但他們離境的十八個月期限很快就要到了，當地社會隨之變得愈來愈混亂無序。佛羅里達北部與喬治亞的邊界變成了幫派橫行的無人區，南下的美國人和目無法治的准效忠派黑幫在那裡肆意搶劫破壞。效忠派的日子在惶恐中度過，生怕不滿的印第安人襲擊他們。一位難民報告說，「本省居民陷入一片混亂，搶劫和掠奪頻發。」[63]何況他們接下來究竟該去往何處？直到一七八四年春，托寧仍對撤離的具體安排「一無所知」。[64]托寧說效忠派：

根本不知如何自處。西印度群島已經人滿為患了，需要一個大體上比現有首府更大的都市才能容他們定居……巴哈馬群島上除了岩石什麼也沒有，只適合漁夫居住，那裡的居民多半是船難之後漂流到那裡的。對那些一直住在南方殖民地的人來說，新斯科舍太冷了，全然不是個好的出路，奴隸主也不可能在那裡過上舒適的生活。[65]

路易士．約翰斯頓醫生去巴哈馬地區探察了一番，想看看是否有可能在那裡定居。約翰斯頓在移民到喬治亞前，曾在聖基茨短暫居住過一段時日，因而對西印度群島還有些了解。但大西洋中的巴哈馬群島就完全不同了。他報告說，「他們認為這裡最好的土地」不過是「貧瘠的砂土」，長期回報基本無望。「我本來就沒有什麼樂觀的期待，如今則徹底失望了，」約翰斯頓醫生回到聖奧古斯丁時「和以往任何時候一樣，對於自己和家人將去向何方，茫然無知。」[66]

得到父親的指示，威廉．約翰斯頓去了英國一趟（很可能是跟著從紐約撤離的艦隊一起去的），在愛丁堡繼續學醫。他的離開讓伊莉莎白一人獨守空房煩惱憂傷，每天都對他和他們兩人的未來充滿各種焦慮的想像。她難過地寫出長篇大論，祈求道：「希望這是我們最後一次痛苦的分離了。」威廉這位效忠派上尉只領一半薪水，不夠他們全家在英國生活，因此伊莉莎白和孩子們要繼續依靠他父親的保護。然而數月過去，路易士・約翰斯頓仍然「沒有決定接下來要去往哪裡，」與此同時，還試圖在一夜間突然變得供過於求的市場上出售奴隸。伊莉莎白在一七八四年初寫給威廉的信中說，「或許等你父親賣掉了奴隸，他就能去英格蘭了，不過在這一點上我還有些擔心，因為他似乎想去牙買加，他聽到了一些不錯的回饋，那裡的效忠派說他們的靛青收成很不錯。」讓她更擔心的是，她又懷孕了（「我變得好臃腫」），「目前這不明朗的狀態讓我很不安，生怕我的產期臨近，而你父親又要走了……我會留在這裡，不會在臨近生產時乘船旅行，簡言之，我們都失魂落魄的，不知道該怎麼解決這一切難題。」[67]

在聽說東佛羅里達被割讓之後整整十個月，路易士・約翰斯頓終於賣掉了奴隸，下定決心移居蘇格蘭了。伊莉莎白和孩子們會跟他一起走。他還把威廉的奴隸們賣給了湯瑪斯・布朗，賣了四百五十英鎊，只留下了黑格一人，伊莉莎白要把她「留作保母，因為那個小小的陌生人大概很快就要降生了。」[68]她出發前往英國的日期真不算早。威廉最近那封信讓她在很多方面十分不安，先是指責她寫信不夠勤。（「相信我，」她辯解道，「我心裡一直想著你，因為這難過的分離讓我太焦慮了，我不可能錯過任何一個寫信的機〔會〕。」）他的信在其他方面也不夠體貼：「我很傷心，你連提都沒提肚子裡的孩子，也沒有祝願我平安生產，因為你離開之前一定知道我懷孕了。」更糟的是，因為遠離家人，無人監督，威廉還沒有繼續前往愛丁堡，而是不明所以地在倫敦「那個令人墮落的城市」住下了，那裡「充滿誘惑」，尤其是賭博，那是「你這樣性情的北美人**根本無法抵禦**的。」[69]

一七八四年五月，在她二十一歲生日前幾天，伊莉莎白・約翰斯頓在聖瑪麗河口登上了一隻蛀蝕嚴重的船，離開了佛羅里達，此時的她已經比十五個月前到達這裡時成熟多了。這是她難民生涯的殘酷開端：剛剛開始了解新環境就不得不離開那裡，然後又要經歷數月揮之不去的憂愁和疑慮。這次她懷中抱著另一個剛出世的嬰兒（三月份剛剛出生的路易士），身為一個單身母親要應付的事情太多，「好動的」長子安德魯摔斷了腿，而凱薩琳這個「佛羅里達最煩人的女孩」生了很重的病。她自己的父親和丈夫一樣遠在英國；她不得不靠著一點點錢和婆家的資助度日。此外她覺得跟丈夫分開造成她難以承受的壓力。她日益需要「用那種使人堅強的宗教（那是她壓力重重時唯一的慰藉）讓我的心靈更有力量」，正如她愈來愈害怕遷居，害怕跟威廉分開。在佛羅里達登船開始自己的首次跨大西洋旅行時，她並不知道未來還有多少次遠行和分離在等待著她。[70]

身為難民，約翰斯頓一家是相對幸運的：顯然，他們是極少數選擇支付昂貴的費用遠赴英國的佛羅里達人（大約百分之二），因他們有出售奴隸的費用可供支持。[71]絕大多數佛羅里達效忠派，包括新購入奴隸的湯瑪斯・布朗，都選擇移民巴哈馬群島，雖然關於那裡的負面說法很多，但至少距離不遠，還有可用的耕地。一位效忠派軍官宣稱，「在每一件事情上，英國人的諾言」都已經「瓦解了」。「我們被剝奪了財產，驅離了家園……沒有一個自由溫和的政府的保護，被自己的朋友出賣和拋棄了，」現在他們被「拋到陌生的世界，無親無故，無依無靠」。他了解到一件事：「只要大不列顛發現，撤出軍隊、不再保護我們符合它的利益，」它就會毫不猶豫地這麼做。對他的一切承諾都不算數了。幾天後這位不滿的軍官和其他七個效忠派家庭一起乘坐一條駁船划向海濱，到位於英國勢力範圍之外的密西西比的納奇茲尋找新的致富機會去了。

這麼多東佛羅里達效忠派心中深切的不平之感是值得傾聽的，它們不僅表達了沮喪的個人情緒，還引發了政治上的餘震。後來在巴哈馬地區尤其明顯，兩度被迫遷居的難民們到達那裡時，深懷著一種被出賣的感覺。還在東佛羅里達境內時，這就足以把某些效忠派英國臣民推向激進行動的邊緣了。「如果英格蘭捲入另一場戰爭（這一點不久就應驗了）」一位喬治亞效忠派警告說，「它可別指望我們數萬效忠派中有一個人為它挺身而出……這些人實在是憤怒之至，甚至無法忍受被稱為英國人。」因為憤怒，他滿腦子只有一個念頭，發動一場政變，推翻西班牙的統治。「或許西班牙的先生們會發現他們被騙了，他們不可能占領這片國土。我們有精良的省軍部隊駐紮在此，什麼仗都能打，」他說，他們可以一起拿起武器抵抗。有傳言說，效忠派部隊正在密謀譁變，把奴隸武裝起來，「要是哪個白人膽敢反對他們獨占此地就殺了他，因為他們寧死也不願被送去哈利法克斯。」[72]

這些具體的計畫並沒有付諸實施。但在效忠派空想家約翰・克魯登的手中，同樣的想法卻獲得了非凡的生命力。效忠派於一七八四年春天離開佛羅里達時，克魯登登上了反向的船隻，在英國暫居之後回到了這片他熱愛的土地。割讓東佛羅里達粉碎了克魯登的聖奧古斯丁貿易業務計畫。他一直執著於公平，所以才會有那麼多跟黑人效忠派和奴隸有關的行為。但白人難民此番受了多大的委屈啊，還有「可憐的印第安人，我們珍視他們的友誼……也被無恥地拋棄不管了。」（「雖然看起來有些古怪」，但他認為有些印第安人是「古英國人的後裔」而且「說的是威爾士語。」）[73]他意識到再也不可能推翻和平條約，保持東、西佛羅里達的領土完整了。然而還是可以糾正錯誤，甚至獲得回報。克魯登到達聖瑪麗河口時，夢想著在那裡重建一個社會。一張存留至今的紙片暴露了他的雄心。紙片上寫道，「在聖瑪麗河上與效忠派代表們開會時，大家一致決定在效忠派當前的形勢下，應由克魯登先生一人執掌大權，在可以適當發動另一場政變之前，效忠派應該認定他的每一個行為都對他們有著總統般的約束力。」簽名是：「聯合保皇國總統約翰·克魯登。」如果英國不把東佛羅里達給效忠派，那麼好吧，效忠派可以自己去爭取它的部分領土。藉由建立一個獨立的效忠派難民國家，聖瑪麗的新任獨裁者克魯登會為他自己的公正而戰，正如他一向為他人的公義奔走。[74]

東佛羅里達總督托寧對密謀中的行動略知一二。他通知遠在白廳的上司，說克魯登和他的朋友們一直在編造「他們激動地想像出來的計畫，最終他們會愚蠢地想出糟糕透頂的方案，用武力篡奪本省政府的權力，與西班牙人為敵。」為了粉碎他們的陰謀，托寧希望利用克魯登和該地區其他居民之間的矛盾，那些都是聲名狼藉的盜匪，已經反抗當局多年了。托寧批准克魯登建立一支「地方武裝隊」打擊匪徒，如此一來「既不必危險地兵戈相向，導致流血……又避免了災難，」為此托寧很是自豪。[75]他向西班牙派來的總督比森特·曼努埃爾·德·澤斯彼得斯保證說，「西班牙政府無須害怕克魯登先生」；他的言論只不過是英國人言論自由的習慣所致。但看到效忠派的不滿情緒仍在西班牙接手的地盤上發酵，邊境騷動不安，印第安人還傾向於投靠英國人，想必托寧也暗自得意了一陣。他甚至沒有充分掂量過克魯登的計畫能執行到何種程度。

一七八四年七月十二日，在步槍與加農砲齊發的禮砲聲中，西班牙國旗在聖馬科斯堡上空升起；梅諾卡社區的神父舉行了彌撒典禮，還唱了完整的慶典彌撒。澤斯彼得斯報告說，「我們以極大的幸福經歷了這一切，新的天主教臣民也歡呼雀躍。」（約有五百位地中海出身、戰前就居住在東佛羅里達的殖民者決定留下來接受西班牙的統治。）權力交接正式完成了。但在北部的河流附近「那些溼地上、樹叢中」，克魯登和他的「暴徒們」仍然企圖建立一個獨立的效忠派國家。[76]「佛羅里達的聖瑪麗河和聖約翰河之間總共有一千二百人，」克魯登的弟弟詹姆斯向英國駐維也納大使彙報說，拿索和納奇茲還有一千二百人，「全都願意合作，為他實現目標。」「已經派代理人進入了印第安人的地盤，」他解釋說，「委派專員前去集結那些已經到達新斯科舍的效忠派……也派合適的人去查爾斯頓和費城打探大陸軍軍官的意見；這些安排，再加上整個大陸普遍存在的無政府狀態，我們對成功懷有最樂觀的希望。[77]「美國仍將是我們的，」克魯登發誓說，「布倫瑞克王室＊不配擁有它的主權。」[78]是時候向西班牙求助了。

在效忠派難民們提交的數千份請願書中，最能明確地表達效忠派在戰敗後又眼睜睜地看著自己被英國出賣，究竟經歷了何等深切絕望的，或許當屬約翰．克魯登於一七八四年十月寫給西班牙國王卡洛斯三世的那一份請願書了：

> 我們曾為自己的君主犧牲了生命中最寶貴的東西，曾為那個國家浴血奮戰，卻被君主拋棄，又被那個國家驅逐……我們……淪落到今天這般田地，只剩下最糟糕的選擇，要麼回家，對於精神高尚的人來說，受辱比死亡更可怕；要麼冒著被冷血殺害的危險，要麼去新斯科舍那片陌生的土地，抑或在巴哈馬地區貧瘠的岩石上避難，面對貧窮和苦難的命運。難道我們的精神可以忍受（請陛下恕我直言）背棄我們的國家，玷汙〔原文如此〕父輩的宗教，成為您的臣民嗎？

克魯登接著懇求西班牙國王，將聖約翰河和聖瑪麗河之間那片地區的「內陸政府管轄權和自行決定權」給予效忠派，「我們願意向陛下支付一筆合理的貢金，承認您是這片土地的君主，」做為交換，捍衛本省不受「除我們母國之外的任何勢力的侵犯。」[79]

因為克魯登最大的敵人不是西班牙，甚至不是英國，而是美利堅合眾國和那些顛覆了其世界的共和派愛國者。他接二連三地寫信給西班牙當局，讓他們相信自己的良好意願；他之所以自稱獨裁者，只是為了「防止貴國政府擔心頻繁會面，你們知道，這對我們來說已經司空見慣，但在西班牙統治的地區並非如此。」[80]作為擬議的效忠派國家的元首，克魯登承諾會一起抵抗英國、

＊布倫瑞克王室（House of Brunswick），指一七一四年至一九〇一年統治英國的漢諾威王朝，因為建立該王朝的是漢諾威選帝侯布倫瑞克公爵而得此名。

西班牙和北美效忠派的共同敵人：共和制。他的弟弟詹姆斯遠赴維也納，也是為了尋求哈布斯堡皇帝約瑟夫二世對這個帝國聯盟的支持。（「他痛恨共和派，」克魯登寫道。）「無論您認為我的計畫如何不切實際或空泛牽強，」克魯登對西班牙人說，「這樣一個宏大的願望可能會為英國和西班牙建立愉快、友好而長久的同盟鋪平道路。」北美效忠派和歐洲各大帝國可以聯合起來，擊敗後起的共和制美利堅合眾國，恢復王權的統治。[81]

和托寧一樣，澤斯彼得斯也覺得克魯登的「滿腔狂熱」過於虛妄：「我覺得他只是一個空想家而已，」他說，他唯一擔心的是克魯登的想法「可能會對從美國出走的大批赤貧而絕望的流亡者，那些在巴哈馬群島找不到生計的人，產生很大的影響。」一七八五年，當克魯登打算去新斯科舍集結更多支持力量時，澤斯彼得斯迫不及待地給他簽發了護照，巴不得「他永遠消失」。[82]當這位西班牙人繼續收到「這個不安分的人」的來信轟炸時，他一定不勝其煩；這次它們不是從遙遠的加拿大，而是從幾十公里之外的巴哈馬群島上發來的。克魯登從那個新的棲息地，繼續向四面八方的聯絡人遊說他的計畫，比方說，他對諾斯勛爵說「只需要一點點幫助，在上帝的支持下，我不光能把迷失的羔羊找回來，還會讓墨西哥為我的國家門戶大開。」[83]

約翰．克魯登再也沒能回到佛羅里達，相信他言論的人愈來愈少。然而，把他的計畫說成是沒有意義的胡言亂語卻有失公平。原因有二，首先，克魯登那些特立獨行的想法，源自數萬效忠派共同經歷過的顛沛流離，說明革命也能讓效忠派的政治立場變得激進起來，雖然這聽起來是個悖論。英國的撤離徹底顛覆了效忠派的世界，他們被趕出家園，繼而又自避難所被驅離，難怪有些人開始走向極端了。個人的創傷會強化政治的不平感。應該嚴肅看待克魯登計畫的第二個原因，是他的同時代人並沒有對他嗤之以鼻。英國高層官員閱讀他的信件，而澤斯彼得斯也逐漸認為托寧總督本人同樣參與了密謀。[84]這說明歐洲列強對美國的領土統一，抱持極度懷疑的態度。如果美國真如許多人預想的那樣分裂了，英國、法國和西班牙都想在那些領土碎片中分一杯羹。克魯登在佛羅里達計畫的行動，只是英國對該地區加強控制系列計畫中的第一步。不久，克魯登的地位就會被一位名叫威廉・奧古斯塔斯・鮑爾斯的馬里蘭效忠派取代，他請求英國支持另一個效忠派獨立國家，人口主要是克里克人。不到十年後，當法國革命使得英國和西班牙聯合起來共同反對法蘭西共和國時，帝國聯盟共同抵制共和制的現實，果然被克魯登不幸言中了。

整個一七八四年，效忠派和奴隸們乘坐駁船、繼而又乘輪船遷出了東佛羅里達，在荒野中艱難前行。根據一份官方估計，共有三千三百九十八位白人和六千五百四十位黑人離開東佛羅里達，前往英國的其他領地。另有五千人「據估計翻山去了美國等地，」其中大多數人都隱沒在歷史的洪流中無人問津了。[85]托寧總督本人曠日持久的撤離，可以看做是大家在撤離時所經歷的重重壓力和滿心不捨的縮影。和平條約為撤離設定的十八個月期限，在一七八五年三月截止，那時托寧本指望「這項費力而煩心的工作可以在幾周內徹底完結。」但事實上他又請求了四個月的延期（並獲准）才完成了手頭的工作，直到一七八五年八月才從停泊在聖瑪麗港的塞勒斯號上發回報告說「我終於把最後一批撤離者打發走了，心頭卸下了一副重擔。」托寧仍然迫不及待想「走出這最糟糕的困境」，乘船駛向英格蘭。但緊接著，彷彿佛羅里達硬把他拽了回來。一七八五年九月十一日，海上的風浪在塞勒斯號一出海就把它引向沙洲，繼而又突然改變了它的航向，使它猛然衝向沙洲。護衛艦每小時進水達十五公分，最終艱難地回到岸上修理。托寧又在聖瑪麗彆彆扭扭地待了兩個月，才有新的船隻從巴哈馬群島趕來接他。[86]

一七八五年十一月十三日，距紐約撤離日兩年、約克敦戰役四年之後，托寧和最後一批佛羅里達難民才最終啟程出海。托寧在離開聖奧古斯丁那天寫道，「看到一片曾經那麼繁榮的國土如今變得荒無人煙，一個曾經美麗的城市變成廢墟，真令人震驚而難過；這些……或許可與我個人的不幸相提並論，還有那些高尚而體貼的忠實民眾，他們從幸福和富裕的生活……一落千丈，不合人情事理、殘酷地變得貧窮而苦難。」[87]如果他和同行的乘客回望岸上，大概會看到沙灘上到處都是被丟棄的木板堆。效忠派無法把自己的房子賣給即將到來的西班牙人，就把房子拆了，希望把它們帶走，到巴哈馬群島或其他地方重新拼裝起來，但船上根本沒有足夠的空間容納那些木板。[88]重建一座房子尚且不易，重建生活和社區更是可怕的嚴峻考驗。但當最後一批佛羅里達難民駛入大西洋時，他們至少是朝著一個希望的方向前行。他們即將前往英國，那裡如今正在制定藍圖，讓效忠派東山再起，讓帝國捲土重來。

第二部

殖民者

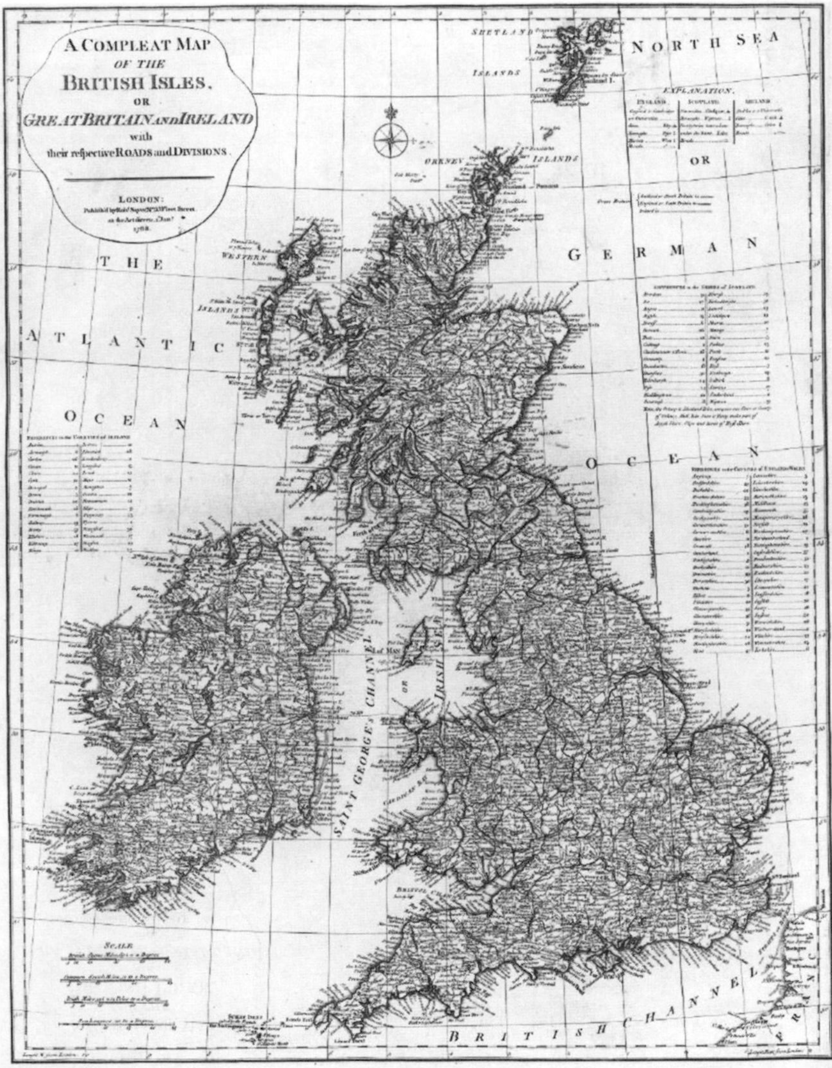

湯瑪斯·基欽，《不列顛諸島完整地圖》，一七八八年。

第四章 帝國之心

「第一次踏上英國的土地，真不知該怎麼形容我此刻激動的心情！」來自查爾斯頓的年輕效忠派難民路易莎．威爾斯一七七八年在肯特海岸登陸時，自言自語道。「我多想親吻這沙灘上的石子啊！這裡是我的故鄉，是我長久以來熱切地渴望一見的國土，是自由與和平之島。」備嘗艱辛的威爾斯有充分的理由感到欣慰。她的父親是查爾斯頓首屈一指的印刷商，身為效忠派的女兒，她留在那個飽受戰爭蹂躪的城市裡，保護家族財產不被沒收，「房在人在」，而親人們早已四散，簡直就是效忠派大流散的一個縮影。[1] 她的父母去了英格蘭；哥哥威廉和詹姆斯帶著家族的印刷設備去了東佛羅里達；曾是她父親學徒的未婚夫，如今去了牙買加。路易莎費了很大力氣才把查爾斯頓的家族資產變現，用收益買了一些容易運輸的靛青，但她正準備出發前往英格蘭時，貨物卻被愛國者沒收了。她乘坐的船隻也因為有私掠船嫌疑而被扣留。在離開查爾斯頓五個月後，她終於橫穿大西洋，旅程中不但狂風肆虐海浪滔天，還要時刻擔心法國人的襲擊。

對北美效忠派來說，英國或許不是地理上最近的避難所，但因為這裡是帝國世界的中心，它在某種程度上成了最理所當然的選擇。戰爭期間，英國是效忠派難民的首選目的地。因為語言、宗教、文化等因素，它有著其他地方無法匹敵的吸引力，更何況許多白人效忠派在這裡還有骨肉至親。然而，幾乎沒有人在到達英國之後抒發過像路易莎．威爾斯那樣的情緒。比較常見的情況是，他們會對她的言詞中所蘊含的悖論感到心有戚戚。[2]她所謂的「故鄉」，遠在她「長久以來熱切地渴望一見」卻從未有機會一見的他處。雖說許多美國人自幼便把英國視為自己的「故鄉」，但這裡卻是實實在在的異國他鄉。[3]親近與差異之間的矛盾，將是效忠派在英國遭遇的諸多悖論中的第一個，因為古怪的是，他們最心儀、最信任的避難之所，事實上卻是個疏離之地。

這是個多麼奇妙的新世界啊！這些剛從北美來的外省人根本無法適應喬治時代倫敦的感官刺激，那是當時地球上最大、最光怪陸離的城市之一。一位來自殖民地的遊客曾宣稱，「任何北美人如果從未在倫敦居住過，就根本不可能對這裡有一星半點的了解。」[4]「不管我有過多麼宏大的想像，」一位麻塞諸塞流亡者解釋，倫敦「仍然大大超出了我的期待」，自是好壞參半。這個城市最好的一面，是那些優美的廣場洋房和聖詹姆斯公園雅致的草坪，那裡常常是「效忠派聚集的地方。」[5]這座都城有無窮無盡的東西值得去參觀和體驗。你可以擠到一群戲迷中去觀看大衛．加里克*扮演的哈姆雷特，[6]可以去大英博物館把玩古代手稿、凝視遠古時期的化石、對著最近剛剛由詹姆斯．庫克船長†帶回來的南太平洋的珍品驚嘆一番。你可以去西敏寺大教堂瞻仰沃爾夫將軍的墓地，也可以去皇家藝術學院欣賞班傑明．韋斯特等著名畫家的宏大歷史畫作。你可以在倫敦各大教堂聆聽著名牧師講道，也可以去法院觀摩傑出的法學專家審案，還可以側耳傾聽韓德爾的《彌賽亞》‡中華麗的合唱，那是「全世界最莊嚴的音樂曲目」。[7]

然而當效忠派沉醉於這些活動時，同樣也被倫敦壓得喘不過氣。難民們穿過「有馬車、手拉車和運貨車等等，熙熙攘攘、來來往往，拉拉扯扯、擠擠挨挨」的街道時，總是被擁擠的人群推來搡去，到處都是乞丐和小販，時刻都要提防扒手。[8]在倫敦東區（絕大多數黑人效忠派都在那裡安頓下來）骯髒的街道上，充斥著「妓女、流氓和水手」，來自印度、美國和非洲的貨船不分晝夜地卸貨，貨運碼頭像村莊一樣繁忙熱鬧。[9]天空連日昏暗陰沉，溼度接近飽和，讓這些北美人精神抑鬱、身體不適。一人曾抱怨說英國人很少有「古道熱腸」或「對難民的悲慘境遇有一絲憐憫。」[10]「本地英國人的靦腆、保守和寡言真是臭名昭著啊，」另一個人也牢騷滿腹。[11]倫敦看來是個徹頭徹尾的粗魯之地，每個人都只顧自己，外國人不過是次要的消遣而已。半是出於這個原因，很多效忠派選擇居住在布里斯托、巴思等小城鎮，那裡物價便宜，生活節奏也慢一些。

---

* 大衛．加里克（David Garrick，一七一七至一七七九），英國演員、劇作家、劇院經理和製作人，在整個十八世紀英國戲劇實踐的幾乎所有方面都發揮了一定的影響力。是薩姆爾．詹森博士（Samuel Johnson）的學生和朋友。

† 詹姆斯．庫克（James Cook，一七二八至一七七九），英國探險家、航海家、製圖師和皇家海軍上校，人稱「庫克船長」。庫克曾經繪製過紐芬蘭的詳細地圖，後來三次出海太平洋航行，成為歷史上有記錄的第一個到達澳大利亞東岸和夏威夷群島的歐洲人，也是歷史記錄的第一個環紐西蘭航行的人。

‡《彌賽亞》（*Messiah, HWV56*）是巴洛克時期著名音樂家韓德爾（George Frideric Handel，一六八五至一七五九）創作的大型清唱劇，也是他最有名的作品之一。韓德爾出生於神聖羅馬帝國，後來定居英國並加入英國籍。

效忠派往往彼此為伴，他們住得很近，常光顧同樣的公共場所。一位來自緬因的難民與三位麻塞諸塞流亡者，一起在南肯辛頓的一個街區找到了住處，來自新英格蘭的效忠派在那裡組成了一個「北美俱樂部」，定期聚餐。咖啡館是新英格蘭、紐約、卡羅萊納等地的人聚會的地方，成了與北美聯繫的生命線，他們在那裡互通有無、辯論爭執、閒聊八卦，那裡還是收發寶貴家書的方便場所。[12]

戰爭期間，效忠派難民悲傷地記下了自己離開北美的紀念日，期待著有朝一日和平降臨，他們可以重返家園。[13]然而戰爭的結束與不如人意的和約，似乎關上了他們回家的門，反而又有數千難民在英國海岸登陸。由於住在英國的成本很高，這裡距離北美很遠，再加上政府實施的獎勵政策鼓勵在英屬北美和巴哈馬地區殖民，只有大約百分之十五的白人效忠派難民（約八千人）選擇移居英國，不到黑人效忠派人數的兩倍，後者往往是因參與作戰才有機會來到這裡。絕大多數橫跨大西洋的白人效忠派都是中上有產階級，他們的主要目標是為自己在北美損失和被沒收的財產贏得賠償。帝國聯盟的前任宣導者約瑟・加洛韋和威廉・富蘭克林成為政府救濟的主要說客。效忠派也會投靠自己的保護人嘗試獲得新的工作，並想方設法把孩子送到好學校去讀書，以期他們有光明的前途。他們對自己能獲得多少財務支持毫無把握，也不知道在哪裡定居有利可圖，所以就連享有特權的效忠派，在英國的日子也很不如意。不過跟少數一到英國就活在窘迫中的難民相比，他們已經算是幸運的。有幾百個初來乍到的窮苦難民就只能指望著救濟活下去，包括殘疾人、文盲、單親媽媽和前奴隸。

然而面對王國各地的效忠派紛紛要求補助，英國卻顯得力不從心。「再沒有比這個富裕的、忠誠的、治理不善的島國更糟糕的地方了，」一七八四年，一位不堪其苦的難民在他近逃亡十周年時怒吼道。[14]議會似乎永遠都是一片騷亂，政府部門因競爭與內訌而變得效率極低。戰爭費用使國債再創新高，達到二億三千二百萬英鎊（約相當於現在的二百五十億英鎊）。在批評家們看來，英國在《巴黎和約》中割讓領土，暴露了它面對歐洲競爭對手的軟弱無能。美國的獨立也揭露了國家與帝國之間的關係，未來將呈現何種態勢這種讓人不安的抽象問題。[15]隨著十三殖民地的喪失，在種族、宗教、文化或語言上與英國人相似的帝國臣民將愈來愈少：印度東部的孟加拉大約有二千萬居民，顯然是大英帝國最大的領地。同樣，正如那場戰爭所顯示的，議會雖然能代表英倫三島的人民，但它卻連白人殖民者也無力代表。帝國政府受到了衝擊，但它還沒有學會適應新的形勢。

效忠派難民把戰敗的社會影響和實質後果，直接帶到了帝國之心。這些失去財產、生計和家園的人，讓英國喪失十三殖民地之事不再是個抽象的概念，而變成了一個個活生生的面孔。難民以及他們所依附的帝國該如何重新部署？戰後英國成了一個平行的重建過程的中心。個體效忠派試圖依靠財務補助和新的社會地位重建生活，英國當局則著手改革帝國政府，向新的領地擴張，這些都奠定了「一七八三年精神」的基礎。然而，這些項目雖在很多方面和諧一致，但遠赴英國的效忠派卻遭遇了一個又一個矛盾。他們強烈地自我認同為英國臣民，卻在這片陌生的土地上倍感疏離。他們堅信自己應該得到賠償，卻在尋求支助的過程中屢遭挫敗。這個新近擴張的帝國在海外為他們提供了數量龐大的工作機會，但他們要想在英國本土獲得成功，卻沒那麼容易。身在英國的難民受益於帝國復興，同時也親身經歷了隨之而來的巨大挑戰。

身在倫敦的北美人頻繁提到那些象徵國家權力的壯觀標誌。從西敏宮到聖詹姆斯宮，從白廳裡面林立的辦公室到雄偉森嚴的棕色倫敦塔，光是政府建築傳遞的威嚴就很難不讓人心生敬畏。何況還有帝國的人物。許多效忠派都曾參與過下議院的辯論會，看那些天賦卓越的政治家談經論道，雄辯如艾德蒙·伯克、激昂如查爾斯·詹姆斯·福克斯、早慧如小威廉·皮特，一七八三年，皮特年僅二十四歲便高居相位，是英國歷史上最年輕的首相。有人曾在劇院瞥見過夏洛特王后的芳姿，她穿戴的「鑽石的光芒」在燭光中閃爍。還有人見過英王喬治三世坐在由八匹裝飾著寶藍色緞帶的白馬拉著的皇家馬車裡穿街而過。[16]少數效忠派甚至有幸在國王早朝時一睹皇室成員的風貌。不過還沒有哪一位難民像薩姆爾·休梅克那麼走運，有一天，他在溫莎城堡見到了君王本人。

休梅克是來自賓夕法尼亞的貴格會教徒，身為費城前市長，他是戰爭期間紐約效忠派群體的中流砥柱。（他曾與貝弗利·魯賓遜一起擔任被占領城市的難民巡查員。）休梅克與卡爾頓、威廉·史密斯及其他同事一樣，跟隨最後一支撤離艦隊離開紐約，他們到達英國時，很多難民朋友已經在那裡安頓下來了。但他至少二十年沒見過他的賓夕法尼亞同鄉班傑明·韋斯特了，自從這位畫家一七六三年遷居英國繼續繪畫事業以來，兩人一直天各一方。韋斯特是皇家藝術學院的創始人之一，在該學院擔任院長近三十年，現在他是國王欽定的歷史畫家，也被國王視為親信。

休梅克與好友久別重逢相談甚歡，也常常去韋斯特位於溫莎城堡的住宅裡去拜訪他們一家。一天下午，他正在外面徘徊，希望在王室成員回城堡的路上一瞥皇家風範，韋斯特突然從城堡裡出來，帶來了驚喜的消息：國王剛剛提出要親自接見休梅克。驚慌失措的休梅克還沒回過神，就被韋斯特帶到王室成員的面前了。突然之間，他就出現了：帝國的首領、效忠派一切希望的寄託、愛國者萬般憎惡的化身，長著一雙圓眼睛的英王喬治三世本人，還有夏洛特王后和他們的四個女兒陪伴在旁。「S先生，我們大家可都久仰您的大名了，」國王一開口，休梅克緊張的心情就放鬆了不少。國王問道，為什麼「賓夕法尼亞省……比〔殖民更早的〕鄰近各省」先進得多？休梅克「認為應該恭維一番王后的同胞們，」便大度地說，這要歸功於吃苦耐勞的德裔殖民者。國王回報了他的好意，說賓夕法尼亞的繁榮一定「主要歸功於貴格會教徒。」接下來的四十五分鐘，休梅克愉快地與國王和王后聊到了美國、他的家人，還有其他話題，其間部分談話以德語進行。漢諾威王室成員匆匆離開之後，他們這位忠誠的臣民陷入了痛苦的思索。「我無法表達此刻的心情，但我希望自己那些充滿戾氣的同胞能有機會像我一樣，」休梅克在日記中寫道。「眼見為實，他們看過就知道喬治三世的身上沒有一絲暴君秉性，他們總是狹隘地說他心腸冷酷，他不是，也不可能是。這樣一個情感細膩的人、體貼的丈夫、慈愛的父親，絕不可能是一個暴君。」[17]

與國王本人這次超長時間的非正式會面，讓效忠派休梅克近距離接觸了這個只存在於許許多多美國人想像中的人，無論他們對此人是愛是恨。休梅克對自己君主的正面印象，彰顯出美國革命為君主制帶來的堪稱驚喜的重要影響：雖然國王喬治三世曾激烈反對承認美國獨立，但十三殖民地、以及那些譴責他為「暴君」的前臣民的退出，事實上卻加強了他在帝國其他地方的象徵力量。戰後那幾年，國王在英國人氣飆升。[18] 相應地，海外的帝國官員也愈來愈常以儀式、象徵和慶典來培養平民與君主和王室的情感聯繫。[19] 許多領地為加強王權而削弱了民選立法機構，明確體現了「一七八三年精神」。

然而，效忠派對國王的依戀，掩蓋了他們與議會和其他政府機構之間更為矛盾複雜的關係。他們的賠償要求使得這些緊張關係浮上檯面。和在美國一樣，在英國的效忠派們所關心的問題，同樣圍繞著和平條約中惡毒的第五條。和約談判時期的首相謝爾本勛爵曾擔心，如果無法為效忠派提供充分支助，難免會為政敵們提供攻擊他的籌碼。這當然不是杞人憂天。當與美國、法國和西班牙簽訂的條約提交下議院辯論時，政敵們不遺餘力地譴責其中的條款。英國慷慨的領土割讓已讓他百口莫辯，更糟的是，（此時的反對派）諾斯勛爵認為，效忠派遭受的惡劣待遇「喚起了人心中無法抑制的憐憫之情」：「我們拋棄了那些人，簡直是前所未有地無恥玷汙了國家的榮譽，他們慘遭背棄又一貧如洗，如今的處境窘迫而危險。」他的盟友們隨聲附和。這是「對國家形象的嚴重傷害，」艾德蒙．伯克宣稱，「用一個無恥的條款，像匕首一樣刺入了效忠派的心臟。」一位議員的「心在滴血……這是醜聞，是不光彩的！」另一個議員斷言，這是「這個國家永遠的恥辱柱。」議員和劇作家理查．謝里登大聲朗讀了佛羅里達效忠派那字字血淚的請願書，像演戲一樣使用了「生動鮮活的抑揚頓挫」，特別強調他們的憤慨。簡言之，正如一位反對派成員的慷慨結辯所說：

歐洲、亞洲、非洲和美洲全都看到了大英帝國的分裂和領土縮小。但不管這是多麼令人恐慌的災難，與目前和平時期所犯下的另一個罪行相比都不算什麼——我們把那些人拱手交給了他們的敵人，這些不幸之人曾經那麼信任我們的花言巧語，卻落得如此下場，財產被沒收，要面對暴政、憤怒和壓迫。[20]

很少有人懷疑過這些責難會導致什麼結果。一七八三年冬，下議院投票抨擊和平條約，為內閣帶來了不信任決議的嚴重後果。謝爾本即刻宣布辭職，這是因內戰而瓦解的另一個政府。（他將在一七八三年四月被一個聯合政府替代，組建該聯合政府的是一對不可能的組合，諾斯勛爵和激進的查爾斯・詹姆斯・福克斯。[21]事實上這個政府也很短命，只堅持到一七八三年底，隨後威廉・皮特便出任了首相。）

效忠派賠償的問題雖間接使得謝爾本政府倒臺，但必須說，效忠派自己那些狂飆突進的慷慨陳義並不總能為他們贏得朋友。在戰爭的後幾年，許多政治家都厭倦了效忠派關於忠誠的北美人聚集在英國旗幟下的荒誕想像；英國的反戰派愈來愈傾向於責怪效忠派的遊說（特別是約瑟・加洛韋）毫無必要地延長了一場失敗的衝突。「他們說話行事像愚蠢的賭棍，」一位議員如是說，「愈是氣急敗壞地輸錢，就愈是鬥志昂揚地貪戀賭桌。」[22]有一次，在和約辯論總結時，德比郡的律師約翰・厄德利・威爾莫特發表了一篇顯然仔細字斟句酌的演講，發誓他會「跟他們分享我的最後一個先令和最後一片麵包，」但警告大家最好不要對那些繼續抨擊和平的效忠派有過多的關注。「我覺得我們不能指望在一場成功的叛亂擊敗了這個國家之後，勝利者會因為任何理由再次放棄自己的地產和事業，獻給那些曾與他們對抗的人。」既然絕大多數效忠派仍然留在美國境內，那麼在威爾莫特看來，那個規定不得對他們採取任何懲罰性行為的條款（第六條）就是「從法律上徹底保護了北美效忠派的絕大部分利益。」至於那些沒能在美利堅合眾國獲得足夠賠償的效忠派難民，他認為「〔英國〕國家的榮譽和公正」一定會以其他方式來補償他們。[23]

對於這些身在英國的效忠派難民所處的困境，威爾莫特的了解比其他人都更加深入。戰爭期間，財政部已為數百位難民支付特別撫恤金，其數額在某些年份高達近七萬英鎊。這些補貼原是作為「臨時性」救濟發放的。但戰爭的結束開啟了一個無底洞，後續支出源源不絕。上任後不久，謝爾本勛爵便任命威爾莫特和另一位議員丹尼爾・派克・科克（兩位都反對戰爭，但又都是獨立於任何黨派的人士）評估個人賠償的金額。他們在寒冷的冬天工作到深夜，篩查了數百份案例，約見效忠派並審查他們的證據，因為必須權衡「對照索償聲明、損失和這麼多人的處境，」而他們的財產又位於「遙遠偏僻的世界另一端」，這份工作變得「困難重重而令人憎惡」。到一七八三年一月底，關於和平條約的辯論即將開始時，他們終於完成了這項任務，削減了三分之一的撫恤金支付金額。[24]

對於被沒收、毀壞和放棄之財產的賠償方案，與短期補貼又全然不同。政府部門該如何應對、又會怎麼處理此事呢？效忠派難民有個現成的答案：政府應該從國家財政中撥款對他們予以補償。難民們啟動了一個十分全面的遊說方案，任命了一個代理人委員會，以前喬治亞省總督詹姆斯·賴特爵士為首，成員有加洛韋和其他的知名人物以代表各個殖民地。代理人們開始為「**他們從本國政府那裡獲得賠償的權利**」據理力爭。[25]效忠派代理人還發行了一份匿名的小冊子，題為《北美效忠派的案件和索賠，客觀陳述和考察》，闡明了他們的邏輯，雖是匿名，但據推測，這份小冊子至少有部分是由加洛韋編寫的。它寫道，社會契約規定「保護和效忠是國家與臣民之間的相對義務」。「像居住在倫敦或米德爾塞克斯的任何人一樣，身為不列顛國家無可爭議的臣民，」效忠國王的北美人「承擔著一切社會責任和義務，因而也有﹝和其他任何英國人﹞同樣的權利，受到國家的保護和公正對待。」他們爭辯道，國王未能保護效忠派，他們便有權獲得財務補償。既然英國政府已經決定「在沒有確保效忠派獲得**任何補償**」的前提下承認美國獨立，那麼依「自然正義」原則*就要求英國的納稅人承擔相關成本。該小冊子繼續指出，效忠派的損失也應適用於國家徵用原則†，就此援引了頗有影響力的十八世紀政治理論家的話為理論支持。最

＊編按：自然正義原則又翻自由公正原則，任何權力必須公正行使，對當事人不利的決定必須聽取他的意見，這是英美普通法的一個重要原則，稱為自然公正原則。

†國家徵用原則（principle of eminent domain）是指支付有權在沒有業主許可的情況下徵用私人土地用於公共事業。大多數國家的憲法規定必須向業主支付賠償。在英格蘭等沒有成文憲法的國家，議會擁有的最高權力使它理論上可以無須賠償便徵用地產，但事實上都會支付賠償。

後，他們還提出了（難免牽強的）類似英國政府賠償的先例：一七〇六年法國入侵之後，聖基茨和尼維斯島上的農園主，以及一七一五年詹姆斯黨人起義中漢諾威效忠派的財產被破壞之後，都獲得了賠償。[26]

遊說的效果不錯。一七八三年七月，議會通過了一個法案，正式任命了一個委員會「調查在北美剛剛結束的這場紛爭中，因為忠於國王陛下並依附於英國政府而導致權利、財產和職業受損之所有人士的損失和貢獻。」此前有過處理賠償經驗的約翰．厄德利．威爾莫特和丹尼爾．派克．科克兩位議員，顯然是委員會成員的不二人選；另外兩位成員是美國革命的老兵，分別參加過薩拉托加和約克敦戰役，還有一位是野心勃勃的公務員約翰．馬什。[27]這五個人將共同證實每一個索賠人對帝國的忠誠，查明其財產的價值，並就賠償金額提出建議。（最終賠付的決定權仍歸議會。）該法案給予效忠派九個月的時間提交索賠材料，委員會則有兩年來處理這些索賠案件。一七八三年九月中旬，效忠派賠償委員會在林肯律師學院廣場敞開大門，歡迎它的第一批宣誓證人。[28]

雖說效忠派代理人主動提供了幾起先例，但事實上效忠派賠償委員會處理案件的規模之大，是**沒有**先例可循的，正如迄今已經向難民們提供的其他補償，如分得土地、自由通行、口糧配給和耗材補給等，也從未有過先例。在這個救濟計畫誕生的時代，當時的公共福利制度跟現代的福利制度幾乎無法相比。軍隊養老金計畫才剛剛成形；國家慈善制度的核心《濟貧法》，可以追溯到女王伊莉莎白一世的時代；孤兒院等許多其他社會救濟主要依靠私人行為。在英國此前處理過僅有的兩次規模相當的難民危機中，私人資助與政府救濟同等重要：一是十七世紀末，約有五萬名法國胡格諾派教徒湧入英國（正是他們把「難民」一詞引入了英語），另一次是一七〇九年，一萬三千名窮苦的巴拉丁德國人逃往英格蘭。[29]一七八三年以前，英國政府還未曾為難民承擔過如此巨額的財政義務。如今，在英國國債屢創新高之時，政府要承擔可能高達數百萬英鎊的賠償負擔，無疑強調了該委員會的非凡性質。

當然，胡格諾派教徒和巴拉丁難民相比，北美效忠派有個至關重要的差異：他們是英國的臣民。前兩次難民危機曾引發過關於移民和外國人權利的爭論。但接納效忠派則觸及了一個截然不同的問題，這個問題也正是部分引發美國革命的原因。英國國內的臣民和它的海外臣民所享受的權利有無任何差別？北美效忠派認為沒有。他們提出賠償要求的前提，就是無論居住在哪裡，凡英國臣民一律平等。但英國當局卻提供了一個模稜兩可的答案。雖然英國法律傳統上只區分了本國國民和外國人，但和平條約的第五條中提到「真正的英國臣民」，暗指不同類型的臣民還是有區別的。效忠派對這個邏輯深表不滿：「要證明一個人在多大程度上是臣民，語言邏輯不通，法律邏輯也不成立。」一位效忠派如是說。[30]然而，英國官員並不認為效忠派「和倫敦或米德爾塞克斯的任何人一樣，是無可爭議的英國臣民」。按照議會的說法，效忠派獲得賠償並不是因為他們有權利獲得援助，而是因為英國有道義責任提供救濟。議會力圖維護「國家榮譽」，保護「國家形象」，以防「有失國體」。這個至關重要的道德感也有助於解釋，為什麼那麼多政治家在戰爭期間曾譴責效忠派的遊說是蓄意妨礙政策，此時卻轉而支持效忠派獲得賠償了。

如果說效忠派賠償委員會為支助英國臣民，而啟動了一項非比尋常的干預計畫，它也對於國家如何定義自己的責任，發出了同樣重要的聲明。這不是關於臣民權利的泛泛之談，而是家長式領導的國家關於自身義務的明確宣示。如此一來，它也就以另一個變調奏出了眾人很快就熟悉的主旋律，也就是殖民地的要求與宗主國供給能力之間的差距。它為一個漫長的賠償過程做好了準備，但對它原本計畫予以協助的很多效忠派而言，賠償結果卻讓他們深深失望了。

莫特萊克曾是泰晤士河南岸一個安靜的小村莊，如今則地處大倫敦地區郊外，蓋滿了排屋。這裡無論如何都無法跟貝弗利・魯賓遜位於達切斯縣的地產相提並論，但上校和家人們還是盡量對他們新的生活環境擺出一副滿足的姿態。[31]一七八三年夏末到達英格蘭後，為了減少開支，他們決定在倫敦郊外定居。就算在莫特萊克，曾經生活富裕的魯賓遜一家也只能租得起「一個很小的老式房子，或者毋寧說那是個烘焙坊的一部分，家具齊全，每周租金十二英鎊。」在這座不起眼的房子的一側住著「給全村人烘烤麵包」的烘焙師，另一側住著上校、他的妻子蘇珊娜和他們的兩個女兒瓊安娜和蘇珊。新住處根本談不上精緻優雅，但魯賓遜還是寫信給他的兒媳安，說「我們住得很舒服……社區很不錯，也結識了幾個很禮貌、很和善的家庭，對我們很尊重且熱情。」[32]知道兒子們都過得相當不錯，讓他很欣慰。長子小貝弗利已經跟安和孩子們一起在新斯科舍安定下來。幼子威廉起初睡在莫特萊克的備用床上，後來就到日內瓦參加軍需官職業培訓了。二十歲的菲爾・魯賓遜此時正和他所在的軍團一起駐紮在斯塔福德郡，跟那些放蕩的軍官同伴們一起過著縱情歡樂的生活。年輕的中尉「一如既往地瘋狂，」瓊安娜・魯賓遜寫道。「他還是個最不可救藥的花花公子，在斯塔福德集市上肆意胡為。真是本性難移。」[33]

魯賓遜一家也毫不寂寞。他們很快就發現了流亡生活的一大安慰：能跟朋友們同甘共苦。北美的朋友、親戚和熟人都住得不遠。（曾作為議員出席第一屆大陸會議的）紐約效忠派同鄉以撒・洛和妻子在莫特萊克買了一間房子；在附近的東希恩還住著魯賓遜一家僅有的幾位英國朋友，海倫和布魯克・沃森，布魯克曾在紐約擔任兵站總監。蘇珊娜・魯賓遜的哥哥弗雷德里克・菲力浦斯住在倫敦，她姊姊一家也「非常安適地」住在倫敦，後來又搬到了巴思。[34]魯賓遜一家人很少去倫敦，但他們常常在家裡接待來客，包括薩姆爾・休梅克、威廉・史密斯和貝內迪克特・阿諾德的妻子佩姬・阿諾德，她常常騎馬出城，到莫特萊克郊遊。瓊安娜說，「她變得非常健壯，但我第一次在倫敦見到她時，還真沒想到她的狀態會有這麼大的改善。」[35]

然而，還是沒有什麼能夠平復與至親分離的痛苦。二月的某一天，瓊安娜・魯賓遜提筆給住在新斯科舍的哥哥小貝弗利寫信時，刺骨的嚴寒似乎滲入了靈魂，想到她拋在身後的一切，便心痛不已：「我們在紐約分別的場景永遠不會從我的記憶中抹去，無需說，將心比心，你一定知道此刻我的心裡有多難過。」[36]她和雙親絕望地維繫著與小貝弗利一家人的情感紐帶。「媽媽還沒有見過小傢伙呢，但每次回憶起跟可愛的孫輩們分離的場景，都讓她那麼傷心，有時還忍不住落下淚來，」瓊安娜告訴哥哥說，而上校本人則懇求自己的兒媳：「請盡一切可能不要讓小亨嘰〔亨利〕忘了我，告訴親愛的小夥子我日日夜夜想念著他，有時整夜都想著他，因為他常常出現在我的夢裡。」在得到貝弗利和安的第三個兒子在新斯科舍出生的消息後，身在英國的魯賓遜一家人非常開心。「上帝保佑他，我是這麼地愛他，但他絕不會奪走我對小亨嘰的愛，」上校的家信充滿歡喜和愛意。他們急切地想知道「他長得像誰，出生時有什麼跡象或值得紀念的事，誰在幫你，你臥床了多久，有沒有朋友陪伴，還有誰在照顧你」等等細節，全都是為了掩飾一個殘酷的事實，或許他們有生之年，根本沒機會見到這位新生的小小魯賓遜。[37]

「要是能在這裡過上舒適的生活，這該是個多麼迷人的國家啊！而現在，我還需要極大的哲學修養，才能對這一切安之若素，」瓊安娜最後說。[38]此話中傳遞的情感是整個效忠派流亡社區所共有的。他們失去了舊日的工作和收入來源，無法輕易在英國找到替代品，對自己能否獲得足夠的賠償在英國生活下去全無把握，瓊安娜信中說，「北美效忠派分散在王國各處，有人去了賈斯特，有人……約克郡，還有些人四處漂泊，不知他們的命運會何去何從。」[39]

對成百上千的難民來說，他們的命運此刻就掌握在林肯律師學院廣場那間效忠派賠償委員會的辦公室裡。一聽到傳言說，政府或許會賠償那些在撤離之前到達紐約市的效忠派，有些難民就立刻提出索賠。[40]薩姆爾・休梅克剛到倫敦一個月，就和蓋伊・卡爾頓爵士與「若干等待被引見的所謂難民一起」，等在內政大臣雪梨勛爵（編注：澳洲雪梨即以他之名命名）的辦公室門廳裡了。貝弗利・魯賓遜也在場，還有休和亞歷山大・華萊士兄弟，這對出生於愛爾蘭的富有商人在一七五〇年代定居紐約，分別娶了同是商人的以撒・洛的兩個妹妹。紐約三一教堂的前教區牧師查爾斯・英格利斯是大家都熟悉的另一張面孔。所有這些人都在尋求某種優先權；舉例而言，休梅克希望能在雪梨的建議下，獲得「一筆豐厚的補貼，以便我在損失賠償之事得到解決之前貼補家用。」[41]未來數月，他藉由與北美朋友社交和參觀倫敦的名勝古蹟的機會，頻繁地登門拜訪財政部和效忠派賠償辦公室。

提起賠償訴求、提交證據和等待回覆的冗長過程，讓許多效忠派陷入了一種焦慮的停滯狀態。前議員以撒．洛極其清楚地描述了這種緊張不安的困境為他們帶來了什麼樣的精神壓力。被剝奪了紐約州的財產和公民權之後，洛和妻子瑪格麗特跟隨最後一批撤離艦隊來到了英國。他們所經歷的「風浪肆虐的艱難航程」，成了未來種種事件的陰鬱凶兆。[42]瑪格麗特在倫敦幾乎一直在生病，而在以撒看來，「這裡只有無序和混亂，讓我們這些可憐的流亡者無比沮喪。」[43]他們唯一的喜悅是與兒子小以撒重逢，後者被提前送到了英格蘭。年輕的以撒是個「健壯」活潑的少年，「是我們回訪朋友時，一個很好的嚮導，我真心覺得他只用幾個月就對這裡瞭若指掌，比我在此多年來了解還要多。」然而洛本人卻「因為太過專注於我們當前的窘境，我根本無法注意路線，那些街名不到兩天就全都忘光了。」他手裡的積蓄根本不夠養活家人，那一點點錢彷彿「很快就要振翅飛走了。」[44]「無事可做，要靠我積攢的這麼點家當過活，真是最令人不快的處境了。」[45]在等待賠償委員們的回覆期間，他要靠弟弟尼古拉斯借錢給他，尼古拉斯是個仍住在紐約的成功商人，還要靠尼古拉斯幫他變賣那一點好不容易才保存下來留在美國的財產。

一七八四年四月，洛從委員們那裡聽到了一些好消息。他已被批准「在我的賠償訴求被審議之前，每年得到一百四十英〔鎊〕的豐厚補貼」，但他挖苦地在「豐厚」下面畫線強調，因為這根本不夠他決定「如何自處，目前一切都懸而未決。」[46]那年夏天在莫特萊克，洛有時會在開心的時候安慰自己，說他「已經獲得了部分最需要的東西」，也就是錢，「除了與親愛的朋友們分離之外，我們應該沒什麼遺憾了。」[47]然而他將「如何、在何處或何時」恢復自己的地位，則是「我一刻都無法釋懷的問題」；有時他無法抑制那種絕望的情緒，「生怕一切已徹底無望。」[48]洛曾經寫信給他留在紐約的兩位已婚奴隸提供建議，字裡行間處處透著他對個人經歷的百般懊惱。雖然洛一家人為了不拆散那對夫妻，把他們雙雙留給了朋友，擔保朋友會「像對待孩子而非奴僕」那樣對待他們，那對夫婦還是「表示他們渴望獲得自由，除非能重新跟我們生活在一起。」「我當然覺得他們要在這種時候漂洋過海，來過這朝不保夕的生活，才是傻透了，」洛警告說。「要是他們能看到……他們的生活比這個國家的窮苦白人勞工好得多，他們就會為自己的幸運而稱頌上帝，再也不會希望改變現狀了。」[49]

當然，洛的失望是因為期望太高。許多人會覺得一百四十英鎊的年收入簡直是一筆巨額財富了。他貌似很窮，但還是有辦法在莫特萊克保有一處住宅，也留下了至少一個奴僕，他從紐約帶來的奴隸安妮。和許多身在英國的效忠派一樣，洛也不計代價地把幫助孩子獲得成功事業視為優先事項，因而「以每年一百英鎊的巨額花費」把小以撒送入了肯辛頓最好的學校讀書。[50]讓洛這樣的效忠派難民深受折磨的，不光是脫離了富裕階層這顯而易見的事實，還有驚恐萬狀地擔心生活會從此一落千丈，讓他們淪於破產，名譽掃地。

魯賓遜和洛兩家人都在努力適應節儉克制的郊區生活，但其他難民的處境想必早已令他們一籌莫展。在麥爾安德、沃平、斯特普尼和薩瑟克等街區的貧民窟裡，數百位一貧如洗的難民在生存線上掙扎。在哀傷的信件和備忘錄中，但凡能跟什麼大人物說得上話，或者但凡有紙有筆的難民，都會對效忠派賠償委員會訴說自己的種種艱辛。例如，讓以撒・洛備受折磨的，是擔憂一個紐約女人必須面對的現實，她的商人丈夫在戰爭中失去了財產，為了躲債出走，連家人也找不到他的蹤影。兩年後妻子在倫敦看到他，生活「極其困難」，不久為了逃避監禁，他再度消失，留下妻子和三個幼子，衣不蔽體，「三餐難繼。」[51]更糟的是一個同樣被丈夫拋棄的波士頓女人，靠「每天兩便士的麵包和一周一磅牛肉」勉強度日，但還是因為欠債，被關進了紐蓋特監獄裡烏煙瘴氣的牢房。[52]

在英國，不少最窮困的白人難民事實上是在英倫三島出生的，只不過通常都是在偏遠地區，而到了倫敦，他們和許多北美出生的人一樣無依無靠，無親無故。一個愛爾蘭人在流亡生活一開始就在倫敦德里郡染上了「瘧疾」，後來他到倫敦尋求賠償時，也因欠債而被關進了紐蓋特。一個不識字的蘇格蘭高地人，為他在北卡羅萊納喪失的三所房子和土地提出賠償；但年過七十的他還在倫敦一個貧民窟的床墊上因高燒不退而揮汗如雨，必定懷疑過有生之年還能不能看到政府對他伸出援手。[53]另一個蘇格蘭高地人到倫敦時已經瘸腿，他的難民妻子在新斯科舍去世了，他在薩凡納城外親手建造的房產也付諸東流。這位母語是蓋爾語的人甚至無法自己提出索賠，因為他幾乎不懂英語，需要一位翻譯幫忙。[54]

然而，在所有在戰後的英國勉強度日的貧苦效忠派中，數量最大、且在各方面也最顯而易見的，當屬黑人效忠派，多達五千人，絕大部分是男性，多是以復員水手、士兵、奴僕等身分到達英格蘭的。他們經歷了如此殘酷的戰爭後，能到達英國本就是奇蹟。謝德拉克・弗曼是維吉尼亞的自由黑人，曾為英國軍隊提供軍需，之後又成為英軍的嚮導和線人，並因此被愛國者軍隊俘虜。弗曼因拒絕提供情報，被判五百下鞭刑。對許多人來說，這樣的宣判幾乎就是死刑了，但不幸的弗曼卻活了下來，他皮開肉綻，因頭上的斧傷而精神失常，雙眼失明，一條腿也瘸了。這具渾身是傷的殘破軀體，步履蹣跚地到了新斯科舍，後來又到了英格蘭，在街上拉小提琴，討幾個零錢度日。[55]來自紐約的班傑明・懷特卡夫在戰爭中倖存的故事也一樣驚心動魄。他也是自由黑人，是美國夢的產物：懷特卡夫那位黑白混血的父親駕著自己的單桅帆船在長島灣附近做生意，還在長島旁經營著大型牧場和果園。戰爭期間，他的父親和哥哥加入了愛國者陣營，但班傑明卻義務為英軍當間諜。被叛軍俘虜後，他被直接送上了絞刑架。整整三分鐘，懷特卡夫覺得血液衝上頭部砰砰作響，眼前什麼也看不見了，他沉重的身軀吊在空中，但他的脖子卻奇蹟般頂住了繩子的拉力，最後被過路的英軍割斷繩子。之後，年輕命硬的懷特卡夫再次與死刑擦身而過，他被一艘私掠船擄走，在直布羅陀海上為海軍服役，最後才帶著自己的英格蘭白人妻子一起到了倫敦，沒有工作，捉襟見肘。[56]

中產階級效忠派成功地說服西敏區和白廳的政治掮客們關注自己的問題，但黑人效忠派那觸目驚心的苦難，卻讓很多英國人猶豫了。例如一個名叫彼得・安德森的約克敦老兵，用他自己的話說，「因為沒有人給我一片麵包，真的就要餓死在街頭了，又不敢回到我自己的國家。」[57]某些人看到這些黑人「在倫敦街頭乞討，因為無所事事和貧困，必然會引發一切惡行和麻煩，」更是對他們充滿了種族主義的敵視。[58]但「窮苦黑人」（這群人的統稱）的命運卻激發了不少行善者全然不同的反應。對窮苦黑人最持之以恆的援助，是由著名慈善家約拿斯・漢韋所發起的，他曾靠俄羅斯貿易賺大錢，致力於為成千上萬被忽視的小人物改善生活。他的早期慈善項目包括成立了海運協會，協助培訓窮人家的男孩，送他們去海軍服役；建立了棄嬰醫院並擔任院長；還為被虐待和發育不良的清掃煙囪男童發起伸張正義的運動。想到窮苦黑人還要在倫敦忍受飢寒挨過另一個冬天，漢韋簡直無法忍受，就像他無法忍受喝茶這個「有害的習俗」，他曾發動了一次戒絕喝茶的倡議*，而那是他所領導的運動中最不成功的一個。[59]

一七八六年初那幾周，漢韋召集了幾位富裕的商人朋友，成立了「窮苦黑人救濟委員會」。該委員會總部設在皇家交易所對面的一個咖啡館裡，發起了幫助黑人效忠派及其飢餓同胞的籌資活動。「他們之中大部分人都曾為英國服務，在英軍的旗幟下戰鬥過，」一份登在報紙上的呼籲寫道，「他們……本指望英國總督和指揮官們向他們許下的保護承諾，如今卻就在他們曾冒著生命危險、甚至（許多人）灑過熱血為之服務的人面前，受凍受餓、如枯葉般凋萎。」這些信奉基

＊編按：十八世紀的英國，茶在當時仍是一種新鮮昂貴的商品，一些廣告宣傳過分誇大茶的療效，引發好奇但也帶來各路人馬的質疑。比如有人曾提到滴酒不沾但早晚喝茶工人患了麻痺顫抖的疾病。當時正反兩方的人士經常論戰茶葉的優缺點。

督教的愛國之士，怎能對此無動於衷？捐款很快便湧向委員會，解囊相助的有像是德文郡公爵夫人和首相威廉．皮特這樣樂善好施的達官顯貴，也有善心的平民，只能捐得起六便士或把家裡的木碗木勺拿來捐贈。一七八六年一月底，兩百多位窮苦黑人在委員會設置的三個慈善廚房外排起了長隊，領取簡單的食物，有二百五十人穿著新發放的鞋子和襪子搖搖晃晃地走回家。[60]

像同時代的許多人道主義倡議一樣，這次行動之所以能夠成功，在某些程度上也有賴於眾人的同情心和基督教宣揚的善意。但它顯然啟發了另一種廣泛存在的情感：對效忠派臣民的集體責任感，以及效忠派賠償委員會所崇尚的國家榮譽感。他們的論述是，這是不公平的問題，黑人效忠派為英國服役，到頭來卻淪落在英國的街頭一貧如洗；正如效忠派受到了巨大損失卻得不到賠償是不公平的；剝奪黑人效忠派應有的自由是不公平的；也正如愈來愈多的英國人認為，在大西洋沿岸把擄來的黑人當成奴隸買賣交易是不公平的。窮苦黑人救濟委員會所收到最大金額的單筆捐款，是來自一群貴格會廢奴主義者，此事並非巧合。英國最重要的反奴隸制運動領袖格蘭維爾．夏普，一直密切關注該委員會的各項活動也絕非偶然。廢奴主義者在這次救濟活動中的參與，對黑人效忠派難民的命運產生至關重要的長期影響。

隨著愈來愈多窮困的黑人們在白渡鴉客棧和約克郡的斯汀格客棧前排起長隊，等待著慈善廚房提供的肉湯、麵包和一枚六便士硬幣來養家餬口，委員會成員們認識到，設立慈善廚房和診所只不過是權宜之計。海軍或許能僱用一些人，但戰後經濟蕭條，白人的失業率已經很高了，而這一大群無業黑人的前景也就更加黯淡。一些窮苦黑人主動提出了自己的解決方案。也許，他們最佳的成功機會根本不在英國，而在大英帝國的其他領地。或許他們可以去新斯科舍，大衛・喬治、波士頓・金和其他數千黑人效忠派不就在那裡安家了嗎？還可以去個更暖和的地方，不至於像現在這樣整天凍得哆哆嗦嗦，比方說西非海岸，那個他們的祖先被擄走的地方？這個奇妙的建議得到了昆蟲學家亨利・斯密斯曼的熱心支持，他曾在獅子山住了四年。斯密斯曼曾一度建議英國政府在獅子山河口殖民，那是世界上最大的天然港之一，也是英國最大的奴隸交易站之一邦斯島的所在地。斯密斯曼憑他出色的推銷技巧，很快便說服了窮苦黑人救濟委員會，讓他們把窮苦黑人送到獅子山當拓荒殖民者。到一七八六年春，委員會最終得到了英國財政部和海軍局的支持，把窮苦黑人運往海外，並為他們配備了建設新殖民地所需的補給品。[61]

從窮苦黑人救濟委員會在倫敦的咖啡館裡召開會議，到一支艦隊在格林威治準備啟航，一切在短短數月內就準備就緒了：這個龐大昂貴、老實說只有一個模糊概念的計畫進展神速。以驚人的方式證明了當時英國國家和私人投資者有著極大的能力和意願啟動殖民專案，哪怕專案計畫還只是個有意思的雛形。然而另一方面，若非英國政府對於將數萬效忠派運送到世界各地、並對他們提供支援的專案早已經熟能生巧，或者若非英國公眾對效忠派遭受的苦難給予極大的同情，很難想像這樣一個龐大的計畫會如此迅速成形。漢韋本人沒能看到這個計畫的結果：一七八六年九月，此次遠征的目的地和路線還未有最終定案時，他就去世了。（死前一個月，漢韋放棄了對獅子山計畫的支持，因為他預見到這個計畫會與邦斯島的奴隸貿易商發生衝突，並試圖說服委員會讓窮苦黑人定居在新斯科舍。）[62]但在那以後，由他啟動的這項計畫由格蘭維爾・夏普等廢奴主義者接手，逐漸演變成了那個時代最怪異、也最長久的烏托邦社會實驗之一。

與此同時，成千上萬的效忠派，包括黑人和白人，男人和女人，仍在苦苦等待著官方賠償的結果。效忠派賠償委員會的索賠申請截止日期原定於一七八四年三月二十五日，此時，委員們已經收到了二千零六十三份索賠，為財產損失的索賠金額總計高達七百零四萬六千二百七十八英鎊，為無法償還的債務索賠的金額總計二百三十五萬四千一百三十五英鎊。「這是一筆驚人的數額，」約翰・厄德利・威爾莫特驚呼道（相當於如今的一百億英鎊），更何況還有數千效忠派仍希望有機會提交申請。[63]為了接受更多的索賠申請，議會把截止日期延長到了一七八六年，並決定每年更新委員會的授權書，直到其任務完成為止。總共有五千零七十二人提交了各種形式的備忘錄，委員會總共審查了三千二百二十五份索賠申請。[64]

效忠派賠償委員會的紀錄，成為有關美國革命效忠派一方最大的單一證據檔案[65]。這成千上萬份卷宗裡潛藏著關於戰爭的蹂躪、冒險和個人創傷的非凡故事。比方說，正是在這裡，湯瑪斯・布朗講述了他遭受的酷刑；約翰・利希藤斯坦解釋了他如何被逐出自己的農園；莫莉・布蘭特描述了她的財產被沒收和逃往尼加拉的過程。這些索賠申請，呈現出美國革命這場內戰的宏大場面，也讓我們有了不尋常的洞見，可藉此一窺殖民者的物質世界，簡直就是一部雜亂無章的殖民地末日審判書。這些人在這些紙頁裡隨口報出那些從美國的家中消失的物件：蘭姆酒桶、錦緞被褥、木匠工具、古老的黃銅咖啡壺、鋥亮的新馬鞍、最鍾愛的石榴石耳環。這些物件清單乍看似乎跟他們關於苦難經歷的自述差別很大，但二者相結合，卻成為了美國革命本質的有力陳詞。某些歷史學家把美國革命描述為一個相當古板無趣的事件，沒有後來的法國和俄國革命中的暴力場景和大批財產轉手，但這份由背井離鄉的效忠派所提供的紀錄卻表明，至少對於一大批北美人而言，美國革命毫無疑問是一場充滿騷亂和動盪的大事件。

當然，閱讀這些紀錄時，都應考慮到提交它們的具體背景，也就是說，切勿盲信。這些堆積成山的文件也是主觀的、非典型的，因此不能當成可靠依據，得出關於戰爭期間效忠派人口構成和分布的統計學結論。[66]然而，它確實呈現了兩個面向，一是效忠派思想廣泛分布於整個美國社會光譜的各個階層，二是來自大西洋兩岸各個階層各個行業的效忠派，都成功地向委員會表達了自己的困境。[67]在三千二百二十五份索賠申請中，由女性提交的有四百六十八份，由黑人所提交的則為四十七份。[68]大約三百份的申請人甚至不會簽寫自己的名字。[69]考慮到提交申請所涉及的算術難度，這尤其值得深思。雖然委員們在英國和愛爾蘭的各大報紙上發布公告，並通知了北美的政府官員，但許多效忠派都是聽到傳言才知道這個委員會的存在，有些人知道時已經太晚了。[70]索賠需要投入大量的時間和金錢，更何況起初還要求索賠者必須本人出面作證，這就意味著他們要支付昂貴的旅費來到倫敦。數百人依靠律師、代理人或家庭成員替他們提交申請。威廉・約翰斯頓代表自己的哥哥，已遷居巴哈馬群島的小路易士・約翰斯頓提交了備忘錄，而老路易士・約翰斯頓醫生則從自己位於愛丁堡的新家出發，去倫敦面呈證據。[71]

委員會簡報的措辭，即調查「因……忠誠」而遭受的損失，而不僅僅是由戰爭破壞造成的損失，意味著索賠人必須在自己的忠誠與損失之間建立直接聯繫。雖然索賠申請的長度和細節大相逕庭，但它們往往都遵循一個現成的模式。一份一七八三年出版的題為《北美效忠派以備忘錄形式向諸位委員閣下陳述案情指南》的小冊子向效忠派們提供了一個很有用的填空模版：

致尊敬的委員閣下……原北美C—省分居民A—B—的備忘錄……謙卑呈上……當內戰在上述C—省分爆發之時，本備忘錄提交人曾極力反對篡奪政府權力之人，因而被其監禁，時時面臨巨大的生命危險，直到從監獄中逃出，登上了國王陛下的戰艦D—號，該戰艦由E—F—閣下指揮，停靠在上述C—省分的G—港。[72]

諸如此類。在概要列出索賠人身為效忠派的經歷和苦難之後，索賠申請通常會繼續描述索賠人喪失的財產、收入和債務。（這本小冊子甚至還為效忠派提供了詳細表格，供效忠派參考關於逃亡奴隸所要求的賠償，那些奴隸都被英軍賦予了自由。）對每一個案例來說，至關重要的最後一步是要有證詞，包括可以擔保索賠人忠於國王的見證人之證詞，以及可以證明所喪失財產之價值的鄰居、商業合夥人或世交故友的證詞。

在林肯律師學院廣場的總部，五位賠償委員會成員要處理堆積成山的文件，肩扛著千斤重擔。就算對這幾位頗有經驗的行政管理人員，要篩選數千份個人自述也是一項重大挑戰，何況那些自述往往都是傳言多於鐵證。在開始聽證前，委員們在倫敦會見了效忠派的代理人，以便了解北美的物品的價值和售價。〇．四公頃的耕地在紐約的特賴恩縣、賓夕法尼亞的巴克斯縣或南卡羅萊納的九十六區各是多少錢？一七七八年紐澤西一蒲式耳的印第安玉米收成，或者一頭待宰的維吉尼亞肥豬，或者波士頓住宅裡的桃花心木家具，分別值多少錢？隨著調查的繼續，委員們意識到他們的某些問題根本無法在千里之外獲得確切答案，便委派了一個名叫約翰．安斯蒂的律師為代理人到美國現場調查。安斯蒂在美國花了近兩年，搜集了大量現場紀錄，並詢問了效忠派的鄰居、親戚和代理人。一七八五年，委員會的兩名成員還親自前往英屬北美，從定居在那裡的索賠人和證人處蒐集證據。[73]

委員會迅速發展成一個處理案件的官僚機構，並隨之擺出了一副官僚主義態度，威廉．史密斯前去呈送文件時就看出了這一點。他把「卷宗」交給祕書，後者隨即在史密斯的文件裡挑錯，「說應該符合官方印刷的說明。」史密斯本人作為一名卓越的律師，堅稱它符合說明，祕書聽後便「發脾氣說必須符合官方說明，還問我要不然官方發布說明幹什麼。我回答說毫無疑問是為了指導笨蛋」。又吵了幾句之後，祕書才意氣用事地接受了文件並對史密斯說很可能「兩年之內不予考慮」，就把他打發走了。[74]

索賠委員會的辦公室成了效忠派們進進出出的活動中心，有時是為了提交自己的案例，有時則是為了幫他人作證。路易士．約翰斯頓醫生來此為自己和兒子喪失的收入和財產當面作證；班傑明．懷特卡夫來此描述他在絞刑架上的瀕死經歷。[75]閱讀丹尼爾．派克．科克委員的筆記本，就像是閱讀一份效忠派名人錄，因為著名的效忠派支持者們都曾在委員會的桌前就坐：包括鄧莫爾勛爵和康沃利斯勛爵等官員；威廉．富蘭克林和約瑟．加洛韋等效忠派領袖；貝弗利．魯賓遜和紐澤西將軍科特蘭．斯金納等效忠派軍官。有一次，威廉．史密斯走進辦公室為一位紐約同鄉作證時，恰巧碰到亨利．克林頓爵士往外走，兩人站在那裡聊起了和平協定。（克林頓覺得「北美還是會屬於英國的。」）[76]好幾次，薩姆爾．休梅克與委員們會談了很久，「非常真誠地（提供）我的幾位同胞的情況。」[77]休梅克出席自己案件的聽證會那天，請約瑟．加洛韋擔任主要證人，還看到另一位朋友站在門廳裡，就請他進來提供了一些額外的資訊。[78]這些聽證會是索賠人向委員們陳述自己案情的最佳時機，他們總是盡量提供能夠蒐集到的全部證詞。一位效忠派「最全面地向委員們（解釋了）整個家族因忠誠而遭受的苦難，向他們展示我身上的傷疤，他們很滿意地回覆說，這樣的功勞自然不會得不到政府的補償。」[79]

休梅克也曾難過地發現有些熟人不誠實，誇大了自己的損失（他抱怨說「自從最近的騷亂開始以來，我們好像幾乎連誠實和德行也棄之不顧了」），但事實上只有少數幾份索賠被認定為故意欺詐。[80]另一方面，為證明案情所必需的證據，其認定的標準定得很高，凸顯出良好的社會關係和詳細檔案紀錄的重要性，實際上獲得賠償的難度極大。就算是對社會地位很高的索賠人來說，證明案情也並非易事。以撒．洛被告知他必須出具「我們的被沒收地產的實際銷售證明」，這些文件只能由他還在紐約的兄弟幫忙取得。[81]休梅克必須回來遞交「一份在賓夕法尼亞拖欠我債務的清單（我想它大概已經丟了），或者其他任何能夠支持我的損失陳述的旁證。」[82]在為貝弗利．魯賓遜和魯賓遜的姊夫羅傑．莫里斯作證時，威廉．史密斯被詳細詢問了莫里斯夫婦財產契約中有何條款之類的問題。[83]即使委員會提供了誘人的援助前景，它的運作結構倒使那些沒有受過教育的人、窮人和沒有社會關係的人被邊緣化了。

由於這些標準的存在，就不難理解為什麼大多數黑人索賠者只收到了微不足道的賠償金額，五英鎊、十英鎊、二十英鎊，還有些人什麼也沒得到。聽到一個名叫威廉・庫柏的人說他喪失的房子和土地共值五百英鎊，委員們的答覆不可謂不典型。他們因為他的索賠很難處理而拒收了，裁決「這裡陳述的事實很可能沒有一項是真實的；所有這些黑人都說他們生而自由，說他們擁有財產，這兩件事都不大可能；他提交上來的案情陳述，我們一個字也不相信。」[84]在好幾宗這類案件裡，委員會的裁決都隱含著這樣一個觀念，也就是黑人效忠派已經獲得了自由，不應再獲得任何額外回報了。僅約超過一半的黑人索賠者獲得了救濟款，通常還多虧了他們能從備受尊敬的指揮官那裡獲得證詞。只有一位黑人索賠者成功獲得了他所喪失財產的賠償。查爾斯頓的魚販西皮奧・漢德利講述了他如何因為當間諜（這是這些黑人的一個共同經歷，他們常常被派作送信人或線人）而被判處絞刑，僥倖逃生之後，又如何在戰爭中差點丟掉一條腿；他為自己的損失提交了書面證據，還帶來了一位可靠的證人。然而，儘管他受了那麼多苦，又那麼精心地準備了索賠資料，漢德利也只得到了總計二十英鎊的賠償。[85]

女性索賠者也往往被整個制度置於不利地位。她們之中很少有人擁有委員們所需要的法律文件，也很少有人能夠像她們的男性同胞那樣背出關於牲口、商品和土地價值的細節，但在細數家裡有多少東西時，她們通常要比男人們具體得多。[86]一位來自南卡羅萊納的簡・吉布斯曾經連續嫁給了不少於三個效忠派，她來到委員會面前，為她第二任丈夫的地產索要賠償。雖然有證人證明吉布斯已故的丈夫「是個了不起的效忠派」，他在自己的土地上被一百六十三個暴徒所殺害，但她卻無法向委員們充分證明他持有的地產及其被沒收的證據，因而她的大部分索賠申請都被駁回了。[87]一個名叫簡．斯坦豪斯的女人的索賠申請更難證明，這位出生於蘇格蘭的謙遜單身女子，除了在小學教師的收入外，還做些針線活貼補家用。由於為北卡羅萊納的效忠派士兵提供住處，斯坦豪斯不得不逃往紐約，也就喪失了自己那一點微薄的產業。在英格蘭這個「舉目無親的異國他鄉」，斯坦豪斯沒有證人，她的索賠也被拒了，「因為沒有財政部提供的參考資料」。[88]

就這樣，文書、質詢和裁決工作緩慢而磨人地進展著。一七八五年春，委員們準備宣布他們的第一批支付建議時，「這裡可憐的流亡者們還維持現狀，苦苦等待著自己的判決日，心中最多的是焦慮，其次是肯定，最後才是希望。對他們之中的許多人而言，一寒如此，真不知該如何度日。」[89]議會接受了委員會的報告，投票撥款十五萬英鎊支付已通過審查的索賠金額。效忠派急切地關注著結果。第一輪支付中最大的贏家是蘇珊娜．魯賓遜的哥哥弗雷德里克．菲力浦斯，他得到了近一萬七千英鎊。約瑟．加洛韋和科特蘭．斯金納兩人各得到了好幾千英鎊。和許多人一樣，以撒．洛聽到這些豐厚金額的消息時，也短暫地振奮了一陣，覺得這對他自己的未決案件來說是個好兆頭。但支付給他的兩個妹夫，休和亞歷山大．華萊士的金額卻又隱隱透著不吉的暗示：兩人都曾躋身戰前紐約城裡最成功的商人之列，加起來卻只得到了一千五百英鎊多的賠償。[90]「還真是幹得漂亮，」亞歷山大對紐約的尼古拉斯．洛憤怒地寫道。「我自己和家人來趟英格蘭的旅費，再加上我們為了證明我的損失而在倫敦居住的生活費，是這筆數額的兩倍……見鬼去吧，你們所有的人和你們那些通過法律剝奪了我們的財產的好人們！」[91]

四季緩慢地流過，賠償委員會審慎地討論它的建議，但在那些曾經安富尊榮的效忠派看來，所發放的賠償金額卻愈來愈令人失望。效忠派代理人旋即發出大家熟悉的抗議之聲：「根據英國憲法的基本法，」他們宣稱他們「不但有公正權利，而且有合法權利為他們失去的地產和財產獲得公正合理的賠償。」但他們卻沒有獲得合理的賠付，「簡直無法形容許多北美效忠派此刻的慘痛心情……〔自〕從許多人被剝奪了財產，與無助的家人一起從獨立的富裕生活淪為赤貧和匱乏，十年過去了；他們當中有些人此刻被關押在英國的拘留所裡憔悴凋萎……還有人已經在不幸的重壓下崩潰了。」[92]與此同時，一位紐約難民抱怨道，「這裡的北美人互相鼓勵，幫助彼此振奮起來，除此之外，他們無事可做。」[93]除了等待委員會更多的報告傳出來，並帶來更多的失望之外，他們的確無事可做。「如果你在大西洋的這一岸見到過一個人對他所獲得的賠償金感到滿意，我無話可說，」另一個住在倫敦的效忠派寫信給他在新不倫瑞克的兄弟；「賠償金少得可憐，很多人乾脆輕蔑地拒絕了，還有人帶著那點微薄的錢心碎而死。有些人因為絕望和失望而精神失常了，許多都是有聲望的好人，本該有權獲得五百到一千英磅的賠償，據說只得到了七英鎊十便士、八英鎊、九英鎊、十英鎊、十一英鎊、十二英鎊等等，最多也不過只有四十或五十英鎊。」[94]

這些悲嘆聽起來難免誇張，但它們卻準確地反映了以撒．洛和他的妹夫華萊士兄弟所經歷的現實。一七八五年，亞歷山大．華萊士和家人已在愛爾蘭的沃特福德安頓下來了：「我不能說像曾經喜歡紐約那般的喜歡這裡：但這個地方很合我的心意，我非常滿意和快樂。」[95]他的哥哥休與他們住在一起，熱切盼望著不久能夠得到賠償，回到紐約與心愛的妻子重聚。但亞歷山大對尼古拉斯．洛說，休「和你上次見到他時的樣子已經判若兩人了，不幸的遭遇讓他憂心忡忡。」[96]「沒有誰比他更可憐了，財產損失令他大受打擊，遠離妻子又讓他愁腸百轉。」[97]一七八六年夏，休．華萊士只拿到了三百英鎊的賠償，回紐約的希望也愈來愈渺茫，他的身體垮了。「他又經歷了一次疾病發作」（或許是一次小中風？）已經無法走路或騎馬了；不久，他每次從床上坐起身，連半個小時都堅持不了。[98]家人眼看著這個曾經健壯的人形銷骨立。一七八七年秋，休已經虛弱得需要「他的男僕攙著他的胳膊，像個孩子一樣從一個房間走到另一個房間。的確，他在任何方面都像個孩子一樣無助，記性也變得很差。」那年冬天他就去世了，他的損失沒有得到賠償，留下可憐的遺孀在大西洋的另一側傷心欲絕。[99]

回到莫特萊克，以撒．洛還在等待著自己的賠償金的消息。他聽說可能是一千七百英鎊，在任何人看來，那都是一筆豐厚的金額了（如果以購買力來說，價值大約相當於今天一百倍的金額），但和之前的補貼一樣，這遠遠低於他的期待。他先是絕望了，準備「確定自己變成了一個破產之人，」繼而又對他所遭遇的「明顯的不公正」充滿悲憤。[100]洛認為，他已經呈交了無可指摘的證據和證詞（的確，他的證據極其充分，以至於委員們覺得他的文件「太過冗長，不夠簡潔清晰」），對如此令人失望的結果，唯一的解釋就是想像有某個「潛伏的」敵人的幽靈在委員們的耳邊發出「惡毒的」耳語。[101]然而，洛有一個他無法抹去的汙點：「我從以前的審查中發現，我曾在委員會和美國國會任職之事成了一個巨大的絆腳石。」這位前美國國會議員在紐約被人譴責為效忠派，如今到了英國，卻又因為曾一度貌似愛國者而遭到歧視。[102]

洛竭盡全力抗議委員會的裁決：他請自己在紐約的兄弟「召集我所有的朋友，給安斯蒂先生的腦袋裡塞滿證據（就像他們在這個國家給火雞肚子裡塞滿醬汁那樣）來證明……在一切情形下，我所有的努力都是為了和解與維護和平……首先是為了避免兩個國家分裂。」[103]他最終還是極不情願地拿了自己的賠償金，順從了再也「呼吸不到故國香甜的空氣」的命運，在倫敦開始了新的職業生涯，他成了一個保險商。[104]在英國四年之後，至少「因為又可以掙錢養家了，還提醒自己能在這真正自由的土地上度過餘生，曾經縈繞在我心頭的陰鬱憂愁開始消散了。」[105]但「消沉」的黑色惡魔的確像影子般尾隨著他，洛再也無法真正安下心來，擺脫因匱乏而焦慮、因不公正而憂煩的狀態，而這份新職業的高風險又帶來了新的煩惱。焦慮最終損害了洛的健康。他被自己的損失所壓垮，在一次前往維特島療養期間去世了。小以撒在給紐約叔叔的信中寫道，「看到他一生奮鬥的所有成果，因為在大西洋兩岸經歷的殘酷待遇而付諸東流，這一切讓他焦慮憂煩，過早地逝去了。」這位曾在肯辛頓接受教育的年輕人用自己能幹的雙肩，擔起了父親未能了卻的遺憾。[106]

合計下來，英國政府總共支付給效忠派三百零三萬三千零九十一英鎊（相當於今天的三億英鎊）用於賠償共計一千零三十五萬八千四百一十三英鎊的索賠損失。有二千二百九十一位效忠派收到了對自己所喪失財產的賠償金；另有五百八十八人收到了政府補貼，算是彌補他們損失的收入。[107]數百位效忠派在索賠過程開始和結束時擁有的資源遠比以撒・洛少得多，能夠贏得救助的機率也比他小得多。然而，雖然那些不幸的索賠者只得到了一點點微薄的補償，失落感最重的卻是洛和他的同儕們。他們的不滿源於效忠派與宗主國對待此事的態度不同，委員會自始至終堅持著自己的態度。賠償金不夠，只不過重新揭開了他們身為難民的傷疤，加重了大多數難民身為英國異鄉人的疏離感。他們覺得獲得賠償是他們的權利，而最終得到的卻是一個自覺是家長制作風（且錙銖必較）的國家發放的慈善救濟。身體殘疾、雙目失明又精神失常的謝德拉克・弗曼，僅僅得到了每年十八英鎊的終身補貼，但他看起來多麼歡天喜地啊：或許這點錢就足夠了，他終於可以把自己的小提琴暫時收起來，遠離街市，靠在舒服的爐火邊吃一條新鮮的麵包。

一七八〇年代末，隨著賠償委員會的工作漸入尾聲，許多效忠派難民對英國徹底失望了。但他們大概沒有清楚地覺察到，自己所在的帝國中心已然經歷了「一七八三年精神」的改造。一七八八年六月，威廉・皮特首相在下議院起立，開始了關於清償最後一批未決的效忠派賠償的辯論。他面對的立法機構正在緊張地開會辯論，辯論的事務恰恰反映了後革命時代英國世界正在發生的變化。意義最為重大的議題是改革東印度公司，這個商業機構實質上已變形為對孟加拉實施行政管理的帝國。自美國革命以來，該公司的各項活動受到了愈來愈多的審查和議會監督。一七八八年三月，英國國會以各種「重罪和輕罪」審判孟加拉總督沃倫・赫斯廷斯，庭審場面極為壯觀，將監管工作推向了最高潮。數百旁觀者魚貫進入西敏宮大廳，觀看控方主力艾德蒙·伯克上演一齣扣人心弦的政治大戲。連續四天，伯克的演講細數了赫斯廷斯被指控的掠奪、腐敗、敲詐乃至更糟的罪行，觀眾們目瞪口呆。當他描述英國人被控折磨印度婦女時，所使用的語詞達到了「人類的語言或許從未實現過的驚人效果，不管對現實世界還是對想像世界：如此生動逼真、如此催人斷腸、如此駭人聽聞，」議員理查·謝里登的妻子因驚愕而昏了過去；伯克本人則因胃痙攣發作而不得不宣布當天休庭。[108] 幾天後，當謝里登宣布審判重新開始時，圍觀審判的票價據說已被炒到了每場五十基尼金幣。

彷彿赫斯廷斯的審判還不夠聳人聽聞似的，一七八八年五月，皮特又在英國國會引入了一個爭議性的話題，席捲了全國的教堂、咖啡館和客廳，所有人都對此事議論紛紛。數個世代以來，運送奴隸的船隻頻繁出入利物浦、布里斯托等英國港口，與非洲和南北美洲構成了奴隸三角貿易。英國公眾似乎對此安之若素。但從一七七〇年代開始，廢奴主義者開始描繪這些船上的生活條件有多惡劣，將奴隸貿易說成是一大國恥。戰後，彷彿成千上萬的人突然之間一起抬起頭來，對這個現象厭惡之至，異口同聲地高呼反對。請願書從英國的各個角落湧入議會，呼籲終止跨大西洋奴隸貿易。一七八八年，皮特獲得了議會的一致決議，在下一次開會時辯論這個問題，一七八九年四月，約克郡議員威廉·威爾伯福斯提出了英國歷史上第一個廢除奴隸制度的議案。[109]

這些事件看似互不相干，但赫斯廷斯的審判和廢奴主義的興起，與英國失去北美之間的密切關係，一點也不亞於效忠派的賠償問題。這兩項改革開始的時間都先於美國革命，但殖民地的喪失卻為它們注入了新的現實意義和倫理力量。兩百多萬美國白人離開了帝國，讓世人明白地看到，大英帝國是一個絕大多數人口並非白人的組織。東印度公司所統治的孟加拉等地，是帝國人口最稠密的地區，該公司本身是帝國最大的治理機構之一。由於大家對北美治理不善的往事仍記憶猶新，尤其是在伯克等「美國的朋友們」看來，改革印度政府，從而避免腐敗和濫用權力，變得比以往更迫在眉睫。與此同時，美國革命不但使得五十萬奴隸離開了大英帝國，還移除了一個重大的利益集團，也就是美國奴隸主階級。如此一來，廢奴主義者們就能在英國和美利堅合眾國之間做道德評判，前者在一七七二年的薩默塞特案*之後，即判定擁有奴隸為不可執行之非法行為，而後者的奴隸制仍受憲法保護。總之，這些事件詮釋了「一七八三年精神」的家長制推動力，旨在把帝國建成一個更加中央集權的政府，並清晰地闡釋了自由和道德使命的理想。[110]

到一七八八年，美國革命對大英帝國的變革性影響還體現在第三個面向，反映了「一七八三年精神」的最後一個元素。這個面向可以從帝國版圖上尋到蹤跡。因為就在英國賠償效忠派損失的同時，它也開始擴張新的領土，補償自己喪失了十三殖民地的損失。而當成千上萬的效忠派難民在大西洋沿岸建立新的殖民地時，身在英國的一位效忠派，卻協助開啟了或許是這個時期影響最為深遠的殖民計畫，把目光投向了地球的另一側。

紐約出生的詹姆斯．馬里奧．馬特拉可以說是那個年代最見多識廣的北美人。身為皇家海軍的一位健壯的海員，馬特拉曾在一七六八年至一七七一年期間隨詹姆斯．庫克船長在奮進號上環球航行，那是一次開拓性的「發現」之旅，如今被公認為啟動了英國在太平洋上的帝國擴張。但迄今，英國還沒有對庫克發現的最有前途的殖民領地，澳大利亞採取拓殖行動。「我們幾乎普遍擁有強烈的故土難離之情，」馬特拉意識到，「任何國家都很少有人會想在世界的任何陌生地方居住，不管是出於蠢蠢欲動的心，還是出於浪漫主義的想像。」[111]但當他看到自己的效忠派北美同胞變成了難民，馬特拉發現了一個一石二鳥的機會。他指出，既然這麼多流亡者渴望新的家園，何不把他們安置在澳大利亞東岸的新南威爾斯呢？新南威爾斯氣候溫和、人口稀少，簡直就是北美在南半球的倒影。而且北美難民一定是最理想的殖民者。他們已經離鄉背井，又證明了自己對帝國的忠誠，在很多方面，又對建立殖民地所需的勞作非常熟悉。馬特拉向英國大臣們保證說，「最聰明、最正直的北美人……都認為在國王的庇護下，在政府的保護下，那裡有迄今最有利的前景，可供他們受苦受難的同胞和同鄉重置家業、幸福安康。」[112]

當局所謂的「馬特拉計畫」成為英國在澳大利亞殖民的模版，雖然這樣，但他的計畫卻轉向了。革命之前，英國一直把犯人運到北美殖民地當成是契約勞工，但如今美國獨立了，這個做法也就不可能繼續。官員們急需一個新的出口，來騰空英國那些人滿為患的監獄。馬特拉意識到這是個更好的機遇，就立即修改了自己那個在澳大利亞建立效忠派「避難所」的計畫，提議將新南威爾斯開發為監禁地。於是，澳大利亞最終沒有成為效忠派的天堂，不過一七八七年駛往植物灣

---

*薩默塞特案（Somerset Case）是指一七七二年由皇座法庭裁決的薩默塞特對斯圖爾特案，法庭最終裁決奴役制度不符合英格蘭和威爾士的普通法，不過在大英帝國的其他地方，它的合法性仍有待確定。

的第一支艦隊中，除犯人外，也帶著七位不幸的黑人效忠派。[113]然而一七八八年春，當犯人們在雪梨灣上砍伐橡膠樹和香桉樹，用於搭建自己的帳篷時，所行之事與從聖約翰河岸到獅子山河口的效忠派難民並沒有什麼差別，只不過地點不同，情境不一。

因此，到一七八八年六月議會針對未決的效忠派賠償展開辯論時，「一七八三年精神」顯然已成為難民世界的標誌。短短五年前，在為和平條約辯論時，議員們還在為帝國的分裂、英國國際地位的下降和國家榮譽受損而絕望不已。如今救濟工作已向世人展示了英國的人道主義關懷，而行政改革也力求消除從印度到愛爾蘭等各個殖民地的不滿情緒。在地理版圖上，英國已擴張為橫跨太平洋和大西洋的帝國。而若說一七八三年「拋棄」效忠派的行為，看似當時英屬北美一切不智之舉的縮影，那麼一七八八年，英國對待效忠派的態度，就是這個重獲生機的帝國一切德行的典範。在總結效忠派賠償委員會的工作時，艾德蒙·伯克提醒同事們說，「從嚴格的權利意義上，效忠派無權對議會索賠」；但「議會出於榮譽和公正感而把他們的索賠納入議題。」賠償效忠派給了「這個國家最大的光榮……是彰顯國家慷慨大度的新的崇高範例。」[114]

我們應該注意的是，伯克使用了「新的」這個形容詞。美國革命已經清楚表明，海外臣民，即使是白人臣民，也不一定會像北美殖民者曾一度希望的那樣，被認定為帝國首都臣民的外沿（雖然這並未阻止海外臣民追求增加權利和代表性）。他們所得到的，就包含在伯克提到的「國家慷慨」的概念中，這個短語觸及的，是後革命時期這個帝國的基本精神氣質。英國官員們有自覺地向海外臣民宣傳自己的道德責任。根據這個邏輯，無論你的皮膚是白是黑，身披莎麗還是腳穿莫卡辛*，跪在清真寺禮拜還是領取天主教聖餐，都會擁有帝國的保護和負責任的政府。正如效忠派所看到的，你甚至可以贏得自由和財務補助。難民們之所以能為自己的損失獲得賠償，其原因也同樣解釋了為什麼有些政治家希望保護孟加拉臣民免受貪婪總督的欺壓，以及為什麼廢奴主義者希望制止非洲奴隸們死在英國的船隻上。「不管眾人對這場不幸的戰爭有何評價，不管是為了解釋、為了辯解或是任何一國為自己的行為道歉，」賠償委員會成員約翰．厄德利．威爾莫特在幾十年後滿意地寫道，「全世界一致為大不列顛的公正和人道行為叫好……它以慷慨之姿，補償了那些因為堅定忠誠地追隨帝國而遭受苦難之人的損失。」[115]效忠派的存在本是在提醒世人帝國的失敗，但多虧了效忠派賠償委員會，它變成了驕傲的資本，變成了英國人慷慨豐厚的證明。效忠派賠償委員會沒有真正的先例可循，但它本身卻在之後數千難民因法國革命而湧入英國尋求庇護之時，成了一個有意義的示範。威爾莫特參與建立了一個流亡者救濟委員會，該委員會的許多成員都曾參與過救助北美效忠派的工作。[116]

辯論結束，起草支付計畫，效忠派賠償委員會於一七八九年向英國國會提交了它的第十二份、也是最後一份報告，財政部也及時支付了最後一筆款項。不管效忠派難民們得到了多少錢，賠償過程終結本身，就標誌著一個漫長的歷程終於到了盡頭。對於最幸運的少數人而言，豐厚的

---

*莎麗（saree）是印度女人披在身上的卷布；莫卡辛（moccasin）是用軟皮製成，前有一圈較大針腳的平底便鞋，原為美洲原住民所穿。

賠償金意味著他們能繼續在英國過上相對舒適的生活。然而，即使是收到了二萬五千英鎊的巨額，那是最大的幾筆賠償金額之一，貝弗利·魯賓遜也對自己的裁決結果頗為失望。[117]決議「似乎讓他的精神受到了很大的影響，願上帝保佑他的健康別再受損，」他的幼子威廉寫道。因為年事已高，即使還有職位空缺，魯賓遜也無法在軍隊或政府機關任職了，只能寄望於「或許通過不間斷的申請和殷勤奉承，他能再得到一點額外的津貼。」[118]對於魯賓遜和他的朋友們這樣家境優越的效忠派來說，孩子們的成功才是最好的補償。他的長子小貝弗利正躋身成為英屬北美菁英階層的中流砥柱。另外三個兒子也都在生意場或軍隊管理層中得到了妥善安置。菲爾·魯賓遜雖因缺錢而沒能實現去德國學習的抱負，但也持續在英國軍隊中快馬加鞭地升職加薪。[119]不過跟教子有方的貝弗利·魯賓遜相比，另一位難民威廉·富蘭克林卻滿心失落。一七九二年與獨子坦普爾重聚之後，已長居倫敦的富蘭克林並沒有感受到多少愉悅。年輕人很長時間都是由班傑明·富蘭克林撫養的，與威廉形同陌路，又不思進取、放浪形骸。父親和兒子變得幾乎跟曾經的威廉和班傑明一樣疏遠。相反，威廉倒是把坦普爾的私生女當作自己的孩子撫養，才總算享受到一點天倫之樂。[120]

對英國的許多其他效忠派而言（雖然歷史紀錄不夠詳細，無法進行精確估計），賠償金幫助他們開啟了新的旅程。有些人回頭望向大西洋彼岸，在那裡尋找新的機會。一七八六年，蓋伊·卡爾頓爵士被任命為加拿大總督，威廉·史密斯跟隨自己的保護人一起去了魁北克，成為那裡的首席大法官。查爾斯·英格利斯牧師多年的遊說總算有了成果，於一七八七年被任命為新斯科舍的首位主教。數百個地位卑微的難民也啟程前往英屬北美，加入了同樣來自十三殖民地的朋友和前鄰居們，成為農場主、商人和律師。貝內迪克特．阿諾德也加入了反向的遷徙潮，放棄了在英國昂貴的生活，希望在新不倫瑞克的聖約翰經商營利。[121]還有包括薩姆爾．休梅克在內的少數效忠派，結束了在英國的「故國」生活，回到了他們逃離的「家鄉」。雖然美國共和國早期局勢混亂，時有不愉快的報導傳來，還總是擔心是否會對他們採取懲罰措施，但他們還是甘冒風險，奔向了美國。

要深入了解在英國的中產階級難民如何抉擇，約翰斯頓一家的經歷為我們提供了極佳視點。自一七八四年離開東佛羅里達後，他們一直住在愛丁堡，威廉在那裡完成了醫學學業，伊莉莎白也很享受兩人終於拼拼湊湊地建起了自己的小家。一七八五年春，她誕下了另一個「漂亮的小男孩」，那時威廉去了倫敦，「想規畫一下他最終應該在哪裡執業。」他或許根本沒見到初生的幼子，因為僅僅三個月後，嬰兒就死於鵝口瘡，伊莉莎白安慰自己說，上帝帶他「離開了這個充滿罪惡和傷痛的世界。」四年來，她在四個不同的城市誕下了四個孩子，現在卻要在蘇格蘭的陌生土地上豎起第一塊墓碑。後來威廉的培訓結束了，他們也得到了賠償金（兩人的父親各得到了一千英鎊），約翰斯頓一家開始考量他們未來的新選項。[122]沒有錢，也沒有現成的職位，他們不大可能在英國過上舒適的生活。威廉．約翰斯頓去他的保護人那裡尋求幫助。其中，威廉在薩凡納占領期間的指揮官阿奇博爾德．坎貝爾給了一個「不錯的建議」。[123]坎貝爾剛剛被任命為馬德拉斯總督：威廉願意和他一起前往印度嗎？這是個誘人的建議。對於經濟拮据又心懷抱負的英國人來說，駛向印度往往意味著一件事：有機會在海外過上富裕的生活，到退休時積累一大筆財富。因此，在東印度公司服務的機會非常搶手，效忠派如能得到這樣的機會，也是個很有吸引力的選項。然而他們也極有可能再也無法歸鄉，因為印度「白人墳墓」的名聲可是震懾八方。

約翰斯頓的另一位戰時保護人，前薩凡納指揮官阿留雷德·克拉克給了他另一個同樣誘人的選項。克拉克正準備出發前往牙買加擔任那裡的新總督。威廉願意在那裡執業嗎？[124]牙買加也一樣疾病橫行，而且可抵銷風險的巨額財富傳說也比較少。不過另一方面，約翰斯頓家人對那裡大概要比對印度熟悉得多。那裡基於奴隸勞動的農園社會與他們離開的喬治亞很像，跟美國南方有著相似的文化和社會紐帶。威廉·約翰斯頓自己的父母就是在聖基茨島上相遇和結婚的。

那麼他們會選擇哪裡，東印度還是西印度？在這個全球帝國當中，約翰斯頓一家可在兩個獨特的機會領域之間做出選擇。一七八六年十月，伊莉莎白來到了蘇格蘭的格里諾克港，也就是她兩年多以前登陸的那個港口，開啟了另一段通往未知的航程。離開愛丁堡讓她非常傷心，那裡的「居民非常和善溫柔」；長子安德魯要留下來，在爺爺約翰斯頓醫生的照顧下接受良好的蘇格蘭教育，一定讓她更加依依不捨。但這次遠行是他們走向自立的重要一步。約翰斯頓夫婦不再因戰亂而被迫遷徙，也不再依靠威廉的父親，而是從此守在一起，總算要安定下來了。那天伊莉莎白帶著兩個孩子凱薩琳和路易士一起上船，尤其對即將與威廉團聚充滿期待。威廉已先走一步，又留她一人品嘗那熟悉的「再也不會見面」的恐懼。[125]然而在這湛藍色大西洋的另一側，在牙買加的西班牙鎮上那座裝有白色百葉窗的總督府裡，威廉正在翹首盼望著他們的到來。[126]

第五章　荒野世界

里昂號從格雷夫森德出發，在波濤洶湧的大西洋上左搖右擺，剛躲過一個大浪，又被扔進了另一個巨浪的漩渦。紐約三一教堂的前牧師查爾斯·英格利斯用那雙深陷的雙眼盯著這「猛烈的風暴」，他的雙頰因疲憊而深凹，一面緊緊地摟住自己的孩子佩吉和傑克，一面緊握雙手，祈禱他們能平安抵達。在經歷了六星期與四千八百公里後，才終於在地平線上看到了一條紫色的陸地，新斯科舍海岸線上的海灣和岬角出現在視野中：與英國海岸那開闊和緩的丘陵和岩塊剝落的懸崖全然不同，令人生畏。一七八七年十月，英格利斯駛入了哈利法克斯，獻上「對全能的上帝的讚美，感謝祂帶我平安到達棲居地」，這與另一位效忠派神職人員雅各·貝利八年前使用的語詞大致相同。[1]

英格利斯從英格蘭到新斯科舍這趟旅程，既艱險又迂迴。他一開始就沒有想去英國。雖然他和妻子都被紐約州剝奪了公民權和財產權，但一七八三年春，當和平條約的消息傳到紐約時，英格利斯還在設法使紐約州撤銷針對他的家庭所作的裁決，以便他們繼續安全地留在那裡。但紐約州議會駁回了他的請求：英格利斯畢竟是整個戰爭期間，態度最堅決也最坦率的紐約效忠派之

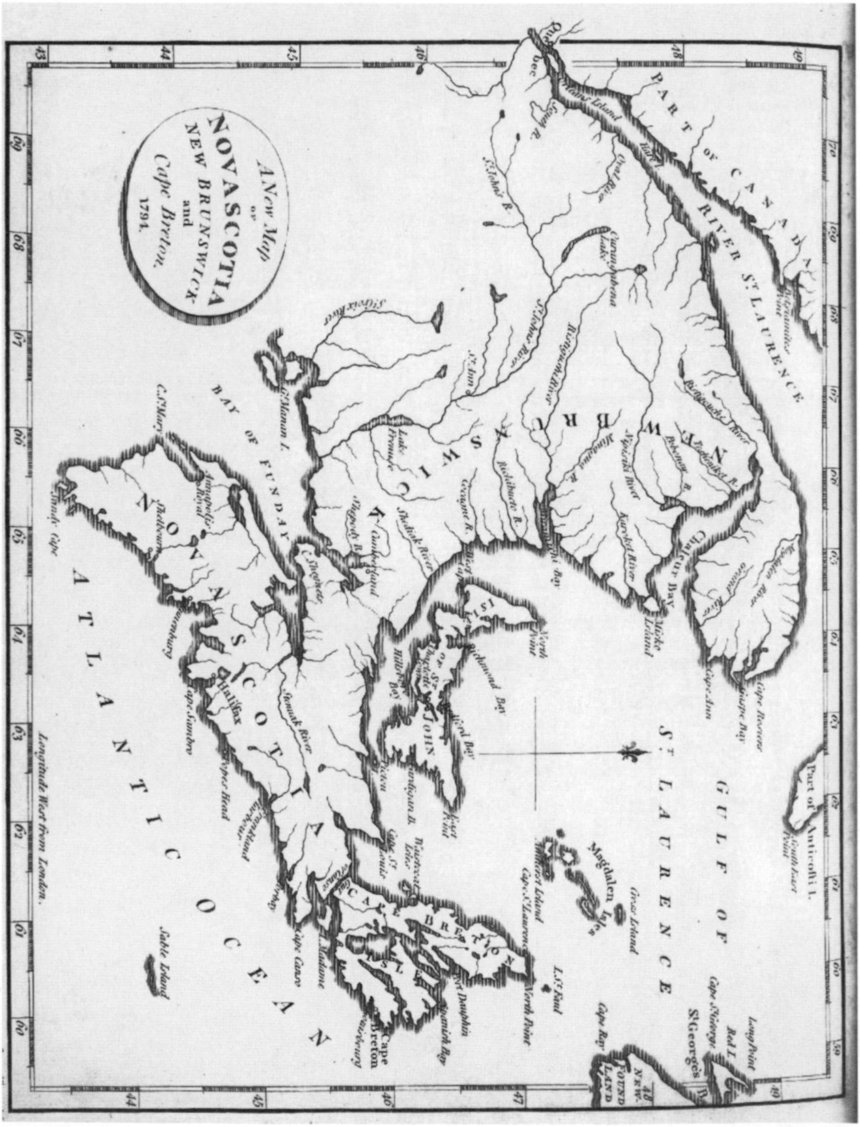

傑迪代亞・莫爾斯，《新斯科舍、新不倫瑞克和布雷頓角的新地圖》，一七九四年。

一。事實上，被逐出紐約之後，英格利斯便計畫前往新斯科舍，希望成為英國聖公會差會*的傳教士。除他之外，還有五十四位傑出的效忠派市民也「渴望繼續享受英國憲法的福利」，他們聯名請願，懇求蓋伊．卡爾頓爵士像對待退伍軍官一樣，慷慨地在新斯科舍分贈土地給他們（每人二千公頃）（這份文件，即所謂的「五十五人請願書」，引起了下層效忠派的抗議，認為菁英人士傲慢地覺得自己理所當然擁有特權）。[2]他收拾了自己的書籍和家具，把它們連同傭人一起運去安納波利斯羅亞爾，準備隨後就出發前往。但就在那時，英國占領最後幾周期間，紐約兵荒馬亂，英格利斯的計畫也是一波三折。他的妻子瑪格麗特因久治不癒的怪病已臥床數月了，八月的日子一天比一天難熬，她還輾轉病榻時，他們的三個孩子突然全都染上了在當時會致命的痲疹。英格利斯可能要面對家人全部喪生的可怕悲劇。更糟的是，二十年前他曾有過一模一樣的經歷，第一任妻子死於生產，緊接著他們的雙胞胎孩子也隨她而去。這一次，幸虧孩子們恢復了，但飽受病痛的瑪格麗特仍在那年的最後一個夏日撒手人寰。[3]

---

*英國聖公會差會（Society for the Propagation of the Gospel）原名為“Society for the Propagation of the Gospel in Foreign Parts”，直譯為「海外福音傳道會」，是英王威廉三世下令於一七〇一年成立的聖公宗傳教機構，旨在派遣牧師和教師到美洲向殖民地居民提供教會服務。一七〇二年第一批傳教士開始在北美洲工作，一七〇三年進入西印度群島，逐漸也擴展到「奴隸和印第安人」。美國革命時期，英國聖公會差會在北美有三百名傳教士，很快又擴展到澳大利亞、紐西蘭和西非。英國聖公會差會對美國聖公會的形成有重要影響。

到這時，英格利斯唯一能找到離開紐約的船隻已經不再駛向新斯科舍，而是開往英格蘭。他還沉浸在喪妻之痛中，便匆匆重新安排計畫，提前把一個女兒送到了英格蘭，另一個女兒因尚未病癒無法長途旅行，只好和她的奶奶一起留在紐約。一七八三年十月二十一日，他登上了聖喬治教堂的小講壇，做離開紐約前的最後一次布道。「最後，別了，我的弟兄們，」那天的布道詞是他精心挑選的：「要完美；要安適；要團結一心；要和睦相處；願仁愛和平的上帝與你們同在。」幾天後，他和六歲的兒子一起登上了前往英國的船隻。[4]

許多紐約的朋友也都去了英國，包括魯賓遜家、洛家和威廉·富蘭克林，因此英格利斯的流亡生活絕不孤單。和朋友們一樣，他也利用遷居英國的機會把孩子們送到好學校裡讀書，在自己前程未卜時，為孩子的未來則不計代價。因為有卡爾頓和威廉·史密斯為他作證，英格利斯在自己的效忠派賠償申請被正式審議之前，從財政部得到了一份一百七十五英鎊的撫恤金。但即使有這筆撫恤金在手，在倫敦的生活又談何容易。孩子們又病了，他自己也病了近一年，身體十分虛弱。但他克服了重重困難，堅持不懈地追求他的新目標：在人口愈來愈多的新斯科舍省建立一個主教職位，並獲得任命。在英國，他與坎特伯里大主教等人召開過無數次會議，耐心地為自己的計畫爭取支持。經過兩年多的敦促，英格利斯堅稱「鑑於殖民地的事態發展，需要立即派去一名主教，」並懇求說，「如果我不能得到任命，希望能儘早告知，因為我有家人（兩個孩子）要搬遷，我自己離開倫敦前也有諸多事情需要安排，無論是因為我的健康還是其他原因，這些都是絕對必要的。」[5]他足足等了四年，樞密院才批准了該主教職位。最後，一七八七年夏天的一個周日，英格利斯在蘭柏宮*接受祝聖，成為新斯科舍主教，也是大英帝國首次為殖民地設立的主教，一切艱苦努力總算以圓滿成功告終。兩周後，英格利斯一家人登上了重返北美的船隻。[6]

對於英格利斯這家人來說，前往哈利法克斯並不是真正意義上的歸鄉，但已經算是流亡生活中最好的結果了。他們很快就受到新朋友與老朋友的歡迎。主教和孩子們下了船就徑直坐上了總督本人的馬車，帶他們穿過那些陌生的街巷，來到一位老友家中。英格利斯與帕爾總督共進晚餐，接待效忠派熟人朋友的拜訪，並立即寫信給他在安納波利斯羅亞爾的朋友，要回他四年前從紐約寄到那裡的「我的僕人和家具」。[7]他尤其激動的是，哈利法克斯迎來了一位尊貴的訪客，國王陛下的三子威廉·亨利王子（未來的國王威廉四世），他也有機會再次見到這位舊識。一七八三年，當這位不滿二十歲的少年王子，同時也是皇家海軍的軍官候補生，乘船來到曼哈頓時，紐約效忠派對他崇拜得五體投地。這次，王子剛與霍拉肖·納爾遜一起在加勒比地區結束服役，來到哈利法克斯時已是一位經驗豐富的中尉，同樣讓當地的效忠派菁英們頂禮膜拜。英格利斯主教再次巴結奉承「俊朗斯文、友善活潑的」王子，在一次很長時間的私人交談中，「向他表明自己對國王陛下神聖的忠誠和喜愛。我熱愛那個人，同時也尊敬那位君柱〔原文如此〕——獲此任命讓我最為高興的，莫過於如此一來，我便能竭盡全力，將忠君保皇的原則流傳得更遠更廣。」[8]

---

*蘭柏宮（Lambeth Palace）是英格蘭聖公會領袖坎特伯里大主教在倫敦的官方住所，位於泰晤士河南岸的倫敦蘭柏區（London Borough of Lambeth）。

新主教一上任，就開始擴大英國國教在該省的影響。一七八八年夏，他啟程巡察自己的新轄區。他先去了哈利法克斯東北部六十四公里外的溫莎，在那裡物色適合興建立新教堂和學校的土地。然後他又穿越半島，來到了安納波利斯羅亞爾附近的康沃利斯，那裡的居民大多不信奉英國國教，因此教堂還沒有站穩腳跟。安納波利斯羅亞爾是歐洲人在新斯科舍最早建立的城鎮，也是效忠派最大的定居點之一，但英格利斯發現即使在這裡，「施行堅振禮的準備工作也還不夠完善……教堂規模較小，是由居民們建造的，剛剛完工，還沒有建造祭壇、長椅和講道壇。」他與雅各·貝利暢聊了一會，後者自一七八二年起便在安納波利斯當牧師了。雖然在主教任命的過程中，貝利曾支持過他的競爭對手，但英格利斯覺得此人「看上去溫順無害」，便決定不再因他過去的判斷失誤而責備他了。至少在安納波利斯，英格利斯放心地看到那裡的「居民似乎是我迄今在本省看到的最體面、最虔誠的。他們行聖禮的做法很標準。唱得也很好。」[9]

沼澤地上零星散布著小小的村落，這樣的景觀大概更像英格利斯的出生地愛爾蘭，而不像他成年後居住的紐約城。但他雖然對這裡的環境十分陌生，卻看到了很多熟悉的面孔。在安納波利斯城外幾公里處，英格利斯專門去拜訪了科妮莉亞·德朗西，她是小貝弗利·魯賓遜的妻子安的姊姊。德朗西夫人甫離世的虔誠母親，曾是英格利斯在紐約時最親密的友人之一。母喪讓德朗西十分悲痛（或許她自己那樁眾所周知的不幸婚姻也讓她積累了很久的壓抑情緒），看到從前的牧師讓她喜出望外，以至於「一看到我，（她的）淚水就奪眶而出。」兩人聊起他們離開紐約之後分別去了哪裡，未來還將往哪裡去；而德朗西的丈夫剛剛被任命為巴哈馬群島的首席法官。[10]第二天，英格利斯乘船沿著安納波利斯海灣來到了迪格比，這座小城坐落在這個波光粼粼海灣的南部弧線上。在那裡，他「受到了當地居民最為熱情的接待，他們都是效忠派。許多人以前曾是我的教會成員，似乎在爭相表達對我的喜愛和尊敬之情，」不過他失望地注意到，「他們很窮，我擔心這種情況還會繼續，除非他們能分散，在各自的農莊上安頓下來。」[11]

芬迪灣對岸就是剛剛成立的新不倫瑞克省，那裡壯麗的風光與此岸形成了鮮明的對比。英格利斯航行進入了聖約翰城，這是一座山勢崎嶇的小鎮，港口有繁忙的碼頭，山脊上還蓋有漂亮的房子。想想看，這些全都是嶄新的！「不到五年前，這裡還是一片森林呢，」英格利斯驚嘆道；而現在這裡有「逾一千座房子……簡直就是天道酬勤的極佳典範。」聖約翰的人口幾乎全都是效忠派，主要經濟支柱也是跨大西洋貿易，看上去就像小一號的紐約，彷彿是把紐約往北方平移。英格利斯再次拜訪了很多「我的舊識……和迪格比一樣，教眾主要是效忠派，其中許多都是我以前的教區居民。」[12]

主教繼續沿著蜿蜒的聖約翰河向上游駛去，到達了他此次巡察的最後一站，新不倫瑞克首府弗雷德里克頓。夏末的金色陽光為那些黃澄澄的樹木罩上一層光環，寧靜的河水溫柔地流過兵營方陣，這正是尋訪此地的最佳季節。作為湯瑪斯．卡爾頓總督（蓋伊爵士的弟弟）的貴賓，英格利斯享受到了這座小省府所能提供的最美體驗，在河邊優閒地散步，與當地菁英親切地共進晚餐。一天，英格利斯過河來到弗雷德里克頓對岸的納什瓦克西斯，去拜訪「我的舊識、老朋友」安．魯賓遜。她和小貝弗利一年前剛從新斯科舍搬到弗雷德里克頓，在一個很講究的大莊園裡安了家，英格利斯曾在紐約主持過兩人的婚禮。安剛剛誕下這對夫婦的第七個孩子，因為她身體尚且虛弱，貝弗利向她隱瞞了她母親的死訊。但也難說，或許從這位她信賴和倚靠的牧師得知這個消息，反而能緩和這個噩耗的打擊。英格利斯離開這座大英帝國的最新首府時，對它的潛力充滿信心：「大家全都在忙，每個人都想幹好自己的農活，建好自己的農場。」

英格利斯主教在一七八八年夏季巡察期間所見到的，是個幾乎一夜之間拔地而起的殖民地社會。僅僅十八個月，就有三萬個效忠派難民帶著一千二百個奴隸湧入這些省分。正如他這一路所見，他們的工作離完成還很遠：教堂還未完工，學校尚未建起，農田也才剛開墾。但英格利斯尋訪的許多定居地，在五年前還是原始森林；其他地方也因效忠派大遷徙而在人口構成上發生了巨大變化。來自新英格蘭和紐約的生意夥伴在哈利法克斯、謝爾本和聖約翰重新建立起自己的公司。被解散軍團的老兵們把刀劍換成了鐵鍬，在鄰近的贈地上安頓下來，與戰友為鄰。英格利斯先前在紐約的教區居民，如今在新斯科舍和新不倫瑞克共同祈禱，整個社區仍然保持著信仰，而在白人定居區的邊緣，黑人效忠派也同樣在自己的村莊中保持著信仰，不過英格利斯或許對此並不知情。

效忠派難民在英屬北美諸省徹底改變了當地的環境，帶來了持久深遠的影響，是其他地方無可比擬的。後來的歷史學家逐漸認為，他們簡直就是英屬加拿大的「開國元勛」。之所以有這種說法，在很大程度上是因為他們對政界和政府發揮了很大的影響。他們在這些領域的影響，早在一七八四年便顯而易見：英國當局看到大批移民遷入，就把新斯科舍一分為二，設立了新不倫瑞克省。新不倫瑞克的白人人口中絕大多數是難民，這裡幾乎是效忠派自己所建立的省分；效忠派菁英則認為，這是他們塑造自己的帝國國家形象、以回應美利堅合眾國的良機。與此同時，莫霍克族難民也在伊利湖和安大略湖周圍建起了一個新的定居點，約瑟·布蘭特試圖在那裡建立一個介於共和制美國和大英帝國之間的印第安自治領。在芬迪灣以西的殖民競技場上，難民們合力建起了一個忠於君主制的北美，可以說與他們逃離的共和制北美分庭抗禮。

但如果你像英格利斯那樣，在一七八〇年代的加拿大諸省尋訪一圈，你也會發現這片土地本身也發生了巨大的變化。這種變化在新斯科舍最為明顯，那是迄今為止接收難民最多的省分。特別是位於羅斯韋港的效忠派社區，由白人城鎮謝爾本與鄰近的黑人村莊伯奇敦組成，成為大出走時期異軍突起的城市，幾乎是在一夜之間拔地而起。效忠派難民如何把荒野變成了一個新世界？就其對新斯科舍的人文和自然景觀的影響而言，效忠派的湧入與北美其他地區的白人擴張，乃至同時代在澳大利亞的殖民歷程別無二致。[13] 然而，這又不僅僅是一項新的殖民事業。它還是一次重大的難民危機，給政府帶來極大的挑戰，也使得殖民者與當局的緊張關係雪上加霜。如果從英國早期殖民新斯科舍的脈絡來看，難民的影響尤其顯著。因為該省在一個世代前才剛被英國的一項帝國計畫改變了面貌，那可不是個什麼殖民計畫，而是驅逐舊主，取而代之。

舊日的歐洲地圖把這片土地稱為「阿卡迪亞」*，因為把這片海岸繪製成地圖的首批探險家們，看到它那高聳的松林和碧綠的沼澤，認為人類的田園夢想可以在這裡實現。純屬巧合，不過也巧得恰如其分，當地的米克馬克印第安人也用「*akadie*」這個字尾表示「豐饒之地」，因此起初在這裡定居的法國人就很容易把「阿卡迪亞」誤讀為簡化的「拉卡迪」（*l'Acadie*）。他們計畫把北美的這個角落變成新世界的世外桃源。[14]

十七世紀初，法國殖民者在安納波利斯海灣那波平浪靜的海岸上，建起了一個名叫羅耶爾港的聚居地，正對著芬迪灣海岸線的缺口。他們開溝排水，修建堤壩，把沼澤地變成農田和果園，保護莊稼免受來自海灣的五公尺大浪的襲擊。為了讓殖民地免受海上任何侵襲，他們還建起了一座石頭要塞，用星形土壘包圍起來。他們的村莊很不起眼，若單看它們數目稀少、環境單一，很容易就會忽略那裡蘊藏的財富。在北大西洋波光粼粼的水面下，是數百萬條銀色的鱈魚。大家把這看似數之不盡的魚群從海上拖回來，開膛破肚，晒乾，塞進鹽桶中醃漬，運往歐洲和西印度群島，餵養那裡正快速增加的奴隸人口。這片陸地也同樣是個寶藏，森林裡有成群的動物在奔跑。印第安人帶來成捆的光滑河狸皮和其他毛皮，與歐洲人交換水壺和短斧、縫針和小刀。

麻塞諸塞那些數量眾多且野心勃勃的殖民者，很快就注意到了這個資源豐富、海岸線漫長的法屬殖民地阿卡迪亞，從麻塞諸塞向北航行，短短幾天就能到達這裡了。在英國和法國這兩個歐洲國家開戰期間，新英格蘭冒險家們趁火打劫，在十五年間兩度占領羅耶爾港，將它（以安妮女王之名）改名為安納波利斯羅亞爾。根據一七一三年的《烏德勒支和約》[†]，英國正式從法國人那裡贏得了阿卡迪亞大部分領土的所有權。這片崎嶇多岩的地帶在英國人眼裡，與其說是一片世外桃源，不如說更像蘇格蘭：在英國人的地圖上它被命名為新斯科舍，與北邊的新英格蘭為鄰，也算恰如其分。正如漢諾威王室治下的英國居民，為與傾向於詹姆斯黨人的蘇格蘭結盟而擔憂，十八世紀來到新斯科舍的殖民者，也不得不與那些對王室懷有二心的白人們和平相處。[15]

在歐洲乃至帝國政治中，考量到信奉新教的英國與信奉天主教的法國之間明顯的矛盾，新斯科舍這些講英語的新統治者與法裔阿卡迪亞臣民之間關係緊張，也是意料之中的事。面對來自英法兩方面的壓力，阿卡迪亞人堅持中立態度，承認英國政府的權威，但拒絕宣誓永久效忠英王。然而，歐洲帝國競爭如此激烈，他們可不覺得中立有什麼價值。阿卡迪亞始終是法國殖民野心的一個焦點。與此同時，在英國人和新英格蘭人看來，新斯科舍看似是他們大西洋東部沿海殖民地的自然延伸。他們希望把它變成一座北方燈塔，為來自英倫三島乃至更遠地方的清教徒移民指引

---

*阿卡迪亞（Arcadia），原指一種田園牧歌、天人合一的幻想世界，這個詞起源於古代希臘的一個同名省，該省地形多山，人口稀少且以牧民為主，Arcadia一詞後來發展為詩意詞彙，意指在未經汙染的自然世界中安逸優閒的牧歌生活。

†《烏德勒支和約》（*Peace of Utrecht*）是一七一三年四月至五月由歐洲多國於荷蘭烏德勒支簽署的和約，旨在結束西班牙王位繼承戰爭。該和約不是單一的檔案，而是一系列和平條約的總稱。簽約國包括西班牙帝國、大不列顛王國、法蘭西王國、葡萄牙王國、薩伏依公國與荷蘭共和國；和約簽署人一方為路易十四與其孫腓力的代表，另一方為英國女王安妮、薩伏依公爵維托裡奧·阿梅迪奧二世，葡萄牙國王約翰五世與荷蘭共和國的代表。該系列和約的簽訂標誌著法王路易十四稱霸歐洲的野心落空，在此基礎上維持了整個歐洲的權力平衡。

方向。這樣的殖民過程自然會犧牲原住民的利益，整個北美的殖民過程無一例外。[16]但它的支持者將整個殖民計畫包裝成是講英語的新教徒為了統治阿卡迪亞而自動自發的努力。

一七四九年七月某一天，新上任的新斯科舍總督愛德華．康沃利斯上校（查爾斯．康沃利斯勛爵的叔叔），乘坐一艘單桅戰船繞過奇布托岬在新斯科舍東岸登陸，身後跟著十三艘運輸船，載著逾二千五百名殖民者。因為這裡的深水港口，麻塞諸塞省的說客們對此大加推崇。（在米克馬克語中，「奇布托」意為「大港」。）這些移民開始工作，砍伐樹木，搭建帳篷和屋舍，為新鎮規畫街道。因授權該計畫的商會會長名叫哈利法克斯，他們便以他的名字為此地命名。[17]

英國人登陸幾天後，附近村莊的阿卡迪亞人前來查看港口的動靜。康沃利斯有一份官方聲明要向他們宣讀。「以國王陛下的名義，」康沃利斯對阿卡迪亞人說，「希望……引導他們成為未來真正忠誠的臣民，〔國王〕慷慨地允許上述居民繼續自由信仰自己的宗教。」但帝國的寬容往往有其附加條件。阿卡迪亞人可以保有信仰自由，「條件是」他們要「根據大不列顛法律……宣誓效忠」，臣服於新政府的「規則和秩序」，並「盡一切可能贊成和協助」英國所資助的殖民者。[18]

康沃利斯對阿卡迪亞人的演講中所包含的衝突種子，很快就生根發芽了。由於英法之間總是處於戰爭狀態，很少和平相處，英國要求阿卡迪亞人拿起武器捍衛本省，但被阿卡迪亞人給拒絕了，因為這意味著要跟鄰省魁北克，也就是他們自己的法語天主教鄰居為敵。有些阿卡迪亞人抗拒英國的宣誓效忠，便開始逃離該省。還有人開始回擊。面對阿卡迪亞人有組織的抗議，英國官員們決定採取類似他們近期剛在蘇格蘭採取的政策，一七四五年詹姆斯黨人起義後，英國軍隊橫掃蘇格蘭高地，沒收土地，摧毀村莊，驅逐有叛亂嫌疑的人。同樣的命運就要降臨在新斯科舍的「叛亂」天主教徒身上了。一七五五年暮春，英國軍隊占領了法屬博塞儒爾要塞，戰略性地扼守住連接新斯科舍半島和大陸之間的地峽。他們把地峽更名為坎伯蘭要塞（得名於在蘇格蘭高地上燒殺掠奪的那位王室公爵），把那裡打造成打擊阿卡迪亞人軍事行動的據點。阿卡迪亞人的土地、房子和牲畜將被沒收，一位英國上校還對格朗普雷阿卡迪亞社區裡震驚的居民說，「你們自己也將被本省驅逐出境。」[19]阿卡迪亞人只能以一千人以下為單位，分散居住在從麻塞諸塞到喬治亞等北美殖民地上。

一七五五年夏天，圍捕開始了，這個季節的新斯科舍，哪怕是豔陽天也時有寒涼的海風吹過，大雨往往會讓水澇的土地上泛起迷霧。數百位阿卡迪亞人被關在坎伯蘭要塞的牢房裡，等著被強行運送出境。附近的勞倫斯堡監獄，有少數幸運者用偷運進來的小刀和勺子挖通了一條地道，成功地逃了出去。在安納波利斯羅亞爾附近，英國軍官們不得不在一個英法居民混住的社區中篩選出阿卡迪亞人，將其驅逐出境。當運輸船出現在格朗普雷附近海面時，男人被首先送上船，他們「祈禱著，唱著，哭著，」幾周後才會把婦女和兒童也一塊送走，他們被塞入擁擠的船隻，那「情景慘不忍睹。」[20]撤離之後，英國和新英格蘭軍隊劫掠了阿卡迪亞人的村落，破壞他們的財產，又把剩下的東西付之一炬，徹底斷絕逃亡者回來尋找家園的念想。單是一七五五年末，從新斯科舍被送往十三殖民地的就有七千人，大約相當於當時阿卡迪亞人口的一半。雖然官方說法表示，盡量讓全家人一起出發，但當時只有二十歲、在坎伯蘭要塞當軍需官的布魯克・沃森哀嘆說：「不管我們有多小心，我擔心還是有些家人被迫分開，送到地球上不同角落。」[21]近三十年後，作為英軍占領區紐約的兵站總監，沃森盡一切可能救濟保護難民，就是希望至少避免曾目睹阿卡迪亞人所經歷過的慘痛分離。

驅逐和疏散阿卡迪亞人為難民效忠派的經歷豎起了一面鏡子，彷彿顯示出一種跨大陸遷徙的規律，不過兩者雖然大致輪廓相似，卻經歷了徹底的畸變，方向也截然相反。與阿卡迪亞人有關的計畫，與大英帝國在「七年戰爭」之後宣揚的寬容多種族帝國的形象有著天壤之別。和北美效忠派一樣，阿卡迪亞人也拒絕宣誓效忠；但他們的拒絕卻引來了由國家所支援的有組織的暴力。絕大多數阿卡迪亞人要依賴十三殖民地的收容之人的慈善和好心，而他們最初原本就是敵人，也有一千多名阿卡迪亞難民最終在他們自認為是母國的地方，也就是法國尋求庇護。和一個世代之後身在倫敦的黑人效忠派一樣，這些難民被塞進了法國大西洋港口城市的貧民窟裡，也被用作殖民拓荒者，送到邊疆崗哨去填補人口，最遠被送到了福克蘭群島。路易斯安那州的墨西哥灣沿岸，一項更成功的冒險事業逐漸成形，那裡的阿卡迪亞人成了「卡津人」，在距離被驅離的北方阿卡迪亞數千公里之外的亞熱帶溼地上重建自己的社區。從路易斯安那的新阿卡迪亞到北方的老阿卡迪亞，後代把那次驅逐稱為「大動亂」，以故事和歌謠等口頭傳統形式深深鐫刻在他們的集體記憶裡。

驅除阿卡迪亞人，為三十年後效忠派難民到達的這片土地留下了一道不祥的陰影，當然也有唾手可及的遺產。一七五八年，新斯科舍議會承認了政府沒收阿卡迪亞人土地的合法性，並且限制天主教徒在該省所能扮演的社會角色。阿卡迪亞人的土地則被用來吸引主要來自新英格蘭的新教徒殖民者。定居於此的家庭，其戶主，可獲得四百公頃的土地，並免收十年的代役稅。如此對土地的重新分配，顯然為後來向效忠派難民分發土地的做法開了先河。和東佛羅里達一樣，新斯科舍也成了一場搶地皮的焦點，殖民地和英國官員總共將一百四十萬公頃土地發給了投機者們。（好幾個人在兩個殖民地都有投資。）英國的《一七六三年公告》禁止北美人在阿帕拉契山脈以西的地區殖民，這進一步鼓勵殖民者北移，新斯科舍的人口在十二年間增加了一倍多。[22]這些殖民者，即所謂的農園主，為新斯科舍刻上了英國的殖民印記，這個特徵將被效忠派進一步拓展和深化。[23]

美國革命前夕，兩位約克郡農夫來此探訪這片「自由的土地」，考察能否將它當成英國人海外移民的目的地。[24]他們認為這個地帶非常適合種植玉米和養牛。不久之前，哈利法克斯還是個在冰天雪地裡掙扎存續的邊疆崗哨，如今已經變成了一個體面的首府，有高高的石頭碉堡、州政府的建築，還有漂亮的住宅，都帶有花木蔥蘢的大花園。以清教徒為主的白人人口取代了原本的阿卡迪亞人，數目接近兩萬人，散居在全省各處的小村莊裡，除此之外還有幾千名米克馬克人、阿布納基人和其他印第安人。[25]事實上，少數阿卡迪亞人還是回來了，他們受邀回來修建只有他們才懂得如何維護的大壩。然而，這麼一點點人口住在如此廣袤的土地上，新斯科舍還是遠遠稱不上繁榮，成為英屬北美下一個成功典範的希望仍未實現。就是這樣一片土地，它在一場帝國悲劇中驅逐人口，卻在一七八三年的另一場帝國動亂之後成了受害者的家園。效忠派難民能否把這個不發達的省分變成經濟繁榮、利潤豐厚的殖民地呢？

這些英裔北美來客對於新斯科舍的第一印象往往很差，難民牧師雅各．貝利和他的家人也不例外。一七七九年六月，他們從緬因乘船逃往哈利法克斯時，看到這個貧瘠多風的地方如此「可厭無趣」，那些樹木「營養不良、模樣醜陋」，直皺眉頭。但貝利一家人自己的樣子也令人不忍卒睹。他們從紐約逃離時，除了身上的破衣爛衫，什麼也沒帶。貝利生動地形容自己那雙破爛不堪的鞋子「還沾著叛亂和獨立的印記，」身上的黑褲子又髒又硬，泛著鐵鏽一樣的暗光，尺寸過大的外套上全是汙漬，以至於「其他人會真的覺得它是一件迷彩衣，」還戴著個「黃疸色的假髮套」，上面扣著一頂軟塌塌的獺皮帽。當他們的船停靠在哈利法克斯碼頭時，有很多人駐足，張口結舌地觀看這群奇怪的來客，貝利乾脆在上層後甲板上發表一番即興演說：「先生們，我們是……來自紐約的逃亡者，被飢餓和迫害驅趕著來到你們之中尋求避難，因此我必須懇求你們給予善意和同情，原諒我們如此粗鄙和古怪的衣著。」[26]

他們的外來者身分並沒有維持多久。貝利才剛對著一臉好奇的圍觀眾人發表完即興的自我介紹，就在人群中看到了一張熟悉的臉孔：貝利來自緬因的鄰居從人群中擠上前來，跟許久未見的朋友們打招呼。貝利一家在同鄉們的陪伴下，沿著哈利法克斯那些極為「寬闊和整齊」的街道轉了一圈，參觀了周圍那些「模樣古怪的」建築物，來到另一位前鄰居的家裡。到達後短短幾個小時，他們就已經歡天喜地坐在一張桌旁，熱情好客的主人用熱茶和新鮮出爐的白麵包招待他們，他們精神大振，又接待了一連串來訪的舊識和當地的達官貴人。招待貝利的女主人及時為他訂購了一雙新鞋和新襪子，「看到和擁有」這些，真覺得「英國產品給我的內心帶來了歡樂」。第二天，他們一家人在宜人街找到了自己的住處，那是「城裡最優雅的一條街道」，房子很整潔，客廳裡貼著壁紙。[27]貝利一家的新住處兩側都種著山楂樹，面向一片深密蔥翠的樹林，「賞心悅目，芳香撲鼻」，讓他們感覺更像住在「樹木蔥鬱的鄉間，而不是一個人口眾多的城市的中心。」[28]新斯科舍議會很快就投票給了這家人五十英鎊的救濟金，為他們在這北方「自由國土」上大受歡迎的第一周畫上了完滿的句號。[29]

雅各．貝利對他的新家讚譽有加。「雖然這是個不同民族混居的城市，除英格蘭人、蘇格蘭人和愛爾蘭人外，還有黑森士兵和北美士兵，再加上大量印第安人，但我從來沒有見過哪個城市如此乾淨整潔、安定有序。整夜走在街上都不會感覺到一絲混亂或喧囂，更讓新英格蘭的清教徒們感到驚奇的是，在這裡的公開場合幾乎聽不到一句髒話。」[30]但他這些激動的描述卻掩蓋了這座城市在戰時經歷的各種困難。雖然帝國主義者們對這座港口城市寄託了滿腔希望，但哈利法克斯（整個新斯科舍也是一樣）最輝煌的一刻似乎永遠都在未來，也從未到來。到一七七〇年代，它的人口實際上已經減少了。貝利讚不絕口的公序良俗之所以存在，部分原因是自一七七五年以來，和十三殖民地的那些英屬衛戍鎮一樣，哈利法克斯也一直處於軍事戒嚴狀態。由於地理位置相對偏遠，這裡的物價本來就已經很高了，戰時匱乏的壓力更使物價飛漲；一七七六年波士頓撤離之後，軍隊和效忠派的到來使得租金翻了一番。[31]市民們抱怨「他們的田地和花園被劫掠，圍牆被士兵推倒了。」[32]很少有難民像貝利那樣喜愛這個地方，很多人只要一有機會就想辦法離開這裡，奔向英國那些明顯更加宜居的地方。哈利法克斯是個「我真心希望我的朋友們不會被驅趕至此的地方，」一位波士頓人寫道，「至於那些**自己選擇**來到這裡的人，我對他們沒什麼可說的。」[33]

哈利法克斯的居民已經抱怨連連，但事實上因為戰爭，那些分散在海濱的孤立殖民點的情況更是糟糕，他們頻繁受到新英格蘭私掠船的襲擊。那些人駛入港口，偷盜小船，有時還登陸搶劫城鎮，有些愛國者強烈反對這類行為，因為可能「需要搶劫一百多個的托利派，這類出征才有意義」。南岸的利物浦反覆遭到襲擊，讓當地相對中立的人口也不得不有所行動。倒不是因為美國人搶劫船隻和槍枝，而是他們在這類行為中表現出來的那種明目張膽的無恥，駛入港口時居然「敲鼓吹笛，振臂高呼。」利物浦的地方行政長官，將鄉民組織起來在夜間站崗守衛城市，還制定了襲擊回應計畫。到一七八〇年，利物浦已經組織了一支小型正規軍隊負責守城，還配備了一艘自己的武裝民船。[34]

這麼多居民都是近幾十年剛剛從新英格蘭搬來的，從表面上看，新斯科舍頗有可能成為美國的第十四個州。一七七五年，雅茅斯居民向新斯科舍政府請願，要求官方保持中立，指出，「我們幾乎全都出生在新英格蘭，父兄姊妹都在那片國土，在對至親的血緣感情與對國王和國家的忠誠和友情之間，我們很難取捨。」（政府拒絕了他們的要求，認為這「荒謬至極，且不符合臣民的義務。」）[35]貝利剛來不久就被委派到安納波利斯附近的一個教區，他也抱怨說在那裡遇到的「真正的新英格蘭之子」對國家的忠誠很可疑。[36]但新斯科舍的地理位置與較低緯度的北美殖民地距離甚遠，並沒有燃起革命之火。與十三殖民地相比，這個省分與英國的貿易關係更為緊密，因而在他們看來，加入美國人的陣營不會帶來什麼好的經濟前景。此外同樣地，新斯科舍的政治文化形成於新英格蘭之後，那是個政治衝突較少的時代，因而總督們更願意與英國當局談判並達成妥協。（類似的因素也可以解釋為什麼英屬西印度群島也沒有加入革命。）因此新斯科舍仍堅持效忠立場，但多是默認堅持而非公開聲明。這意味著雖然它為效忠派難民提供了一個可行的避難所，但貝利等新來者公開聲明的效忠立場，與許多戰前居民更為中立的情感之間還是形成了反差。[37]

一七八二年秋，一位新總督來到哈利法克斯就職，和那個時代的許多殖民地官員一樣，約翰·帕爾也是一位生於愛爾蘭的軍官，曾在卡洛登和明登戰場上浴血奮戰。[38]年近六十的帕爾本戎馬一生，期盼這份工作正是他渴望在軍旅生涯退休前能有的閒差。那年十月他到任時，倒是格外不尋常的風平浪靜，北美愛國者的戰事中止了，而大量即將湧入的難民還沒有來。他在三個總督府中挑選了一個，舒舒服服地住下來，對於自己豐厚的薪酬、技藝高超的法國廚子，還有儲藏豐富的地窖，簡直喜出望外，「決定從此幸福生活，還要讓每個來到我的地盤的人都能幸福。」[39]短短幾個月後，他許下的這份宏願就要遭到極其嚴峻的考驗了。

帕爾剛上任，就收到了蓋伊·卡爾頓爵士的一封信，通知他六百多位效忠派難民馬上就要到了。他聽取了卡爾頓的建議，計畫給單身男性一百二十一公頃的土地，每個家庭二百至二百四十公頃，並為新來的人提供食物、木板和其他補給品。在新的鎮區規畫中畫出八百公頃專門建造教堂，另外四百公頃建造一所學校。[40]帕爾期待著這些新增人口，「特別是這裡十分匱乏的勞動人口。」[41]他做了一件好事，因為起初的涓涓細流很快就變成了滔滔巨浪。一七八三年一月，紐約的羅斯韋港協會派代理人來察看他們的定居地時，該協會就已經有大約一千五百名會員了。[42]四月，難民船隊開始從紐約抵達。到一七八三年六月，帕爾報告說「已經有逾七千人在各地登陸，包括男人、女人和孩子」；十周後，數字變成了「超過一萬二千人。」到九月末，他說，「據猜測，已經到達的大概超過了一萬八千人。」[43]十一月下旬，他更正了自己的估計，「不揣冒昧地猜測，他們的人數已經大大超過了二萬五千人，」湧入了哈利法克斯、安納波利斯以及羅斯韋港和聖約翰那些新的定居地。[44]一七八四年夏末，新斯科舍的人口普查結束時，新居民數目總計超過了二萬八千人，是戰前本省殖民者人數的兩倍。[45]到遷徙結束時，至少三萬名難民來到了新斯科舍，包括約三千位自由黑人和一千二百位奴隸。[46]

只有少數新來者住在哈利法克斯，大多是商人和專業人員。他們當中很少有人會在短時間內喜歡上這座省府。一位波士頓律師對另一位流亡者抱怨說，「天氣……異常陰鬱，跟紐約比，這個城市就像當年我們居住的紐波特一樣偏遠乏味。物價高得難以承受，老居民把東西以高得離譜的價格賣給新來者，通過搜刮後者迅速積累財富。」[47]他但願誰都不要來「這個無聊無趣、物價高昂、多雨多風的破地方。」[48]和在英國一樣，許多人都靠著友誼為艱難的流亡生活增添一點亮光。五月花號的後裔愛德華．溫斯洛從前是北美效忠派軍團的總檢閱官，如今是新斯科舍難民社區威望最高的領袖之一，他曾興高采烈地寫信給在倫敦的密友說「我們現在經常做些安排，為冬天加一點消遣，惠斯特*俱樂部、星期六俱樂部，等等，等等，等等，」讓十二月的漫長冬夜不再那麼無聊。[49]「這裡的氣候比較粗礪，」溫斯洛報告說，「總有一股子荒野氣息。寒風肆虐，有時下點雨。但我們正在設法適應。」[50]

然而，雖然有些效忠派對哈利法克斯抱怨連天（還須注意，溫斯洛和他的朋友們都是非常優渥的特權菁英，脾氣也很壞），但該省其他地區的難民生活卻更加嚴峻。一七八三年，英國駐北美首席軍事工程師羅伯特．莫爾斯上校受蓋伊．卡爾頓爵士的派遣，查看新斯科舍有無可能成為難民的定居地，他的結論是這裡絕不是什麼世外桃源。單說這裡的海岸，那些「高高的懸崖上到處是光禿禿的岩石」，看上去「冰冷而貧瘠」，因而它「常常被稱為『崎嶇海岸』」。至於「這片國土的腹地」，莫爾斯認為，大家對它「所知甚少，根本沒什麼可說的」。只有少數幾條真正的道路能夠穿越森林；其他「不過是些林間小徑，要在樹上做記號才能找到它們」。「因為天氣太糟，再加上這片遍地森林的江山上還有其他種種障礙，」莫爾斯用了整整兩周時間，才從南岸的羅斯韋港到達北岸的安納波利斯羅亞爾，而那不過區區一百六十公里，還是在溫暖宜人的夏季。這裡的確孕育著希望，莫爾斯的一些發現，也呼應了一七八三年夏天出現在紐約大小報紙上

*惠斯特（Whist），一種紙牌遊戲，通常由四人分成兩組，相互對抗。

的樂觀報導。他彷彿看到了一望無際的果園，種著蘋果樹、李子樹和梨樹，也證明那裡有繁茂的野果，還有大量麋鹿和黑熊可供捕食，更不要說那大片大片的樹林裡，全是堅硬筆直的木材。然而這片土地上有那麼多連綿不絕的荒地，無法想像它們會如何迅速地變成農田，而那些已經有人居住的地方看上去又很破敗，「一副無人照管的樣子，」他認為這個問題要歸咎於「不夠勤奮，缺錢，或許還……缺乏保護。」[51]

雖然紐約的兵站總監布魯克·沃森已經竭盡全力為效忠派提供食物和補給品了，但大多數難民抵達時，還是財匱力絀，根本沒有準備好要應對這裡的艱苦條件。安納波利斯的人口不過一千二百人左右，但雅各·貝利就看到了載運著紐約人的九艘輪船，在一個幾乎無力接納他們的城市登陸：「每個居所都人滿為患，很多人根本沒有住處。」他自己逃離的情景仍歷歷在目，因而對那些社會地位較高的人尤其充滿同情，他們「放棄了殖民地的大筆財產，」來這裡「變得一無所有，難免會激發起深深的憐憫之情。」[52]更糟的是，很多紐約難民都是深秋時節到達的，帕爾手忙腳亂地給他們「片瓦遮身之地，抵禦即將入冬的嚴寒。」[53]對來自聖奧古斯丁的眾人來說，新斯科舍的天氣簡直就是洪水猛獸，他們是「最窮苦、最可憐的，身無分文，衣不蔽體，缺乏一切生活必需品。」「仁慈讓我顧不得冒失，趕緊送給他們溫暖的衣物，還有其他東西，以免他們在這酷寒的季節裡凍餓而死，」帕爾說。[54]

戰爭期間，最為「羸弱無助」的難民都被安置在了哈利法克斯的濟貧院，由當局出資提供衣物。[55]如今窮困的效忠派大批湧入該省，要求省府作出更大規模的回應。卡爾頓曾經承諾給新斯科舍移民十二個月的食品配給，希望一年後他們就能靠自己種植的莊稼養活自己了。但紐約的庫存只能為遷出者提供六個月的食物，新斯科舍的農田又無法憑一己之力彌補缺口。[56]到一七八三年至一七八四年冬初，補給品短缺危機日益嚴重。遠在白廳的大臣們似乎對短缺問題視而不見，但省政府官員眼見著難民們因飢餓而憔悴，不得不面對飢饉匱乏的問題。數千效忠派「如果沒有補給品，必將陷入極為悲慘的境地，」在第一線直接參與難民救濟的官員之一、陸軍少將約翰·坎貝爾說，「我們根本無法開口拒絕他們，特別是一旦拒絕，似乎就違背了公共信念。」為了救急，他在嚴冬時下達一個行政決定，出資再買一個月的補給品。他還派出一個動員小組赴各個定居點「查看每個人的情況，看看哪些人還有生計，哪些人真正境況悲慘。」[57]整個一七八四年春夏，動員小組的成員們從一個村莊走到另一個村莊，統計居民人數，警覺地從數千有資格合法申領政府補給品的效忠派中挑出少數幾個明顯的騙子。[58]和其他統計工作一樣（如對效忠派索賠的評估和黑人效忠派的登記，僅舉兩例），政府在施行救濟的同時，也採取了相應的謹慎防範措施。

一七八四年四月，新斯科舍人仍未聽聞英國方面有任何關於解決食品短缺的方案，而當地的情況已經變得「相當嚴重和危急了」。「很多人……毫無疑問會死去，除非王室的慷慨供給能再持續一段時期，」坎貝爾強調道，並轉發了紐約效忠派的一份聲淚俱下的請願書，抱怨「效忠派群體中占多數的窮人，情況比他們離開紐約時更加可憐了。」他警告說，「如此大量的貧困之人因沒有任何賴以維生的生意或職業，一旦突然中斷配給，會引發最為危險的動亂，特別是他們認為紐約總指揮曾以國家名義向他們承諾，至少提供登陸後第一年的補給品。」[59] 一直到一七八四年夏，坎貝爾才收到了白廳的指示，批准他出資購買糧食，將政府資助的補給品再延期一年。[60]

這才總算避免了大饑荒。但效忠派定居還存在著一個更大的結構性障礙：土地的分發。一開始，承諾分地就是吸引難民來到新斯科舍最強有力的刺激。然而政府行政人員和難民們都看到，為每個效忠派承諾一定面積的土地是一回事，而把這些土地實際發放到每個人手裡又是另一回事。尤其是，在重新分發土地之前，必須先解決現存的土地所有權。效忠派還算幸運，新斯科舍一七六〇年代那些巨大面積的分地幾乎都沒有根據約定的條款進行開發，但測繪員們還是必須確定哪些土地現在可以以違約為理由沒收或充公，再重新分配。[61] 另一個土地所有權主張，是以國王本人的名義提出的。該地區有一片綿延起伏的膠樅林，使得新斯科舍有一個縣如今獲得了「世界聖誕樹之都」的美名。十八世紀，茂密的常青樹林使得這個地區成為寶貴的造船木材產地。根據議會法案，「新斯科舍所有的北美白松」和其他珍貴樹種全都「歸王室所有」。[62] 沒有國王森林測繪總監約翰．溫特沃斯爵士簽發的許可，任何人不得開發這裡的林區。

隨著效忠派難民踏出運輸船湧入本市，兩種類型的測繪員開始了穿越全省的艱苦工作，評估芬迪灣兩側的土地狀況。溫特沃斯和他的副手們穿越森林，確定哪些區域是保留地，哪些可供殖民開發。即使在一七八三至八四年那個相對溫和的冬天，這也是一項艱苦的任務，他們要拖著靴子穿過融雪和泥濘，在無休止的風暴中沿海岸從一個測繪點航行到另一個測繪點。深冬時節，他們得在及腰深的雪地裡吃力地行走，寒風刺骨，臉如刀割。經過這樣一番折騰，溫特沃斯的隊伍蹣跚地返回哈利法克斯，「儲備物資全數用罄，隊員們個個都累病了。」[63]

確認待沒收土地和畫分新鎮區的任務，則落在了新斯科舍的首席測繪官查爾斯．莫里斯的肩上。莫里斯的父親曾在他之前擔任該職位，但就連規畫過哈利法克斯市、參與策畫驅逐阿卡迪亞人的老莫里斯，也從未應對過他兒子在一七八三年面臨的挑戰。[64]在人手、補給品和資金都嚴重不足的情況下，莫里斯從自己的積蓄中預支了一千英鎊，也為完成這項任務透支了自己所有的體力。到一七八四年底，他和下屬們已經確認了將近四十八萬公頃的可沒收土地，大約相當於世紀中期搶地熱時分發出去的全部土地的五分之一。難怪他覺得這項工作「堪比埃及的奴隸制，」這麼龐大的工作量，加上牢騷不斷的效忠派和要求加薪的副手，真是焦頭爛額。[65]

然而，雖然測繪員們的工作效率已經非常高了，政府當局也竭盡全力提供食物和住處，在北方的第一個冬天，許多難民的情況還是沒有改善多少。在安納波利斯羅亞爾，雅各．貝利的教堂「接納了數百人，還有很多人在這風雪交加的嚴寒季節無處安身。這些可憐的流亡者中，已經有近四百人死於一場暴風雪了，我相信在下一個春天到來之前，還會有更多人死於疾病、失望、貧困和憂傷。」[66]一七八三年耶誕節當天，一位那年夏天跟隨軍團一起到達聖約翰河口的效忠派老兵傷心地提到，這是「我離開摯愛的雙親後的第七個耶誕節了，」也是他「被驅離家園」之後的第七個耶誕節。他本人有很多東西要感恩：他已經分得了很好的土地，就在距離河口幾公里處，他數算著自己的幸福生活：「我自己過得很不錯，但每天都看到那些無家可歸之人，在這個嚴酷的季節，他們缺衣少食，十分可憐。」[67]在河水上游有個來自紐約的女孩子，蜷縮在政府分發的帳篷裡瑟瑟發抖，還記得「等到融雪季節，雪水和雨水會把我們睡覺的被子全都打溼的。」[68]聖約翰河口的那些營地裡蔓延著「驚人的不滿」，原因就是分發給難民的那些毯子（都是被軍隊退回而剩下的）都是焦痕與破洞，「沒有一條是完整的，連三十公分都蓋不住」。[69]即使在住房和食物儲備相對較充足的哈利法克斯，也有效忠派老兵們「在白天或夜間的街道上奄奄一息，被人抬起來，送到各種疾病橫行的濟貧院去。」[70]

工程師莫爾斯上校從一個難民營走到另一個，所見所聞讓他非常緊張：「這些窮人沒有土地耕種，也無法養活自己，如果不能在一定長度的時間內得到政府的救濟，他們一定會死的。他們沒有別的國家可去，也沒有別的避難所。」[71]來自麻塞諸塞的前總檢閱官愛德華・溫斯洛也同樣悲觀，身為效忠派軍團的土地代理人，他前往位於聖約翰河兩岸巡視前士兵的住處。他對一位老朋友描述道：

我看到那些（我們曾經檢閱過很多次的）外省軍團老兵在十月時節來這苦寒之地登陸，沒有住處，也不知道該到哪兒去尋找住處。在我看來，軍官們的憂愁遠沒有這些士兵們的不幸更讓人發自內心地憐憫和心酸。魯賓遜、勒德洛、克魯格軍團中那些為人正直的士官們（他們曾經是那片國土上熱心而和善的自由民）跟我說的話，真讓我心如刀割。「長官，我們在戰爭中服役到最後一刻。您曾親眼見證了我們的忠誠！我們被承諾可以分得土地，指望著您為我們爭取，我們熱愛這個國家，但是請給我們一小塊自己的土地，給我們一些保護，別讓壞人騎在我們頭上。」[72]

收到溫斯洛發來的另一份關於「不幸的效忠派的悲慘境遇」充滿憂慮的報告後，身在倫敦的布魯克·沃森把它轉發給一位精明強悍的內政部大臣，只附上了一個請求：「看在上帝的份上，請有效解決這類事務並防患於未然。」[73]

見證者們親眼目睹了效忠派的湧入，讓新斯科舍的居民人數翻倍，森林裡遍地是帳篷營地，徹底改變了這片土地，親歷遷徙潮的效忠派們想必感受更深。這一切讓殖民地繁榮未來的美好憧憬，與當下步履維艱的駭人場景構成了鮮明對比；讓官方的慷慨承諾與可能發生的殘酷現實相互抵銷。「今年是危機的一年，新斯科舍必須要做出選擇了，」一七八四年四月，約翰·溫特沃斯爵士宣稱，「要不是成為英國喪失的那些〔殖民地〕高貴的替代品，就是成為它的負擔和未來諸多麻煩之源。」至於未來真正的結果如何，溫特沃斯也沒有什麼先見之明。

在所有匆匆開發的英屬北美效忠派社區中，最壯觀的當數位於哈利法克斯以南的羅斯韋港社區了。至少從移民們為自己的出走精心準備這一點來看，該計畫就不同於一般的難民定居點，他們在離開紐約之前就付出相當大的心力，曾派人來查看地點，並集中船運了數次補給品。但即使事先投入了大量時間和精力準備，要從無到有創建一個新市鎮仍然難如登天。就這一點而言，羅斯韋港是個很有代表性的例子，說明英屬北美和其他地方的難民要面對多麼巨大的物質挑戰。此外，它在另一個方面也十分典型。因為難民們從美國帶來的不光是工具、馬匹和穀粒。他們還帶來了一整套態度想法，主要是關於土地、以及黑白人種之間的關係，引發了效忠派與英國官方之間，乃至效忠派內部的矛盾衝突。羅斯韋港社區是一個極為精采的案例，那些問題和緊張關係將在整個效忠派大流散中不斷重演。[74]

一七八三年春，當卡爾頓和沃森在紐約盡力滿足難民們離境前的各項要求時，新斯科舍的官員們也在為他們的到來做準備。四月二十一日，查爾斯·莫里斯任命了一位來自麻塞諸塞的效忠派去羅斯韋港勘測新鎮，這位五十三歲的健壯男人名叫班傑明·馬斯頓。這項任務讓馬斯頓成為該地開發過程中的關鍵人物，也讓他敏銳地洞察到定居的種種艱辛，他把這一切都記在了一部文筆犀利的日記中，這是這些事件最好的文字紀錄。馬斯頓是個曾就讀於哈佛的商人，是同為效忠派難民的愛德華·溫斯洛的表兄，其實他不曾有過測繪員的工作經驗。不過若是身為效忠派難民的經驗夠得上資格的話，他算是十分經驗老到了。一七七五年，馬斯頓被一群愛國者暴徒從自己位於馬布林黑德的家中驅趕出來，逃到了波士頓，在僅僅一年的時間裡，他「在被圍困的小鎮中生活、在船上、在戰爭和其他動盪局勢下；出過海，去過西印度群島，躺在樹林裡等死，背著沉重的行李長途跋涉，」被私掠船抓捕，還曾一度入獄。[75]其後數年，他無數次冒險乘坐商船從哈利法克斯前往西印度群島，又被抓捕和監禁兩次以上。但一七八一年在新斯科舍附近的一趟簡單的探險，卻引發了他人生中最大的一次磨難。

在從安納波利斯返回哈利法克斯途中，馬斯頓那艘漏水的輪船不列顛尼亞號在羅斯韋港以南

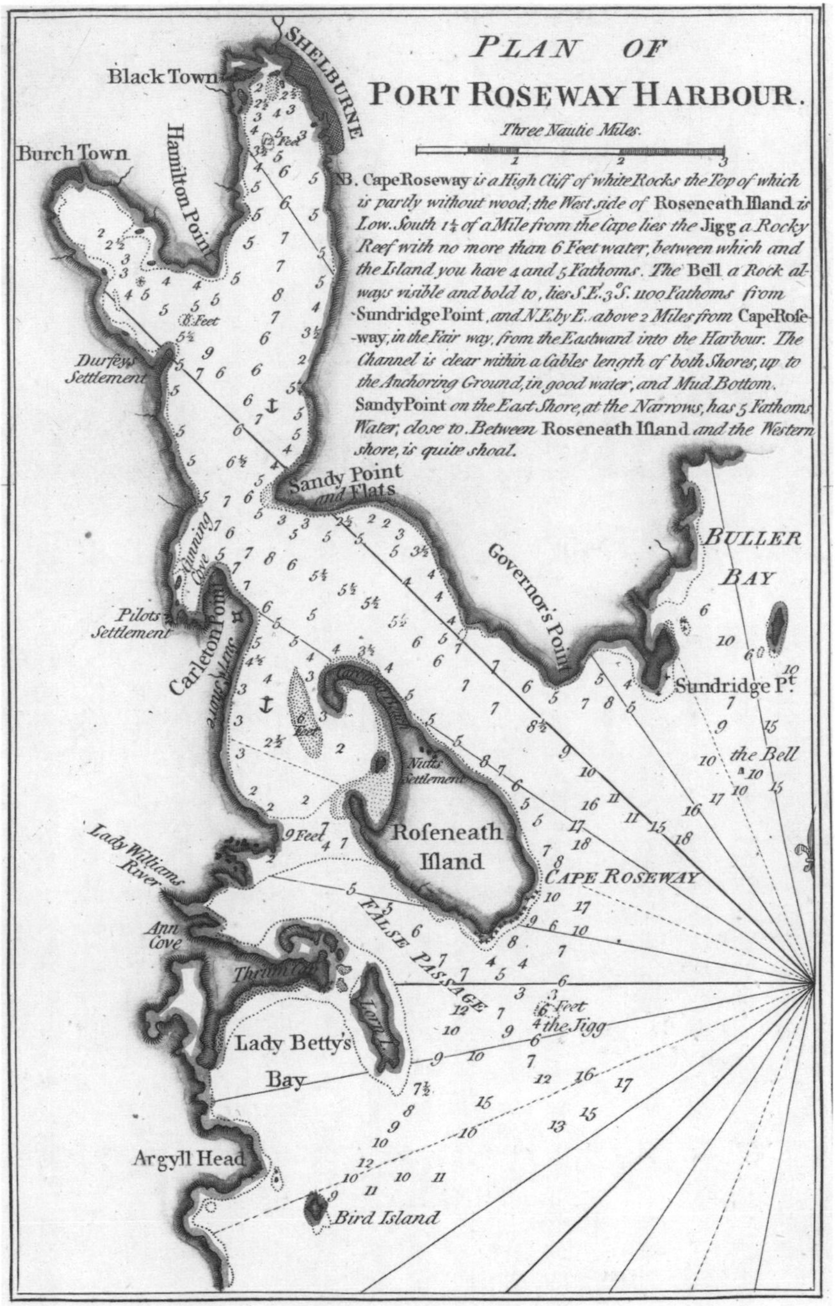

霍蘭船長，《羅斯韋港港口平面圖》，一七九八年。

不遠的塞布林角島附近的冰上沉沒了。馬斯頓和船員們收拾了少量補給品，準備步行前往二百零九公里以外的哈利法克斯。十二月中旬是個嚴寒的季節，夜間冷風刺骨，大雪盈尺。第一天晚上，他們在森林裡「舒服地住下了」，每人吃了四分之一隻鴨子和半個麵團。其後幾天他們一直在趕路。到第四天，儘管他們開心地在行李裡發現了幾盎司可可，但繼續向前的「心情愈來愈沉重，因為我們的補給愈來愈少了」。四周看不到人影，聽不到人聲，只有風在林間呼號咆哮。到第十天，馬斯頓走不動了。他把自己那份肉給了同伴（前一天晚上他們剛剛宰殺了那隻名叫「泰格」的忠誠狗兒，那些肉就是從牠身上割下來的）並敦促他們別管他，繼續走。他們「非常不情願地」離開了他，因為人人都知道，在這樣的情形下落單必死無疑。整整一夜和第二天一整天，接下來又是一夜，又過了一天，馬斯頓無助地躺在森林裡，啃著駝鹿肉乾，思緒已經飄忽至瀕死的譫妄狀態了。然後他聽到了腳步聲，繼而是人聲：兩個印第安人站在他頭頂上方望著他。他獲救了。馬斯頓蹣跚著走進印第安人村落，「因為勞累和長期飢餓，非常虛弱，筋疲力盡。」他於一七八二年三月回到了哈利法克斯，手裡緊抓著那本風吹雨淋的破舊日記本，裡面記錄著他的經歷。[76]

回到哈利法克斯，馬斯頓發現自己的生意陷入停滯狀態，前景堪憂，現金吃緊。[77]測繪員的工作機會來得正是時候。馬斯頓立刻出發沿海岸南下，沿途停下來領取測繪儀器。一七八三年五月二日，他航行駛入了羅斯韋港的叉狀港口。在黑色的楔形陸地之間，海水的波紋在地平線上起伏。細長的蒼鷺在蘆葦叢中闊步前行。他來到鵝卵石沙灘上，而後又走進了盤根錯節的草叢中，欣慰地看到那裡的土壤看上去要比該地區的報告中顯示的更加肥沃。但馬斯頓對新斯科舍的荒野略知一二，要把此地變成一個城鎮，著實需要大量的勞動。馬斯頓和同事們第一天登陸，就在穿越灌木叢時「迎頭碰上一頭巨大的母熊，」還好母熊轉身朝森林深處跑去了。[78]

第二天下午，難民艦隊的船帆出現在眼前。到傍晚，三十艘運輸船在港口停泊，馬斯頓得知，那些船總共帶來了三千人。馬斯頓在岸邊搭起一個大帳篷，和助手們以及殖民者代表一起，用了一天時間分析地形，討論確定他們應該在海港的哪一側建立城鎮。但第二天，「大批」難民否決了測繪員的選擇，「因為，他們說那片土地崎嶇不平，所以他們建議的解決方案是從每一隊人中選出三個人，重新測繪一遍。」他們最終還是確定了同一處地點，位於海港的東北方向。

這只是馬斯頓在跟難民們打交道的過程中的第一次受挫，之後的挫敗感還愈演愈烈。（就連蓋伊．卡爾頓爵士在紐約時，也曾因難民們無盡的抱怨和要求發了脾氣。「政府不可能把一群人安置在那裡，『說**我們不管你們了**，你們可能會餓死，』」他怒氣衝衝地說。「『（如果）有人不滿意，自己又有更好的解決方案，最好**別去**。』」）[79]工作的第一天，馬斯頓高興地發現「這些人開始興高采烈地砍樹了，許多人是生平第一次砍樹」；但不到一周，他就發牢騷說「這些人變得好吃懶做。」他對這些殖民者的困境並非毫無同情；畢竟他們沒有任何人受過相關訓練。「他們這一群人的個性非常不適合眼下的工作，」他寫道。「這些理髮師、裁縫、鞋匠等所有的技術工……住在大城市，養成的習慣很不適應這些需要吃苦、決心、勤奮和耐心的任務。」砍樹、把樹樁連根拔起、移動大石、抽乾溼地，馬斯頓意識到，對於那些「自幼生活在舒適環境中的人來說，新建一個農園的種種艱辛」的確讓他們苦不堪言。[80]

然而馬斯頓的同情也是有限的。這些從運輸船湧入當地的人毫無組織紀律，簡直就是個「糟糕不堪的」群體。「這些可憐的人就像沒有牧羊人引導的羊群，」他抱怨說，「沒有一個能幹的〔人〕。」就連所謂的領導，即每一隊效忠派的隊長，也是從這些殖民者的「同一階層」中挑選出來的，看起來不過是「一幫卑劣的貨色，能有現在的地位純屬巧合。」[81]隊長的職銜「讓這裡的許多人變成了**紳士**，當然，他們的妻子或女兒也就變成了**淑女**，事實上他們根本沒有相應的性情和學識。」「沒有某種真正的過人之處，」馬斯頓不以為然地說，「就不可能擁有真正的權威。」[82]與此同時，他們居住的那個臨時帳篷村落變成了一個混亂骯髒、無所事事、臭氣熏天的地方，到處都是灰塵和垃圾，每幾百步就有個殘破的小酒館。他們整日喝得醉醺醺，喝完酒就唱歌（「多麼討厭的噪音啊」），唱完歌就當街打架鬥毆或比賽拳擊。國王生日那天，這些蠻橫的殖民者點燃了「荒謬的篝火」，幾乎把整個住地付之一炬。兩位隊長差點來一場決鬥；還有人吹牛說「沒有**牧師**的幫助，他們自己也能建起定居點，一心想要推翻現有的秩序。」真的，馬斯頓嘆道，「魔鬼就在這些人中間。」[83]

我們幾乎可以看見從「勢利」馬斯頓的筆尖上流淌下來：這位哈佛畢業的新英格蘭人對一幫紐約地痞嗤之以鼻。但這些效忠派們身上還有些東西，讓馬斯頓的批評更加尖刻。因為從第一天效忠派「暴民」們質疑他的新鎮選址時起，馬斯頓就堅信這不止是一群無序的盲流，還是一群激進分子。「這種該遭詛咒的共和制鎮民大會做法，」他怒吼道，「已經毀了我們，如果不用更嚴厲的政府〔治理〕加以節制，會讓我們現在恢復正常的努力全都付之東流。」馬斯頓知道，「過多的自由」是危險的。他在麻塞諸塞那些襲擊他的暴徒身上看到了它的面目，也在愛國者的監獄和荒野中嘗到了它的惡果，僅僅十八個月前他躺著等死的荒野，距離此地也不過數十公里。他在這些勞動階級難民身上隱隱看到了自由的風險。在他看來，如果效忠派殖民地想要成功，「這可惡的平等精神就必須受到無情打壓，否則過不了多久，我們就和叛軍不分彼此了。」[84]就這樣，在羅斯韋港崎嶇不平的地面上，班傑明．馬斯頓清楚闡明了一個論點，這也是效忠派難民之後不斷重複出現的官方評價：北美效忠派與美國愛國者有著驚人的相似之處。

的確，當馬斯頓首次主持新鎮的土地分配抽籤時，他們那「可詛咒的共和原則」的平等目標即刻便土崩瓦解了。「無論如何，擁有土地是人人內心極度渴望的東西，」他寫道，但沒有什麼比地盤之爭更能激發敵意了。「來自紐約的團體協會是一群奇怪的人，」馬斯頓說，他們選出了一個委員會，當即禁止了數百難民前來抽籤。[85]先來的殖民者希望把土地全都據為己有，以便以高價轉售給後來的人。地皮投機日漸猖獗，「效忠派難民連**基本的誠實**都沒有。」不久，馬斯頓便開始「每天〔處理〕一百份關於不合適的建房基地和惡劣的浸水土地的申訴了。要是著手處理它們，我每天要做的事情就變成了把人群從這片土地的這一頭移到另一頭。」[86]「我滿腦子都是各種各樣的三角形、正方形、平行四邊形、梯形和長斜方形，那些邊角有時看得我眼睛都快掉出來了。」[87]

然而，所有這些爭執恰恰證明一切進展神速，正在把羅斯韋港的森林變成一座新興城鎮。一七八三年七月底，帕爾總督駛入海港，主持了五位治安法官、一位公證人和一位法醫的宣誓就職，給新鎮命名為謝爾本。[88]（考量到有多少效忠派都在責備謝爾本勛爵在和平條約中出賣了他們，這並不是個明智的選擇。）帕爾還沒有駛出海港，新的運輸船就到岸了，又從紐約等地帶來了數百位殖民者。到那年年底，謝爾本的人口就達到了至少八千人，與哈利法克斯不相上下。[89]帕爾總督誇口說謝爾本是

史上最大、最繁榮和建設效率最高的〔城鎮〕，在這麼短的時間就已經有了如此規模……已經建成了八百幢房子，另外六百幢即將竣工，還有幾百幢最近剛剛動土，這裡還有碼頭等其他建築物，逾一萬二千位居民，一百多艘船隻，環境優美，土地肥沃，還有世界上最優良的海港。我絲毫不懷疑有朝一日，這裡會成為北美第一大海港。[90]（參彩圖八）

次年一月，麥克格拉夫客棧舉辦了一場慶祝女王生日的舞會，當天有那麼一會兒，馬斯頓本人也承認了殖民者奮鬥的成果。「約有五十位先生和女士在這所大房子裡……跳舞、喝茶、打牌，僅僅六個月以前，這裡幾乎還是一片根本進不去的沼澤地呢，」他想，「新世界的殖民者們付出了多大的努力啊！這房間如此寬敞暖和，大體上，可以說一切都讓人心情大好，心滿意足。」[91]

馬斯頓當然應該為謝爾本的建設進度暗自慶幸，但如果他看到海港另一側的發展，大概也會

同樣滿意。到達謝爾本的難民包括幾百位從紐約撤離的黑人效忠派，其中就有南卡羅萊納的逃亡奴隸波士頓．金和他的妻子維奧萊特。從查爾斯頓來到新斯科舍，當浸禮會牧師大衛．喬治終於在一七八三年夏到達謝爾本時，他很高興地看到「很多和我同一膚色的人」已經在那裡住下了。[92]帕爾總督下令黑人效忠派不得在謝爾本鎮內領取分配土地，而應該在附近建設他們自己的定居點。一七八三年八月底，馬斯頓與被遣散的「黑人先驅」軍團的指揮官一起前往海港的西北角，「給他看看他的士兵們分到的土地。」「他們非常滿意，」馬斯頓高興地寫道，他隨即開始規畫謝爾本的姊妹城，並用當初在紐約為黑人效忠派簽發自由證書的指揮官的名字，為之命名為「伯奇敦」。[93]

伯奇敦很快建成了一個規模相當的效忠派社區。從一七八四年一月的名冊來看，共有一千四百八十五位自由黑人住在謝爾本市內和周圍，使之成為北美最大的自由黑人定居地之一。[94]羅斯韋港的社團成員們大多都是對艱苦勞作一無所知的城市居民，但這些從前的奴隸們都有著建設殖民地最需要的寶貴技能，例如技藝熟練的木匠波士頓．金。金回憶道，「每個家庭都有一塊地，我們都竭盡全力在寒冬到來之前建起舒適的屋舍。」[95]他們最初分得的土地或許比白人的小一些，大約每個家庭五分之一公頃或十分之一公頃，獲得的資源也少一些。有些人沒法在冬季到來之前建好自己的房子，只好在地下挖一個地窖，用圓木做一個頂棚，斜搭在上面做屋頂。然而在謝爾本，效忠派「彼此間有很多衝突，這在新殖民地可不是個好現象，」而伯奇敦的黑人效忠派卻顯然維持了一個關係和睦的社區。[96]如果說魔鬼存在於謝爾本的白人效忠派中間，上帝的恩典卻在這些黑人和伯奇敦上空閃耀。

他們稱衛理公會牧師摩西．威爾金森為「摩西老爹」，不是因為他的年紀（他只有三十六歲），而是因為他身上散發的領袖魅力。儘管在鄧莫爾勛爵的水上城鎮因染上天花而雙目失明，他卻依然能描述出獲得救贖的極樂情景。戰爭期間，這位維吉尼亞的前奴隸吸引了大批黑人效忠派教眾，其中許多人，像喬治．華盛頓的逃亡奴隸哈里．華盛頓，跟他乘坐同一條撤離船從紐約來到了新斯科舍。一到伯奇敦，維奧萊特．金就成了摩西老爹的第一個皈依者，她的經歷讓她的「精神極度痛苦」，導致身患疾病。波士頓．金也在爭取獲救，特別是當他看到工友們每天兩次聚在一起祈禱。一月的某一天，金聽到他的朋友們在討論撒種的比喻（「有一個撒種的出去撒種：撒的時候，有落在路旁的……有落在土淺石頭地上的……有落在荊棘裡的……又有落在好土地裡的，就結實，有一百倍的」*），他即刻感受到了頓悟的啟迪。[97]在寂靜的冬夜，他徒步跋涉到雪地中，雙膝跪地，「向著上天高舉起我的雙手、雙眼和我的心」，盟誓皈依上帝。不久，金一家人就加入了伯奇敦的衛理公會勸士行列，「神的工作在我們中間蓬勃發展起來。」[98]

衛理公會教徒並非新斯科舍黑人難民中唯一一個繁榮發展的基督教眾。大衛．喬治也很快建起一個浸禮教會。一如往常，他是在上帝的引導下來到謝爾本的。他的家人登上撤離船離開查爾斯頓後，這一路旅程十分艱辛，二十二天的行程中，許多黑人都「在船上病得厲害。」他們首先在哈利法克斯登陸，喬治對此地的印象並不比白人效忠派難民好多少。「〔這些人〕幾乎赤裸著從南卡羅萊納的灼熱沙漠來到新斯科舍這冰冷的海港，幾乎沒帶什麼生活必需品」（帕爾如此描述查爾斯頓的難民），喬治一家對十二月份新斯科舍劈頭蓋臉的風刀霜劍也毫無準備，十分可憐。[99]更糟的是，在這座白人占大多數的城市裡，喬治覺得沒有機會「為我自己膚色的人講道。」他想在羅斯韋港的新定居地中找到更肥沃的土地，於是在一七八三年六月南行，加入了那個新興的社區。「那時還沒有建起新房子，」只是一片林中空地，但對喬治來說，那就夠了。他到達的第一天晚上，就走出家門來到營地，開始高聲歌唱。連著一周，每天晚上他都在那裡唱讚美詩，吸引了愈來愈多好奇的旁觀者，有白人也有黑人。來到謝爾本的第一個周日，就有很多人加入了喬治的晨禱，以至於「我唱完讚美詩，（高興地）淚流滿面，說不出話來。」[100]

雖然在這勉強維持的邊境小鎮，很多人對這位狂熱的黑人牧師充滿懷疑，但有一位熟人（一位白人）在薩凡納就認識喬治，他慷慨地允許喬治在自己的土地上蓋房子。那年夏末，大衛、菲莉絲和孩子們住進了一所用拋光的木柱蓋起來的「小房子」，從大家那裡分得每天的食品配給，還得到了屬於自己的十分之一公頃土地。最重要的是，正如喬治所希望的那樣，有一條溪流穿過土地，「方便我隨時施洗禮。」他的教眾一起祈禱，日漸成長茁壯起來。春天，冰雪融化、萬物復甦時，「世俗的黑人和教會成員一起，」伐樹木、鋸木板、鑿牆板，把僅有的幾個銅板拿出來買釘子，一個禮拜堂的框架和配件就這樣逐漸成型了。這將是新斯科舍的第一個浸禮會教堂：是十年前在希爾弗布拉夫鄉間組成的那批黑人教眾的直系後裔。喬治的教眾彰顯著另一種來自美國

＊引自新約聖經《馬太福音》第十三章。

的精神，至少跟馬斯頓在白人中看到的那種「鎮民大會精神」一樣鮮活有力。[101]

然而，在這片多岔的海港上，還有第三種北美遺產造成影響：種族仇恨。喬治一到謝爾本，就發現「白人們對我充滿敵意。」部分原因在於，一千五百位自由黑人效忠派與幾百位黑人奴隸同住在一個地區，白人效忠派總共帶了約一千二百位奴隸來到新斯科舍，那只是其中的一部分。[102]謝爾本的白人效忠派的頭腦中，這種「某種膚色天生就該被奴役」的觀念，仍然根深柢固。例如工程師羅伯特·莫爾斯曾相對善意地建議新斯科舍政府僱用黑人效忠派建設城市工程，「因為根據經驗，這些在奴役和奴隸制度中成長起來的人，需要主人的說明和保護才能幸福；何況這樣還可以讓他們遠離貧困和窘迫，」其實就暗含著這樣的態度。[103]事實上，由於前奴隸們比較不習慣僱傭勞動，很多黑人效忠派最終都被迫接受了極低的周薪。許多伯奇敦黑人成了謝爾本白人的契約勞工，工作條件也是他們從前奴隸時代的翻版。大衛·喬治在試圖為一對白人夫婦施洗時，還遭遇了另一種偏見。那對白人夫婦的親戚們「召集了一群暴徒，試圖阻止他們受洗，」那個女人的姊姊「抓住她的頭髮，不讓她下水。」[104]

充滿不快的土地分配催化著白人之間的衝突，對黑人也將造成極糟的影響。由於極缺人手，馬斯頓的速度跟不上難民們對於土地的需要和索要；和在其他地方一樣，謝爾本「許多難民拒絕帶上〔測量〕鏈去畫出自己的土地，為此索要高昂的報酬。」[105]每次他舉行土地抽籤，都會聽到牢騷抱怨四起。有些效忠派不斷以投機的高價售出自己的土地，違反了王室恩惠的條款；還有人頻繁地讓孩子來抽籤。更有人公然違背溫特沃斯不得在附近森林中開闢空地的禁令。鑑於這苦寒之地敵意四起，許多白人看到他們苦苦求得的特權，居然讓從前的奴隸因此獲益，而心生怨憤，雖令人沮喪，但卻是預料之中的。在馬斯頓開始勘測伯奇敦之後不久，謝爾本的「民眾」便任命自己的一位測繪員「帶著袖珍羅盤和麻繩」踏上了該地區，畫出了一塊塊二十公頃的土地。這位前來搶地的測繪員愉快地把伯奇敦納入了自己的測繪範圍，「連許可證的影子」都沒有，就把許多「黑人的土地」上的土地賣給了白人效忠派。[106]

馬斯頓大概有些病態地暗自得意，他知道麻煩一定會來，不過他多半沒有預見到麻煩會如何具體發生。一七八四年七月二十六日，謝爾本發生了「一場巨大的騷亂」：「被遣散的士兵們衝向自由黑人，把他們趕出城鎮，因為這些勞動力比他們〔士兵們〕便宜。」四十多位前士兵揮舞著從船上擄來的鐵鉤和鐵鍊，衝向大衛．喬治的土地，此情此景定讓人聯想起了他們所有人逃離的革命。僅用了幾個小時，他們就拆毀了喬治和其他二十幾位自由黑人的房子，威脅要把浸禮會禮拜堂付之一炬。班傑明．馬斯頓衝到兵營打聽消息，但他自己也很快遭到了「暴徒的威脅」，畢竟他才是效忠派滿腹牢騷的焦點。那天傍晚，他爬上了停泊在新建碼頭的一條船，開船去了哈利法克斯，才總算逃過一劫。其後幾天，他聽說暴徒們搜遍了整個鄉間，尋找讓他們深惡痛絕的測繪員，揚言要將他就地正法。[107]

就在城裡一片混亂之時，大衛．喬治仍在原地堅守。他繼續在剛剛建好的講壇上講道，全然不懼暴徒們衝進來「發誓說如果我再講道，他們就要把我怎麼樣。」他繼續講道，直到他們揮舞著樹枝和棍棒衝進來，抽打這位牧師，最後「把我拖到了沼澤地裡」。喬治趁夜回到了謝爾本，帶上家人一起渡河，並在城鎮的西部邊緣上岸（在逃離奴隸主的那些年，他曾那麼多次這樣偷偷溜走）來到了伯奇敦，希望在那裡找到安身之所。

第六章　保皇北美

新斯科舍的難民們在帳篷裡棲身，靠政府配給的糧食維生，焦急地等待著自己的土地，自從戰爭爆發，效忠派就發現，他們對英國的期望並非總能成為現實。謝爾本發生的騷亂，後來又在效忠派大出走的各地以各種形式重演。政府分地是謝爾本諸多麻煩的核心，也是這些已飽受匱乏與嚴峻考驗的效忠派難民不滿情緒的最主要原因。種族緊張成為另一個不斷重複的主題，後來一有機會能夠移民到獅子山，伯奇敦的黑人效忠派便紛紛響應，就是這個主題引發的戲劇性的後果。最重要的是，謝爾本的問題表明，建立新殖民地不僅是對體能的挑戰，也是一個政治難題。難民們之所以逃往北方，源於他們對國王的忠誠，希望繼續在英國統治下安定地生活。然而謝爾本的例子說明，效忠派內部也有尖銳的分歧，有些贊同中央集權（像班傑明·馬斯頓），有些反對（像那些把他趕出去的暴動者）；北美效忠派也很容易與帝國的代理人（馬斯頓就是其一）發生衝突。當效忠派內部的意見如此分歧（正如馬斯頓看到的那樣，就連效忠派也可能成為叛亂者），大英帝國又當如何勵精圖治？若論這個問題之迫切、應對之全面，沒有哪個地方可與芬迪灣以西的英屬北美相提並論。

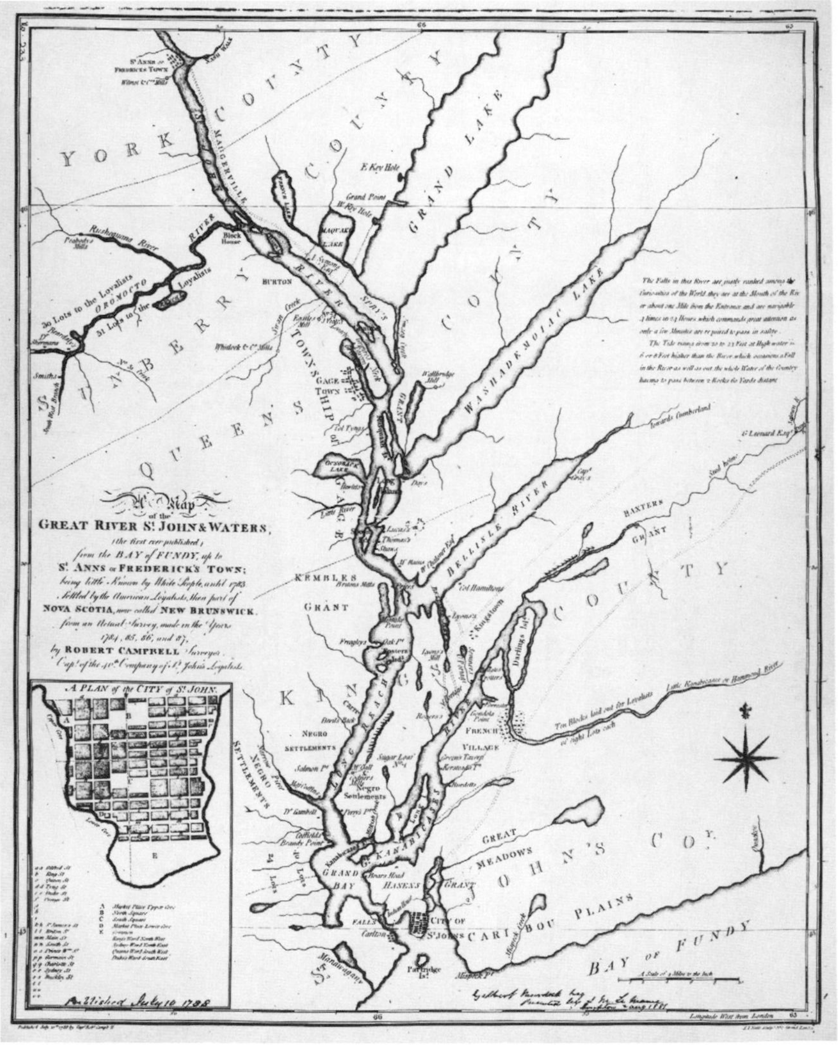

羅伯特·坎貝爾，《大聖約翰河及附近水域地圖》，一七八八年。

遠在白廳隔岸觀火的英國大臣們得意地關注著英屬北美的事態發展。「看到新殖民者之間的爭端與不和已經完全平息了，國王陛下十分滿意，」一七八五年初，內政大臣雪梨勛爵在寫給新斯科舍總督帕爾的信中贊許地說。他很高興地看到，該地區實現了為效忠派提供「舒適的避難所」這個首要目標。不僅如此，雪梨勛爵還胸懷更大的抱負，希望「他們能在國王陛下的政府的保護下，成為鄰近各州人民豔羨的對象。」[1]

雪梨的某些效忠派臣民，對英屬北美的未來持有同樣樂觀的看法。麻塞諸塞效忠派愛德華·溫斯洛從新斯科舍報告說，「您在信中引用的雪梨勛爵的話，『他會讓新斯科舍成為美國各州羨慕的對象』，激發了大家的感恩之情。」溫斯洛最近剛剛去聖約翰河谷探訪了被解散兵團的士兵，親眼看到難民們在嚴冬的匱乏和艱難中苦熬，十分沮喪。但溫斯洛也是那種能在危機中看到改革良機的人：

當前的事件前無古人，或許亦後無來者。這裡聚集著大量人口（他們不是通常先行前往別國定居的道德淪喪的流浪漢，）是受過教育的紳士，農夫、此前獨立且受人尊敬的機械師等等，只是因為戰爭而被剝奪了財產。他們作出了巨大的犧牲，卻仍然緊緊依附於英國的制度。他們拖家帶口來到這裡，尋求保護，要求政府實施必要的管理，以促進社會的福利康樂。

他斷言，如有賢能的政府，「就太好啦，上帝保佑！我們定會成為美國各州羨慕的對象。」[2]在他看來，能夠以自由和繁榮的願景給世界以鼓舞的，並非美利堅合眾國；能為世界樹起榜樣的當屬英屬北美那些效忠派的帝國省分，至於具體做法，溫斯洛闡釋了眾多計畫中的一個。

他最為關注的始終是他最了解的難民，就是在聖約翰河沿岸勉力掙扎的老兵們。溫斯洛認為，他們之所以處境如此艱難，哈利法克斯的帕爾總督要承擔直接責任，他認為帕爾置身事外，對難民毫無同情，未能及時地提供救助。溫斯洛認為，「有效緩解當前困境的唯一可能的途徑」就是把新斯科舍一分為二，讓芬迪灣西側的難民擁有自己的政府。他堅信，對於聖約翰河谷的效忠派來說，新省政府的設立既能縮短距離（往返哈利法克斯要經過陸路和水路跋涉），也能更加積極地回應他們的具體需求，而不像帕爾總督表現的那麼心不在焉。順帶的好處是，設立新的省政府還會自然而然地產生一系列受薪職位，溫斯洛和他的軍官朋友們正在積極爭取填補那些空缺呢。[3]

如同之前效忠派為爭取財務賠償所做的努力，溫斯洛的遊說藉此成功地鼓動起大西洋兩岸人士支持他的計畫。具體說來，這個計畫打動了蓋伊．卡爾頓爵士，希望能以此為契機，啟動英屬北美政府更大規模的重組。雖然帕爾及其同僚們明確反對，而且對效忠派利益較為同情的福克斯－諾斯政府也倒臺了，但倫敦的主要大臣們還是漸漸改變了心意。在看到議會的反對派有效地利用遺棄效忠派的這個理由推翻了謝爾本內閣後，威廉．皮特治下的新政府自是不敢對大西洋彼岸效忠派愈來愈大的抗議聲充耳不聞。[4]一七八四年六月，樞密院通過了一項命令，把新斯科舍一分為二，恰如溫斯洛所希望的那樣。自此，新斯科舍始於芬迪灣，止於連接半島和大陸的希格內克托地峽。芬迪灣以西一直到魁北克省界的領土變成了新不倫瑞克省。（同一命令還把布雷頓角島也設為獨立省，但很少有效忠派移民到那裡，一八二〇年，它又被併入了新斯科舍省。）新斯科舍的分裂證明了效忠派為北方帶來的變革性影響，在後來的其他事件中，領土分割也成為英國緩和殖民地緊張局勢慣用的解決方案。效忠派成功地重新繪製了當地的版圖。

新省的座右銘是「重燃希望」。在謝爾本和伯奇敦，以及芬迪灣沿海和聖約翰河兩岸，效忠派在森林裡建起了新的城鎮。新不倫瑞克的設立讓他們（更確切地說，讓他們的菁英階層）有機會按照自己偏愛的路線建立起一個完整的殖民政府。北美效忠派從來就不是單純的反動保守派；許多人在十三殖民地時就主張帝國改革。如今，人口剛開始密集起來的英屬北美，為效忠派難民和英國當局提供了一個實施嶄新帝國政府計畫的平臺。那麼，這個效忠派北美會是何種風貌呢？芬迪灣以西的那些殖民地為我們提供了三種不同的答案。新不倫瑞克建立了一個以效忠派為大多數的政府，提出了效忠派雄心抱負的明確主張。魁北克境內的莫霍克人難民則是一個有啟發意義的參照點。在五大湖附近分得了土地後，莫霍克人不僅尋求重建他們的村莊，也努力在大英帝國的保護下重建一個印第安民族聯盟。與此同時，大約六千個白人效忠派遷居魁北克，雖然其數量大大少於湧入海洋省分的三萬名難民，但還是啟發了英國當局改革該省政府，力圖避免曾導致帝國統治在十三殖民地潰敗的那些問題。最終開展了一次制憲行動，對英屬北美政府的結構產生了深遠的影響。

每一個計畫都彰顯了美國革命的一個後果，這在加拿大早就得到公認，但在美國卻少有人關注：革命促成了兩個、而非一個國家的統一。[5]當南方建立了共和制北美時，效忠派和英國當局在北方重建了一個帝制北美。這些建立英屬北美的計畫，與整個大英帝國高舉的「一七八三年精神」有些共同之處，都致力於領土擴張和家長制作風的政府。具體而言，它們闡明了帝制自由的形式，與美利堅合眾國的共和制自由比肩而立。如此一來，效忠派的移民，有助於奠定今日加拿大獨特的開明自由秩序的基礎。[6]然而，正如美利堅合眾國的建國過程引發了激烈的內部衝突，事實上，戰後英屬北美的發展也是個充滿爭議的過程。雖然效忠派從根本上效忠王權和帝國，並在此基礎上相互聯合，但關於帝國的實際行為和做法，他們觀點各異。北美各省的這三個願景，也是探索帝國可能性的實驗，開啟了關於帝國權力的本質和界限的三個爭論，分別圍繞著人民代表權、印第安人自主權和盎格魯新教徒的統治權。

在聖約翰城北側，若站在河水的彎道上方，會看到腳下的河水被一種奇怪的現象所左右。白浪的激流湧向下游的芬迪灣，逐漸波平浪靜，隨後漩渦又開始出現了，但這一次的漩渦是朝上游席捲而去。這就是所謂的逆流瀑布，成因是芬迪灣的巨浪在這裡湧動得太高（超過七．六公尺），已經有足夠的力量改變河水的走向。像聖約翰奔騰不息的河流一樣，住在兩岸的效忠派難民的際遇也時好時壞，變幻無常。

一七八三年夏，效忠派拋棄了他們在河口搭起的帳篷、棚屋和原始的小木屋。不到十八個月後，當新不倫瑞克的首任總督駛入海港時，他看到的是一個頗具規模的城鎮，已經建起近一千五百座木結構房屋。遂了約翰・帕爾總督的心願，該鎮名為帕爾敦。[7] 新總督或許同樣高興地看到海港另一側建起了一個規模較小的定居點，為了向效忠派心目中的英雄蓋伊爵士致敬，它就定名為卡爾頓。因為新總督不僅和眾多效忠派一樣對帕爾持懷疑態度；他還是個如假包換的卡爾頓氏。他是蓋伊爵士的弟弟湯瑪斯。

還不滿四十歲的湯瑪斯・卡爾頓，職業生涯雖不如哥哥那樣輝煌，卻勝在見多識廣。在參加了「七年戰爭」的幾場歐陸戰役後，湯瑪斯被派往直布羅陀，那個經歷糟糕透頂，湯瑪斯覺得自己像被監禁在一個「可怕的監獄裡」，「跟一群大肚漢關在一起。」[8] 於是他另闢蹊徑，設法出差，開啟了一次非同尋常的環地中海之旅，探訪了梅諾卡島和阿爾及爾、義大利和法國，這次旅行一定也同時錘煉了他過人的語言能力：卡爾頓會說西班牙語、法語、義大利語和德語。一七七三年，卡爾頓效法其他西方軍官的冒險精神，到俄羅斯軍隊當志願兵，當時俄國軍隊正在與鄂圖曼土耳其帝國大戰。在多瑙河兩岸，他有機會目睹了帝國歷史上的重要時刻，俄羅斯人趕走了土耳其人，迫使後者簽訂了屈辱的《庫楚克開納吉和約》*，該條約被公認為是對鄂圖曼土耳其帝

---

*《庫楚克開納吉和約》（*Treaty of Kuchuk Kainarji*）是第五次俄土戰爭結束之後，俄羅斯帝國和鄂圖曼土耳其帝國於一七七四年七月在保加利亞北部的凱納爾賈（Kaynardzha）簽訂的和約。該條約規定土耳其割讓給俄羅斯大片土地，俄羅斯獲得了在黑海創建艦隊和在伊斯坦布爾海峽、達達尼爾海峽自由通航商船的權力。鄂圖曼土耳其因此條約放棄了克里米亞汗國的宗主權，並允許俄羅斯保護土耳其國內的東正教信徒。

國的第一記重擊。湯瑪斯．卡爾頓進入了戰敗後的土耳其軍營，隨後又前往君士坦丁堡，親眼目睹就連最強大的帝國也會風雨飄搖。[9]

一七七四年至一七七五年的那個冬天，他是在聖彼德堡度過的，遠離蓋伊爵士在魁北克聽到的革命謠言。但美國革命很快就把湯瑪斯召喚到了大西洋對岸。在哥哥的支持下，他成為北方軍隊的兵站總監，在英軍占領的最後幾個月一直住在紐約。戰後，湯瑪斯和哥哥以及位高權重的效忠派一起遊說，要求重組北美政府。在蓋伊爵士瞄準頂層職位，力圖在重組後的英屬北美擔任第一任大總督之時，湯瑪斯也在同一個支持者圈子裡活動，獲得了一個較低階的職位。多虧他交友廣泛，再加上頂著無與倫比的家族姓氏卡爾頓，他獲得了新不倫瑞克省督的任命，並一直擔任此職，直到一八一七年去世。[10]

卡爾頓在帕爾敦上岸時，受到了十七聲禮砲的歡迎和熱情群眾的歡呼。「國王萬歲，總督萬歲！」他們高喊道，還呈上致辭，祝賀他「安全抵達新世界。」城市居民歡迎他，認為他就是那個「遏制專制的傲慢、壓制不公的猖獗，建立良好完善的法律（的人）」，這些是、也一直是我們光榮的憲法的基礎。」他們多半沒有料到，這位總督認為要實現所有這些目標，最佳途徑是與一小撮任命顧問合作，採取自上而下的治理。[11]卡爾頓的政務委員會完全由軍官階層和有產階級效忠派組成，就像愛德華．溫斯洛這樣的人，事實上也的確包括溫斯洛。他們一起著手重建自己夢想中的新封建寡頭政治，溫斯洛的說法昭然若揭：他們所建構的政府是「全世界最有紳士派頭的政府。」[12]

白廳授權卡爾頓和他的政務委員會管理政務，如有必要，可以一直拖延民選議會的成立，得此授權，他們便開始為省府秩序奠定基礎，發布公告、答覆請願、整治跨境走私。卡爾頓總督看到「很多家庭還沒有安頓下來，」便把王室為效忠派難民發放的補給又延期了兩年。[13]他繼續分地，特別留意只對那些宣誓效忠的人分發土地，「以防任何對我們和我們的政府不滿的人成為殖民者」。[14]愛德華．溫斯洛的表兄班傑明．馬斯頓是被新省吸引、從新斯科舍前來的幾位難民之一。一七八四年一月，在謝爾本慶祝女王生日時，馬斯頓曾滿意地注意到殖民取得了巨大進展。整整一年後，他在新建的帕爾敦慶祝同一個節慶，參加了總督「在議會廳舉辦的舞會和晚宴」，在場的有「三四十位淑女，近百名紳士……慶祝活動的安排有條不紊，以至於這麼多人可以在一間這麼小的房間裡受到款待。」[15]

卡爾頓選擇的首府也凸顯了寡頭政治的特點。一七八五年冬，他沿河北上約一百二十一公里，到一個名叫聖安妮角的地方查看殖民情況。那裡的效忠派經歷了一個天寒地凍的冬天。一個十一歲的小難民還清晰記得在一個「啊，好冷」的早晨，她的父親把他們帶出自己的帳篷，穿過滿滿積雪的樹林，來到他剛剛在森林裡蓋好的小屋。「地板還沒有鋪，沒有窗戶，沒有煙囪，沒有門，但至少還有個房頂，」他們靠「燒得很旺的爐火」度過寒冬，終於等來了春天。[16]她的許多同伴沒能活到春天；他們飽經風霜的墓碑有幾個留存至今，像斷齒一樣突兀地立在那裡。但卡爾頓在這個河灣處看到了極大的潛力，決定把首府建在此地。總督心血來潮，聖安妮角就變成了「新不倫瑞克的首府」弗雷德里克頓市。[17]卡爾頓的決定有兩個戰略原因。建立一個內陸首府，能夠確保該省腹地的發展，並確保聖約翰河上下游間的穩定交通。他還要建立一個符合他和他的朋友們所追求的「紳士派頭的政府」的首府，統治階層並非河口附近的商人，而是縉紳階層的菁英。小貝弗利．魯賓遜成為這一群人的典型成員，一七八七年他們舉家搬到弗雷德里克頓，在城市對面的新莊園上，恢復了魯賓遜一家在殖民地時代的紐約所享受的體面生活方式。[18]魯賓遜本人也被正式任命為政務委員會成員。

弗雷德里克頓在很多方面，有意與海港的庶民保持距離。聖約翰的普通難民對於政府的專制作風愈來愈焦躁不安。他們一開始就對「五十五人請願書」的紐約菁英群體感到不滿，其中就包括要求獲得兩千公頃巨額土地的查爾斯．英格利斯，這些人聲稱自己需要這些土地來維持崇高的社會地位。[19]占難民絕大多數的普通人說，這樣傲慢的要求會迫使其他人「要不安於自己位置偏遠的貧瘠土地，或是被迫成為他們的佃農，而難民們認為那些人中的大多數無非就是多懂點文藝和政治而已，其他一無所長。」[20]早期的一份聖約翰報紙上刊登了一篇諷刺詩，譴責道：「一場長達七年的戰爭，一紙毀廉蔑恥的和平／沒有讓我們離自由更近……／過去的犧牲沒有補償，／未來也是虛無一場；／一片被野火灼燒的貧瘠土地，／我們在那裡含辛茹苦，大汗淋漓。」[21]許多難民認為新不倫瑞克的建立，不過是對效忠派菁英利益的又一讓步。卡爾頓未能召集省議會選舉，更讓他們確信自己的需求根本不會得到滿足。

就任之初，卡爾頓把帕爾敦和卡爾頓合併成為「聖約翰市（取這個名字符合當地居民的意願）」以平息民怨，所依據的章程就是以美國獨立革命前紐約市的憲章為模版所制定的。這個行為（溫斯洛報告說它「阻止了民眾的嚴肅抗議」）使聖約翰有了自己的市政府，它有對貿易的立法權，也建立了一個民事訴訟法院和地方警力。[22]然而，在得知了總督採取該舉措的態度之後，許多城市居民大概都會因此焦慮不安。卡爾頓對他遠在倫敦的上司們說，「我覺得無論如何，美國的創新精神都不應該在效忠派難民中得到維護。」為什麼要敞開大門，歡迎他們就「王權本身就被公認有能力處理」的事項展開辯論呢？他譴責鄰近的新斯科舍省，在他看來，由派系眾多的新英格蘭人所組成的議會，讓省政府綁手綁腳。在新不倫瑞克，「絕大多數人都是來自紐約或南部各省的移民，」卡爾頓希望另闢蹊徑，「儘早利用他們更好的習俗，並透過加強政府的行政權力，阻止其過分依賴憲政的民眾力量。」他覺得，「一個堅定有序的政府」不久就會展現奇效，「糾正民眾的作風，並引入得體的習俗和勤謹，讓因為上一場戰爭而如此長久地放蕩散漫的眾人走上正軌。」[23]

畢竟卡爾頓總督在北美住了這麼久，也明白行政權力總有其界限。他「謹慎地避免」採取「可能導致眾人認為政府故意不設議會」的措施。事實上他遲早都得召集一個議會。一七八五年十月，就任將近一年之後，卡爾頓發布了關於新不倫瑞克首次選舉的書面命令。在十八世紀的英國和北美，選舉權通常只會授予滿足某種最低財產要求的男性。然而，由於新不倫瑞克所有的殖民者都才剛剛到達，很多土地所有權仍然懸而未決，卡爾頓採取了一項非同尋常的舉措，將選舉權賦予「所有在本省居住時間不少於三個月的成年男性」（所有**白人**男性，也就是說，新不倫瑞克的自由黑人被公然排除在外了。）[24]

總督大概希望這項非比尋常的民主舉措，能夠平息聖約翰市一直以來的「暴力的聚眾作風」。[25]但是十年來，大多數難民經歷了戰爭，往往還長期處在軍事戒嚴中，根本沒有任何政治參與的經驗。一七八五年的選舉似乎讓大家集體鬆了一口氣。班傑明．馬斯頓在地處該省最北邊緣的米拉米希監督投票，他如今是那裡的治安官和測繪員。馬斯頓可不是民主的支持者，他所在的社區「大多數人都是文盲，愚蠢無知，又終日酗酒……這些人只需要兩樣東西，能夠管制他們的法律，還有福音書，能給他們提供一些更好的知識，而不是像現在這樣一無所知」，他看到了謝爾本的陰影。當居民們選出的代表竟然是「一個無知狡詐的傢伙」和一個臭名昭著的激進派律師時，儘管在他的意料之中，卻也心灰意冷。[26]

聖約翰市的情況尤其如此，選舉引爆了自殖民之初便日益高漲的憤怒情緒。這座城市的地理環境強化了社會和政治分歧。在濱水區，也就是所謂「下水灣」附近的街道，住著店主、木匠、勞工和海員這些傾向於反對總督和政務委員會專制的人。他們提交了一份候選人名單，那位為首的紐約退伍軍人曾帶頭反對「五十五人請願書」。在豪堡附近地勢較高的山坡上，也就是所謂的「上水灣」，住著本省官員、律師和受過教育的專業人員，他們支持的政府候選人名單裡，主要人物是新不倫瑞克首席檢察官。

十一月的某天下午，在下水灣的麥克弗森客棧開始選舉，每六人一組進入房間登記各自的選票。兩天後，為了平衡選票，治安官把投票地點改在了上水灣的馬拉德豪斯客棧，那是政府支持者的據點。與此同時，在麥克弗森客棧，下水灣的投票者們繼續痛飲啤酒，談論政局。談論變成了辯論，再演變成了嘲諷和威脅，威脅引發了敵對支持者之間的一場打鬥。憤怒在客棧內開始瀰漫：「我們上去，他們就在馬拉德。該死的，我們要去圍攻他們。」少則四十、多則一百位下水灣的人抄起棍棒和尖木樁，離開客棧，沿街向馬拉德進發。他們高喊著「下水灣萬歲！」試圖從守在門口的政府支持者人群裡擠過去。一個人高聲叫道，「來吧，夥計們，我們很快就會把他們都趕走！」還打了那個阻止他的人。沒多久，抗議就成了騷亂：石頭砸破了窗戶，棍棒和拳頭齊飛，到處是破碎的玻璃、瓦器、骨頭。直到軍隊從豪堡衝下來，強行分開鬥毆各方，並將抗議者送往監獄，混亂的場面才算告一段落。[27]

卡爾頓總督把這場選舉暴亂歸咎於一心想「毒害最底層」的激進分子，並對於自己採取了「果斷措施」「遏制住了這種放縱的精神」暗自得意。投票在一周的冷靜期後重啟，「選舉現在以最為和平的方式進行著。」[28]當局可以輕而易舉地鎮壓暴亂，但當治安官統計票數時，結果卻沒那麼容易壓制了：下水灣的候選人以超過百分之十的多數票當選。這可不是卡爾頓和他的小圈子所期待的，而他們也不打算聽之任之。政府沒有讓六位下水灣候選人進入議會組成反對派，反而採取了一個全然不同的策略。他們重新統計票數。在一七八五年那個陰鬱沉悶的聖誕周，治安官一點點削減選票，駁回了近二百張選舉下水灣候選人的選票，制定了政府候選人名單。

對反對派的支持者而言，這個消息簡直就像是背後挨了一刀。一位失望的選民憤怒地說，「這樣一個議會……**應該被肢解**」，隨即便因煽動性言論而被逮捕，又被迫雙膝下跪，向議會道歉。[29]一位自稱「北美甲蟲」的人在《聖約翰公報》上撰文，慷慨激昂地懇求自己的同胞們不要放棄。「我……一生都是個效忠派，」他聲明道，然而看看這個避難所已經變得多麼慘澹無望吧：「我們幾乎不敢想像未來。我們的救濟幾乎要斷絕供應了，土地還沒有耕作。我們的效忠立場受到了懷疑。」他敦促「我可憐的同胞們，」「請堅決捍衛我們與生俱來的權利，它是祖輩傳予我們，並受到我們良好的憲法所支援……無論如何都不要……忘記了自己是誰。總之，讓世界知道，正如你所知」，身為「英國人的後裔」，你擁有那些「讓世人妒忌的權利」。誰也不知道「北美甲蟲」的真實身分，但印刷商們卻被指控煽動性誹謗罪，報紙也關門了。[30]

全省立刻掀起了反對選舉結果的請願活動。規模最大的一次有三百二十七人簽名，幾乎占聖約翰選民人口的三分之一，吹響了抗議的號角。請願書聲稱，「我們已經證明了自己是最忠誠、最忠於政府利益的臣民，」然而

> 我們卻看到英國臣民公然被關入監獄……選舉期間，軍隊進入城市，在毫無必要且無法律依據的前提下在街上巡邏……政府違法徵稅……選舉的自由……以最為明目張膽的方式……被踐踏……
>
> 我們無比肯定，這樣的做法是非法的，違反了選舉自由，侵犯了人民的權利，破壞了英國憲法的第一個基本權利。

軍隊巡街、非法逮捕、不公平的徵稅、非正義的選舉：這一切都讓人憶起革命前夕的十三殖

民地。起碼效忠派是這麼說的。正如北美的愛國者援引英國憲法請求賦予他們公平的代表權，聖約翰的效忠派也針對近期各類事件侵犯了他們身為英國臣民之權利，提出抗議。他們的憤怒是針對國王在殖民地的代表，而非國王本人：就這一點而言，他們仍然是效忠派（一七七六年前的絕大多數美國人也是一樣）。的確如此，他們改變現狀的最大希望正好寄託在國王喬治三世身上。他們呼籲君主解散議會，重新組織選舉，從而確保他們「最基本的權利得到維護」。[31]

無論在實質上還是在語言上，一七六〇年代革命的原型彷彿都隨效忠派一起從十三殖民地遷移到了新不倫瑞克。然而卡爾頓總督並無意退縮。他旋即給政府反對者貼上了不忠的標籤，挑起了效忠派之間的內鬥。為防止反政府請願愈演愈烈，議會通過了「防止以公眾制定或向……總督提交請願書為幌子，製造騷亂和混亂的法案」，正式將這類請願定為非法。當四個人前來向議會提交抗議文件時，他們便依法被逮捕了。他們與被捕的馬拉德豪斯暴動者，和被指控煽動性誹謗罪的報紙印刷商一起上了審判席，因傲慢無禮而「各自被定罪並受到了懲罰」。[32]卡爾頓在一七八六年春天宣稱，「我敢向閣下保證，這裡的派系鬥爭已經結束了。」效忠派的聖約翰與革命的美國兩者之間的最大的區別，不在於抗議的內容，而在於這一次帝國政府取得了勝利。權力似乎勝過了民眾要求自由的呼聲。瀑布果然逆流而上了。

一七八五年聖約翰市的選舉，將成為北美效忠派難民和英國當局之間、圍繞帝國一連串鮮明的政治衝突中的一個。參與者得到了什麼教訓呢？在白廳的雪梨勛爵看來，如果卡爾頓一開始就沒有那麼民主，整個事件可能根本不會發生，根本就應該「把選民限制在有地產階層人士……如此一來，許多難以駕馭的倔強之人（我猜他們也是社會的最底層人士）就能被排除在外了。」[33]這次騷亂似乎進一步證明了一點點民主可能是危險的，彷彿美國革命還沒有充分證明這一點似的。回顧整個事件，卡爾頓想必會表示贊同。在他看來，這次騷亂徹底證明了面對抗議，威權主義是極有道理的。「考慮到從不同的軍隊部門所蒐集到的各類說法，以及其中許多人在一場漫長的內戰中習以為常的那種無序行為，」他說，「最終的結果似乎只能是政府施加鐵腕控制局面，並堅決懲罰那些不遜之人。」[34]

然而新不倫瑞克的騷亂也清楚地表明，英國臣民之間的政治分裂，並沒有隨著戰爭的結束而彌合。它們凸顯了從前革命時期到後革命時期，大英帝國的一種重要的延續性，它正好是由效忠派難民鞏固的。儘管眾人對於所謂「英國人的權利」實際指的是什麼，有著大相逕庭的觀點，他們仍有可能以同樣真誠的態度，堅持不懈地追求這個權利。[35]這樣的分歧繼續分化著大西洋兩岸的英國臣民。幾十年後，豪堡的一位英軍中士（他可能參與過瓦解馬拉德豪斯叛亂）憶起一七八五年選舉，說那是他個人開始政治生涯的一個里程碑。他指出，為了讓選舉結果進一步有利於政府候選人，上水灣的人曾考慮把選舉權賦予駐地的士兵（這個做法的合法性很可疑）。「我們**軍官們**當然與上水灣站在同一陣營，」中士回憶道，但當這些士兵被詢問支持哪一方時，「我的六個士兵從他們毛茸茸的大帽子底下探出頭來，『當然是下水灣，長官！』」「很奇怪，」他反思道，「我們居然會在情感上一致傾向於本省的民眾；但我們就是有這樣的情感，就連神聖同盟所執的九尾貓*也未能根除我們心中的這種情感。」[36]這位中士名叫威廉·科貝特，在滑鐵盧之後的那幾年記下這些回憶時，在身為堅定的保守主義者多年之後，他逐漸成為那個時代的英國激進派領袖之一。不管他是否為適應當時的現狀而歪曲了回憶，科貝特喚起關於一七八五年選舉的這些回憶來高舉他的理想，成為英國國內議會改革的一位支持者，並因此而流芳百世。[37]

效忠派又如何呢？那次選舉所展現了一個最為驚人的事實，是「效忠派」內部也有很多不同的政治形態和規模。他們認同一件事：他們都支援國王的權威，至少當國王也支持他們時，理當如此。在這個關鍵上，效忠派是忠於王權的；這是政府能夠獲勝的一個重要原因。但君主政體大概是將千差萬別的北美難民集中起來的唯一原則。愛德華．溫斯洛和他的朋友們很高興看到不同政見被壓制下去，「紳士派頭的政府」得到了鞏固。他們希望效忠派的新不倫瑞克穩定而等級森嚴，成為看似無政府狀態的共和制美利堅合眾國的對立面。但「美國各州的豔羨」對下水灣的居民，或者對居住在上游臨時住所裡的老兵，抑或對像前中士湯瑪斯．彼得斯那樣的自由黑人並沒有什麼吸引力，黑人們已經被排擠到了聖約翰和弗雷德里克頓的貧瘠土地上，並被徹底排除在選民之外。政府的鎮壓讓人想起了革命前的十三殖民地，面對這個現實，一個被判煽動性誹謗罪的

＊神聖同盟（Holy Alliance）是拿破崙帝國瓦解後，由俄羅斯、奧地利和普魯士三個君主制國家的國王於一八一五年九月二十六日在巴黎會晤時建立的一個同盟。歐洲大多數國家後來參加了這個鬆散的政治組織。九尾貓（cats o'nine tails）又稱九尾鞭，是一種多股的軟鞭，最初在英國皇家海軍以及英國的陸軍中用作為重體罰的刑具，也曾用於英國和其他一些國家的執法體罰。

印刷商決定重返美國，那裡至少是他的家鄉。這樣巨大的政治分歧，使我們根本無法把所有的效忠派難民都定義為堅定的「托利派」。相反地，為了探明政府權力的邊界，他們展開了關於自由和權威的爭論，這些爭論將繼續改變這個地區的政治文化走向，並在效忠派大流散的其他地方得到呼應。

新不倫瑞克菁英階層的成員們，並不是唯一對後革命時期的大英帝國懷有美好期待的效忠派。在安大略湖附近，另一群莫霍克的印第安難民也開拓了他們自己不同於美國的選項，並在此過程中表達了對於在帝國內部擁有自由和主權這個主題的另一種聲音。在約瑟·布蘭特和他的下屬們看來，移居魁北克的吸引力不光是土地。還有可能為五大湖區及附近建立一個新的印第安人聯盟奠定基礎，從而把易洛魁人和一直到西部遼闊區域的各印第安民族聯成一體。布蘭特等人希望在這裡建立一個介於帝國與共和國之間的自治領，如果他們進展順利，可以成為大英帝國的獨立同盟和它忠誠的臣民。

對與英國結盟的易洛魁人各族而言，一七八三年和平條約也是毀滅性的，絲毫不亞於白人效忠派所受的打擊。不僅沒有任何特殊安排，以保護印第安人免受美國人對其土地的虎視眈眈，甚至根本連提都沒提到他們。此外，該條約要求英國放棄五大湖的要塞，也就等於移除保護印第安人免受美國擴張侵略的一道重要堡壘。最糟的是，魁北克與美利堅合眾國之間確定的邊界，把大片的印第安人領土都割讓給了紐約州，公然違反了一七六八年的《斯坦威克斯堡條約》*。英國官員們也意識到，這些條款對易洛魁人有多惡劣，因而盡可能拖延時間，不向自己的同盟透露這些消息，而當他們最終不得不披露殘酷真相時，居然企圖靠分給印第安人一千八百加侖蘭姆酒來減輕他們所受的打擊。[38]正如一位莫霍克發言人所稱，國王「沒有任何權利把〔莫霍克人的〕財產權讓與美國各州，這麼做是公開踐踏一切公正和平等，他們不會就此屈服的。」[39]「英國把印第安人出賣給了美國國會，」約瑟·布蘭特如是說。[40]他們對國王的忠誠到此為止。

與割讓佛羅里達之於南方印第安人相比，易洛魁人認為一七八三年和約是對他們的利益更大的背叛。雖然克里克人和其他民族都害怕被拱手交給西班牙人，那也總好過直接落入美利堅合眾國的魔爪。多年爭奪土地的衝突以一場為時八年的戰爭作為結束，在印第安人的土地上，那場戰爭簡直就是為子孫後代提供了一個戰爭罪行清單。持續不斷的暴力，讓成百上千的易洛魁人越過邊境來到魁北克，與當年黑人和白人效忠派逃往英軍占領的城市尋求保護別無二致。戰爭結束時，至少有二百位來自紐約亨特堡的莫霍克人住在蒙特利爾以南的拉欣，而另一個更大的社群則集中在西部邊境的尼加拉附近，英國當局乾脆稱之為「保皇村」。[41]如今，這些易洛魁移民就像

---

*《斯坦威克斯堡條約》（*Treaty of Fort Stanwix*）是一七六八年英國與印第安易洛魁人在紐約州羅馬附近的斯坦威克斯堡簽署的條約，根據該條約，以俄亥俄河為一條領土分界線，將維吉尼亞殖民地的肯塔基部分，以及現在的西維吉尼亞的大部分割讓給英國。該條約還平息了六族聯盟與佩恩家族（即賓夕法尼亞殖民地的所有者）之間的領土爭端。

其他效忠派難民一樣，充滿沮喪地盤算著要在哪裡長久安頓下來。

然而失望歸失望，易洛魁人還是比南方印第安各族多了一項重要優勢。他們居住在英屬加拿大和美利堅合眾國的邊境上，橫跨著重要的帝國邊界。在南方，英國的代理人起初希望能讓易洛魁人繼續效忠，從而保護貿易，也為英國未來與美國（或可能與西班牙）之間尚不明朗的對抗提供支援。在北方，也就是大英帝國與美利堅合眾國交界的地方，英國人積極投入，力保印第安人的忠誠。如此一來，莫霍克人的地理位置使得他們成為英美利益的緊要關口。美國人希望誘惑他們回到莫霍克河谷，以便遏制他們繼續製造麻煩；英國人希望莫霍克人守在加拿大這側的邊界，從而維繫雙方的聯盟邊境關係。雙方都力求拉攏莫霍克人，如此莫霍克人便可在兩者之間縱橫捭闔，彌補其相對弱勢。

莫霍克人還有另一項優勢，是約瑟・布蘭特尤其擅長的。由於他們與英帝國官員間維持著長期友好關係，他們可以利用私人關係來為自己爭取更好的未來。布蘭特不僅與接連兩任印第安人事務督察專員，即蓋伊・詹森和約翰・詹森爵士，建立了親密友誼，自己也在印第安人事務部任職；他還有一個相對較為同情他們的中間人：自一七七八年開始擔任魁北克總督的弗雷德里克・哈爾迪曼德將軍。與他的前任蓋伊・卡爾頓爵士不同，哈爾迪曼德積極尋求易洛魁人的支持，也對印第安人被和平條約出賣一事感同身受。「看到我們（並非絕對必要地）……接受了如此屈辱的邊界，我悲傷難抑。我發自內心地感到屈辱，」哈爾迪曼德坦承道，無意間附和了南方印第安人事務督察專員湯瑪斯・布朗得知克里克人被拋棄時的感受。[42]正如蓋伊・卡爾頓爵士堅持實踐英國對黑人效忠派許下的自由承諾，哈爾迪曼德也覺得他個人有責任繼續維護英國對印第安人的支持。他的個人尊嚴乃至英國的國家榮譽，全都在此一舉。

在一七八三年那艱難的幾個月間，哈爾迪曼德和東佛羅里達及新斯科舍的兩位總督一樣，應付著效忠派難民不斷從美國各州湧入的局面。有些前往新斯科舍的難民還帶著些基本的補給，但湧入魁北克的絕大多數人則是真正的一無所有：到一七八三年底，一個紀錄顯示三千多難民急需基本衣物。[43]可悲的是，哈爾迪曼德能夠調用的資源少得可憐。他的辦公室列出了一系列極其原始的縮減成本策略：

生病和帶孩子的弱女子以及那些自身情況不允許外出勞動的人，可以讓他們集體住在一兩棟大房子裡，而非單獨居住，如此可以節省大筆取暖和居住費用。……有些人或許還可受僱，以比加拿大人便宜的固定費用製造毯子、衣服和褲子等。受僱勞動的效忠派（由於本省負擔的薪酬費用過高）如果請病假，則應停止供暖和補給，直到他們重新復工，再繼續提供。對商人或手工業者也可適用同樣的規定。[44]

難民巡視員得到命令，只給「那些**絕對**必需之人」發放全部配給。[45]難民們很快便怨聲四起。他們抗議道，沒有政府救濟，「我們便無法度過這酷寒和即將到來的嚴冬，」處境艱難，因為他們身處「一個沒有任何手段為生，無法掙得一分錢來支援彼此的陌生荒涼之地，……更何況我們之中大部分人的口袋裡連一先令都沒有，腳上連雙鞋子都沒有。」[46]一位巡視員提到另一群「病得很重的」難民，他們中「有幾個人已經死去了，他們認為是缺乏糧食和衣物所致，」卻「因為陳述了效忠派的困境」而受到了批評。[47]

相較於讓白人效忠派如此絕望的儉約待遇，哈爾迪曼德對印第安人的遷就格外引人注目。儘管面對如此匱乏緊缺，他仍為印第安人承擔了一大筆額外的費用：他為莫霍克人效忠派安排了一片屬於他們的土地。一七八三年秋，印第安人代理人丹尼爾・克勞斯（威廉・詹森爵士的女婿，約瑟・布蘭特的另一位密友）前往拉欣，鼓動那裡的莫霍克難民留在英屬加拿大，而不是返回他們深受戰爭蹂躪的祖居地紐約。他意識到，「讓這個在一片豐饒的國土上安居樂業的民族離開他們……先祖從遠古時代便定居的地方……是個不通人情的提議。」他也明白讓他們把「死去的朋友和親人的墳塋拋給敵人，任其毀壞和踐踏」有多麼令人為難。但克勞斯成功地說服了整個社群在英國的地盤上「選擇一塊好地」，「他們和子孫可以在那裡無憂無慮地生活下去。」[48]應英國軍官的邀請，約瑟・布蘭特和一些莫霍克人下屬在如今京斯頓附近的昆蒂灣選中了一個地點。哈爾迪曼德「歡天喜地」地向米西索加印第安人購買了這塊地送給莫霍克人，並為他們補充補給品，幫助他們度過剛剛登陸後那幾個難熬的季節：「我一貫認為莫霍克人是值得政府關注的原住民，且特別關注他們的福利和重建事宜。」[49]

雖然從動機上來看，哈爾迪曼德的行為至少部分是基於個人的信念，但他卻向白廳解釋這筆開支乃是戰略考量。他聲稱這樣的移民計畫，可以確保莫霍克人今後世世代代對國王效忠。到一七八四年底，超過五千六百名白人效忠派聚居在京斯頓（當時名為卡塔拉奇）和聖羅倫斯河沿岸遠至索雷爾的地方，這倉促建立的十六個聚居地，只是匆匆編了號碼，甚至連名字都沒有（參彩圖九）。[50]哈爾迪曼德希望莫霍克人可以混居在這一串新村中，成為與英國同盟各印第安民族的效忠派基石，這個同盟將成為他一直企圖在魁北克和紐約之間所建立的緩衝。為確保莫霍克人的支持，哈爾迪曼德採取的另一個措施是，下令在京斯頓為約瑟和莫莉・布蘭特興建兩座相鄰的宅邸。[51]在英國－印第安人關係的背景下，所有這些舉措顯得不太尋常，足以證明英國迫切需要與莫霍克人同盟以確保帝國安全。然而，將這件事放在為效忠派分發補給品的脈絡中相互對照，哈爾迪曼德對莫霍克人的優待就顯得沒那麼不尋常了。藉由贈地給印第安人，為他們提供了與英國政府給予其他效忠派難民同樣的重大讓步。這類行為再次表明，在英國官員看來，莫霍克人不僅是完全獨立的同盟：他們還是效忠派，並因此贏得了特權。[52]

那麼這一切又將莫霍克人自身置於何地呢？約瑟・布蘭特打算充分利用莫霍克人的雙重角色。他最擔心的問題是，他能夠藉此打造出多大的自主權。跟美國人相比，他一直認為英國人能夠為莫霍克人提供更多福利。為收復易洛魁人的領土而與美國進行的談判結果不盡人意，再次證明了他的判斷。一七八四年新簽的《斯坦威克斯堡條約》，更進一步縮小了易洛魁人的領土範圍，讓布蘭特更希望莫霍克人與英國人站在同一陣線，這當然也是哈爾迪曼德的願望。[53]

然而，對布蘭特而言，大英帝國的吸引力，並不是能夠順暢地融入加拿大，正如英國當局所希望的那樣。反之，他認為帝國是重建莫霍克主權國家的最佳平臺。帝國可以提供土地，土地可以為團結奠定基礎，而他知道，團結就是力量。布蘭特在得知新和約後所做的第一件事，是聯繫西部的印第安各族，希望組成一個比昔日的六族聯盟更大的印第安人聯盟。在俄亥俄谷地的桑達斯基召開的一次大型會議上，來自包括克里克人在內的數十個印第安民族的代表們聚在一起，討論他們在大英帝國和美利堅合眾國的夾縫中求生存的現狀。布蘭特發表了激動人心的演說，呼籲大家在英國的庇護下團結起來。會議結束時，三十五族承諾支持建立一個由易洛魁人所領導的聯盟。[54]

有了這個西部各族通力合作的計畫在手，布蘭特把目光投向了另一塊莫霍克人的定居地。它位於伊利湖和安大略湖之間的格蘭德河，是一個很不錯的戰略地點，讓布蘭特能夠方便聯絡西部的印第安各國，和南邊紐約州的鄰居們。一想到還要花鉅資買地給他們，哈爾迪曼德嚇得面色發白。但他仍因和約而內疚不已，又急於留住布蘭特的支持，便同意購買這片領土。一七八四年十月，「鑑於莫霍克印第安人早先在（國王的）事業中表現出的忠誠，以及他們因此而永久喪失的定居地，」哈爾迪曼德授權購買了格蘭德河那片土地，並贈與莫霍克人「供他們和子孫後代……永久享用。」[55]這筆為印第安人的花費將是他的最後幾筆開支之一：三周後，哈爾迪曼德就因財務超支，被從總督之位召回英國。

一七八五年中，保皇村的印第安人遷到了新的帝國家園。（約二百位原本生活在亨特堡的莫霍克人選擇和他們自己的首領一起留在昆蒂灣。）這次贈地是印第安人的一個巨大成就：他們將以此地為據點，重建個人生活和集體力量。然而，約瑟．布蘭特與大英帝國之間的交易還沒有結束。和其他效忠派一樣，印第安人不光想要一塊新的居住地，對於在美國喪失的一切，他們還想要獲得賠償。莫霍克人與英國政府反覆交涉提出索賠，卻都無功而返。一再耽擱讓布蘭特不勝其煩，便決定直接前往帝國之心。他的部落人民在格蘭德河安頓好之後，布蘭特乘船前往英國，決心親自追究賠償之事。

一七八五年耶誕節前不久，英國新聞界宣布「備受尊崇的莫霍克之王約瑟．布蘭特上校」即將到達倫敦。布蘭特一如以往地以兩種身分周旋：作為「莫霍克人之王」泰因德尼加，他行使的是「出入英國宮廷的大使之職」，而作為約瑟．布蘭特，他動用自己的英式派頭和社交關係在當地贏得好感。布蘭特在好友丹尼爾．克勞斯的住處安頓下來後，他立即求見雪梨勛爵。由一位昔日的軍中同袍翻譯，他以莫霍克語力陳莫霍克人應獲得賠償的理由。他代表「整個印第安人聯盟」，說「我們聽說自己在條約中徹底被遺忘了，都震驚不已。」[56]他與其他效忠派難民一樣，請雪梨勛爵尊重「莫霍克人的損失索賠……這一切全由他們忠誠地依附於國王，以及他們在打擊北美叛亂臣民的過程中對國王的支持而起。」英國官方曾承諾「彌補他們的損失，」他最後說，如今實踐該承諾的時間已經過去很久了。[57]在等待官方對莫霍克人的集體索賠提出回覆期間，布蘭特也在追究他和莫莉．布蘭特個人的索賠，索賠金額約是每人一千二百英鎊。他還提出他在印第安人事務部任職應當領取半薪（津貼），但他實際上從未收到過這筆錢。

與此同時，和一七七五年的倫敦之行一樣，布蘭特再次受到上流社會的追捧。大家爭先恐後想見見這位來自北美森林的棕皮膚武士王子，十八世紀末的英國人將很多帝國的原住民臣民視為活生生的「高貴的野蠻人」*，他便是其中之一。然而，如果說英國社會對他的反應一如以往，那麼布蘭特本人又變了多少呢？十年前，他請喬治．羅姆尼為他畫了一幅肖像，這回，布蘭特再次請了美國出生的吉伯特．斯圖亞特為他畫肖像。他再次戴上紅色的羽毛，還特意在他閃閃發光的護頸下面，戴了一條鑲嵌著國王頭像的項鍊垂飾。然而在羅姆尼筆下，年輕的布蘭特帶著神氣十足的性感，從畫框中直視觀者，而這回布蘭特的目光卻向下漂移了。十年的征戰顯然使他老了，左眼下垂，下巴的輪廓上滿是皺痕，衣領上面堆著層層贅肉。在一個衣香鬢影的化裝舞會上，賓客們對布蘭特身著莫霍克服飾的裝束讚歎不已，他的半邊臉上畫著猩紅色顏料的條紋。舞會上有位鄂圖曼土耳其外交官以為布蘭特戴著面具，就伸出手抓住他的鼻子猛扯了一下，想拽下他想像中的面具。突然之間，「駭人的喊殺聲」響徹整個舞廳。談話聲漸漸停下陷入了沉默，眾人看著布蘭特從腰帶裡抽出戰斧，在土耳其人的頭部周圍揮舞著，戰斧的鋼刃在燈光下熠熠生輝。在這千鈞一髮的時刻，所有人都停了下來，直到布蘭特把武器插回腰間，眾人才如釋重負地鬆了一口氣。誰也不知道布蘭特是不是開玩笑；也許危險正是他的部分魅力所在。[58]

在會見雪梨勛爵四個月後，布蘭特收到了他期待已久對莫霍克人索賠的答覆。雪梨解釋說，國王否定了「個人因敵人的破壞造成損失而獲得賠償的權利。」但「作為他對他們最友好態度的證明，」且「適當考慮到國民信仰，以及王室的榮譽和尊嚴，」國王同意無論如何還是會賠償莫霍克人，這是對他們的特別優待。[59]國王的答覆所表達的邏輯，與議會回覆其他效忠派的邏輯相同。莫霍克人不比其他任何效忠派更有「權利」要求賠償，但「國家的信念」最終會為他們伸張正義。

布蘭特於一七八六年下半年回到加拿大時，因為此行大大小小的收穫而興奮不已：查爾斯・詹姆斯・福克斯贈送的銀質鼻煙盒、一個金錶、一個鑲有他的微縮畫像的盒式項鍊墜、一對籠中的金絲雀。他還拿到了退休首領的半薪。更棒的是，他還收到了共計二千一百英鎊的貨品和鈔票，是對他本人和莫莉所受損失的豐厚賠償。[60]至於英國對莫霍克族人的賠償承諾也成了現實。他到達格蘭德河後，發現新的莫霍克村莊「布蘭特鎮」已經初具規模了。那是個整潔有序的定居點，原木房屋都裝有玻璃窗，周圍是悉心耕種的農田和磨坊，布蘭特鎮的格局很像是被他們拋在身後的莫霍克河谷村莊（參彩圖十）。一個英國政府出資建設的學校已經竣工。村莊正中心是象徵著英國－莫霍克人關係的最大建築物：一個有著整齊的白色護牆板的教堂，有銳角的面牆和方尖塔，被尖尖的頂飾襯托得格外分明（彩圖十一）。當傳教士約翰・斯圖亞特（布蘭特曾在一七七〇年代和他住在一起）幾年後探訪這座「大河上的莫霍克村莊時」，他看到那裡住著「七百多人」，大多數是「我舊日的教民」，住在「許多結實漂亮的房子裡。」[61]他尤其高興地看到教堂裡設施齊全，都塗成深紅色，有一台管風琴，還有個專門從英格蘭運來的響亮的大鐘。座位上方懸掛著皇家紋章，而斯圖亞特一定注意到了，那裡使用的銀質聖餐器皿，正是他昔日在紐約亨特

＊高貴的野蠻人（noble savage）是一種理想化的土著、外族或他者（Other），尚未被文明「汙染」，因此代表著人類天生的良善，也是一種文學著作中的定型角色。

堡的小教堂裡用過的那些。

在斯圖亞特和其他白人訪客們看來，布蘭特鎮是野蠻人被英國文明馴化的典範。「那個村莊的確讓人滿心歡喜，」斯圖亞特宣稱，「以至於我都很想把家搬到那裡去。」[62]布蘭特本人更是在自己的格蘭德河莊園上，將貴族氣派的角色發揮到極致。他那座豪華的宅邸圍著一圈整齊的尖樁籬柵，一面英國國旗在屋前迎風飄揚。每逢招待白人賓客時，他都會舉起一杯杯馬德拉白葡萄酒祝國王和王后身體健康，黑奴們戴著褶邊領巾侍奉左右，鞋上還有銀質的搭扣。晚餐後，他會帶著客人們來到舞廳，在那裡跳起曼妙的蘇格蘭里爾舞，並講述他在戰場上屢立戰功的故事。這位在倫敦社交圈一戰成名的人，一貫用他「文明的」儀態在布蘭特鎮熱心地招待白人訪客，每每令他們久久難忘。[63]

然而在某種意義上，布蘭特鎮也是泰因德尼加族人的城鎮。（莫霍克人稱之為「奧斯維肯」〔Ohsweken〕。）雖然眼前勃勃生機的教堂、學校和農田讓布蘭特心滿意足，看到他建立一個廣闊的印第安人聯盟的夢想成真，想必也令他稱心如意。搬到格蘭德河的一年後，就有近二千個印第安人在保留地落戶，不僅包括易洛魁人，還有阿爾貢金語系各部落，甚至還有少數克里克人和切羅基人，依照民族分居在自己的小村莊裡。[64]從英國回來後不久，布蘭特參加了另一次重要的印第安人政務會議，其間參與會議的各族重申他們將團結起來，還向美國伸出了橄欖枝。至少從當前情況來看，他的新印第安聯盟似乎已經成功地在大英帝國與共和制美國的交界處站穩了腳跟。

誰也不可能真正了解布蘭特為發揮自己的紐帶作用，做出多大的努力，他既是莫霍克人的領袖，同時又要當一個忠實的英國臣民。令人失望的是，也沒有多少現存的資料能夠證明在他治下的絕大多數印第安人對此事的態度。新不倫瑞克的支持者們傾向於認為，他們自己的新建省分是從失敗中奪來的勝利果實，這些印第安人是否以同樣的方式看待格蘭德河的定居地？他們一定已經看到，和平可能和戰爭一樣遍地荊棘。布蘭特認為，在一個理想的世界，他可以「統一印第安人，在他們與美國之間簽訂和約，去除所有偏見，讓我們安靜地生活在自己的土地上，遠離憂懼與妒忌。」[65]然而現實並非理想世界。莫霍克人已經喪失了自己的故土、村莊和財產。他們還在不同程度上喪失了真正的政治獨立性，在新的政治格局中被夾在英國和美國各州之間。往後幾年，布蘭特會對英國人和他的同胞易洛魁人有諸多抱怨，前者日益限制印第安人的土地權，後者則一點點地東移進入紐約州，拋棄了他的模範社會。

儘管如此，南邊那個共和國對印第安人的土地虎視眈眈，對布蘭特來說，住在他們的地盤之內，顯然不如住在大英帝國境內當個同盟和臣民。一七八〇年代中期，他只需將莫霍克人的處境，和選擇留在美國一方邊境的奧奈達人的景況對比一下，就能得出結論。奧奈達人回到了自己被戰火燒毀的故土，卻最終無法抵擋住紐約投機者的侵擾。大英帝國給了莫霍克人一件很重要的東西：它為印第安人的利益提供了一個名義上的保護傘。在帝國之內，儘管印第安人的擴張遭遇了重重限制，布蘭特對於英國與印第安人聯盟的願景成了先驅，對往後印第安人爭取主權的努力影響甚鉅，如從眾所周知的肖尼人首領特庫姆塞在五大湖區的雄心抱負，到加入克里克人部落的效忠派威廉．奧古斯塔斯．鮑爾斯提出在密西西比河谷建立效忠派印第安國家的計畫。對莫霍克人來說，離開美利堅合眾國終究是向前邁進了一步，他們還不知道，即使在大英帝國，要獲得真正的權力，前景也絕非無限光明。

為滿足效忠派的需要而重新畫分了新斯科舍的疆界，莫霍克人也在新的土地上定居下來，位於魁北克的第三類定居地引發了另一個迫在眉睫的問題，那就是效忠派湧入後，該如何治理英屬北美。對一個法語天主教徒占人口絕大多數的省分而言，英語清教徒居民的增加省分意味著什麼？從某些方面來說，它的影響最是無遠弗屆。對英國行政人員來說，它可被納入一個更加宏觀的問題，事關如何最有效地組織和治理英國如今在北美的帝國版圖。解決這個問題的首要責任就落在，那些曾在安頓**法語居民**和幫助效忠派難民兩件事中，都付出過極大努力之人的肩頭上。這一次，蓋伊．卡爾頓所要面對的難題是要同時實現這兩個目標。

每次卡爾頓回到北美，他的地位都會比上次更高一級。第一次踏上這片大陸時，他還是個年輕的陸軍上校；第二次他已經是個將軍和殖民地總督了；再次來時，他是巴思騎士和總指揮蓋伊爵士。戰後，卡爾頓希望能更上層樓。他加入了宣導英屬北美改革的效忠派難民遊說隊伍，他也支持新斯科舍的分割計畫，並支持創立一個大總督職位，全權總管所有北美省分的事務。弟弟湯瑪斯已經被派往新不倫瑞克了，而卡爾頓打算自己去爭取這個最高的職位。[66]

這個工作本來就是卡爾頓的囊中之物，只是還有兩重障礙。首先，皮特內閣抵制創建這種卡爾頓所設想、獨攬大權的大總督職位，因為這樣就會讓他擁有了脫離倫敦的完整自治權。（同一時期，與東印度公司改革相關的印度大總督的職權問題正在激烈辯論中。）第二個障礙更難跨越，卡爾頓在接受這個職位的同時更是獅子大開口：他想要同時獲封貴族頭銜。他提出這個要求的動機不僅是愛慕虛榮。他知道，在不列顛世界，貴族頭銜是主張權力的最佳途徑：「一個英國貴族的身分比任何被加冕的君主都要高貴。」[67]如果他要負責在北美重建戰後帝國，他就需要自己能夠擁有的一切權威。他覺得要完成這個任務，需要比將軍更高的權威，必須是貴族才行。冗長的談判持續了兩年，他百折不撓地力求獲封貴族爵位，國王和政府同樣堅持不懈地拒絕。最後，還是卡爾頓的鍥而不捨占了上風。大總督一職雖沒有賦予他所想要的所有權力，他還是獲得了自己追求的貴族頭銜，成為第一代多徹斯特男爵。他在選擇封號時，援引了跟他祖上有點聯繫的牛津郡的一個小村莊（不是多塞特郡那個更有名的多徹斯特），不過那點聯繫也多半是他想像出來的；選擇了一個突出自己輝煌軍功的座右銘；還設計了有一對河狸紋章的盾徽，彰顯他和北美的關係密切。有了這一整套貴族裝備，新晉多徹斯特男爵再次跨海西行，這一次，他的身分是不列顛北美大陸帝國的首席長官。[68]

多徹斯特（從此以後大家都以此名來稱呼他）比誰都清楚自己這個職位的高度在哪裡。在倫敦，他有一次和前祕書莫里斯・摩根閒聊，「開玩笑地聊聊有無可能重建〔北美〕帝國。」「他們認為，政府絕不是理論謀畫的成果，而是意外、偶然和窘迫的產物。」[69]和當時的許多歐洲人（更不要說他的很多效忠派朋友）一樣，多徹斯特也認為美國可能會分裂，它的部分領土會重新落入歐洲人之手。即使美國能夠存續下去，當時也沒有人能夠預測哪一個大國勢力（美國、英國、西班牙還是法國）能夠控制五大湖和密西西比河谷這一大片戰略意義極為重要的地區。與此同時，多徹斯特也知道，獨立的美利堅合眾國本身，就是對英屬北美的挑釁。從人口和經濟發展上來說，英屬北美根本無法與美國媲美。單是紐約州的人口就相當於鄰近的魁北克省全部人口的兩倍半。[70]身為《魁北克法案》的創立者，多徹斯特還知道英屬北美的多種族人口間相互競爭的利益衝突，協調起來實非易事。逾三萬五千名難民的到來，使得英屬北美更像是一個白人、黑人和印第安人居民的雜居之處，使用好幾種語言，在多種祭祀場所裡敬神禮拜。不同程度的匱乏和不滿，是新來者的唯一共同點。如今，多徹斯特必須將這一切具體的「意外、偶然和窘迫」，連同英屬北美的戰前居民，轉化建立成一個穩定的、持續發展的帝國國家。

返回聖路易城行使總督第三任期的多徹斯特，俯看著外面熟悉的風景，眼前是無數屋頂和日晒雨淋的石頭，偶爾有水滴落到下面的河流中，想想那高度的落差，難免令人暈眩。然而一七八〇年代的魁北克，政治和社會格局都非同以往了。**法語居民**雖然在人數上仍遠超過英語系的殖民者，比例大概是五：一，在聖羅倫斯河谷一帶甚至能達到四十：一，約六千位的本省效忠派難民卻也形成了一個頗有影響的利益集團。[71]如同新不倫瑞克的情況，總督本人的隨從中尤其不乏效忠派菁英的聲音。值得一提的是，多徹斯特的長期合作者威廉·史密斯隨他一起來到魁北克擔任首席法官，也是各項深具影響力政策的提供者。多徹斯特的官方指示，反映出革命後英屬北美的各項事務輕重緩急的變化。一七七〇年代，他受命緩和英裔居民和法裔居民之間的關係，也須密切關注大多數法語天主教徒的利益，這一次他的任務卻幾乎截然相反：向政府提供改革建議，迎合日益增加的英語人口之利益。

這個使命反映出英國官員從美國革命中獲得的重要教訓。帝國需要改革，憲政改革。愛爾蘭和印度的政府都已經重組，同樣的改革者也使得反對大西洋奴隸貿易的呼聲愈來愈高。這一次多徹斯特和他的顧問們是帶著改革任務來到英屬北美的。威廉·史密斯對魁北克的問題有著清晰的判斷：「這塊土地由於錯誤的政策而隔絕於國王、上議院和下議院這些政府的修正力量之外。」[72]他認為，英屬北美應該成為加強和改造英國憲法之地，從而防患於未然，杜絕那些曾導致南方帝國崩潰的問題。換句話說，從根本上加強王室（以及國王的行政代表）的權威，將其凌駕於殖民地議會的權力之上，後者已是新不倫瑞克乃至效忠派大流散其他各地的眾人明確表達出來的需求。特別是魁北克，這還意味著要讓英語區享有比法語區更高的特權。在法庭上，史密斯立即著手將涉及效忠派的案件優先適用英國民法，而非法屬加拿大法律。查爾斯·英格利斯就任新斯科舍主教，也在制度上鞏固了英國國教在英屬北美各省的重要性，雖然這裡的白人人口大多由天主教徒和不信奉國教的新教教徒組成。多徹斯特和史密斯還提議在魁北克建立一個免費小學教育體系，旨在提升**法語居民**，讓他們脫離「原始野蠻的狀態」。[73]政府的權力在一個個領域中被強化，英國人的利益也大大壓過了法國人的利益。[74]

這兩項優先事項都體現在議會的法律改革中，最終通過成為法律，即《一七九一年憲法法案》，又稱《加拿大法案》，是現代大英帝國政府的基石之一。加拿大的新憲法大部分是由遠在倫敦的國務大臣所制定的，完整呈現出皮特政府的威權主義態度。這個法案明確強化了教會、貴族和國王的權力，因而在部分程度上，句句都像是對美國革命，以及彼時革命中的法國正在醞釀的諸多新麻煩所發出的反擊。特別值得一提的是，它規定所有新鎮都必須畫出七分之一的土地歸英國國教會所有，未來，這不光引發了法語天主教徒的憂慮，也讓衛理公會教徒和其他不信奉國教的新教徒憂心忡忡。它雖然有關於民選議會的規定，但也建立了強有力的立法機構，以英國下議院為模型，由委任成員組成。它甚至允許國王在加拿大建立一個世襲貴族政治。基於上述所有原因，該法案一直被詮釋為一項反革命舉措，與整個帝國轉向威權主義的趨勢一致。[75]（在英國政治史上，關於該法案最為人所銘記的爭論，是激進派查爾斯．詹姆斯．福克斯和日益保守的艾德蒙．伯克之間的長期友誼，兩人本已因對於法國革命的觀點衝突而受到了傷害，最終在下議院的一場關於該法案的激烈衝突中攤牌，兩人的關係徹底破裂。）[76]

最終，在這部立法的條文制定的過程中，多徹斯特只扮演了一個小角色，遠不如當年實際上由他一手起草的《魁北克法案》。這一點值得關注，因為《加拿大法案》在一個關鍵問題上與《魁北克法案》的精神是相悖的。（的確，它正式廢除了《魁北克法案》的某些條款，認為後者「在許多方面不適用於上述省分當前的條件和形勢。」）《魁北克法案》因向法語天主教徒提供了民權而激怒了英裔北美人，但《加拿大法案》卻是明確有利於英語居民，特別是效忠派。效法新斯科舍一分為二的先例，它把魁北克也分成了兩部分。從此以後，該地區東半部成為下加拿大（如今的魁北克省），保留了法語天主教徒占人口絕大多數的情況。西半部是新的上加拿大省

（如今的安大略省），主要人口是英語系的新教徒殖民者，其中大多是效忠派難民。在舊的省界規定下，這些殖民者在一個天主教法語居民占優勢的省分邊緣苟延殘喘。但隨著上加拿大的建立，效忠派難民有了自己的行政管理機構，如此一來，西邊的上加拿大在結構和地位上均等同於東邊的新不倫瑞克。為了進一步維持效忠派的利益，上加拿大的土地租用制度也有相應的規定，以非常低的附加費用鼓勵殖民。省分的分割成為一個重要舉措，在一個世代之內，便把這個北方邊疆變成了英語系加拿大的腹地。

但要理解《加拿大法案》，最具有啟發性的方式是把它和新興的美利堅合眾國相比。與其說這是一項反革命舉措，不如說它是後革命時期對於新政治格局的回應，它並非傳統意義上的「反動」。[77]眾所周知，「英國憲法」是不成文法，它沒有單一的基礎文本，而是由一系列逐漸產生的文件和常例構成。《加拿大法案》則是英國政府官員們在美國革命後，努力確立憲法條文的若干實例之一，他們力圖為帝國治理白人和非白人臣民制訂出明文規定。英國人為加拿大撰寫這部憲法的同時，美國人也正為美利堅合眾國制定共和制憲法，這兩者絕非巧合。這場內戰，使得英國人和美國人都開始各自重新考慮北美政府的基石所在，並將那些想法記錄在基礎性文件中。

北美臣民們對這個新的帝國憲法感覺如何呢？在戰前的英屬北美，一般認為遠在西敏寺的英國國會，實質代表了殖民地的臣民。這個法案事實上複製了英國議會，並將它平移到了加拿大。然而，並非所有效忠派都表示贊成，從立法角度來說，它顯然是個宗主國英國人的創造物。正如京斯頓的一位效忠派所抱怨的，「應該是先有一個國家，再為其建立政府，而不是為了實施政府的某個事先預謀的投機計畫，去擠壓和扭曲一個國家。」[78]多徹斯特本人對該法案則是五味雜陳。雖然他「贊同殖民地只能建立在不列顛的原則之上，」但他對於變革的速度和性質卻頗有質疑。他總是勸焦急的改革派史密斯「慢慢來，慢慢來。」[79]多徹斯特尤其反對將該省分為兩半，部分理由是此舉將使法裔加拿大人疏遠離間。在他治理北美的二十年生涯中，他一直在提倡一種治理模式，能夠在帝國權威的統領下容納不同的民族群體。這些是他在《魁北克法案》中確立下來的價值觀，也是他在監督黑人效忠派撤離時堅持的原則。然而《加拿大法案》卻將這優先考慮邊緣化了。多徹斯特和他的弟弟湯瑪斯一樣喜歡寡頭政治，他也反對另建一個省議會，那只會導致派系林立。相反，他繼續鼓吹建立一個單一的全權大總督，並與史密斯一起為此撰寫了一份建議書，這也有點像史密斯先前提出的建立北美議會的主張。[80]

從某種程度上，由這兩人提出的對立改革計畫，是一八三九年《特勒姆報告》中諸項建議的先聲，提出要建立「負責任的政府」並統一上下加拿大，這是英屬北美自由主義抬頭的關鍵一刻。[81]然而，它也明確反映出多徹斯特其實對一七九一年的《加拿大法案》幾無影響，在該法案生效時，他甚至都不在北美。他也不贊成上加拿大首任省督的人選。多徹斯特傾向由自己的老朋友約翰．詹森爵士擔任這個職位，考量到詹森與莫霍克人的密切聯繫，和他在上加拿大白人殖民者（許多人都是他業已解散的效忠派軍團中的老兵）中的影響力，他是理所當然的人選。英國政府卻選擇了三十七歲的革命戰爭老兵和議會成員約翰．格雷夫斯．西姆科。西姆科曾是女王軍團的上校，在北美各處服役，但他與效忠派菁英卻沒什麼交集。就英國政府當局而言，這是一項優勢，使得他更有可能支持宗主國政府，而非沉溺於外省的種種變異，但這個任命不啻是對多徹斯特的又一記當頭棒喝。在西姆科到達加拿大之前，被這些事件弄得灰心喪氣的多徹斯特便請假回國探親去了。在未來的歲月裡，兩人因為政策和指揮系統的問題反覆發生衝突，最後以多徹斯特一七九四年辭職而告終。[82]

和多徹斯特不同，西姆科有自己關於威權主義的多民族帝國的願景，他致力於在加拿大的西部建立一個全新的英國。[83]他驕傲地宣稱「本省是受到特殊眷顧的，它所擁有的不是一部殘缺不全的憲法，而是……大不列顛憲法本身的具象和副本」。[84]這片土地或許尚未開發，人民或許還很窮，但有英國憲法原則當作指導，他完全可以如自己所希望的那樣，打造一個帝國烏托邦。[85]西姆科對於北美難民保持疏遠的距離，他決定不把上加拿大的首府定在本省最大的城鎮京斯頓，而是建立一個全新的城鎮，在此期間，首府暫定為尼加拉。離開英國之前，他曾經（從詹姆斯·庫克船長的財產中）買下了一座「帆布屋」，和植物灣總督隨身帶的那個一樣」，為他在這片荒地上建立政府做準備。[86]他的妻子伊莉莎白·西姆科在日記中生動地記錄了他們的西行，因為兩人有四個小女兒留在德文郡，這本日記是為她們記錄的。她描寫了「帆布屋」裡面有隔間，還有個取暖用的爐子，幾乎變得舒適而溫馨。西姆科一家就在那些伸展開的帆布牆壁之間，建立起自己的準總督官邸。他們在那裡招待各路賓客，從約瑟·布蘭特（他一如既往魅力非凡，身穿一件英式大衣，聰明地裹著一件深紅色毛毯），到當時隨所在軍團駐軍加拿大的國王第四子愛德華王子。他們沒日沒夜地玩惠斯特紙牌遊戲，用從英格蘭運來的茶具喝茶。約翰·西姆科出行前往該省西部邊界時，伊莉莎白在尼加拉的生活就如同在英格蘭一樣，繪畫、騎馬，閱讀關於化學和藝術的最新著作，並收集植物和蝴蝶標本寄給遠在大洋彼岸的女兒們。[87]

一七九三年夏，西姆科一家穿過安大略湖，來到了總督選為本省首府的地點。伊莉莎白喜歡那裡的風景，處處是青藤覆蓋的白楊和冷杉，湖邊則是閃閃發光的沙洲。他在多倫多半島附近探尋溪流和水灣時，在水中擊濺的槳聲偶爾會打斷那生機勃勃的荒野喧囂，潛鳥長鳴，野鴨振翅飛出灌木叢。[88]對京斯頓的效忠派而言，西姆科總督要在這荒野之地建立「第二個倫敦」的夢想，看起來像個「政治上的愚妄之行……完全是烏托邦想法。」[89]然而總督並不為所動：女王軍團（西姆科舊日的軍團）的士兵們開始著手清理森林，鋪設道路，為一個既可當成軍事基地、又可成為行政首府的新鎮做足準備。西姆科給這座邊境小鎮取名為約克。[90]一八三四年被正式定名為「多倫多」時，它已經是上加拿大的文化和商業中心了。

與西姆科同時代的效忠派們譴責他的原因，正好是日後安大略省的保守派後代們擁護他的理由：他們認為他是一個格外的英國派、反美國式的、加拿大政府版本的開國元勛。[91]然而，西姆科縱使秉持著全套英國宗主國的態度，他仍對自己的北美時空脈絡作了一個重大讓步。他把上加拿大變得更具「美洲性」。西姆科知道經濟成功和安全的祕訣，就是增加本省的人口，特別是在國境對面的紐約州日益繁榮，成為強而有力的競爭對手之時。和新斯科舍的歷任總督曾希望從新英格蘭引進殖民者一樣，西姆科也試圖從美國吸引新的殖民者來上加拿大。他認為，既然那些年有那麼多美國人向西部遷移，如果地價合適，某些人當然會被引來上加拿大定居。很難找到比他們更好的拓荒者了。他們的民族歸屬、宗教信仰以及對當地氣候與土地的熟悉程度，和效忠派難民根本沒有差別，唯一要做的只是接受英國君主制，以取代美國的共和制而已。西姆科暗自得意道，這應該輕而易舉的事。他認為「美國有成千上萬的居民心繫英國政府和英國人。」[92]再說，《加拿大法案》不正是經過數次考驗、並被證明為真理的英國憲法的完美版本嗎？美利堅合眾國如此年輕，還在建國初期的日子裡蹣跚學步呢；它的憲法還有待批准，未來如何還很難說。

剛剛登陸北美幾周後，西姆科便發布了一項公告，邀請美國人跨越國境。殖民者只需宣誓效忠「英國國會的國王」，便能夠以相當於美國西部地價三分之一的價格得到八十公頃土地。[93]「每天都有很多殖民者從美國過來，其中有些甚至來自卡羅萊納，」伊莉莎白．西姆科寫道。[94]最後，約有二萬名「後期效忠派」湧入該地區，成為白人在北美西部殖民大潮的一個支流，且有助於將英屬北美的英語人口從海洋省分吸引過來。上加拿大或許只是英國的一個外省，但正如這一波來自美國的移民潮所顯示的那樣，它的人民仍以原籍為北美大陸的人口為絕對多數。（到一八一五年邊境對美國人關閉後，英屬北美來自英倫諸島的移民人數才超過了來自美國的人數。）[95]誠然，有些美國效忠派也回美國定居了；但沒有證據顯示這一波回美潮堪比移民加拿大的規模。[96]更常見的情況是，效忠派會暫時前往美國聯繫家人、朋友和生意夥伴，進一步強化了北美人的血緣和鄰里關係。戰爭把北美人分成了愛國者和效忠派，新的國境線隔開了帝國及共和國。但和平又將分裂的社會重新聚合，因為他們對土地、利潤、穩定和安全的追求始終是一致的。跟統治他們的英國官員相比，英屬北美邊境的上加拿大效忠派拓荒者，與國境以南的拓荒者有更多的共同之處，後來的一八一二年戰爭會把這個立場變得更加複雜和尖銳。[97]

在此同時，與美國居民相比，加拿大居民為他們在英國統治下獲得的幸福生活倍感自豪。「無論面對什麼難以克服的艱辛，我們都會有一種普遍的療法，我們在一切場合都會用到它，」京斯頓的牧師約翰．斯圖亞特說，「那就是『跟那個經濟窘迫、四分五裂的國家的臣民相比，我們有多幸福？』大批從美國邊境湧入的居民（他們憂心忡忡地抱怨美國的稅務、窮困和專制）讓我們確信一點，那就是我們應當珍惜自己得到的一切。」[98] 斯圖亞特所說不無道理。美國愛國者之所以開戰，就是為了反對沒有代表權的賦稅。然而在北方的英屬北美，看來卻是北美效忠派贏得了那場戰鬥。隨著新不倫瑞克和上加拿大的建立，效忠派藉由兩個新的行政機構和議會的成立，在名義上獲得了更大的代表權。至於民眾參與極其有限，在效忠派看來反而是一個優勢，看看國境以南那些民眾的處境吧，那裡到處是亂七八糟的競選活動、無中生有的報紙，還有零星發生的政治暴力。（所有這一切現象促使某些領導人自身也變得愈來愈專制了。）

在他們看來，跟美國相比，徵稅問題是他們更大的優勢所在。在上加拿大，英國政府補貼巨資建立起行政機構和國防部隊，效忠派和移民們以便宜的價格獲得了豐厚的土地，基本上無須繳稅。而在美國，因為背負著戰爭債務，州政府對土地的索價要高得多，相應的稅賦也沉重得多：一七九〇年代紐約人為土地繳納的稅款相當於上加拿大鄰居的五倍。簡言之，身為美國人意味著你可以成為積極參政的公民，但為此要支付的也是真金白銀。而在加拿大身為英國臣民，則意味著接受帝國的權威，但卻無須支付高昂的稅賦。[99]（而當那些稅務負擔在一八二〇年代發生變化時，這也成為上下加拿大醞釀叛亂的原因之一，情況與一七七〇年代的十三殖民地毫無差別。）一個世紀之後，加拿大的效忠派後裔仍然以身為「北美大陸上稅賦最輕、最自由的人」為榮。[100]把沒有稅負等同於更廣泛的自由，一直是英裔北美政治文化中對公民自由的一個響亮定義。

當然，斯圖亞特知道在邊疆生活絕非易事。他曾親眼見到因莊稼歉收，而讓貧困社區的居民陷入絕境；他自己也有一個孩子在艱難的流放生涯中死於蒙特利爾的寒冬。[101]既是難民，又是那麼多難民的牧師，他也知道即使身體已經擺脫了困境，離鄉背井和傾家蕩產也會在眾人的心頭留下陰影，久久揮之不去。英國統治並非萬靈妙藥。在京斯頓和約克，以及聖約翰和謝爾本（正如革命前的費城和波士頓一樣）效忠派對於明顯侵犯其權利的做法，以及對從外部強加的離間政策發出了憤怒的抱怨。沒過多久，西姆科就跟上加拿大議會中的效忠派發生衝突，後者希望召開新英格蘭風格的鎮民會議。西姆科打算在上加拿大逐漸廢除奴隸制的計畫，也遭到了效忠派的反對，其中許多人從美國帶來了奴隸，他們對於包括西姆科在內的宗主國英國人當中迅速高漲的廢奴主義意識缺乏共鳴。[102]從某種意義上來說，《加拿大法案》在解決問題的同時也埋下了很多問題的種子，在法律上確立了英國國教的統治地位，也確立了寡頭政治的傾向，這些都在後來引發了日益強烈的不滿。[103]帝國統治終究會把自己忠實的臣民變成敵人。

那麼如此說來，在革命後的英屬北美，效忠又意味著什麼呢？答案可以歸結為一直將效忠派聯合起來的核心原則。不管「北美」效忠派難民在政治上多麼喜怒無常，他們說到底未曾反對帝國：他們不想切斷自己與國王或大英帝國之間的聯繫。在西姆科建立約克之時，也就是英國人從紐約撤離十年之後，白人、黑人和印第安人難民已在英屬北美建立起了另一個可行且耐久的替代方案了。首先，他們克服了艱辛的難民生活倖存下來。儘管無家可歸、挨餓受凍，但他們在一無所有的條件下建起了自己的房子、碼頭和磨坊，教堂和學校。他們享有自己的省政府，權利明確且不斷擴大。他們在能夠提供保護的君主制度下團結統一；他們以較低的價格獲得廣袤的土地。的確，對於帝國邊緣的英國臣民來說，帝國權威可能是一件好事，因為它可以保護自己的臣民免受鄰國殖民者的侵擾。像大衛·喬治這樣的黑人效忠派一旦受到種族主義難民同胞的迫害，也可以向維護他自由的英國法律尋求保護。莫霍克人可以請求王室給予他們土地和部分主權，而在南邊那個多數民主的共和國，要想得到這些可是難上加難。

從某種意義上來說，革命後的英屬北美為美國革命那個宏大的「如果」問題提供了一個答案：如果不獨立，十三殖民地會是什麼樣子？英屬北美既沒有反動的倒行逆施，也沒有全然維持現狀。關於加拿大政治文化的起源，一個很有影響力的詮釋認為，效忠派把美國的自由主義帶到了加拿大，只是那一絲「托利作風」延緩了大眾民主的出現。[104]但是，難民在一七八〇年代的英屬北美追求政治地位的過程卻顯示，還能用一種比較不目的論的方式去理解他們的影響。真正將英屬北美與美利堅合眾國區分開來的，並不是追求自由，而是繼續忠誠。兩種政體都致力於生命、自由和財產；兩種政體都對於該如何好好實現這些目標，展開了激烈的內部爭論。[105]在英屬北美，對於君主和帝國的忠誠，在另一場革命戰爭（與法國的戰爭）前夕，為帝國人民的團結奠定了重要基礎。與此同時，和在美國一樣，英屬北美這個多樣化、多民族的群體，始終在努力尋找共同基礎。（不久後發生的一八一二年戰爭便考驗了國境兩邊各自的團結程度。）此外，和在英國世界的其他地方一樣，英屬北美的民眾對自由的表達，受到了自上而下的統治壓制。英屬北美的效忠派看到了他們遠在英國的同胞們也日益了解的真相，那就是難民們想要的並非總能得償所願。至於其他遠行到南方巴哈馬地區和牙買加的同胞們有無更好的際遇，還需拭目以待。

第三部

臣民

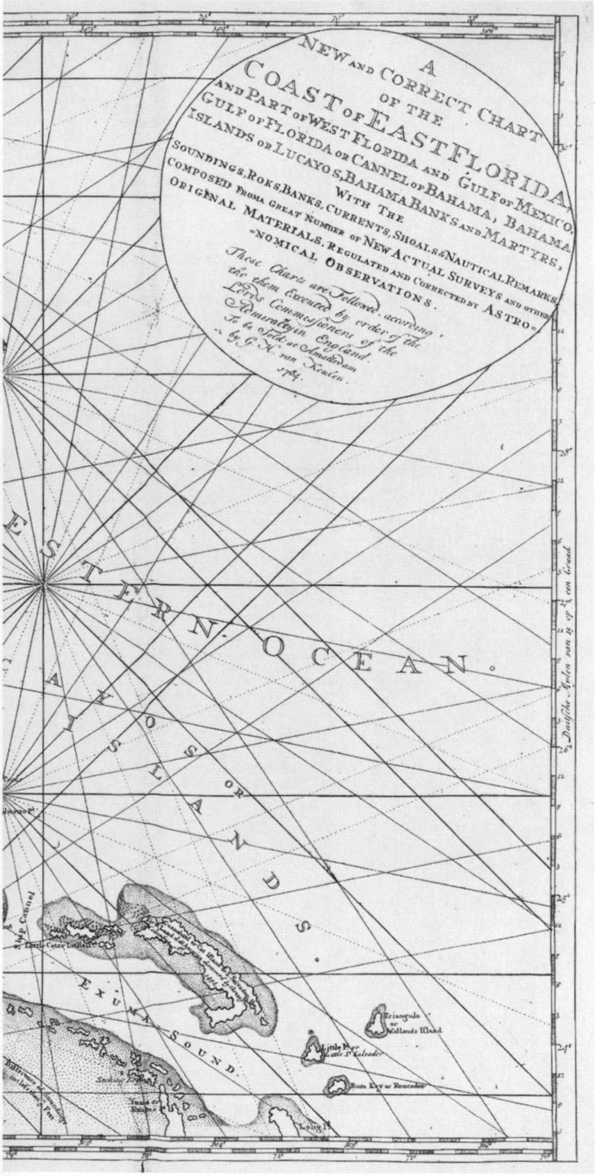

G. H. 范科伊倫，《經更正的
全新東佛羅里達海岸海圖》
（細節圖），一七八四年。

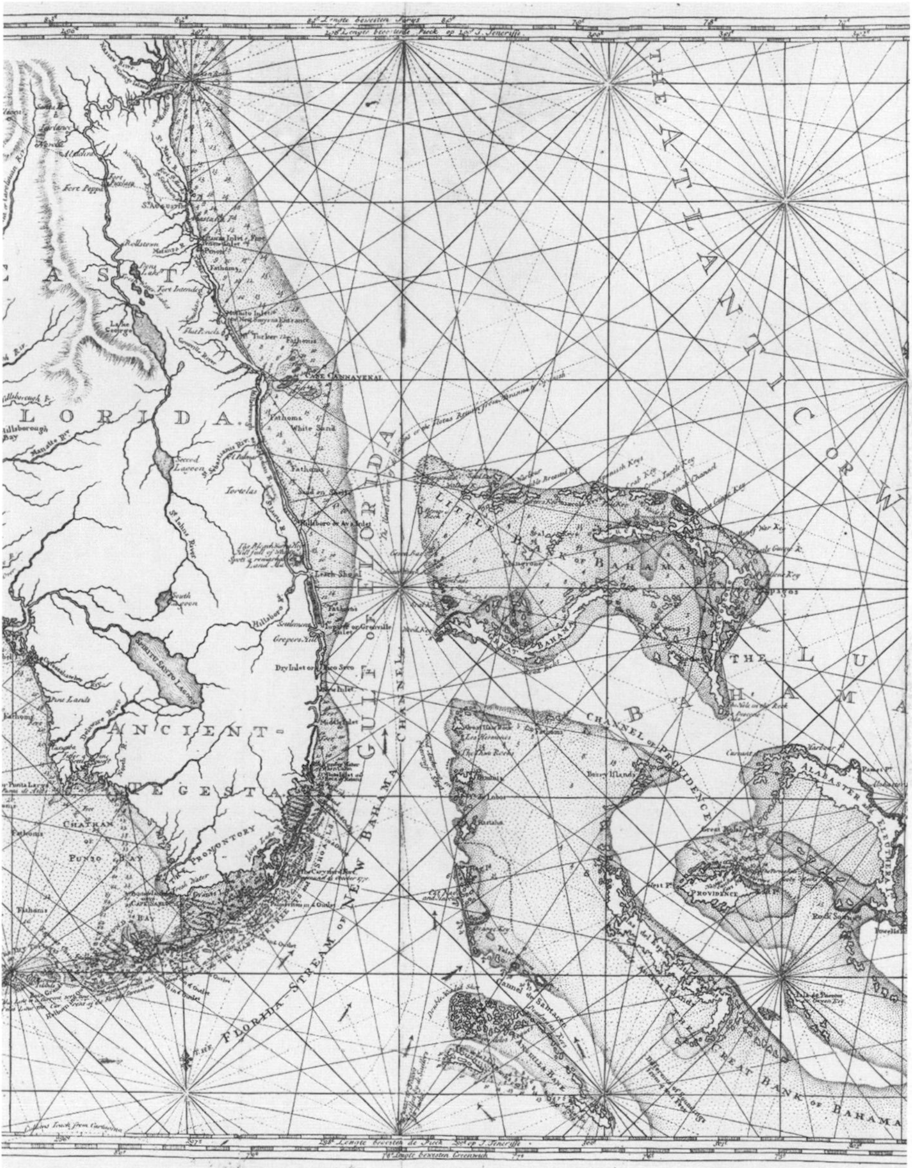

THE ATLANTIC OR W
E A S T
F L O R I D A.
ANCIENT-
TEGESTA
PROMONTORY
CHATHAN
PUNZO BAY
GULF OF FLORIDA
NEW BAHAMA CHANNEL
THE FLORIDA STREAM OF
LITTLE BANK OF BAHAMA
THE L U C A Y
B A H A M A
CHANNEL of PROVIDENCE
THE GREAT BANK OF BAHAMA
CAPE CANNAVERAL
Lake George
Second Lagoon
South Lagoon
Fort Peppa
St Augustin
White Sand
Hillsborough Bay
Pine Lands
Berry Islands
PROVIDENCE
ALABASTER

第七章 風暴中的島嶼

站在巴哈馬的埃克蘇馬島這個新的制高點，前南卡羅萊納被扣押財產專員約翰．克魯登感覺到山雨欲來。他曾殫精竭慮，也竭盡所能，想在東佛羅里達為效忠派建立一個獨立國家，但無奈效忠派同胞們紛紛棄他而去，到環大西洋各處定居去了。克魯登本人也曾沿他們四散的路線到過很多地方。他曾前往英國請求政府支付在被扣押財產上所產生的許多費用。他曾到過西印度群島的托爾托拉島（那不是白人效忠派的避難所，而是著名的奴隸貿易中心）去繼續他正義的鬥爭，追回被離境的效忠派偷走的愛國者名下的奴隸。他曾到過新斯科舍，向坐鎮在哈利法克斯的效忠派賠償委員們提出索賠，也曾和遷居謝爾本的美國友人一起做過生意。最後，他終於和來自東佛羅里達的一千名難民一起在巴哈馬群島安了家。多年顛沛流離，使克魯登能夠直觀地、也從很多角度感受到，離家漂泊為效忠派難民帶來了怎樣的考驗和重壓。但他覺得「我多年逆境的巨大衝擊」卻「大大拓寬了我的思想境界……不幸的經歷對頭腦的啟迪，讓我變得更加理性了。」[1]「我不需要先知的靈氣或占卜的天賦便能預測未來，」克魯登宣稱，「世界即將發生一場重大的動亂，」英國和效忠派難民必須「利用時代和命運所賜的良機。」[2]

一七八五年，克魯登坐在乏味的埃克蘇馬小島上，撰寫了史上最雄心勃勃的帝國復興計畫。他為了留在北美已傾盡全力，力圖依附於東佛羅里達的一個角落。在寫給諾斯勛爵的一封「致國王和大英帝國智囊團」的信中，克魯登為英國提出幾種新辦法，把效忠派大出走變成有利於帝國發展的良機。巴哈馬群島的難民們可以開發島嶼上寶貴的鹽池，充分利用它們在大西洋貿易中的戰略地位。自由黑人可以前往中美洲，復興英國人在那裡的領地，同時他又熱情洋溢地宣稱，由廢奴運動者所提出將黑人效忠派安置在西非的計畫，可以讓英國證明「給全世界看，我們配得上地球上最尊貴的稱號——人類自由的朋友和保護者。」[3]此人看似矛盾，一面廢寢忘食地把被偷走的奴隸歸還給前主人，一面又捍衛黑人的自由。但這兩項目標（一方面保護個人財產，另一方面保護個人自由）完全符合「一七八三年精神」，也是新興的自由主義政治哲學的兩大支柱。

然而克魯登最熱情投入的事業，還反映了「一七八三年精神」的另一個元素：地理擴張的衝動。他敦促英國大臣們迅速攫取北美其他各處的土地，以補償失去十三殖民地的損失。的確，既然當時人普遍認為美國很快就會分裂，克魯登相信，如果英國手腕高明，它還能夠「把美國人拉回來。」[4]這些提議的可行性，有助於解釋為什麼諾斯勛爵和康沃利斯勛爵這樣的大人物，會把克魯登的長篇大論當成重要文件保留下來，而不是隨手扔到垃圾堆。隨著法國革命拉開序幕和一七九三年英法戰爭的爆發，克魯登關於「帝國大動亂」的預言成真，這類想法就更加深入人心了。[5]

約翰·克魯登在巴哈馬群島提出的每一個計畫，都顯示了那些島嶼在效忠派大出走地理中的特殊地位。正如在新斯科舍和新不倫瑞克一樣，巴哈馬群島的效忠派難民也成為了當地人口中的多數，對那些島嶼的景觀、經濟和人口都產生了顯著的影響。此外，和英屬北美一樣，難民們也對帝國當局充滿不信任。但南北兩方的效忠派社會仍有若干差異。與英屬北美不同，巴哈馬群島上約有二千五百名白人效忠派，人數遠低於他們極其費力才保住的那些可動財產：約六千名奴隸。如此的人口失衡，為這些島嶼上的政治衝突增加了一層種族色彩，因為白人奴隸主對於如何管理奴隸的觀點，與統治者更為家長制的意見時有矛盾。此外，英屬北美的效忠派成了美國的某種帝制對立面，而巴哈馬群島的某些效忠派卻幻想著要與那個顯眼的鄰居形成一種全然不同的關係，克魯登就是其一。既然巴哈馬群島距離佛羅里達海岸最近的地點只有九十六公里，他們便想把這裡當成是奪回北美部分領土的戰略要地。對於奴隸制和擴張問題上的對立立場，在巴哈馬群島的效忠派難民之間畫出了一道分界線，有些希望建立一個農園社會，就像他們離開的美國南方家園那樣，有些則主張鞏固和延伸一種更為家長制的統治作風。從一七八六年以後，後一種態度獲得了巴哈馬群島總督的有力支持，他就是克魯登素日的支持者，前維吉尼亞總督鄧莫爾勛爵。

約翰．克魯登的想法的空想性質，暗示了巴哈馬群島難民生活的最後一個決定性特徵。到一七八五年，長期躁狂的克魯登已經變成了一個瘋子。他的熟人們提到了很多跡象。「約翰．克魯登來了，只有上帝知道他來幹麼，」他在哈利法克斯的一個朋友對另一個朋友如是說。「我覺得他瘋了……他看起來似乎仍然是我們認識的那個明白事理的好心人，但他的政治主張太狂熱，沖昏了他的頭腦。」[6]一位男性生意夥伴收到克魯登的來信，想必會大吃一驚，因為信上說希望

「上帝不久就能給我機會，證明我有多麼熱烈地愛著你」（他在別處解釋說「就像**大衛愛著約拿單***」），「等到那一天，我們將從此再不分離。」[7]然而他最古怪的、或者至少是他最廣為流傳的幻想，當數他那些可歸結為千禧年主義†的胡言亂語。因為克魯登關於大英帝國的野心還不止於重新征服美國。「如果可以積極地把猶太人團結在一起，」他繼續說，「幫助俄羅斯國王和王后打敗土耳其人，我們就無所不能了。」[8]克魯登開始覺得，在美國重建英國勢力能夠為猶太人的復興鋪平道路，不是在聖地，而是在密西西比河沿岸。從帝國復興到基督再臨：那才是真正「重大的動亂」。[9]

當然，所有這一切都只是一個人頭腦中的狂想。然而，社會的異常值能幫助我們理解社會規範。隨著克魯登愈來愈癲狂地想盡辦法要把一個破碎的世界縫合起來，他的瘋狂冥想也就構成了一個引人注目的案例，供我們研究顛沛流離所造成的心理影響。他自己曾提到，他的苦難如何讓他的思想變得「成熟」了。幾乎有一半巴哈馬難民都像他一樣，因東佛羅里達被割讓而不止一次離家漂泊。他們到達這些群島時，多次遷徙的壓力已烙印在他們的心靈上，因被出賣而痛苦萬分，隨時可能爆發不滿。這些難民所受的創傷，為巴哈馬群島上效忠派與統治者間尤其戲劇化的衝突搭設了舞臺，那是關於大英帝國應該持何種立場的意見衝突。政治觀點分歧在英屬北美看起來只是一系列不同主張而已，但在巴哈馬群島卻變成了兩極對立，一方質疑帝國權威，另一方卻堅定地支持。這些派系是如何產生的，哪一方終將獲勝呢？

這片新世界從海上看去十分不起眼，不過是一條石灰岩和珊瑚從水中突起，海水如此清澈，幾乎能看見海底沙子的波紋。但連續五周在陌生的湧浪中顛簸，著實令人筋疲力盡，對那些漸漸靠近島嶼的海員來說，陸地就是陸地，陸地就意味著生命。他們踉踉蹌蹌地下了船，在海灘上雙膝跪地，祈禱著，並將裝飾著綠色十字架和王冠的旗子插在沙灘上。艦隊司令給它取名為「聖薩爾瓦多」（San Salvador），因為在他們看來，這片陸地一定像極了最終的救贖‡。[10]

一四九二年十月十二日，克里斯多福．哥倫布和他的船員們以為他們到達了印度，而事實上，他們航海進入了巴哈馬群島的礁石群。巴哈馬群島地勢平坦，樣貌乏味，也沒有任何淡水資源，絲毫沒有西印度群島上蔥郁繁茂的熱帶景觀。（它們地處大西洋灣流，而非加勒比海上，多半位於北回歸線以北。）但哥倫布並不是唯一一個在這些突起於海平面的多石陸地上看到天意的人。一六四〇年代，巴哈馬首批英語系殖民者，一群來自百慕達並自詡為冒險家的人，在一個他們稱之為「伊柳塞拉」（Eleuthera，這個名字來自於希臘語，意為「自由」）的島上殖民，希望

---

*約拿單（Jonathan）是《聖經》舊約中記載的一個人物，是以色列第一位由上帝耶和華膏立的國王掃羅的長子，也是以色列歷史上第二位膏立君王大衛（David）的忘年交。他後來在一場戰爭中與父親一起陣亡，大衛為此哀痛萬分。

†千禧年主義是某些基督教教派正式或民間的信仰，相信將來會有一個黃金時代：全球和平來臨，地球變為天堂，人類繁榮昌盛，大一統的時代來臨以及「基督統治世界」。

‡薩爾瓦多（Salvador）在西班牙語中有「救贖者」、「拯救者」之意。

在那裡建立一個信仰自由的模範共和國。後來一波的百慕達人，將群島中的一個較大的島嶼重新命名為新普羅維登斯，還在其上建立了巴哈馬群島的首府：拿索。[11]

在哥倫布登陸三個世紀之後，尾隨著一長串前仆後繼來到這些島嶼的殖民者，北美效忠派希望巴哈馬群島會帶來上天賜予的回報。他們也鞏固了巴哈馬群島和北美大陸間密切聯繫的歷史。在伊柳塞拉附近的哈勃島上所建立的殖民地，其建築風格與麻塞諸塞漁村有著類似景致，也絕非巧合。[12]英屬西印度群島中的牙買加和巴貝多，遍地蔗糖農園，且有極大規模的奴隸勞動力，巴哈馬與之相比，在文化和生態上，與南塔基特及外灘群島（當然還有百慕達）的共同點更多。到美國革命爆發之時，只有約一千七百位白人和二千三百位黑人（其中約一半是自由人）住在新普羅維登斯島、伊柳塞拉島和哈勃島。[13]時有船隻在暗藏危險的礁石上撞沉，有些人便依靠劫掠那些船隻勉強度日。還有人靠捕魚、捕鯨、捕龜和砍伐木材辛苦謀生。季節工人會從那些金光閃閃的鹽池中耙鹽，這是島嶼上最賺錢的生意，正是那些鹽池讓最南端的那些島嶼表面平滑，並結著厚厚的硬殼。這些戰前的居民後來被稱為「海螺」，因為他們吃的食物中有種海蝸牛，堅硬的螺肉捲在玫瑰花瓣般的硬殼中。[14]

西印度群島堪稱十八世紀大英帝國的經濟發電機，而巴哈馬群島卻一直處在帝國經濟的絕對邊緣。這些島嶼因為防禦力較差而頻繁受到西班牙的襲擊，又嚴重依賴與附近美國海港的貿易維持生計。如此說來，難怪巴哈馬人（和許多新斯科舍人一樣）首先從實用主義角度來看待美國革命，認為它是安全和商業的威脅，而沒什麼意識形態的考量。一七七六年三月的一天清晨，七艘美國軍艦在新普羅維登斯島靠岸，算是革命首次觸及巴哈馬群島。當總督召喚民兵守衛拿索時，許多人沒有武器，還有人根本沒露面。兩架大砲在拿索堡上開砲，做為對入侵者的警告，結果卻紛紛從砲架上跌落下來；在拿索鎮東邊的蒙塔古堡，「連一桶〔可用的〕火藥或一截導火線都沒有」。[15]城堡上的守軍聽說有三四百名美國士兵在海灘登陸，人數遠遠超過了他們，乾脆回家守護私人財產去了。愛國者一槍未開便攻克了拿索。兩周後他們再次離開那裡時，許多人因為狂飲搶來的葡萄酒，已經醉得不省人事了。[16]

雖然這類鬧劇時有所聞，當地人口對於保皇或是革命也沒多大興趣，但巴哈馬群島卻是效忠派取得一次重大勝利的地點，事實上，這也是那場戰爭的最後一次軍事行動了。一七八二年，西班牙正式占領了巴哈馬群島。附近東佛羅里達的效忠派難民看到西班牙占領軍近在咫尺，變得焦躁不安。一位名叫安德魯．德沃的南卡羅萊納效忠派坐不住了，決定主動出擊。德沃認為「我們眼前的一切都那麼可怕，又無法指望大英帝國，只能用我們自己……極大的努力，」德沃開始「招募志願兵去占領新普羅維登斯島。」[17]在靠近拿索時，德沃施展了一點伎倆，讓自己的艦隊反覆離岸靠岸，每次都貌似有一船新的士兵登陸，以此來掩蓋他「只有那麼點衣衫襤褸的民兵」的事實，他們總共大概只有七十個人。[18]西班牙守軍覺得局勢危急，便毫無抵抗地放棄了蒙塔古堡（正如巴哈馬人一七七六年所做的那樣）。一七八三年四月十八日，德沃在拿索升起了英國國旗。[19]

德沃占領巴哈馬群島，是效忠派對其自力更生精神的傲然證明，也凸顯了這些島嶼和大陸之間的對位關係*。唯一的問題是，一切都太遲了。[20]不光北美的敵對局勢已經在四個星期前正式結束了，而且根據一七八三年一月簽訂的初步和約條款，西班牙已經同意把巴哈馬群島歸還給英國。效忠派此舉是畫蛇添足。這次冒險的主要成果不過是在東佛羅里達省被割讓後，給那些震驚難過的難民一點正面的消遣。[21]

這次行動也提醒了大家，巴哈馬群島也不失為一個安置效忠派的所在。[22]一開始，巴哈馬群島對佛羅里達的難民們並沒什麼吸引力。迄今為止唯一的效忠派定居點是由約一千五百個紐約人所開拓的，他們在一七八三年夏季搬到了北部諸島中的阿巴科島。[23]在大多數難民眼中，巴哈馬群島比「貧瘠的岩石」並沒有好多少。[24]一七八三年夏天，路易士．約翰斯頓醫生從聖奧古斯丁啟程來這裡調查時，就證實了這個負面印象。他很快就看到了巴哈馬人為什麼完全不在周邊島嶼上發展農業，「而且除了捕龜和砍伐木材，他們根本不到那些島上去。」[25]土壤品質太差了，根本無法像在西印度群島那樣開墾蔗糖農園，也無法像在美國南部那樣種植水稻和菸草。然而，包括約翰斯頓在內的許多東佛羅里達難民都有一個最重要的目標。他們需要找個可以讓自己的奴隸工作的地方。巴哈馬群島雖然看起來不是什麼有前途的殖民地，但新斯科舍「氣候……根本不適合南方人居住，也不適合僱用奴隸，」就更非佳選了。牙買加和巴貝多已經人滿為患，幾乎沒有什麼可以耕種的土地。巴哈馬群島的優點在於，這裡與喬治亞和南卡羅萊納的「緯度幾乎相同，」「沒有多少居民，但也還沒怎麼開發。」[26]一邊是「貧瘠的岩石」，一邊是新斯科舍那樣的苦寒之地，絕大多數佛羅里達難民選擇了岩石。

一七八三年下半年，英國政府決定出錢買下那些島嶼上世襲業主的全部產權，像在英屬北美那樣，根據效忠派「以前的狀況及各自的耕種能力（無償）〔提供〕……土地。」[27]這是巴哈馬難民與海洋省分難民諸多相似經歷中的第一個。其次就是難民到達的情況了。和新斯科舍的總督帕爾一樣，巴哈馬總督約翰·麥斯威爾突然間便陷入了處理難民危機的諸多麻煩中。[28]到一七八四年中，來自佛羅里達的運輸船每每靠岸，都會有數百名難民和奴隸登陸新普羅維登斯島。麥斯威爾報告說，「他們一下船便隨處紮營，毫無秩序，遺憾的是，我卻不知道政府是否已經買下了土地。」[29]許多人在拿索附近安頓下來，生活條件相當原始，其他人遷到了乾燥空曠的周邊島嶼上，在那裡砍下矮樹叢，看能否開墾種植。共有超過六千名效忠派及其奴隸到達了巴哈馬群島，相當於戰前人口的兩倍，將黑人與白人居民的比例從一點多：一，提高到了二：一。[30]

雖然巴哈馬群島的氣候比新斯科舍溫和一些，但在那些未經開發的島嶼上，這些一無所有的新來者能夠賴以為生的東西卻少得可憐。到一七八五年春，食物短缺已經相當嚴重，當地官員懇求東佛羅里達總督派翠克·托寧不要再運送更多難民來此。[31]（約翰·克魯登在策畫反對西班牙人接手佛羅里達的政變時，曾請求巴哈馬總督提供補給品，卻遭到了後者的推諉，後者尖銳地提醒他說「剩餘的物資是留給那些效忠派的，他們很快就要來了。」）[32]那些島嶼嚴重依賴外來貨物，單是一條英國補給船在拿索附近撞沉，就足以把飢餓的難民推向饑荒的邊緣了。[33]當地也沒

＊編按：此處採用音樂上的對位法，形容共生共存、互相矛盾又彼此影響的關係。

有足夠的房屋安置他們。拿索已經是那些島嶼中最大的城鎮，也「只有一條還比較齊整的街道，」沿街蓋著簡樸的木頭房子。一位前來訪問的日耳曼博物學家發現所有的建築物裡「都住滿了從北美逃出來的難民。」他自己只好安置在城外的一個「很像穀倉的」住處；很多難民還住在帳篷裡。[34]

在阿巴科安家的紐約效忠派，情況也好不到哪裡去。他們規畫了一個城鎮，以恩人蓋伊爵士之名將它命名為卡爾頓，滿心希望這個地方像紐約報紙上吹噓的那樣，極有潛力成為下一個龐大的農園經濟體。然而他們很快就發現，這片土地「不如想像中那麼肥沃，」「他們至少需要十二至十四個月的時間，才有可能開墾土地、種植和收穫自己的勞動成果。」[35]和聖約翰沿岸的另一個卡爾頓一樣，匱乏引發了爭端。一位官員報告說，他們「剛上岸沒幾天，」「就不滿之聲四起，那些不滿逐漸升級，到最後他們彼此之間也劍拔弩張了。」因為一場關於食物分配的爭執，卡爾頓的殖民者們徹底分裂，有些人遷居馬什港，在那裡建立起一座對立的城鎮。[36]

麥斯威爾總督預料到，「我想這些人如此不滿，取悅他們定是件難事。」[37]這麼說還是太含蓄了。阿巴科的騷亂成了一個預兆，也是巴哈馬和英屬北美效忠派社會中最大的相似之處：不滿的難民與負責幫助他們的官員之間所發生的衝突。新來的佛羅里達難民很快便開始對物資、土地分配和政治代表權等問題牢騷滿腹，與北方的難民同胞遙相呼應。和前任的帕爾和湯瑪斯・卡爾頓總督一樣，麥斯威爾也成了效忠派發洩憤怒的對象。

一切都因食物而起。和土地的分配一樣，糧食配給的發放也是效忠派大流散各地難民與政府之間一個長期緊張的根源。但因巴哈馬群島距離美國較近，這個問題出現了一個特殊的轉折。麥斯威爾收到了難民們抱怨食物供給問題的請願書，他的回應是在政務會擱置了一項與美國貿易的禁令，允許美國船隻把急需的物資帶入拿索。[38]但麥斯威爾卻沒想到難民們的反應，他發現「在他們看來，這是極大的冒犯。」看到美國船隻停在海港，有些難民怒髮衝冠，試圖上前把星條旗從桅杆上扯下來。[39]麥斯威爾譴責這樣的行為「背離了我們國王陛下的和平原則，且公然有違一切公共秩序和禮節，」並發布公告，「嚴格命令和請求國王陛下的所有臣民克制，戒絕此類不名譽和非法的行為。」[40]「我指揮軍團時，時常會被呼籲，如果麵包不夠，就要注意防止鬧事，但那時我還沒有跟效忠派打交道，」他沉思道，「誰又曾想到，給他們便宜的麵包也會冒犯他們？」[41]

這些事件發生後僅一兩天，有人走在拿索的貝街上看到牆上貼出了古怪的傳單。幾乎可以肯定它們是從來自查爾斯頓的威爾斯家族印刷機上印出來的，約翰・威爾斯剛剛把印刷設備從聖奧古斯丁帶到拿索，現在正用它們印製出版巴哈馬群島的第一份報紙《皇家巴哈馬公報》呢。[42]傳單上刊出了它自己的「公告」，模仿麥斯威爾的口氣對他挖苦一番：

鑑於我在政務會上背離且直接違反了國王陛下的命令，允許叛亂者名下的各種船隻進入本島並傾銷他們的貨物。又鑑於那些名為難民、或者另一個同樣令我厭惡的名字——效忠派的人……表先〔原文如此〕出對我的這一行為的不滿……我特此宣布，……我將……

對這個忠於國王陛下的行為（雖然它跟我的興趣差之千里）表示我最大的不快。[43]

麥斯威爾的效忠派敵人堅信，總督心裡偏愛戰前的「海螺」居民，而不是這些貧困的新來者。他們譴責他對美國船隻開放港口不是為了幫助他們，而是為了他自己和他的「海螺」朋友們趁機牟利。因為在他們看來，允許那些把他們趕出家園、讓他們陷入流放困境的美國人入境，怎麼可能是在幫助他們？

麥斯威爾也立刻對敵人予以回擊譴責。和他的英裔愛爾蘭同胞卡爾頓兄弟所擁護的社會一樣，麥斯威爾的理想社會也是建立在權威、等級制度和農業經濟的基礎之上的。「當我提到籠統的**效忠派**一詞時，」他小心地說道，「我所指的永遠不包括他們中間那些做出無禮行為的人，大多數人是安靜有序的。」[44]他特別欣賞那些難民農園主，「那些人已經帶著很大一家子人，以及十個、二十個乃至一百個奴隸在周邊島嶼上安頓下來了。」製造事端的是城市專業人員，如商人、印刷商和律師，其中東佛羅里達難民尤甚。（他認為他們是因為受到了托寧總督的默默支持，後者一直覬覦著巴哈馬總督之位。）[45]麥斯威爾對他們徹底失去信心，說「他們是世界上最惹人厭煩、欲求不滿的人。」[46]「如果要我從目前看到的來判斷（極少數人除外），他們都是我們那些戰敗軍隊中的殘渣敗類，」而「要是即將來到這裡的其他人也都是這樣的品性，那麼公民政府就危險了。」[47]他總結說，跟這些人打交道的唯一方式，就是用軍事手段來鎮壓他們。問題是他沒有軍隊可用：被調遣駐守巴哈馬群島的英國軍隊還在佛羅里達，要幾個月後才能到達這裡。

一七八四年七月底的一天，拿索出現了另一份傳單，上面寫道，鑑於「目前在巴哈馬群島的**效忠派難民**的特殊處境」，「他們〔必須〕團結起來堅持到底，保全和維護他們的權利和自由，他們正是為了那些權利和自由才離開故土、傾家蕩產的。」該文件宣布召開一個「來自北美大陸的效忠派大會」討論效忠派關心的問題。文件下方列出的十五個簽名者立刻證實了麥斯威爾的偏見。他們包括三位律師、一名醫生、幾名商人和幾位富裕的農園主，全都來自聖奧古斯丁。這群人的領袖詹姆斯·赫伯恩曾是東佛羅里達的總檢察長，從他到達的那一刻起，就開始煽動效忠派反對麥斯威爾。印刷商約翰·威爾斯是另一個簽名者，他似乎在這裡實踐他報紙的口號：「不羈之民，沒有主人。」[48]會議的主持人不是別人，正是小路易士·約翰斯頓，也就是路易士·約翰斯頓醫生的兒子和威廉·約翰斯頓的哥哥，從聽到父親帶回的負面消息那一刻起，他大概就已經準備好要對巴哈馬群島發洩百般不滿了。[49]

整個一七八五年夏，效忠派的牢騷就像熱鍋上的水珠般失控了。赫伯恩和另外兩位律師認為自己遭到了不公正的阻撓而無法在此地執業，便衝進了法庭，「以極端下流的語言」攻擊首席法官，導致訴訟不得不休庭。法院休庭了好幾個月，以待各方冷靜。[50]另一次，赫伯恩出現在麥斯威爾總督的宅邸，指責總督背叛職責，他的權威變得毫無意義。麥斯威爾立即重砲回擊，反駁說「如果這還不算是最大的行為失檢乃至危害國家，我無話可說。」[51]與此同時，麥斯威爾處理了關於土地分配的抱怨，一方面試圖解決戰前殖民者之前提交的要求，另一方面對效忠派採取懷柔政策，「他們看見一塊空地，說他們**必須**占有它，就**一定**會占有它：按照他們自己的說法，這都是『對他們的承諾』。」[52]

暴動隨後就發生了。一個星期天早晨，效忠派煽動者站在教堂外「用鼓聲敲響了放逐曲，把大家從教堂裡驅趕出來。」占領了教堂之後，他們在夜深人靜時「敲鐘，聽上去像城鎮著火了一樣」，以此來「自我取樂。」[53]這樣的破壞持續了幾個星期，無一不起源於「效忠派的住處和帳篷。」[54]有一次，一群「白人和黑人武裝」暴民在一天深夜出現在首席法官的家門口，高喊著「開火」，威脅要開槍射擊住在裡面的人，此情此景真是和革命中的美國別無二致。[55]然而由於法院休庭，手頭也沒有軍隊可供調遣，麥斯威爾苦於無力報復，身為獨裁主義者，他缺乏必要的立威工具。[56]

抗議者可說是取得了勝利：麥斯威爾被從總督職位上召回，於一七八五年春乘船回國，離開時他明顯鬆了一口氣。他的繼任者是代理總督詹姆斯・愛德華・鮑威爾，這位「年老昏聵」的慈善之人本就是來自喬治亞的效忠派難民。[57]鮑威爾希望現在「安靜和相互信任能夠取代怨毒和憤怒。」[58]但麥斯威爾在離職前，就已激起了效忠派和政府之間最大的爭議。一七八四年底，他解散議會，呼籲選舉和重組議院，其中共有十一位新議員，代表新近在周邊島嶼定居的殖民者。新選出的議員在一七八五年二月就職，其中就有臭名昭著的詹姆斯・赫伯恩和他若干不滿政府的效忠派好友。

在第一次議會演講中，鮑威爾總督承諾「既往不咎，而希望能在未來恢復和諧與互信。」他的話音未落，赫伯恩就跳起來，提交了一疊他的同僚們所寫的申訴書。每個申訴人都聲稱曾以相對多數入選議會，但軍警隊隊長「錯誤地、邪惡地、非法地」安排了一位敵對的（代表「海螺」的）候選人頂替了他。赫伯恩和其他六位議員「未得到議長的允許，便非常粗魯地」離開了會議廳，以示抗議。[59]議會傳喚他們到庭陳述離席理由時，赫伯恩和他的朋友們拒絕了，聲稱他們「選擇不參加議會，因為議會中有些議員是**非法**入選的。」為了報復，現任議員命令將效忠派的抗議書「由執行絞刑的公共行刑人當眾燒毀，那是對本議會的權威和尊嚴最為邪惡、失禮和可恥的誹謗。」第二天，公共行刑人在法院門前當眾燒毀了那些冒犯權威的文件，以具體的生動展示了國家權力。[60]

煽動性傳單和威爾斯的《公報》上的新聞報導再次傳遍了各個島嶼。被煽動的效忠派在拿索召開緊急會議，宣洩「他們及其選民所發出不可容忍的不平。」他們認為，離職的麥斯威爾總督利用「最大的手段和影響力……阻止最近在這些島嶼上定居的國王陛下的忠實臣民獲得任何一點點代表權。」選舉的進行「直接、公然、不可容忍地違反了憲法和法律。」議會並未代表他們，因而他們「沒有義務遵守議會可能通過的任何法律。」他們要求鮑威爾解散「當前這個非法和違憲的議會」並（從效忠派抗議者隊伍中）任命一個委員會代替它「行使職責」。[61]

拒絕遵守法律，要求現任政府中止：這些都是革命式的挑釁。而他們還自稱效忠派？日漸升級的衝突讓白廳的大臣們埋頭苦思。「這實在令人詫異，」雪梨勛爵驚嘆道，「那些曾因為對王室的忠誠和恪守英國憲法而備嘗艱辛的人，竟全然忘記了自己的身分和對國王陛下的義務，如此公然挑釁王室的權威和憲法。」[62]如果有合適的資源，麥斯威爾總督大概會像卡爾頓在新不倫瑞克那樣，毫不手軟地出兵鎮壓抗議。但鮑威爾本人就是效忠派，也比前任更有外交手段，他拒絕失去冷靜。他感謝效忠派請願者「依附並恪守英國憲法，」並宣布議會整個夏季期間休會，責令議員們「盡你們最大的努力修復已經形成、且在一定程度上仍將繼續存在的分裂。」[63]克制如他，取得的效果卻極其有限。休會四個月後，議會成功地逐出了最為桀驁不馴的議員。但關於代表選舉的爭議卻始終存在，直到鮑威爾本人在一七八六年冬天去世時也還未解決，這個燙手山芋繼續傳給下一位總督。

大體上，整個抗議沒有哪一點是巴哈馬群島獨有的。巴哈馬難民訴諸英國憲法來捍衛自己的權利，高聲反對違憲行為，為實現自己的目標動用了印刷機、請願手段和法律。這些都是革命前的美國和整個英國世界典型的抗議形式。然而這次巴哈馬人抗議卻也有其鮮明的風格，爆發了公共極端事件、騷亂和襲擊，以及各類革命會議的原型。這裡的抗議為何如此歇斯底里？雪梨勛爵對拿索發回的報導思考了一番，提出了一個解釋。他指出，鑑於「許多效忠派一到巴哈馬群島，看到那裡如此不合人意，」那些曾經生活富裕的難民尖銳地「感受到從前和當前處境之間的差異，這樣令人不快的變化當然會播下憤怒的種子。」[64]當然，全體效忠派難民都要面對一無所有、離鄉背井和傾家蕩產。但最難駕馭的巴哈馬難民來自東佛羅里達實非巧合。他們不僅攜帶著戰爭對他們的身體和心理造成的創傷。（比方說，湯瑪斯·布朗到達巴哈馬群島後，就碰上一七七五年遇襲遺留的嚴重偏頭痛發作，以至於為了緩解，他採取極端方案，接受了顱骨穿孔術，也就是在顱骨上穿一個洞。）[65]這些兩度喪失家園的難民們因為自己的政府放棄了佛羅里達，登陸

圖一　貝弗利．魯賓遜位於哈得遜高地的宅邸。魯賓遜一家人於一七七七年離開後，這所房子被徵用為大陸軍的一個司令部。這幅素描於一八九二年出版後不久，房舍毀於一場大火。

圖二　喬治．羅姆尼，〈約瑟．布蘭特（泰因德尼加）〉，一七七六年。布蘭特於一七七五年至一七七六年到訪倫敦時，請畫家為他創作了這幅肖像。

圖三　伊莉莎白·利希滕斯坦·約翰斯頓在結婚前後，約一七八〇年。

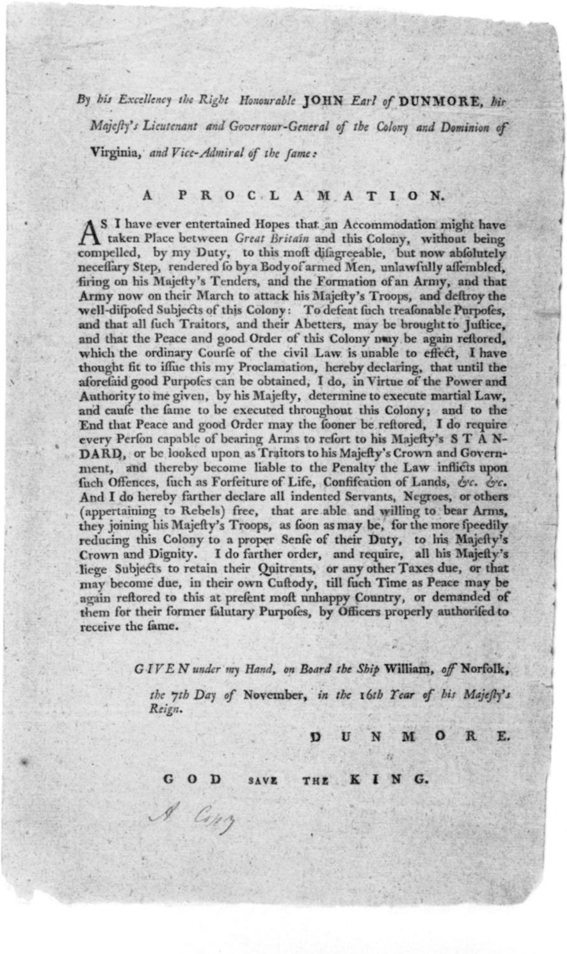

By his Excellency the Right Honourable **JOHN** *Earl of* **DUNMORE**, *his Majesty's Lieutenant and Governour-General of the Colony and Dominion of* **Virginia**, *and Vice-Admiral of the same:*

A PROCLAMATION.

AS I have ever entertained Hopes that an Accommodation might have taken Place between *Great Britain* and this Colony, without being compelled, by my Duty, to this most disagreeable, but now absolutely necessary Step, rendered so by a Body of armed Men, unlawfully assembled, firing on his Majesty's Tenders, and the Formation of an Army, and that Army now on their March to attack his Majesty's Troops, and destroy the well-disposed Subjects of this Colony: To defeat such treasonable Purposes, and that all such Traitors, and their Abetters, may be brought to Justice, and that the Peace and good Order of this Colony may be again restored, which the ordinary Course of the civil Law is unable to effect, I have thought fit to issue this my Proclamation, hereby declaring, that until the aforesaid good Purposes can be obtained, I do, in Virtue of the Power and Authority to me given, by his Majesty, determine to execute martial Law, and cause the same to be executed throughout this Colony; and to the End that Peace and good Order may the sooner be restored, I do require every Person capable of bearing Arms to resort to his Majesty's STANDARD, or be looked upon as Traitors to his Majesty's Crown and Government, and thereby become liable to the Penalty the Law inflicts upon such Offences, such as Forfeiture of Life, Confiscation of Lands, *&c. &c.* And I do hereby farther declare all indented Servants, Negroes, or others (appertaining to Rebels) free, that are able and willing to bear Arms, they joining his Majesty's Troops, as soon as may be, for the more speedily reducing this Colony to a proper Sense of their Duty, to his Majesty's Crown and Dignity. I do farther order, and require, all his Majesty's liege Subjects to retain their Quitrents, or any other Taxes due, or that may become due, in their own Custody, till such Time as Peace may be again restored to this at present most unhappy Country, or demanded of them for their former salutary Purposes, by Officers properly authorised to receive the same.

GIVEN under my Hand, on Board the Ship **William**, *off* **Norfolk**, *the 7th Day of* **November**, *in the 16th Year of his Majesty's Reign.*

DUNMORE.

GOD SAVE THE KING.

A Copy

圖四　〈鄧莫爾公告〉，一七七五年。這份檔案承諾愛國者名下的奴隸，只要他們加入英國軍隊，便可獲得自由，發起了黑人效忠派的解放運動。

圖五　蓋伊．卡爾頓爵士，一七八〇年前後。

圖六　黑人效忠派證書，一七八三年。這些證書是在撤離紐約城時簽發給黑人效忠派的，確保他們受到英國官員的保護，並准許他們離境。

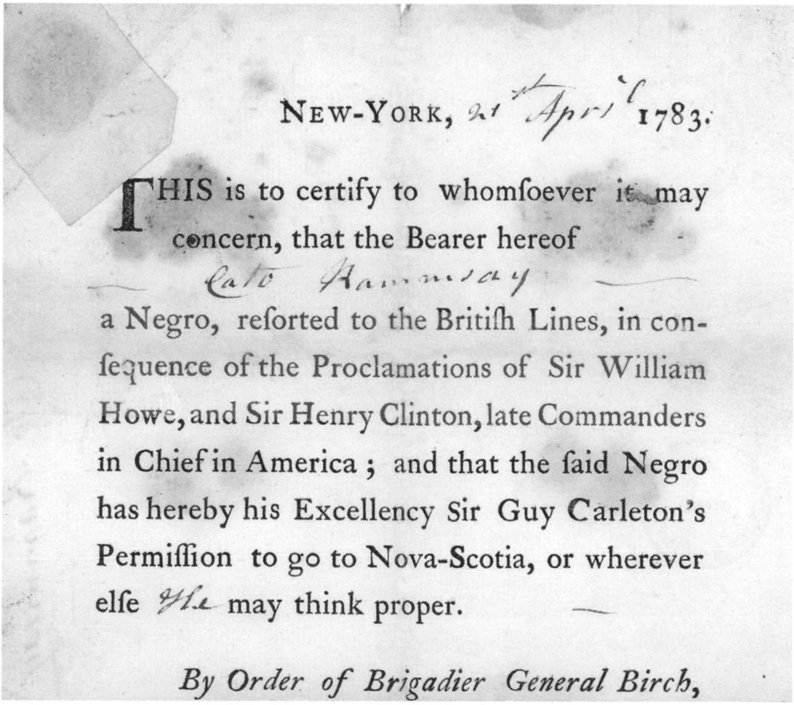

NEW-YORK, 21st April 1783.

THIS is to certify to whomſoever it may concern, that the Bearer hereof

Cato Ramsay

a Negro, reſorted to the Britiſh Lines, in conſequence of the Proclamations of Sir William Howe, and Sir Henry Clinton, late Commanders in Chief in America; and that the ſaid Negro has hereby his Excellency Sir Guy Carleton's Permiſſion to go to Nova-Scotia, or wherever elſe she may think proper.

By Order of Brigadier General Birch,

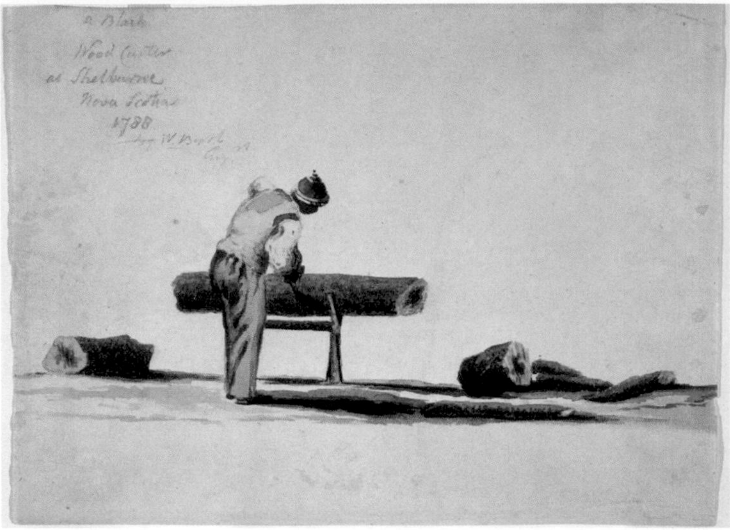

圖七　威廉．布思，〈一個黑人木工在謝爾本〉，一七八八年。這或許是現存的唯一一幅當年所畫的黑人難民的形象。黑人效忠派波士頓．金就曾在謝爾本附近做過木匠，跟畫中的人物沒有什麼差別。

圖八　威廉．布思，〈謝爾本城中一景〉，一七八九年。這幅水彩畫描繪了新斯科舍效忠派都市鼎盛時期的景象。

圖九　詹姆斯·皮奇，〈效忠派在位於加拿大聖羅倫斯河兩岸的新定居點約翰斯敦紮營〉，一七八五年。效忠派難民營的圖像相當罕見。

圖十　伊莉莎白·西姆科，〈格蘭德河的莫霍克村莊〉，約一七九三年。這是上加拿大省總督之妻眼中的布蘭特鎮。莫霍克教堂在圖片右側，左邊那所門前飄揚著英國國旗的大房子，可能就是約瑟夫·布蘭特的宅邸。

圖十一　布蘭特福德的莫霍克教堂。這是在魁北克省建起的第一座英國聖公會教堂。約瑟夫·布蘭特就葬在它旁邊。

圖十二　湯瑪斯·哈代，〈威廉·奧古斯塔斯·鮑爾斯〉，一七九一年。

圖十三　牙買加西班牙鎮的羅德尼紀念碑。這座雕像是為了紀念英國在一七八二年桑特海峽戰役中的勝利，理應被視為英國在革命戰爭中最大的勝利豐碑。

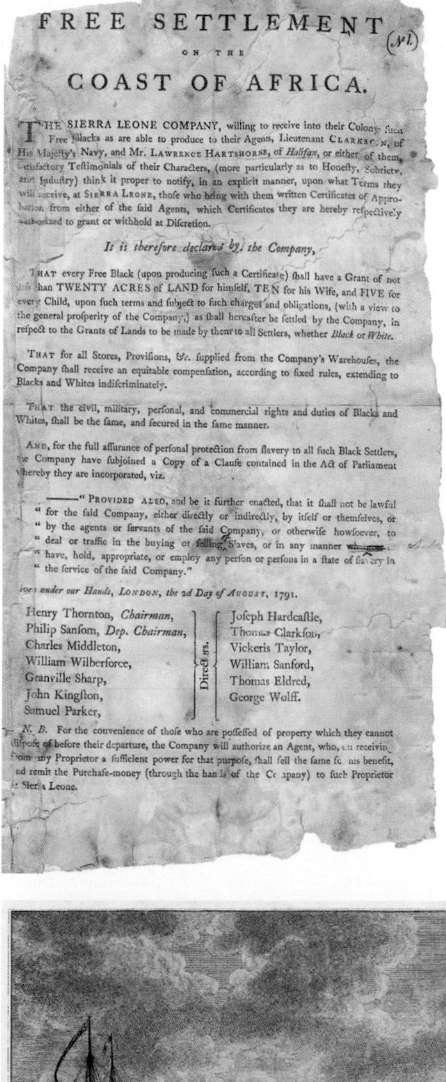

FREE SETTLEMENT

ON THE

COAST OF AFRICA.

THE SIERRA LEONE COMPANY, willing to receive into their Colony ſuch Free Blacks as are able to produce to their Agents, Lieutenant CLARKSON, of His Majeſty's Navy, and Mr. LAWRENCE HARTSHORNE, of *Halifax*, or either of them, ſatisfactory Teſtimonials of their Characters, (more particularly as to Honeſty, Sobriety, and Induſtry) think it proper to notify, in an explicit manner, upon what Terms they will receive, at SIERRA LEONE, thoſe who bring with them written Certificates of Approbation from either of the ſaid Agents, which Certificates they are hereby reſpectively authorized to grant or withhold at Diſcretion.

It is therefore declared by the Company,

THAT every Free Black (upon producing ſuch a Certificate) ſhall have a Grant of not leſs than TWENTY ACRES of LAND for himſelf, TEN for his Wife, and FIVE for every Child, upon ſuch terms and ſubject to ſuch charges and obligations, (with a view to the general proſperity of the Company,) as ſhall hereafter be ſettled by the Company, in reſpect to the Grants of Lands to be made by them to all Settlers, whether *Black* or *White*.

THAT for all Stores, Proviſions, *&c.* ſupplied from the Company's Warehouſes, the Company ſhall receive an equitable compenſation, according to fixed rules, extending to Blacks and Whites indiſcriminately.

THAT the civil, military, perſonal, and commercial rights and duties of Blacks and Whites, ſhall be the ſame, and ſecured in the ſame manner.

AND, for the full aſſurance of perſonal protection from ſlavery to all ſuch Black Settlers, the Company have ſubjoined a Copy of a Clauſe contained in the Act of Parliament whereby they are incorporated, viz.

——" PROVIDED ALSO, and be it further enacted, that it ſhall not be lawful
" for the ſaid Company, either directly or indirectly, by itſelf or themſelves, or
" by the agents or ſervants of the ſaid Company, or otherwiſe howſoever, to
" deal or traffic in the buying or ſelling Slaves, or in any manner whatever
" have, hold, appropriate, or employ any perſon or perſons in a ſtate of ſlavery in
" the ſervice of the ſaid Company."

Given under our Hands, LONDON, *the 2d Day of* AUGUST, 1791.

Henry Thornton, *Chairman*, Philip Sanſom, *Dep. Chairman*, Charles Middleton, William Wilberforce, Granville Sharp, John Kingſton, Samuel Parker,	Directors.	Joſeph Hardcaſtle, Thomas Clarkſon, Vickeris Taylor, William Sanford, Thomas Eldred, George Wolff.

N. B. For the convenience of thoſe who are poſſeſſed of property which they cannot diſpoſe of before their departure, the Company will authorize an Agent, who, on receiving from any Proprietor a ſufficient power for that purpoſe, ſhall ſell the ſame for his benefit, and remit the Purchaſe-money (through the hands of the Company) to ſuch Proprietor at Sierra Leone.

圖十四　獅子山公司的小廣告，一七九一年。為協助招募志願者，這份檔案中列出了擬議的西非定居點的各項條款，在新斯科舍的黑人效忠派中流傳。

圖十五　自由城素描圖，約一七九八年。幾乎沒有圖片展示自由城最初幾年的模樣，因此這一幅由威廉·奧古斯塔斯·鮑爾斯在該非洲首都短暫停留期間所繪的素描意義非凡。

圖十六　位於卡斯甘傑的加德納家族墓地。這個蒙兀兒王朝末期風格的陵墓由在紐約出生的威廉·林內烏斯·加德納為其長子所建。加德納和他的妻子葬在畫面前景處。

圖十七　班傑明·韋斯特，〈大不列顛接收美洲效忠派〉，約一八一二年。這幅版畫作為卷首插圖發表在一部關於效忠派賠償委員會的書中，完美再現了「一七八三年精神」，它的創作者是那個時代最著名的英國歷史畫家，賓夕法尼亞出生的班傑明·韋斯特。

時都心懷極大不滿。更何況巴哈馬群島上的效忠派始終生活在美國的陰影之下，美國既近在咫尺卻又是千里之外，簡直就是惡意地提醒他們自己來自何方，此時又身在何處。鄰近美國讓某些效忠派驚恐不已，以至於他們要去攻擊美國國旗，而對像克魯登這樣的效忠派而言，卻不失為他們野心的源泉，他們想像著以巴哈馬群島為基地，為帝國的擴張再建輝煌。

所有這些情況，有助於解釋為什麼這些北美效忠派雖和其他難民差別不大，卻又在一個非常重要、有決定性意義的方面像極了美國愛國者：他們似乎隨時準備在必要時抄起棍棒和手槍，與他們的總督徹底決裂。的確，在與帝國當局鬥爭的過程中，效忠派的煽動者們甚至一度看似占了上風，這種情況一直持續到權威交到了一個很少有人會忘記的統治者手中。前維吉尼亞總督鄧莫爾勛爵再次橫跨大西洋，朝這裡駛來。

一七六一年，當鄧莫爾伯爵請人為他坐落於艾爾思的莊園建造了一個新的裝飾性建築時，大概正在春風得意。那時他新婚不久，又被選為上議院的蘇格蘭代表，考慮到他的父親曾因一七四五年支持小僭王而聲名狼藉，這尤其是一份無上的榮耀。這個建築確實是個大而無用的裝飾。近看倒像是個石匠的傑作，用各種精雕細琢的石榫和石卷精工製成。但站遠了看，它簡直像個笑話。整座精美雕刻的建築像個巨大的鳳梨，有四層樓之高，把十八世紀備受青睞的裝飾主題誇張到比例失調，蘇格蘭低地陰森森的天空，襯托著這個自熱帶地區召喚而來的古怪景觀。那時鄧莫爾大概不知道，二十五年後他真的到了一片生長著鳳梨的地方當總督，鳳梨是能在巴哈馬群島成功種植的極少數熱帶作物之一。[66]

鄧莫爾勛爵是個喜歡把事情做大的人。他曾短期擔任紐約總督，自一七七一年起擔任維吉尼亞總督，他把握住表現的大好時機，在俄亥俄河谷對肖尼人的戰爭中大肆推行擴張主義，自己也趁機攫取了一百六十萬公頃的北美土地，這可絕非偶然。從切薩皮克灣上那個非同尋常的水上政府，到一七七五年那篇承諾賦予奴隸自由的爭議性公告，他在維吉尼亞也同樣勤勉努力地阻止革命。雖然鄧莫爾在一七七六年被迫放棄了水上城鎮，他卻仍為贏得戰爭而努力不懈。在大西洋兩岸，他成了為效忠派奔走疾呼，並號召英國繼續進攻的領頭羊。他支持的計畫中有一項是在約克敦戰役之後提出的，主張占領密西西比河谷使其成為效忠派的避難所。[67]另一項則是克魯登在一七八二年提出的方案，主張招募一支龐大的黑人軍隊。鄧莫爾成為克魯登最顯赫的支持者其來有自，因為他和克魯登一樣，拒絕把一七八三年視為英國在美國或其南部邊境擴張無望的標誌。他們眼中的世界永遠都在變化，拒不承認任何一次失敗意味著終局。

鮑威爾死後，拿索總督府出現空缺，在許多人看來，鄧莫爾是接替他的理想人選。（當時在都柏林出差的麥斯威爾被禮貌地告知，內閣已決定用「某個與那些島嶼當前的居民毫無關係的人」代替他的職位。）[68]伯爵對北美的行政管理很有經驗，也得到了效忠派的大力支持，他本人也積極尋求再次擔任總督。鄧莫爾急切地接受了任命，於一七八七年啟程橫跨大西洋。從邏輯上講，巴哈馬效忠派自然是歡迎他的：這是他們覺得可以依賴的人，他一定能將效忠派的利益置於「海螺」利益之上，而這是導致麥斯威爾治下緊張局勢的首要根源。但他們很快就發現，新總督有他自己的利益衝突。首先，他的威權主義傾向甚至比麥斯威爾還要嚴重，其次是此人時時刻刻不停地在為自己牟利。更激起爭端的是，鄧莫爾在維吉尼亞臭名昭著的黑奴解放，在巴哈馬的白人奴隸主們眼中，這實在是相當可疑。最後，鄧莫爾從未停止在北美大陸恢復帝國統治的夢想，身為巴哈馬群島總督，為實現這個野心提供了極為有利的條件。雖說鄧莫爾曾有過效忠派之友的名聲，但他的這些目標卻與這些激動的新臣民之所願無一符合。

鄧莫爾到達拿索之時，如潮水般湧來的難民已將這座城市擠爆了。一份由議會委託繪製的一七八八年地圖，可一目了然地縱覽當時的拿索。[69]以拿索堡為主要建築的市中心包括一些公共建築物，如教堂和議會；一座建於一七八七年的奴隸拍賣所；還有一個「交易所」，這個頂著榮耀名稱的開放性建築，實際上是個公共市場和集會場所。[70]海岸邊有八到十個繁忙的碼頭，島內腹地的新街道可直通坐落在市中心以南不遠處一座丘陵上的總督府。城市向外擴展，整齊地分成二百一十四塊土地，其中許多都歸效忠派難民所有。拿索近四分之一的地產屬於四十八位彼此不相干的女人，有白人也有黑人。二十四塊屬於「自由黑人」和「有色」人種，這顯示出一個重點，在戰前巴哈馬群島的黑人和混血人口中，將近一半都是自由人。少數黑人效忠派如今也加入了，包括大衛·喬治和大衛·利勒的一個同伴，人稱阿莫斯兄弟，此人創立了巴哈馬群島的第一個浸禮教會。[71]雖然城市邊緣也有很大一片黑人貧民窟，但至少從表面看來，拿索市內的種族融合程度相當驚人。一位名叫以撒·杜波依斯的白人效忠派在他坐落於王子街一角的土地上，可以從房前窗外看到政府大樓的正面。若他從屋後往外看，可以看到黑人鄰居湯瑪斯·馬婁尼的房子；右邊則是另一位黑人亨利・伊文思的房子，斜對角是「有色人種」女人麗蓓嘉・達林的土地。（幾年後，杜波依斯遷往獅子山的自由城，那時他周圍就幾乎全都是黑人鄰居了。）

鄧莫爾到達時，周邊島嶼有了更加劇烈的變化。根據一七八五年宣布的條款，效忠派無論男女，每人可申領十六公頃的免租金贈地，家中每多一口人，包括奴隸在內，可再增加八公頃。由於土地面積與奴隸擁有量成正比，這些來自美國、最大的農園主就有機會在巴哈馬群島上重建昔日的社會地位。湯瑪斯・布朗就是這些幸運的少數人之一。一七七五年，他曾在喬治亞鄉間擁有近兩千四百公頃土地，僱有一百五十個契約奴僕。一七八五年，布朗在巴哈馬群島申領了兩千五百九十公頃土地，大多都位於大凱科斯島的鹽鹼地上，有一百七十個奴隸在其上勞作（包括他在佛羅里達從威廉・約翰斯頓那裡買來的奴隸。）[72]當然，布朗的處境能夠與戰前不相上下，是相當罕見的；與其他效忠派相比，他分得的土地面積也比其他任何效忠派都要大。絕大多數難民只能在每塊平均不到八十公頃的土地上度日。[73]與布朗所擁有的一百七十名勞工相比，巴哈馬農園的奴隸人數平均不到十三人。然而，累積起來，難民的遷入徹底改變了這些島嶼的地貌。效忠派（或者更確切地說，效忠派的奴隸）在短短幾年內就開墾了五千兩百公頃耕地，幾乎達到了戰前總量的四倍。[74]

他們沒有像在西印度群島那樣種蔗糖，沒有像在低地*那樣種水稻，也沒有像在切薩皮克那樣種菸草。他們轉向了對許多人很陌生的新作物：海島棉。棉花被巴哈馬的農園主們寄予厚望。一七八五年首次在各島上種植後，在一七八六年和一七八七年棉花產量分別達到一百五十噸和二百五十噸。喬治亞效忠派威廉・威利的紀錄是這個時期各島情況的最佳綜述，此人除了是巴哈馬地區的副檢察長外，還搖身成為阿巴科島的棉花農園主。他吹噓說，年產量「已經大大超過了他們（農園主）最樂觀的期待。」他喜氣洋洋地提到一位農園主的運氣，後者「最多只有三十二位奴隸，」卻收穫了足足十九噸作物，「時值二千六百六十英鎊，相當於創造這些產量的黑奴總價值的近兩倍。」[75]然而，很可能就在威利在他那些齊腰高的棉株間走動的那一季，或是緊接著的那個季節，他就會注意到那些三角形的葉面上宿棲著一種令人發愁的東西：有條紋的、蠕動的毛蟲。這些貪婪的小毛蟲於一七八八年首次貽害巴哈馬群島上的棉花作物，後來的那些年則變成了一場無情的天災。

有些效忠派或許會注意到一個殘酷的諷刺：毛蟲剛好正在鄧莫爾勛爵到達之時肆虐鄉間，因為過不了幾周，總督本人似乎也開始為害臣民了。掌握著分地大權的鄧莫爾迅速讓自己成為巴哈馬有產階級菁英中的一員，將兩千一百六十七公頃的豐厚土地分發給自己，還把另外六百八十七公頃分給了一個兒子。但總督對奴隸勞動的態度卻跟效忠派農園主沒什麼共同點。在美國革命期間率先承諾賦予奴隸自由的鄧莫爾大為不悅地發現，巴哈馬群島上「來自美國的黑人雖有英國將軍簽發的自由證書，也同樣遭到了自稱為**效忠派之人**非人的殘酷對待。那些不幸的人憑藉著自由

＊低地（Low Country）是指南卡羅萊納沿海（包括海島在內）的地理和文化區域，曾一度因奴隸勞動種植的亞熱帶水稻和靛青而聞名。

的承諾和國王的保護逃離了主人的魔爪，如今卻每天都被從這些島上偷走，運送到伊斯帕尼奧拉島上的法國人那裡聽憑發落。」[76]約翰．克魯登已重拾起這個「令人憂煩鬱悶」的任務，尋找被效忠派「違反最明確的政府命令」所抓走黑人的下落。[77]為了徹底杜絕這類行為，鄧莫爾發布了一個公告（這是他登陸後的第一個行動）承諾建立一個特別法庭來調查黑人提出的自由申訴。

雖然不如他於一七七五年在維吉尼亞所發布的公告那樣充滿煽動性，鄧莫爾的命令卻也立即引燃效忠派的憤怒抗議。效忠派帶入境內的奴隸已讓島上的奴隸與白人比例增加了一倍左右。[78]早在一七八四年，為因應黑人人口急劇增加，議會通過了一項針對奴隸和自由黑人的嚴苛新法規，與美國南部各州的規定非常相似。突然間，一位新總督又反其道而行，自發的給予黑人優待。「新居民們認為鄧莫爾勛爵是黑人的朋友，」當時有人寫道。[79]鄧莫爾冷冷地說，「這個要求讓這裡某些擁有多位可憐不幸之人的人士感到不快了，他們還假裝自己生活在實行奴隸制的國家呢。」[80]「不快」這個詞顯然太溫和了。在拿索，一群白人效忠派衝進一個黑白混血兒的房子，野蠻地襲擊她。一位效忠派因參與此事而被逮捕，卻起誓說「他要把那個城區所有屬於自由黑人的房子全都燒毀。」[81]在阿巴科，湯瑪斯．布朗因種族「動亂」禍首的罪名遭到逮捕，自此便公然成為「鄧莫爾勛爵政府的公開反對者」。[82]種族暴力促使鄧莫爾本人和他的「黑人法庭」一起航行至阿巴科審查黑人效忠派的申訴。（然而事實上總督的承諾收效甚微：在三十位上庭的申訴人中，只有一位被判定為自由人。）[83]

事實證明，由於鄧莫爾在原則上主張黑人效忠派的權利高於白人效忠派，對於奴隸管理問題的爭議只能算是開戰突襲，總督與白人效忠派之間、乃至當局武力和訴諸權利之間的戰鬥還將不斷升高，愈演愈烈。鄧莫爾離間臣民的本事，隨即使引燃了一直以來有關政治代表權的難解爭議。一七八八年初，整個巴哈馬群島的效忠派請求鄧莫爾解散議會，他們認為，既然任命了新總督，理所當然要解散議會。新普羅維登斯的效忠派提出，他們「認為自己在當前的議會**毫無代表性**；而本殖民地的農園和商業利益也是一樣。」來自埃克蘇馬島的效忠派辯稱，他們「被剝奪了在立法機構被代表的權利。」長島上的棉花農園主們說「議院當前的許多成員是非法選舉入選的」；在卡特島，效忠派覺得「被排除在立法會代表之外」，因而也被排除在英國憲法承諾的「自由權利」之外了。在一份最為詳細的請願書中，阿巴科的效忠派提到一個事實，即他們來到島上時，「堅信在國王陛下最偏遠荒僻的領地，他們也能享受英國憲法賦予的那些寶貴的權利和特權。」然而，他們悲嘆道，「議會的下議院幾乎沒有一位農園主、商人或北美效忠派。」聽到所有這些囉囉嗦嗦的要求，鄧莫爾的回答基本上都一樣言簡意賅：「先生們，我不認為在當前時期解散議會，是為國王陛下效忠的權宜之計。」[84]

鄧莫爾的請願者們可沒那麼容易接受他的托詞。比方說，副檢察長威廉．威利就拒不接受。威利只比鄧莫爾早了幾天抵達巴哈馬群島，但這位出身於喬治亞的前佛羅里達難民，與他的很多新鄰居都有密切的聯繫。（威廉和弟弟亞歷山大曾在湯瑪斯．布朗的軍團裡作戰，正因為此，一七八一年當威廉．約翰斯頓在薩凡納城外遭到愛國者襲擊時，是威利帶兵救了他。）威利在當地政界受到了很快速的訓練，在此期間，首席法官（一位鄧莫爾的鐵桿擁護者）接近他，陰森森地警告他要「站對立場」。威利堅稱自己是獨立派，或者說無論如何都拒絕與鄧莫爾為伍，他便被指控曾稱法官是「見鬼的騙子」而鋃鐺入獄。同為反鄧莫爾一派的湯瑪斯・布朗出具證詞為威利辯護；威利的律師也是一位反政府效忠派領袖，總算在審判中讓威利成功脫身，那場審判揭露了他的被捕從一開始就是一場鬧劇。[85]對此，鄧莫爾勳爵的回應是立即關閉法院。

對峙形成了僵局。和前任總督麥斯威爾一樣，鄧莫爾覺得這些不勝其煩的效忠「黨」就是一群自私的小販、盜馬賊、走私犯和鬧事者，他們最關心的就是保住他們偷來的奴隸。[86]他認定，確保這些人服從的唯一途徑，就是把他們的要求早早扼殺在萌芽之時。為了彰顯自己的權威，鄧莫爾在各個周邊島嶼展開了建築砲組和要塞的工程，還在拿索以西建起了一座巨大的新城堡，即夏洛特堡。與其說城堡上那些大砲林立的堅固工事是為阻止大家公認的襲擊者，不如說是為了震懾新普羅維登斯島上的居民。因為鄧莫爾擔心「如果我們明天與美國開戰，」「效忠派……就是我最有理由擔心的人。」[87]

在以威利為首的憤怒效忠派眼中，鄧莫爾簡直就是最糟糕的獨裁者，是（蘇格蘭）暴政的化身：「天性頑固而暴烈；能力在中人之下……對英國憲法及英國臣民的權利一無所知；他的治理原則讓人不禁想起某個微不足道的小氏族中不可一世的暴君。」威利對總督的指控，聽起來很像美國愛國者對十三殖民地總督的辱罵。鄧莫爾宣布法院休庭並拒絕召集選舉，違背了英國臣民所珍視的最基本權利，如人身保護法。更糟的是，「他的個人生活」也和「他的公眾形象一樣不道德。」[88]總督肆無忌憚地利用裙帶關係：他讓一個兒子在一次候補選中當選議員，後來還單方面任命另一個兒子為副總督。跟鄧莫爾在島上修建防禦工事的愚行相比，他在艾爾思所建的巨型鳳梨都不算什麼了，高達三萬二千英鎊的天價，是初始估算的八倍，將公共資金消耗殆盡。[89]

一位巴哈馬效忠派還能怎麼做呢？威利轉而請求遠在英國的大臣，希望可以在倫敦「為**在帝國最遙遠的角落**遭受不公正待遇的效忠派臣民伸張正義。」[90]然而在拿索，鄧莫爾繼續他近乎專制主義的統治，威利擔心更糟的還在後面。他一一列出對鄧莫爾的抱怨，最後還有一項「或許看似**難以置信**的指控。」因為，威利宣稱，特意用斜體字突出他的震驚，「爵士大人正在傳播奇怪的報導，企圖警示大家說**效忠派**（那些可是為了國王和國家的事業灑過熱血的效忠派啊）正在**密謀放棄對大不列顛的效忠……以便尋求叛亂者國會的保護**。」[91]鄧莫爾怎麼能指控效忠派（他們是**效忠派**啊）祕密串通美國呢？誰知道他接下來還會犯下何種暴行？

在威利看來，可怕的事實是鄧莫爾不僅聲稱掌握了一個效忠派密謀叛國的證據，還會進而以此為由實施戒嚴，這可是鄧莫爾一直翹首以待的。[92]總督本人也旋即捲入了密謀中，很可能會將巴哈馬群島上的角力轉移至北美。長期以來，鄧莫爾一直支持那些企圖讓英國在北美大陸重獲主權的最激進方案，來到巴哈馬群島更尤其有利於促成那些方案的實施。而在此時，鄧莫爾已經找到了一位完美的新合作者來取代瘋了的約翰．克魯登，也就是精力充沛的年輕效忠派威廉．奧古斯塔斯．鮑爾斯。

他一定給自己未來的新娘帶了些肉和鹿皮，也許還帶了條毛毯和幾件衣服，以此表現自己是個可靠的家庭支柱。他或許也蓋了他們自己的房子，一座四方形的小屋，有著白色或紅色灰泥外牆和柏樹皮鋪成的屋頂。[93]他長著寬闊的雙肩和堅毅的面龐，看起來肯定像個很不錯的武士，然而這位新郎畢竟只有十六歲，稚氣未脫。雖說他的皮膚在佛羅里達的陽光下晒得黝黑，卻還沒有多少風霜坎坷能夠掩蓋血統留下的明顯標記：他那眼窩深陷的雙目仍舊閃爍著藍色的光芒。[94]

在殖民地時期的美國，大概有很多少年都曾對這種生活充滿美好想像：把他們從小聽到的驚悚故事徹底反轉過來：從家裡逃走，跟印第安人住在一起，身穿鹿皮、揮舞著戰斧和割頭皮用的小刀，在他們想像中的林區自由地享受性、暴力和美酒。出生於馬里蘭、早熟的威廉·奧古斯塔斯·鮑爾斯少年時就曾嘗試過這一切，而且還不止這些。（就連這次娶了克里克酋長之女也是他的第二段婚姻了；他與第一位切羅基人妻子有過至少一個孩子。）[95]一七七七年，鮑爾斯十四歲就開始了冒險生涯，在馬里蘭效忠派的一個軍團中獲得了掌旗官的職位。但他很不喜歡軍隊生活，覺得那簡直乏味透頂又艱苦異常。一七七八年底，他的軍團前往彭薩柯拉抵抗西班牙人的入侵。他痛恨這個臭氣熏天、疾病蔓延的悶熱港口，一位同行的軍官稱之為人間地獄：「撒旦和他所有的使者都應該被流放到這個地方來。」[96]天性叛逆又瘋狂的鮑爾斯跟指揮官吵了一架，被軍團開除。一個克里克印第安人代表團來到彭薩柯拉領取英國人給他們村莊的回禮，當他們回村時，鮑爾斯「憤怒地把我的紅色軍裝扔進了海裡，」跟他們一起走了。[97]

鮑爾斯成了十八世紀末生活在克里克人部落中的數百位白人之一。[98]（克里克人首領是亞歷山大·麥吉利夫雷，他的父親拉克倫·麥吉利夫雷是當時最著名的蘇格蘭商人之一。）鮑爾斯做到了真正的「入鄉隨俗」，他組建了一個克里克人家庭，帶領一個克里克人軍團守衛莫比爾，一位時人曾說他「拋棄了昔日的回憶，在任何方面都像是一個野蠻武士。」[99]然而他從未拋棄自己身為英國臣民的忠誠。一七八〇年，鮑爾斯甚至重新加入了那個效忠派軍團，這就意味著在戰爭結束後，他可因曾在軍隊服役而有權分得土地。他選擇遷居巴哈馬群島，跟他成長期間的第二故鄉美國西南部隔海相望。戰後數年，鮑爾斯經常往返於巴哈馬群島和北美大陸之間，和約翰·克魯登一樣，成為另一位戰時四處遊歷、戰後生活流離的效忠派難民。

一七八八年四月，鮑爾斯帶著一個危言聳聽的故事出現在拿索。他近期前往喬治亞時遇到了一位在巴哈馬擁有土地的軍團老兵。那位軍官「強烈敦促他（鮑爾斯）（一回到巴哈馬）就去拜訪約翰斯頓、赫伯恩、克魯登等幾位先生。」熟人告訴他說，「這些人，還有一些其他人是巴哈馬群島上一個強大黨派的主要領袖，」即將實施一個大膽的計畫。那位軍官拿出了一綑信件來向他解釋此事。這些信件中描述了一個宏大的抱負，「要讓那些島嶼獨立於大不列顛。」脫離大英帝國之後，巴哈馬群島新的效忠派統治者將「向全世界開放港口；發展商業貿易，此外還將從大量存在於上述島嶼的鹽池中攫取巨大的利潤和優勢。」該計畫已萬事俱備；策畫者就等著選定日期「起義並占領政府」了。在那些文件的最下方，鮑爾斯看到撰寫該計畫之人自負的簽名：約翰·克魯登。[100]

這次會面讓鮑爾斯確信「迄今以來，一直都有人企圖讓本殖民地脫離大不列顛的管轄。」事實上，他非常清楚當前議會席位之爭「的真正目的並非獲得人民的代表權，而是想透過這種方式，看看他們政黨的真正實力和人數。」這不是民主，而是政變；這就是鄧莫爾手中關於效忠派密謀推翻其政權的證據。鮑爾斯在威廉・威利審判短短幾天之後，便在一份證明書上簽名宣誓此事屬實，時機也恰到好處。叛國罪名（哪怕證據是已經瘋了的克魯登的話）必將一勞永逸地擊垮效忠派反政府煽動者。最終，鮑爾斯聳人聽聞的指控卻沒有進展，一個主要原因是當他作證之時，約翰・克魯登已經永遠地消失了；一七八七年九月，克魯登死在他給予如此厚望的島上，年僅三十三歲。[101]但鄧莫爾和鮑爾斯因此案結成的共生關係卻在不久後產生變化，如果克魯登在天有靈，想必也會為此而驕傲。

雖然鮑爾斯和克魯登很可能從未謀面，但將兩人聯繫在一起的事件可不僅僅是克魯登叛國信件的那幾張紙而已。因為和克魯登一樣，鮑爾斯也認為西班牙在佛羅里達的統治必將被推翻，要實現該目的，巴哈馬群島是最好的起點。區別在於，鮑爾斯希望以克里克印第安人的名義，並在後者的支持下達成征服的目標。美國革命在克里克人的社會掀起了持續的變化，把傳統的生活方式轉變成為以農園農業和擁有奴隸為基礎的經濟形態。[102]克里克酋長亞歷山大・麥吉利夫雷就是這個轉變的化身。和約瑟・布蘭特一樣，麥吉利夫雷也一直因他在查爾斯頓習得的優雅風度、白皙膚色和歐洲人的裝束，給白人們留下了深刻印象。他放棄了大多數克里克人冬季打獵的生活方式，轉而在墨西哥灣經營自己的莊園，在自己位於小達拉哈西的龐大農園度過夏天，那裡有蘋果園、大群的牲畜，還有六十個奴隸的勞動力。一七九〇年，阿比蓋爾・亞當斯（她的丈夫約翰時任美國副總統）見到麥吉利夫雷後，對他「說英語像母語一樣流利」十分讚賞，而他對自己的克里克同胞講話卻要通過翻譯。鮑爾斯在這一點上自覺地反其道而行之，他的自我形象（至少對白人觀眾而言）是個徹頭徹尾的印第安獵人和武士。現存的唯一一幅肖像把他畫成了一個明顯的拜倫式人物，穿著褶邊襯衫，波紋袖上繫著銀色的臂帶，頸間纏著重重珠鏈，還戴著裝飾精美的鴕鳥毛包頭巾（彩圖十二）。雖然有些白人同胞覺得他的印第安人服飾未免「荒謬」和「淩亂」，但如此華麗的裝束同樣讓他獲得了白人的支持。他希望自己與英國人間建立的聯繫，能夠反過來幫助他在克里克人中得到一批擁護者。[103]

鮑爾斯對佛羅里達的野心與鄧莫爾勛爵一拍即合。自一七八三年和約簽訂以來，西屬佛羅里達的印第安人貿易便一直由一個名為潘頓萊斯利公司的商號所控制。該公司總部位於拿索，與鄧莫爾的巴哈馬政敵們有著密切聯繫，包括湯瑪斯．布朗，他曾在任職印第安人事務督查專員時，幫助該公司取得壟斷地位。鄧莫爾希望取締該公司，這主要是出自巴哈馬政治和個人的利益，與此同時，鮑爾斯則有自己的理由要推翻潘頓萊斯利公司。該公司在印第安人地盤上的匿名合夥人不是別人，正是麥吉利夫雷，鮑爾斯要想在克里克人中提升地位，最大的敵人就是麥吉利夫雷。憑藉鄧莫爾的支持，鮑爾斯在威利事件之後幾個月帶人前往佛羅里達，企圖將潘頓萊斯利公司逐出該地區。[104]遺憾的是，他的冒險旋即慘敗。因為事先得到了湯瑪斯．布朗的通知，西班牙當局讓麥吉利夫雷去對付「那個邪惡的鮑爾斯」，他「不過是為真正的惡棍所用的愚蠢工具而已。」[105]麥吉利夫雷給了鮑爾斯一些「有用的建議」，讓「他永遠離開這片國土，」並威脅說如果他拒不服從，就「割掉他的耳朵。」[106]

然而，不管是鮑爾斯還是他的支持者鄧莫爾，都沒有因這次失敗而氣餒。在鮑爾斯為佛羅里達的未來所制定的更宏大規畫中，他們反而找到了更多共同點。鮑爾斯計畫在沼澤地中建起一個由自己領導的全新國家，這是鄧莫爾長期支持的各種計畫中一個頗有說服力的方案。他把那個國家叫作「馬斯科吉」（Muskogee）。正如他為總督勾勒出的那樣，馬斯科吉將是一個獨立的印第安國家，既擺脫了西班牙的統治，也遠離美國人的滋擾，是任何忠於英國理想之人的避難天堂。它將憑藉與大英帝國的聯盟而取得這個穩妥的地位，在南部與約瑟·布蘭特建立的印第安人聯盟遙相呼應。英國從這個聯盟關係中得到的利益是得以進入密西西比地區。鄧莫爾喜歡自己聽到的這個計畫。有了總督的支持，鮑爾斯於一七八九年回到了克里克人的地盤，開始將計畫中的馬斯科吉變成現實。就這樣，巴哈馬群島政客們之間的內部衝突逐漸演變成為商業競爭、印第安人事務和對效忠之意義的終極考驗。

在查特胡奇河（如今是阿拉巴馬和喬治亞的界河）上的考維塔，鮑爾斯召集了一個包括克里克人、賽米諾爾人和切羅基人代表參加的政務會。他開始自稱「埃斯塔喬卡」，意為「克里克國的總管」。「二萬名武士齊聲」（起碼他自己如此吹噓）歡迎他成為他們的領袖，並授權他出使倫敦。[107]鮑爾斯開啟了往返大西洋之旅，希望獲得英國的援助，在那趟旅行中，他回溯了很多效忠派難民曾走過的路線。他從巴哈馬群島出發，先去了新斯科舍，想讓那裡的帝國官員們賞識這個在馬斯科吉和易洛魁人之間建立一個西部效忠派同盟的想法。他成功地在哈利法克斯獲得了帕爾總督的支援，部分原因就在於他提交該計畫時，眾人正處在英西戰爭即將爆發的高度恐懼中，隨後他又繼續前往魁北克覲見多徹斯特勛爵。[108]雖然多徹斯特一直很警惕印第安人盟友，也試圖說服鮑爾斯不要去倫敦，但就連他也意識到，一旦與西班牙開戰，克里克人的幫助至關重要。[109]有了多徹斯特的勉強支援（他還提供資助），鮑爾斯和他那支小小的隨從隊伍跨越大西洋，於一七九〇年底到達倫敦。

在倫敦，雖然外交方面的進展與他的願望相悖，但鮑爾斯還是自信地提出了自己的建議，那無疑是自美國革命以來，意圖奪取北美領土、最宏大的親英計畫。在寫給英王喬治三世的請願書中，鮑爾斯強調了自己的雙重角色，既是「一個獨立和人口眾多的民族的首領」，也是業已證明其忠誠的英國臣民。「我一直保持著對陛下您的忠誠和對這個國家的眷愛，」鮑爾斯向自己的君主保證說，現在他有了千載難逢表現忠誠的良機，可以把北美的廣袤地區重新帶回帝國的懷抱。[110]鮑爾斯主動向外交大臣提出了更具體的建議。有了英國適當的支持，他認為只需兩個月就能把「西班牙人從整個佛羅里達和紐奧良領土上」趕出去。他將從那裡「馬不停蹄地繼續趕往墨西哥，與原住民一起宣布當地獨立於西班牙」（這個承諾竟然與約翰．克魯登曾經吹噓的，他將「讓墨西哥的門戶為我的國家大開」驚人地相似）。[111]至於馬斯科吉對英國王權的忠誠，官員們大可放心。看看帝國的其他領土就知道了，鮑爾斯說：看看印度吧。他以東印度公司指揮官羅伯特．克萊夫為例，正是他把孟加拉納入了英國霸權。克萊夫曾發誓說，要想確保印度次大陸的安全，唯一的途徑就是利用本土軍隊，鮑爾斯認為「這個信條在北美和在印度斯坦……一樣適用。」既然英國利用印度兵組成的軍隊維持了對印度的控制，它當然可以利用克里克人和其他原住民的力量維持自己擴張的美洲帝國。「美國人此刻正在伺機占有英國殖民地中剩下的土地呢，」鮑爾斯最後說。英國正好趁此機會先發制人。[112]

不知是因為他的慷慨陳詞還是（更有可能）看到他的預算很少，鮑爾斯成功地讓英國人同意他實施自己的計畫。[113]（不說別的，跟委內瑞拉革命家法蘭西斯科・德・米蘭達*幾個月前所提出，由英國支援整個南美起義的計畫相比，馬斯科吉計畫應該算是比較可行的了。）鮑爾斯回到拿索，從那裡啟程前往佛羅里達，他自己設計的紅藍色馬斯科吉國旗在桅杆上隨風飄揚。這一次，鮑爾斯遠征的運氣好了一些。他成功地召集到更多印第安人支持，並向鄧莫爾吹噓說他「對該國家的全部商業往來握有全權，並將主導他們未來的政務會。」[114]他的副手們占領了潘頓萊斯利公司的一座倉庫，取得了一場關鍵的戰略性勝利。就在鄧莫爾滿懷信心地向倫敦報告說「世界上最好的國家之一」即將向英國敞開大門時，麥吉利夫雷和他的手下卻爭先恐後的保留自己的影響力，敦促印第安人躲鮑爾斯遠一點：「他自稱英國人，但我向你們保證他不是；他對你們說他從英格蘭國王那裡來，但你們什麼時候見過一位國王的軍官衣衫襤褸地來到你們面前。」[115]然而不久之後，麥吉利夫雷面臨這個迅速危及其權威的挑戰，他就不得不退到彭薩柯拉了。面對領地中發生這等騷亂，佛羅里達的西班牙總督們決定與鮑爾斯談判。[116]

一七九二年初，鮑爾斯乘坐一艘西班牙輪船駛入紐奧良與對手們談判。在他下船踏上這座河流與海灣之間的大都會之時，一定感覺自己一生的抱負就要實現了：馬斯科吉將被承認，也為大英帝國爭取到了密西西比地區。鮑爾斯對紐奧良的西班牙總督堅稱，他，而不是麥吉利夫雷，才應該被擁戴為克里克國的領袖。他承諾道，他會把馬斯科吉變成抵禦美國的堡壘，變成西班牙和英國兩大帝國的忠實盟友，和以前的克魯登一樣，他也提到了歐洲帝國在面對共和國敵人時共同的利益。總督看似樂於接受，讓鮑爾斯去與古巴的上級會晤以達成協定。

然而鮑爾斯一到哈瓦那，站在莫羅城堡的森嚴要塞之下，他才當頭棒喝地意識到自己被愚弄了。西班牙人已經藉由麥吉利夫雷跟克里克人維持著良好的關係，根本沒有動機支持鮑爾斯那些宏大的親英計畫。把他引到古巴，只是為了要逮捕他。僅僅幾周前，鮑爾斯還曾打算領導佛羅里達人，當個獨立的效忠派加入更大的大英帝國呢。現在他變成了西班牙人的囚徒，不久就要被從古巴送往加的斯，隨後又被送到菲律賓，西班牙帝國要讓他距離自己的馬斯科吉天高海遠。鮑爾斯沒能成為馬斯科吉的王，卻肯定是唯一被流放到東南亞的北美效忠派。困住鮑爾斯的那個太平洋群島，對於巴哈馬群島而言，簡直就是世界的另一端。對全球化帝國的實力，鮑爾斯不免會發自內心地讚歎。但也因此，唯有奇蹟才能帶他回到馬斯科吉了。[117]

＊法蘭西斯科・德・米蘭達（Francisco de Miranda，一七五〇至一八一六），委內瑞拉軍事領袖和革命者，曾參加過他那個時代的三個主要歷史和政治運動：美國革命戰爭、法國革命和西屬美洲獨立戰爭。雖然他自己領導西屬殖民地獨立的運動的計畫失敗了，但他被認為是後來成功領導西屬美洲殖民地獨立運動的西蒙・玻利瓦爾省的先驅。

他後來常常被稱為「投機分子」鮑爾斯，在某種程度上，這個貶義的綽號有其道理。鮑爾斯企圖建立馬斯科吉國而未遂，使他成為整個巴哈馬事態中的一顆流星，光芒萬丈，卻旋即熄滅了。然而，雖然鮑爾斯的生涯有著種種出奇之處，它卻是個極其鮮明的例子，證明了難民效忠派是如何像他們所依附的大英帝國一樣，堅持不懈地把失敗轉化為收益。

它還凸顯了巴哈馬效忠派社會內部固有的分歧，圍繞著大英帝國應該為臣民做些什麼的中心議題，眾口不一。赫伯恩、布朗、威利等人，對於權利和代表權所表達的反對派辭令，很像是美國愛國者的話語。與此同時，他們把自己的奴隸大批運來，改變了巴哈馬群島的種族構成，還帶來了美國人的種族態度，並希望這種態度得到法律的承認。然而，鄧莫爾和鮑爾斯（還有清醒時期的克魯登）所支持的大英帝國所代表的形象則與之相反。秉承「一七八三年精神」，他們展望的未來是一個多種族的社會，以忠誠原則團結在一個寬容而保護臣民的王室之下，這種帝國概念歷來更迎合宗主國當局，卻不符合外省白人殖民者的利益。鄧莫爾這位曾在維吉尼亞解放奴隸的人，因對黑人爭取自由的主張相對寬容，自然而然地成了巴哈馬群島種族衝突的引雷針。他擔任總督期間的各種觀念衝突，為巴哈馬的白人和英國當局之間對於種族和奴隸制的衝突開了先河，在他死後多年衝突仍未停歇。

它本身也構成了一個頗有爭議的背景，將威廉·奧古斯塔斯·鮑爾斯豎成了一個生動鮮活的對立面。他是一個歸化成為印第安人的北美白人效忠派，希望在英國的幫助下，領導自己的印第安兄弟爭取領土獨立。這個驚人的組合證明了大英帝國世界的多種可能性，就連鮑爾斯（或者約瑟．布蘭特或亞歷山大．麥吉利夫雷）這樣的人都能在其中謀得一席之地，成功地打造自己的角色，既是效忠派帝國臣民、同時又是有主權的印第安民族領袖。在面對美利堅合眾國的蠶食，這些人都希望那個給予黑人家長式保護的帝國，能為北美原住民提供一些支援。然而在巴哈馬群島極端分裂的政治環境下，鮑爾斯的計畫尤其招惹眾怒，它加深了圍繞奴隸制和代表權問題的戰線。這些糾葛纏繞的緊張關係，使得巴哈馬群島成了一個鮮明的例子，說明了為什麼必須把效忠派白人、黑人和印第安人的故事放在一起共同探究，才能得到充分的理解。

鮑爾斯那樣的領土野心有時似乎很難受到重視，特別是考慮到它們涉及的兵力之弱小和他們渴望控制的領土面積之巨大，且往往距離首都中心萬里之外。然而美國革命正好激發了英國臣民的擴張主義想法。畢竟，大英帝國一直都是利用對手的弱點才日益強大起來的，而邊境岌岌可危的美利堅合眾國如今就成了它的眾多對手之一。此外，既然效忠派可以在加拿大的荒野上建起城市，易洛魁人可以在五大湖區建立起自己的新領地，自由黑人可以在獅子山開拓一片殖民地，英國的臣民可以在澳大利亞殖民，也可以統治孟加拉，馬斯科吉為什麼不能當成是一個可行的計畫？不管巴哈馬效忠派對鮑爾斯其人多麼瞋目切齒，他們都無法對他的事業嗤之以鼻。而那正是問題所在。十八世紀末動盪環境，不僅培育出鮑爾斯，也同樣滋養了從約翰．克魯登到法蘭西斯科．德．米蘭達等其他許多帝國空想家，他本人也變成了十九世紀美國那些劫掠者的先驅，這些人力圖在西屬美洲開拓自己的大塊領土。（鮑爾斯被俘僅僅十年後，美國副總統阿龍．伯爾便沿著非常類似的路線，策畫攻占下密西西比河谷和墨西哥。）這些計畫全都顯示出，表面上看起來是敵對雙方的英裔北美效忠派與叛亂者，大英帝國與擴張主義的共和制美國，事實上卻有著清晰可辨的共同點。

某些效忠派表現出反抗帝國權威的態度，已經到了要徹底決裂的地步，而另一些人卻支持旨在擴張和鞏固帝國的計畫，效忠派立場本身顯然可能意味著一整套各自不同的路線。鮑爾斯被捕時，與共和制法國的戰爭，會讓大英帝國當局前所未有地迫切需要忠誠和壓制異見。面對法國要襲擊巴哈馬群島的威脅，又擔心民眾的騷亂會轉向危險的共和立場，鄧莫爾再也無法拒絕重新選舉了。一七九四年，巴哈馬的選民十年來第一次選出了一個新議會。選舉結果最終確保了難民農園主在諸島上地位的上升，鄧莫爾的一貫支持者紛紛出局，他的幾位長期政敵卻接連當選；威廉·威利被任命為首席法官。因為擔心一七九一年**法屬聖多明哥***革命引發奴隸暴動，新議會通過了一系列更嚴苛的種族法律，旨在將黑人和白人安全地隔離開，徹底打敗了鄧莫爾的家長制政策。最後，看到當地人長期抗議鄧莫爾統治、他的巨額開支，以及他不可避免的反常（更不要說腐敗）行為，白廳終於在一七九六年召回了這位觸犯眾怒的總督。鄧莫爾在眾人的白眼下回到了英國，諷刺的是，他自己的忠誠卻被一場個人醜聞所玷汙：他的一個女兒在沒有皇家許可的情況下，嫁給了英王喬治三世的一個兒子。[118]

就這樣，在巴哈馬群島的特殊背景下，鄧莫爾的帝國願景大受挫敗。然而白人效忠派殖民者夢想著要建立起一個盛產棉花的農園社會，也同樣遙不可及。被路易士·約翰斯頓醫生所鄙視的巴哈馬群島多沙土壤，也從未變得更加肥沃。毛蟲繼續鑽入棉桃。颶風頻繁破壞房屋和作物，卻很少有持續的降雨。到一八〇〇年，大多數農園主都放棄了種植棉花作物的掙扎，轉向一種更為多樣化卻獲利較少的策略，混合種植玉米、豌豆和其他穀物。[119]（這是個說明巴哈馬群島與北美大陸之間對位關係的鮮明例證，海島棉後來被重新從巴哈馬群島引進到美國南部，它在那裡的前景極好，幾乎成了一個傳奇。）其中有些人變賣了資產，再度走上了遷徙之路。一八〇五年，湯瑪斯·布朗在聖文森特島上開發了他第三塊二千四百公頃的莊園，這些土地是剛剛才從加勒比原住民手裡奪來的，和他在喬治亞和巴哈馬群島上的莊園規模相當。[120]與英屬北美的情況差異懸殊，巴哈馬群島從未曾經歷過農業經濟的起飛。只有被當成航海中心、中途站和離岸中心時，那些島嶼才能得到最好的利用，兩個多世紀之後，它們仍然扮演著這類角色。

雖然鄧莫爾大肆建築防禦工事和街壘，為戰爭做準備，但他諸多堡壘中的一顆明珠，夏洛特堡卻從未在戰鬥中開過一槍一砲。[121]駐紮在防禦工事中的士兵面朝空曠海洋，每日無聊透頂，他們把自己的姓名首字母刻在烈日曝晒的牆上，等待著從未發生的戰鬥。正如艾爾思那座裝飾性建築一樣，夏洛特堡也仍然矗立在島上，成為瞻仰昔日遠大抱負的遺址。最終，不管效忠派盡了多大的努力改變它的風貌，巴哈馬群島始終處於帝國利益的邊緣地帶。因為大英帝國的重要挑戰

＊編按：法屬聖多明哥，法國在加勒比海地區的殖民地，即現在的海地。原屬西班牙，是西屬西印度群島的一部分，一六九七年被割讓給法國，稱為法屬聖多明哥。一七九〇年法屬聖多明哥爆發反對法國殖民統治的黑奴起義，並堅持鬥爭直到一八〇三年十一月驅逐全部的法軍。

（如現實的利益和可能性）位於那片碧海的另一個角落。正是在加勒比海上的牙買加島，也就是英國最富有的殖民地上，效忠派難民們最為真切地體會到希望與現實的斷裂，體會到生活在一個再度捲入革命戰爭的帝國，意味著怎樣的壓力。

第八章　子虛烏有的避難天堂

它的美會讓你凝神屏息。在波光粼粼的海面上，你的視線會從峻峭的藍山直掃上去，徑入雲霄。起伏的山坡上披掛著一片由各種古怪的熱帶植被所織就、生機勃勃的綠毯：巨型蕨類和簇生鳳梨花、大葉芭蕉、覆蓋著真菌的粗壯樹木、傾斜的竹林、高大的棕櫚。當你轉過海港的外圍，便會漂浮在舊都羅亞爾港的碎石之上，那座都城大半毀於一六九二年的一場地震中。明亮的沙灘掠過海岸線通往取代羅亞爾港的新都京斯敦，那是英國在加勒比地區最大的都市。海鷗圍著桅杆繞出一圈圈弧線，陽光在水面上切割出明亮的色塊，如液態鑽石般耀目。難怪效忠派們一下子就被吸引住了。在駛入這片壯麗的景觀時，一個初來乍到的人驚嘆道：「這裡的丘陵、山峰、草木蔥蘢；一切都這麼明媚鮮亮，真是太美了！」[1]一位十八世紀的美學家曾滔滔不絕地把京斯敦灣比作那不勒斯灣，說藍山能與維蘇威火山媲美，而羅亞爾港被淹沒的廢墟，就像透明的海水下龐貝古城的魅影。[2]還有人乾脆被這「雄偉和壯麗」震懾住了，說不出話來。[3]不管效忠派難民對這個草木茂盛的島嶼知道些什麼，眼前的一切已表明這裡已經不是十三殖民地了。

在效忠派於革命期間和之後遷入的所有英國殖民地中，牙買加是最有吸引力的目的地。難民

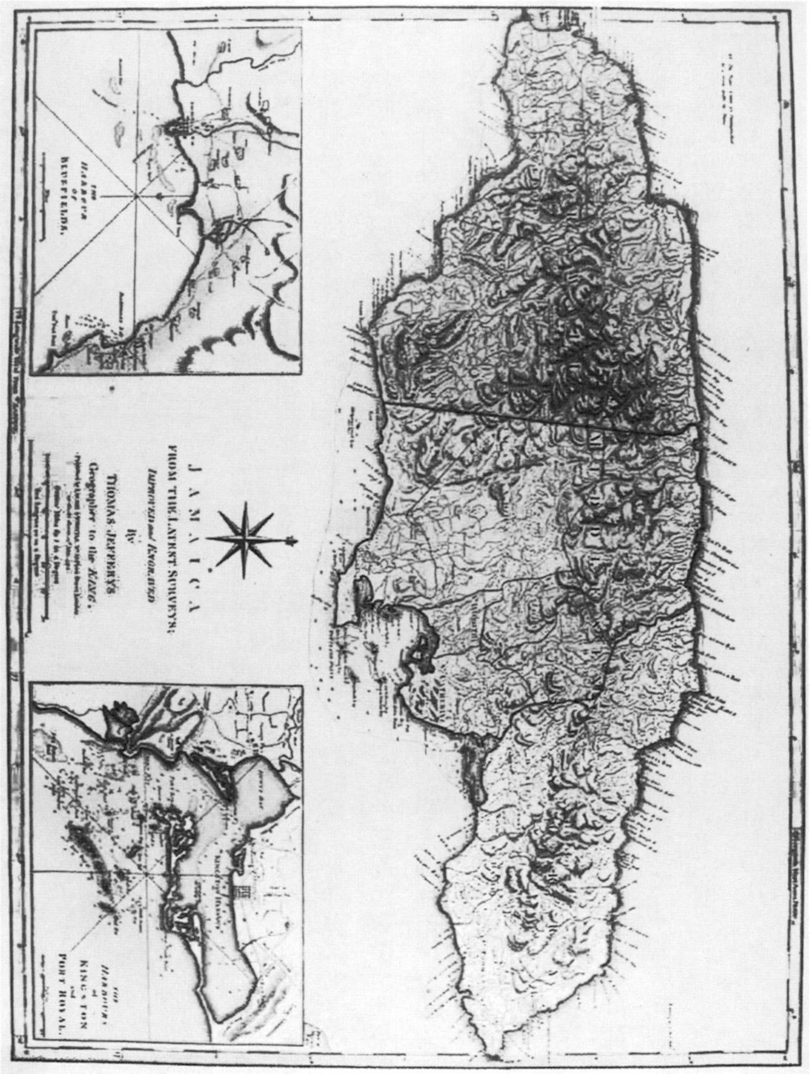

湯瑪斯．傑佛瑞斯，《牙買加最新測繪地圖》，一七七五年。

們去了那裡之後，並不像新斯科舍和巴哈馬群島的難民那樣抱怨連天，就足以證明它的吸引力。這是英國在加勒比海上人口最多、最發達、最富裕的島嶼，以奴隸為基礎的農園體系，對那些擁有奴隸的南方效忠派而言，尤其是上上之選。南卡羅萊納難民路易莎．威爾斯就是一例，她曾逃出查爾斯頓去英國投靠父母，在那裡暢然幻想著前往「豔陽高照的熱帶」。部分原因是她覺得英國這個「自由和平之島」寒冷潮溼，害她在到達後不久就病倒了。另一個原因是英國不幸地位處大西洋的這一側：威爾斯的未婚夫亞歷山大．艾克曼已經去了牙買加，她渴望早日到那裡與他團聚。一七八一年，威爾斯為此再次冒險穿越戰火中的大西洋，卻被法國人抓住，監禁了三個月之久。她沒有被嚇倒，而是再度動身前往牙買加，這次她不管不顧地登上了一條販奴船。[4]

販奴船上到處是屍體、嘔吐物、垃圾和汗臭味，哪怕甲板每日用刺鼻的醋液擦洗，也很難去除那熏天臭氣，在這樣的情形下來到牙買加，也讓她親身感受到了這裡的絕大多數移民（被俘的非洲人）是在怎樣令人絕望的條件下來到這座奴役與暴力之島的。歷史學家對於黑人在英屬大西洋的遷徙路線，進行了非常詳細的研究，揭示出整個黑人社會因位移而改變的大致輪廓。[5]威爾斯的遠行凸顯了一個諷刺之處，這個建立在強制遷徙基礎上的殖民地，如今卻變成了北美難民的避難之所。她所屬的那個群體因戰爭而四處流離，雖然絕對沒有像奴隸那樣受到強制，卻也很難說是完全自主遷徙。這個凶兆預示著效忠派不久後將會在牙買加遭遇很多令人不安的矛盾。

所幸對威爾斯而言，牙買加算得上快樂的避難所：艾克曼在那裡順風順水，兩人於一七八二年初結了婚。艾克曼到達京斯敦後創辦了一家報紙：《牙買加水星報》，不久就改名為《皇家公報》並飾以皇家紋章，從一七八〇年開始，他便榮升為王室的官方印刷商了。效忠派威爾斯家族從查爾斯頓的那一家印刷廠開始，出版物也隨他們的遷徙一起四散，到了東佛羅里達、巴哈馬群島，現在又到了牙買加，艾克曼的報紙就是這場出版物大流散的一部分。他的內兄約翰・威爾斯在拿索以印刷的出版品攻擊帝國統治，但艾克曼卻成為牙買加政府管理的一個支柱，他因此獲得了農園和豪華莊園，並在一八〇五年到一八二五年期間擔任議員。6

然而，在到達該島的三千多位效忠派難民中，像艾克曼這樣從南卡羅萊納搬到牙買加之後還能獲得成功的，實屬罕見。作為效忠派定居之地，儘管牙買加有很多明顯的優點，但在某些方面卻是英屬北美和巴哈馬群島的反面。英屬北美的難民畢竟還留在北美，還成為新斯科舍和新不倫瑞克人口中的絕大多數；效忠派在巴哈馬群島也是大多數，而且它在環境和文化上都更像從前的南方殖民地（它們之間的聯繫也更多），但牙買加卻不是如此。單從生態和人口結構上來說，去牙買加就像是去了熱帶的月球。難民們在兩方面都是少數，被包圍在牙買加的克利奧爾白人社會中，而後者在人數上又遠不及奴隸，黑人和白人的比例大大高於革命前的南卡羅萊納和喬治亞。北美難民很難找到土地，讓自己的奴隸派上用場，而且這裡素有傳染病盛行的惡名，在這樣的環境中保持身體健康都是難事（這或許能夠解釋為什麼關於牙買加效忠派生活的紀錄相對極少）。這裡絕非理想的避難之所，效忠派很快就遭遇了牙買加生活的殘酷現實：這裡傳說中的財富遙不可及，以奴隸為基礎的社會充滿暴力，疾病每次爆發都是滅頂之災，整個社會內憂外患。期待與現實之間的矛盾本是效忠派大出走各處難民經歷的決定性主題，但沒有哪個地方呈現出像牙買加這樣不可逾越的鴻溝。它們事實上是深植於牙買加社會內部的矛盾。

牙買加對十八世紀的英裔北美人意味著很多東西。首先是富饒。牙買加與英國的其他西印度群島殖民地，如巴貝多和小安地列斯群島相隔一千六百公里，牙買加成了這個以蔗糖為基礎的帝國財富堅實三角地帶的第三個角。古巴與聖多明哥則各自距離牙買加一百六十公里，各自為西班牙和法國創造驚人的利潤，正如同牙買加之於英國。事實上，英國人最初之所以來到西加勒比，正是被這些競爭對手的財富所吸引。他們初來時可不是種植者，而是海盜。一六五五年，英國出征豪奪西班牙人，占領了牙買加，其後幾十年，這個島主要是英國人的海盜基地。一位諷刺作家咒罵這個吵鬧而混亂的社會是「宇宙的糞堆、整個世界的垃圾站……潘朵拉能用這裡的一切裝滿她的盒子。」難怪大家會把一六九二年那場毀壞羅亞爾港的地震，解讀為對「宇宙中現實存在的**索多瑪城***」的天譴，特別是考量到他們那麼樂意以這個帝國夢想的農園經濟，取代海盜盛行的社會。[7]然而，牙買加距離法國和西班牙的殖民地很近，這使它始終位於十八世紀最大帝國戰區的中心。和其他英屬西印度殖民地一樣，牙買加在美國革命發生時也堅定地站在效忠國王這一方，原因之一就是它太容易受到外來襲擊。

不久，即使是最大的海盜寶藏也比不上農園的財源。那些財富被捲裹在不起眼、像小孩子的

＊索多瑪城（Sodom）是聖經中提到的城市，首次出現在《希伯來聖經》。因為城裡的居民不遵守上帝的戒律，充斥著罪惡，被上帝毀滅。後來成為罪惡之城的代名詞。

手腕那麼粗的綠色莖杆裡。甘蔗滿足了英國人對甜食愈來愈貪婪的熱愛。（一七八〇年代英國人每人每年消耗十二磅糖，相當於他們祖父母輩的三倍之多。）[8]農園主和作家威廉．貝克福德曾滿懷激情地寫道：「當一片甘蔗園裡甘蔗林立（或盛開）時，那是世界上最美的作物之一，最妙的文筆也無法形容它的美。」[9]不妨說那也是利潤最大的作物，因為對主人來說，一片成熟的甘蔗林無異於滿園金玉。蔗糖就是十八世紀的黃金。牙買加的蔗糖和蘭姆酒貿易，讓該島成為十八世紀末大英帝國最富有的殖民地。美國革命前夕，英格蘭的白人人均財富約為四十二英鎊，十三殖民地的白人人均財富約六十英鎊，而牙買加人的人均財富淨值高達二千二百零一英鎊。[10]唯一一個在盈利性上能與牙買加媲美的大英帝國領地是印度，但即使在那裡，到十八世紀末，冒險的英國人（像大富豪羅伯特．克萊夫那樣）帶回滿倉的鑽石和黃金的機率也在逐漸減少。牙買加以它僅僅一萬一千三百平方公里的面積（大約相當於康乃狄克的面積，比古巴或伊斯帕尼奧拉島小得多）可以驕傲地自稱是世界上第二富有的殖民地，僅次於法屬聖多明哥。

然而，牙買加的財富仰賴的是一種本質上毫無人權可言的體系，才能產生如此巨大的利潤。所有那些財富都依靠著一種比例可觀的奴隸勞動制度。只需砍掉一截甘蔗來啃，就能吸到它甜甜的汁液。但要把這些纖維質的莖杆處理成大量的糖塊，就需要極其密集的勞動過程，包括收割、碾碎、烹煮、定型和結晶，每一個環節都由奴隸來完成。[11]隨著蔗糖的消耗量與日俱增，生產蔗糖所需的勞動力也有增無減。到美國革命結束時，島上的一萬八千個白人擁有大約二十一萬個奴隸，黑人和白人的比例接近十二：一。這樣的比例在英屬加勒比各殖民地還算典型，但與前十三殖民地相比就形成了巨大反差，一七九〇年時，美國還沒有哪個州是黑人占多數的。[12]

由於所擁有的奴隸數量大大超過了自身的人數，占少數的白人為確保自己的權威，無所不用其極。白人牙買加的存續所依恃的就是恐怖統治。誠然，如今回想起來，北美殖民地的奴隸管教就足夠駭人聽聞了，更不用說英國的刑法體系規定的那些處罰措施。但即使以當時的標準來看，加勒比地區的暴力也屬於完全不同的性質。現存的一份文件就不動聲色地記錄了牙買加的日常虐待，那就是農園監工湯瑪斯・西斯爾伍德的日記，此人在島上工作了三十七年，直到一七八六年去世。西斯爾伍德記錄自己一生中曾在奴隸的裸露皮膚上抽打過數十萬鞭子，有些奴隸活生生地被他剝了皮。他還（根據他自己的統計）曾與一百三十八位女人發生過性關係，幾乎全部都是奴隸。他曾把處死的逃亡奴隸的頭顱割下來戳在柱子上；他曾目睹切開臉頰，割掉耳朵。他日常執行的懲罰如下：對一個偷吃甘蔗被抓住的奴隸：「用棍棒好好抽打一頓，把鹽水澆在他的傷口上，讓赫克托對著他的嘴拉屎。」[13]這類難以置信的野蠻行為表明了牙買加白人社會普遍存在的恐慌：他們害怕占人口絕大多數的黑人會起義，把酣睡中的他們屠殺殆盡。一七六〇年爆發的塔奇起義*，是十八世紀大英帝國最大的一次奴隸起義，參加的奴隸後來被施以酷刑：有些人被絞死

＊塔奇起義（Tacky's Rebellion）或稱塔奇戰爭，是一七六〇年五月到七月發生在牙買加的阿肯奴隸暴動，也是加勒比海地區在一七三三年聖約翰奴隸起義和一七九一年海地革命之間最大的一次奴隸暴動。有學者認為就對帝國體系的衝擊而言，整個十八世紀期間只有美國革命超越了塔奇起義。

在鐵籠裡，還有人在露天的火堆上被慢慢燒死，這些刑罰大概不會讓西斯爾伍德眨一下眼睛。[14]

黑人效忠派喬治．利勒還沒出發時，就一定聽說了牙買加奴隸社會人口結構的驚人失衡。帶著他和家人離開薩凡納開啟自由新生活的那些船隻上，還帶著近二千名到那裡繼續為奴的黑人。出走牙買加的效忠派的種族組成，顯示了白人效忠派在考慮目的地時，奴隸制占有多麼重要的地位：近三千名遷往牙買加的白人難民攜帶著整整八千名奴隸隨行。利勒及其家人屬於那些移民中極少數的自由黑人。即使如此，利勒本人的自由也受限於他跟摩西．柯克蘭（就是那位幫助他贖回家人自由的軍官）簽訂的束縛契約，這提醒我們，奴役和自由之間的界限有多麼模糊。一七八二年八月，利勒一家人乘坐斑馬號船隊登陸之後，就和一萬名混血的「自由有色人種」及自由黑人一起開始了在牙買加的生活。[15]夏天的大雨讓京斯敦的街道滿是泥濘，利勒從那些街道上走過時，一定為自己有生以來第一次身在一個黑色臉孔居多的城市而驚嘆。他終於來到了一個他自己屬於種族大多數的社會（雖然種族鴻溝造成了這個社會的分裂），但那個大多數的種族卻要殘酷地屈服於法律和暴力。在喬治亞監獄的那幾個月讓利勒明白，在美國做一個自由黑人就已夠艱難了。在這裡，自由又會帶給他什麼呢？

對於與利勒一起從薩凡納撤離的伊莉莎白．約翰斯頓來說，在這個陌生的島嶼登陸想必也給了她同樣的衝擊。一七八六年，在威廉．約翰斯頓離開蘇格蘭前往西班牙鎮整整一年之後，她下定決心再次跨越大西洋，帶著他們年幼的孩子們一起出發，去牙買加與他團聚。雖然這是這對夫婦最長的一次分別，但約翰斯頓這一次卻沒怎麼提到自己渴望見到丈夫的心情；在蘇格蘭與眾人依依惜別為此行蒙上了一層憂傷。她自己的父親、那些親密的妯娌，還有她第一個真正的小家庭，全都留在了蘇格蘭。最讓她揪心的是，她還把大兒子安德魯留給了他的祖父路易士．約翰斯頓醫生，準備送他去愛丁堡的名校接受教育。那充滿異國情調的美景是否讓她欣喜若狂，伊莉莎白．約翰斯頓後來從未提起。她對自己到達牙買加的唯一紀錄只有日期：一七八六年十二月十五日。那是她這麼多年裡定居的第五個地方。雖然她只有二十二歲，但她的整個成年生活都在遷徙，受到美國革命餘波的影響，一直動盪不安。如果說利勒因奴僕契約讓他的遷徙變得不那麼主動，約翰斯頓的搬遷就屬於自由選擇與環境所迫之間的灰色地帶。她在牙買加的生活只能進一步強化她的一種傾向：將每次遷徙都看成是生命必經的艱難考驗。

伊莉莎白．約翰斯頓隻字未提這個島嶼的美麗，一次也沒有提到過蔗糖，也很少提到她周圍的奴隸們。（作為生活在牙買加的白人女性，約翰斯頓屬於極少數，那裡白人的男女比例為二：一。）[16]但她很快就習慣了牙買加生活的另一個無法迴避的特點：死亡。整座島嶼就是一個巨大的停屍房。黃熱病和瘧疾等熱帶疾病使得白人的死亡率高達八分之一，證明了一位遊客脫口而出的評價，說：「這個島上每七年就有一次生命輪換的大革命……因為七年就足夠島上的居民全部死光，再換上一批了」。[17]當然，那也是當初威廉．約翰斯頓為什麼會選擇來到牙買加。他是一名醫生，這個職業保證了他在任何逆境中都會蓬勃發展。但在他們居住於牙買加期間，讓約翰斯頓一家在經濟上衣食無憂的那些致命力量，也自始至終困擾著他們自己。

如此一來，就很容易能夠理解為什麼多達三分之二的富裕農園主選擇舒服地住在遙遠的英國，只在莊園裡留下一小部分核心人員：白人監工、記帳員、律師和醫生。新來的白人效忠派顯然在一個重要方面很像他們的牙買加同類：他們都是被境遇所迫，冒很大的風險，希望能有高回報的人。牙買加白人也認為自己是某種流亡者，是短期居留而非長期定居。「來到這個島上的歐洲人很少會想在這裡終老，」牙買加農園主和歷史學家布萊恩·愛德華茲如是說。「他們的目標一般都是獲得一筆財富，以便在自己的祖國過上豐衣足食的生活。」[18]然而，這座島嶼的優勢卻正好成了效忠派難民的劣勢，他們橫豎已經被「自己的祖國」關在了門外，這也凸顯出他們來這個地方定居的所謂自由選擇，在很大程度上其實是被逼的。與英屬北美或巴哈馬不同，這裡根本沒有可供分贈的土地。在供過於求的勞動力市場，幾乎沒有什麼地方可以讓艱難維持的效忠派把自己的奴隸派去勞動。此外，雖然他們的到來已大大增加了島上的白人人口（或許增加了六分之一之多），足以從牙買加當局那裡贏得特殊的待遇，但他們也得到了當地白人對這些外來競爭對手的敵對目光。

就這樣，牙買加的效忠派難民來到了一個充滿對立和極端的島嶼。牙買加度過了戰爭的危機，蔗糖產量不斷上升，經濟正多元化發展；表面上看來，這似乎是難民們重建生活的完美之所。然而與美國的貿易禁令卻讓牙買加人感到震驚和憤怒。供應短缺加上嚴重乾旱，導致了一場大饑荒，據說至少造成了一萬五千名奴隸死亡。[19]也許可以把這看成是大自然本身對牙買加的報復吧。在一七八〇年代，幾乎每一年都有呼嘯的颶風像掠過棋盤上的棋子一樣橫掃莊稼和房屋，讓最繁茂的景觀「一眼望去盡是蕭條，」赤裸裸地暴露出，即使是最大的財富，也是脆弱不堪一擊的。[20]不管你如何聚焦於財富，卻無法忽略主導白人與黑人之間關係的暴力。它是有機體內部的感染源。它從天堂裡面奔湧而出。英國人從美國撤離不到十年後，就把牙買加（以及效忠派難民）變成了另一個革命的戰場。效忠派力圖在牙買加為自己尋找一個立足之地，卻迎面遭遇了理想和現實之間難以應付的脫節，以至於他們中的某些人最終不得不再次遷徙。如果說美國革命在一七九〇年代看起來像是歷史學家所謂的民主革命時代的第一章（即將在法國和聖多明哥續寫）的話，那麼牙買加的效忠派就讓我們從一個難得的角度洞察到，那場革命也開啟了一個新的帝國遷徙時代。[21]

在西班牙鎮主廣場的顯眼位置，矗立著一個象徵帝國信心的宏大紀念碑。它是由一座英雄雕塑、精美的圓頂和兩邊成排的列柱組成。單是那位英雄人物的涼鞋中張開的巨大腳趾，就傳遞著一種統帥的威嚴。他身上的羅馬服飾，從短裙到短袍，再到那件揚起的寬大披肩，全都強調了他身形的偉岸。他的左手扶在劍和護盾上，右手緊握著一枝指揮杖，堅定地指向前方（彩圖十三）。沒有多少遊客能夠理解雕像底座上鐫刻的那幾句不怎麼優美的拉丁文（致海軍上將喬治·布里奇斯·羅德尼爵士，他使牙買加重獲安寧，讓英國恢復了和平），然而這座紀念碑的主旨卻是一目了然。[22]整套輝煌的建築物統稱「羅德尼紀念碑」，是美國革命歷史遺跡中的一個反常象徵：它是那場戰爭中英國最大的**勝利**紀念碑。沒有什麼比它更能明確說明，英屬西印度群島對於美國革命的看法與十三殖民地有多麼不同，更進一步來說，在他們的牙買加接待方看來，效忠派難民的面目又是多麼古怪。

當北美的英屬十三殖民地在一七七五年造反時，但英國在整個美洲、分別位於未來的美利堅合眾國的南方和北方的另外十三個殖民地，卻沒有這麼做。沒有哪個地方比西印度群島更加堅定效忠王室的，其中最大的島嶼就是牙買加。[23]雖說牙買加從與十三殖民地的貿易中獲得糧食和木材，但跟該島高度依賴保護主義的英國蔗糖市場相比，這實在不算什麼。（牙買加人尤其痛恨美國走私者規避英國關稅，從法屬西印度群島進口更便宜的糖蜜。）從經濟上來說，加入美國革命的陣營不會給它帶來任何好處。從戰略上來說，它還會受到很大的損失。美國殖民者不滿英國軍隊駐紮在自己的土地上，牙買加人則不然，他們積極的歡迎英國駐軍保護他們，免得自己的奴隸群起而攻之。塔奇起義的記憶尚且清晰，不祥的一七七六年七月又發生了一場奴隸密謀起義，凸顯出牙買加人根本離不開英國軍隊。雖有傳言說這次發生在牙買加西部的密謀行動是由美國愛國者們所慫恿的，事實上卻主要與該島半數士兵都已被調離運往北美有關。[24]軍事戒嚴和司空見慣的野蠻刑罰成功鎮壓了密謀中的起義，但一七九一年，當牙買加人眼見著一場大規模奴隸叛亂在附近的聖多明哥島上爆發之時，想起這次事件，他們仍心有餘悸。對嚴重依賴英國的少數白人來說，反帝國的革命，特別是當它還是由奴隸發起時，簡直就是他們的噩夢成真。

牙買加還需要英國保護它免受戰爭所引發的外部危險。一七八一年至一七八二年冬天，當剛剛在約克敦凱旋的法國艦隊駛出切薩皮克進入加勒比海時，這些危險眼看著就朝島上逼近了。看似銳不可當的法軍很快便逐一占領了英國殖民地聖基茨島、尼維斯島和蒙特塞拉特島，視線中可見的下一個目標就是牙買加了。牙買加足智多謀的總督阿奇博爾德・坎貝爾（他在成功指揮了薩凡納的戰鬥之後取得了這個職位）趕忙制定守島戰略，號召所有的白人、自由黑人和少數「值得信任的奴隸」支持英國軍隊。[25]牙買加的克利奧爾人一想到即將發生的入侵就渾身戰慄：謠傳法國人帶著「五萬副手銬和腳鐐」來抓他們的奴隸了。幸運的是，羅德尼上將指揮的皇家海軍在其後追擊。四月的一天清晨，一支卓越的英國部隊在多明尼克與瓜德羅普之間一個名為「桑特海峽」的地方趕上了法軍。羅德尼勇敢地切斷了法國船隊的路線，獲得了一次決定性勝利，活捉法國海軍上將德・格拉塞本人。羅德尼挽救了帝國最富裕的島嶼，讓英國在和談中獲得了一枚寶貴的籌碼。[26]

意識到桑特海峽戰役（它後來的叫法）的歷史意義後，牙買加議會投票決定支出一千英鎊，從倫敦請來最好的雕塑師立一座雕像。[27]然而和所有這類紀念碑一樣，羅德尼紀念碑也是個壯觀的空心架子。原因之一就是，戰爭開始時，這位海軍上將賭債高築，正無恥地在法國躲避債主呢。一七八一年他占領了荷屬聖尤斯特歇斯島之後，立刻上島貪婪豪搶一番，激起了大西洋兩岸的抗議之聲和昂貴的官司。更嚴重的是，羅德尼因為忙於洗劫聖尤斯特歇斯島，沒有在法國艦隊前往約克敦的路上攔截住它。[28]桑特海峽戰役總算在他屢屢犯錯後給他挽回了一點名聲。如此一來，羅德尼這位因過失而導致英國失去美國的無賴，反而成了挽救牙買加的英雄。既然牙買加是英國利潤最豐厚的殖民地，加勒比是它最寶貴的帝國區域，從整個大英帝國的角度來看，這場戰役自然意義非凡。

因此，當桑特海峽戰役勝利四個月後，來自薩凡納的撤離艦隊登陸羅亞爾港時，它把一群因失敗而憔悴的臉孔突然帶到了一個洋溢在勝利喜悅中的島嶼面前。（至少有一家牙買加報紙向讀者隱瞞了這實際上是一支撤離艦隊，也就是標誌著英國在十三殖民地的統治即將結束的事實。）其後六個月，來自薩凡納和查爾斯頓的船隻又帶來數千名暈頭轉向的難民和奴隸，他們散落在京斯敦和附近的首都西班牙鎮的街道上，狼狽落魄，乃至一文不名。京斯敦有大約二萬名居民，是英屬加勒比地區最大的城市，也是美洲英語區的第三大城市，僅次於紐約和費城。[29]它有著一座殖民地大都會的宏偉城市規畫和傲人建築，在等級上高出薩凡納和查爾斯頓，更別提拿索和哈利法克斯了：設備完善的兵營和寬闊敞亮的街道，一座配有管風琴和鐘塔的莊嚴教堂，一所免費學校，還有一座漂亮的猶太會堂，西班牙鎮也有一座。城市寬闊的街道兩旁林立著兩層或三層的磚房，還特地依當地的氣候設計了遊廊和露臺。「最講究的美食家」也會看到，京斯敦物品豐富的市場上應有盡有。該市有拉內拉赫和沃斯荷這兩家最奢華的客棧，出席在那裡舉辦的音樂會或舞會，幾乎就像置身那兩家同名的倫敦遊樂園裡，令人心曠神怡。就連縣監獄也與眾不同：它曾經屬於一位數學家，此人在家裡設置了一座天文臺，「它被轉變為不幸之人的監禁之處，不用說……那些人除了仰望星空之外，就什麼其他享樂也沒有了。」[30]

在這樣繁榮的城市景觀中，難民們的出現確實駭人。當地人說，「整個城市到處都能見到這些可憐又非比尋常的不幸和慘痛之相。」因為現存的紀錄極少，無法推測出有多少新來者到達時身無分文，但從薩凡納和查爾斯頓兩地人口的遷徙規律來看，較為富裕的效忠派都選擇去東佛羅里達了，據此似乎可以合理猜測，很大一部分來到牙買加的白人相對較為貧窮。由於三千個白人難民中絕大多數都留在了京斯敦，教區當局便成了救濟的最前線。數十位效忠派被收入濟貧所，還有很多人收到了特別津貼。看到如此可憐景象而於心不忍的京斯敦居民開始募捐，為難民籌到了一千英鎊出頭的善款。[31]另一位見證者威廉．亨利王子在海軍服役時路過牙買加，觸目驚心地目睹那麼多人衣衫襤褸地從撤離艦隊上下船，便自己掏出了「一筆豐厚的金額」，用來「救濟那些來自南卡羅萊納的難民。」[32]他的王室典範啟動了相關的立法行動。一七八三年二月（就是議會委託建造羅德尼紀念碑的那一周），議會通過了一項法案「對國王陛下的北美臣民中，因忠誠之動機而已經或即將被迫放棄或拋棄他們在那片國土上的財產，到本島避難且打算長期定居之人，在限定時間內免除其所有稅賦。」[33]這最後一個限定語，「打算長期定居」，值得特別注意。英國官員長期為如何維持牙買加的白人人口而頭痛不已，因為疾病和曠工，白人人口總是不夠。各類追索差額的法律強行規定，農園主必須在地產上留下最低數目的白人，說好聽點也只是差強人意。如此一來，效忠派難民看來就成了長期居民的絕佳人選，問題是如何讓他們實際融入當地社會。

亞歷山大．艾克曼將該法案印刷了四百六十份，它很快就在難民社會被四處傳閱。[34]作為微縮版本的效忠派賠償委員會，難民們提出索賠，證明自己的忠誠、損失和定居意願。索賠成功的人收到了證明其免稅身分的證明書。這些文件為我們開啟了一個寶貴的窗戶，得以藉此窺見牙買加效忠派難民的構成。（至少有一百六十九份證明書留存至今，不過其中五十一份都屬於該法案所包含的另一類索賠者：被從洪都拉斯灣和蚊子海岸這兩個英國崗哨中驅逐的殖民者。）[35]在某種程度上，它們顯示了難民的地理和社會多樣性。有些移民是一七七六年最初從波士頓撤離的，例如威廉・派克這種「從嬰孩時期便作為英王陛下的忠實臣民在那個地方居住的人。」還有像羅伯特・斯圖亞特這樣的紐約人，他是一位效忠派老兵，「在紐約撤離之後，就無法留在當地了。」還有伊斯雷爾・門德斯和他的八口之家，他們加入了京斯敦的一個猶太人社區，其繁榮程度絲毫不亞於他所離開的紐約殖民地社區。來自費城的班傑明・大衛斯是「所謂貴格派教徒中的一員，」先是為了躲避賓夕法尼亞的迫害逃到了查爾斯頓，又從那裡乘船來到牙買加。兩位來自西佛羅里達的索賠者曾在彭薩柯拉被占之後，被關在哈瓦那的監獄裡。[36]

然而有三分之二的證明書屬於來自喬治亞和南卡羅萊納的效忠派難民，它們共同構成了一份更重要的紀錄，事關湧入牙買加的難民中，數量更大卻籍籍無名的組成部分：效忠派名下的奴隸。喬治・利勒的保護人摩西・柯克蘭在登陸牙買加時攜帶著四十一個奴隸，希望能像過去在北美時那樣，讓他們在靛青農園中勞動。一位被剝奪財產的效忠派的遺孀海倫・麥金儂，也設法從丈夫被沒收的財產上帶出了四十一個奴隸，而（威廉的母親）蘇珊娜・威利帶來了三十七個，「這是她本人和孩子們（都是英國臣民）名下奴隸的一部分……他們都在京斯敦和縣裡受僱，打打零工。」好幾位索賠者不光帶來了他們自己的奴隸，還有同伴們委託他們帶來的。除了自己的八十九個奴隸之外，來自奧古斯塔的薩姆爾・道格拉斯還攜帶著由一對倫敦商人所擁有的一百一十三個奴隸，「所有這些奴隸，加起來總共二百零二人，一度都曾受僱於公共工程。」同樣來自奧古斯塔的威廉・特爾費爾帶來了他自己和妻子名下的六十六個奴隸，還帶著南卡羅萊納人威廉・布林名下的一百一十二人，後者已經在牙買加擁有土地了。名單上還有一位最大的奴隸販賣商納旦尼爾・霍爾。他到達時自己名下有五十六個奴隸，還帶著帝國官員威廉・諾克斯名下的一百零二個奴隸，喬治亞總督詹姆斯・賴特爵士名下的二百一十七個奴隸，以及其他人名下的三十七個奴隸，「所有這些黑人總共有四百一十二人，自到達之後便在東部的聖托馬斯受僱。」[37]全部加起來，來自南卡羅萊納和喬治亞的八十一位索賠人帶著一千三百五十九個奴隸來到了牙買加，白人和黑人的比例達到了一：十六，甚至高於牙買加人的平均水準。

這些證明書雖然如此強烈地向富裕的南方奴隸主傾斜，但它還是成為了不幸遭遇的古怪紀錄。一方面，所有這些證據都記錄了實實在在的損失，以及身為難民的真正問題和匱乏，不管他們拋諸身後的是數百公頃土地，還是最破舊的房子。另一方面，那些損失財產金額最多的人往往保留下來的也最多，他們保留的是奴隸這項動產。以任何十八世紀的標準來看，擁有幾十個奴隸都能讓他們衣食無憂。他們成功地申請免稅（和效忠派賠償委員會所給予最充分賠償的那些案件一樣）似乎證明了那句格言：凡有的，還要加給他，叫他有餘。*他們真的是急需政府救濟的飢餓難民嗎？

牙買加的克利奧爾人可不會任由這樣的反常之事發生而不發一語。儘管效忠派的湧入導致其

---

*引自《聖經・馬太福音》一三：一二，英文是“to those who have, more shall be given”。

人口大幅上升，但免稅措施卻拉低了京斯敦教區的收入。沒過多久，教區就開始入不敷出了。一七八四年秋，惱火的教區委員會成員們慫恿教區執事把「這些人運出島去，他們正想要走，可能會成為我們的負擔，」運費由教區來出；出錢讓他們離開，可比出錢讓他們留下來得便宜。[38]教區委員會隨後便向議會提交了一份慷慨陳詞的請願書。他們讚揚免稅法律的「崇高動機」。但他們注意到有七十位「顯然非常富裕」的難民住在「漂亮的」房子裡，享受著「城裡某些最好的條件」，卻被免除了稅賦，而負債累累的教區已經支出了逾二千英鎊用於救濟，濟貧所已經人滿為患了。[39]一年後，教區委員會以更強烈的語氣重複了這個請求。法律的本意是「安慰窮人，或者那些被剝奪了所有財產之人，」他們寫道；但成功地申請到免稅優惠的人卻「受僱於利潤最豐厚的部門。」〔他們是〕「身分不明的巡遊者和不穩定的逃亡者，不該因國家的慷慨寬宏，或因貌似效忠派或身處困境的難民而被免除〔稅賦〕。」[40]

議會最終沒有滿足京斯敦教區委員會的要求，很可能是因為它手頭有一堆其他請願書要應付，要盡全力解決戰前的經濟波動。[41]隨著十三殖民地的喪失，牙買加對大英帝國的經濟變得比以往更加舉足輕重。與此同時，美國的獨立使得英國政府嚴令禁止與美利堅合眾國貿易，這對牙買加產生了糟糕的影響。基本物資的供應量下降使得物價上漲。而蔗糖市場卻出現了相反的現象：出口增加了，價格卻呈現下降趨勢，而戰時的高關稅卻令人沮喪的仍然適用。回頭來看，許多人會指出，美國革命的爆發，是西印度群島自大英帝國焦點地位摔落的起點。[42]很快，牙買加議會就向國王直接遞交了自己的請願書，申請減稅和更自由的貿易。要應付商業管制、戰爭債務、供應短缺和颶風已經夠難了，北美難民又增加了一個財務負擔。他們問道，「現在真的適合」鼓勵效忠派在牙買加殖民，「塑造一種新的遷徙和冒險的精神」嗎？[43] 雖然牙買加難民的數量還不足以讓他們像英屬北美和巴哈馬群島那樣滲入政治生活，但效忠派難民也同樣在牙買加政界留下了自己的印記。效忠派難民身為牙買加戰後不幸遭遇的焦點，他們具體呈現了戰後牙買加社會的一切困境，在戰後變幻莫測的帝國世界裡，牙買加的地位也大不如前。

一直以來，難民們始終都在為自己和名下的奴隸爭取機會。有些北美人很難適應熱帶環境。一位南卡羅萊納人帶來十四個奴隸，本打算在這裡建起一個農園，然而他已經六十二歲了，又「體態肥胖（重達二百八十磅），非常笨拙和懶散」，根本「無法工作。」[44] 與其他各處為效忠派制定的規定一樣，白廳命令坎貝爾總督將未曾分發的土地分配給效忠派。[45] 但麻煩的是，這裡根本沒有土地了。一七八三年四月，為查爾斯頓難民提供的三個月的糧食配給即將告罄時，就連擁有很多奴隸的效忠派也還沒有想出辦法解決自己的生計。那個季節的天氣「反常地格外乾燥，」他們抱怨道，他們的奴隸病倒了，但無論如何他們也沒有「自己的土地可以僱用他們（奴隸）。」雖然他們盡力把奴隸外租出去掙錢，有些被租給了私人農園，有些被公共工程所僱用，但這也並非易事，因為「重歸和平大大降低了對黑人勞動力的需求。」[46]

納旦尼爾・霍爾，就是帶了四百多個奴隸來到牙買加的那位，起初在這方面還算幸運。他與位高權重的農園主西蒙・泰勒有些私交，後者在短時間內就變成了牙買加乃至整個大英帝國最富有的人。[47] 因為兩人共同的朋友們「強烈」推薦霍爾，泰勒報告說「我把他的黑人分派給了朋友們，可以在那裡養活他們。」[48]但泰勒對結果非常失望。他認為美國奴隸根本無法做到牙買加農園上需要的那種勞動。「說到美國黑人，」他對一位朋友建議說，

我建議你別在任何事情上跟他們打交道。我從沒有見過一群被帶到這個島上的人有什麼很好的表現。他們就是一群軟趴趴的安哥拉和蒙蒂戈黑人，懶得無法養活自己，一貫衣來伸手飯來張口，要麼就是聽天由命，乾脆吃土，餓死拉倒。[49]

他認為，甘蔗需要更強壯、更能吃苦耐勞的人；「習慣了」牙買加工作環境對體力的考驗的奴隸，不是來自安哥拉和獅子山，而是（這裡倒是承認了黑人牙買加人口的種族差異）來自黃金海岸和比夫拉灣的奴隸，那兩個地方是運送奴隸前往牙買加的主要補給站。[50]霍爾本人不久也對一位奴隸主威廉・諾克斯抱怨說，他無法為他們在牙買加找到足夠的工作了。諾克斯發現自己小心運出的人類財產愈來愈成為一種「累贅之物」，便安排通過霍爾把大部分人送回美國賣掉。[51]要考察效忠派難民在牙買加的際遇已非易事，描述效忠派名下之奴隸的遷徙軌跡更是難上加難。然而這個例子表明，其中有些人的命運至少跟留在牙買加一樣糟糕：他們再次被運出，禁受了這個過程對身心造成的殘酷傷害，開啟了一個始終不斷的遷徙過程的另一個階段。就算是對效忠派帶來的奴隸而言，牙買加也是個靠不住的定居地。

與此同時，那些沒地沒產的白人難民在做什麼呢？他們來到了大英帝國利潤最豐厚的殖民地。

然而，就連最富裕的人也未能擠入一個已經人滿為患的農園社會，最窮苦的人還在依賴來自教區的救濟呢。就在那時，他們開始聽說一種很有吸引力的可能性。在黑河沿岸的聖伊莉莎白的西部教區，傳說有一片無人認領的王室領土，總面積有八千公頃，甚至更大。據說那裡的土壤非常適合種植甘蔗，或許還可以種植許多效忠派戰前曾在南卡羅萊納種植的靛青。唯一的問題是，目前那裡是一片水淹的沼澤地。「如果可以把水排乾，」農園主愛德華·朗在一七七四年樂觀地提議道，聖伊莉莎白的沼澤便「可以墾殖成很多大型農園。迄今還沒有人做過這類嘗試……但對那些有著毅力、能力和耐心進行這個實驗的人來說，它有可能為所有者產生非常豐厚的回報。」[52]在牙買加那些無依無靠的難民眼中，這樣的實驗很值得一試。在坎貝爾總督的支持下，一個齊心協力排乾聖伊莉莎白沼澤地，把它分發給住在牙買加效忠派的專案開始了。

紅樹林灌木叢把黑河及其支流堵塞成一片無法進入的根莖迷宮，一張水和樹木纏繞交錯的網路。只需停留片刻，昆蟲就會在你的頭頂飛成一道旋風，在你的耳邊轟鳴，咬破你的手指和手腕。鱷魚在汙濁的水溝裡潛伏。這些慵懶、背部隆起的棕色動物，看起來像浮在水面的樹枝一樣無害，突然一下便會從水中竄出，力道大得足以把一個小孩子喀嚓一聲一分為二。這就是工程師派翠克·格蘭特在一七八三年底所進入的怪異沼澤世界，他帶著一隊奴隸和自己的測繪工具，奉總督之命，把那片沼澤地繪製成土地，分給效忠派難民。這位測繪員花了九個月的時間執行任務，在沼澤地中噗哧噗哧地艱難行走，畫出測繪線，盡最大可能無視周圍地主的抱怨，他們時不時地利用這裡的乾地放牧牛群。一七八四年秋，格蘭特終於搖搖晃晃地回到西班牙鎮，筋疲力盡但心滿意足。他把一份來之不易的一萬一千公頃的地圖擺在議會面前，那些土地被分成了一百八十三塊，還提交了一份三千六百六十英鎊的帳單，那是他為自己的辛苦工作索要的報酬。[53]

效忠派難民紛紛簽字申領聖伊莉莎白的土地，急切等待著議會給他們簽發土地專屬證明，他們以為剩下的不過是例行公式了。然而議會卻出現了一個突發問題：他們認為格蘭特索要的工作報酬太高了。他們決定對他的行為啟動調查，並進而調查由現已離職的坎貝爾總督啟動的這個定居計畫是否合法。一個議會委員會在調查聖伊莉莎白的議員時，問他是否認為「水道中（有足夠的）乾地面積……可以分成一百八十三塊寬裕的拓殖土地？」他不這麼認為。「那麼在你看來，」他們繼續問，「除了魚、青蛙、木頭和兩棲動物外，還有任何生物可以在這片區域生存嗎？」他認為沒有。「你覺得這個地區……可以被排乾，以便用於人類居住生活嗎？」他不以為然。他說，即使有人免費給他這塊地，他也不會要。[54]

隨著議會休會，調查懸置了整整一年。到議會一七八五年下半年重啟調查時，效忠派已經等得不耐煩，愈來愈緊張不安了。不出所料，摩西・柯克蘭、納旦尼爾・霍爾及其妻等牙買加某些最大的難民奴隸主都支持該計畫，紛紛幻想著自己的勞動力問題能夠在那片黑暗的沼澤地中得到最理想的解決。對他們來說，沒有土地就意味著時時刻刻都是財產的損失。一位地位較低的南卡羅萊納裁縫，羅伯特・弗羅格和其他幾位效忠派，不管不顧地一起搬到聖伊莉莎白去搶地。可憐的弗羅格展開排乾沼澤地的努力，使得當地的一位居民打趣他道，「那裡的土地這般貧弱，連一隻青蛙＊都無法生存。」這類報導再次印證了議會對該計畫的悲觀態度。一七八五年底，也就是格蘭特開始測繪的兩年後，議會裁決「為來自美國的難民規畫的……沼澤地無法進行排水開墾，這樣做投入費用太高，但很有可能永遠無法排乾。」它拒絕簽發土地所有證明，牙買加唯一一個官方支持的效忠派分地計畫就這樣不了了之了。[55]

雖有人拿「青蛙」的雙關語打趣，好像沒有誰曾經對「沼澤」一詞的雙重含義（沼澤／困境）開過玩笑。對與此事有關的效忠派而言，這裡的隱喻意味簡直讓人難以承受。與他們在英屬美洲其他各處所受的待遇相比，沒什麼能比這個事件更能簡潔生動地表達效忠派在牙買加所受到強烈反差的待遇。在巴哈馬地區和英屬北美，分配土地是英國政府為效忠派提供補償的核心。在牙買加，唯一一次提供土地的努力卻以鬧劇開始，以悲劇結束。加上京斯敦教區委員會的抱怨，議會拒絕繼續分地一事，再次證明了牙買加人對北美難民悲慘境遇的冷漠態度。

尤其諷刺的是，這片植根於奴隸制度的富裕國土，居然讓難民中最大的奴隸主也難圓其夢，他們可正是被這裡傳說中的財富所吸引才遷居該島的。因為無法獲得土地，又不能以有利的價格把自己的奴隸外租出去，與亞歷山大·艾克曼和威廉·約翰斯頓這類專業人員相比，美國農園主們更難以適應牙買加生活，專業人員起碼還可以找到工作。（同樣，雖然我們始終無法以職業和社會地位將難民加以分類，但沒有看到其他明顯的類似成功案例，表明這些案例仍屬極少數。）關於牙買加的諸項條件令人失望的消息很快便傳回了大陸，東佛羅里達撤離船隊又折返回來，就

＊這是雙關語，弗羅格的英文名字是Frogg，與青蛙（frog）同音。

足以說明問題。只有一百九十六位白人是從聖奧古斯汀出發前往牙買加的，其中很多人還只是將該島作為中轉站，準備繼續前往南美洲北岸，這與數千名從薩凡納和查爾斯頓湧來的難民形成了鮮明的對比。在他們看來，既然已知牙買加那裡缺少機會，而中美洲還有很多未知的可能性，似乎總好過牙買加。[56]最終，更多的佛羅里達難民決定前往多明尼克這座小島，而不是英國在加勒比海上的明珠，因為那裡的總督承諾分給他們土地。雖然那裡的土地「非常糟糕，基本上都在山頂，有些則無法開墾，」但至少它們都在出讓，而山頂當然比沼澤強。[57]

黃昏，大自然晝夜交替之時，熱帶地區一片喧囂，震耳欲聾。鳴禽走獸，還有聒噪的昆蟲發出有節奏的漸強音。蝙蝠在暮色中翻飛躲閃；腳趾有黏性的壁虎在牆上疾跑；禿鷲俯衝入林，弓起滿是羽毛的雙肩入睡。在潮溼的空氣中，蚊子愈來愈密集，像升起的水霧。牠們一齊飛向溫熱的軀體，彷彿有某種深刻的智慧引領牠們的尖嘴刺向血液。一不小心，你回到室內，就會發現每片裸露在外的皮膚上都布滿了蚊子叮咬的腫塊。

蚊子是害蟲，但那時還沒有人知道牠們也是殺手：致命的黃熱病和瘧疾病毒的攜帶者。單是兇險的小型**埃及斑蚊**，因為能把黃熱病毒注入人體的血液中，在十八世紀的加勒比海地區造成的白人死亡人數，就超過了其他任何單個病因。天花、登革熱、熱帶肉芽腫、鉤蟲病、痢疾、破傷風：所有的瘟疫讓牙買加變成了一個巨大的死亡陷阱，但對剛開始執業的威廉・約翰斯頓醫生而言，也正是這些讓它變成了機會的燈塔。他是滿懷著事業發展的希望來到牙買加的，這合情合理。他享受著總督深具影響力的資助；他也有來自愛丁堡的驕人學歷，那是英國世界中最好的醫學院；當他的同胞們發現牙買加沒有多少地方容納更多的農園主時，上帝知道牙買加需要醫生，多多益善。總督慷慨地「讓他掛名在某個政府機關」，有了這個閒職，約翰斯頓每周能收到二十先令的薪水，外加為他的家人提供的豐厚補貼。不久，他接受了牙買加政務委員會成員詹姆斯·懷爾德曼的邀請，在懷爾德曼位於里瓜納的地產上行醫執業。（懷爾德曼是個很有影響的顧客，只是品性多少有些可疑：身為牙買加最富有的缺席業主威廉·貝克福德的律師，他和弟弟很快就靠佣金斂得大筆財富，並說服貝克福德直接給了他們一片很大的農園，據說他們簡直是巧取豪奪。）[58]約翰斯頓崛起的勢頭很猛，大概也引發了牙買加一位資深醫生的牢騷，說「這個國家來了大量行醫人員，他們要不是**難民**，就是在那個地方丟了工作，島上的醫生簡直人滿為患了，以至於幾乎每個小莊園都有自己的醫生。」[59]

各種疾病對黑人和白人的影響不同（值得注意的是，黑人對黃熱病和瘧疾的免疫力比白人要好得多），但無論黑人還是白人，自由人還是奴隸，沒有誰能夠躲過牙買加無處不在的死亡，企圖欺騙死神的醫生更是如此。到一七八〇年代，西印度群島的奴隸死亡率高得嚇人，已經成為英國廢奴運動者的一項控罪證據，他們以奴隸死亡率持續超過出生率這個事實為由，堅稱奴隸制需要改善乃至徹底廢除。作為回應，農園主們也愈來愈關心降低奴隸死亡率的問題了。[60]現存的紀錄表明，在任何特定時間，一個蔗糖農園上都有半數奴隸會受傷或染病。約翰斯頓的任務可能包括定期前往一個僱有黑人護理者的莊園醫院，在那裡治療和診斷患病的奴隸。他或許還要接種天花疫苗，在牙買加的大小農園中這已經愈來愈廣泛。他的另一項任務大概是應牙買加一七八八年合併奴隸法的要求，填寫一份關於奴隸死亡原因的年度報告，那是一份淒涼的紀錄，講述了人類如何與自然合謀，讓一代又一代奴隸過早地夭亡。[61]

約翰斯頓也繼續為白人治病。一七九三年，一場蔓延整個美洲的黃熱病瘟疫，成了他職業生涯中的一大機遇，他在京斯敦的商人病患請他到他們駛入海港的船隻上為虛弱的水手們看病。黃熱病會引發內出血和黃疸，最初的症狀是頭疼，繼而發燒、噁心和嘔吐。當嘔吐物變成黑色並帶有血顆粒時，病程基本上就結束了：病患通常會在幾天之內死亡。約翰斯頓醫生避免使用其他醫生為病人指定的放血療法；但他也給一個又一個病人服用甘汞，那是一種被用作瀉藥的汞溶劑，因此他的治療方案一定也是藥效與副作用並存。[62]「有時一天會有十七個葬禮，甚至更多，」伊莉莎白．約翰斯頓難過地回憶道。在他們位於京斯敦城外不遠的哈夫韋樹的家中，她有一大群在牙買加出生的小孩子要操心：在伊莉莎白．約翰斯頓到達牙買加整整一年後，一七八七年出生的伊麗莎；一七八九年出生的拉萊亞．佩頓；然後還有約翰（一七九〇年）、簡．法利（一七九一年）和詹姆斯．懷爾德曼（一七九二年）。約翰斯頓暗自慶幸沒有一個家人染上黃熱病。但他們對島上各種疾病的抵抗並沒能持續多久。到一七九三年底，約翰斯頓夫婦最小的女兒簡就死於猩紅熱，年僅兩歲。

人無法避免死亡，但可以試著平靜地接受死亡。彷彿是為了替代死去的孩子，約翰斯頓夫婦給他們出生於一七九四年的新生兒也取名簡．法利。夫婦倆不願再拿這個孩子冒險了，由於威廉總能接觸到天花病毒，他便安排給這個女嬰接種疫苗。儘管當時這個手術在牙買加已經非常廣泛了（在英國也一樣），但還是有危險性，有些病人不但沒有產生抗體，反而染上了致命的天花。[63]父母焦急地關注著注入病毒的切口，確定感染沒有擴散。僅僅來到世上三個月的第二位簡・法利・約翰斯頓卻沒有那麼幸運。「她在我膝上的枕頭上躺了一段時間，我看得心都碎了，然後一個切口開始變得很黑，她死在了我的懷裡，」她「那天使般的藍眼睛」再也沒有睜開。威廉把小小的屍體從伊莉莎白的膝上拿開後，她癱倒在地上，因為悲痛和祈禱而渾身痙攣。[64]

她已經失去了兩個孩子，一個在愛丁堡，另一個在牙買加，但這個孩子的死亡帶給伊莉莎白・約翰斯頓的傷痛卻比其他任何一次都要深。或許一個原因是她覺得自己本可以阻止這一切發生，是她同意了（或許還親眼看著）那致命的細菌被注入她的孩子那如綢緞一般柔軟的四肢。但身在那片令人窒息的異鄉，舉目無親的她似乎已經無力承受「沒有一位女性親友，只有黑人奴僕，必須鉅細靡遺地撫養照顧這麼多年幼的孩子」。「身心俱疲」的她陷入了嚴重的抑鬱。孩子死後不久，懷爾德曼一家提出收養約翰斯頓的女兒伊麗莎，並帶她跟他們一起回英國。「連續幾周，我們無法下定決心與她分別，」約翰斯頓坦承，與那些好幾個世代生活在不宜人居的帝國邊疆的父母們一樣，他們面臨的兩難困境是：是把孩子留在身邊，讓他們暴露於熱帶的諸多危險，還是把他們送回到遠在千里之外的「故鄉」英國？約翰斯頓夫婦最終決定「為孩子好」，讓伊麗莎跟著懷爾德曼夫婦一起去了英國。本著大致相同的目的，他們聽從了孩子祖父約翰斯頓醫生的要求，把最大的女兒凱薩琳也送回了愛丁堡。[65]

永無止盡的死亡壓力在他們四周聚攏，約翰斯頓夫婦發現即使對他們而言，牙買加也是個子虛烏有的避難之所。雖然威廉・約翰斯頓很快就在這裡開拓了他的職業生涯，擁有了許多南方難民農園主望塵莫及的成功，但這裡格格不入的環境充滿敵意，讓他的家人散落四方，內心也傷痕累累。一七九六年，「虛弱的」伊莉莎白・約翰斯頓認輸了。她決定和孩子們一起回愛丁堡，那是「為了他們身心健康而必盡的義務」，而威廉因為「不可能離開自己的事業，」將獨自一人留在牙買加。整整四十年後，當她回憶起「那個悲傷的早晨，我聽到小船來接我們上輪船，」要再次與愛人分別，再次跨越大西洋時，還是悲從中來。「我覺得我當時已經喪失理智了。我高聲尖叫，讓我可憐的丈夫無比憂傷，以至於那時……如果我不走了，他一定會很高興。他祈求我……讓他上船把我們的東西拿回來，但我能說的只有一句話，『已經太遲了！』」[66]

然而隨著碼頭上的人影縮小為模糊的黑點，羅亞爾港的廢墟在海底發出的微光漸漸遠去，碧綠的藍山褪變成灰色的輪廓，她卻從一個新的源頭獲得了力量。在她最黑暗的悲傷和孤獨的時候，約翰斯頓獲救了。她看到一個不熟悉的上帝伸出雙臂來擁抱她：那是個親切而充滿愛意的存在，是浸禮會的上帝。早在佛羅里達時期，她就試圖以那些聖公會神祇們自我安慰，但在此時的她看來，那只是「冷冰冰的說教」。她在「使那麼多窮苦人獲得了覺醒的新教徒講道中」找到了慰藉。[67]和十八世紀後期大西洋世界中的數百萬人一樣，約翰斯頓也被捲入了福音派潮流，也就是所謂第二次大覺醒*。她自己因為個人生活的動盪和傷痛而走向皈依的過程，似乎是整個英裔北美世界被戰爭四分五裂後，更為宏大恢復進程的結晶。她在牙買加失去了那麼多，但她整個餘生都不會放棄這個新發現。

因為這座死亡之島也日益成為基督教信仰之島。隨著福音派新教徒傳教士向大批被殘酷對待的奴隸人口傳播福音，伊莉莎白·約翰斯頓在自己個人生活的艱辛考驗中發現精神慰籍的過程，將在一七八〇年代的牙買加成千上萬次地重演。何況那些傳教士本身也是黑人，而且是黑人效忠派。白人難民帶來了數千黑人，但他們自己卻籍籍無名地融入了牙買加社會，不是死在那裡，就是另尋他鄉；與之相反，少數自由黑人效忠派卻帶來了他們的宗教情感，在這座島嶼上留下了不可磨滅的印記。他們的活動使牙買加與一個愈來愈大的泛大西洋黑人福音派教會網絡相互連接，那是效忠派大流散一個充滿生機又影響久遠的結果。活躍在這些傳教活動最前線的是喬治·利勒，他為牙買加帶來了浸禮會教義，那正是他的得意門生大衛·喬治在新斯科舍和新不倫瑞克傳播的教義。[68]

和威廉·約翰斯頓一樣，利勒來到牙買加的運氣也不錯，他被推薦給了總督本人，但他是被推薦去做契約奴僕的。因為效忠派摩西·柯克蘭曾出錢贖回了他全家人的自由，利勒事實上是因

*第二次大覺醒（Second Great Awakening）是指十八世紀末十九世紀初美洲大陸興起的宗教復興。教會的教友及城市百姓們都悔改認罪，基督信仰生活興起，世人渴慕認識耶穌基督，教會復興，歷史學家稱之為第二次大覺醒，類似的第一次大覺醒出現在一七三〇年代至一七四〇年代。

為欠了柯克蘭的錢，才必須在一七八二年隨後者一同來到牙買加。柯克蘭「承諾會在這個國家成為我的朋友，」便安排利勒在阿奇博爾德．坎貝爾總督相對合宜的勞動環境裡勞動。兩年後，利勒付清了他的契約債務，坎貝爾就給了他「一份他親筆書寫的、關於我良好品行的書面證明。」利勒知道英國殖民地社會中文書的作用很大，還「從教區委員會和總督那裡〔獲得了〕我本人和我家人的自由人身分證明。」在戰時的喬治亞獲得解放證書整整七年後，他終於可以宣布自己不再是任何人的奴隸，一旦有人質疑，也能呈上合法證明了。[69]

總算獲得了真正的自由之後，利勒自居為「農夫」，他買下一個馬車隊，開始在三個即將成年的兒子的幫助下當車夫養家。但對喬治．利勒而言，真正的成功來自另一個領域。一七八四年九月前後，利勒又開始講道了。他在京斯敦的賽馬場和西班牙鎮的戶外講道，而他的黑人效忠派同事們，如紐約理髮師摩西．貝克等人則深入腹地為他宣傳。十年前，利勒曾經憑藉他超群的人格魅力在卡羅萊納鄉間那些苔癬覆蓋的林間空地上吸引了一批追隨者，如今在牙買加也一樣。他的話「在窮人、特別是奴隸中，產生了很好的效果，」他們很少甚至從未聽到過這樣的講道，儘管很多人保留著某種非洲靈性的文化。奴隸們可怕的生活條件，日日在暴力和死亡的陰影中，自然讓他們更容易接受利勒所傳播的訊息。他在西班牙鎮的河水中、在京斯敦海港的鹹水裡、在蜿蜒流過鄉間的溪流中為皈依者施洗禮。在京斯敦，他把一幢小型私宅改成新教堂，「除我之外〔只有〕四個來自美國的兄弟。」不久他的教堂就有了三百五十位支持者，其中少數是白人，他在這片國土上的追隨者人數至少有一千五百人，「有些人住在蔗糖莊園，有些住在山上、畜欄裡和其他地方，」大部分是奴隸，基本上都是文盲。[70]

「這片國土上除了我們的教堂外，沒有一個浸禮會教堂，」一七九一年，利勒驕傲地宣稱，那時他已經可以指著一個正在興建的、愈來愈高的禮拜堂牆壁來證明這一點了。這項工程本身就證明了利勒不僅是個優秀的講道者，也是個機構建立者。因為其中的很多成員隨著英軍撤離，他在美國南部所建立聯繫緊密的信仰社區已經四散分離了。然而，從福音派的角度來看，流散是他們在身上所發生最美好的事。藉由來自大西洋各處的信件，利勒驕傲地關注著大衛・喬治在英屬北美的活動；另一位黑人效忠派阿莫斯兄弟在巴哈馬群島的成功，以及曾由他施洗的安德魯・布萊恩持續在薩凡納吸引黑人皈依。他自己在京斯敦的教堂則成了這日益擴大的國際黑人組織的一個重要基地。

為了順利建好禮拜堂，利勒知道，如果請窮苦的奴隸出錢，「不久就會讓宗教蒙羞，」他的自由黑人教眾都沒有什麼積蓄。雖然他的教區居民們紛紛虔誠地把自己的一點一滴貢獻出來，利勒還是像他以前在美國所做的那樣，來到了黑人社區之外，在牙買加白人中籌集資金。「多位議會議員和其他的好幾位紳士」捐贈了四分之一的資金，利勒用這筆錢在京斯敦東部買了一公頃土地，開始施工。當他再次伸手籌資時，他教堂的牆壁已經有二點四公尺高了，這一次他是向英國的浸禮會教徒籌資。他對他們說，他的教眾增加很快，愈來愈強大了。他唯一需要的只是一點加蓋屋頂的錢，然後，他向贊助者們保證說，「這座建築物就會成為這個國家有史以來最偉大的工程，因為它把靈魂帶出了黑暗的深淵，讓它們沐浴在福音的光明中。」[71]利勒的禮拜堂於一七九三年建成，是牙買加的第一個浸禮會教堂，比白人浸禮會教徒開始在這裡長期傳教早了整整二十年。

利勒完美地向英國的反對者推銷了自己的做法，因為許多人漸漸的把傳教活動視為是幫助大英帝國洗清奴隸制汙點的最佳途徑。然而，在一個由支持奴隸制的白人所統治的殖民地，他的活動卻沒有取得很好的效果。正如利勒的一位白人保護人解釋的那樣，「這裡的奴隸主中最主流的想法是，如果他們〔奴隸〕的頭腦被宗教或其他東西大大啟蒙了，那會帶來最為危險的後果。」一切關於在上帝面前人人平等的說法，一切關於獲得救贖的自由的說法，在奴隸主們聽來都是可疑的革命語言，他們擔心傳教士們會慫恿他們的奴隸起義。而那些傳教士還是黑人，並且從前還曾經是奴隸，一定更讓他們倍感擔心。利勒理解他所面對的反對意見。他知道大衛・喬治曾被逐出謝爾本，知道薩凡納的安德魯・布萊恩曾經被捕並被野蠻的鞭打；他記得牙買加人「起初在我們洗禮和集會時都曾迫害過我們。」[72]這位天生的外交家努力說服白人聽眾，說他不會對奴隸制提出任何挑戰。沒有「奴隸的主人說幾句話，確保他們對主人和宗教的良好品行，」他是不會允許奴隸「進入教堂的。」[73]他強調，讓奴隸皈依是為了啟蒙，無關革命。他畢竟是個效忠派：他從沒有表達過任何想要顛覆帝國秩序的意願。

這類保證來得正是時候。利勒開始建設教堂的同一年，聖多明哥爆發了一場巨大的奴隸起義，給牙買加帶來了很大的衝擊。引用法國革命者的《人權和公民權宣言》中承諾的平等權，奴隸們橫掃該法屬殖民地的北部，所到之處，焚燒甘蔗園，殺死了兩千名白人。那次起義成為海地革命的序幕，最終導致了美洲第二個共和國的建立。（海地革命的某些領導人曾於一七七九年在薩凡納，與法國人和美國人並肩戰鬥，或許最初就是在那裡培養了對共和制原則的偏愛。）這些事件在他們心中留下了對大西洋奴隸制社會中黑人和白人意識的陰霾。在距離聖多明哥僅僅一百六十公里的牙買加，鄰近地區的革命產生了尤其明顯的影響。牙買加的黑人們非常關注這些事件，而白種牙買加人則試圖封鎖這些讓白人害怕的消息，因為這既是一場自加勒比地區白人恐怖統治深井中挖掘而出的奴隸暴動，也是一場共和制暴動。[74]因鄰近聖多明哥，使得牙買加再次成為避難所，這一次它收容的是黑人逃亡者和帶著**他們的**奴隸逃離聖多明哥的白人難民。[75]一七九三年英法戰爭爆發後，牙買加又成為英國干預聖多明哥一系列行動的補給站。在聖多明各隨後的所有流血事件、利益糾纏的同盟和政權更迭中，牙買加白人至少清楚地看到了一個教訓：這太危險了，而且近在眼前，這裡絕不允許這種事發生。

利勒再三強調他的教堂會眾會忠誠參與守衛島嶼的行動。一七九一年下半年，他寫道，「整個島嶼都武裝起來了，我們有好幾位教眾和一位執事都義務參軍了；我身為京斯敦那隊人馬的號手，也常常受到召喚。」然而變化迅速的戰情，嚴重影響了他的地位，原因有二。第一，在牙買加，政府比以往任何時候都更加強管制逃亡者、流動人口和開小差的人，他們往往被認為是革命傳播的載體，這使得單是身為一個自由黑人就要比以往難得多。[76]早在一七九一年，一家京斯敦的報紙就警告說，「只要有色人種出現在公共場所，就很難保證安全。」[77]牙買加自由黑人人口的一個特殊群體：馬龍人（Maroons），成了讓英國官員們擔驚受怕的一個特殊因素。

在牙買加的西部腹地科克皮特地區之中，有個由斗狀谷地和蛋形山峰組成的詭異風景。這個隱祕世界的山頂上住著一群逃亡奴隸的後裔，被稱為「馬龍人」，他們在一七三〇年代成功地部分擺脫了英國的統治，贏得了半獨立地位。他們獲准住在五個保留鎮中不受干擾，條件是他們同意不收留逃亡奴隸，而是幫忙抓住他們。發生在聖多明哥的暴動，讓這個帝國外省尤其擔心如何阻止馬龍人與其他黑人互動的問題。讓馬龍人極為憤怒的是，當局對他們實施了新的禁令，試圖把他們和其他奴隸分開。一七九五年（那一年英國當局也遭遇了聖文森特和格瑞那達的奴隸起義），馬龍人爆發了，特里勞尼鎮的馬龍人開始攻打英國人。他們藏身在地勢起伏的戰場，對一支軍力五倍於自己的英軍發起了成功的游擊戰。後來英國人不得不改用非傳統的戰術，從古巴引入一百條咆哮的大獵犬，才總算抓住了那些神出鬼沒的敵人。戰敗的馬龍人得到承諾，只要他們同意跪在地上求饒，並願意遷到政府指令的牙買加其他地區，他們就有權繼續留在島上。然而總督聲稱馬龍人違背和約在先，自己也違背了諾言：他決定一勞永逸地把惹事的馬龍人趕出牙買加。英國當局把特里勞尼鎮的五百六十八位馬龍人聚集起來，派兵把他們送到了英屬美洲的另一端：新斯科舍，與當年阿卡迪亞人的放逐形成了悲慘的呼應。[78]馬龍人的失敗和被逐生動地表明，為加強種族等級制度，帝國政府可說是無所不用其極，也凸顯了牙買加任何自由黑人在那些戰爭和革命年代所面臨的困境。

而喬治·利勒的可疑之處不僅在於他是自由的黑人。他身為講道牧師的活動成了他受攻擊的另一個汙點。廢奴運動者與福音派之間的密切聯繫，使得某些基督教教義形式在很多牙買加農園主看來，幾乎有著與共和制一樣巨大的破壞力。一群京斯敦的暴民甚至在福音派廢奴主義者威廉．威爾伯福斯的人像旁邊焚燒激進派湯瑪斯．潘恩的人像。[79]在革命氛圍中，他們加強了對利勒（及其他講道牧師）的迫害。雖然利勒從西班牙鎮當局那裡獲准「在我們的任何教眾集會被打斷時，提及他們的名字，」但也沒能阻止一系列暴行。一次在禮拜時，一個人騎著自己的馬直接闖進利勒的禮拜堂來到講壇前，輕蔑地挑釁說，「來啊，老利勒，給我的馬兒來點聖餐？」當時馬就在十字架前面嘶鳴著，打著響鼻。另一次，三個人大搖大擺地走到聖餐桌前，搶奪聖餐麵包，一邊詛咒罵，一邊四下拋撒。一七九四年，一項新的煽動法徹底終結了利勒的講道活動。一次在宣講某個經句之後，該經句最多也就是觸到了廢奴運動情緒的周邊而已，利勒被控在講壇上「散布危險的煽動性言論。」他被丟進監獄，戴上了沉重的鐵鍊，雙腳被足枷鎖住。[80]他的同事摩西．貝克則因為引用了一首浸禮會讚美詩的語句而被捕：「我們將不再是奴隸，／因為耶穌讓我們獲得了自由，／他把我們的暴君們釘在十字架上，／贖回了我們的自由。」[81]

就這樣，在美國和牙買加兩地忠誠地志願守衛大英帝國之後，在他獲得了所有那些自由證書和證明之後，喬治．利勒再次入獄了，這次他不再是奴隸，但仍是個囚犯。（或許他和貝克倒是可以在京斯敦的監獄裡盡情地仰望星空。）在對他的審判中，雖然控方協力證明他企圖煽動奴隸起義，利勒還是被宣布煽動指控不成立。但他的對手們找到了另一個方式讓他喪失自由：他因為在建設教堂時欠下的債務而入獄，被關了三年多。[82]

於是，在僅僅十年間，喬治．利勒迎頭遭遇了後革命時期大英帝國的兩個目標：道德正義性和自上而下的統治，這是家長制統治的一體兩面。[83]利勒來到牙買加時體現著一個特別人道主義的承諾：他因為在戰爭時期依附英國而獲得了自己的自由，並由英國政府出資，（名義上）自由地與家人一起被送到另一片英國領土上。浸禮會講道牧師的工作使利勒成為一個更大組織的一部分，他們致力於一項個人和集體道德提升的遠大計畫。利勒似乎是個完美的例子，彰顯了大英帝國得到了廢奴運動者和其他人擁護的自我形象：願意不分種族、為其一切自由的臣民賦予英國式自由、法治和分享文化啟蒙的機會。而在海地革命如火如荼的時期，利勒反覆強調自己的忠誠，似乎又活生生地證明了這類政策能夠加強各類臣民與國王和帝國的紐帶（至於有多大的誠意就很難說了），而非崩斷那些紐帶。

然而，當一場新的革命在加勒比海地區爆發時，利勒卻遭遇了大英帝國的專制主義一面。有人大概會聲稱這是個法治和自由的帝國，但它同時也是實行大批人口奴役的帝國，英國還是世界上最傑出的奴隸販賣國。正如鄧莫爾勛爵甚或多徹斯特勛爵的行為所示，人道主義情感和約束自由的統治，二者絕非不能並存。在一七八〇年代，新不倫瑞克和巴哈馬群島的效忠派難民，就已感受到政府當局圍繞政治代表權等問題的鐵拳。在一七九〇年代的牙買加，當共和制和奴隸暴動正要破門而入之時，對不同政見的鎮壓成了帝國的必要措施。通過煽動法和對馬龍人的驅逐等鎮壓措施，牙買加政府（遠在英國的皮特政府也一樣）壓制了有可能顛覆政府的個人、資訊和宣傳話語的傳播。一七九四年對利勒的迫害，僅僅是更大範圍地打擊持不同政見嫌疑人士的冰山一角。一八〇二年，議會通過了一項法律，禁止「居心不良、目不識丁或愚昧無知的熱心人講道，禁止黑人和有色人種（主要是奴隸）集會」，這是限制福音派話語傳播的另一項舉措。[84]正是由於這類立法和其他原因，一七九〇年代後，利勒本人再也未能公開宣講。

儘管法律變得更加嚴苛，上帝的事業卻仍在繼續。利勒在監獄裡日漸憔悴，浸禮會運動卻超越了個體，呈現出一派生機。另一位黑人牧師掙脫出困境，建立了一個與他匹敵的小教堂，很快就發展出大量擁護者。[85]當白人浸禮會傳教士於一八一〇年代來到島上時，他們看到了一個繁榮的黑人福音派教眾，將非洲傳統融入了狂熱的基督教信仰中。農園主與牧師之間的敵意一直持續到十九世紀中期，直到奴隸制被廢除之後仍然存在。[86]然而，在這樣暴力和恐怖的氛圍中，牧師們有著一項天然優勢。面對帝國奴役和死亡的絕望現實，他們從美國所帶來的救贖語言不啻為一劑行之有效的解藥。

在委託建築十多年後，花費了三萬英鎊的羅德尼紀念碑終於建成了，沐浴在西班牙鎮的陽光下。它橫亙整個主廣場，兩邊分別是總督宅邸和議會。然而儘管羅德尼雕像的那隻大理石的手，筆直地指向總督府的窗戶，總督的妻子瑪麗亞·紐金特在日記中描寫自己的居住環境時，卻對紀念碑隻字未提。或許那是因為在她和丈夫、新任總督喬治·紐金特於一八〇一年七月到達西班牙鎮之時，桑特海峽戰役似乎已經是相當久遠的歷史了。過去八年（相當於美國革命的長度），法國革命戰爭轟轟烈烈，無論從國際影響還是規模而言，都是英國戰爭史上前所未有的。紐金特四年的婚姻生活完全籠罩在衝突的陰影中。這對夫婦之前曾被派駐愛爾蘭，在那裡，身為英軍將軍的喬治·紐金特參與鎮壓了一七九八年由法國人支持的愛爾蘭民族起義。二人在愛爾蘭的時光讓他們「發自內心地難過、疲憊和噁心，」瑪麗亞說，「親眼目睹了……內戰的一切恐怖。」他們最不願意下一個被派駐的地方就是衝突頻發的牙買加。然而職責所在，「身為軍人，我們決心服從。」她在海上的正式晚宴上身穿「全套中將制服」，還在猩紅色的大衣上戴著金色的肩章，並非事出無因。[87]

在牙買加的四年間，紐金特在日記中出色地記錄了住在這樣一個美如神蹟卻又危如累卵的地方是怎樣的體驗，那是個一邊組織大規模軍事動員，一邊仍若無其事舉辦舞會和豐盛晚餐的地方，是「僅有的三個談話主題」分別是「債務、疾病和死亡」的地方。[88]關於這個時期牙買加白人生活，她的日記是最詳細易懂的資料來源。紐金特的思慮與大致同時代的伊莉莎白·約翰斯頓極其相似，雖然兩人的社會地位天差地別。（兩個女人在牙買加生活的時間有三年半的重合期，但很難說她們有沒有見過面。）[89]對於在這樣危險的環境下撫養孩子長大，她們有著同樣的焦慮。在由「小黑」（紐金特喜歡這樣稱呼黑人）和克利奧爾農園主（這些人的放蕩習性讓兩人都深惡痛絕）占絕大多數的島上，這兩位白人女性有著同樣的孤立感。在如此疏離的環境中，和約翰斯頓一樣，「宗教」也變成了紐金特「最大的快樂之源」。[90]她們還有著另一個不那麼明顯卻很重要的共性：和約翰斯頓一樣，紐金特也是一個北美效忠派難民。

瑪麗亞·紐金特娘家姓斯金納，自幼接受的教育便是生而堅強。她或許不像姊姊凱薩琳那樣清楚地記得一七七六年在紐澤西，叛軍們到家裡來搜捕她的效忠派父親科特蘭·斯金納將軍的那個夜晚。那時凱薩琳五歲，而她只有四歲，自那以後斯金納一家經歷過太多的動盪。美國革命的最後幾年，他們是在英軍占領的紐約度過的，並於一七八三年撤離至倫敦。在那裡，和他們的朋友貝弗利·魯賓遜上校及其家人一樣，斯金納一家也生活拮据但仍強裝體面，生活來源主要是從美國挽救下來的財產以及效忠派賠償委員會的賠償。雖然戰前是一介平民，但斯金納將軍也和魯賓遜一樣，把孩子們都安排在軍隊裡，那是提升社會地位的良好途徑。他的兒子們都被任命為陸軍或海軍軍官，四個最小的女兒也都嫁給了軍人。瑪麗亞的姊姊凱薩琳於一七九四年嫁給了魯賓遜上校最小的兒子威廉·亨利·魯賓遜，算是正式與魯賓遜家族聯姻了。新的戰爭又把好幾位家庭成員帶回了新大陸。凱薩琳在丈夫被派駐到西印度群島擔任軍需官時隨丈夫一起赴任，而凱薩琳和瑪麗亞最小的哥哥曾短期在牙買加擔任稅務官，後來在那裡死於熱病。

瑪麗亞·紐金特的日記讓她成為了研究牙買加歷史之人的試金石，然而如果把她放在美國效忠派難民的背景中加以研究，就能顯示出整個大流散過程中的一個明顯規律，這種規律被數個世代的大英帝國公務員不斷重演。遷徙一旦開始，便很難停下來了。讓紐金特和親戚們來到加勒比海地區的時代際遇，既呼應也反映出迫使他們全家人在她的少女時代遠走英國的那些事件。因為一場戰爭而喪失所有、離鄉背井的家庭，此刻正在另一場戰爭中擔任公務人員，努力收復自己的財產，孩子們正在彌補父輩的損失。與伊莉莎白·約翰斯頓的例子相互對照來看，紐金特在牙買加的時光也能部分反映出該島在效忠派難民地圖上的位置。該殖民地或許在長期的帝國事業中是個相對誘人且（暫時）有利可圖的邊疆哨所，這也是紐金特和她的親戚們來到這裡的原因。然而，像約翰斯頓這樣本打算在牙買加長期定居的效忠派難民，要想收復失去的財富卻需要付出更多的努力。他們想在這裡重建的是一個家。就這一點而言，牙買加充其量也只是個靠不住的替代品。

紐金特首次到達京斯敦之後不到六個月，伊莉莎白·約翰斯頓再次在牙買加登陸，因為聽到丈夫生病的消息，她又從愛丁堡趕來。她在蘇格蘭的那些年一直為兩個年紀最大的孩子安德魯和凱薩琳而焦慮，她在他們還未到青春期的童稚時期就離開了他們，卻在他們任性倔強的青春期回到他們身邊，那是十八世紀風格的青春期。十五歲的安德魯英俊而充滿魅力，被哄騙著學了醫，但和他那位熱愛賭博的父親一樣，很快就找到了其他愛好（比如他有很好的滑冰天賦），讓父母長期為他憂心煩惱。十四歲的凱薩琳則養成了一種「狂野輕佻的」性情，用她母親的話說，那是無節制地去圖書館借書，喜歡上不合適的小說造成的。「她一聽說我來了愛丁堡，就把我想像成浪漫小說中的女主人公，」約翰斯頓說。但現實可沒有那麼美好，在關鍵的成長期分開的這對母女，再也未能建立起成功的成年關係。[91]

一八〇二年，回到他們位於哈夫韋樹的家中之後，約翰斯頓在牙買加的煎熬又重新開始，疾病和更多的分離困擾著這一家人。[92]僅此一次，約翰斯頓一家人在一八〇五年十二月團聚了，浪子安德魯（此刻他和父親一樣成了在牙買加執業的醫生）在執業期間請假來探親。這次探望標誌著父母與他們不負責任的孩子之間的和解，孩子似乎終於長成了一個負責任的大人。然而就在他去哈夫韋樹的路上，安德魯覺得頭痛欲裂，便留在京斯敦恢復。可他的身體非但沒有恢復，反而病得更重了，不久他就開始嘔吐黑色物：那是黃熱病末期的致命徵兆。他等死的地方距離父母的住所很近，但安德魯「無法忍受看到我們難過，祈求我們不要來。」一周之後他就死了。約翰斯頓說，「我的痛苦根本無法描述。」他生前一直令他們失望，死後卻在他們的心上刻下了永遠無法治癒的傷痕。[93]更糟的是，安德魯的死讓凱薩琳陷入了嚴重的「精神疾病」。用重劑量的鴉片酊治療之後，她開始出現幻覺，「什麼奴隸起義了，他們把房子燒了，她睡的床著火了。」都跟牙買加那些陌生的危險有關。[94]

這個地方殺死了約翰斯頓還在襁褓中的女兒和她的長子；還把她的長女逼向了瘋狂邊緣。她本人把自己在牙買加的苦難理解為神的考驗，祈禱自己能一路向前。（除了健康考慮之外，還發生過什麼其他事情導致她和威廉頻頻決定分開嗎？約翰斯頓的單方面紀錄讓我們無法獲悉這一點。）從現代心理學的角度來說，我們更容易把這家人不間斷的掙扎，視為是創傷會跨越世代產生影響的實例。美國革命開始之時，約翰斯頓還是個孩子，基本上因為父親是效忠派而自動變成了效忠派。如今，約翰斯頓持效忠立場的後果，會以不斷重複的分離和遷徙，為孩子們的生活帶來長久的陰影。安德魯和凱薩琳不過是在美國革命期間分別出生於英軍占領的薩凡納和查爾斯頓而已，除此之外與革命沒有任何關係。然而，流離失所的影響（由父母之外的人養大、掙扎著要與被調往大西洋各地的核心家庭建立聯繫）在他們的身上留下的印記看似至少跟他們的父母一樣深刻，也一樣悲涼。

約翰斯頓夫婦因職業機會而遷居牙買加，這與紐金特和魯賓遜家人在大英帝國領地四處遷徙的原因是一樣的。然而在牙買加的那些年讓伊莉莎白・約翰斯頓幾乎患上了離去強迫症，造就了一種似乎不受人力控制的離散迴圈。於是，一八〇六年春季的一天，威廉・約翰斯頓在京斯敦碼頭踱步，尋找一條船，以便再次把他的家人帶離這座時運不濟的島嶼。隨著一七八〇年代的貿易禁令大半解除，海港又停滿了準備開往紐約的船隻。[95]紐約位處北方，沒有疾病，又很容易到達（更不要說他本人很熟悉那個地方），似乎是很合適威廉的目的地。他開始尋找有空位的船艙時，遇到了一位朋友。「啊，醫生，」他的朋友一聽他的計畫就驚呼道，「我很奇怪您這樣一位效忠派臣民怎麼不想把家人送到某個英國外省去？」提到效忠派，顯然觸到了威廉的心弦，因為他隨即使為家人預定了前往哈利法克斯的船隻。「送我們去新斯科舍！」伊莉莎白在他帶回家這個消息時尖叫道。「怎麼，讓我們凍死嗎？要不乾脆送我們去（巴芬灣的）新地島或格陵蘭島好了！」[96]或許，她還記得早在一七八四年，在整個聖奧古斯汀流傳的關於那個地方的慘澹報導。但她沒有想到的是，此時，新斯科舍已經變成了許多效忠派同胞的家園，也將成為她最後一個、也最為宜居的目的地。

當約翰斯頓一家人開啟下一段航程時，牙買加的大部分效忠派難民要不是已經遷居他處，不然就是已經在舊檔案堆裡褪色了。一群舊日的沼澤地支持者（包括一位拉克倫・麥吉利夫雷，是克里克酋長亞歷山大的堂弟）深入到中美洲的森林，在如今的貝里斯開拓殖民地去了。[97]其他人搬到了英屬美洲的其他地方，據說有些人去了美國；當然，還有很多人死了。效忠派沒有在牙買加找到自己的避風港，部分原因是此地固有的障礙，如缺少可用的土地，部分原因則是他們在一個更大的克利奧爾人社會中始終處於邊緣地位，後者對他們始終保有戒心，不可能全心接納。效忠派的故事也映照出牙買加在大英帝國地位的重要變化。在美國革命和海地革命兩次動盪之後，農園主的經濟利潤和政治勢力都大不如前了。一八〇七年，也就是威爾伯福斯等人發動激情四溢的運動三十年後，英國廢除了奴隸貿易，宗主國的地位明顯超過了克利奧爾人的利益。西印度群島遊說慘敗的原因，不光是被宗主國的道義準則給壓倒。它也逐漸被帝國之中其他與之競爭地點的光芒給掩蓋住了。美國革命之前，牙買加是大英帝國的經濟發電機。當一個世代之後的法國戰爭結束時，經濟發電機的地位已經讓給了印度。

然而，雖然身為自由黑人和浸禮會教徒讓喬治・利勒遭遇了雙重迫害，但他還是留在了牙買加。但即使曾經動過離開的念頭，乘船前往英國或北美的費用大概也會讓他望而卻步。在牙買加，宣講福音的工作困難重重，卻有很多人在做，也是十分必要的；此外，他的兄弟們已經在西大西洋的其他各地建起了教會。或許從他們發來的有關教會建設的樂觀彙報的字裡行間，利勒知道無論他去哪裡，一個黑人效忠派的前進道路都同樣艱難。利勒在新斯科舍的同名者大衛・喬治多半也會有一肚子的苦難故事。的確，對大衛・喬治和他的追隨者們而言，雖與利勒不同，但到一七九〇年代，在英屬北美身為自由黑人的生活壓力也已經變得難以承受了。因此，當另一片土地的希望向他們招手時，他們已經準備好再次出走，奔赴新的未知。

第九章 應許之地

一七九〇年，大衛．喬治搭乘一架木製雪橇回到了謝爾本，那是他的「兄弟們」為他製作的，他們推著雪橇上的他穿過融雪，因為他的雙腿嚴重凍傷，幾乎沒有感覺了。自從喬治在一七八四年的大動亂中被逐出該城之後，六年過去了。他在伯奇敦潛伏了五個月後，曾靠著一把粗木鋸穿過兩個定居點之間冰阻的河流，冒險返回謝爾本。他發現自己的住處被砸，謝爾本禮拜堂被「一個客棧老闆模樣的人占了，還說，『那個老黑想把這裡變成天堂，而我要把這裡變成地獄。』」然而喬治憑藉著一腔熱血和神的好意，從這位邪惡的住戶手裡奪回了自己的教堂，在謝爾本重建「宗教的重大復興」。[1]

隨著這位黑人牧師令人振奮的話語逐漸傳播開來，喬治決定把神的言語傳播到更遠的地方。他來到了新不倫瑞克的聖約翰，在那裡為黑人效忠派施洗，一群白人和黑人在一旁看得入了迷。然而某些城市居民看到這樣的場景卻十分不快，堅稱他應先去湯瑪斯．卡爾頓總督那裡申請，領到牧師執照後方可布道。喬治便出發去弗雷德里克頓申請執照。全靠一位他在查爾斯頓認識的白人效忠派協助，他終於得到了證書，給予他「來自省督閣下的許可，向黑人傳播基督教的宗教知

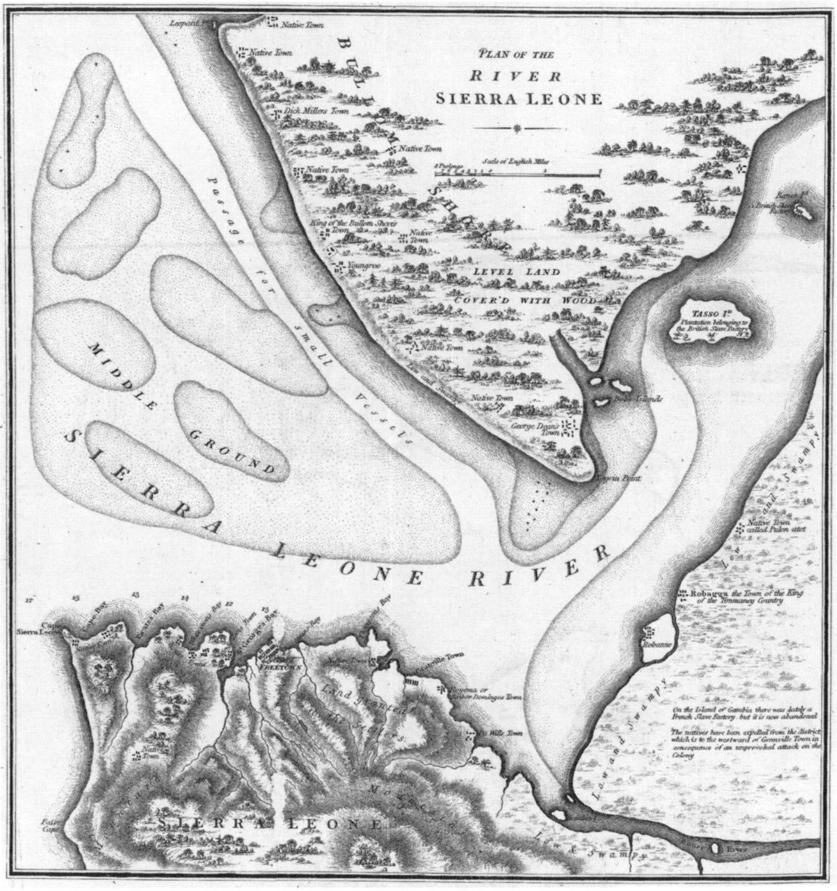

威廉·道斯，《獅子山河平面圖》，一八〇三年。

識，並規勸他們信仰基督教。」總督本人也請人帶話，說很遺憾自己太忙，無法觀看喬治在弗雷德里克頓為人施洗。下一回當喬治在聖約翰布道時，「我們出發前往河邊的景象，似乎讓整個城市歡欣鼓舞。」他的某些新的皈依者看到他回來時「歡天喜地」，以至於「他們在伺候主人用餐時跑了出來，手裡還拿著刀叉呢，就跟著我來到了河邊。」喬治在整個新不倫瑞克、在新斯科舍的海岸邊布道和施洗，為建立新的教會播下了種子。[2]

在那些捉襟見肘的艱難時日，喬治宣講的教義想必給他的皈依者們帶來難得的希望之光。在難民們仍掙扎於戰爭的動盪後果時，他在他們中間成功地建起了教會，與喬治·利勒在牙買加的經歷極其相似。當然，也有各路人馬企圖限制和騷擾他，這表明即使這裡與西印度群島遠隔千里，白人效忠派對敢於發聲的黑人及其有可能引發騷亂的教義仍深感不安。當然，與牙買加的黑奴群眾相比，黑人在英屬北美的生活環境可好得多了。喬治的大多數教區居民都是黑人效忠派，是官方賦予自由的人，而且儘管在他們居住的省分，擁有奴隸是合法的，卻遠不如西印度群島那樣普遍。即使如此，跟他們的白人效忠派鄰居相比，新斯科舍和新不倫瑞克黑人效忠派的生活條件也還是很悲慘的。政府承諾給他們的土地一拖再拖，他們的獨立受到限制，很多黑人的不滿日積月累，已經考慮要集體搬遷了，而大衛·喬治也將在其中扮演重要角色。

數千效忠派都在埋怨，海洋省分土地分發的過程太過冗長繁複，但其中約三千位黑人效忠派是最有理由抱怨的。他們被告知能夠以和白人效忠派一樣的條件獲得土地，但事實上他們分得的土地全都是面積更小、地段更糟、耽擱時間更長。黑人們也毫不猶豫地拿起了英國人最愛用的武器：請願，為他們的境遇引來更多關注。抵達新斯科舍後不久，「黑人先驅軍團」的兩位前軍士便向帕爾總督提出請願，請他實踐克林頓將軍的承諾，黑人應獲得「和其他復員士兵一樣的土地和物資」。其中一位軍士名叫湯瑪斯·彼得斯，他後來為改善黑人同胞的境遇採取了一系列引人注目的舉措，這是其中的第一個。當帕爾總督指示測繪員們尋找好一點的地段分給「黑人先驅」老兵時，另一個冬天的雪已經越積越高，根本不可能按照帕爾的命令，畫出那八公頃農田了。測繪員們慌忙畫出了每塊面積只有零點四公頃的城市土地給黑人，應付了事。這是個相對典型的分配比例；在最好的情況下，在每個白人能得到四十至一百六十公頃土地，而一個黑人只能獲得二十公頃的土地。比起之前身為奴隸的境遇，黑人效忠派們還能樂觀地認為生活終究還是有改善，然而即使與周圍條件最差的白人效忠派相比，他們大概也只能算是勉強過活。彼得斯本人放棄了在新斯科舍求得好土地的努力，他穿過芬迪灣，希望能在新不倫瑞克扭轉局面。[3]

由於他們大半既沒有土地也沒有財產，黑人效忠派不得不另想辦法維持自己在英屬北美的生活。那些從主人的餐桌旁跑出來接受大衛·喬治洗禮的黑人們，就是被僱用為家丁的難民，他們的人數眾多。在謝爾本，測繪員班傑明·馬斯頓僱用了很多黑人來建造臨時工房和其他公共建築物。其他人則僱用有手藝的黑人作桶匠、鐵匠和鋸木工等；他們掃煙囪、剃頭髮、製作船帆、繩子和鞋子。伯奇敦的早期殖民者之一波士頓·金就靠當木匠勉強維生，先是受託打造木箱和捕鮭魚的漁船，後來總算找到了更穩定的工作，給人蓋房子，每月的薪水是兩英鎊和幾桶醃魚。金的生活絕對算不上安逸，但「看到我的很多黑人兄弟們那時的悲慘生活，他們不得不把自己出賣給商人，有些一賣就是兩三年；還有人賣身五六年，」[4]他覺得自己的運氣還算不錯。這些自由黑人的困境中有個可悲的事實，那就是這些前奴隸中有許多人從未曾為自己的勞動獲得過報酬，或者很少能夠奢侈地支配自己的時間，很快就回到了被白人主人暫時奴役的狀態。

雖然契約勞役與奴隸制有著重大差別，其中很重要的一點就是契約勞役有時間限制，但新斯科舍和新不倫瑞克的黑人效忠派契約奴僕與黑人奴隸一同勞動，那種文化環境很容易將兩者混淆，尤其是對於由白人帶入海洋省分的大約一千二百位奴隸，英國官方使用的標籤是「僕人」這個委婉語。（用這個詞也是為了避免就盜取奴隸財產之事與美國爭執不休。）[5]對自由黑人勞工的虐待很快便多了起來。雇主們通常不會按約付給他們薪水；在少數情況下，黑人被哄騙簽署的勞動契約遠比他們預想的時間長得多。白人們把黑人的孩子養在自己家裡，「當父母們想要回自己的孩子時，他們得到的答案是，『過去這幾年你的孩子都是我撫養的，你該為此付給我每個月一元錢，否則我就要留著他，直到他能自己掙錢還清欠我的債務為止。』」[6]黑人們還要忍受長久以來再度為奴的威脅。有些黑人效忠派甚至被草草抓住，並賣到實行奴隸制的美國或加勒比海地區，遭受了對自由最為明目張膽的踐踏。[7]

一七八八年，一位白人訪客來到伯奇敦，被所看到的景象嚇呆了，說「此地的惡劣程度實在罄竹難書，在新斯科舍無情的酷寒中，他們的茅屋是那麼單薄……我想我從未見過有任何人類過著像這些可憐流亡者的生活，這般衣衫襤褸、面有菜色。」[8]到此時，他們在戰後獲得自由已經有五六年了，黑人效忠派們一定也被生活本身折磨得筋疲力盡。就連精力充沛的大衛・喬治也幾乎被新斯科舍的冷漠敵意打倒。他結束了又一次全省巡迴講道後，在返家途中，他的船被風吹得偏離了航向，把他帶到了數年前班傑明・馬斯頓遭遇船難的地方。他在翻騰的海水中漂流，覺得自己裸露在外的雙腿被寒冷一點點噬咬著，它們變成了白色，後來又變成了紫色，起初激烈地疼痛，漸漸地變得麻木。他不知道自己的雙腿還有沒有用處。當他在一七九〇年的那天瘸著腿走下木雪橇，回到自己的謝爾本教堂時，全靠教區居民們攙扶著，只能祈求到了春天，一切都能好轉。

雖說英國人當年給黑人效忠派的承諾都是真誠和善意的，但到一七九〇年，他們的實際境遇顯然與希望相差甚遠，令人難以忍受，那是效忠派難民在整個大英帝國的遭遇中最觸目驚心的例子，也是最殘酷的比照。有些人在大衛・喬治那情感豐沛的講道中獲得了精神安慰，還有人在盲人「摩西老爹」威爾金森和波士頓・金等衛理公會巡迴勸士的話語中找到了些許慰藉。然而英屬北美的黑人效忠派能否同樣得到現世的撫慰呢？前軍士湯瑪斯・彼得斯將努力尋找答案。

一七九〇年，五十歲左右的彼得斯是個約魯巴族人，來自現今的奈及利亞，於一七六二年被帶到美國賣為奴隸。早年為奴期間他曾數次試圖逃跑，因此當英國人一七七六年出現在北卡羅萊納的威爾明頓附近，承諾會賦予愛國者名下的奴隸自由時，他和家人很快就回應了。整個戰爭期間他都在「黑人先驅」軍團服役。戰後，他逐漸成為英屬北美黑人效忠派最執著的代言人，堅持不懈地為他們請願。雖然他幾乎連自己的名字也不會寫，但彼得斯經常在新斯科舍和新不倫瑞克提交請願書，請求有關方面尊重黑人效忠派的權利。到一七九〇年，因殖民地官員們無視他的請求，他也愈來愈絕望了。他開始考慮越過他們，直接向英國的高級官員遞交訴狀（就像約瑟・布蘭特等因這麼做而獲利的人那樣）。後來就有人把無意中聽到的一段對話傳達給了他。

那段對話來自一張新斯科舍的餐桌，或許屬於那一類因為能說善道而攫取了城中最好的土地地段、很快蓋起一座漂亮莊園的成功效忠派，是能花錢僱得起黑人難民在桌前伺候的白人效忠派之一。就在這張桌子邊緣站著一位黑人侍者，他默不作聲地端菜撤盤時，忽聽到有人提到一個熟悉的名字：廢奴主義者格蘭維爾・夏普。他的耳朵豎了起來。夏普因他在一七七二年那場實際終結英格蘭奴隸制的法律案例中的重要作用，而在非裔英國人的世界中聞名遐邇。這位侍者接下來聽到的話更讓他心嚮往之。晚餐賓客們說，夏普正支持一個讓自由黑人在非洲獅子山海岸殖民的計畫。黑人們將在一個自由政府的管理下擁有土地和自由，並向全世界證明，一個沒有奴隸的非洲殖民地也可以成為英國有價值的商業合作夥伴，毫不遜於夏普深惡痛絕的非洲奴隸貿易站。有些黑人殖民者已經在英國政府的資助下，出發前往獅子山了。[9]

雖然聽起來有些古怪，但這是千真萬確的。格蘭維爾・夏普此刻正負責一項由倫敦的窮苦黑人救濟委員會所發起、在獅子山建立一個自由黑人殖民地的計畫。如今在英屬北美聽說了這個專案計畫，無疑更促使彼得斯下定決心要親自向英國最高官員遞交自己的下一份請願書。新不倫瑞克的一百個黑人家庭和新斯科舍的另外一百個人委託他（他如是說）前往英國，「訴說他們的不幸遭遇……希望他能為他自己和受苦受難的同胞們獲得一片國土，以便他們在那裡建成一個適宜的定居點。」其中有些人希望在北美分得土地；其他人則「身為大英帝國的自由臣民，隨時樂意前往政府憑藉其智慧認為適合提供給他們的任何地方。」[10]他們或許沒有在新斯科舍獲得被承諾的土地，但這片遠在非洲、自由的應許之地聽起來是個不容錯過的良機。一七九〇年秋，湯瑪斯・彼得斯帶著自己的請願書從新斯科舍乘船前往倫敦，想要看看英屬北美的黑人效忠派能否加入獅子山殖民專案。[11]

彼得斯的行動後來成為了效忠派大出走中最後一個，也是影響最為深遠的分支：英屬北美的黑人效忠派第二次集體遷徙至西非。從頭到尾，獅子山的專案重演了曾出現在歷次效忠派殖民中的所有場景，這表明出即使這個表面上看來非比尋常的殖民專案，也不乏重要的前提和相似之處。然而，儘管如此，還是存在一些關鍵的背景差異，使得獅子山的具體情形成為尤其生動的案例，彰顯了大英帝國的效忠派難民有著怎樣的可能性，又受到何種制約。獅子山的殖民者們不僅試圖在一個英國主要奴隸貿易站的陰影下伸張自由黑人的主權，他們還成為英國殖民勢力的先遣部隊，深入一個由原住民勢力統治的地區。最重要的是，黑人效忠派不是在美國革命剛結束的一七八〇年代出發前往非洲，而是在法國革命時期的一七九〇年代。他們的殖民的背景，是英法之間激烈的意識形態衝突。那些戰爭讓英國的「一七八三年精神」直接遭遇了共和制法國更加激進與平等主義的承諾，當然，在英國人眼中，它們對穩定的破壞力極大。這對獅子山的黑人效忠派產生了重要的後續影響。它意味著當他們像此前英屬北美和巴哈馬群島的難民一樣，與自己的統治者們因權利和稅收問題爭吵不休時，他們的抗議有著爆發的潛力。這樣一來，獅子山的效忠派就成了所有效忠派中最有可能對帝國權威發動革命的挑戰者。

當然，湯瑪斯．彼得斯在一七九〇年無法預見這一切。在他出發前往倫敦的那個秋天，也還不知道那些已經到達獅子山的黑人效忠派的遭遇：在英國一無所有的那三百位黑人於一七八六年簽約決定，在窮苦黑人救濟委員會的庇護下前往非洲。

甚至早在他們離開英格蘭之前，這群倒楣的遷徙者就有了令人不快的麻煩先兆。雖然整個遠征的組織效率非常高，但最終出發的日期卻因為一個又一個延誤而推遲了四個月之久：行政管理上的延遲、乘船日期推後、天氣不好、運氣不好。移民們擠在狹小的船隻上，船上的條件比運囚船好不了多少。他們不得不靠著配給的醃漬食物維生，冬天來臨也沒有足夠的衣物取暖。約有五十人尚未出發就死於熱病。遠征專案的物資供應官、勤奮的前奴隸奧勞達．伊奎亞諾（他是第一個被國王任命擔任這個職位的黑人）與另一位事務官之間爆發了內訌，伊奎亞諾指責後者刮削財政部撥款的資金。對該專案不利的詆毀文章出現在倫敦的報紙上，指控黑人在違背本人意願的情況下被運走，誰也說不清他們是被運到監禁地還是被運回去重新為奴，但「如果可以，他們大概寧願游泳回到岸上，在英國至少還能保命又能保住自由，而此番一旦出海，面對自身幸福的大敵，可就危險重重了。」[12]與此同時，開往植物灣的第一批囚犯船隊也準備出海了，又為格蘭維爾．夏普的慈善專案增加了另一重阻力。在一些人的心目中，一支船隊中登船的囚犯與另一支船隊中的所謂慈善救濟專案之間沒有什麼差別。[13]

於是，在四個月的等待和兩個月的航行之後，當他們終於在一七八七年春天看到了西非海岸那高聳的暗黑輪廓，竟然對自己看到的景象十分滿意。他們轉進一個巨大海灣的入口，那裡看上去像個彎曲的胳臂，繼而又駛入了世界上最大的天然港中的一個。在他們的左邊，白色的海灘環繞著布羅姆海濱那些低矮的樹林。右邊，也就是他們打算建設自己的「自由之省」之處，高山上時有些寬大的山坳。十五世紀的葡萄牙探險家們第一次看到這些山峰時，他們覺得這些弓形的山頂形似一頭平臥的雄獅，就給它取名「塞拉利阿」（Serra Lyoa，意為「獅山」），並繼續航程，畫出了未來的大西洋奴隸貿易路線。一七八七年來到獅子山的自由黑人殖民者，成為第一批在那條人口貿易路線上全面逆行的非裔人群，那是現代史上第一個「回到非洲」的專案。

殖民者們在一個名叫「法國人灣」的小海灣登陸之後，便立即將其更名為宣揚愛國主義的「聖喬治灣」，在灌木叢中開闢了一條小道，插上了一面英國旗。第二天，一位當地的滕內人小頭目（歐洲人稱他為「湯姆王」）來與他們「閒談」（非洲人表示「會面」的詞），不久便簽署了一個條約，將一片很大的土地贈與新殖民者。事實上該和約之所以能夠簽署，是因為歐洲人和非洲人對於土地所有權的理解有著極其巨大的差異，但撇去這個不談，湯姆其人也不過是個下級統治者，根本無權簽署這類協定。一年之後，殖民者們終於與湯姆的上級乃姆巴納王簽下了最終的贈地協議。在這部一七八八年的條約中，乃姆巴納同意把土地割讓給「最近剛從英格蘭來到這裡的……自由的殖民者群體，」承諾保護他們「免受一切國家或任何人的暴亂和襲擊」，並把停泊在港口的船隻支付的寶貴關稅的一部分分給他們。作為回報，他收到了好幾套繡花的衣服、一副望遠鏡和一隻「仿製鑽石戒指」，兩塊巨大的乳酪，以及常見的菸草、槍枝和蘭姆酒等貢品。[14]

然而，當乃姆巴納在這份文件上加蓋自己的大印之時，超過四分之一的殖民者中已經死去了。因為耽擱得太久，船隊最終到達的日期正好趕上一年一度的雨季，大雨破壞了莊稼，把山坡沖刷成光滑的黏土坡，還生成了繁殖細菌和蟲豸的死水塘。不幸的來客們在傾瀉如注的暴雨中紮營，那個用帳篷搭建的聚居地被他們稱為格蘭維爾鎮。夏普給了他們一份《臨時性規章概略》（名為「概略」，實際上有近二百頁的篇幅），詳細說明了應該如何管理殖民地，精細到每天應該念誦哪些祈禱文，以及契約文書的具體用語。以盎格魯－撒克遜社群政府的理想形式，即他所謂的「十家聯保制」為模版，夏普設想了一個以「十戶」和「百戶」為組成單位的國家，十個家庭構成「十戶」，十個十戶構成「百戶」；從這些構成單位中選出的代表（所謂「十戶長」和「百戶長」）將開會組建一個公共委員會，有點像新英格蘭的鎮民大會，組織勞動和國防。一個來自「博愛之城」費城的黑人效忠派正式當選為這個「像英格蘭一樣，沒有誰是誰的奴隸的**自由國度**」的首任領袖。[15]

然而，考量到英國在西非最大的奴隸貿易站邦斯島，就在獅子山河上游僅僅幾公里處，建立一個「自由之省」實非易事。多達五萬名奴隸在被戴上鐐銬運往大西洋沿岸各處之前，都要被關在邦斯島的監禁欄裡，一七八〇年代，他們中的許多人都被運到了牙買加。（《巴黎和約》的英方談判人理查·奧斯瓦爾德就是邦斯島奴隸工廠的主要業主之一，他的美國對手亨利·勞倫斯曾在查爾斯頓做過數年的邦斯島奴隸代理商。）奴隸販子們住在豪華的多層石頭建築中，享受著蘭姆酒、情婦，閒時還會在島上的兩洞高爾夫球場上玩上幾個回合。[16] 如果不從奴隸工廠的窗戶往外看，你會覺得他們的生活優雅極了，然而樓下的院子裡就關著數百位被俘之人，他們被層層鐵鍊鎖住，餓了就低頭吃飼料槽裡的米。[17]格蘭維爾鎮的自由黑人後來貧病交加，身體溼冷，腹內空空，許多人跑去找歐洲奴隸販子靠飼料槽果腹，在那裡起碼有一日三餐的奢侈，也就不足為怪了。奴隸販子們繼而又多方活動，影響湯姆王的繼承人、從奴隸貿易中獲利的吉米王，讓他反對廢奴主義者所發起的這個殖民事業。一七八九年下半年，在與一條英國船的船員發生衝突之後，被激怒的吉米王命令格蘭維爾鎮剩下的居民撤離，並把他們的茅屋付之一炬。

從自由之省到眾所周知的慘敗：「願上帝保佑我有生之年不要再看到我被迫在這裡目睹的慘象，」不久以後，看到格蘭維爾鎮的倖存者時，一位名叫安娜・瑪麗亞・福爾肯布里奇的英國訪客悲嘆道。[18]聽說殖民地被毀之後，格蘭維爾・夏普也絕望了。但他並不是一個長久為憂思折磨的人。他已經開始建立一個合資公司，希望它能接替格蘭維爾鎮並在此後管理該殖民地，這是一次公開的道德重商主義試驗。夏普的公司將給自由黑人殖民者分發土地，並把他們生產的農產品納入「高尚的貿易」，以此來表明自由非洲人勞動也是一項有利可圖的事業，藉以削弱奴隸貿易的社會和經濟基礎。此外，他們還將緊跟著商業的腳步傳播「文明」，利用他們的模範社會（和福音派信仰）為「一個一直因奴隸貿易而處境悲慘的大陸（帶去）光明和知識。」[19]雖然因為受到英國國內支持奴隸貿易遊說的強力阻撓，讓它未能贏得一項皇家憲章的支持，但獅子山公司還是在一七九一年七月正式成立了。其董事包括那個時代所有的廢奴主義名人，夏普、威廉・威爾伯福斯，以及不屈不撓的反奴隸制運動宣傳者湯瑪斯・克拉克森，還包括數十位商業投資人，凸顯了它的營利動機。該公司派遣亞歷山大・福爾肯布里奇（安娜・瑪麗亞的丈夫）去重新談判土地和約、復興殖民地，福爾肯布里奇曾經是奴隸運輸船上的軍醫，後來轉變為廢奴主義者。他們現在萬事俱備，只欠新的殖民者遷來定居點生活了。

湯瑪斯．彼得斯就在此時登場了，他於一七九〇年底到達英格蘭。倫敦是他迄今為止見過的最大的都市，人聲鼎沸，車水馬龍。然而，就算這個大都市也還沒大到當一個新來的黑人在城裡談論權利不會很快傳到格蘭維爾．夏普耳朵裡的地步。彼得斯很快就找到了他昔日的軍團指揮官和將軍亨利．克林頓爵士，後者繼而引薦他與威爾伯福斯和夏普會晤。一七九〇年的節禮日那天，彼得斯向國務大臣威廉．葛蘭維爾遞交了兩份請願書，均有克林頓的背書，敦促葛蘭維爾勛爵「請這位可憐的黑人為你講述自己的悲慘故事」。[20]一份請願書譴責政府未能為他們分配像樣的土地。另一份是在夏普的幫助下寫成的，更為籠統地譴責了新斯科舍「公開承認對奴隸制的容忍，彷彿國王陛下自由政府的良好影響無法觸及美洲如此遙遠的國土，以『維護公正和權利』，提供英國法律和憲法的保護。」黑人效忠派被「拒絕賦予其他居民所享有的共同權利和待遇，」彼得斯如此抗議道，他所援引的關於英國人權利的言論已經被不滿的效忠派多次使用了。他們「沒有享受到法律對殖民地的保護……境遇比畜群和野獸好不了多少，」他最後說，「他們的束縛是令人窒息、慘無人道的，對……自由的有色人種……尤其令人震驚地可惡和可憎，那些有色人種無法相信英國政府的本意……居然是在新斯科舍容忍奴隸制。」[21]

在倫敦的大臣們聽來，彼得斯的請願事實上很有道理：在他們看來，宗主國賦予黑人效忠派自由和土地的好意被外省政府給扭曲了，這是迄今為止效忠派殖民定居點計畫中屢次出現的偏差。葛蘭維爾勛爵把彼得斯的請願傳達給了帕爾和湯瑪斯．卡爾頓兩位總督，指令他們調查他的投訴，對黑人在獲得土地過程中「無法解釋的延遲」做出「某種補償」。[22]因為夏普和獅子山公司的遊說，葛蘭維爾又向前更進了一步。如果黑人們受不了新斯科舍，歡迎他們前往自由之省：獅子山公司會給他們土地，英國政府會支付他們前往西非的路費，再次高調重申十年前他們在美國對效忠派的承諾。當然，這些可不能當作是政府致力於廢奴主義運動的舉措。威廉．威爾伯福斯在一七九一年春天試圖提出一項廢除奴隸貿易的法案時，在國會幾近慘敗。然而，當彼得斯從內閣那裡獲得這些讓步時，法國革命已經啟動了自由、平等和博愛這些充滿活力的新概念，而聖多明哥的奴隸暴動不久就會以（讓依賴於奴隸制的大英帝國）心驚肉跳的方式，證明法國式的自由有多暴烈。彼得斯的投訴正好給了大臣們一個良機，他們支持為一群特殊的前奴隸賦予特殊的自由，趁機表現英國式更加克制的自由。

現在，政府已經授權這個航向非洲的新遠征，又要由誰來組織管理呢？湯瑪斯．彼得斯能夠協助從牢騷滿腹的黑人效忠派中招募殖民者，但還是應該找一位獅子山公司的官員負責後期工作，運送他們跨越大西洋。廢奴主義者湯瑪斯．克拉克森提議了一個完美人選：他的親弟弟約翰。約翰．克拉克森當年只有二十七歲，在海軍度過他的大半生，整個美國戰爭期間都在服役；他曾是羅德尼上將的部下，之前在西印度群島近距離觀察過那個農園社會。一七八〇年代加入廢奴主義陣營後，他曾在法國住過六個月，那是革命前令人衝動的時期，他四處蒐集反對奴隸貿易的證據。身為一位軍官和廢奴主義者，約翰．克拉克森也是一位品行高尚的紳士：威爾伯福斯讚美他是「在職業操守和個人品格上，都有著極高美德和極多優點的年輕人。」[23]克拉克森的正直品性至關重要。各類效忠派難民都傾向毀謗中傷管理他們的官員。蓋伊・卡爾頓爵士是個罕見的例外，他為難民申冤的努力獲得了廣泛的尊敬。約翰・克拉克森將成為另一個例外。不管他們對其他白人官員懷有多大的怨恨，大多數黑人效忠派都把文質彬彬卻立場堅定、能力超凡的約翰當成是他們的摩西（只有湯瑪斯・彼得斯是個顯眼的例外）。有鑑於他所要帶領他們的出走有多麼不可思議，對他的領導能力懷有這樣的信心，是遠征成功不可或缺的要素。

一七九一年八月，克拉克森啟程前往新斯科舍，乘坐的船有個很合適的名字：方舟號。他的哥哥和威爾伯福斯寫了很長的指示清單，指導他該如何探索未知世界。「不要討論廢除奴隸貿易的話題，除非你**對同伴完全信任**。」不要稱效忠派為「黑人或黑鬼」，而要叫他們「**非洲人**，這是對他們更為尊重的稱呼。」要提防湯瑪斯・彼得斯，這樣「你就不會因為他可能犯下的錯誤而被牽連。」「在非洲的河流中要當心鱷魚，在陸地上要注意有蛇出沒。」書面記錄當地的風土人情。定期寫家信，如有必要，就用密碼來寫信。密切關注社會風氣。堅持寫日記。[24]這最後一條建議特別被好好的採納：克拉克森的日記完美詳盡地記錄下這即將展開的、也是最後一次由英國政府所支持的北美效忠派遷徙。

克拉克森於一七九一年十月的第一周到達了哈利法克斯，很高興「從海上看去（這座城市）如此漂亮」，並與帕爾總督共進晚餐。雖然帕爾已經接到命令，要他支持克拉克森完成使命，但他似乎更想「推杯換盞，這是他更偏愛的活動，」而不是鼓勵這位熱心的年輕人。帕爾和新不倫瑞克的湯瑪斯．卡爾頓兩人都不怎麼樂意接受湯瑪斯．彼得斯的投訴，特別是他還一狀告到了倫敦。卡爾頓氣急敗壞地回應白廳讓他改善黑人效忠派處境的指示，堅稱他們「已經獲准了自由的英國臣民的每一項特權，」他們分得了土地卻沒有好好耕種，還說「本省沒有一位黑人」委託彼得斯為他們代言。[25]帕爾也不遺餘力地為自己治下政府的行為辯護。克拉克森「能夠明顯看到，總督希望我的事業最好不要獲得成功，他大概覺得如果大家不願意離開該省，那就證明了他們很滿意，他們的抱怨是毫無根據的。」[26]

然而，這樣的阻撓反而更加堅定了克拉克森的決心。他分發了一份傳單，宣布獅子山公司「在**非洲海岸免費殖民**」的條款（彩圖十四）。它承諾道，每一位自由黑人都能獲得八公頃的土地，他的妻子還能獲得四公頃，每個孩子兩公頃；此外在他們能夠自食其力之前，政府將提供糧食配給協助他們度過難關。據悉，那些土地將免費提供，並且起碼在一定時期內將免除代役稅（和新斯科舍當初的承諾一樣。）[27]克拉克森在新斯科舍的各個黑人城鎮中宣傳該計畫。當時居住在哈利法克斯附近黑人村莊普勒斯頓的波士頓．金聽說這個遷徙計畫時，他本人的第一個念頭是他沒有理由走，這在他的同胞們中十分罕見。他總算找到了一份薪水豐厚的工作（作為家庭傭工），衛理公會牧師的工作也有了極大的進展。但金對自己的生活還有更遠大的抱負。「我回憶起自己過去幾年一直在考慮非洲人皈依的問題，決定抓住這個機會。」他主動找到招募人員，解釋了他想在非洲布道的願望，虔誠的克拉克森聽到這個，當然再高興不過了。[28]

看到名單上已經有了兩百多個名字，克拉克森乘船前往伯奇敦，那仍然是英屬北美最大的黑人城鎮。在這裡，他再次遭到了官方對該計畫的抵制，這次抵制來自於帕爾派來幫助他的人、紐澤西效忠派史蒂芬·斯金納。史蒂芬是科特蘭·斯金納的弟弟，當時已經是謝爾本最成功的商人之一了：算是對他人生經歷幾度起落的重大補償，戰前曾任紐澤西財長，期間被指控盜用數千英鎊公款，之後又在愛國者的監獄裡當了幾年囚犯。[29]斯金納反對獅子山專案，他自己的理由是「一七八六年前往那個地方的第一批人都苦不堪言，」現在的這批殖民者也會有同樣的經歷。然而，他更憂心是這個遷徙計畫「會對黑人的思想產生很大的影響，我擔心總共會有一千二百到一千五百人離開本省，我覺得那會為本省帶來嚴重的損失。」[30]這麼多便宜勞動力的離開，必然會對謝爾本的經濟造成嚴重影響。斯金納公然宣稱「如果黑人們留在本國，他**本人**會給黑人兩〔年的〕物資，並將〔盡〕一切努力阻止他們離開。」[31]與此同時，他還參與散布謠言，說在非洲等待移民的全都是恐怖之事：死於野蠻人之手、死於疾病，還有那個永恆的威脅，如大衛·喬治聽到的，「如果我們走了，會再度成為奴隸。」[32]

克拉克森剛剛在伯奇敦上岸，就有一位五十歲左右的黑人熱情地上前來迎接他。春天果然帶來了奇蹟，大衛·喬治的腿已經痊癒了，眼前似乎又有了一個新形態的救贖。他立刻繪聲繪影地描述起自由黑人「任人差遣的可憐狀態」，以及白人們散布關於獅子山的險惡謠言；「如果城裡人得知他〔喬治〕跟我們私下談話了，」喬治頗有先見之明地對克拉克森說，「他的生命就有危險；他警告我們天黑之後不要出現在城裡或鄉間。」[33]然而和克拉克森一樣，這樣的威脅也沒有阻止喬治參加該移民計畫。他遞給了克拉克森一長串人名，是那些已表達出走意願之人，並建議克拉克森第二天在伯奇敦召開公眾集會。喬治說，只要正面反駁那些惡意報導，他就能打消黑人的顧慮，並贏得無數志願者。

在那個十月的早晨，克拉克森走進了摩西老爹的衛理公會禮拜堂，爬上講壇，看到眼前有三四百人擠坐在樸素的長凳上。他們就在這裡，是大英帝國所承諾、活生生的見證者，他們看上去充滿懷疑、憤怒、疲倦、絕望，卻又還懷著些微的希望。而雖然克拉克森有著堅定的決心和信仰，那一刻他的信念卻有些動搖了。他憑什麼影響「這些可憐人未來的幸福、福祉甚或生命」？他憑什麼讓他們放棄得之不易的家園，跟隨他到一個他們誰也沒有見過的地方？然而他們充滿期待地看著他，那麼多疲憊不堪的臉上、那麼多雙專注的眼睛，他的信念又回來了，相信自己能夠給他們更好的生活。克拉克森從頭到尾，盡可能清楚地講述了該計畫。湯瑪斯．彼得斯把他們的抱怨帶到了倫敦，政府用心傾聽了他們的訴求。黑人效忠派有三個選擇。他們可以在當地解決自己的土地申請，國王已經下令當地處理，因而他們可以留在新斯科舍。他們還可以加入另一個黑人軍團，在西印度群島服役，如此能夠享受服役軍人常有的福利。（不出所料，這個選項沒有多大的吸引力。）或者他們還可以選擇彼得斯本人選擇的道路，那是克拉克森即將帶領他們前進的道路，是大家投注了那麼多希望的專案：他們可以在獅子山建立一個新的殖民地，且根據明確規定的條款，在那裡自由生活，在免費分發的土地上耕種，免除任何費用或租金。克拉克森請他們仔細思量；確定自己絕對願意才能簽字參與。這一趟行程絕非易事。但我向你們承諾我會確保你們得到自己的土地，我會待在那裡，直到你們每一個人都滿意。[34]

當克拉克森在伯奇敦的演講結束時，就連史蒂芬．斯金納也不得不承認他的建議相當公正，並「完全收回了」自己之前對克拉克森的中傷。接下來的幾天，兩人在克拉克森於謝爾本的住處接待了一家又一家，把他們的名字登記在招募者名單上。[35]克拉克森問每一個人，你是否十分確定已經準備好了放棄這裡的一切？你是否理解了提供給你的條件？有一個黑人出生在非洲，只能說磕磕絆絆的英語，坦率地承認「不，先生，我沒有聽，也沒有想，我像個奴隸那樣工作，覺得世界上不會有比這裡更差的地方了，先生；所以我決定只要您肯帶我走，我就跟您走，先生，」這讓克拉克森大吃一驚。「你必須想清楚，這是個新的殖民地，如果你參與了，那麼即使你身體健康允許，還會遇到很多困難，」克拉克森提醒他說。「那個我很清楚，先生，我可以努力幹活，也不擔心氣候，如果我死了，那就死了，我寧願死在自己的國家，也好過死在這個寒冷的地方。」[36]一個最讓人心痛的例子是，一位奴隸來替自己的妻子和孩子們登記，他們是自由人。「他的眼淚流下雙頰，說雖然這次分離對他來說比死亡還要殘酷，但他決心要讓他們永遠解脫。」克拉克森被此人的故事深深感動了，他試圖贖回這位奴隸的自由，好讓他也能跟家人一起來到非洲。[37]

三天之內，有五百個男人、女人和孩子登記遷徙。從伯奇敦到新斯科舍的定居點、再到湯瑪斯．彼得斯召集遷徙者的新不倫瑞克，約有一千二百人登記了自己的姓名。他們是這些省分全部自由黑人人口的整整三分之一。每個人似乎都帶來了一個悲慘的故事，克拉克森在一個「自由黑人希望離開新斯科舍的理由」的清單中，將那些故事總結起來。當年的《黑人登記表》登記了離開紐約的黑人名單，算是效忠派從十三殖民地遷出的最完整紀錄，這些關於黑人效忠派遷徙至獅子山的文件，卻是最系統性記錄了效忠派難民**為什麼**會選擇繼續征程。對於黑人效忠派願意再次遷徙的原因，還有一個更宏大的結構性解釋。被逐出美國，標誌著一連串漫長遷徙過程中的一個新階段，許多人身為奴隸，早已經歷了那些過程。他們第二次集體出走則揭示出一個習慣移轉的族群內不斷重複的遷徙邏輯。[38]

說來奇怪，這些地位最為邊緣的英國臣民卻留下了最長的書面紀錄。它在部分程度上反映了他們非同一般的地位。身為一群在各種不同的時間地點可能會被視為財產的人，在一個癡迷於紀錄的帝國中，他們的檔案扮演著雙重角色。此外，它還部分反映了黑人效忠派清楚明白該計畫的目的。英屬北美的黑人效忠派對自己的省政府有著公開的不滿，對同為美國難民的白人效忠派之行為更是忿忿不平。然而，他們參與本計畫就表明了，他們始終堅信國王的話和大英帝國的承諾。或者至少相信眼前這位親切可信的約翰・克拉克森親口傳達的那些承諾。

克拉克森覺得，要擔當眾人的摩西實在是困難重重，他的任務範圍不斷擴大。在哈利法克斯，他幾乎單槍匹馬地完成了英軍從薩凡納、查爾斯頓和紐約撤離的縮小版。遷徙者的總人數比他最初預計的多得多，使他很難找到足夠的船隻和物資。在英國，克拉克森的哥哥湯瑪斯則忙於傳閱一張奴隸船的示意圖，上面每一寸空白處都填滿了小小的人像，顯示出船上的擁擠程度令人驚心。這張示意圖是廢奴主義者最有力的武器之一，而約翰・克拉克森對此尤其敏感，一定要確保在自己的船上，黑人乘客的條件與它毫無相似之處。他拒絕接受那些艙面之間沒有足夠空間的船隻，堅持要有通風道通向其他艙面；他強制執行嚴格的衛生標準，每天都要薰蒸消毒並多次清潔。他對乘客的飲食也同樣小心，每周要輪流供應鹹魚、牛肉、豬肉和蔬菜，保證營養，而不是只有皇家海軍飲食中那些乾得咬不動的壓縮餅乾。[39]

一七九一年十二月，移民們聚集在哈利法克斯，以村莊為單位住在臨時工房裡。因為幾天後就是耶誕節了，湯瑪斯．彼得斯提交了另一份請願，請求「由於這是我們在美洲度過的最後一個耶誕節，」請給他們「提供一天的新鮮牛肉，當成聖誕晚餐。」[40]至少這還是個很容易滿足的要求；但同一周，乘客們開始上船時，他們提出的要求就五花八門，讓克拉克森應接不暇了。他們可以帶寵物嗎？可以帶豬嗎？（可以，不行。）他們可以和這家人或那家人登上一條船同行嗎？克拉克森「為了安排上船操碎了心」，以至於他「害怕我們到達非洲之後，我要安排這些人定居還要遭遇多少焦慮和麻煩。」[41]除了滿足所有這些要求所帶來的心理壓力之外，他還每天在結冰的街道上跑來跑去，查看那些擁擠的臨時工房，乘坐一條敞篷船在大船之間穿行，天上飄著鵝毛大雪，腳下的海水寒氣襲人。克拉克森覺得頭痛欲裂，得了很重的感冒，高燒數月不退。

在白人摩西為確保後勤傷透腦筋之時，黑人領袖們一直為移民鼓舞士氣。克拉克森在伯奇敦演講之後，大衛．喬治便帶領他的全體教區居民登記參與遠征。只有幾個人沒有參加。喬治為了證明自己出走的迫切心情，賣掉了他的禮拜堂和那塊地，他為此付出了那麼多辛勤勞動，最後卻只賣了七英鎊。但他未曾錯過任何講道的機會，他們在哈利法克斯等待出發期間，他在整個城市的各個教堂和禮拜堂中講道，帶領教眾唱讚美詩，他們的歌聲飄揚在工房上空，有些最和諧的樂音傳到了克拉克森的耳朵裡，他久久難以忘懷。[42]伯奇敦的衛理公會牧師摩西老爹名副其實，也把自己的精神兒女們聚集在克拉克森的旗幟之下。他對著他們充滿激情地布道，以至於有一天克拉克森走到工房附近，聽到摩西老爹的「聲調極高，我不禁擔心他會出什麼事。」[43]對這些虔誠的黑人效忠派而言，即將開啟的這段旅程似乎是一次充滿宗教意味的出走，從充滿束縛的北美走向非洲，正如《聖經》裡從埃及出走到以色列。

當他們終於在一七九二年一月十五日啟程之後，有信仰能讓自己安心，對他們大有好處。接下來的七個星期，他們乾嘔、疼痛、顫抖，被海上的風暴翻滾，那些風暴的肆虐程度，就連他們之中富有經驗的海員也未曾見過。波士頓·金親眼看到海水拍打著甲板，把一個人沖到了海裡。暈船和發燒讓下層的乘客們苦不堪言，其中就包括金的妻子維奧萊特。在丈夫瘋狂地為她祈禱之後，她痊癒了，但另外六個人卻沒有，包括大衛·喬治教堂中的三位老者和克拉克森的貼身男僕。[44]大概還有其他夢魘困擾糾纏著他們。包括湯瑪斯·彼得斯在內，有五十餘人是在非洲出生的，也就是說在那以前，他們幾乎肯定是戴著鐐銬，被塞在奴隸船的甲板下面穿越大西洋的。

當陸地最終出現在前方時，大衛·喬治說，「看見陸地真是太高興了。」[45]他們在雜草叢生的格蘭維爾鎮原址下船，就立刻投入了「清理森林，建立城鎮，也就是後來的『自由鎮』*。」上岸後的第一個周日，獅子山公司的英國聖公會牧師為他們宣講了《詩篇》第一百二十七篇，「若不是耶和華建造房屋，建造的人就枉然勞力，」而不遠處，大衛·喬治的追隨者們也聚在一起，在一個用船帆拉成的頂棚下，聽他講「第一個主日，這是個愉快安寧的時刻。」沒過多久，他們就用木柱和茅草蓋了一座不錯的禮拜堂。[46]這是獅子山的第一座浸禮會教堂，這時那些曾在希爾弗布拉夫的林中空地裡禮拜的黑人移民，已經建立起一個跨大西洋宗教社群網路，獅子山的這座小教堂是構成該網路的最後一個節點。

與喬治乘坐同一條船的克拉克森聽到了同船水手們在看見陸地那一刻所發出的歡呼和鳴槍齊射。然而「我無法描述自己此刻的心情，因為我不知道接下來的數小時」（或者數周、數月、數年）「會發生什麼。」[47]所幸他們登陸時並沒有受到滕內人的攻擊，克拉克森擔心的事情沒有發生。他聽到的是另一則不受歡迎的消息：獅子山公司任命他為新殖民地的負責人。他一點也不想擔此重任。「我在離開英格蘭之前曾經明確宣布，不會因為任何事在非洲滯留，」他無人傾訴，只好在日記中悲嘆道，「也就是說，我的任務僅限於在美洲召集殖民者，然後把他們安然無恙地送到獅子山。」[48]他已經病了數月，身心俱疲，渴望能回到英格蘭的家中修養，和耐心等待他的未婚妻團聚。「但我能怎麼辦？」他一想到自己對那些效忠派發自內心的「喜愛和關懷」，「還有我熱切地渴望為周圍各民族，乃至整個非洲……帶來文明，我就下定決心承擔起責任……和這些可憐的新斯科舍人在一起，與殖民地共存亡。」[49]

接下來在這個非洲半島上，眾人的遠大抱負遭遇了重重險阻。建設自由城的過程重現了英屬

＊自由鎮（Free Town）後合寫為 Freetown，譯為「自由城」。

北美和巴哈馬群島的效忠派殖民地的重要特徵。殖民者要適應陌生的環境、要對付原先居住在這裡的居民，還要彼此爭鬥。他們爭論的部分焦點無非是始終充滿爭議的土地分配問題，這是每個效忠派殖民地衝突的根源。然而，最大的麻煩是，新來者與派來管理他們的政府之間也吵個不休。因為和他之前的那麼多總督一樣，克拉克森也很快發現，效忠派難民可不會不假思索地「忠於」自上而下的指令。和拿索及聖約翰的白人效忠派一樣，這些殖民者在權利和代表權等問題上的觀念，與統治者偏向威權主義的風格截然不同。

因為發燒而近乎每時每刻都在顫慄發抖的克拉克森，每天忙著分配土地、組織工作組、安撫各種各樣的支持者。自由城的首批地塊成形了：大衛・喬治和湯瑪斯・彼得斯每人得到三公頃，摩西老爹分到了二・八公頃；其他大多每個男人分得了兩公頃的土地，女人和孩子還能分得〇・八至一・六公頃。[50]與大出走其他各地的情況一樣，適應陌生的自然環境已然不易，食物和物資短缺讓挑戰變得更難以應對。而這裡還有更為怪異的危險。一天，一隻狒狒把一個十二歲的小女孩從帳篷裡抓走了。豹子潛行在灌木叢中，巨蛇在他們的小屋之間爬行。[51]雨季還未來臨，疾病就已經在自由城肆虐蔓延了。安娜・瑪麗亞・福爾肯布里奇寫道，「早上起來問一句『昨晚死了多少人』已經快變成慣例了。」[52]上岸僅僅三周，維奧萊特・金就病倒了，「像個孩子一樣無助，」精神錯亂，譫言妄語。她的丈夫和朋友們坐在她的周圍祈禱，她「突然坐起身」口中說道「我好了：只是在等神到來呢。」當他們充滿信心、抑揚頓挫地齊聲高唱一個古老的衛斯理讚美詩時，她顫抖著，和他們一起高喊，終於「在愛的狂喜中故去了」，她死時心中充滿了信仰，那個曾在伯奇敦摩西老爹的禮拜堂裡讓她靈魂覺醒的信仰。[53]

每天晚上，當蟋蟀和牛蛙的叫聲「響徹城鎮和森林」之時，筋疲力盡的克拉克森還要打起精神，記錄他這一天的艱難經歷。[54]「每天從早到晚發生那麼多事折磨和困擾著我，讓我簡直有些厭世了，」他坦白道。[55]首先，他得協調殖民者們和滕內人的關係。登陸之後不久，他與乃姆巴納有過一次會面，解決了自由城後續擴張的問題，急切地承諾說「我來非洲絕不是為了免費攫取他們的土地。」[56]他還試圖安置格蘭維爾鎮剩下的倖存者，他們覺得自己被邊緣化了，對新政府心懷怨憤。此外還有其他歐洲人。奴隸貿易的中心就坐落在不遠處，就已經糟到讓克拉克森提心吊膽的了，獅子山公司還從倫敦派遣了一個小小的政務委員會，這群人五花八門，內訌不止，有些是可疑的種族主義者，還有兩個人是不可救藥的酒鬼。[57]一七九二年六月，克拉克森總算等來了一些新的白人來客，尤其是效忠派以撒·杜波依斯。來自北卡羅萊納威爾明頓的杜波依斯，是湯瑪斯·彼得斯的同鄉，和黑人效忠派一樣，也是幾經遷徙最終來到了獅子山，起初曾定居巴哈馬群島。他放棄了在那裡種植棉花的努力，希望在自由城的運氣能好一些，他是這個自由黑人殖民地中少有的白人殖民者。克拉克森任命杜波依斯為倉庫管理員和鎮民兵首領，後來愈來愈倚重他的精明能幹。[58]

然而，在新殖民地面對的所有困難中，最大的挑戰還是來自殖民者自身。威爾伯福斯曾警告克拉克森要小心湯瑪斯·彼得斯，因為他知道，彼得斯能夠在衝動之下前往倫敦，自然不會甘心在自由城當一個順民。果然，登陸還不到兩周，彼得斯就來到克拉克森跟前，「說出了滿腹牢騷；他說話極其粗暴輕率，看來是想恐嚇大家，破壞士氣。」[59]彼得斯開始參加衛理公會教徒的集會，「每次會後他都要對大家講話，抱怨他在倫敦得到的承諾沒有落實。」[60]因為遲遲得不到分給自己的土地，黑人效忠派們更加認同彼得斯的說辭，因為「他們一生遭受不公待遇，」「已經開始覺得與其在這裡受苦，還不如待在新斯科舍呢。」[61]「總督，您知道您在新斯科舍和新不倫瑞克見到我們時，我們的境況很差，」他們提醒克拉克森說，「喬治國王對我們不錯，上帝保佑他，制定了很多規定來安慰我們，還承諾給我們土地……但我們在那裡待了很多年，卻根本沒有得到土地。」[62]

克拉克森不久就發現那些殖民者「被**湯瑪斯．彼得斯**灌輸了關於自身民權的古怪觀念之後，」變得難以駕馭，也不願勞動了。[63]「黑人們不聽從命令，牢騷和抱怨與日俱增，」克拉克森說，「這些麻煩常常讓我不堪其擾，由於身體虛弱，我都快要昏過去了……我整天忙著制止惡行，常常四顧不暇。」[64]一七九二年的復活節星期日，克拉克森聽說彼得斯正在密謀推翻政府。他立即召集大家在「一棵大樹下」開會，或許就是如今自由城市中心那棵最顯眼的大木棉樹。看著殖民者們在紅土地上聚集，正如他們六個月前在伯奇敦的教堂座位上那樣看著他，他轉向彼得斯說，「在會議結束之前，很可能我們之間有一個人要被吊死在那棵樹上。」克拉克森措辭嚴厲地勸戒殖民者們，說「不和的魔鬼」會帶來「悲慘和罪過」，並「粉碎……在全世界改善黑人生活條件的點滴希望。」[65]幾天後，殖民者們同意發表宣言，「宣稱他們在此殖民地居住期間，將遵守這裡的法律，只要當地條件允許，這些法律與英格蘭的法律絕無衝突。」[66]

隨後，湯瑪斯．彼得斯突然在六月時暴斃了：他因染上了當地一種致命的熱病，很快就過世了。他的死移除了效忠派中間那種最咄咄逼人的政治影響，也解除了克拉克森的心頭大患。然而，這位社區領袖的影響力卻並沒有隨即消失。一個月後，又有人傳說彼得斯的鬼魂在自由城的街道上飄蕩呢。[67]他的政治幻影也徘徊不去，那就是建立一個由黑人們自治的殖民地，而不要被白人帝國管理機構牽著鼻子走。

克拉克森繼續動用自己全部的外交技巧，來處理與權利和土地有關的重要事項。他在伯奇敦曾承諾說，黑人效忠派分得土地後不會被徵收代役稅，無意間為殖民者和獅子山公司之間最嚴重的衝突埋下了種子。後來證明，該公司的想法截然不同。此外，克拉克森同意了黑人們提出的與白人共同組建陪審團的要求。他還記得在新斯科舍「他們全都被強占河邊土地的白人紳士趕走了，」因而當大衛．喬治和其他市民領袖提出在河邊建立公共建築物的決定時，他滿口答應了。[68]最大的問題是，承諾要給他們的八公頃農耕地卻遲遲得不到清理和落實。殖民者們跟克拉克森不斷抱怨，他們在英屬北美根本沒有得到土地。然而克拉克森知道，即使他們全力以赴地勞動（事實上他們沒有），到夏天結束時，尚且無法把足夠的叢林開闢成耕地。相反，克拉克森最終想出了一個妥協方案，讓殖民者們暫時先在較小的土地上耕種，直到更多土地開墾出來。

因為疾病和工作壓力，克拉克森的身體垮了，一七九二年底，他請假獲得批准，總算可以回英格蘭了。他回顧自己在非洲這段時間，完全可以對自由城安然度過了第一年而感到自豪，尤其是在格蘭維爾鎮建設失敗之後，這是個重大成就。殖民地存活下來了。但他也把很多懸而未決的問題留給了一群沒有同情心、或是毫無能力，又或是兩者兼無的白人官員。克拉克森的直接繼任者威廉．道斯是個嚴肅的福音派教徒，剛剛在植物灣監禁地結束了軍官任期。要管理一群試圖擺脫奴役和不公記憶的人，這可算不上是最優秀的資質。同樣不祥的是，道斯的接替者札卡里．麥考利，他成年後有五年時間是在一座牙買加蔗糖農園上度過的。那時他雖然只有二十幾歲，卻是個極端虔誠的教徒，就連他的支持者們也覺得他「不靈活」、「不開明」，有時甚至「冷若冰霜」。[69]殖民地的其他議員們則愈來愈衝突不斷、放蕩不羈。亞歷山大．福爾肯布里奇是他們中間唯一在該地區有長久生活經驗的人，卻酗酒成性。一七九二年十二月，他在一次狂飲之後死去了。他的遺孀安娜．瑪麗亞長期受到他家暴的折磨，寫道，「我毫無內疚地承認自己在這事上說謊了，說他的死讓我難過，不！我一點也不難過。」[70]

經歷了導致他們分裂的一切糾紛之後，黑人效忠派已經把克拉克森看成了一位誠實的代理人，還不止於此：他還是他們的摩西，當然彼得斯除外。克拉克森的離去讓他們難過不已，也為他獻上了良好的祝願。乃姆巴納送了他一把斧子和一篇阿拉伯經文，祝他一路平安。黑人殖民者們一波波前來，每一波都是幾十個人，為他們敬愛的總督獻上卑微的離別禮物：番薯、雞蛋、洋蔥。菲莉絲．喬治帶來了好重的禮物：三隻雞和四個雞蛋，而她的丈夫大衛則帶領大家簽名獻上了另一份請願書。[71]這份請願書的訴求對象是獅子山公司的諸位董事，文中（以其作者們在成年後所學的錯漏百出的英文寫作）描述了克拉克森「在所有方面都像紳士一樣對待我們……我們熱烈地希望上述約翰．克拉克森能夠回來做我們的總督。」在那以前，「我們將祈禱約翰．克拉克森閣下安全渡海歸國，並再次回到我們身邊。」[72]

大衛．喬治也準備出發了。從克拉克森在謝爾本下船後兩人初次見面，到他們同船來到獅子山，兩個男人結下了深厚的友誼。克拉克森常常來聽喬治布道，有時還會參加他的祈禱儀式；喬治將他最小的孩子取名為克拉克森。或許他們在來非洲的途中曾在柳克麗霞號上討論過回國之事，喬治突然問自己的朋友「我今後能去英格蘭嗎？」喬治「希望去看看住在他的國家的浸禮會兄弟們。」克拉克森答應一有機會就帶他去英國。現在喬治也在收拾行囊，「在教堂進行告別布道」，並安排副手在他離境期間接替他的工作。[73]黑人效忠派在非洲度過的第一個耶誕節後幾天，克拉克森和喬治在自由城一同出發航向另一趟旅程，在兩人看來，這次旅程的策畫者既是上帝，也是大英帝國。

一七九四年九月的一天早晨，七艘飄揚著英國國旗的船隻駛入自由城港口。這是該定居點一直盼著的場景，因為那裡物資短缺，這些船隻（如果不是駛向上游、不可避免的運奴船的話）可能會帶來他們急需的補給品。「很多人」聚集在海岸上，眼看著意料之外的艦隊逐漸靠近，然而新總督札卡里．麥考利卻從他的陽臺上用望遠鏡看到了那些船隻的細節。他發現，他們的裝備和建造都是英國風格，但上面都是槍枝，一個護衛艦上的水手們正在排列一門大砲，正對著他的方向！他趕緊衝向屋內，子彈從頭頂上呼嘯而過。幾分鐘內，那些船隻降下了作為誘餌的英國旗，升起了真正的旗幟：法國革命的三色旗。他們對著自由城的方向猛烈開火，剛剛去了英國又安全返回的大衛・喬治那時也在人群中，尖叫著、推搡著，爭先恐後地躲避子彈的襲擊。麥考利已經下令在陽臺上掛上白旗表示休戰，但轟炸還是持續了一個半小時。倉庫、辦公室、住宅和聖公會教堂都著起了熊熊火焰，還冒著催淚的黑煙。隨後便是搶劫。蘭姆酒、錢、食物，法國水手們搶走了一切值錢的東西。他們搗毀了印刷廠和藥鋪，把聖經踩在腳下，抓走並屠殺了幾百頭豬和雞。**無褲黨***甚至從當地居民的身上扒下衣服，喬治的襯衫被他們扒走了，家人「幾乎赤身裸體」。那天結束時，一個小孩子死了；兩個居民被炸斷了腿。法國軍隊兩周之後才離開，自由城變成了一片廢墟，此時距離它開始建設還不到兩年。[74]

雖然自由城的建立與其他效忠派定居點有著諸多共同點，但法國人對自由城的襲擊卻凸顯出一個重要差異。時間已是一七九〇年代，而不是一七八〇年代：法國革命把英國拖入了一場激烈的全球戰爭，重新定義了關於自由和權力等問題的爭論。對黑人效忠派而言，他們為建設這個定居點已經歷了重重艱難險阻，法國人的襲擊不啻是雪上加霜。對他們的白人統治者而言，該事件進一步證明了，在另一場革命從根本上威脅英國勢力之時，維持紀律、秩序和帝國臣民的忠誠有多重要。自由城最初那幾年的經歷顯示，法國革命的爆發更加堅定了英國人從美國革命中汲取的教訓。它也導致了帝國臣民再次兩極化，一方堅持忠於現有秩序，另一方則以爭取更大自由的名義奮起反抗。

麥考利總督曾以中立殖民地為由，請求法國指揮官不要劫掠自由城，還說黑人殖民者「不是英國人」。黑人效忠派祈求法國人留一些財產給他們，「對他們說我們是來自北美的美國人，」

因此（他們聲稱自己是）法國人的盟友。戰爭畢竟是不擇手段的。然而法國人一離開，這類聲明看上去就顯得相當可疑。麥考利不僅要求黑人承擔獅子山公司財產被毀的部分損失；還迫使他們重新宣誓效忠，否則便不給他們醫療救助或工作機會。「我們來這裡之前已經當了十八年、二十年的英國臣民了，」憤怒的殖民者反駁道，而「我們來到這裡之後，也都曾宣誓對國王和國家效忠，因此我們拒絕從命」。[75]身為忠誠的英國臣民，他們應該無條件地享有英國人的權利。對他們而言，就像那些在新斯科舍和新不倫瑞克拒絕給他們土地和權利的白人一樣，他們對麥考利耍的花招此十分熟悉，也極為不安。摩西老爹和他的教眾們在一封寫給約翰·克拉克森的信中，哀怨地總結了他們的不滿：「您在這裡時，我們把它叫作自由鎮，而自從您走後，已經完全可以稱之為『奴役之城』了。」[76]

要是克拉克森還跟他們在一起就好了！在他擔任總督的那一年，他利用自己與效忠派們建立在真正相互尊重基礎上的親密關係，解決了很多關於土地分配和權利問題的緊張。其後數年，自由城的黑人居民們給他寫了很多聲淚俱下的信件，描述他們的失望，祈求他回來。「自從您離開

＊「無褲黨」或「無套褲漢」（sans culottes）是十八世紀晚期的法蘭西下階層的老百姓，這些在舊制度下生活品質極差的群眾成為積極回應法國大革命的激進和好戰的參與者。sans culottes 的字面意思是「沒穿裙褲」，裙褲是十八世紀法蘭西貴族和資產階級時尚的真絲及膝馬褲，而工人階級則穿緊身長褲或直筒長褲。「無褲黨」常用於形容雅各賓派的大革命激進分子。

我們，一切都不同了，」他們悲傷地說。[77]「我們以為是萬能的上帝，隨手選擇了由您來作為摩西和耶和華，帶領我們這些以色列的子孫來到應許之地，」另一封信中寫道，「但是，哦，上帝啊，請再次為您的心中注滿渴望，讓您來這裡看看我們吧。」[78]他們不知道，克拉克森本人已經失去了獅子山公司諸位董事的青睞，他們對他更偏向殖民者的利益，而非公司的利潤甚是反感。他回到英國後不久，董事們就罷免了他的總督之職。克拉克森雖對此感到「震驚」，卻也沒有公開表示不滿，以免加深公眾對整個獅子山公司專案的反對。他回信給自由城的黑人朋友們說，他最近剛剛結婚，無法回去。[79]

克拉克森曾發誓說他離開後幾周之內，殖民者們就能得到他們垂涎的耕地。遺憾的是，繼任者們並沒有實踐他的諾言。他走後還不到兩個月，黑人效忠派就再次聚集起來，對延遲分地提出抗議。「克拉克森先生在新斯科舍承諾過，我們在這裡的待遇與白人沒有差別」；他們提醒克拉克森的接替者道斯總督，「我們現在要求履行這個諾言，我們是自由的英國臣民，理應得到相應的待遇。」[80]克拉克森不在場期間，以撒・杜波依斯成了他們最有力的白人同盟。同為美國難民的杜波依斯與嚴厲刻板的英國福音派軍官們形成了鮮明對照，對黑人們充滿同情。杜波依斯在獅子山種植棉花的運氣並沒有比巴哈馬群島好多少，但他的管理才能很快就讓他在該殖民地獲得了尊敬和名望。他還出乎意料地在這裡獲得了個人幸福。一七九三年初，杜波依斯宣布與剛剛守寡的安娜・瑪麗亞・福爾肯布里奇「幸福地結為夫婦」。兩人在她的第一任丈夫死後不到三周就結婚了。她「絲毫不為我急於……違背守寡十二個月的傳統而懷有歉意。」[81]他也不介意牧師未能

（如他所吩咐的那樣）保守這個祕密，而是「把這個新鮮的消息傳播得人盡皆知。」「我很幸福，」杜波依斯說，與他作為效忠派難民所經歷的重重失望相比，這實在是人生中不可多得的幸運時刻。[82]

杜波依斯還幫助殖民者們起草了另一份抗議請願書。「道斯先生似乎希望像對待一群奴隸一樣統治我們，」該請願書寫道，並列出了關於土地和其他不公待遇等常見的不滿。[83]黑人效忠派無疑希望重現湯瑪斯・彼得斯曾在政治上取得的成功，就選出了兩名代表，親自把請願書送到了倫敦的獅子山公司董事那裡。兩人於一七九三年八月到達英格蘭，見到了該公司董事會主席。起初他們還覺得他「和藹可親」又「慈悲心腸」，但他嚴厲地說他們的「指控輕率而證據不足。」[84]新婚的以撒和安娜・瑪麗亞・杜波依斯不久也來到了倫敦，杜波依斯再次幫助他們申訴不滿。但董事們拒絕了殖民者的要求，並阻止他們與克拉克森會面，儘快把他們打發回了獅子山。杜波依斯雖費盡全力，也被草草打發走了。[85]當安娜・瑪麗亞詳細記錄自己的數次獅子山之旅時，她對她的兩任丈夫在該公司所遭受的待遇極為反感，以至於她事實上開始反對廢除奴隸貿易了，只因為那是該公司的創始原則。

兩位黑人特使回到獅子山時，自由城又一次陷入了動盪。這一次緊張局勢的導火線是黑人殖民者與一個白人奴隸船船長之間的對峙，原因就是自由城與邦斯島距離太近了，雙方都不自在。麥考利總督在自己的大門口放了一門大砲，又提出若誰願意離開自由城，他免費送他們（乘坐一艘廢棄的運奴船）回到哈利法克斯，才算阻止了一場動亂的爆發。[86]沒有誰願意回去，但有一小攝失望的衛理公會教徒決定遷出該公司的地盤，換一個地方重新開始，在那裡「我們可以不再受這群暴君的束縛。」[87]這次事件更加強化了麥考利的成見，即衛理公會教徒要比大衛．喬治和他的浸禮會教徒更難管教。因為到這時為止，喬治已經是自由城最心滿意足的市民之一，他在非洲和英國的經歷更堅定了他效忠國王的立場。他當初在新斯科舍深為不滿的那些白人陰謀，似乎和伯奇敦一樣被他遠遠地拋諸腦後。現在，官方對他很不錯：他在英格蘭期間得到了親切的接見，他繼續擴大教會的行動也得到了英國浸禮會的大力支持。他的那些世俗追求也得到了極大的滿足，獲得了執照，可以用自己的住宅經營一個小客棧。[88]

例如，在下一次殖民者與政府的重大衝突中，喬治就沒有參與抗議。那次衝突與代役稅有關，麥考利堅稱殖民者應該就他們剛剛分到的土地繳納代役稅。早在一七八三年，蓋伊．卡爾頓爵士就曾提出分給效忠派的土地將不收任何租金或費用：他知道美國人把這些費用看成某種形式的稅收，還提出「無論如何，代役稅遲早會變成民眾不安的源頭。」[89]卡爾頓一語成讖，麥考利的措施在獅子山的黑人效忠派中間激起了極大不滿。他們之中許多人清楚地記得約翰．克拉克森當年在伯奇敦摩西老爹的講壇上發出的誓言，獅子山的土地不會收取任何費用。在這裡，英國的諾言再度被踐踏了。波士頓．金寫信給克拉克森，說很多家庭都「在考慮雨季結束時離開，主要原因似乎是因為公司要求他們對自己的土地繳納代役稅。」[90]一七九六年的百戶長和十戶長選舉，大大有利於反對麥考利的候選人。[91]

即使如此公開反對這種稅收方式，自由城的殖民者們仍在繼續尋找更多代表權。當備受眾人憎惡的麥考利終於在一七九九年離職（他帶走了一些非洲人，想讓他們品嘗一下令人心曠神怡的英國文明）時，黑人效忠派抓住這個時機，要求更多的自治權。他們再次表達舊怨，要求有權任命自己的法官，不出所料，公司董事會拒絕了這個要求。但不滿情緒經過數年的累積，這個爭議把某些自由城居民推向了爆發的邊緣。有些百戶長和十戶長不願意再為持續的侵犯和限制代言，發起了一場運動，最終演變為效忠派政變。一八〇〇年九月，他們發布了自己的法典，正式宣布為獨立政府。[92]他們選出了自己的總督，此人就是一七九三年被派往倫敦的特使之一，以撒・安德森。他們還組織起自己的武裝。在滕內人小首領湯姆王的默許支持下，黑人效忠派叛軍們在自由城城外的一座橋上建起了自己的陣地，準備為他們自己的政府而戰。

在那悶熱的一周，自由城附近的黑人效忠派不得不再次做出選擇，是要繼續效忠國王，還是要加入叛軍。這是所有的難民效忠派社會，向帝國權威所提出最大的一次武裝挑釁，這提供了一個罕見的見解，洞悉這些英國臣民堅守多年的效忠立場，到頭來手中又剩下了什麼。眼前的一切讓大衛・喬治躑躅不前。幾年前曾有一個引發爭議的婚姻法，旨在整治黑人們「放蕩的」性道德，連他也因憤怒而幾近叛亂邊緣，但一想到會有暴力，他還是退縮了。[93]喬治沒有參加這次叛亂的最大原因，也是害怕暴力。這個事件再次證明了他對權力的忠誠，正如革命曾證明他在牙買加的老朋友喬治・利勒忠於帝國一樣。然而，他周圍有一半的殖民者都採取了相反的立場。他們曾在大西洋的兩端為自由而戰，不願看到自我肯定的努力被一而再再而三的舊派壓制而告終。

然而，如果說黑人效忠派沒準備投降，那麼白人政府也沒打算屈服。總督在湯姆王有機會公開參與之前就干涉行動，發起了對叛軍的猛烈攻擊。在橋上的一次戰鬥中，英國軍隊很快便徹底擊潰叛軍，殺死兩人，俘虜三十人。其他人大多在灌木叢中被捕獲。自由城自治政府未來的第一位黑人統治者以撒·安德森被判絞刑。二十幾位叛軍首領因參與起義而被逐出該殖民地，其中就有二十多年前從喬治·華盛頓的弗農山莊逃跑的奴隸哈里·華盛頓。還有一位被流放者也曾是奴隸，後來給自己取名為不列顛·自由。[94]發生在自由城的非裔美國人革命結束了，不管是身為美國人還是英國人，他們追求更多自由的努力也都就此中斷。

一八〇〇年的叛亂是從自由城殖民地建立以來，圍繞臣民權利所引爆一系列衝突的最高潮。在約克敦投降十年之後建立的自由城凸顯了其根深柢固的模式，在效忠派大流散中顯現出來的那些規律。正如在巴哈馬群島製造麻煩的那些東佛羅里達難民，自由城的黑人效忠派殖民者也經歷了兩次遷徙，他們在北美內化了對英國官方的高度不信任，事實證明他們已經很難克服那種不信任了。他們想要實現更大的政治代表權（和減少稅收）的努力，很類似於白人效忠派在英屬北美和巴哈馬群島所做的鬥爭。他們用來主張自己權利的工具（請願、代表、選舉）也都是白人效忠派所使用過的。面對白人統治者的不妥協，這些失望的殖民者中有一些人甚至和他們之前的美國愛國者一樣，與帝國官方徹底決裂，煽動武裝叛亂。

但這可不是一七七六年，甚至不是一七八〇年代中期了；而是一八〇〇年。曾是該殖民地精神導師之一的威廉·威爾伯福斯嘲諷地說，獅子山的黑人效忠派「簡直是雅各賓派，好像一個個曾在巴黎受過訓練和教育似的。」[95]（他還不如說是在太子港，鑑於叛軍們所爭取的，與海地革命者奮鬥的目標相似，也是一個由自由黑人所治所享的政府。）威爾伯福斯把北美效忠派與法國革命者相提並論，透露出他的反民主態度，這與他長期不懈地追求**家長制廢奴事業**是並行的。他的嘲諷讓人注意到，法國革命在一定程度上促使英國人銳化了「一七八三年精神」的鋒芒。數次戰爭強化了英國世界自上而下的統治權威，限制個人自由，也為領土擴張提供了藉口。正如從威廉・威利到喬治・利勒等效忠派難民所看到的那樣，在整個帝國範圍內，法國戰爭再度挑戰了英國臣民的忠誠。

無論好壞，在風起雲湧的一七九〇年代，建立自己定居點的自由城殖民者們被力量非凡的「一七八三年精神」迎頭痛擊，就一點也不令人驚訝了。這在他們與帝國權威的對峙中尤其明顯。統治者與被統治者之前的界限，不僅被鐫刻以黑白種族的差異，隨著戰爭的繼續，宗主國政府也加強了它的統治。一七九九年，獅子山公司向議會請願，請求一份皇家憲章來強化它的統治。在一七八〇年代，議會曾拒絕了該公司關於皇家憲章的請求，主要原因是受到了支持奴隸制遊說的影響。然而，到一七九九年，該遊說的影響早已式微，而法國即將改為共和制的前景，破壞了歐洲內外各個政權的穩定，使得議會對任何旨在加強中央集權的要求都更顯得友善。一八〇〇年，獅子山公司得到了皇家憲章，授權它直接管理自由城。國家通常會用法律的力量支持武裝奪取。彷彿算準了時間，憲章在九月叛亂發生僅僅幾周後到達自由城。它乾脆取消了百戶長和十戶長，哪怕是虛假的黑人效忠派代議制政府也被畫上了句號。一八〇七年廢除奴隸貿易之後，獅子山公司也解散了，自由城變成了一個直轄殖民地，直接由白廳管理。

直轄統治的實施，繼而指向了由黑人效忠派廣泛傳播（名副其實）的「一七八三年精神」的第二個面向：擴張主義計畫。他們跨大西洋的出走，把英國的統治延伸到迄今還基本上尚未被殖民的非洲大陸。做為定居殖民地，自由城的出現，與英國在西非海岸上建立的功利主義奴隸貿易站形成了鮮明對比，進而成為帝國在該大陸進一步入侵的橋頭堡。（自由城也成為鄰近賴比瑞亞殖民地的榜樣，那是美國廢奴主義者在一八二〇年代建立的。）黑人效忠派的遷徙為黑人陸續到達該地建立了樣板。一八〇〇年，第二批自由黑人加入了自由城的效忠派：牙買加馬龍人。馬龍人之前就曾經追隨過黑人效忠派的路線，他們被流放到新斯科舍，定居在大多黑人效忠派於一七九一年所撤離的那些村莊之一。但新斯科舍與牙買加科克皮特地區天差地別，不幸的馬龍人盡其所能的向每一位官員請願，請求讓他們遷往更暖和的地方居住。獅子山公司歡迎他們的要求，覺得馬龍人是個不錯的群體，可以補充（並稀釋）自由城那群桀驁不馴的效忠派人口。馬龍人到達了自由城，正好是一八〇〇年叛亂的高潮期，真是天賜良機。按照政府的命令，他們一下船就被派去幫助鎮壓叛軍，這也是帝國典型的離間和統治策略。一八〇七年廢除奴隸貿易之後，第三波黑人來到了自由城，他們是皇家海軍從被攔截的奴隸船中所解放的「再度被俘者」。黑人效忠派到達之後的二十年內，他們成為自己所建設的城市中的少數人口，後來他們被稱為「新斯科舍人」，在愈來愈多樣化的人口中，便於將他們和的其他族群加以區分。[96]這個標籤淡化了他們與美國的聯繫和革命的歷史，這或許是該標籤之所以被接受的原因之一。

尤其是考量到該地區的近代史，我們很容易就把自由城的故事匯入一長串被違背的諾言和被澆滅的希望中。然而，雖然他們的自治權受限，雖然他們的影響力極小，事實上對它的自由黑人創建者而言，「自由城」意義重大。與其他任何效忠派難民相比，這些黑人移民更清楚地顯示出「一七八三年精神」的第三個要素：致力於自由和人道主義追求。自由城是這些難民為逃脫奴役而在大西洋各處遷徙的最後一個階段。在十三殖民地，他們大多數人還是動產奴隸。在新斯科舍，他們名義上是自由人，卻在各個方面受到限制：許多人成為白人的契約奴僕，從未曾分得足夠的土地，被排除在公民參與之外。在獅子山，他們始終是自由的，還向更好的生活邁進了一步：他們獲得了自己的土地，以及各種各樣的公民權，例如能夠選舉代表和參加陪審團。

此外，雖然建立這個地方經歷了艱難險阻，殖民者們能夠驕傲地宣稱一個顯而易見的成就，那就是自由城實際上存續下來並且日益壯大。只需看看格蘭維爾鎮的廢墟，或者看看同一時間由獅子山公司的一個分裂派系在附近的幾內亞海岸建立的另一個殖民地，高下立見。幾內亞海岸那個專案從一開始就設計拙劣，不到一年就以慘敗告終，所有的殖民者要不是死了，就是被撤離了。第一批受害者中的一位就是該殖民地的測繪員，此人不是別人，正是近十年前伯奇敦的規畫者班傑明．馬斯頓。他死於與北美相隔萬里的西非海岸，卻和他曾協助其定居的許多伯奇敦黑人相隔僅四百八十公里。[97] 此事純屬偶然，卻也沉痛地提醒眾人難民生活是如此脆弱，眾人彼此間卻又有著千絲萬縷的聯繫。

假如馬斯頓有機會拜訪自由城，他大概會承認那裡的一連串效忠派意見與他曾在謝爾本所觀察到的大同小異。英國人承諾的自由，並未達到湯瑪斯．彼得斯或一八〇〇年的叛軍們所希望的程度，但自由城的生活條件一方面迫使某些人揭竿起義，一方面卻也強化了另一些人的效忠立場。[98]大衛．喬治就是一例，他在伯奇敦時，對自己的權利受到侵犯最是直言不諱。而在獅子山，他卻很少抗議。自由和財產得到了保障，全面迫害總算告終，眼前還有一個大有前途的講道壇，喬治鮮有理由希望自己的政府天翻地覆。波士頓．金似乎也對未來有著同樣積極的態度。和喬治一樣，金也曾有機會訪問英格蘭，還在英國衛理公會的資助下，在那裡度過了兩年難忘的時光。在倫敦和布里斯托爾的禮拜堂中，金「有了一種對白人更真誠的愛，那是我此前從未有過的，」因為「在我以前的生活中，我因為白人的殘酷和不公受了很多苦頭。」他得出結論，「很多白人不是我們這些可憐黑人的敵人和壓迫者，而是我們的朋友，是幫助我們擺脫奴役的人。」[99]誠然，這正好是金的白人聽眾們想聽的話，他對此想必心知肚明。然而，居住在一個自由黑人社會裡，也的確讓金獲得了從未有過的安全感和自信心。他再也不會像在南卡羅萊納時那樣遭受鞭打和酷刑，再也不會像在紐約時那樣常常噩夢纏身，夢到主人又回來抓他了。他再也不會在冰天雪地的伯奇敦「因為飢寒而日漸憔悴」。[100]來自北美的政治抱負或許沒有在非洲生根，但那並沒有使殖民地難以維繫，甚至也不一定讓它的居民大失所望。的確，事實證明包括喬治和金在內的福音派基督教，與獅子山公司的教化使命十分契合。

至少還有另一位來到自由城的效忠派，與這座城市充滿希望的名字產生了共鳴。一七九八年春天的一個傍晚，札卡里．麥考利總督步入自己的廣場，看到「一個非常奇怪和有趣的人」站在暮色中。「他衣著寒酸，但氣質和舉止有一種引人注目的威嚴……他的目光堅定無畏，有一種勇往直前的精神。」麥考利「頗感困惑，甚至無法猜出他來自何方，」而陌生人介紹自己說：「先生，我名叫威廉・奧古斯塔斯・鮑爾斯，是克里克印第安族的首領。」自由城對鮑爾斯意義重大，因為它標誌著他逃離了監禁。一七九二年，鮑爾斯最後一次在帝國官員們的意識中一閃而過，那年他被西班牙人俘虜，然後被送往菲律賓。一七九八年，他的西班牙捕快們決定把他轉交給法國盟友，就把他送上了一艘開往歐洲的船隻。船隻沿西非海岸北上期間，鮑爾斯一直暗中觀察，等待逃跑的機會。當一艘敵船在他自己乘坐的船旁經過時，他終於等來了盼望已久的奇蹟。他收拾起自己的一小包衣服，動用全部的智慧溜到旁邊那條船上，那條船隨後駛入自由城時，鮑爾斯再次回到大英帝國的領土，重新獲得了自由。[101]

鮑爾斯受到麥考利的熱情接待，為自由城畫了一幅漂亮的素描，整齊的白色住宅溫馨地排列著，背後是群山巍峨（彩圖十五）。[102]這座城市是新的帝國版圖中的一個開拓性殖民地，為「一七八三年精神」注入了鮮活的生命力。當他在另一片大陸的邊緣眺望大西洋時，鮑爾斯覺得自己的擴張主義夢想重新燃起了希望。他和身邊那些黑人鎮民們都屬於因美國革命而流離失所的六萬名效忠派。他們一起挑戰質疑、一起從中獲益，也共同參與建設了一個全新的大英帝國。如今，另一場革命戰爭正在全球範圍內重新定義各個政權，在繼續前進的大英帝國中，他們又將繼續扮演怎樣的角色呢？

第十章　自由帝國

世紀之交，效忠派難民散布在整個大英帝國之中，從再度繁榮的英屬北美諸省中的數萬殖民者，到帝國的最遠邊界澳大利亞的區區幾人。不管他們遷居到何處，十九世紀初，每個人都以不同的方式受到了「一七八三年精神」的影響。他們也親眼目睹了帝國再次經歷與法國作戰的考驗。對獅子山的殖民者們來說，那場戰爭使帝國更加收緊對他們的統治。而對一個難民家族，即紐約的魯賓遜家族來說，散居於帝國各處的家族成員們卻非常直接地感受到了帝國的全球影響力。

整個家族的大家長貝弗利．魯賓遜於一七八三年撤退至英格蘭，為他被沒收的地產尋求賠償，並為孩子們一一安排了前途光明的職業發展道路。一七九二年，他在位於巴思附近的格洛斯特郡裡寧靜的桑伯里村去世了。但假如這個紐約人能活到新世紀，想必會為自己對孩子們的投資有了巨大回報而興奮不已。身為帝國軍人，魯賓遜的子孫們開啟了自己的環球大流散。魯賓遜的四子弗雷德里克．菲力浦斯．「菲爾」．魯賓遜，實際上已成為整個家族在英格蘭的家長。菲爾是個職業軍人，曾參加過美國革命的最後一次行動，於撤離日當天行軍離開紐約市，他從法國革命戰爭一開始就加入了戰爭洪流，曾參與了一七九三年西印度群島的一次進攻。一七九四年因傷

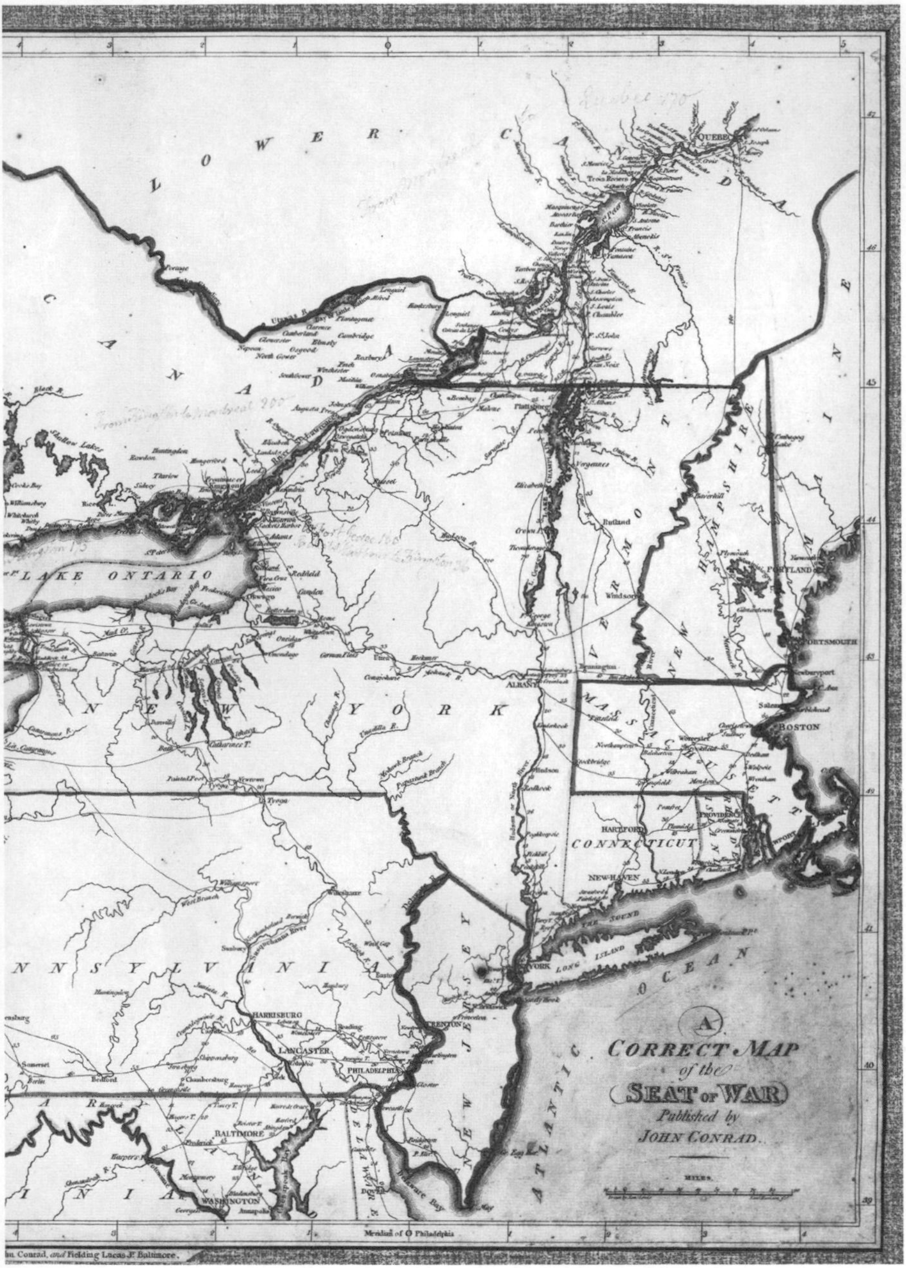

薩姆爾・路易士，《正確的戰場地圖》，一八一五年。

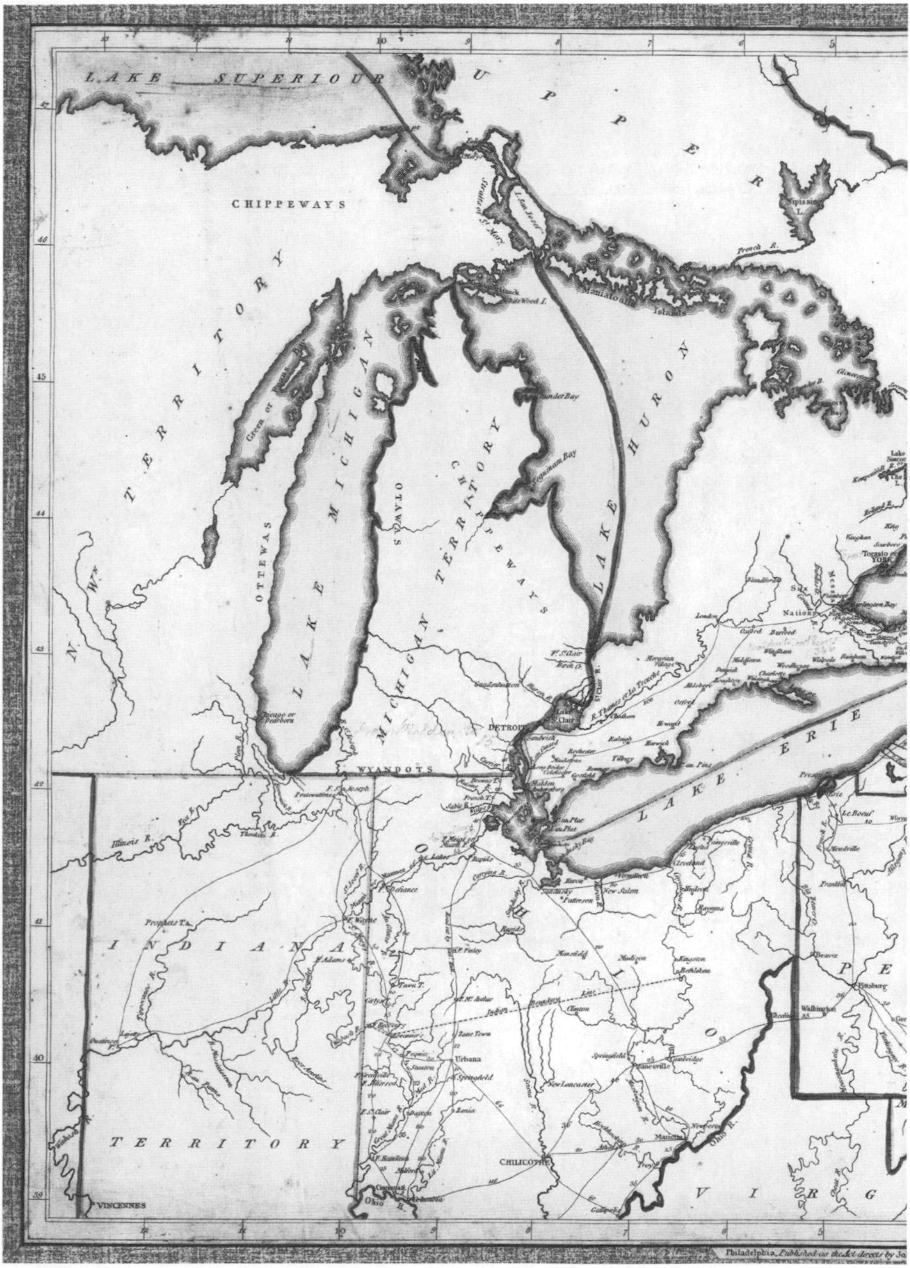
LAKE SUPERIOUR
UPPER
CHIPPEWAYS
TERRITORY
N. Wn. TERRITORY
LAKE MICHIGAN
OTTEWAS
OTAWAS
MICHIGAN TERRITORY
CHIPPEWAYS
LAKE HURON
Manitoulin Islands
Thunder Bay
Saguinam Bay
DETROIT
WYANDOTS
LAKE ERIE
INDIANA
TERRITORY
OHIO
CHILICOTHE
VINCENNES
Urbana
New Lancaster
Zanesville
Marietta
Cleveland
Pittsburg
Washington
Le Boeuf
Meadville
Franklin
Beaver
VIRG
PE
Philadelphia, Published as the Act directs by Jo

殘回國後，菲爾一直留在英格蘭負責招募新兵，享受著一個軍人在戰爭期間非比尋常的安定生活。他的母親和兩個未婚的妹妹都在桑伯里過著平靜的日子，但哥哥們卻四散各處。兩個哥哥隨軍在帝國各處流動，另外兩個住在新不倫瑞克，包括大哥小貝弗利・魯賓遜，他住在弗雷德里克頓城外的大莊園上，早已成為該省菁英階層中的一員。[1]

一七九九年十一月的某天傍晚，在貝德福德，菲爾・魯賓遜和妻子陪著從桑伯里前來拜訪他的母親和妹妹坐在家中溫暖的爐火邊。當家人們在客廳裡閒聊時，一個年輕人來到了門口。他們並不認識他，卻看他多少有些面熟。訪客就是菲爾的親侄子亨利，小貝弗利的次子。他們上次見「小亨嘰」（這是祖父過去對他的暱稱）他還在英軍占領的紐約城裡蹣跚學步呢。現在十六年過去了，亨利・克林頓・魯賓遜已經長大成人，剛下船從新不倫瑞克來探訪他們。一時間大家全都愣住了，亨利像舌頭打了結一樣磕磕巴巴，老邁的魯賓遜夫人猛然看到一表堂堂的孫兒，「先是不知所措」。「但隨後她就老淚縱橫，」菲爾在寫給貝弗利的信中激動地說，「也和我們一樣，又是問候，又是打聽。」「亨利對我們的輪番提問應接不暇，」向他們報告北美的消息，父母如何，許多兄弟姊妹都過得怎麼樣。「我們都很喜歡他，」驕傲的叔叔說，「一定會盡力讓他像在自己家裡一樣快樂自在。」[2]

在貝德福德的壁爐旁享受天倫之樂的另一面，是魯賓遜家族無法忘懷的永恆現實。大英帝國永遠都在作戰。菲爾幾乎每天都在應對戰爭的要求，努力尋找健康的志願者，為這場不斷擴大的衝突填補軍隊的空缺。就連亨利四十五歲的父親小貝弗利也曾相應號召，在新不倫瑞克的民兵服役，這個經歷一下子把他帶回到了他最初在美國革命中當兵的日子。如今，亨利又帶著魯賓遜家族的新一代捲入了一場新的革命戰爭。憑藉著他那些人脈深遠親戚的幫助，他在一個很好的軍團裡獲得了少尉官職，旋即開始了自己的職業生涯，正好凸顯了戰鬥的全球性質。

亨利的戰役始於地中海。他駛入馬爾他，來到了「最為壯觀的」瓦勒他港，對著那些像沙魚齒一樣伸入海水的防禦工事驚嘆不已。[3]他的軍團從那裡繼續前進，來到了更令人嘖嘖稱奇的目的地：埃及，那裡自一七九八年起一直被法國人所占領。亨利在那裡參加了英國在中東的首次重大軍事進攻。他寫信給叔叔菲爾，上氣不接下氣地描述自己的冒險。「他對看到的一切似乎過於驚奇了，但也不無道理，」菲爾向小貝弗利回報說，「生活在轉瞬之間發生了這麼多巨大變化，或許是他這個年紀的小夥子們從未經歷過的；從和平安寧的**聖約翰河**兩岸穿山越海，一直到**埃及**的戰爭場景中！」[4]那裡酷暑難當，無數裹著頭巾的人走在乾燥的街上，天乾物燥，不時傳來宣禮員的聲音，駱駝在嚼草，陽光、高溫，還有那麼多明晃晃的沙子：新不倫瑞克早已遠在天邊。然而每當亨利和他軍團裡的另一位效忠派之子待在一起時，「我們總會（在想像中）回到北美。」[5]

亨利回到馬爾他後，聽說英國和法國即將於一八〇二年簽訂《亞眠和約》＊。但那只是一段

＊《亞眠和約》（*Treaty of Amiens*），一八〇二年三月，法蘭西第一共和國第一執政官拿破崙．波拿巴的兄長約瑟．波拿巴與英國的康沃利斯侯爵代表法英雙方締結的休戰條約，該條約規定英國從馬爾他、直布羅陀、埃及等占領地撤軍，把管治權交回給馬爾他的聖約翰騎士團和直布羅陀殖民地的荷蘭（當時是巴達維亞共和國），而法國從那不勒斯王國、羅馬教宗領地等地撤軍。

令人不安的短暫和平，很快就被拿破崙野心勃勃的法國擴張計畫打破了。亨利那時已經去了直布羅陀，那裡如今與四十年前湯瑪斯．卡爾頓曾極力逃脫的那個邊境哨所一樣令人厭惡。[6]亨利抱怨說「這真是個可厭的黑洞，遠離一切社會，只有一群形形色色、身穿紅色軍服的士兵，他們被看作戰神的榮耀，事實上倒更應被稱為酒神的信徒。」[7]一位剛剛受命的新總督被授權整肅軍紀，此人就是肯特公爵愛德華王子。公爵過去十年的大部分時間都是在英屬北美度過的，在那裡和許多效忠派交好；菲爾．魯賓遜「曾是他最喜歡的人。」[8]亨利也贏得了公爵的青睞，遺憾的是他所在的軍團卻沒有。公爵整治軍隊違紀最終引起了一場譁變，帶頭的正是亨利軍團的人。公爵因自己的行動被召回英國，該軍團則受到了更嚴厲的懲罰。他們被送到了英國世界中死亡率最高的哨所：西印度群島。

亨利盡量粉飾此事：「一想到和我敬愛的父母之間的距離近了這麼多，想到不久就能見到他們了，我就滿心歡喜，即將遭遇的困難都不算什麼了。」他對父母說，如果運氣好的話，「軍團會幸運地被安排駐在牙買加，」「威廉叔叔寫信給我說」在那裡他能「給我比其他任何地方更多的照顧，」而且「紐金特將軍是總督，你們知道的，他娶了威廉叔叔的小姨子。」[9]亨利在多巴哥駐軍後，又開心地給家人寫信（還寄去了幾箱鳳梨）：「我身體很好，精神也不錯，」他對母親說，「這個小島很健康，我也是。」[10]然而，一八〇五年初，亨利就死於「致命的西印度群島」。在這之前，他的一個弟弟才剛在服役期間於新不倫瑞克溺水而亡。[11]他的母親悲痛萬分，寫信給她在英格蘭的妯娌說，「我還不夠堅強，無法提及那些讓我心碎的話題……我們曾經充滿歡笑的家變得四分五裂，兩個最繁茂的分支被永遠隔絕……此刻我覺得我對幸福的全部希望都跟我的孩子們一起被埋葬了。」[12]

菲爾・魯賓遜也很難過，他對兩個侄子都視如己出，而且「兩個孩子出事的時間相隔那麼近，哪怕是世界上最嚴厲、最冷漠的哲學，也無法幫助你鼓起勇氣應對這樣的人生考驗。」[13]然而，就在他為這雙重悲劇傷心欲絕時，他還有好消息要報告給大哥貝弗利。「魯賓遜家族在這個國家時來運轉了。」他們的兄弟莫里斯得到了一個薪資豐厚的任命：直布羅陀的兵營副主管，事實上相當於參謀長。最小的弟弟威廉・亨利・魯賓遜則被任命為牙買加的兵站總監，這個職位的薪水也很不錯，以至於菲爾覺得「威廉此生可以自食其力了。」[14]菲爾本人則被提升為陸軍中校，後來又踏上了自己的建功立業之路，成為半島戰爭中英軍的指揮官。牙買加、葡萄牙、直布羅陀、埃及，魯賓遜家族這才剛剛開始成就大業。從一八〇〇年到一八一五年，他們出現在拿破崙戰爭的每一個重要戰場上，包括他們舊日的家園周圍的戰場。一八一二年，英國和美國之間的戰爭爆發了，重演了三十年前導致魯賓遜家族離散的那場衝突。菲爾・魯賓遜前往北美為英國而戰，而那時他有幾個侄子已經搬回紐約定居了。

當美國革命已成為十八世紀的陳年往事，效忠派該如何適應這個不斷變化的帝國世界呢？魯賓遜家族在不同大陸間的流動可算是一個答案。到十九世紀初，許多效忠派難民已經完全融入了大英帝國，以至於他們自己的美國出身基本上已被人遺忘了。除了他們是出生在殖民地的英國臣民，且為保留這個身分而自願遷往他處定居這個事實之外，能夠分辨這些北美效忠派的獨特之處愈來愈少了。最能生動體現難民們融入擴張帝國的人，莫過於少數前往印度的效忠派。那是一片如此遼闊絢爛的疆域，它本身就堪比一個帝國，他們之中有些人沉迷於在那裡看到的一切，完全「入鄉隨俗」了。他們走出美洲的路線，與帝國本身的東移並行，因為印度已經取代北美殖民地成了大英帝國的經濟和戰略中心。

不過雖然少數效忠派參與了帝國勢力在亞洲的崛起，大多數難民仍留在大西洋世界，有一半人始終住在北美一地。他們的經歷表明，雖然南亞的重要性與日俱增，大西洋地區仍然是這個全球帝國的重要組成部分，在定義治理模式方面尤其如此。對北美的效忠派來說，十九世紀初帶來了另一個版本的終局。那不完全是因為隨著時間的流逝，他們與故土的聯繫疏遠了，的確不是，有些人（包括魯賓遜家族的人）甚至回到了美國。而是因為北美本身的政治和社會格局也在轉變，在美國邊境的兩側都是如此。一八一二年，當美國人和英國臣民再度被戰爭分裂時，大家突然明白了自革命以來發生了怎樣翻天覆地的變化，又有多少事情還是原封未動。一八一二年戰爭在部分程度上是美國革命的遺產，起因於英國和美國之間一直以來的緊張關係。和先前那場衝突一樣，它號召英國臣民高舉對帝國的忠誠，並強化了英國臣民與美國公民之間的差別。然而，當年的革命曾引發了大規模遷徙，而一八一二年戰爭卻將英屬北美的白人、黑人和印第安人團結起來。它為絕大多數難民的遷徙之路畫上句號，同時也改變了此後效忠立場在北美所激起的反響。

在定義上而言，效忠派的流散路線在許多方向逐漸消失。然而，如果想要仔細盤點他們在離散一個世代之後處境如何，從帝國過去和未來的兩大支柱（北美和印度）便能夠獲得出色的見解。這兩大支柱位處一個全球帝國的兩側，以它們為出發點，就可一目了然在一七八三年後，效忠派個人和大英帝國跨越了怎樣的歷程。然而無論是帝國還是效忠派的意義，都已今非昔比。

在亨利．克林頓．魯賓遜短暫的一生中，他以英國軍人的身分轉戰於好幾個大陸，從北美到北非，從地中海到加勒比海。然而，他的大哥也跨越了一個帝國邊境，雖不算遙遠，卻意義重大。「親愛的母親，我乘船經過了一段很短卻波濤洶湧的航程之後，終於到達了目的地……身體健康，」一七九六年，貝弗利．「貝夫」．魯賓遜三世在寄往新不倫瑞克的家信中寫道，「我發現，這座我出生的城市和未來的家又在接納流亡者了。」[15]他「出生的城市」當然是紐約，他一七七九年在那裡出生，並由查爾斯．英格利斯施洗禮。他多半已經不大記得這個他四歲就離開的地方了，但不論如何，這個城市已歷經滄海桑田。自他出生到現在，美國人口增加了大約一倍，紐約市的人口僅在過去十年間就翻了一倍。這座城市曾短暫地成為新國家的政治首都，且一直是它的商業中心。來自歐洲、西印度群島和準備東去的船隻密密麻麻地停泊在港口；交易商們擠在華爾街唐提咖啡屋的房間裡交易股票和鈔票，那是紐約證券交易所的前身。

貝夫來到紐約學習法律，幾年後他便獲得了學位，認為自己是「一個獨立公民」，完全能夠自立了。[16]（他的成功鼓勵了另一位兄弟莫里斯，後者也在一八〇二年來紐約和他團聚了。）一八〇五年，貝夫娶了他的法律合夥人威廉．杜爾的妹妹范妮．杜爾。他們的婚姻彌合了上一代人不情不願的分離。當年貝夫．魯賓遜的父親和祖父在革命期間建立自己的效忠派軍團之時，杜爾兄妹的父親是紐約的議員，他們的祖父則是有名的愛國者將領。[17]貝夫和范妮急切地盼望著自己的第一個孩子出世時，貝夫敦促父親來紐約看一看。他渴望「帶你逛逛這片世界上最美麗的國土之一，」並幻想著在繁花盛開的樹蔭下、結實纍纍的果園裡與家人團聚。當天氣漸冷，白天愈來愈短暫時，「我們可以在冬夜裡聚在我那個小小的壁爐周圍度過最溫馨的時光，白天，你可以盡情滿足自己的好奇心，去參觀你年輕時常常光顧的地方，看看你出生的這座城市這些年來發生了怎樣巨大的發展和變化。」[18]

至於他的父親曾在內戰結束時逃離紐約，被他「出生的」國家剝奪了身分和財產之事，貝夫好像並沒有放在心上。他年紀太小，已經不記得英軍占領的最後幾個月，效忠派擔心自己被排擠、被迫害乃至更糟的緊張時局。他對美好未來的展望正好表明從那時到現在，世界早已今非昔比。針對效忠派的暴力到一七八四年就已基本上停止了，部分原因是那麼多人實際上都從英國占領的城市中撤離了，但也同樣證明了意識形態的靈活性，也證明了很多人仍然是忠於王權的，正是這一點使得北美殖民地的許多人當初遲遲不願挑明立場。[19]相反，愛國者與效忠派之間舊的對立已經被納入了黨派政治的分立，前效忠派絕對站在聯邦主義者一方，主張建立強有力的中央政府。（他們的共和派政敵則高調指控他們希望復辟君主制。）

關於效忠派重新融入的主要爭論不再發生在大街上，而是發生在法庭裡。如何定義誰是美國公民，誰又是英國臣民成為了一個棘手的問題。由於英國法律規定一切生於本土的臣民（包括在一七七六年前出生在殖民地的美國人）將永遠效忠君主，就很難把美國公民從這個大雜燴中分離出來。在美國法庭確定公民身分上，效忠派這群人身分成為至關重要的考驗，一連串案例最終確立了一個主動效忠的原則，規定一七七六年前出生的個人有權在公民身分和臣民身分之間作出選擇。（圍繞這些定義的爭議將在一八一二年戰爭前的那幾年裡再度激化。）[20]另一個更為直接的法律問題事關對效忠派的報復。《巴黎條約》第六條規定，各州不得因效忠派在戰時的歸屬而迫害他們。該條約中還險些包括一個由國會提議的、禁止被流放效忠派回國的舉措。[21]然而，許多州反對這些條款，認為這是聯邦侵犯各州主權，因而還是通過了形形色色的反對效忠派的法律，直接違反了條約的條款。[22]紐約曾是戰爭期間英國最大的據點，對於前效忠派應該享有怎樣的權利和保護的問題上，發生了尤其激烈的爭論。《巴黎條約》簽署之後，在紐約沒收效忠派的財產的例子實際上還有所增加。[23]《聯邦黨人文集》的作者之一亞歷山大·漢米爾頓在一七八二年於紐約市開始自己的律師生涯時，就堅決反對通過敵視前效忠派的法律。[24]漢米爾頓在一篇流傳甚廣的文章中宣稱，「全世界的眼睛都在看著美國，」並堅稱新的共和國應該對以前的不同政見者寬容以待，「以革命的果實來為之辯護。」[25]這一類論調最終獲得了普遍支持。到貝夫·魯賓遜在一七九〇年代末重返紐約時，法律懲罰大半已經廢除或中止了。和那些曾是效忠派的許多親戚一樣，他也在州立法院奮鬥多年，力圖歸還他們被沒收的財產和未清償的戰前債務，並取得了一定的成功。

效忠派重新融入美國社會，反映出英國和美國之間更宏大的和解過程。英國一貫希望與美國保持良好關係，部分目的是阻止共和國落入法國的勢力範圍。美國自身也依賴著英國這個最重要的交易夥伴，事實上它也確實無法承擔犧牲兩國關係的嚴重後果。一七九三年英法戰爭的爆發又為雙方的擔憂增加了新的緊迫性。美國雖然宣布中立，以避免高昂的戰爭費用，但衝突還是迫使年輕的共和國，如喬治．華盛頓所說的那樣，「做出兩難抉擇，再沒有什麼比讓我們捲入歐洲的衝突更痛苦的事了。」[26]戰爭使得英國和美國自一七八三年以來懸而未決的許多問題變成了焦點。尤令美國人苦惱的是，英國還占據著它在五大湖區的堡壘，而沒有像《巴黎條約》規定的那樣，從那些堡壘中撤出。（英國為自己辯解的理由是，美國沒有為效忠派提供足夠的賠償。）美國奴隸主仍在叫嚷著賠償他們在撤離期間被偷走的奴隸，而英國商人和效忠派仍然認為他們戰前的債務理應得到償還。

一七九四年，前和平專員約翰．傑伊（他現在已經是美國最高法院的大法官了）前往倫敦協商解決方案。他起草了一項協定，英國可以獲得搶手的貿易優惠，但須同意從西部堡壘中撤出，並同意建立委員會裁決邊境事務和戰爭債務。（傑伊本人身為一名廢奴主義者，沒有敦促為被偷奴隸賠償一事。）[27]《傑伊條約》顯然對英國十分大度，因而成為美國早期歷史中激起眾怒的文件之一。湯瑪斯．傑弗遜譴責它「簡直就是英格蘭和這個國家反對美國法律和人民的盎格魯人之間簽署的盟約。」[28]然而，與雙方衝突相比，美國與英國和解實際上能夠獲得更多經濟和戰略利益。到一七九〇年代末，美國人已經不再叫囂要與英國打仗了，反之美國正在與法國開戰的邊緣徘徊呢。

然而，白人效忠派與愛國者、英國與美國之間達成的這個利益協調，顯然遺漏了英國在革命期間的一群盟友：印第安人。尤其是對莫霍克人和克里克人來說，革命的結束並沒有終止暴力；它演變成了一系列持續的邊境衝突。[29]有些英國官員，特別是像上加拿大省督約翰·格雷夫斯·西姆科，希望繼續利用印第安人盟友來守衛英屬北美邊界免受美國襲擊。但宗主國的決策者們簽署了《傑伊條約》並同意撤出了五大湖區的堡壘，實質上就是為了英美和解這個更遠大的目標，而出賣了印第安人。當美國軍隊向著約瑟·布蘭特的西部印第安人聯盟進軍時，西姆科已經無法派遣英國軍隊前去支援了。一七九四年在福倫廷伯斯戰役中戰敗之後，該聯盟把如今俄亥俄州的大部分領土割讓給了美國。

約瑟·布蘭特繼續在格蘭德河的保留地運籌，試圖周旋於幾個大帝國之間。英國根據《傑伊條約》撤出尼加拉堡後，他就失去了保護，害怕地盯著在易洛魁人土地邊界上虎視眈眈的美國軍隊。他那個脆弱的自治領看似分裂了。他自己家族內部的一樁悲劇更是讓他走向崩潰。一七九五年，布蘭特那個不爭氣的兒子以撒喝醉了酒，憤怒地揮刀衝向他。布蘭特抓住他的手一扭，沒想到卻把刀刃直直地插在了兒子的頭上。兩天後以撒因傷不治而亡。其後幾年，布蘭特一直把那把匕首放在他臥室的壁爐臺上，每每看到它，便痛苦地憶起那些希望破滅、厄運來襲的瞬間。[30]他開始酗酒。他試圖把易洛魁人的土地出租或賣給白人效忠派殖民者，籌錢以解決莫霍克人的燃眉之急，但英國人卻不讓他這麼做：割讓出堡壘之後，北美的帝國當局試圖加強對印第安人周邊地盤的控制，這樣萬一將來他們與美國人發生衝突，他們希望還能確保印第安人的忠誠。布蘭特反覆提到，要像一七七五年和一七八五年那樣再次前往倫敦申訴，但他的控制力早已式微，身體也大不如前了，始終未能成行。[31]

當北方的布蘭特覺得自己的勢力減弱之時，南方的克里克人也面對著對英國－印第安人同盟的另一重考驗，這一次牽線的仍然是威廉．奧古斯塔斯．鮑爾斯。這位自封的克里克族領導人於一七九八年從自由城前往倫敦（多虧札卡里．麥考利借給他十英鎊當路費），再次尋找願意傾聽他那些把西班牙人趕出北美計畫的英國大臣。[32]鮑爾斯不久後便再次醞釀要在西南部重建克里克效忠派國家，即馬斯科吉國的計畫。藉由恢復自己在倫敦的人脈（此時住在倫敦的鄧莫爾勛爵堅持請鮑爾斯來晚餐時「要穿得像個埃斯塔喬卡」），鮑爾斯在白廳四處活動，又有一批人表示盡力給予支持。一七九九年，他再度橫跨大西洋，這次的路費由英國政府承擔。[33]

離開七年後，他再次回到了自己的克里克妻子所在的村莊。克里克人的地區也發生了巨大變化：他的老對頭亞歷山大．麥吉利夫雷死了；現在的美國印第安人事務專員正在積極「教化」克里克人，想把他們變成擁有奴隸的農園主和消費者。[34]不過鮑爾斯的要旨一如以往。他敦促同仁們，要團結在馬斯科吉國之下，要團結在英國人麾下，獲得真正的自治權，才能抵禦美國殖民者的入侵和西班牙的統治。一八〇〇年春，鮑爾斯和三百位印第安人一起占領了位於墨西哥灣聖馬克的西班牙軍事據點，大大鼓舞了馬斯科吉國的士氣。在塞爾米諾人遍地沼澤的米科蘇基村，也就是如今的達拉哈西附近，鮑爾斯開始建設自己夢想已久的首都，計畫在那裡開辦一份報紙，建立一所大學，還有更多雄心壯志。他私下還在考慮馬斯科吉憲法的條款。雖然這份文件未曾起草完成，但它明確表達出鮑爾斯致力於建立一個大致類似於英國的憲政制度，試圖尋找一條介於共和制度與專制政體之間的中間道路。他還希望把新的一群效忠派吸引到馬斯科吉來。法國革命使得約二十萬法國移民流亡，還有一萬五千位難民從聖多明哥逃往美國。[35]按照鮑爾斯的設想，希望在開明政府下獲得良田沃土的無家可歸之人，馬斯科吉國將成為他們的避難天堂。[36]

然而那些不斷變動的政權既能幫助鮑爾斯崛起，也將把他拉下政壇。大西洋兩岸的政策和行政變化，再加上一八〇二年的《亞眠和約》，使得鮑爾斯的國際支援網絡坍塌了。最終，克里克人不再信任這個譁眾取寵之人。當美國印第安人事務代理人察覺當地人對鮑爾斯的支持減弱之後，決定徹底除掉這個頻頻生事的對手。他與克里克人達成了一項合作，用債務豁免來交換割地，此外他們還同意交出威廉·奧古斯塔斯·鮑爾斯。在一八〇三年五月的一次印第安人政務會上，一個克里克人分遣隊抓住了鮑爾斯，為他戴上手銬（那是專門為此目的而請當地一位鐵匠打製的），把他交給了西班牙人。彷彿不祥的舊日重現，鮑爾斯再度被送回到十一年前監禁他的哈瓦那的莫羅城堡，然而這次他卻再也沒有奇蹟般逃出生天。不知是因為疾病、服毒還是絕食，鮑爾斯瘦成了一副骨架。他於一八〇五年下半年死於哈瓦那。他曾歸化的民族克里克人，將為與美國共和國交好而付出沉重代價：陷入內戰而四分五裂。[37]部分美國軍隊在田納西州上校安德魯·傑克遜的指揮下，在他們的內戰衝突中突然襲擊，並藉此擴張至印第安人的國土。正如一個世代之前一樣，在美國人歇斯底里地宣稱敵人是「英國的野蠻人」的叫囂聲中，傑克遜踩在克里克人的屍堆上成為了美國的全民偶像。[38]

鮑爾斯意欲要瓜分不久後即將成為美國領土的地盤，以建立親英的效忠派國家的計畫，被歷史證明是最後一次偉大的嘗試，這也代表了約翰．克魯登和鄧莫爾勛爵所宣導路線的終結。鮑爾斯死後兩年，約瑟．布蘭特也去世了，至死都在與英帝國政府角力。[39]雖然布蘭特建立的西部印第安人聯盟，將在肖尼人首領特庫姆塞的領導下存續下去，但莫霍克人對帝國政府的屈服與日俱增。若說克里克人或易洛魁人曾看似頗有成效地周旋於幾大帝國之間，建立和運作自治政權，那麼布蘭特與鮑爾斯的辭世，無疑標誌著那樣的時代一去不返。

面對美國人逐漸膨脹的野心，和英國人支持與日俱減，印第安人終於淪為犧牲品，這顯示了英國和美國最大的一個相同點：同樣的帝國野心。就在鮑爾斯被俘的那個春天，美國從法國手裡買下了路易斯安那領地，一夜間將國土面積足足擴大了一倍。這次的購買，標誌著世界上最大的共和國將轉變為一個奮起直追的大洲帝國，用湯瑪斯．傑弗遜的話說，那是一個「自由帝國」，以共同的語言、信仰和文化統一起來，是一個自由貿易、自治和天賦人權的帝國。[40]對傑弗遜和他同時代的人來說，共和國與帝國這兩個概念沒有任何矛盾。他們生活在一個帝國的世界裡，他們的國家既是共和時代的先驅，也是帝國時代的產物。

然而大英帝國的自我認知難道不正是一個「自由帝國」嗎？世人常以美國和法國的共和制政體加以比較。儘管美國的帝國主義雖說有著大陸勢力的明顯特徵，其最大的榜樣卻是英國。美國和英國的帝國主義者都認為，自己散播的是不那麼強制的自由，比如說，起碼比拿破崙兵戎相見的暴政強得多。印第安人的命運凸顯了自由帝國這個概念本身內在的矛盾，但它也可以解釋美國和英國、愛國者和效忠派為何能夠在內戰後，如此迅速地達成了表面上的和解。他們雖然風格不一，但對版圖和自由的嚮往卻大同小異。

十九世紀的第一個十年，當貝夫・魯賓遜在紐約風生水起，而他的兄弟們為大英帝國浴血奮戰時，他似乎覺得英國和美國和諧相處、共生共榮是天經地義的。他以為「每個美國人都一定會在英國政府確保的福利和穩定中獲得安全感。」[41]那麼為什麼短短幾年後，兩個表面上順理成章的盟友居然會兵戎相見？貝夫的弟弟莫里斯或許可以給他一些啟發。莫里斯也搬到了紐約，事業有成，還娶了貝夫那位（祖上是愛國者的）妻子的妹妹。但當貝夫驕傲地自稱「美國人」時，在新斯科舍出生的莫里斯卻一直覺得紐約是個「陌生的國度」。[42]而當貝夫自信地預言只要美國與英國保持同盟關係，前途必將一片光明時，莫里斯卻（在一八〇六年）沮喪地提到，「如果美國幾年後捲入一場內戰，我一點也不吃驚。」[43]戰爭的確在一八一二年爆發了，再度確認和證明了美國革命對像他這樣的白人效忠派後裔、對北美的黑人以及對印第安人的影響。

在大西洋兩岸，莫里斯的預言都不乏其他人呼應，反映了英美之間日益緊張的局勢。到一八〇七年，《傑伊條約》已經失效，雙方談判達成替代條約的努力也失敗了。有三個主要問題威脅著英美關係。首先，英國在一八〇七年實施的樞密令禁止中立國（美國當然是其中之一）與法國開展貿易。第二，雙方對於美國公民和英國臣民的定義仍有分歧，英國聲稱有二萬名英國臣民在美國商船上服務，其中很多人攜帶著美國官方簽發的可疑的公民證書。[44]英方覺得自己完全有理由命令權力極度擴張的皇家海軍攔截美國船隻，讓船上的海員們意識到自己是英國臣民，哪怕在美國看來，這樣的行為簡直是明目張膽的侵犯國家主權。第三個問題事關美國邊境上的印第安各族的身分問題，美國認為，英國仍在繼續支持那些印第安人的自主權和自治權（從特庫姆塞的例子來看，美國的指控不無道理）。

到一八一〇年代初，對英國的不滿激起了美國國會共和派內部的一個派系叫囂開戰，這就是美國最早的「鷹派」。絕大多數英國人正好也想跟美國在戰場上一決高下。他們此時焦頭爛額。拿破崙的帝國版圖已從地中海擴張到波羅的海，從安達魯西亞到俄羅斯邊界。英國被與西班牙的一場鏖戰拖累得疲憊不堪，為了保護它在西印度群島、非洲和亞洲的財產而左支右絀。國內的形勢也好不到哪裡去。一八一〇年，（雖然已經半盲，還患有風溼病，但仍然）極受大眾歡迎的國王喬治三世最終還是瘋了，他那位放蕩形骸的長子被任命為攝政王。經濟蕭條日益加深；一八一一年至一八一二年，不滿的工人發動了一系列對作坊和工廠的襲擊，以神祕的「魯德船長」（Captain Ludd）的名義砸毀織布機。然後在一八一二年五月的某天，首相斯潘塞．珀西瓦爾剛走進下議院的大廳，就有個人從門道裡出來，冷靜地對著他的胸口開了槍。珀西瓦爾幾乎當場身亡，成為英國歷史上唯一一個被暗殺的首相。他的繼任者們旋即廢除了爭議重重的樞密令，希望緩和與美國的關係。但為時已晚。五天後，詹姆斯．麥迪森總統簽署了對英國的宣戰書。

美國的鷹派把一八一二年戰爭稱為第二次獨立戰爭。（鑑於美國人口自一七七五年起已經大約增加了兩倍，很多美國人大概根本就不記得第一次獨立戰爭了。）反之，很多英國人認為這是美國人背信棄義。但在某種意義上，莫里斯．魯賓遜預言美國將陷入一場「內戰」倒是更接近事實真相。的確，新英格蘭聯邦主義者們堅決反對戰爭，幾乎到了威脅正式退出戰爭的地步。與此同時在英屬北美，戰爭嚴峻的考驗了帝國臣民的忠誠度。而雖然這是美國和英國之間的戰爭，但和美國革命一樣，它也是由北美人發起的一場混戰，參與者包括白人、黑人和印第安人。它將對所有族群產生明顯影響，並將在美國和英屬北美各自鞏固其歸屬感和團結精神。

美國和大英帝國共有一段數千公里長的國境線，雙方都沒什麼防禦，威靈頓公爵曾嘆息說，「全是邊疆啊！」[45]一八一二年，和一七七五年一樣，美國的首要目標就是占領加拿大。英屬北美當時可用的英國正規軍只有幾千人，只好嚴重依賴印第安人備用軍和當地民兵連當作守軍。[46]英屬北美還好，海洋省分有皇家海軍保護，不大可能遭到襲擊；他們為英屬北美的其他各地提供了急需的物資供給。下加拿大講法語的大多數人似乎跟英國人一樣討厭美國，因而和一七七五年一樣，儘管嘴上不說，他們其實還是效忠派。[47]然而，講英語的上加拿大卻另當別論。它環繞著五大湖的戰略位置，意味著它將受到美國侵略的最大衝擊。但它的十萬人上下的居民中，有百分之八十都出生於國境線以南。能否指望這些所謂的晚期效忠派為帝國挺身而戰呢？就此而言，原先的效忠派又如何？一七八九年，多徹斯特勛爵曾授予他們「聯合帝國效忠派」的名號作為榮耀的標誌，並為他們的子孫免費撥贈土地，希望以此來確保下一代人忠於帝國。[48]然而，該省民眾屢次挑釁政府，雖說都不成熟，卻也十分激烈，省政府因而屢受衝擊。統治者們所擔心的那種麻煩，比如說，當英國將軍以撒·布羅克所提出，為了戰時紀律而中止人身保護法的提案，在英國和美國，這項措施都已得到授權實施，卻被上加拿大議會投票否決。[49]

英國對北美人是否忠誠的焦慮沒那麼容易平息，整個戰爭期間，招募上加拿大人加入民兵組織始終是個難題。不可避免，自有某些英國臣民投靠了美國人；還有人（與我們更熟悉的二十世紀的潮流相反）搬到美國以逃避服軍役的義務。許多人保持緘默，不想在這場沒必要的戰爭中表態。[50]然而，敵人入侵的威脅也讓加拿大人團結起來，當英屬北美人得知聯邦主義者和新英格蘭人都反對開戰（加拿大的報紙上對此事大肆渲染）時為之一振，也覺得自己那個穩定有序的政府總好過美國的共和制亂象。[51]美國軍隊發出一份公告，承諾上加拿大人「能夠從暴政和壓迫中解放出來，恢復自由人的尊貴之身，」卻被加拿大人恥笑為虛偽。他們自己的才是自由的政府；共和制實施的是多數人的暴政，更何況還有高額的稅賦。[52]

雖然湯瑪斯·傑弗遜等人想當然爾認為美國占領英屬北美「只是行軍的問題」，但戰爭很快就證明他錯了。[53]美國人被迫放棄了對蒙特利爾的進攻，因為民兵沒有得到在自己所在州之外戰鬥的命令，拒絕跨越國境。在底特律和尼加拉，布羅克將軍靠著印第安人盟友的幫助阻止了美國人的進攻。一八一二年十月，在安大略湖以南的昆士敦，布羅克迎面遭遇了一支軍力比自己的軍隊強三四倍的美國侵略軍。紐約民兵以不可阻擋之勢，一艘接一艘地穿過尼加拉河，直到看見有船隻帶回死者和傷者，士兵們才想起來不該跨越國境，便留在原地。那天的戰鬥以英國人的勝利而告終，但布羅克將軍也殉職了。布羅克在衝上昆士敦高地時被擊中倒下，重現了沃爾夫將軍的英勇，被尊為英屬北美早期的幾位大英雄之一。[54]

這些初期的勝利，有助於動員另一群先前躲在戰爭背後、無動於衷的上加拿大人口，還有一次令人難忘的失敗也是一樣。一八一三年四月，美國人跨過安大略湖，對約克發動了一次襲擊。約翰·格雷夫斯·西姆科夢想中的「小倫敦」一直以來都只是個小鎮，但約克畢竟是省府，有配套的公共建築、一個龐大的衛戍區，還有武器庫。英軍一看敵人來勢兇猛，決定撤退，走時炸掉了要塞的火藥庫。爆炸造成了數百美國人或死或傷。憤怒的美國士兵開始瘋狂的搶劫掠奪，把他們能找到的每一個還未淪陷的房子洗劫一空，還報復性地把上加拿大議會燒為灰燼。火舌吞沒政府所在地的景象著實令人難忘，尤其是這只是開了個頭，「美軍的燃燒系統」後面還有很多輝煌戰績。[55]

約克發生的一切，反而為北美民族神話中的一個標誌性事件開了先例，英國海軍上將亞歷山大·科克倫命令他的部隊「劫掠」切薩皮克的海濱城鎮，直到美國賠償上加拿大的損失為止。一八一四年八月，英國人決定直搗美國首都華盛頓。華盛頓特區內的市民聽到槍聲在幾公里外響起，都嚇壞了，在英軍襲擊之前紛紛逃走。在白宮，第一夫人多莉·麥迪遜一定要在出逃時把一幅喬治·華盛頓的全身像帶在身邊妥善保管。因為從牆上轉開螺絲太麻煩了，她命人把相框打破，取出畫布捲起來帶在身邊。然而這幅辟邪的畫像並沒有給她帶來多少好運：在城外的一家客棧，她被華盛頓特區的難民拒之門外，因為眾人氣憤地指責是她的丈夫把他們拖入了這趟渾水。[56]久經沙場的英國人無意間在天黑後走入這座廢都，像美軍對待約克一樣把華盛頓特區洗劫了一番。在軍隊爆破專家們的監控下，他們向窗戶裡面發射康格里夫火箭砲，焚燒了國會大廈。英軍進入白宮，先是看到了一桌供四十人享用的宴席，開開心心地坐下吃飽喝足了，然後便一個一個房間衝進去，點火焚燒裡面的物品和家具。整座都城燃燒了一夜。就連點火的士兵們看到「美國的驕傲」被付之一炬也深感不安。但戰爭本來就令人不安，英國人可沒忘記，這一切是美國人先挑起來的。[57]

這時，由於歐洲的衝突似乎終於要結束了，英國的處境大大改善了。拿破崙在俄羅斯大敗而退，而伊比利亞半島在經歷了四年鏖戰之後，英軍終於把法國人趕出了西班牙。受到這些事件的鼓舞，英軍指揮官們決定一舉結束北美的戰爭。半島戰爭的數千老兵乘船前往北美增援，其中就包括菲爾．魯賓遜。他到達北美時，軍服上添加了新的領章，胸前也掛上了新的勳章，因為在西班牙的勇敢表現，他已升職為准將。這是他自一七八三年從紐約市撤退之後，第一次回到自己出生的大陸。

英國戰略家們計畫在戰爭開始的加拿大邊境結束這場戰爭。如果一切按計畫進行，魯賓遜會在戰爭勝利的過程中發揮很大的作用。他將指揮一個旅占領尚普蘭湖和安大略湖，但計畫遭到破壞，整個行動也以恥辱告終。[58]於是，一八一二年戰爭的最後一次行動大概會讓威廉．奧古斯塔斯．鮑爾斯覺得是夢想成真，一支英國艦隊出現在墨西哥灣，控制了密西西比河。一八一四年的最後幾天，英國士兵們在紐奧良附近的沼澤地下了船。他們於一八一五年一月八日進入城市，遭遇了一支由安德魯．傑克遜指揮的美國軍隊。美軍猛烈開火消滅了英國侵略者，一排排紅衣英軍倒在地上。戰鬥結束時，兩千多名英軍死亡、失蹤或受傷，而美軍的傷亡人數只有七十一人。可怕的殺戮讓傑克遜手下那些來自邊遠地區的士兵都望而生畏。「我從未見過這樣的景象！」一位肯塔基民兵說。另一位蘇格蘭士兵反駁他說，「這沒什麼，老兄；你要是像我們一樣在西班牙打過仗，見到的場景可比這可怕多了！」[59]

這位頭髮花白老兵的不屑言論，成為紐奧良戰役實際上的結語。美國的勝利來得太遲了。兩周前，英國人對自己戰勝拿破崙充滿信心，便和美國談判官在根特簽訂了一項和平條約，結束了一八一二年戰爭，重申雙方將回到戰前的狀態。英美戰爭結束了。至少一萬五千名戰鬥人員或死或傷，但在書面資料上，一切幾乎原封未動。

和平條約的條款大致確認了英國人對一八一二年戰爭的詮釋，它是一場（雖然血腥但）說到底毫無意義的事件，一場在英國對法國及其盟國作戰過程中多餘的雜耍。然而對於北美的參與者而言，這第二次英美衝突有其更為深遠的意義。一八一二年戰爭的交戰雙方，是在僅僅三十年前剛因內戰分裂的兩群人，因而明確體現了美國革命為一度曾為效忠派的三類人留下的遺產：黑人奴隸、與英國結盟的印第安人和英屬北美白人難民。

一八一二年戰爭最清楚地重演革命腳本的一幕，發生在一八一四年春，科克倫上將發布了一篇公告，邀請美國人叛變。他承諾說，任何接受邀請者都將被歡迎加入英國武裝部隊，並有機會「以自由殖民者的身分前往英國在北美或西印度群島的屬地，他們將在那裡受到適當的獎勵。」[60]雖然科克倫沒有贅言明說，但每個看到他的艦隊在切薩皮克灣潛伏的人都知道他打算吸引的是哪一類志願兵：這是對奴隸發出的邀請。黑人和白人都不會忘記鄧莫爾勛爵的一七七五年公告：的確，美國人名下的奴隸至少從一八一三年就開始投靠英國人了，最遠的跑到了新斯科舍。當科克倫沿著四十年前鄧莫爾招募摩西老爹、哈里·華盛頓和數百位其他黑人的海灣航行時，有三千多位奴隸跑來加入了英軍。他們在戰後的遭遇也重演了革命戰爭的先例。英國政府把二千名「難民黑人」重新安置在新斯科舍那些當年由黑人效忠派建立的村莊裡。其他加入英軍的奴隸在英國新獲得的千里達殖民地分得了土地，成為和新斯科舍和獅子山的黑人效忠派前輩一樣的殖民拓荒者。

這些處理逃亡奴隸的做法生動地說明了，雖然在大英帝國，黑人效忠派的自由在很多方面都被大打折扣，但在革命過去三十年後，英國的承諾對美國奴隸仍有一定的吸引力。[61]不過二者間有個值得一提的差別。在美國革命中，蓋伊·卡爾頓爵士曾拒絕了喬治·華盛頓提出的英國人要麼交還黑人效忠派、要麼賠償的要求。在一八一二年戰爭中，無疑因為考慮到革命時的爭議，英國政府與科克倫的公告保持距離。當美國要求賠償被撤離的奴隸時，英國沒有交還逃跑者（那樣就背信得太離譜了）而是在一次國際仲裁之後，同意為三千六百零一個被解放的奴隸，賠償約一百二十萬英鎊給美國奴隸主。[62]這次出錢為奴隸贖得自由，更加凸顯出英國在美國革命期間拒絕這麼做的出奇之處。此時它堅持的是當代所通行贖回解放的做法，後來的一八三三年，當大英帝國廢除奴隸制時，政府更大規模的遵循了這個先例，共賠償奴隸主二千萬英鎊。這有力地證明了英國「自由帝國」和美國一樣（新英格蘭各州、紐約和紐澤西也在一八〇四年廢除了奴隸制），會在某些地盤上尊崇黑人的自由，而在另一些地盤上支持奴隸制（彷彿奴隸們還需要這樣一個證明似的）。

對於英國的印第安人同盟來說，一八一二年戰爭與美國革命之後相比，形勢大不如前，希望渺茫、前途黯淡。革命之後，英國官員們試圖利用易洛魁人在北方抵禦美國，為南方的印第安人自治提供了有限的支援。十九世紀初，布蘭特和鮑爾斯都親身感受到，英國已經不再像以往那樣支持他們了。雖然某些英國官員在一八一二年戰爭開始時認為，特庫姆塞領導的印第安人國家提供了很好的緩衝，但戰爭結束時，這類討論全都停止了。因為真相是，到一八一五年，英國已經不再需要把印第安人當成是抵禦美國的緩衝了。和平確定了國界，並徹底消除了此前所有關於美國可能會分裂的期待。相反，隨著加美邊界兩側的白人殖民地日益穩固，白人和印第安人之間先前確立的合作和談判模式，以在地圖上畫分被分割和收復土地的方式得到了解決。[63]在美國的南部邊界，一八一二年戰爭也同樣徹底結束了英國人的設想。當英國人不再提供支援，克里克人尤其難過地目睹了發生的一切。一八一四年，安德魯·傑克遜迫使他們簽訂了屈辱的《傑克遜堡條約》，他們割讓了一半多的領土給美國，並同意西遷。撤退至墨西哥灣岸區的英軍的確試圖為他們參戰的盟軍留下些什麼：阿巴拉契柯拉河上的一座堅固的城堡，就在鮑爾斯的馬斯科吉國的腹地。和平之後曾有很短一段時間，這座所謂的「黑人城堡」吸引了各國人，包括巧克陶人、塞爾米諾人，特別是逃亡的奴隸們，它也成了抵禦美國支持的所謂「文明」武力的一座自治堡壘。但一八一六年，傑克遜就下令摧毀了這小小的避難天堂。[64]

對第三類參與者，即英屬北美的白人效忠派而言，一八一二年戰爭以最明確的方式鞏固了革命的遺產。傳統上，美國人普遍認為，一八一二年戰爭是對國家身分的重要考驗，當法蘭西斯・斯科特・基在英國轟炸巴爾的摩時所寫的歌曲〈星條旗永不落〉，於一九三一年被確認為美國國歌時，更強化了這種觀念。[65]和美國一樣，在英屬北美，這場戰爭真的可以說是轉變了一種集體身分，幾乎相當於美國革命之於國境線以南的美國。尤其是對上加拿大人來說，一八一二年戰爭在數個方面堪比革命期間美國革命者的立場。這場戰爭迫使他們選擇帝制或共和政體；要求他們拿起武器抵禦軍力更為強大的武裝侵略；還要求許多居民在他們個人、當地的忠誠，與對國家的忠誠之間找到平衡。只是這一次，帝國的支持者們贏得了勝利。美國的主要戰爭目標，即占領加拿大，以失敗告終。[66]加拿大民族主義歷史學家把一八一二年上加拿大的「效忠」衛士們納入革命時代的「聯合帝國效忠派」中，以一個抵抗和團結的救贖敘事改寫了早期的失敗故事。[67]作為戰後身分的匯合點，一八一二年戰爭使得對帝國的「忠誠」（或者毋寧說對「自由身分」或「自由權利」的忠誠）在其後至少一個世代中，成為英屬北美政治對話的核心概念。[68]

但特別強調忠誠也引發了關於其意義的爭論。在某些人看來，忠誠是關於誰應該歸屬於英屬北美這樣一個包容性概念的基礎。只要忠誠，在美國出生的「後效忠派」、法裔加拿大人和印第安人都可以毫無困難地被納入英國臣民身分的懷抱。而另一些人認為，忠誠正好是排除這些群體、使他們無法享受充分的英國人權的重要測試。戰後不久，在上加拿大人所謂「外國人問題」，也就是一七八三年後遷入的美國人是否應被歸化為英國臣民的爭論中，這些意見就起了衝突。[69]約翰・貝弗利・魯賓遜就是反對讓美國人歸化的政治家領袖之一，這位上加拿大少年老成的首席檢察官是紐約魯賓遜家族的遠親。魯賓遜的態度代表著英裔加拿大人基於對美國的仇視而日益產生的優越感。魯賓遜是第二代效忠派和第一代加拿大愛國者，一七九一年生於上加拿大的效忠派難民家庭，曾在昆士敦與布羅克並肩作戰，並在英格蘭學了兩年法律。（菲爾．魯賓遜在那裡見到他時「極其開心」，希望「在我們兩人離開這個國家之前，有機會介紹你認識更多魯賓遜家族的成員。」）[70]居住在帝國之心更增強了年輕魯賓遜（近乎沙文主義）的愛國感情，當一位英國朋友「選擇用『洋基』這個詞取笑我，他好像覺得這個詞適用於每個〔北〕美人」時，他立即明確了自己的愛國立場。「我生於加拿大，如果我能被稱為洋基人，那麼奧克尼群島的那些人也是洋基人了，」他反駁說，生怕大家把「加拿大人」、「與他們如此憎惡、還打了這麼久的仗的人混為一談。」[71]

約翰．貝弗利．魯賓遜的態度，代表了一八一二年後逐步成形的加拿大「托利派」效忠立場。他和他的保守派同仁們把效忠派（不管是聯合帝國效忠派還是一八一二年戰爭中的忠誠鬥士們）尊為慷慨激昂的帝制加拿大開國元勛。他們的英屬北美並不是那個許多效忠派在一八一二年以前所支持那個低稅率的穩定政府，而是帝國忠實的守衛者、絕對忠君、徹底反美國的英屬北美。[72]對他們而言，效忠一詞所引發的聯想，與這個詞如今的含義（尤其是北愛爾蘭對這個詞的用法）有關，所表達的是對帝國的絕對支持。一八一二年戰爭後，上加拿大保守派有效地重塑了效忠立場的意義，有助於鞏固了認為革命時期的效忠派等於是保守派這個由來已久的觀念。然而，這樣的描述充其量也是誤導，它只描繪出了北美難民大概會承認的一小部分觀點。

一八一二年戰爭為北美效忠派鞏固了美國革命的遺產，似乎以一種休戰取代了某些緊張關係。衝突結束時，英屬北美和美利堅合眾國都認為自己一方勝利了，還各自強化了「自由疆域」的自我形象。在國界線以南，美國向其公民承諾一個擁有個人自由和民主政府的帝國，當然仍將奴隸和大部分沒有充分參與權的印第安人排除在外。在國界線以北，英屬北美呈現的是一個有序自由的帝國，建立在世襲立憲君主制的基礎之上，起碼在表面上，對多個種族的差異予以包容。無論他們未來還將有何爭議，這兩個對立的帝國在一條很長的國境線兩側彼此反映，再也沒有過正式宣戰。

雖然一八一二年戰爭重複了美國革命的某些特徵，強而有力地將大英帝國和美國分開，但它本身既不是獨立戰爭，也不是革命。戰爭結束時，並沒有難民大規模遷徙。反之，還有很多人重返家園。在上加拿大的服役期結束之後，甫因英勇表現而獲封爵位的菲爾·魯賓遜決定去看看他童年時代的家。那是他自青春期後第一次沿哈德遜河谷穿行，突然對當地的風光湧起了一種原始的親近感，那熟悉的土地的味道、潺潺的溪流、泛紅的秋葉。菲爾住在失聯許久的堂兄弟家，繼續自己對昔日家族的朝聖之旅，找到了在嬰孩時期照顧過他的乳母。已過八旬的老婦如今已經認不出他了，但「當我介紹了自己是誰，她十分激動。」[73]隨後他又去尋找當年住過的房子。這麼多年過去了，它還在嗎？是什麼樣子呢？他的嫂子凱薩琳·斯金納·魯賓遜到紐澤西的安博伊探訪自己的出生地，「但我父親的房子已經了無痕跡，連一塊石頭也沒有留下。那裡變成了一片荒草！」[74]

而菲爾看到了：那幢很長的白色木結構房屋分為三個相互連接的部分，裝有漂亮的百葉窗和一對整齊的屋頂窗，坐落在舒格洛夫山的山腳下。那棵櫻桃樹顯然長高了，路旁的柳樹（因為他父親那位臭名昭著的朋友而被稱為「阿諾德柳」）看起來受過不小的衝擊，飽經雪雨風霜。[75]除此之外，眼前的風景與他的記憶「相差不大」，以至於「我熱淚盈眶，在心底裡發出了許多沉重的嘆息。」菲爾「離開那個寧靜而舒適的山谷時，」感覺自己又回到了十三歲。他記得那些低矮的房間裡迴響著他的父母及友人賓客的聲音；他記得自己和兄弟姊妹們在那裡享受過「最美好的和樂幸福」，從那以後便一去不返。[76]那是怎樣無憂無慮、舒適安逸的時光啊，身為一個充滿信心的殖民地菁英之子，這群山環抱的家園安全無虞，幾乎就是他們全部的世界了。

然而，現在已經是一八一五年，那些舊日風光已是上個世紀的往事。他長大了，大英帝國也發生了天翻地覆的變化，如今是一個橫跨亞洲和大西洋的帝國，結構更加中央集權，治理風格也更有意地開明自由了。將軍弗雷德里克．菲力浦斯．魯賓遜爵士轉向身邊的兒子，兩人一起離開了那個地方。

如果說一八一二年戰爭標誌著北美效忠派難民故事的某種結局，那麼少數其他效忠派移民的遷徙路線，則代表了這個時期大英帝國更為宏大的轉變。和僱用他們為之效命的帝國一樣，這些人也轉向了東方的南亞。

一八一〇年二月的一天傍晚，菲爾．魯賓遜的母親蘇珊娜正在桑伯里的家中，意外地聽到另一陣敲門聲，看到另一個好像有些面熟的年輕人走進了房間。自從亨利．克林頓．魯賓遜從北美前來拜訪他們，已經過去了十年，眼前的年輕人是遠在新不倫瑞克的小貝弗利・魯賓遜的另一個兒子、她的孫兒威廉・魯賓遜。「哦，祖母看到我高興極了，哭得像個孩子，」威廉在桑伯里的第一晚在家信中寫道。「您，我親愛的父親，是她最牽掛的人，雖然你們已經分開了這麼久，她的愛仍然和您最初離開她時一樣強烈。」年僅十六歲的威廉追隨已逝兄長亨利的足跡，來到英國參戰。他也被拉進了他那個大家族的寬大懷抱。他的祖母和嬸嬸給他講了很多古老的家族故事。「菲爾叔叔是我見過的最和藹可親的人，總能讓我們開懷大笑，」而他的叔叔威廉・亨利・魯賓遜「在每個方面都很像爸爸，他總是開玩笑，」讓年輕人立刻就像在家裡一樣無拘無束。[77]菲爾像對待亨利一樣，為年輕的威廉做了安排，把他安置在一個很好的軍團裡。威廉穿上自己嶄新的漂亮藍色軍裝，出發參戰去了。但他的目的地卻從未有魯賓遜家族涉足。他坐船去了印度。

最晚從一七五〇年代開始，印度一直是大英帝國的下一個關注焦點。在北美的損失使得印度成為它的首要投資。並不是說英國的大西洋帝國完蛋了，效忠派難民對此看得比大多數人都要清楚。具體而言，英屬北美繼續作為殖民政府的模版，遠至澳大利亞，各個殖民地紛紛仿效。然而到十八世紀末，由於英國的精力愈來愈投入在印度及其周邊地區，大西洋世界的帝國利益顯然被抵銷了，法國大革命－拿破崙戰爭更強化了這個趨勢。在印度內部，與法國競爭的擔憂成為英國人軍事擴張的極好藉口。在印度之外，英國占領了通往次大陸的一系列戰略中轉站：馬爾他、好望角、錫蘭和新加坡。到一八一五年，印度對大英帝國的重要性絲毫不亞於四十年前的北美和加勒比群島等殖民地：這是面積最大、最有經濟價值、戰略地位最重要的領地，因而也對首都的政治和文化最具有影響力。

只有一個區別：這不像英屬北美和如今的澳大利亞那樣是一個殖民帝國，印度本身就是一個帝國。即使在一九〇〇年前後，也就是英國統治的最高潮，也只有大約十萬英國人居住在印度，與該國的近二億五千萬人口相比，少得不值一提。在一八五八年前，英國的利益一直由東印度公司管理，這個私人貿易公司對其董事和股東負責，只不過受到議會愈來愈多的監督。該公司還有一支二十萬人兵力的私人印度西帕依軍隊，是當時世界上規模最大的常規軍之一。英國在印度統治的最大神話，是它偽裝自己根本不在現場。德里的蒙兀兒王朝皇帝及其下屬們名義上統治著印度北部的大部分地區；這塊次大陸的其他地區則分裂為數百個獨立的公國。各個印度宮廷用他們充滿異國風情的富饒物品誘惑英國人，特別是當他們能夠安全地被納入英國的宗主權保護時尤其如此。一個又一個本土小國或多或少地受到英國的直接控制，最初始於一七五〇年代的孟加拉，然後是蒙兀兒王朝的阿瓦德、海德拉巴和阿爾果德諸省。邁索爾的蒂普素檀曾經是英國在印度南部最大的對手，他死於一七九九年對其所在都城的一次壯烈猛攻。英國在西印度最大的威脅馬拉塔人聯盟，在一八一八年的一系列慘烈戰爭中被制伏了。

一七八〇年代的議會管制有助於終結了「納勃卜」（nabob，波斯語「*nawab*」的英語拼法，譯為納瓦卜）的瘋狂斂財，他們在英屬印度的地位就相當於加勒比地區的糖業大亨。但印度成了揚名立萬的首選，在帝國的職業生涯階梯中高居首位。革命戰爭老兵阿留雷德·克拉克和阿奇博爾德·坎貝爾都在牙買加擔任總督之後赴印度身居要職。約翰·格雷夫斯·西姆科先是在上

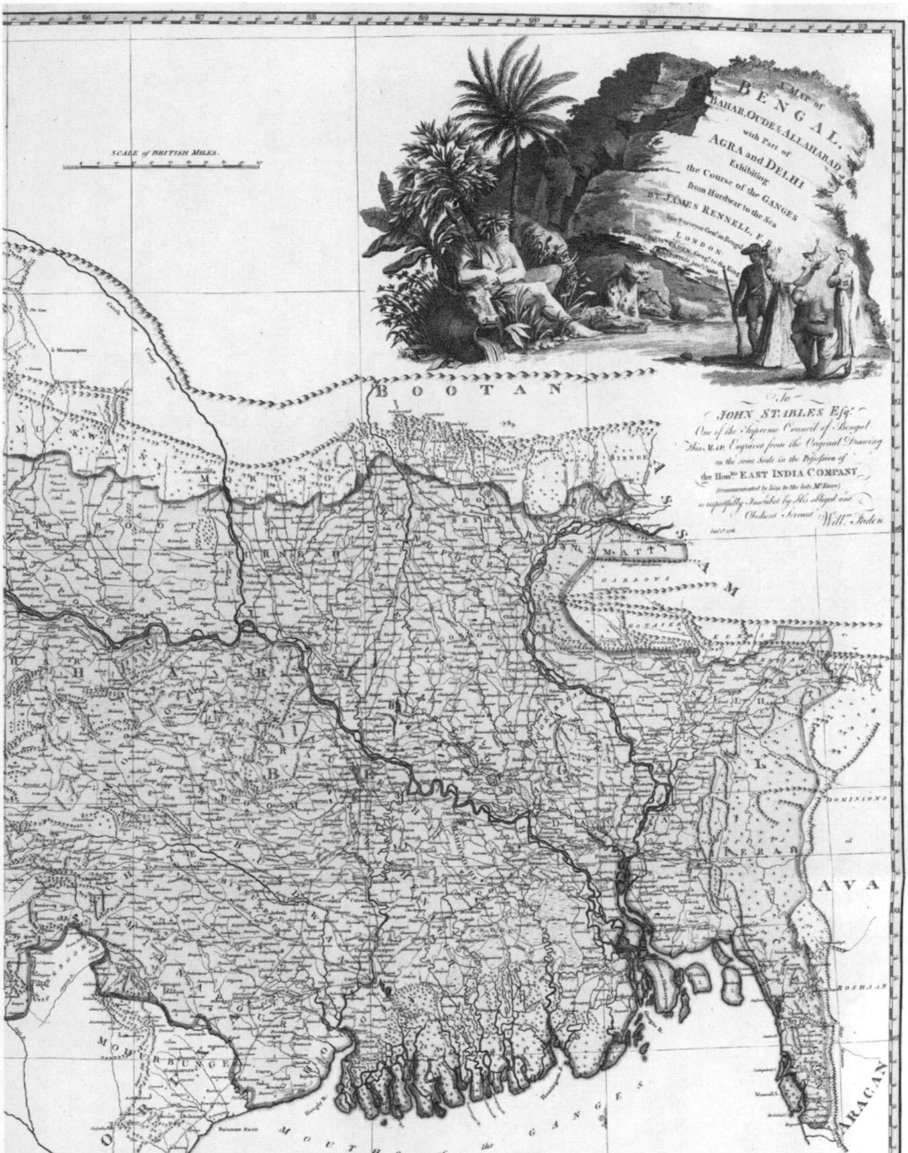

詹姆斯·倫內爾，《孟加拉、巴哈爾、阿瓦德和安拉阿巴德地圖》，一七八六年。

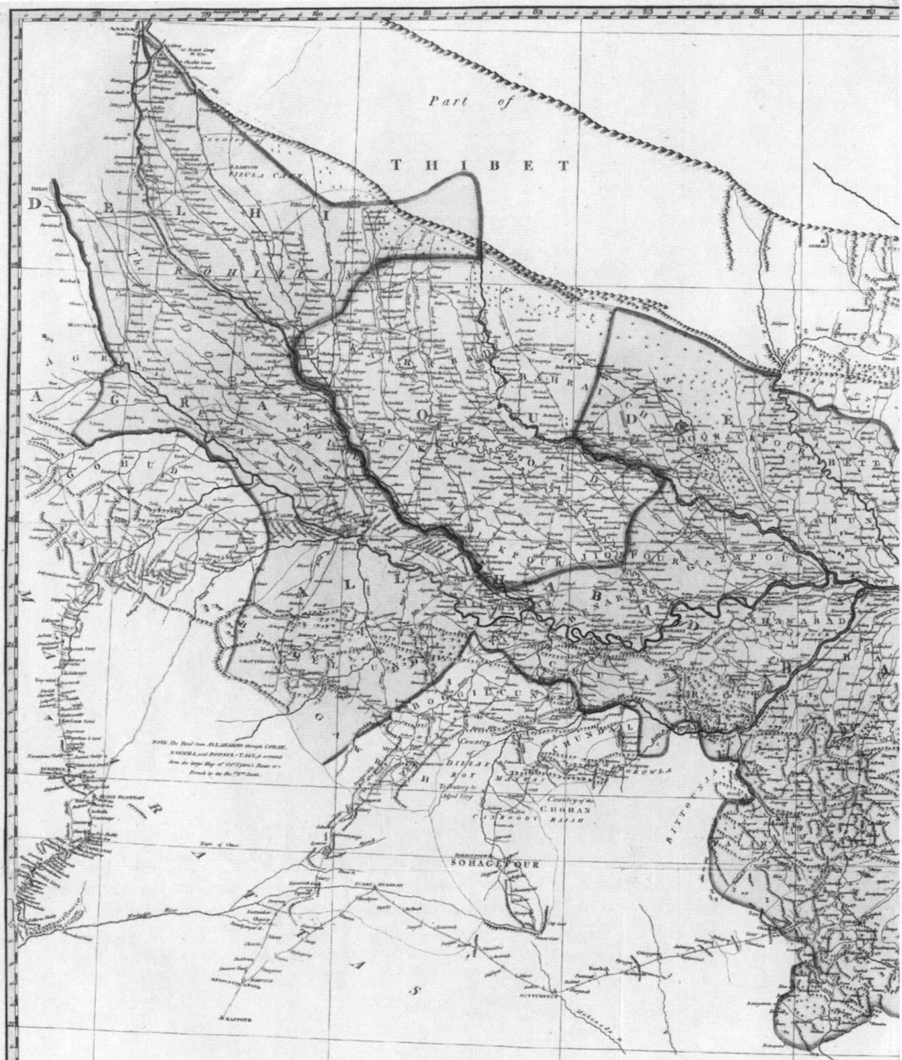

Part of
THIBET
DELHI
The ROHILLAS
AGRA
GOHUD
OUDE
BAHRAICH
GORUCKPOUR
SARUN
SHAWABAD
BENARES
CHUNAR
ALLAHABAD
SOHAGEPOUR
BERAR

加拿大任職，後來被升職為印度總指揮，只不過還未上任就去世了。最有名的例子是康沃利斯勛爵在美國經歷了尷尬的失敗後，於一七八六年至一七八三年擔任印度總督期間頗有影響，替自己挽回了聲名。（約克敦戰役僅僅五年後，一位東印度公司上尉設立了英國在馬來西亞的第一個哨所，他以新任總督之名把那裡的堡壘命名為康沃利斯堡。）康沃利斯在任時期取得的成功獲得了東印度公司的極大肯定，後來他再次得到任命，於一八〇五年又重返印度，不久就在那裡去世了。

印度是個高風險但上升空間極大的職業舞臺，尤其吸引那些野心勃勃但又在某種程度上被邊緣化的人，像沒落貴族、蘇格蘭人、愛爾蘭新教徒，以及北美效忠派難民。如瑪麗亞・紐金特親眼所見，東印度公司的軍隊不久便有不少在美國出生的軍官嶄露頭角。[78]一八一一年，離開牙買加六年後，她陪丈夫來到了印度，他剛剛被任命為那裡的總指揮。她至少有兩個外甥在公司麾下，還曾前往加爾各答和她的哥哥、英國軍隊的將軍菲力浦・斯金納團聚過一次。[79]在安格拉城外的馬圖拉，她與公司後臺老闆愛德華・阿諾德和他的姊姊索菲亞度過了一個愉快的夜晚。她在日記中沒有提到阿諾德姊弟也是效忠派的後代：他們的父母不是別人，正是貝內迪克特・阿諾德和他的第二任妻子瑪格麗特（佩姬）・希彭。[80]一七九九年，貝內迪克特把愛德華送到孟加拉，讓他生活「在康沃利斯勛爵的保護下」。佩姬「因為與大兒子分別而十分難過，」但父母認為這是「必要的一步」（他必須去賺錢）「而且只要他身體健康，毫無疑問他一定會成功。」[81]三年後，愛德華的弟弟喬治也加入了孟加拉軍隊。

索菲亞・阿諾德大概是為了提升自身社會地位才來到印度，那時，在印度這個男性占主導地位的白人社會中，大家毫無憐憫地把到此尋找丈夫的女人稱為「漁船隊」。該策略一般來說是很成功的：就連十八歲的威廉・魯賓遜在印度西部的蘇拉特駐軍時，也曾冷酷地想娶一位附近的白人寡婦，「不是因為我愛她，而是因為她有一大筆財富。」[82]一八一三年，索菲亞嫁給了愛德華的一位軍官同僚。[83]但適婚的歐洲女子太少了，這是許多白人男性與印度伴侶建立長期關係的一個原因。[84]愛德華・阿諾德在他的遺囑中為「長期陪伴我的原住民女人馬胡莫蒂・豪努姆」留下了大筆遺產。[85]當喬治・阿諾德一八二八年在印度去世時，他把大部分遺產留給了自己的英國遺孀和孩子，但也給「在我的房子裡陪伴了我十年半的原住民女人塞圖拉爾・哈努姆」留了一筆年金，還為他們年近十五歲的女兒留了豐厚遺產。[86]貝內迪克特・阿諾德那位有一半印度血統的孫女被取名為路易莎・哈里特・阿諾德，算是那個年代的歐亞混血姑娘中最走運的了。一八三〇年代，索菲亞姑姑的鰥夫成為路易莎的監護人，她便藉此身分前往愛爾蘭，一八四五年嫁給了一位英國建築師。自那以後，她的名字就從阿諾德變成了亞當斯，她可疑的血統也就無人再提了。[87]

如果（像菲爾・魯賓遜這樣雄心勃勃的效忠派軍官大概會問自己）如果他沒有選擇當前的道路，而是一路向東，加入了東印度公司軍，他的命運將會怎樣？他的財富和生命軌跡會是什麼樣子呢？一七五八年出生於波士頓的將軍大衛・奧克特洛尼爵士，是他在印度同時代人中最著名的人物之一。他的母系親戚在成為著名的效忠派之時，大衛在一七七七年就以軍校學員的身分前往印度了。奧克特洛尼沒有在北美的戰場上行軍殺敵，而是開拓了英國在亞洲統治的邊界，他最著名的事件，就是率軍在一八一四年至一八一六年征服了尼泊爾。他因軍功顯赫而獲得了准男爵的爵位，儘管他是個英國人，但他在德里居住的那些年，往往更喜歡旁人稱呼他從蒙兀兒皇帝那裡得到的波斯語頭銜：納西爾．烏德－達烏拉，意為「國家的守衛者」。奧克特洛尼身上沒有一絲新英格蘭清教徒的痕跡，他率性地汲取了蒙兀兒貴族的一切習慣。傳說這位吸阿拉伯水煙、戴包頭巾、吃酸辣醬的波士頓人有十三位印度妻子，她們每天晚上騎著十三頭大象與他一起在城中漫步。[88]在從印度回到西方後，即使愈來愈少歐洲人仍過著「納勃卜」的生活，奧克特洛尼卻成為留在印度、選擇在東方蒙兀兒王朝中，過得像個納瓦卜的諸多西方人之一。[89]

但就效忠派難民的事業而言，菲爾．魯賓遜還能找到一個與他情況更類似的，那就是生於一七七一年的威廉．林內烏斯．加德納，加德納長大的地方距菲爾不到一百三十公里。加德納的母親阿莉達．利文斯頓來自舊時紐約最大的地主家族；事實上，魯賓遜和加德納還是有姻親關係的遠房親戚。[90]利文斯頓莊園位於魯賓遜家在哈德遜河谷的地產的北方，加德納的外祖父管理著數百平方公里的土地，過著幾近於歐洲貴族的生活，也因此有個非正式的稱號，「老爺」。利文斯頓家族有好幾個人成了積極的愛國者；其中一人甚至簽署了《獨立宣言》。但其他人則傾向於效忠國王，包括嫁給英國軍官瓦倫丁．加德納少校的阿莉達。到一七七九年，瓦倫丁．加德納與英國軍隊一起在南卡羅萊納作戰，而阿莉達則和小威廉一起離開了她父親的莊園，來到了他的身邊。同年稍晚，這一家人試圖乘船前往英國，但途中被俘，一直留在美國，直到紐約撤離。[91]戰爭結束時，加德納一家加入了離開美國的效忠派大出走，威廉年僅十三歲便在英國軍隊獲得了第一個任命。年滿二十歲之前，他決定在軍隊中實現自己的遠大抱負，那裡的機會最大。憑藉康沃利斯勛爵熱情地替他拉關係，加德納轉戰了幾個軍團，於一七九〇年到達印度。[92]

從二十歲到三十歲，加德納一直四處調動，軍旅生涯斷斷續續。或許因戰時童年的無根漂泊，他一直在尋找不同的機會。一七九一年母親去世後，他繼承了紐約的地產，曾想過重返美國。他也考慮過在英國定居，他的父親如今在那裡過著還算氣派的生活。但在一七九八年前後，加德納的人生在印度的蘇拉特有了一次重大轉折。這位年輕的軍官曾承諾要幫助坎貝（舊時名為卡姆巴特）已故納瓦卜的家族，從篡位者那裡討回原有的地位。加德納心不在焉地參加累人的外交談判時，注意到會議室盡頭的簾子被拉到一邊。簾子後面「我看到了我覺得是世界上最美麗的一雙黑眼睛。」那是納瓦卜十三歲的女兒瑪・蒙奇爾・烏爾－尼薩的眼睛。她的眼睛「讓我白天黑夜魂牽夢縈」。加德納為她著迷，便「要求與公主結婚」；她的親戚們因他的軍官身分而不情不願地同意了這位白人基督徒的求婚。因著深閨制度，加德納直到婚禮當天才看到妻子的臉。當他最終揭開她的面紗，「看到那雙讓我神魂顛倒的亮眼睛」時，他一點也沒有失望。「我笑了，年輕尊貴的女子也笑了。」[93]

現在他一點也不想回到西方了，反之他在印度社會越陷越深，辭去了英國的任命，加入了馬拉塔軍閥賈斯萬特・拉奧・霍爾卡的軍隊，成為被原住民軍隊僱用的幾十位白人軍官之一。馬拉塔人戰敗之後，加德納為東印度公司培養了一支騎士軍團，名為「加德納騎兵」。[94]他帶領該軍團尾隨自己的美國同胞奧克特洛尼進入尼泊爾，指揮這支軍隊在印度中部與平達里人作戰，並加入了英國一八二五年入侵緬甸的行動。在這些帝國戰爭的間隙，加德納回到自己位於卡斯甘傑的家，它就坐落在德里東南部的恆河岸邊，住在由蒙兀兒皇帝贈給他妻子的田莊上。在這裡，這位英裔美國軍官成為「半個亞洲人」，脫掉軍服、穿上睡衣，餐桌上看不到歐洲食物，在一幢「滿是小伙子的房子裡，從金髮碧眼到一頭毛茸茸烏髮的」享受著混亂的樂趣。[95]他為最喜歡的孫女取的名字在印度斯坦語中的意思是「晨星」；但每當他們稱呼她的英語名字，阿莉達，那是威廉母親的名字，也是利文斯頓家族很受歡迎的名字，他便會聽到一聲來自紐約的微弱回響。他決定永不離開印度，「比起歐洲那寒冷的氣候和冷漠的人心，這片土地甚合我意。」[96]

瑪麗亞．紐金特如果看到她的美國同胞們在蒙兀兒王朝的印度如此「入鄉隨俗」，一定會感到吃驚。在德里遇到加德納的堂兄弟愛德華穿著印度服裝，留著「落腮鬍子」，拒絕吃牛肉或豬肉，「與其說是個基督徒，大概更像是個印度教徒，」[97]已經讓她很吃驚了，而愛德華那位十足英國派頭的哥哥艾倫．加德納勛爵正租賃著紐金特位於白金漢希爾的房子。但一位東印度公司公務員的妻子范妮．帕克斯曾在一八三〇年代與加德納相處過一段時間，被這位「和善、溫柔、紳士風度、舉止優雅、風趣幽默的同伴」深深迷住了，大呼「一個如此身分高貴的人！」[98]帕克斯一直催促加德納寫一部自傳。「如果我要寫自傳，」他說，「你大概很難相信它；它讀起來會像小說。」[99]雖然他不常談起「我的洋基老家，」但他的個人史的第一章當然會從美國革命說起。[100]如果沒有美國革命，他還是哈德遜河上的一位繼承人。然而現在他卻在這裡，變成了印度斯坦的一位鄉紳，他失去了紐約，卻得到了印度。

在帕克斯遇到他後不久，加德納於一八三五年去世了，他深愛的貴婦也在僅僅一個月後離開了人世。他們並肩葬在一處（她的頭朝著麥加的方向），旁邊是他們幾年前剛剛為長子建起的墳墓：一座圓頂的蒙兀兒陵墓，頂上用白色的大理石包裹著。如今大理石頂已被削去，但陵墓仍然豎立在加德納的古老田莊上，成為各種文化跨越大洲、相互融合的永恆紀念（彩圖十六）。加德納從美洲走向亞洲，遵循的正是他有生之年大英帝國的擴張軌跡。當然，那條路線在北美效忠派難民中相對比較罕見。但雖說加德納比大多數人走得更遠，從另一種意義上說，他正是北美人大出走的一個代表人物。和許多其他人一樣，他也被納入了一個大大擴張的全球領地，帝國的萬花筒在一個有著千絲萬縷的世界中折射著、環繞著它的臣民，加德納就是萬花筒中的另一枚絢爛色片。

尾聲　所失與所得

一八一五年六月十八日，英國及其普魯士盟軍在滑鐵盧大敗法軍，結束了拿破崙戰爭。從隆重凱旋到巨額軍費，再到數萬的死傷數字（這是這類戰爭典型的傷亡規模），那個六月天裡的一切，都與英國上一場大戰結束時的場景大相逕庭：一七八三年的那個深秋，他們憂傷地離開了紐約城。一八一五年的勝利，有助於英國開啟了最輝煌的全球霸權時代。在維也納議會進行的和談，按照英國人的開明理想在歐洲內外恢復了立憲君主和帝國，在共和制和專制政體之間找到了一條中間道路。[1]此外，英國和美國也結成了對英國有利的關係，英國無須承擔成本，就能享受到許多在美國實施帝國統治的好處。在帝國各處，英國似乎已經鞏固了一種完全能夠對抗共和制（和極權主義）挑戰的帝國主義形式。在世界各地，英國國際地位的上升看上去無可匹敵。這一切非凡成就正好是「一七八三年精神」的勝利。效忠派難民們似乎也終於找到了自己的心安之所。到了一八一五年，大規模效忠派遷徙已經停止了。從北美到印度，倖存的難民及其子女充分融入了大英帝國，某些人甚至重新回到了美國。效忠派大出走結束了。

那麼到頭來，所有那些傾家蕩產、顛沛流離和天翻地覆又有什麼價值呢？看到效忠派的傷痛像帝國（失去十三殖民地）的創傷一樣，在一個世代之後以勝利告終，算不算是公平的結局？班傑明・韋斯特這位在北美出生、尤擅繪製大英帝國場景的著名畫家以題名為〈大不列顛接收北美效忠派〉的寓言畫，為這個問題提供了一個生動的答案，他的答案是肯定的。雖然這不是一幅獨立的畫作，而是以畫中畫的形式出現在一八一二年為效忠派賠償委員會成員約翰・厄德利・威爾莫特所畫的肖像中，後來又當成是威爾莫特關於委員會工作回憶錄的卷首插圖，在一八一五年以版畫的形式出版（彩圖十七）。[2]

韋斯特討喜地描繪了效忠派在一個復興帝國中的地位。在畫幅的右半部，一個誇張的不列顛尼亞*向一大群各種各樣的難民伸出了仁愛之手。（老年韋斯特和妻子雖然早在革命前就移民英國了，還是站在不列顛尼亞的膝下。）那些難民中有傑出的白人效忠派，像威廉・富蘭克林。還有一位北美印第安人，他如雕塑一般的體格，以及動物毛皮、羽毛和珠子的裝束，在在顯示出「高貴的野蠻人」模樣。他用自己的右臂護著（套用說明文字中的話）一個「寡婦和孤兒們，他們都因為內戰才淪落至這般田地，」而他身後則擠著一群黑人，他們「抬頭望著不列顛尼亞，心懷感恩地追憶起自己擺脫奴役的經歷」。畫作的說明文字解釋說，那兩個手握不列顛尼亞的斗篷的人物分別是「宗教」和「公正」。在整個場景上方漂浮的那些小天使正忙著將英美關係的飾帶纏在一起，兩國關係因一八一二年戰爭而受到了新的考驗。但另一個象徵物則無須解釋：王冠，那是帝國忠誠的焦點所在，一位難民正伸手撫摸著它。

這是一八一五年的統治者們樂於向世人展示的大英帝國，清楚表達了「一七八三年精神」的勝利。這是一個等級分明的帝國，國王掌舵，法律和教會緊隨其左右。白人站得離權力寶座最近，女人和非白人臣民則順從地跟在後面。這是一個仁慈的多種族帝國：一個表面上保護黑人自由並包容原住民民族的帝國，一個對窮人和無權無勢者伸出人道主義救援之手的帝國。這是一個充滿民族自豪感的帝國，也是看似能夠彌合與美國戰爭裂痕的帝國（這是韋斯特本人關心的問題）。翻過卷首插圖繼續閱讀威爾莫特的書，就會發現這本記述效忠派賠償委員會的書暗示，賠償效忠派恰是英國彌補戰敗損失的一種方式。而只看到韋斯特的畫而沒有往下看的人，大概根本就意識不到英國失敗了，這也情有可原。在他的描述中，效忠派難民倒成了象徵大英帝國成功的代表人物。

尤其是在英屬北美，許多難民大概會認同這幅畫中的歡樂場景。伊莉莎白·約翰斯頓最後總算加入了心滿意足的行列。一八三七年，伊莉莎白在回憶錄中詳細講述自己跌宕起伏的一生時，已經七十三歲了。她的視力因白內障而變得模糊，記憶與那些舊日的傷痛纏繞在一處，活像一棵生長在帶刺籬笆旁的樹：那麼多遷徙和分別，那麼多親人的離世（威廉也於一八〇七年死於牙買加）。她在內戰期間成年，並在之後的幾十年都在經歷離鄉之苦、喪親之痛。然而，伊莉莎白的

＊不列顛尼亞（Britannia）是羅馬帝國對不列顛島的拉丁語稱呼，後據此設立不列顛尼亞行省。這一拉丁語稱謂後來又被羅馬人神化，衍生成為「不列顛女神」，成為現代英國的化身和象徵，她的現代形象通常是身披盔甲，手持三叉戟和盾。

回憶中沒有憤怒，對失去的家園也沒有多少眷戀；甚至要說，她的口氣相當自鳴得意。因為她現在已經在一個新的家鄉扎下了根。「我幾乎沒……想到我和全家人最終會在新斯科舍定居，」她回憶道。一方面，她得到了前所未有的穩定生活和社交撫慰，另一方面，她倖存的孩子們也加入了新斯科舍的專業和政治菁英隊伍，成為其中的出色成員，某些還得到了更高的社會地位，假如他們留在美國，不大可能會有這樣的成就。[3]在經歷了那麼多磨難和遷徙之後，約翰斯頓一家來到英屬北美，從美國的效忠派變成了英屬北美的愛國者。按照約翰斯頓的敘事，這也符合加拿大托利派對效忠派湧入的詮釋，這些失敗者反而是笑到最後的人。[4]

認為這些難民的生活，是象徵從失敗走向勝利征程的評價，至今仍具有極大的說服力，其中一個原因就是，它在一定程度上解釋了北美難民與其他明顯的「失敗者」和流亡者之間的區別。隨著革命硝煙散盡，難民們聲淚俱下的悲歎也停止了。他們和子孫後代並未創造出一種曾經參與過共同動盪的跨國話語。他們沒有像阿卡迪亞人那樣，用歌曲或詩歌的形式留下關於失去家園的傳說。他們沒有像詹姆斯黨人那樣，暗地裡舉杯祝願君主制在美國復辟。他們沒有像美國內戰期間的大部分南方人那樣，集體培養一種類似於「敗局已定」的意識形態。就算在英屬北美，也不是所有難民都懷著某些難民所宣揚的反美情緒。因為與其他難民社會不同，在他們漂泊的起點和終點，效忠派的身分都是同一個君主之下的臣民。英國臣民地位是他們從未喪失的東西。他們的後代沒有發出悲悼之聲，這份勝於雄辯的沉默表明，效忠派融入了一個能夠讓他們保持溫和克制的帝國。

與此同時，若認為韋斯特呈現的帝國形象（或者任何單個效忠派，如伊莉莎白·約翰斯頓的觀點）是看待大流散結局的唯一方式，就未免太膚淺了。韋斯特或許利用效忠派難民，把「一七八三年精神」描述成為一個積極正面的混合物，包括等級嚴明的統治、開明自由的理想和橫跨幾大洲的疆域。然而，許多效忠派也發自內心地了解到「一七八三年精神」的反面：權威可能是壓迫性的，承諾可能不會兌現，全球擴張可能會迫使他們三番兩次地拋離家園。的確，這幅畫作中讚美的每一個元素都有它的黑暗面。以最明顯的效忠派賠償委員會來說，它的確引人注目地彰顯了人道主義動力，但它也讓許多效忠派失望而歸，並將大多數人排除在外。正如這幅畫作驕傲地表現出，黑人效忠派的確得到了自由，使得英國當局站在了位於美國同行之上的道德高地，然而黑人的自由事實上處處受限，奴隸制當然仍在繼續。至於印第安人，到這幅繪畫創作之時，總的來說，大英帝國大概看起來還是要比美國慈祥一些，但在英國的庇護下，真正實現印第安人主權的希望不久就徹底破滅了。

最後，雖然韋斯特凸顯了效忠派的種族和社會多樣性，進而擴展了這種包容性在英國自我認知的核心地位，他的畫作卻徹底掩蓋了效忠派難民中一種最卓越的多樣性。效忠派絕對不是整齊劃一的「忠君保皇」。他們的政治信仰一直、並將繼續呈現出分布廣泛的樣態，在很多方面推翻了該畫作中所暗示的順民形象。效忠派離開十三殖民地時，抱持著對國王的信任和對帝國的維護，就此而言，英國在戰後地位的上升和一八一五年的勝利是他們既衷心歡迎、又從中受益的。但許多效忠派難民也尋求帝國內部的改革和擴大權利，卻一再與帝國當局發生衝突。效忠派難民把政治敏感度從殖民時期的美國帶到了革命後的大英帝國，事實上成了帝國不同政見的發聲者，這與他們所代表的忠誠順從一樣清晰可見。

效忠派對個人生活的抱怨之聲或許消匿了，但他們抗議的話語卻持續了下去。例如在巴哈馬群島，對於奴隸管制的衝突，持續分化了北美難民農園主與帝國官員。一八一七年，鄧莫爾勛爵過去的對手、此時已擔任首席檢察官的威廉．威利，阻止一位效忠派農園主向美國出口奴隸，造成了農園主和官方之間長達三年的僵局，早在一七七二年，也正是這類事件導致英國廢除了奴隸制。[5]（過了沒多久，威利本人遷居聖文森特，但他在新普羅維登斯的農園至今仍綿延在一條現代高速公路旁，成為巴哈馬群島效忠派農園主時期的一個罕見的遺跡。）在牙買加，一八三一年震動該島西部地區的大規模奴隸暴動中，回響著另一位效忠派的遺產。自學成才的黑人浸禮會牧師是叛軍的領袖之一，他所做的正是白人當局當年一直害怕喬治．利勒會做的事：利用自己的祈禱集會組織起義。這個事件史稱「浸禮會戰爭＊」，利勒本人如果活到那個時候，大概不會贊同這場戰爭。（他死於一八二〇年代。）但身為向牙買加奴隸講道的第一位黑人浸禮會教徒，他對這次事件發揮了關鍵的啟發作用。[6]這次起義汲取了一位獲得自由的美國奴隸所提倡的言論，最終加速了整個大英帝國廢除奴隸制的步伐，其中倒也有些善惡因果報應。

但吸收了絕大多數難民的英屬北美，成為效忠派影響力辯論最為朝氣蓬勃的舞臺。一八三七年到一八三八年，圍繞權利和自由的鬥爭一直在發酵，終於在上加拿大和下加拿大爆發了一系列相互聯繫的反政府暴亂。雖然導火線都是當地的事件，但從根本上來說，這些抗議所申訴的不滿聽起來與美國愛國者（以及牢騷滿腹的效忠派難民）的不滿驚人地相似。暴亂和英國的反應（一八三九年的《德拉姆報告》，宣揚「負責任的政府」這個概念）被看成是加拿大自由傳統的基石。但它們還有更為廣泛的影響，藉由建構外省治理的概念，後來以呼籲地方自治告終。這不是英屬北美第一次成為帝國改革的實驗室，也不是最後一次。[7]

如此說來，當如何把效忠派參與「一七八三年精神」，與這些更有爭議的遺產相互協調並加以理解呢？答案是，雖然難民們往往能夠成功地融入革新後的大英帝國，找到（並創立）帝國內的替代方案來彌補他們的損失，他們也加深（乃至引入了）後革命時期帝國地基的裂痕。在美國革命中，外省對權利的理解，戰勝了首都的理解。關於權利的類似話語，在部分程度上被效忠派難民轉而帶往各地，最終將再度獲勝。效忠派難民還以另一種方式預示了帝國未來的劇變。他們因大英帝國的首個大規模獨立戰爭而分散在帝國各處，預示了二十世紀殖民地獨立運動所導致更大規模、更為暴力的遷徙。

本書中許多人的人生結局，都呈現了有失有得的綜合畫面，這不足為奇。到一八一五年，許多難民都去世了，其他人也都融入了所在的社會，像伊莉莎白·約翰斯頓和菲爾·魯賓遜，兩人

＊浸禮會戰爭（Baptist War），也稱聖誕起義（Christmas Rebellion），是始於一八三一年十二月二十五日的一場為期十一天的奴隸起義，涉及牙買加三十萬奴隸中的六萬人。起義由黑人浸禮會傳教士薩姆爾·夏普（Samuel Sharpe）領導，參與者主要都是他的教眾。

分別在新斯科舍和英國，於八十歲後壽終正寢。在影響過效忠派命運的所有帝國官員中，從職業角度來說，在美國戰敗的康沃利斯勛爵在一八一五年去世時地位最高，身居印度總督。他死後被葬在一個比例均衡的新古典主義陵墓中，看上去更像是英國豪華宅邸上的陵墓，而不是遠在外省，坐落在印度的加齊普爾鎮邊緣。冗長的墓誌銘讚揚康沃利斯在印度的功績，隻字未提他的美國往事。在這個大英帝國勢力的新中心，根本沒必要重提舊事。然而，和許多建在印度的這類英國紀念物一樣，這座陵墓本身的龐大體積，似乎也試圖補償遠離故鄉這個慘痛的事實，令人不勝唏噓。

一八〇八年，第一代多徹斯特男爵蓋伊·卡爾頓在他三座英國莊園中的其中一座裡過世，那時他年事已高、安富尊榮，只不過因為與政敵衝突而心懷怨恨。他得來不易的男爵爵位到世紀末就被廢除了，不過他在加拿大的政治遺產，可說持續了更長時間。鄧莫爾勛爵於第二年去世，時年七十八歲，死於「衰老」，擁有的財富少得多，心裡的怨憤大概也更多。他生命的最後幾年住在肯特郡海邊的拉姆斯蓋特度假勝地，還要在一定程度上依靠女兒奧古絲塔供養，這個女兒未經許可就嫁給了國王喬治三世的一個兒子，因為有失體面而被逐出王室。一八〇三年，後來證明是鄧莫爾最後一次與國王喬治三世見面時，國王譴責他們共同的孫兒們是「雜種！雜種！」，男爵氣壞了，極力克制自己，才總算忍住沒有毆打自己的君主。[8]

鄧莫爾的效忠派門生約翰·克魯登和威廉·奧古斯塔斯·鮑爾斯都英年早逝（分別死於一七八七年和一八〇五年），他們在美國西南地區建立新國家、不切實際的野心都沒有實現。他們自己的「保皇」計畫有時讓大家把他們貶為叛徒，有時則又被看作無可救藥的夢想家。然而，他們的故事卻是最好的例子，凸顯了帝國之間戰爭不斷的世界，會創造出怎樣的活力和希望。如果他們活到壯年，大概會看到美國和英國議會的冗長演說採納跟他們的計畫相似的動議，更不要說到一八二〇年代末，風起雲湧的革命大潮推翻了大部分西班牙美洲帝國。

與此同時，約瑟・布蘭特則經歷了另一種全然不同的來世。一八〇七年，他在位於安大略湖伯靈頓灣的家中去世，死時對大英帝國徹底幻滅。一八五〇年，他的屍體被掘出，以接力的方式被送往格蘭德河，他在那裡被正式重新葬在「一個得體的陵墓」中，旁邊就是布蘭特福德（布蘭特鎮後來更名為布蘭特福德）的白色護牆板教堂。那是他被尊奉為神的開始。在效忠派大出走百年紀念時，約兩萬人聚集在布蘭特福德的維多利亞公園，親眼目睹布蘭特的一座雕像揭幕，那是用一座被捐贈的英國大砲上的銅所打造而成的。[9]布蘭特的名字在美國仍然象徵著野蠻行徑，但他在加拿大卻被尊為民族英雄，因為對帝國的忠誠、對印第安人的「教化」影響，以及對加拿大「種族馬賽克」的貢獻而備受讚美。

大衛・喬治於一八一〇年死於自由城。他的教堂如今早已蕩然無遺，但黑人效忠派為當地的克里奧語裡所添加美國英語的詞彙變化，在今天獅子山的通用語言克里奧語中，仍然能聽得出黑人效忠派的影響，算是鮮活地提醒著世人，他們曾經來此生活過。在效忠派遷徙的所有地點中，自由城有著迄今最暴力、也最悲壯的後續歷史。但喬治去世之時，跟他所離開的新斯科舍的謝爾本相比，那裡還是相當繁榮的。政府津貼在一七九〇年代停發時，便宜勞動力急速減少（主要是由於黑人遷出），這座一度與哈利法克斯媲美的城市，就幾乎如它當年迅速崛起一般，旋即崩潰了。在建成僅僅十年後，這座新興城市變成了一座鬼城，有些居民回到了紐約。[10]

這些千差萬別的結局構成了一段重要的總結陳詞，說明了這些北美效忠派的多樣性，以及他們在大英帝國留下的不同痕跡。雖然如此，放在一起來看，它們也顯示出一種極為連貫的規律。如果說許多人的故事都憂喜參半，那想必在某種程度上要歸因於建構了他們所在世界的「一七八三年精神」本身固有的衝突，那是一個他們的願望並不一定總能滿足的帝國。它也源於效忠派難民的生活條件本身所內嵌的矛盾。他們本是外省殖民者，卻一朝變成了國際移民。這些英國臣民在一種情境下證明了自己的忠誠，卻在另一種情境下反抗帝國權威。他們是未能或拒絕在共和國中尋找立足之地的北美人。他們是難民，卻沒有變成現代意義上的無國籍之人。他們是被流放的人，後來卻也回到了美國，多虧戰後和解，**終得**重返故園。

因此在一八一六年，由於大英帝國和美國恢復了和平，小貝弗利．魯賓遜終於滿足了兒子反覆發出的邀請，到紐約去拜訪他們。他的弟弟菲爾最近剛剛到哈德遜高地去看過他們童年的家，小貝弗利也急切地盼望著回到那些熟悉的地方，看一看他和弟弟妹妹們「千百次跳躍嬉戲和奔跑」的地方。他享受著與兒子們團聚之樂，膝下圍繞著一大群他幾乎不認識、在美國出生的孫輩，也接待了不少他三十多年未見的老朋友。但魯賓遜的歸鄉之旅戛然而止，因為他在紐約病倒，不日便去世了。在他六十二歲的一生中，他從特權階層淪落到匱乏，後又東山再起。他有兩個兒子在為大英帝國服役時犧牲了，另外兩個兒子在美利堅合眾國志得意滿。他被葬在自己

「出生的城市」，墓碑上說他「晚年住在新不倫瑞克省的弗雷德里克頓。」[11] 魯賓遜去世時和他出生時一樣，既是個美國人，也是個英國臣民。他的生命走了一個完整的輪回，如其所示，無論效忠派失去了多少，他們也找到了一些慰籍。

附錄　計算大出走人數

關於效忠派移民的規模，歷史學家們提出的標準估計大約在六萬人到十萬人之間，但誰也不知道這些數字的估算依據是什麼。[1]怎麼才能對離開美國的效忠派和奴隸數目得出一個可信的數字呢？當時並沒有檔案系統地記錄在戰爭結束時，有多少平民從英軍占領的城市中撤離，各地對到達的移民也沒有全面的登記。何況還有難民在戰爭期間單個或結隊出走，就更難統計了；而這麼多效忠派一再遷徙的事實使得估算變得難上加難。

不過，如果把現存的各類檔案分成三部分，卻能夠對一七八五年前後的出走規模建構出一個合理的估算。迄今為止最詳實的紀錄就是英屬北美監管難民的政府專員們編纂的各種名冊。這些名冊列出了效忠派所在的殖民地、性別和所屬年齡群（成年人還是兒童）；還用了「僕人」這個指稱，通常（但並非總是）用於描述黑人奴隸。在其他地區定居的難民則沒有這麼詳細的紀錄。另一個重要來源是現存的從紐約、薩凡納、查爾斯頓和東佛羅里達撤離的紀錄。這些紀錄分種族（黑人和白人）列出了遷出移民的明細，還列出了他們明確的目的地。在這些撤離中使用的船隻名稱也有記錄；但把這些紀錄與輪船名冊關聯起來，最多也只能得到一些關於額外效忠派乘客的隨意的資訊。[2]

黑人效忠派的遷徙紀錄至少可以和白人的出走紀錄一樣完整。[3]（撤離報告中列出的絕大多數黑人當然都是奴隸，因此這些是計算效忠派出口奴隸數目的最佳資料來源。）一七八三年從紐約撤離的黑人與從海洋省分遷居獅子山的黑人效忠派一樣，不但能夠算出總數，還能根據原居地和出走原因等類別詳細分析。歷史學家以前估算的逃亡奴隸的數字高達八萬至十萬人。然而仔細分析《黑人登記表》和英國軍隊紀錄，卡珊朵拉・派伯斯權威地用一個保守得多也更站得住腳的數字代替了這些估計，她認為有二萬名逃亡黑人奴隸，其中八千到一萬人倖存下來，以自由人的身分跟英國人一起撤離了。[4]

估算逃到各地的效忠派移民總數尚屬不易，難怪（對各自持有資產的金額、職業、宗教等）詳細的人口學分類更如水中撈月。效忠派賠償委員會的檔案雖然是關於戰爭期間效忠派經歷的最佳資料，卻也正如本書第四章所說，是很不可靠的難民人口學統計，因為提出索賠的程序讓某些類型的人享受特權。在撰寫本書的過程中，我盡可能地參考了能夠確實反映移民社會構成的少量現存紀錄，例如效忠派在牙買加獲得的免稅證明。然而以具體的量化類別來分析難民人口，仍然是一個難以實現的目標（更不要說估算多次遷徙的統計學影響了）尤其是那些效忠派並未占人口大多數的牙買加和英國。

海洋省分

絕大多數難民都選擇在新斯科舍和新不倫瑞克定居，而他們幾乎全部都是在戰爭結束時從紐約市遷出到達那裡的。一份撰寫於一七八三年十月的紐約撤離報告統計，有二萬七千零九人去了新斯科舍（其中一萬四千一百六十二人前往後來的新不倫瑞克）。一份署期為一七八三年十一月二十四日，即撤離日前一天的報告統計，總人數為二萬九千二百四十四人。[5]

但登記在冊的人不一定都離境了（雖然最後一批船隻駛離的前一天登記的數字更大），不過這些數字與海洋省分本地出具的紀錄基本吻合。一七八四年五月到七月，新斯科舍和新不倫瑞克統計的效忠派名冊總共記錄有二萬六千七百五十七位男人、女人和孩子有權從政府庫存領取物資，這是只有效忠派難民可以享用的福利。[6] 一七八四年夏末，稽查員羅伯特·莫爾斯上校正是根據這些名冊報告說，共有二萬八千三百四十七位效忠派搬到該地區定居下來。[7] 這也符合約翰·帕爾總督在一七八三年十二月對謝爾本勛爵報告的估計數字，他說「來自紐約的大批效忠派難民」不少於「三萬人」。一七八四年八月，帕爾對雪梨勛爵重複了這個數字，說「安置的人口數字將近三萬。」[8] 二萬六千七百五十七這個數字也十分接近一七八五年新斯科舍、新不倫瑞克、布雷頓角島和聖約翰島（如今的艾德華王子島）公布的一份效忠派名冊，那份名冊指出，有二萬六千三百一十七人仍在接受政府的配給。[9]

這些名冊中只提到了有權領取物資的效忠派。還有些效忠派儘管在海洋省分定居，卻從未曾得到過糧食配給。一七八五年名冊的一個備注解釋說，九百四十二名「效忠派和復員軍人被從供給名單中畫去了……被認為無權繼續享受政府的慷慨福利。」這些名單也沒有包括在戰爭期間遷居新斯科舍的人。至少有一千一百人在英軍一七七六年撤離波士頓時就前往哈利法克斯了，還有些人像雅各・貝利一樣，後來到達了那裡。在這些名冊登記完畢後，東佛羅里達撤離又為海洋省分帶來了七百二十五名白人難民。[10]

我們並不十分清楚這些名冊是否包括遷往北方的全部三千位自由黑人。一七八三年十月紐約撤離登記冊中列出了八百二十二名「黑人同伴」。新斯科舍的兩份名冊中分別包括七百九十一名和七百八十五名「僕人」（這個詞通常用來指代黑人）而莫爾斯上校一七八四年的報告斬釘截鐵地估計，該省的「僕人」總數為一千二百三十二人。仍無法確定這些僕人中有多少是自由人、多少是奴隸：比方說，一七八四年切達巴克托的名冊核查官就曾寫了一個備註，解釋說該鎮的九百九十一名定居者中，有二百二十八位「黑人定居者沒有包括在受僱為僕的黑人中，」其中黑人僕人共有六十二人。這些登記冊也沒有單獨統計伯奇敦的黑人人口，一七八四年的一份名冊上記錄為一千四百八十五人。[11]

把這些資料綜合起來，可以較有把握地估算出戰後遷居海洋省的難民至少有三萬人。但鑑於這些紀錄疏漏太多，（比方說來自佛羅里達的七百二十五位難民，以及不管以何種方式仍然留在那裡的許多波士頓難民）再加上單單根據紐約紀錄統計的可證明難民人數就稍低於三萬人，似乎有理由提出，一七八五年前後，海洋省分的難民總數大概要比這個數字高出百分之十。

魁北克

戰爭期間，難民零零星星地遷往魁北克。該省領取物資的效忠派人數穩步上升，一七七九年七月僅為八百五十三人，一七七九年十月為一千零二十三人，一七八一年十一月為一千三百九十四人，一七八二年一月升至一千六百九十九人，到一七八三年十一月升至三千二百零四人。[12]一份一七八四年年底的魁北克效忠派名單列出總共有五千六百二十八人（包括一百三十位「僕人」）將定居在政府分發的土地上。[13]這與一份可能是一七八四年夏季的未署期檔案吻合，該檔指出需要一定的土地面積來安置五個效忠派軍團的遺散人員及其家人，共計五千二百五十一人。[14]

後一份紀錄中還不包括莫霍克人，他們所申請位於格蘭德河的土地也在同一份文件中有所說明。一份一七八五年的人口普查顯示，有近二千名印第安人居住在格蘭德河，其中約四百位是莫霍克人。另一群至少一百個莫霍克人居住在昆蒂灣。[15]這些名冊大概也沒有包括在戰爭期間到達該省但沒有分得土地的難民，例如在馬奇切（就是如今三河市附近的亞馬奇切）定居的難民。[16]有了一七八四年名冊中列出的五千六百二十八人、另外一群莫霍克人，以及那些遷徙而未得到贈地之人這些數字，可以很容易證明魁北克的難民人口數字最少有六千人，同樣，可以合理地認為真正的總數會再高出百分之十。

東佛羅里達

與海洋省分和魁北克一樣，效忠派和奴隸們在整個戰爭期間陸續到達東佛羅里達，但確切的數字只能在薩凡納和查爾斯頓撤離之後才能確定下來。到一七八二年底，東佛羅里達的一位難民稽查員統計，共有二千九百一十七位白人效忠派和四千四百四十八位黑人從喬治亞和南卡羅萊納來到此地。[17]另外一份署期為一七八三年中的報告把新來者的數字確定為五千位白人和六千五百位黑人。[18]如此說來，似乎可以接受派翠克．托寧總督一七八三年五月的說法，即「近期到達的效忠派有將近一萬二千人」，假設他的估算數字為效忠派和奴隸人數的總和。[19]（托寧後來還估計本省人口「約一萬六千人」，這個數字也包括東佛羅里達的數千位戰前居民。）[20]

東佛羅里達的撤離紀錄為這些數字提供了證據支援。在東佛羅里達接受任命的登船專員紀錄，有三千三百九十八位白人和六千五百四十位黑人離開了該省。除此之外，他還提到「應該還有五千名左右本省人士，大多是鄉下人，估計翻山越嶺前往其他各州了。」[21]托寧也提到過類似的數字，他報告說「專員紀錄上的條目」顯示有「大約一萬人」遷出，而「最終還有四千多人去了美國的山區腹地；至少有三千人到美國各州定居去了。」[22]

如此說來，可以確信有五千名白人效忠派在一七八四年以前到達了佛羅里達，同行的還有至少六千五百位黑人，其中絕大多數是奴隸。從東佛羅里達遷出到英國、巴哈馬群島和牙買加的難民將在下文中那些地方的統計紀錄中考察。除了那些外流人口之外，東佛羅里達撤離報告還顯示有一百九十六名白人和七百一十四名黑人去了「牙買加和南美洲北岸」，（其中許多人在英屬中美洲定居下來）還有二百二十五名白人和四百四十四名黑人去了多明尼克。[23]

英國

瑪麗．貝絲．諾頓提出了效忠派移民英國的最佳估算，她調查出在一七七五年到一七八四年間從殖民地來到英國的共有一千四百四十位效忠派戶主。從這些戶主名單，她推算出大約有七千到八千位（幾乎都是白人）效忠派在戰爭期間和戰後移民英國。這個數字合理地沒有重複計算那些不止一次跨越大西洋的難民，也不包括只為提出效忠派賠償訴訟而短期前往英國的人。不過這可能也低估了實際數字。使用的資料來源是兩份效忠派賠償紀錄合輯中的一份（審計辦公室序號十二），因而把一部分在英國定居、但索賠沒有進入到審查過程的難民排除在外了，尤其是女性難民。它還遺漏了那些像約翰斯頓家族這樣，在一七八四年或其後從東佛羅里達到達英國的白人效忠派。因此，可以合理認為諾頓估計的數字上限，也就是八千人是最低的數字，很可能有更多的白人難民人口遷居英國。[24]

諾頓的估算還排除了前往英國的移民中的一個大類別：大量黑人效忠派在戰爭即將結束時到達了該國。根據卡珊朵拉．派伯斯的計算，具體數字大約有五千人。[25]

巴哈馬群島

一七八三年十月的紐約撤離紀錄顯示，九百四十一人已經啟程前往阿巴科。[26]一七八三年十一月的一份紐約撤離紀錄，把前往阿巴科的殖民者總人數確定為一千四百五十八人。[27]東佛羅里達的效忠派於一七八四年春開始駛往巴哈馬群島，根據佛羅里達登船專員的紀錄，這批遷出者共有一千零三十三名白人和二千二百一十四名黑人。[28]

一份一七八九年四月出現在巴哈馬議會的報告指出，一千二百位白人難民和三千六百位黑人已於一七八四年和一七八五年從以前的殖民地到達本地，另有四百位白人和二千一百位黑人，於一七八六年到一七八九年間從該地區的各地到達巴哈馬群島。巴哈馬群島的人口從一七八四年初的一千七百位白人和二千三百位黑人，上升到一七八九年的三千三百位白人和八千位黑人。[29]大約同一時間，副檢察長威廉．威利提到，自革命以來到達的「新」居民包括三百三十名白人戶主和三千七百六十一名奴隸。[30]

把紐約和東佛羅里達的難民人數相加，似乎可以合理地得出結論，即多達二千五百位白人效忠派遷居巴哈馬群島。他們帶來了大約四千個奴隸。這個數字稍低於邁克爾．克拉頓的「最佳猜測」，即大約有八千名效忠派和奴隸移民巴哈馬群島；但他的觀點，「誰也不知道究竟有多少人去了那裡，」也不無道理。[31]

牙買加

現存的名冊均未見定居在牙買加的效忠派人數紀錄，但撤離紀錄同樣能就相關數目給我們一些方向。W．H．西伯特仔細查看了薩凡納紀錄，發現約有五千名黑人和「四百個白人家庭」從那裡駛往牙買加；另一份紀錄統計有一千二百七十八位白人和二千六百一十三位黑人從查爾斯頓登船前往牙買加。[32]還有少數難民是從東佛羅里達出發的。[33]

如果每個「家庭」平均有四口人，那麼似乎就有逾三千名白人和多達八千名黑人奴隸直接遷居牙買加。和許多其他估算一樣，這個估算也沒有包括可能從紐約或在戰爭期間前往牙買加的人（如亞歷山大・艾克曼）。另外還要注意的是，該島的人口估算顯示，從一七七四年到一七八八年，黑人和白人人口都有明顯上升：增加了四萬四千五百六十七名黑人（上升了百分之十七・五）和五千六百一十名白人（上升了百分之三十）。[34]

移民總數

把一七八五年各地的最低總數相加，得出的大概數字如下：三萬名白人和黑人效忠派前往海洋省分；六千個難民去了魁北克，包括五百位莫霍克人；一萬三千個難民去了英國（其中約有五千位自由黑人）；二千五百位白人效忠派遷居巴哈馬群島；還有三千位白人效忠派去了牙買加。這樣一來，總數就達到了五萬四千五百人。此外，還必須加上從東佛羅里達分批遷居中美洲和多明尼克有紀錄的難民，以及冒險前往印度等更遠的地方的少數人。把這些人包括在內後，總數就上升到了五萬五千到五萬五千五百人。

這些數字無論如何都無法將未記錄在案的情況計算在內，而這樣的情況明顯存在。如上文所指出，在每一個地點和類別中，估算數字都有可能低於實際數字，在某些情況下，約低估至百分之十。這個統計還把從殖民地撤離的黑人效忠派的人數定在了派伯斯計算的八千至一萬名移民這個範圍的低端。僅僅把英屬北美難民人口可能的低估情況計算在內，就能把效忠派移民總數合理地提升到五萬九千人。再加上一部分或全部的二千位自由黑人，輕易就能使該數字朝著六萬那一端傾斜。事實上，根本無法精確統計這一群始終處於動盪中的人口。但數字可以顯示大致的比例。因此，我們可以合理地估計，從革命中的美國遷出的效忠派總數為六萬人，可合理徹底捨棄遠高於此、八萬到十萬的估算。

奴隸輸出

各類效忠派移民的紀錄，還可清楚顯示由效忠派輸出的奴隸人數。高居榜首的是駛離薩凡納和查爾斯頓的船隊，它們攜帶著近八千位黑人徑直前往牙買加。這些前往牙買加的黑人中（與那些前往新斯科舍和英國的黑人不同）僅有極少數是自由人，如喬治·利勒。從東佛羅里達撤離顯示，另有三千五百二十七位黑人離開了各個英屬殖民地。估計有三千六百名奴隸被效忠派帶往巴哈馬群島，超過了記錄在案的二千二百名從東佛羅里達輸出的奴隸人數，這表明還有一千四百位效忠派名下的奴隸經由不同路線到達了巴哈馬群島。根據莫爾斯的估計，效忠派至少攜帶了一千二百三十二位「僕人」進入了海洋省分；總數無疑更多。[35]另有幾百位奴隸由效忠派帶入了魁北克。[36]關於英屬北美的效忠派名下的奴隸數字，有個保守估計是二千人。除了這些較大批次的輸出之外，效忠派還帶了少量奴隸前往英國（到那時，在英國蓄奴已不可行了）用作「僕人」，例如伊莉莎白·約翰斯頓的女僕黑格。最後，還有很多效忠派輸出的奴隸，被送到了托爾托拉島等西印度島嶼上的奴隸市場。

還有一份重要證據證明了效忠派奴隸販運情況，那就是在東佛羅里達撤離之後被送回到美國的黑人人數，雖然這不該被計入輸出到大英帝國的效忠派名下奴隸的估算。登船專員紀錄共有二千五百一十六人被送回美國；在五千名東佛羅里達人中，還應有較高比例的黑人後來自己想辦法回到了美國各州。

這些不同的奴隸人數相加，得出的總數為一萬四千九百二十七人。這仍然是保守估計的數字，無疑少於效忠派輸出奴隸的實際數字，最明顯的就是被臨時帶往東佛羅里達的人。因而似乎可以完全合理地得出結論，效忠派把大約一萬五千位奴隸帶出了美國。

致謝

在寫作這本書時，我總是屢屢驚歎於書中人物雖走過了千山萬水，他們之間仍然有著千絲萬縷的聯繫。書信把大洋兩岸的朋友和家人的心凝聚在一起，一個地方的鄰居會在另一個地方再次成為鄰居。我自己的研究也始終得到類似的小世界網路的說明，技術固然創造奇蹟，但同事、學生、朋友，甚至有時來自陌生人的慷慨相助更是奇妙和美好。這個過程讓我充滿感激，這短短的幾頁致謝實在不足以表達我的謝意。

以下致謝的許多人都曾讀過本書手稿的各個部分，我首先要感謝他們給我提供建議，以及在本項目進展過程中不斷提出回饋的無數受眾。感謝大衛．阿米蒂奇、喬伊絲．查普林、尼古拉斯．達維多夫、薩姆．哈茲爾比、希拉．亞桑諾夫、吉爾．萊波雷、彼得．馬歇爾、馬可．羅思、勞雷爾．烏爾里克和梅甘．威廉斯等對初期草稿特別寬泛的閱讀。琳達．科利不但閱讀了整部手稿，還繼續給我非同一般的鼓勵、建議和啟迪。傑里．班尼斯特、蜜雪兒．迪沙爾姆和阿瑪尼．惠特菲爾德就加拿大歷史部分提供了不可多得的寶貴協助。其他學者的智慧和支持也讓我幸運地受益匪淺，他們在我之前就曾非常專業地探尋過難民的出走路線了，特別是瑪麗．貝絲．諾頓、卡珊朵拉．派伯斯和西蒙．沙瑪。

我是在美國革命的兩個中心寫作這本書的，它們各自在最終的成書中留下了深刻的印記。最初動筆時，我是維吉尼亞大學歷史系的一名教師，我有幸在那裡開始我的教學生涯，因為很難想像還有比那裡更鼎力扶持的環境了。我曾就歷史和歷史以外的話題與很多同事有過難忘的對話，其中特別感謝里奇．巴尼特、萊納德．貝朗斯坦、克勞德利娜．哈樂德、克里尚．庫馬爾、查克．麥柯迪、克利斯蒂安．麥克米倫、伊莉莎白．邁耶、喬．米勒、杜安．奧謝姆、索菲．羅森菲爾德和馬克．湯瑪斯。安德魯．奧肖內西是一位誨人不倦的仁厚的提問者，還在我開始修訂時慷慨地把羅斯福小屋借給我住。在維吉尼亞工作期間的一件特別開心的事，是能和我的十八世紀英國史啟蒙老師保羅．哈利迪共事，他是學者的典範，也是個正直的友人。另一件快事是近距離領略了彼得．奧努夫作為導師的非凡功力。彼得和夏洛特維爾的一大群活躍的研究美國建國初期的學者一起，對我理解這個課題產生了深遠的影響。

在哈佛，我也同樣有幸在一種出色的學術氛圍裡寫完本書，我學到了研究國際和全球歷史的新方法，它們新奇有趣，令人振奮。我要感謝系裡的全體同事，特別是安．布雷爾、蘇嘉塔．鮑斯、文森特．布朗、喬伊絲．查普林、卡洛琳．埃爾金、愛麗森．弗蘭克、彼得．戈登、安迪．朱伊特、瑪麗．路易士、埃雷茲．馬涅拉、伊恩．米勒、艾瑪．羅斯柴爾德、蕾切爾．聖約翰和裘蒂絲．蘇爾基斯；還有我的幾位系主任麗莎貝斯．科恩、安德魯．戈登和詹姆斯．克洛彭堡。大衛．阿米蒂奇、尼爾．弗格森和馬克．基什蘭斯基尤對我恩惠無數，讓我誠感負債累累。他們大大地豐富了我對英國歷史的研究視野和寫作方法，並在整個過程中與我進行了多次交談，給了我很多建議。我還想感謝那些在哈佛為我提供很多生活便利的人，包括保羅・祖斯、珍妮特・哈奇、寇里・保爾森、安娜・波皮耶和桑迪・塞勒斯基；還有幾個學生在各個技術方面對本項目做出了貢獻：薩拉・布拉克、克里斯塔・德克斯謝爾德、埃里克・林斯特拉姆、諾厄・麥科馬克和蒂姆・羅根。

如果沒有以下機構的慷慨支持，本書的寫作不可能如此完整和高效：哈佛大學和維吉尼亞大學；國家人文基金會（National Endowment for the Humanities）；國會圖書館約翰・W・克魯格中心（John W. Kluge Center at the Library of Congress）；羅伯特・H・史密斯國際傑弗遜研究中心（Robert H. Smith International Center for Jefferson Studies）、麥克道威爾文藝營（MacDowell Colony）；以及美國學術協會理事會的一項查理斯・A・賴斯坎普研究金。紐約公共圖書館的桃樂西和路易士・B・卡爾曼學者和作家中心對我的幫助不止於提供研究資金。它還使我加入了一個生機勃勃的創作和學術團體，瓊・斯特勞斯的出色領導為它增色不少。這裡要對瓊、貝琪・布蘭得利、潘蜜拉・利奧、阿德里安娜・諾瓦和我的研究夥伴們（特別是大衛・布萊特、吉姆・米勒、吉姆・夏皮羅、傑夫・塔拉里戈和肖恩・威倫茨）致以最衷心的感謝，我們共同度過了難忘的一年。

從多倫多到倫敦，從京斯頓到拿索，我幸運地受到了不少熱情接待，特別感謝斯蒂芬・阿拉尼亞、理查・伯克、西蒙・迪基，以及我在倫敦的好友和過於頻繁叨擾的主人邁克爾・德雷瑟和馬丁・雷丁、朱利安・加德納及其家人歡迎我前往卡斯甘傑的招待讓我記憶尤深。如果沒有弗雷迪・「沙巴卡」・科爾、阿米娜塔・福納、彼得・漢森—阿爾普、阿爾法・卡努、阿布・柯洛馬、菲力浦・米謝維奇、喬・奧帕拉、瓊・卡特・佩里大使、丹納・範・勃蘭特和鄉村酒店的每一個人的極大幫助，我在獅子山的研究工作不可能完成得如此順利。

克諾夫出版公司的卡羅爾・詹韋再次用她明智的出版建議為這本書增色不少。還要感謝極其能幹的里茲・李在出版過程中的統籌管理，以及克諾夫公司出色的印製團隊的敬業和耐心。在哈珀出版公司，我特別開心能再度由我的老朋友阿拉貝拉・派克來負責出版我的書；並感謝索菲・古爾登、海倫・艾利絲和其他在哈珀參與本項目之人的貢獻，還要感謝米茨・安傑爾早期的參與。如果沒有了不起的安德魯・懷利，以及他在大西洋兩岸的龐大團隊，這本書大概根本不會問世。

在整個項目進行過程中，我總是想方設法與同為歷史學家的朋友們交談，從中獲得啟發和快樂，有傑佛瑞・奧爾巴赫、邁克爾・多德森、理查・德雷頓、弗朗索瓦・弗斯滕伯格、杜爾瓦・高希、埃文・黑費利、大衛・漢考克、洛倫茨・呂蒂、菲力浦・斯特恩、羅伯特・特拉弗斯——還有已故的斯蒂芬・韋拉，我們都很想念他。威廉・達爾林普爾對本專案信心十足，他是我的老朋友和寫作的榜樣，讓我學到了很多。我在夏洛特維爾、紐約和劍橋都有很多情投意合的同伴，像努里・阿克古爾、薩布里・阿特斯、道格拉斯・福德姆、希蘭・加斯頓、薩姆・哈茲爾比、葛蘭・霍羅威茨、安迪・朱伊特、亞當・基爾希、里米・霍爾澤・基爾希、約翰・內梅茨、巴沙拉特·皮爾、巴哈爾·拉希迪、阿納尼婭·瓦傑佩伊和海迪·福斯庫爾。

我大概要寫一本書的篇幅才能感謝以下人士，他們透過網際網路、透過電波，從數不清的地方給予我持久而珍貴的友誼：鄧肯·切斯尼、安娜·戴爾、喬賽亞·奧斯古德、馬可·羅思、內爾·薩菲爾、傑西·斯科特、柯克·斯溫哈特、梅甘·威廉斯、納賽爾·札卡里亞和朱莉·齊克赫曼。的確，如果不是柯克在我上研究生院的第一周介紹我去閱讀和研究莫莉和約瑟·布蘭特，我大概永遠不會想出這樣一個研究課題。我只能希望未來有足夠的機會讓我至少能夠回報這些點滴累積起來的善意。

這本書寫到了很多妻離子散、顛沛流離的故事，這個主題之所以吸引我，部分原因想必是我自己的混血和移民背景。因此想到我寫完這本書時，最親近的家人全都住在附近，真覺得那是歷史的奇妙巧合。艾倫、魯巴和尼娜總是能給我新鮮的視角，也讓我在寫作之餘，有了很多與家人共度時光的消遣。我的父母傑伊和希拉再一次成為我家中的可靠後盾（從做家常飯到編輯建議，再到書名）還給了我無盡的理解和支持。很遺憾，我的祖母和外祖母伊蒂絲·加薩諾夫和卡瑪拉·森在本書撰寫之前就結束了她們的生命之旅。她們年輕時在世界其他地方的故事曾激發了我說故事的直覺，謹以此書紀念她們。

注釋

縮略語表

AO 安大略省檔案館，多倫多
APAC 大英圖書館亞洲、太平洋和非洲藏書，倫敦
BL 大英圖書館手稿部，倫敦
DNB 《牛津國內名人詞典》，線上版，http://www.oxforddnb.com
LAC 加拿大圖書和檔案館，渥太華
LOC 國會圖書館，美國首都華盛頓
NA 國家檔案館〔聯合王國〕，基尤
NAB 巴哈馬國家檔案館，拿索
NAJ 牙買加國家檔案館，西班牙鎮
NASL 獅子山國家檔案股，自由城
NBM 新不倫瑞克博物館，聖約翰
NLJ 牙買加國家圖書館，京斯敦
NYHS 紐約歷史學會，紐約
NYPL 紐約公共圖書館，紐約
PANB 新不倫瑞克省檔案館，聖約翰

PANS　新斯科舍省檔案館，哈利法克斯

RMC　加拿大皇家軍事學院梅西圖書館，安大略省京斯頓

UNB　新不倫瑞克大學哈里特・歐文圖書館，弗雷德里克頓

引言：一七八三年精神

1 該佇列順序整版刊印在一七八三年十一月二十四日的報紙上，「早期美國印刷品」系列一，第四四四二六號。除其他報紙報導外，見 *Pennsylvania Evening Post*, November 28, 1783, pp. 261-62。

2 整個過程中還有一個小差錯，美國士兵發現英國的皇家艦旗仍在喬治堡的旗竿上迎風飄揚。英國軍隊不但拒絕降下他們的旗幟：事實上還把它釘在了旗竿上，砍去了升降索，還在旗竿上抹了潤滑油。士兵們左搖右擺地試圖爬上旗竿，著實可笑地努力了幾次之後，一位動作敏捷的上尉終於用防滑釘爬了上去，扯下了那面挑釁的艦旗。James Riker, *"Evacuation Day," 1783, Its Many Stirring Events: with Recollections of Capt. John Van Arsdale of the Veteran Corps of Artillery* (New York: Printed for the Author, 1883).

3 Judith L. Van Buskirk, *Generous Enemies: Patriots and Loyalists in Revolutionary New York* (Philadelphia: University of Pennsylvania Press, 2002), p. 183.

4 祝酒辭刊登在 *Rivington's New-York Gazette*, November 26, 1783, p. 3.

5 *New-York Packet*, January 15, 1784, p. 3.

6 Clifton Hood, "An Unusable Past: Urban Elites, New York City's Evacuation Day, and the Transformations of Memory Culture," *Journal of Social History* 37, no. 4 (Summer 2004): 883-913.

7 當時一家報紙的報導評論了愛國者們不安地「悲欣交集」，一方面，撤離「讓千萬人喜上眉梢」，另一方面，「也有人不得不在一個風暴肆虐的季節啟程，在一個毫不舒服的地方尋找新的落腳之地，十分悲慘。」*New-York Packet*, January 15, 1784, p. 3.

8 歷史學家廣泛認可一七七五年殖民地人口的估計數字為二五〇萬。美國人口普查局估計在未來的一七八〇年美

國的人口可達到二七八萬，而一七九〇年進行的第一次美國人口普查記錄的人口數為三九、二九、六二五人。見 Robert V. Wells, "Population and Family in Early America," in Jack P. Greene and J. R. Pole, eds., *A Companion to the American Revolution* (Malden, Mass.: Blackwell Publishing, 2000), p. 41.

9 「雅各・貝利牧師解釋他發布政治通知的行為，」一七七五年三月一日，LOC: 雅各・貝利文件。又見 James S. Leamon, "The Parson, the Parson's Wife, and the Coming of the Revolution to Pownalborough, Maine," *New England Quarterly* 82, no. 3 (September 2009): 514-28.

10 William S. Bartlet, *The Frontier Missionary: A Memoir of the Life of the Rev. Jacob Bailey, A.M.* (Boston: Ide and Dutton, 1853), p. 111.

11 一七七八年八月二十六日雅各・貝利致 John Pickering，及一七七八年十一月二十四日雅各・貝利致【？】夫人，「一七七七年三月二十一日至一七七八年十二月三十日致各類人士的信件，」PANS: 雅各・貝利全宗，MG 1 (reel 14895), item 21, pp. 59-74, 112-14.

12 Bartlet, pp. 129-31. 雅各・貝利，「含有各類事件的日誌，」一七七九年六月二十一日，PANS: 雅各・貝利全宗，MG 1 (reel 14900), vol. IV, p. 13.

13 雅各・貝利，「含有各類事件的日誌，」一七七九年六月二十一日，PANS: 雅各・貝利全宗，MG 1 (reel 14900), vol. IV, pp. 6, 21-22.

14 對於理解革命時期的效忠派必不可少的兩本經典研究：Bernard Bailyn, *The Ordeal of Thomas Hutchinson* (Cambridge, Mass.: Harvard University Press, 1974) 和 Robert M. Calhoon, *The Loyalists in Revolutionary America, 1760-1781* (New York: Harcourt, Brace, Jovanovich, 1973). 關於非菁英階層的效忠派，見，如 Robert M. Calhoon, Timothy M. Barnes, and George A. Rawlyk, eds., *Loyalists and Community in North America* (Westport, Conn.: Greenwood Press, 1994); Joseph S. Tiedemann, Eugene R. Fingerhut, and Robert W. Venables, eds., *The Other Loyalists: Ordinary People, Royalism, and the Revolution in the Middle Colonies, 1763-1787* (Albany: State University of New York Press, 2009).

15 麻塞諸塞省總督湯瑪斯・哈欽森提到「托利」一詞「總有責備的意味。」引文出自 Wallace Brown, *The Good*

Americans: The Loyalists in the American Revolution (New York: Morrow, 1969), p. 30. 一個很好的類比是給法國遷出者貼上「貴族」標籤，而事實上他們根本不是什麼貴族。效忠派難民及其奴隸相當於美國人口的四十分之一，而法國革命時期遷出法國的人口數量接近二百分之一。

16 五分之一的估計數字是 Paul H. Smith 根據效忠派軍團的登記數字提出的：Paul H. Smith, "The American Loyalists: Notes on Their Organization and Numerical Strength," *William & Mary Quarterly* 25, no. 2 (April 1968): 259-77. 三分之一的數字常常被歷史學家用作標準，有時可追溯到約翰・亞當斯寫於一八一五年的一封信件，他在其中提出的論斷非常有名，說在革命之初，美國人口中有三分之一的效忠派，三分之一的愛國者，還有三分之一的人「相當溫和」。約翰・亞當斯致 James Lloyd，一八一五年一月，見約翰・亞當斯：*The Works of John Adams*, ed. Charles Francis Adams, 10 vols. (Boston: Little, Brown and Company, 1856), X, p. 110. 關於約翰・亞當斯在那封信件中提到的是美國革命還是法國革命，仍有爭論。不過在其他文件中，亞當斯重複了這一估計數字，說「殖民地約有三分之一的人反對革命」（引文出自 Thomas McKean 致亞當斯，一八一四年一月，見 Adams, X, p. 87），還說英國大臣們「誘騙了殖民地近三分之一的人」支持他們（亞當斯致 Dr. J. Morse，一八一五年十二月二十二日，見 Adams, X, p. 193）。在寫到一七七四年第一屆大陸會議的成員時，亞當斯說，「如果給他們一一畫像……現在可能就有一本漫畫冊了：三分之一托利，三分之一輝格，剩下的三分之一五花八門。」（約翰・亞當斯致湯瑪斯・傑弗遜，一八一三年十一月十二日，見 Adams, X, p. 79.）

17 近期的一份珍貴節選文字是 Jim Piecuch, *Three Peoples, One King: Loyalists, Indians, and Slaves in the Revolutionary South, 1775-1782* (Columbia: University of South Carolina Press, 2008).

18 試圖籠統歸納效忠派的社會和心理狀況的著作包括：William Nelson, *The American Tory* (Oxford: Oxford University Press, 1961); Kenneth S. Lynn, *A Divided People* (Westport, Conn.: Greenwood Press, 1977); N. E. H. Hull, Peter C. Hoffer, and Steven L. Allen, "Choosing Sides: A Quantitative Study of the Personality Determinants of Loyalist and Revolutionary Political Affiliation in New York," *Journal of American History* 65, no. 2 (September 1978): 344-66.

19 雖然把革命描述為內戰的做法並未深深嵌入美國公眾的意識，但各類歷史著作廣泛認可這一點，包括 John Shy,

A People Numerous and Armed: Reflections on the Military Struggle for American Independence, rev. ed. (Ann Arbor: University of Michigan Press, 1990), Kevin Phillips, *The Cousins' Wars: Religion, Politics, and the Triumph of Anglo-America* (New York: Basic Books, 1999). 又見 Robert M. Calhoon, "Civil, Revolutionary, or Partisan: The Loyalists and the Nature of the War for Independence," in Robert M. Calhoon et al., *The Loyalist Perception and Other Essays* (Columbia: University of South Carolina Press, 1989), pp. 147-62; Allan Kulikoff, "Revolutionary Violence and the Origins of American Democracy," *Journal of the Historical Society* 2, no. 2 (March 2002): 229-60.

20 因此，雖然 Barry Cahill 認為逃亡奴隸不一定擁有效忠派的意識形態，因而嚴重質疑將逃亡奴隸視為「效忠派」，我還是認為這些人應該被歸入效忠派難民之類。見 Barry Cahill, "The Black Loyalist Myth in Atlantic Canada," *Acadiensis* 29, no. 1 (Autumn 1999): 76-87; James W. St. G. Walker, "Myth, History and Revisionism: The Black Loyalists Revised," *Acadiensis* 29, no. 1 (Autumn 1999): 88-105.

21 本書從頭到尾的注釋中都引用了相關的區域文獻。不過有一份寶貴的論文把效忠派移民納入了更廣泛的大西洋背景：Keith Mason, "The American Loyalist Diaspora and the Reconfiguration of the British Atlantic World," in Peter Onuf and Eliga Gould, eds., *Empire and Nation: The American Revolution in the Atlantic World* (Baltimore: Johns Hopkins University Press, 2005), pp. 239-59.

22 Lorenzo Sabine, *The American Loyalists, or, Biographical Sketches of Adherents to the British Crown in the War of Revolution,* 1st ed. (Boston: Charles C. Little and James Brown, 1847), p. iii.

23 這種經典說法見 R. R. Palmer, *The Age of the Democratic Revolution: A Political History of Europe and America*, 2 vols. (Princeton, N.J.: Princeton University Press, 1959-64). 近期將美國歷史國際化的領先學術研究包括 David Armitage, *The Declaration of Independence: A Global History* (Cambridge, Mass.: Harvard University Press, 2007) 和 Thomas Bender, *A Nation Among Nations: America's Place in World History* (New York: Hill and Wang, 2006).

24 Peter Oliver 法官遠赴英格蘭時隨身攜帶著一個寶貴的家用糖盒，目前屬於 Winterthur 收藏品。（關於效忠派的物質文化，見 Katherine Rieder 的二〇〇九年哈佛博士論文。）新斯科舍總督約翰・溫特沃斯之妻 Frances Wentworth

在哈利法克斯使用的還是美國的食譜。("Memorandum of Cash Expended for the use of Mrs. Wentworth's House," September 1786, PANS: RG1, vol. 411 [reel 15457], item 10.) 約翰和威廉・查理斯・威爾斯在佛羅里達和巴哈馬群島使用印刷機。(Wilbur Henry Siebert, *Loyalists in East Florida, 1774 to 1785: The Most Important Documents Pertaining Thereto, Edited with an Accompanying Narrative*, 2 vols. [Deland: Florida State Historical Society, 1929], I, p. 189.)

25 我的意思並非這些原則都是在美國革命期間發展成形的；七年戰爭已經讓大英帝國成為無可爭議的多民族帝國，而這些特徵中有許多是在未來的法國革命拿破崙戰爭中闡明的。尤見 P. J. Marshall, *The Making and Unmaking of Empires: Britain, India, and America, c. 1750-1783* (Oxford: Oxford University Press, 2005), and C. A. Bayly, *Imperial Meridian: The British Empire and the World, 1780-1830* (London: Longman, 1989).

26 關於革命對大英帝國的諸多後果和影響，我的理解部分借鑑了：Marshall, *Making and Unmaking;* Eliga Gould, *The Persistence of Empire: British Political Culture in the Age of the American Revolution* (Chapel Hill: University of North Carolina Press, 2000); Stephen Conway, *The British Isles and the War of American Independence* (Oxford: Oxford University Press, 2000); H. T. Dickinson, ed., *Britain and the American Revolution* (Harlow: Addison Wesley Longman, 1998); Kathleen Wilson, *The Sense of the People: Politics, Culture, and Imperialism in England, 1715-1785* (Cambridge, U.K.: Cambridge University Press, 1995); Linda Colley, *Britons: Forging the Nation, 1707-1837* (New Haven, Conn.: Yale University Press, 1992); Christopher Leslie Brown, *Moral Capital: Foundations of British Abolitionism* (Chapel Hill: University of North Carolina Press, 2006).

27 Alan Frost, *The Precarious Life of James Mario Matra: Voyager with Cook, American Loyalist, Servant of Empire* (Carlton, Victoria: Miegunyah Press, 1995).

28 Jeremy Adelman, "An Age of Imperial Revolutions," *American Historical Review* 113, no. 2 (April 2008): 319-40. 早期曾有人對美國革命和法國革命進行了有趣的對比，認為前者是「防禦性」因而是合法的，而後者是「進攻性」，因而充滿暴力，見 Friedrich Gentz, *The Origin and Principles of the American Revolution, Compared with the Origin and Principles of the French Revolution* (Philadelphia: Asbury Dickins, 1800).

29 Cf. Peter S. Onuf, "Federalism, Democracy, and Liberty in the New American Nation," in Jack P. Greene, ed., *Exclusionary Empire: English Liberty Overseas, 1600-1900* (Cambridge, U.K.: Cambridge University Press, 2010), pp. 132-59; David C. Hendrickson, *Peace Pact: The Lost World of the American Founding* (Lawrence: University Press of Kansas, 2003); Alison LaCroix, *The Ideological Origins of American Federalism* (Cambridge, Mass.: Harvard University Press, 2010).

30 關於印度的憲政，見Robert Travers, *Ideology and Empire in Eighteenth-Century India: The British in Bengal* (Cambridge, U.K.: Cambridge University Press, 2007). 當然，美國制憲過程本身就是借鑑了英國的先例，見 Daniel J. Hulsebosch, *Constituting Empire: New York and the Transformation of Constitutionalism in the Atlantic World, 1664-1830* (Chapel Hill: University of North Carolina Press, 2005).

31 與蘇格蘭簽署的《一七〇七年合併法案》創建了「大不列顛聯合王國」，而與愛爾蘭簽署的《一八〇〇年合併法案》又把這個聯合王國擴大成為「大不列顛及愛爾蘭聯合王國」。這些「聯合」實體的先例或許是一五八一年締結的「荷蘭聯合省」之名，雖然美國人在構想《獨立宣言》時並沒有援引荷蘭人的例子：Armitage, pp. 42-44.

32 關於十八世紀大西洋世界的移民、奴隸制和革命，尤見 Bernard Bailyn, *The Peopling of British North America: An Introduction* (New York: Knopf, 1986); Bernard Bailyn, *Voyagers to the West: A Passage in the Peopling of British North America on the Eve of the Revolution* (New York: Knopf, 1986); Marcus Rediker and Peter Linebaugh, *The Many-Headed Hydra: Sailors, Slaves, Commoners, and the Hidden History of the Revolutionary Atlantic* (Boston: Beacon Press, 2000); Stephanie E. Smallwood, *Saltwater Slavery: A Middle Passage from Africa to American Diaspora* (Cambridge, Mass.: Harvard University Press, 2007); Alexander X. Byrd, *Captives and Voyagers: Black Migrants across the Eighteenth-Century British Atlantic World* (Baton Rouge: Louisiana State University Press, 2008); Sarah M. S. Pearsall, *Atlantic Families: Lives and Letters in the Later Eighteenth Century* (Oxford: Oxford University Press, 2008).

第一章：內戰

1 著名博物學家 William Bartram 稱之為：「我此生見到過的最壯觀的森林。」William Batram, *Travels through North*

and South Carolina, Georgia, East and West Florida (Philadelphia: James and Johnson, 1791), pp. 53-56, 259-62.

2《湯瑪斯．布朗陸軍中校的補充回憶錄》，拿索，一七八八年四月二十一日，NA: AO 13/34 (Part 1), f. 100.

3《湯瑪斯．布朗陸軍中校的補充回憶錄》，拿索，一七八八年四月二十一日，NA: AO 13/34 (Part 1), f. 100.

4 湯瑪斯．布朗致康沃利斯勛爵，一七八〇年七月十六日，NA: PRO 30/11/2, f. 308.

5 Edward J. Cashin, *The King's Ranger: Thomas Brown and the American Revolution on the Southern Frontier* (Athens: University of Georgia Press, 1989), pp. 28-29.

6 早在一七八四年，關於布朗的黑傳奇就被寫入了歷史書，即 Hugh McCall's *The History of Georgia* (Atlanta: A. B. Caldwell, 1909 [1784]), 十九世紀的知名歷史學家 Charles Colcock Jones 也支持這個故事。Jones 曾說「在這段謀殺、縱火、偷盜、殘忍和犯罪橫行的非常時期有過那麼多殘暴之人，罄竹難書，但其中最臭名昭著的當屬湯瑪斯．布朗。」Charles Colcock Jones Jr., *The History of Georgia*, 2 vols. (Boston: Houghton Mifflin, 1883), II, p. 475. 重新評價見 Cashin, passim; Bernard Bailyn, *Voyagers to the West: A Passage in the Peopling of America on the Eve of the Revolution* (New York: Vintage, 1988), pp. 555-58; Jim Piecuch, *Three Peoples, One King: Loyalists, Indians, and Slaves in the Revolutionary South, 1775-1782* (Columbia: University of South Carolina Press, 2008), pp. 4-5.

7 這些包括 Bernard Bailyn's classic *The Ideological Origins of the American Revolution* (Cambridge, Mass.: Harvard University Press, 1967) *and Gordon S. Wood, The Radicalism of the American Revolution* (New York: Knopf, 1991). 更粗暴的顛覆視角見，例如 Ray Raphael, *A People's History of the American Revolution: How Common People Shaped the Fight for Independence* (New York: New Press, 2001)*; Gary B. Nash, The Unknown American Revolution: The Unruly Birth of Democracy and the Struggle to Create America* (New York: Viking, 2005)*; T. H. Breen, American Insurgents, American Patriots: The Revolution of the People* (New York: Hill and Wang, 2010).

8 關於在這一時期效忠派的意義，一個很好的綜述見 Jerry Bannister and Liam Riordan, "Loyalism and the British Atlantic, 1660-1840," in Jerry Bannister and Liam Riordan, eds., *The Loyal Atlantic: Remaking the British Atlantic in the Revolutionary Era* (Toronto: University of Toronto Press, forthcoming 2011). 感謝 Jerry Bannister 贈送這篇論文的預備

稿給我閱讀。關於效忠派的意識形態，除其他外，見 Robert M. Calhoon et al., *The Loyalist Perception and Other Essays* (Columbia: University of South Carolina Press, 1989), Part I; Bernard Bailyn, *The Ordeal of Thomas Hutchinson* (Cambridge, Mass.: Harvard University Press, 1974); Carol Berkin, *Jonathan Sewall: Odyssey of an American Loyalist* (New York: Columbia University Press, 1974); John E. Ferling, *The Loyalist Mind: Joseph Galloway and the American Revolution* (University Park, Pa.: Pennsylvania State University Press, 1977); Janice Potter-MacKinnon, *The Liberty We Seek: Loyalist Ideology in Colonial New York and Massachusetts* (Cambridge, Mass.: Harvard University Press, 1983).

9 Bailyn, *Voyagers*, pp. 26, 552-53.

10 Benjamin H. Irvin, "Tar, Feathers, and the Enemies of American Liberties, 1768-1776," *New England Quarterly* 76, no. 2 (June 2003): 197-238.「自由之子」一詞最初被愛爾蘭出生的議員和「美國的朋友」Isaac Barré 用在一次反對《印花稅法案》的議會演講中。"Isaac Barré," q.v., *DNB*.

11 約翰．亞當斯，《約翰．亞當斯全集》，ed. Charles Francis Adams, 10 vols. (Boston: Little, Brown, and Company, 1865), II, pp. 363-64.

12 對加洛韋其人最好的論述見 Ferling, *The Loyalist Mind*.

13 加洛韋的演講全文見約瑟．加洛韋，*Historical and Political Reflections on the Rise and Progress of the American Rebellion* (London, 1780), pp. 70-81. 關於加洛韋聯盟計畫的全文，見 Worthington Chauncey Ford, ed., *Journals of the Continental Congress, 1774-89*, 4 vols. (Washington: Government Printing Office, 1904), pp. 49-51.

14 班傑明．富蘭克林致約瑟．加洛韋，一七七五年二月二十五日，見 Jared Sparks, ed., *The Works of Benjamin Franklin* (Chicago: Townsend McCoun, 1882), VIII, pp. 144-48.

15 富蘭克林在他繼《印花稅法案》爭議之後發表的一幅漫畫中傳達了類似的情緒，那幅漫畫把大英帝國畫成一個被肢解的女體，其被割下的四肢代表著殖民地。

16 Galloway, p. 81. 關於這場辯論，見約翰．亞當斯的紀錄：Adams, II, pp. 387-91.

17 Adams, II, p. 390.

18 Ferling, p. 26. 似乎沒有現存資料顯示哪些殖民地投了贊成票和反對票。加洛韋聲稱關於他的計畫的辯論被從國會紀錄中有意「刪去」了，使得後代對它一無所知。不過這一疏忽有可能是程序原因，見 Robert M. Calhoon, " 'I Have Deduced Your Rights': Joseph Galloway's Concept of His Role, 1774-1775," in Calhoon et al., p. 89.

19 "Declaration and Resolves of the First Continental Congress," 耶魯大學法學院阿瓦隆計畫，http://avalon.law.yale.edu/18th_century/resolves.asp，二〇〇九年十月七日訪問。

20 這個短語出自愛默生一八三七年的詩作〈康科特頌〉（"Concord Hymn"），但第一槍是在列星敦打響的。

21 關於這場戰爭對英國人身分的後果，尤見 Dror Wahrman, "The English Problem of Identity in the American Revolution," *American Historical Review* 106, no. 4 (October 2001): 1236-62; Stephen Conway, "From Fellow Nationals to Foreigners: British Perceptions of the Americans, circa 1739-1783," *William & Mary Quarterly* 59, no. 1 (January 2002): 65-100; Linda Colley, *Britons: Forging the Nation* (New Haven, Conn.: Yale University Press, 1992), pp. 137-45.

22 Rick J. Ashton, "The Loyalist Congressmen of New York," *New-York Historical Society Quarterly* 60, no. 1 (January-April 1976): 95-106. 又見 Joseph S. Tiedemann, *Reluctant Revolutionaries: New York City and the Road to Independence, 1763-1776* (Ithaca, N.Y.: Cornell University Press, 1997).

23 有記錄的案件清單，見 Irvin, pp. 233-37.

24 凱薩琳・斯金納・魯賓遜，《魯賓遜夫人回憶錄》(London: Barrett, Sons and Co., Printers, 1842), pp. 19-20.（我在 LAC 找到了這本私人印製的書籍：凱薩琳・魯賓遜女士全宗，微縮膠捲 A-1985）"Cortlandt Skinner," q.v., *DNB*.

25 關於撤離波士頓，見 David McCullough, *1776* (New York: Simon and Schuster, 2005), pp. 97-105; Piers Mackesy, *The War for America, 1775-83* (Cambridge, Mass.: Harvard University Press, 1964), p. 80. 一份包括 926 人的波士頓撤離者名單見 Samuel Curwen, *The Journal and Letters of Samuel Curwen, 1775-1783*, ed. George Atkinson Ward (Boston: Little, Brown and Company, 1864), pp. 485-88.

26 引自 Lorenzo Sabine, *The American Loyalists: Or, Biographical Sketches of Adherents to the British Crown in the War of the Revolution* (Boston: Charles C. Little and James Brown, 1847), p. 14.

27 查爾斯・英格利斯，《公正地說，北美的真正利益所在，對一本名為〈常識〉的小冊子的某些批駁》(Philadelphia: James Humphreys, 1776), pp. vi, 34, 51.

28 [Inglis], p. vi.

29 Isaac Kramnick, "Editor's Introduction," 見 Thomas Paine, *Common Sense*, ed. Isaac Kramnick (New York: Penguin, 1986), pp. 8-9. 但更保守的出版估計見 Trish Loughran, *The Republic in Print: Print Culture in the Age of U.S. Nation-Building* (New York: Columbia University Press, 2007), pp. 33-58.

30 查爾斯・英格利斯，"Breif [sic] Notes or Memoirs of Public & various Other Transactions: Taken to assist my Memory, & begun Jan. 1775," February 20, April 4, May 8, June 14, June 22, 1776, LAC: 查爾斯・英格利斯及其家族全宗，Microfilm A-710. 在紐約焚燒的英格利斯的小冊子是《公正地說，北美的真正利益所在，對一本名為〈常識〉的小冊子的某些批駁》的早期版本 (New York: Samuel Loudon, 1776).

31 Brendan McConville, *The King's Three Faces: The Rise and Fall of Royal America, 1688-1776* (Chapel Hill: University of North Carolina Press, 2006), pp. 306-11. 關於鮑靈格林，見 Inglis, "Breif Notes," July 9, 1776, LAC: 查爾斯・英格利斯及其家族全宗，Microfilm A-710; and Holger Hoock, *Empires of the Imagination: Politics, War, and the Arts in the British World, 1750-1850* (London: Profile Books, 2010), pp. 49-54.

32 引自 Judith L. Van Buskirk, *Generous Enemies: Patriots and Loyalists in Revolutionary New York* (Philadelphia: University of Pennsylvania Press, 2002), p. 18.

33 早在戰鬥開始之前，他們就已經划船駛向艦隊去尋求保護了：Thomas Moffat Diary, July 3, July 8, August 6, November 23-24, December 1, 1776, LOC.

34 Mary Beth Norton, *The British-Americans: The Loyalist Exiles in England, 1774-1789* (London: Constable, 1974), p. 32. 關於效忠派在紐約的更宏觀背景，以及對該殖民地效忠派實力的評估，見 Philip Ranlet, *The New York Loyalists* (Knoxville: University of Tennessee Press, 1986).

35 Benjamin L. Carp, "The Night the Yankees Burned Broadway: The New York City Fire of 1776," *Early American Studies* 4,

no. 2 (Fall 2006): 471-511.

36 關於效忠派與英國的關係，見 Van Buskirk, 特別是第一章，以及 Ruma Chopra, “New Yorkers’ Vision of Reunion with the British Empire: ‘Quicken Others by our Example,’ ” Working Paper 08-02, International Seminar on the History of the Atlantic World, Harvard University, 2008.

37 《效忠派依附宣言》，一七七六年十一月二十五日，NYHS.

38 R. W. G. Vail, “The Loyalist Declaration of Dependence of November 28, 1776,” *New-York Historical Society Quarterly* 31, no. 2 (April 1947): 68-71. 我還參考了由紐約歷史學會編纂的加注版《一七七六年十一月二十八日紐約〈效忠派依附宣言〉簽名者轉錄抄本和部分名單》（“Transcription and Partial List of the Signatories of the New York Loyalist Declaration of Dependence of November 28, 1776”）。

39 弗里德里克・菲力浦斯・魯賓遜爵士的日記，RMC, p. 5.

40 “Minutes of the Committee for Detecting Conspiracies,” February 22, 1777, Richard B. Morris, ed., *John Jay: The Making of a Revolutionary; Unpublished Papers, 1745-1780* (New York: Harper and Row, 1975), p. 348.

41 貝弗利・魯賓遜致約翰・傑伊，一七七七年三月四日，見 Morris, ed., pp. 349-50.

42 Aaron Nathan Coleman, “Loyalists in War, Americans in Peace: The Reintegration of the Loyalists, 1775-1800” (Ph.D. dissertation, University of Kentucky, 2008), pp. 41-52, 246-48.

43 傑伊致蘇珊娜・菲力浦斯・魯賓遜，一七七七年三月二十一日，見 Morris, ed., pp. 352-54.

44 弗雷德里克・菲力浦斯・魯賓遜爵士的日記，RMC, p. 6.

45 Charles A. Campbell, “Robinson’s House in the Hudson Highlands: The Headquarters of Washington,” *Magazine of American History* 4 (February 1880): 109-17.

46 Colin G. Calloway, *The American Revolution in Indian Country: Crisis and Diversity in Native American Communities* (Cambridge, Mass.: Cambridge University Press, 1995). 關於印第安人參與革命的更長期的背景，見 Richard White, *The Middle Ground: Indians, Empires, and Republics in the Great Lakes Region, 1650-1815* (Cambridge, U.K.: Cambridge

University Press, 1991).

47 關於將美國革命看作邊境戰爭，見 Patrick Griffin, *American Leviathan: Empire, Nation, and Revolutionary Frontier* (New York: Hill and Wang, 2007).

48 關於印第安戰爭對塑造早期美國身分的決定性影響，見 Peter Silver, *Our Savage Neighbors: How Indian War Transformed Early America* (New York: Norton, 2008); Jill Lepore, *The Name of War: King Philip's War and the Origins of American Identity* (New York: Knopf, 1998).

49 布朗致康沃利斯，一七八〇年七月十六日，NA: PRO 30/11/2, f. 308.

50 Karim M. Tiro, "The Dilemmas of Alliance: The Oneida Indian Nation in the American Revolution," in John Resch and Walter Sargent, eds., *War and Society in the American Revolution: Mobilization and Home Fronts* (DeKalb: Northern Illinois University Press, 2007), pp. 215-34.

51 丹尼爾．克勞斯致弗雷德里克．哈爾迪曼德，一七七九年八月三十日，BL: Add. Mss. 21774, f. 58.

52 "Hannah Lawrence Schieffelin 婚後致父母的第一封信。一七八〇年十二月四日從尼加拉大瀑布對面的海軍大廳寫給她人在紐約的父親約翰．勞倫斯 "NYPL: Schieffelin Family Papers, Box 1.

53 《根據沒收法作出判決的效忠派名單》，NYPL.

54 "Sir William Johnson," q.v., *DNB;* Alan Taylor, *The Divided Ground*, pp. 3-45. 我對詹森家族和布蘭特家族的理解在很大程度上借鑑了 Kirk Davis Swinehart 的研究：見 "This Wild Place: Sir William Johnson Among the Mohawks, 1715-1783" (Ph.D. dissertation, Yale University, 2002) and Kirk Davis Swinehart, "Object Lessons: Indians, Objects, and Revolution," *Common-Place* 2, no. 3 (April 2002), http://www.historycooperative.org/journals/cp/vol-02/no-03/lessons/，二〇〇九年十二月三十日訪問。

55 William Leete Stone, *Life of Joseph Brant* (*Thayendanegea*), 2 vols. (Albany, N.Y.: J. Munsell, 1865), II, p. 247.

56 Taylor, p. 75; Charles Inglis, "Journal of Occurrences, beginning, Wednesday, October 13, 1785," October 13, 1785, LAC: 查爾斯．英格利斯及其家族全宗，Microfilm A-709.

57 *The London Magazine 46 (July 1776).*

58 Barbara Graymont, *The Iroquois in the American Revolution* (Syracuse, N.Y.: Syracuse University Press, 1972), pp. 146-49.

59 Linda Colley, *Captives: Britain, Empire and the World, 1600-1850* (London: Jonathan Cape, 2002), pp. 228-31.

60 Mackesy, pp. 130-41.

61 這些立法措施的總結，見 Claude Halstead Van Tyne, *The Loyalists in the American Revolution* (New York: Macmillan, 1902), appendices B and C, pp. 318-41.

62 克勞斯致哈爾迪曼德，一七七九年八月三十日，BL: Add. Mss. 21774, ff. 57-58.

63 *Charles H. Lesser, ed., The Sinews of Independence: Monthly Strength Reports of the Continental Army* (Chicago: University of Chicago Press, 1976).

64 Andrew Jackson O'Shaughnessy, *An Empire Divided: The American Revolution and the British Caribbean* (Philadelphia: University of Pennsylvania Press, 2000); *Jack P. Greene, Pursuits of Happiness: The Social Development of the Early Modern British Colonies and the Formation of American Culture* (Chapel Hill: University of North Carolina Press, 1988).

65 伊莉莎白・利希藤斯坦・約翰斯頓，《一個喬治亞效忠派的回憶錄》(New York: M. F. Mansfield and Company, 1901), pp. 41, 45-46. Memorial of John Lightenstone, NA: AO 13/36B, Georgia H-M, f. 441.

66 約翰斯頓，pp. 48-49, 52.

67 約翰・格雷厄姆致威廉・諾克斯，一七七九年三月八日，NA: AO 13/36A, Georgia H-M, ff. 69-70.

68 Johnston, pp. 52-57. 威廉學生時代的古怪行為讓他收到了父親很多責備的來信；見路易斯・約翰斯頓致威廉・馬丁・約翰斯頓，一七七三年七月十七日，一七七三年九月六日，一七七三年十一月十七日，一七七四年二月五日，一七七四年七月十五日，PANS: Almon Family Papers, reel 10362.

69 約翰斯頓對圍城的紀錄相當凌亂；約翰斯頓，pp. 57-63. 又見 Mackesy, pp. 277-78.

70 Alexander Chesney, *The Journal of Alexander Chesney, a South Carolina Loyalist in the Revolution and After*, ed. E. Alfred Jones (Columbus: Ohio State University Press, 1921), p. 10; Mackesy, pp. 340-43.

71《威廉・查爾斯・威爾斯醫學博士自己撰寫的回憶錄》，見威廉・查爾斯・威爾斯，*Two Essays: One upon Single Vision with Two Eyes; the Other on Dew* (London: Printed for Archibald Constable and Co., 1818), p. xviii. 有一位約翰・威爾斯於一七八〇年六月二十四日簽署了一份效忠證書，還有一位小約翰・威爾斯於一七八〇年六月二十三日簽署。NA: CO 5/527.

72 NA: CO 5/527. 這是查爾斯頓的好幾卷效忠宣誓書中的一卷。

73 例如，見克魯登關於被扣押的愛國者地產的聲明，見 *Pennsylvania Packet*, January 20, 1781, p. 3.

74 Johnston, pp. 64-66.

75 Cashin, pp. 114-19; Jones, II, pp. 455-59; McCall, pp. 483-87. 安德魯・約翰斯頓的訃告可線上查閱：http://www.royalprovincial.com/military/rhist/kcarrng/kcrngobit.htm，二〇〇九年十月七日訪問。

76 Cashin 認為金斯芒廷戰役作為南方戰爭的一個轉捩點，源於奧古斯塔圍城。Cashin, pp. 120-21.

77 將美國革命詮釋為一場關於奴隸制和黑人解放的戰爭的里程碑式解讀，見 Sylvia R. Frey, *Water from the Rock: Black Resistance in a Revolutionary Age* (Princeton, N.J.: Princeton University Press, 1991).

78《大衛・喬治先生生平紀錄……》重印於 Vincent Carretta, ed., *Unchained Voices: An Anthology of Black Authors in the English-Speaking World of the Eighteenth Century* (Lexington: University of Kentucky Press, 1996), pp. 333-34.

79 威廉斯堡的市政官員立即向鄧莫爾提出了書面抗議，重印於各個殖民地報紙上，例如 *Newport Mercury*, May 15, 1775, p. 2.

80 James Corbett David, "A Refugee's Revolution: Lord Dunmore and the Floating Town, 1775-1776," Working Paper 08-04, International Seminar on the History of the Atlantic World, Harvard University, 2008.

81 *Pennsylvania Evening Post*, November 4, 1775, Supplement, p. 507. 同一份報紙早先還嘲笑了鄧莫爾的海上行動：「我們聽說鄧莫爾勛爵一直（像該隱一樣）在海上漂流，上一次風暴發生之時，他漂流到了詹姆斯河。」(*Pennsylvania Evening Post*, September 19, 1775, p. 426.)

82 Philip Morgan and Andrew Jackson O'Shaughnessy, "Arming Slaves in the American Revolution," in Christopher Leslie

Brown and Philip Morgan, eds., *Arming Slaves: From Classical Times to the Modern Age* (New Haven, Conn.: Yale University Press, 2006), pp. 188-89; Frey, pp. 49-80. 奴隸們本人也曾好幾次引述國王打算解放他們的謠言，為自己的叛逃行為辯護：McConville, pp. 175-82.

83 一七七五年十一月七日〈公告〉，Early American Imprints, Series 1, no. 14592.

84 Cassandra Pybus, *Epic Journeys of Freedom: Runaway Slaves of the American Revolution and Their Global Quest for Liberty* (Boston: Beacon Press, 2006), pp. 13-20; Cassandra Pybus, "Jefferson's Faulty Math: The Question of Slave Defections in the American Revolution," *William & Mary Quarterly* 62, no. 2 (April 2005): paras. 11-15.

85 阿奇博爾德・坎貝爾，《遠征討伐喬治亞叛軍日誌》，ed. and intr. Colin Campbell (Darien, Ga.: Ashantilly Press, 1981), pp. 52-53. 收到加爾芬的善意提議之後，坎貝爾把奴隸們送到薩凡納「由加爾芬先生看管，以便他繼續對我們保持友好。」加爾芬於次年去世。

86 《大衛・喬治先生生平紀錄》，見 Carretta, ed., pp. 334-36; Pybus, *Epic Journeys*, pp. 38-40; Walter H. Brooks, *The Silver Bluff Church: A History of Negro Baptist Churches in America* (Washington, D.C.: R. L. Pendleton, 1910).

87 Morgan and O'Shaughnessy, p. 191. 施蒂勒的書面證詞轉載於如下網址：http://www.royalprovincial.com/Military/rhist/blkpion/blklet4.htm，二〇一〇年九月十一日訪問。

88 Mackesy, pp. 409-12.

89 Elizabeth A. Fenn, *Pox Americana: The Great Smallpox Epidemic of 1775-82* (New York: Hill and Wang, 2001), pp. 126-33; Pybus, *Epic Journeys*, pp. 49-51.

90 康沃利斯致亨利・克林頓爵士，一七八一年九月十六日，NA: PRO 30/11/74, f. 91.

91 愛國者們把康沃利斯驅逐傷病員解讀為生物戰行為：Fenn, pp. 131-32.

92 康沃利斯致克林頓，一七八一年十月二十日，NA: PRO 30/11/74, ff. 106-10; Henry Dearborn Diary, October 16 and 17, 1781, NYPL; Pybus, *Epic Journeys*, pp. 51-53; Johann Ewald, *Diary of the American War: A Hessian Journal*, trans. and ed. Joseph P. Tustin (New Haven, Conn.: Yale University Press, 1979), pp. 334-37.

93 投降條款出版於 *Pennsylvania Packet*, October 25, 1781, p. 3.

94 關於這首民謠及其後世改編，見 Christopher Hill, *The World Turned Upside Down: Radical Ideas during the English Revolution* (London: Penguin, 1991), pp. 379-81.

95 Articles of Capitulation "Done in the Trenches before York," October 19, 1781, NA: PRO 30/11/74, ff. 128-32.

第二章：惶惶不安的和平

1 Nathaniel William Wraxall, *Historical Memoirs of My Own Time* (London: Kegan, Paul, Trench, Trübner and Co., 1904), p. 398.

2 William Smith, *Historical Memoirs of William Smith, 1778-1783*, ed. W. H. W. Sabine (New York: New York Times and Arno Press, 1971), p. 461.

3 Smith, pp. 461-63.

4 Simon Schama, *Rough Crossings: Britain, the Slaves, and the American Revolution* (London: BBC Books, 2005), pp. 124-25. 約翰・克魯登致鄧莫爾勛爵，一七八二年一月五日，NA: CO 5/175.（感謝 Jim David 給了我這份檔案的副本。）一七八二年四月，威廉・史密斯聽說鄧莫爾仍在討論「以自由承諾為交換條件，聚集幾個黑人兵團。」Smith, p. 497.

5 Robert M. Calhoon, " 'The Constitution Ought to Bend': William Smith Jr.'s Alternative to the American Revolution," 見 Robert M. Calhoon et al., *The Loyalist Perception and Other Essays* (Columbia: University of South Carolina Press, 1989), pp. 14-27.

6 對這些和平倡議的重要的重新評估，見 Andrew Jackson O'Shaughnessy, "Lord North and Conciliation with America," 未出版手稿。

7 英王喬治三世致諾斯勛爵，一七八二年一月二十一日，*The Correspondence of King George the Third with Lord North from 1768 to 1783*, ed. W. Bodham Donne, 2 vols. (London: John Murray, 1867), II, pp. 403-4.

8 關於這些事件，見 Ian R. Christie, *The End of Lord North's Ministry, 1780-82* (London: Macmillan, 1958); John Cannon, *The Fox-North Coalition: Crisis of the Constitution, 1782-84* (London: Cambridge University Press, 1969).

9 一七八二年二月二十二日的辯論，*Cobbett's Parliamentary History of England*, 36 vols. (London: R. Bagshaw, 1806-20), XXII, columns 1028-29.

10 一七八二年二月二十七日的辯論，*Parliamentary History*, XXII, columns 1071, 1085.

11 一七八二年三月十五日的辯論，*Parliamentary History*, XXII, column 1199.

12 Horace Walpole, *Journal of the Reign of King George the Third from the Year 1771 to 1783, 2 vols.* (London: Richard Bentley, 1859), II, p. 521.

13 Walpole, p. 500.

14 關於卡爾頓的早期職業生涯，見 Paul David Nelson, *General Sir Guy Carleton, Lord Dorchester: Soldier-Statesman of Early British Canada* (Madison, N.J.: Fairleigh Dickinson University Press, 2000), pp. 17-27.

15 引自 Nelson, pp. 45-46.

16 引自 Nelson, p. 55.

17 Philip Lawson, *The Imperial Challenge: Quebec and Britain in the Age of the American Revolution* (Montreal: McGill-Queen's University Press, 1989). 又見 Hilda Neatby, *Quebec: The Revolutionary Age, 1760-1791* (Toronto: McClelland and Stewart, 1966), chapter 9.

18 Nelson, pp. 58-60.

19 Neatby, chapter 10.

20 Nelson, p. 136; Neatby, pp. 151-52.

21 引文出自 Nelson, p. 102.

22 Christie, pp. 291-94.

23 Nelson, pp. 142-43.

24 我從以下書籍中獲取了關於威廉和班傑明・富蘭克林的生平資料：Sheila L. Skemp, *William Franklin: Son of a Patriot, Servant of a King* (New York: Oxford University Press, 1990); Sheila L. Skemp, *Benjamin and William Franklin: Father and Son, Patriot and Loyalist* (Boston: Bedford Books of St. Martin's Press, 1994); Walter Isaacson, *Benjamin Franklin: An American Life* (New York: Simon and Schuster, 2003).

25 與效忠派聯合委員會有關的備忘錄和其他文件，見 NA: CO 5/82, ff. 23-88, 178-203.

26 Skemp, *William Franklin*, pp. 256-63; Smith, pp. 499-521 passim; Schama, pp. 141-44; Nelson, pp. 152-55.

27 Smith, p. 545; Skemp, *William Franklin*, pp. 263-66.

28 丹尼爾・克勞斯致弗雷德里克・哈爾迪曼德，一七七九年八月三十日，BL: Add. Mss. 21774, f. 58.

29 關於這些後來的戰役，見 Barbara Graymont, *The Iroquois in the American Revolution* (Syracuse, N.Y.: Syracuse University Press, 1972), pp. 192-258.

30 "Return of Prisoners & Killed, by the Different Partys under the Direction of Captain Brant, In Augt. 1780—of Col. Johnsons Departmt," BL: Add. Mss. 21769, f. 70.

31 Peter Silver, *Our Savage Neighbors: How Indian War Transformed Early America* (New York: W. W. Norton, 2008), pp. 268-74. 很少有白人在聽說了印第安人的報復行動之後能夠輕易原諒他們。德拉瓦人曾抓到一名美國上校，酷刑折磨致死：用燒紅的木棍在他身上鑿洞，迫使他在燒熱的煤炭上行走，對著他點燃爆管，直到他「祈求……一位袖手旁觀的白人變節者給他一槍，但那人說，『你沒看見嗎，我手裡沒槍。』」他很快就被剝了頭皮，他們把灰燼和煤炭鏟在他的身上，他在裡面扭動著，直到停止呼吸。William Croghan 少校致 William Davies 上校，皮特堡，一七八二年七月六日，LAC: William A. Smy Collection, MG31 G36.

32 Edward J. Cashin, *The King's Ranger: Thomas Brown and the American Revolution on the Southern Frontier* (New York: Fordham University Press, 1999), pp. 143-44; Hugh McCall, *The History of Georgia* (Atlanta: A. B. Caldwell, 1909 [1784]), pp. 532-33; Elizabeth Lichtenstein Johnston, *Recollections of a Georgia Loyalist* (New York: M. F. Mansfield and Company, 1901), pp. 69-73.

33 William Moultrie, *Memoirs of the American Revolution: So Far as It Related to the States of North and South Carolina and Georgia, 2 vols.* (New York: David Longworth, 1802), II, p. 336.

34 David Fanning, *The Adventures of David Fanning in the American Revolutionary War*, ed. A. W. Savary (Ottawa: Golden Dog Press, 1983).

35 Moultrie, II, p. 355. 這些約克敦戰役後的交戰情況，詳細描寫見 Jim Piecuch, *Three Peoples, One King: Loyalists, Indians, and Slaves in the Revolutionary South* (Columbia: University of South Carolina Press, 2008), pp.272-327.

36 Cashin, pp. 150-53.

37 蓋伊・卡爾頓爵士致亞歷山大・萊斯利，一七八二年七月十五日，引自 *Report on American Manuscripts in the Royal Institution of Great Britain*, 4 vols. (London: HMSO, 1904), III, p. 19.

38 卡爾頓爵士致萊斯利，一七八二年五月二十三日，NYPL: Alexander Leslie Letterbook.

39 萊斯利致阿留雷德・克拉克，一七八二年六月四日，以及萊斯利致詹姆斯・賴特爵士，一七八二年六月四日，NYPL: Alexander Leslie Letterbook.

40 懷特致謝爾本勳爵，一七八二年九月，引自 Charles Colcock Jones, *The History of Georgia*, 2 vols. (Boston: Houghton Mifflin Company, 1883), II, p. 526.

41 懷特致卡爾頓，一七八二年七月六日，引自 *Report on American Manuscripts*, III, p. 11.

42 "To the Citizens of Charles-Town, South-Carolina," August 9, 1782, LOC: "American Papers Respecting the Evacuation of Charlestown 1782," George Chalmers Collection.

43 Piecuch, pp. 292-98.

44 關於南卡羅來納的法案：Thomas Cooper, ed., *The Statutes at Large of South Carolina* (Columbia, S.C.: A. S. Johnston, 1838), IV, pp. 516-23. 這些名稱刊登在 *Royal Gazette* (Charleston), March 20, 1782. 關於喬治亞的法案（這裡引用了原文）：Allen D. Candler, ed., *The Revolutionary Records of the State of Georgia* (Augusta, Ga.: Franklin-Turner Company, 1908), I, pp. 373-97; Robert S. Lambert, "The Confiscation of Loyalist Property in Georgia, 1782-1786," *William & Mary*

Quarterly 20, no. 1 (January 1963): 80-94.

45 Jones, II, pp. 516-17.

46 "Proceedings of the Merchants & Citizens of Charlestown upon a Report that the Garrison was shortly to be evacuated; with the Letters and other Papers which passed between them Genls. Leslie, Govr Mathews &c," LOC: "American Papers Respecting the Evacuation of Charlestown 1782," George Chalmers Collection.

47 Moultrie, II, p. 279; Lambert, p. 230. 接受發放現金的難民名單，見Murtie June Clark, *Loyalists in the Southern Campaign of the Revolutionary War*, 3 vols. (Baltimore: Genealogical Publishing Company, 1981), I, pp. 512-29.

48 Thomas Paine, *Common Sense* (New York: Penguin, 1986), p. 120. Fanning, p. 60.

49 派翠克・托寧致喬治・傑曼勛爵，一七八二年五月一日，NA: CO 5/560, p. 421.

50 "Address of the Upper and Commons Houses of Assembly to Lieut. Gen. Alexander Leslie," June 16, 1782, 引自 *Report on American Manuscripts*, II, p. 527; 托寧致卡爾頓，一七八二年六月二十和二十一日 (*Report on American Manuscripts*, II, p. 529, p. 531). 又見州議會致托寧，一七八二年六月十九日，NA: CO 5/560, p. 752.

51 萊斯利致卡爾頓，一七八二年六月二十八日，NYPL: Alexander Leslie Letterbook.

52 Henry Nase Diary, July 11, 1782, NBM, p. 13.

53 "An Account of Several Baptist Churches, consisting chiefly of Negro Slaves: particularly of one at Kingston, in Jamaica; and another at Savannah, in Georgia," reprinted in Vincent Carretta, ed., *Unchained Voices: An Anthology of Black Authors in the English-Speaking World of the Eighteenth Century* (Lexington: University of Kentucky Press, 1996), pp. 326-27.

54 這些航海日期摘自 Henry Nase 的日記，一七八二年七月二十一二十七日，NBM, pp. 13-14.

55 Michael John Prokopow, " 'To the Torrid Zones': The Fortunes and Misfortunes of American Loyalists in the Anglo-Caribbean Basin, 1774-1801," (Ph.D. dissertation, Harvard University, 1996), pp. 17-20. 萊斯利曾請求卡爾頓派遣足夠的運輸力量運送五十位白人和一千九百位黑人前往牙買加。萊斯利致卡爾頓，一七八二年七月六日，NYPL: Alexander Leslie Letterbook.

56 "Nathaniel Hall," q.v., "A List of Loyalists in Jamaica," NLJ: MS 1841, p. 14. 詹姆斯・賴特爵士的索賠見 *Report of Bureau of Archives*, II, p. 1306.

57 "A Return of Refugees, with their Negroes, who came to the Province of East Florida in consequence of the evacuation of the Province of Georgia," n.d., NA: CO 5/560, pp. 806-8.

58 約翰・格雷厄姆致卡爾頓，一七八二年七月二十日，引自 *Report on American Manuscripts*, III, p. 30. 當時的一份報紙報導聲稱布朗、他的一千二百名兵團士兵和三百位印第安人是與三千名黑人一起出發的。*New England Chronicle*, September 19, 1782, p. 3.

59 伊莉莎白・翰斯頓致威廉・約翰斯頓，一七八一年五月二十五日，PANS: Almon Family Papers, reel 10362.

60 威廉・約翰斯頓致約翰・利希藤斯坦，一七八一年五月二十日，PANS: Almon Family Papers, reel 10362.

61 伊莉莎白・約翰斯頓致威廉・約翰斯頓，一七八一年九月三日和九月二日，PANS: Almon Family Papers, reel 10362.

62 萊斯利致亨利・克林頓爵士，一七八二年三月二十七日，引自 *Report on American Manuscripts*, II, p. 434. 又見萊斯利致克林頓，一七八二年四月十七日，引自 *Report on American Manuscripts*, II, p. 457.

63 萊斯利致卡爾頓，一七八二年九月八日，NYPL: Alexander Leslie Letterbook.

64 Autobiography of Stephen Jarvis, NYHS, p. 78.

65 Henry Nase Diary, November 20, 1782, NBM, p. 15.

66 Clark, ed., I, pp. 545-50.

67 Lambert, p. 254. "Return of the Loyal Inhabitants within the British Lines at Charles Town South Carolina who have given in their names as intending to leave that Province...," August 29, 1782, *Report on American Manuscripts*, III, p. 97. Schama, p. 134.

68 萊斯利致卡爾頓，一七八二年六月二十七日，引自 *Report on American Manuscripts*, II, p. 544; 萊斯利致卡爾頓，一七八二年八月十六日，NYPL: Alexander lLeslie Letterbook.

69 卡爾頓致萊斯利，一七八二年七月十五日，引自 *Report on American Manuscripts*, III, p. 20.

70 萊斯利致卡爾頓，一七八二年八月十日，NYPL: Alexander Leslie Letterbook.

71 Samuel Rogers 致 Joseph Taylor，一七八二年五月一日，LOC: Lovering-Taylor Family Papers. 克魯登的父親威廉是位於考文特花園皇家法院的蘇格蘭長老會的一位牧師。“William Cruden,” q.v., *DNB;* Alexander Chesney, *The Journal of Alexander Chesney*, ed. E. Alfred Jones (Columbus: Ohio State University Press, 1921), p. 91.

72 John Cruden, *Report on the Management of the Estates Sequestered in South Carolina, by Order of Lord Cornwallis, in 1780-82,"* ed. Paul Leicester Ford (Brooklyn, N.Y.: Historical Printing Club, 1890), pp. 13-14. Jeffrey J. Crow, “What Price Loyalism? The Case of John Cruden, Commissioner of Sequestered Estates,” *North Carolina Historical Review* 58, no. 3 (July 1981): 215-33.

73 約翰・克魯登致 Robert Morris，一七八二年八月十五日，LOC: Lovering-Taylor Family Papers.

74 “Articles of a Treaty, Respecting Slaves within the *British* Lines, *British* Debts, Property secured by Family Settlements, &c.,” LOC: “American Papers Respecting the Evacuation of Charlestown 1782,” George Chalmers Collection.

75 萊斯利致卡爾頓，一七八二年十月十八日和十一月十八日，NYPL: Alexander Leslie Letterbook. 萊斯利致卡爾頓，「保密」，一七八二年十月十八日，引自 *Report on American Manuscripts*, III, pp. 175-76. Moultrie, II, pp. 343-52.

76 “Commission for the examination of Negroes,” n.d., NYPL: Alexander Leslie Letterbook.

77 Cassandra Pybus, *Epic Journeys of Freedom: Runaway Slaves of the American Revolution and Their Global Quest for Liberty* (Boston: Beacon Press, 2006), p. 60. Moultrie 等人認為總共從查爾斯頓帶走了兩萬五千名黑人，其中很多是非法帶走的。

78 Pybus, p. 59; “An Account of the Life of Mr. David George...,” in Carretta, ed., p. 336. Carretta 的注釋說喬治是和陸軍上將 James Patterson 一起前往新斯科舍的，但這麼說是沒有根據的：Patterson 這段時期一直在哈利法克斯，不可能是「P上將」。喬治在查爾斯頓有一位保護人，Pybus 和 Carretta 都說喬治是在十一月十九日出發的，但前往唯一有據可查的哈利法克斯的船隊似乎是在十月份啟航的，紀錄上實際的效忠派人數幾乎正好符合喬治估計的人數。

79 關於一七八二年十月二十日離開查爾斯頓前往哈利法克斯的效忠派人數的報導，見 *Report on American Manuscripts*, III, p. 179.

80 Henry Nase Diary, November 27 and 30, 1782, NBM. p. 15.

81 威廉・約翰斯頓接受任命加入「黑人調查委員會」，無日期，NYPL: Alexander Leslie Letterbook. Johnston, p. 74.

82 P. Traille 上將致 Martin 準將，一七八三年一月二十九日，NYPL: Carleton Papers, Box 29, no. 6835. 卡爾頓下令將鐘送回原處，因為那是被非法沒收的美國人的財產。

83 被撤離平民的正式報告刊印在 Joseph W. Barnwell, "The Evacuation of Charleston by the British," *South Carolina Historical and Genealogical Magazine 11*, no. 1 (January 1910): 26. 關於撤離命令，見 *Magazine of American History with Notes and Queries*, vol. 8 (New York: A. S. Barnes and Company, 1882), pp. 826-30.

84 克魯登致 Morris，一七八二年八月十五日，LOC: Lovering-Taylor Family Papers.

85 Richard B. Morris, *The Peacemakers: The Great Powers and American Independence* (New York: Harper and Row, 1965). 奧斯維德的發家史詳情見 David Hancock, *Citizens of the World: London Merchants and the Integration of the British Atlantic Community, 1735-85* (Cambridge, U.K.: Cambridge University Press, 1995).

86 約翰・傑伊，《一七八二至一七八三年的和平談判》，見 Justin Winsor, ed., *Narrative and Critical History of America* (Boston: Houghton Mifflin, 1888), p. 137.

87 見謝爾本致亨利・斯特雷奇，一七八二年十月二十日，LOC: Papers of Henry Strachey, ff. 93-94.

88 亞當斯，引自 Isaacson, p. 414.

89 班傑明・富蘭克林致理查・奧斯維德，一七八二年十一月六日和二十六日，見班傑明・富蘭克林等，*Memoirs of Benjamin Franklin* (Philadelphia: McCarty & Davis, 1834), I, pp. 460-64.

90 "The Last Will and Testament of Benjamin Franklin," http://sln.fi.edu/franklin/family/lastwill.html，二〇〇九年十二月二十七日訪問。

91 Isaacson, p. 415.

92 亨利·勞倫斯，“Journal of Voyage, Capture, and Confinement,” NYPL. 即使與他一同被監禁的獄友 George Gordon 勛爵向他伸出了友好的橄欖枝，勞倫斯的處境也絲毫沒有好轉。George Gordon 是一位反天主教的煽動政客，曾煽動了倫敦歷史上最大的騷亂，他邀請勞倫斯與他一同在倫敦塔四周散步。監獄長聽到這個消息後「破口大罵」，禁止勞倫斯走出牢房門外一步。Gordon 還送了他一塊蛋糕，讓勞倫斯陷入了更大的麻煩。

93 Morris, pp. 381-82.

第三章：無序新世界

1 Thomas Townshend 致蓋伊·卡爾頓爵士，一七八三年二月十六日，NYPL: Carleton Papers, Box 30, no. 6917.

2 William Smith, *Historical Memoirs of William Smith, 1778-1783*, ed. W. H. W. Sabine (New York: New York Times and Arno Press, 1971), p. 574.

3 Townshend 致卡爾頓，一七八三年二月十六日，NYPL: Carleton Papers, Box 30, no. 6917.

4 卡爾頓致雪梨勛爵，一七八三年三月十五日，NYPL: Carleton Papers, Box 30, no. 7139.

5 約翰·帕爾致雪梨，哈利法克斯，一七八三年六月六日，NA: CO 217/56, f. 89.

6 “Return of Ordinance proposed for Roseway,” March 2, 1783, NYPL: Carleton Papers, Box 30, no. 7049.

7 “List of items sent out to Nova Scotia,” NYPL: Carleton Papers, Box 32, no. 7631.

8 卡爾頓致帕爾，一七八三年四月二十六日，NYPL: Carleton Papers, Box 32, no. 7557.

9《黑人牧師波士頓·金的生平回憶錄》，引自 Vincent Carretta, ed., *Unchained Voices: An Anthology of Black Authors in the English-Speaking World of the Eighteenth Century* (Lexington: University of Kentucky Press, 1996), pp. 352-56.

10 Early American Imprints, Series 1, no. 44375.

11 已出版的《黑人登記表》版本，見 Graham Russell Hodges, ed., *The Black Loyalist Directory: African Americans in Exile after the American Revolution* (New York: Garland Publications, 1995). 四月的船隊把六百六十名黑人男女和孩

子們帶往新斯科舍。Cassandra Pybus, *Epic Journeys of Freedom: Runaway Slaves of the American Revolution and their Global Quest for Liberty* (Boston: Beacon Press, 2006), p. 66.

12 Smith, pp. 585-87.

13 喬治・華盛頓致卡爾頓，一七八三年五月六日，以及卡爾頓致喬治・華盛頓，一七八三年五月十二日，NYPL: Carleton Papers, Box 32, nos. 7637 and 7666.

14 Christopher Leslie Brown, "Empire without Slaves: British Concepts of Emancipation in the Age of the American Revolution," *William and Mary Quarterly* 56, no. 2 (April 1999): 276-81. 卡爾頓認可摩根的出色才幹，親自從謝爾本伯爵的辦公室裡聘用了摩根。這位威爾士的博學者還涉足莎士比亞評論，撰寫了一篇有關約翰・法斯塔夫爵士這個人物的頗有影響的論文。

15 引自 Catherine S. Crary, ed., *The Price of Loyalty: Tory Writings from the Revolutionary Era* (New York: McGraw-Hill, 1973), pp. 391-92.

16 卡爾頓致 Townshend，一七八三年五月二十七日，NYPL: Carleton Papers, Box 32, no. 7783.

17 Deposition of Oliver De Lancey, May 20, 1783, NYPL: Carleton Papers, Box 32, no. 7727. 又見 John Fowler (no. 7728) 和 Robert Hunt (no. 7738) 的書面證詞.

18 報紙報導，一七八三年五月二十三日，NYPL: Carleton Papers, Box 32, no. 7796.

19 "TO All Adherents to the British Government and Followers of the British Army Commonly called TORIES Who are present Within the City and County of New-York," August 15, 1783, Early American Imprints, Series 1, no. 44464.

20 "Extract of a Letter from Port Roseway, dated May 25," *Royal Gazette* (New York), June 7, 1783.

21 "Extract of a Letter from Port Roseway... dated the 29th June 1783," *Royal Gazette* (New York), July 19, 1783.

22 "Extract of a letter from a gentleman in St. John's, Bay of Fundy...," *Royal Gazette* (New York), August 9, 1783.

23 "To those LOYAL REFUGEES who either have already left, or who hereafter may leave their respective Countries, in search of other Habitations," *Royal Gazette* (New York), April 20, 1783.

24 *Royal Gazette* (New York), June 28, 1783, p. 3.

25 "Extract of a late Letter from New-York," *Providence Gazette*, September 6, 1783.

26 "Account of sundry Stores sold at public auction, by order of the Commissary General, and pr. Particular account in his Office," July 24, 1783, NYPL: Carleton Papers, Box 35, no. 8515.

27 見 *Royal Gazette* (New York) 的廣告，一七八三年八月十六日。

28 "List of Sundry distressed Loyalists who have take[n] Refuge within the British Lines at New York to whom the following allowances are recommended for their support from 4th January to 31 March 1783 inclusive," NYPL: Carleton Papers, Box 31, no. 7258. 一七八三年第一季度，巡察員們向四百五十四位效忠派支付了七千四百英鎊："List of Persons recommended by the Board appointed by His Excellency the Commander in Chief to consider the circumstances and claims of distressed Loyalists, for their support from 1st April to 30th June 1783 inclusive," NYPL: Carleton Papers, Box 34, no. 8252. 一七八二年的下半年，英國軍官為救濟紐約難民支付了一萬兩千英鎊。摘要見 NYPL: Carleton Papers, Box 29, no. 6843.

29 弗雷德里克・菲力浦斯・魯賓遜爵士的日記，無日期，RMC, pp. 10-11.

30 貝弗利・魯賓遜致亨利・克林頓爵士，引自 Judith L. Van Buskirk, *Generous Enemies: Patriots and Loyalists in Revolutionary New York* (Philadelphia: University of Pennsylvania Press, 2002), p. 157.

31 科特蘭・斯金納致雪梨勛爵，一七八三年三月七日，NA: FO 4/1, f. 18; 斯金納致諾斯勛爵，一七八三年十月五日，BL: North Papers, Add. Mss. 61864, f. 34.

32 貝弗利・魯賓遜致卡爾頓，一七八三年六月六日，NYPL: Carleton Papers, Box 33, no. 7911.

33 關於這些數字，見附錄：cf. Philip Ranlet, *The New York Loyalists* (Knoxville: University of Tennessee Press, 1986), pp. 193-94.

34 弗雷德里克・菲力浦斯・魯賓遜爵士的日記，無日期，RMC, p. 13.

35 Smith, pp. 615-16.

36 伊莉莎白・約翰斯頓致威廉・約翰斯頓，一七八三年一月三日，PANS: Almon Family Papers, reel 10362.

37 Elizabeth Lichtenstein Johnston, *Recollections of a Georgia Loyalist* (New York: M. F. Mansfield and Company, 1901), pp. 74-75.

38 共有二千九百一十七名白人和四千四百四十八名黑人乘船從喬治亞和南卡羅來納來到此地：“A Return of Refugees and their Slaves arrived in the Province of East Florida from the Provinces of Georgia and South Carolina taken upon Oath to the 23rd December 1782,” NA: CO 5/560, p. 507. “A Return of Refugees & their Slaves arrived in this Province from Charlestown, at the time of the Evacuation thereof & not included in the last return, the 31st Decembr 1783 [*sic*],” April 20, 1783, NYPL: Carleton Papers, Box 31, no. 7468. 一萬二千人的估計數字是當時眾人廣泛提出的，見，例如 Lord Hawke’s “Observations on East Florida,” in John Walton Caughey, ed., *East Florida, 1783-85: A File of Documents Assembled, and Many of Them Translated by Joseph Byrne Lockey* (Berkeley and Los Angeles: University of California Press, 1949), pp. 120-21.

39 派翠克・托寧致謝爾本勛爵，一七八二年十一月十四日，NA: CO 5/560, pp. 469-70.

40 Bernard Bailyn, *Voyagers to the West: A Passage in the Peopling of British North America on the Eve of the Revolution* (New York: Vintage, 1988), p. 440. Charles Loch Mowat, *East Florida as a British Province, 1763-1784* (Berkeley and Los Angeles: University of California Press, 1943), pp. 60-61.

41 Carole Watterson Troxler, “Refuge, Resistance, and Reward: The Southern Loyalists’ Claim on East Florida,” *Journal of Southern History* 55, no. 4 (November 1989): 586-87. 威廉・約翰斯頓的弟弟安德魯和小路易斯・約翰斯頓早在一七七六年十一月就已經在致托寧的請願書上簽名，請求分得地塊定居：Wilbur Henry Siebert, *Loyalists in East Florida, 1774 to 1785: The Most Important Documents Pertaining Thereto, Edited with an Accompanying Narrative*, 2 vols. (Deland: Florida State Historical Society, 1929), I, p. 48.

42 Bailyn, pp. 451-61; Linda Colley, *The Ordeal of Elizabeth Marsh: A Woman in World History* (London: HarperPress, 2007), pp. 124-32.

43 Edward J. Cashin, *The King's Ranger: Thomas Brown and the American Revolution on the Southern Frontier* (New York: Fordham University Press, 1999), p. 159.

44 Troxler, pp. 587-90.

45《威廉・查爾斯・威爾斯的生平回憶錄，自傳》，見威廉・查理斯・威爾斯，*Two Essays: One on Single Vision with Two Eyes; the Other on Dew* (London: Constable, 1818), pp. xx-xxii. *The East Florida Gazette* 是以約翰・威爾斯的名義出版的，但威廉・查爾斯・威爾斯在回憶錄中明確指出了自己參與其中。有三期報紙留存至今：見 *Facsimiles of the extant issues of the first Florida newspaper....*, intr. Douglas C. McMurtrie (Evanston, Ill.: privately printed, 1942).

46 約翰・克魯登致 C. Nisbet，一七八三年三月二十五日，NYPL: Carleton Papers, Box 30, no. 7213.

47 James Clitherall 致約翰・克魯登，一七八三年五月二十五日，NYPL: Carleton Papers, Box 32, no. 7766.

48 Clitherall 致克魯登，一七八三年五月三十一日，NYPL: Carleton Papers, Box 32, no. 7834; 克魯登致 J. K. Rutledge, David Ramsay, Ralph Izard, and John Lewis Gervais, 一七八三年五月三十一日，NYPL: Carleton Papers, Box 32, no. 7832; 以及克魯登致 Major MacKenzie, 一七八三年六月五日，NYPL: Carleton Papers, Box 33, no. 7891. 克魯登還在一七八三年五月三日的 *East Florida Gazette* 上刊登了一則廣告，"ordering all persons holding negroes that were sequestrated, in Carolina to give in a list of their names and also the names of their owners."

49 見克魯登致諾斯勛爵，一七八三年八月二十二日，NA: FO 4/1, ff. 63-66.

50 這是克魯登接洽愛國者 Robert Morris 時秉持的態度，後者曾出資支持美國一方作戰，計畫壟斷大西洋菸草市場。「我可以讓諸多事項令你滿意，讓它們為你個人和你的家人製造取之不盡的高額利潤，」他曾神祕地暗示道。約翰・克魯登致 Robert Morris，一七八二年八月十五日，LOC: Lovering-Taylor Family Papers. Morris 對克魯登的計畫作出了善意的答覆：Morris 致克魯登，一七八二年八月五日和十三日，見 John Catanzariti and E. James Ferguson, eds., *The Papers of Robert Morris, 1781-84*, vol. 6 (Pittsburgh: University of Pittsburgh Press, 1984), pp. 137, 157.

51 伊莉莎白・約翰斯頓致威廉・約翰斯頓，一七八三年四月二十日，PANS: Almon Family Papers, reel 10362. 約翰斯頓在她的回憶錄中記得那是一七八四年（Johnston, p. 75）.

52 約翰．克魯登，“An Address to the Monarchical and Thinking Part of the British Empire,” BL: North Papers, Add. Mss. 61864, f. 141.

53 J. Mullryne Tattnall致John Street, 一七八三年五月三十日－八月二十八日，NA: CO 5/560, ff. 483-86. 雖然說者無心，但這樣的句式呼應了喬治三世對諾斯勳爵所說的告別辭。

54 David Fanning, *The Adventures of David Fanning in the American Revolutionary War*, ed. A. W. Savary (Ottawa: Golden Dog Press, 1983), p. 64.

55 “Substance of Talks delivered at a conference by the Indians to His Excellency Governor Tonyn, Colonel McArthur, and the Superintendent,” May 15, 1783, NA: CO 5/560, pp. 617-19.

56 關於麥克利夫雷家族，見，例如 Edward J. Cashin, *Lachlan McGillivray, Indian Trader: The Shaping of the Southern Colonial Frontier* (Athens: University of Georgia Press, 1992); John Walton Caughey, *McGillivray of the Creeks* (Norman: University of Oklahoma Press, 1938); and Claudio Saunt, *A New Order of Things: Property, Power and the Transformation of the Creek Indians, 1733-1816* (Cambridge, U.K.: Cambridge University Press, 1999), pp. 67-89.

57 亞歷山大．麥克利夫雷致湯瑪斯．布朗，一七八三年八月三十日，NA: CO 5/82, f. 405.

58 布朗致卡爾頓，一七八三年四月二十六日，NYPL: Carleton Papers, Box 32, no. 7556.

59 布朗致卡爾頓，一七八三年五月十五日，NYPL: Carleton Papers, Box 32, no. 7688. Colin G. Calloway, *The American Revolution in Indian Country: Crisis and Diversity in Native American Communities* (Cambridge, U.K.: Cambridge University Press, 1995), p. 248.

60 引自 Calloway, pp. 26.

61 Cashin, *The King's Ranger,* pp. 163-67; William S. Coker and Thomas D. Watson, *Indian Traders of the Southeastern Spanish Borderlands: Panton, Leslie & Company and John Forbes & Company, 1783-1847* (Pensacola: University of West Florida Press, 1986), pp. 49-55.

62 托寧致雪梨，一七八四年十二月六日，引自 Caughey, ed., *East Florida*, pp. 324-25.

63 引自 Thomas Nixon 致 Evan Nepean，一七八三年十月二十二日，NA: CO 5/560, p. 848.

64 托寧致諾斯，一七八三年九月十一日，NA: CO 5/560, p. 685.

65 托寧致雪梨，一七八三年五月十五日，NA: CO 5/560, pp. 585-86.

66 路易斯．約翰斯頓致未知收信人，一七八三年七月十四日，NA: CO 5/560, pp. 927-33. 關於約翰斯頓在聖基茨，見 Alexander A. Lawrence, *James Johnston: Georgia's First Printer* (Savannah: Pigeonhole Press, 1956), p. 3.

67 伊莉莎白．約翰斯頓致威廉．約翰斯頓，一七八三年十月十一日，一七八三年十一月十日，一七八四年一月二日，一七八四年一月十五日，PANS: Almon Family Papers, reel 10362.

68 伊莉莎白．約翰斯頓致威廉．約翰斯頓，一七八四年二月十二日，PANS: Almon Family Papers, reel 10362.

69 伊莉莎白．約翰斯頓致威廉．約翰斯頓，一七八四年四月六日，PANS: Almon Family Papers, reel 10362.

70 伊莉莎白．約翰斯頓致威廉．約翰斯頓，一七八三年十一月十日和一七八四年二月三日，PANS: Almon Family Papers, reel 10362.

71 "Return of Persons who Emigrated from East Florida to different parts of the British Dominions," William Brown, May 2, 1786, NA: CO 5/561, f. 407.

72 Tattnall 致 Street, 一七八三年五月三十日－八月二十八日，NA: CO 5/560, ff. 483-86.

73 克魯登這裡提到了威爾士王子馬多克（Madoc）的傳說，據信這位王子在十二世紀發現了美洲。關於當時對威爾士印第安人的討論，見 John Williams, L.L.D., *An Enquiry into the Truth of the Tradition, Concerning the Discovery of America, by Prince Madog ab Owen Gwynedd, about the Year, 1170* (London: J. Brown, 1791).

74 署期為一七八四年六月三十日的紙片，LOC: East Florida Papers, Reel 82, Bundle 195M15.

75 托寧致克魯登，一七八四年五月二十六日，引自 Caughey, ed., *East Florida*, pp. 195-96.

76 比森特．曼努埃爾．德．澤斯彼得斯致 Bernardo de Gálvez，一七八四年七月十六日，引自 Caughey, ed., *East Florida*, p. 231.

77 詹姆斯．克魯登致 Robert Keith 閣下，一七八四年十一月二十四日，BL: Add. Mss. 35533, f. 141.

78 引自 Siebert, I, p. 169.

79 《效忠派致西班牙國王的請願書》，一七八四年十月二十八日，LOC: East Florida Papers, Reel 82, Bundle 195M15. 該文本的副本出現在 Caughey, ed., *East Florida*, pp. 301-2.

80 克魯登致 Carlos Howard，一七八四年十二月八日，LOC: East Florida Papers, Reel 82, Bundle 195M15. 該文本的副本出現在 Caughey, ed., *East Florida*, pp. 431-32.

81 克魯登致 Howard，一七八五年三月十日，及克魯登致澤斯彼得斯，一七八五年三月十日，引自 Caughey, ed., *East Florida*, pp. 485-87.

82 澤斯彼得斯致 Gálvez，一七八五年三月二十三日，引自 Caughey, ed., *East Florida*, p. 484.

83 克魯登致諾斯，一七八五年五月十六日，BL: North Papers, Add. Mss. 61864, ff. 133-34.

84 澤斯彼得斯歸咎於托寧的態度可見於他寫信給托寧說「我不禁感到吃驚，克魯登先生在一份署期為去年十一月的聲明中似乎充分了解我致閣下的信件的內容」（澤斯彼得斯致托寧，一七八五年四月十一日，引自 Caughey, ed., *East Florida*, pp. 587-88). 他覺得前總督「虛偽而可疑」，並發現了托寧的朋友們似乎「在他的批准下」策畫的「多重陰謀」。（澤斯彼得斯致 Gálvez，一七八五年六月六日，引自 Caughey, ed., *East Florida*, pp. 552-53).

85 "Return of Persons who Emigrated from East Florida to different parts of the British Dominions," William Brown, May 2, 1786, NA: CO 5/561, f. 407.

86 托寧致雪梨，一七八五年四月四日，引自 Caughey, ed., *East Florida*, p. 500; 托寧致雪梨，一七八五年八月二十九日，NA: CO 5/561, f. 353; 托寧致雪梨，一七八五年八月十日，NA: CO 5/561, f. 235; 托寧致雪梨，一七八五年九月十五日，引自 Caughey, ed., *East Florida*, p. 721; 托寧致雪梨，一七八五年十一月十日，引自 Caughey, ed., *East Florida*, pp. 738-39.

87 托寧致 Lord Hawke，一七八五年四月四日，引自 Caughey, *East Florida*, ed., p. 536.

88 Siebert, I, p. 177.

第四章：帝國之心

1 Louisa Susannah Wells, *The Journal of a Voyage from Charlestown to London* (New York: Arno Press, 1968; repr. New-York Historical Society, 1906), pp. 61-62, 78.

2 Mary Beth Norton 和 Eliga Gould 等人認為這句引語代表了效忠派對英國的典型態度；但我自己的研究表明這是相當罕見的。Eliga Gould, *The Persistence of Empire: British Political Culture in the Age of the American Revolution* (Chapel Hill: University of North Carolina Press, 2000), p. 205; Mary Beth Norton, *The British-Americans: The Loyalist Exiles in England, 1774-1789* (London: Constable, 1974), p. 42. 我在本章中的分析在很大程度上借鑑了 Norton 的權威研究結果。

3 在革命之前前往英國遊歷的北美人往往會表達出類似的情緒，即「故國」反而強化了他們的外省人身分：Susan Lindsey Liveley, "Going Home: Americans in Britain, 1740-1776" (Ph.D. dissertation, Harvard University, 1996). 關於效忠派的反應，見 Norton, esp. pp. 41-61.

4 引自 Lively, pp. 277-78.

5 Edward Oxnard 的日記，一七七五年十月五日，一七七六年三月二十一日，UNB: MIC-Loyalist FC LFR.09E3J6.

6 Oxnard, 一七七五年十一月二十九日，UNB: MIC-Loyalist FC LFR.09E3J6.

7 Oxnard, 一七七六年三月二十七日，UNB: MIC-Loyalist FC LFR.09E3J6.

8 Samuel Curwen, *The Journal of Samuel Curwen, Loyalist*, ed. Andrew Oliver, 2 vols. (Cambridge, Mass.: Harvard University Press, 1972), I, p. 37.

9 Oxnard, 一七七五年十一月十三日，UNB: MIC-Loyalist FC LFR.09E3J6.

10 Oxnard, 一七七六年十月十八日，UNB: MIC-Loyalist FC LFR.09E3J6.

11 Curwen, I, p. 162.

12 Oxnard, 一七七六年二月八日，UNB: MIC-Loyalist FC LFR.09E3J6; Norton, pp. 73-76. 他還參加了羅賓漢社團（一個辯論社團）的一次集會，期間提出了「國會沒收身在英格蘭的難民的地產是否公平和正確」的問題。該措施被

「絕大多數【在場會員】認定為不公平」（一七七五年九月二十四日）。

13 除其他外，見 Oxnard 在自己三十歲生日那天的悲嘆：「願上蒼許我在下一個生日到來之前見到我熱愛的家鄉。我曾經幸福的國家如今遭遇了如此不幸，而在異國他鄉見到那樣的和平條約，讓我無法重回故鄉，自離家以來，我的憂慮無以言表。」Oxnard, 一七七七年七月三十日，UNB: MIC-Loyalist FC LFR.09E3J6; John Watts 致 Robert Watts，一七七九年四月十九日，NYHS: Robert Watts Papers, Box 2; Curwen, II, p. 607.

14 John Watts 致 Robert Watts，一七八四年三月三十一日，NYHS: Robert Watts Papers, Box 2.

15 Stephen Conway, *The British Isles and the War of American Independence* (Oxford: Oxford University Press, 2000), p. 54. 關於戰爭對英國的影響，John Cannon 有過非常精闢的總結，見 "The Loss of America," in H. T. Dickinson, ed., *Britain and the American Revolution* (Harlow, U.K.: Addison Wesley Longman, 1998), pp. 233-57.

16 弗雷德里克．菲力浦斯．魯賓遜爵士的日記，無日期，RMC, p. 14. Oxnard，一七七五年九月十三日，十月二十六日，UNB: MIC-Loyalist FC LFR.09E3J6.

17 薩姆爾．休梅克的日記，一七八四年十月十日，NYHS, pp. 248-50.

18 Linda Colley, *Britons: Forging the Nation, 1707-1837* (New Haven, Conn.: Yale University Press, 1992), chapter 5.

19 革命前當然有過先例：見 Brendan McConville, *The King's Three Faces: The Rise and Fall of Royal America, 1688-1776* (Chapel Hill: University of North Carolina Press, 2006). 關於一七八三年後帝國效忠主義的培養，見 C. A. Bayly, *Imperial Meridian: The British Empire and the World, 1780-1830* (London: Longman, 1989); David Cannadine, *Ornamentalism: How the British Saw Their Empire* (New York: Oxford University Press, 2001); Bernard Cohn, "Representing Authority in Victorian India," in Eric Hobsbawm and Terence Ranger, eds., *The Invention of Tradition* (Cambridge, U.K.: Cambridge University Press, 1992), pp. 165-209; Miles Taylor, "Queen Victoria and India, 1837-61," *Victorian Studies* 46, no. 2 (Winter 2004): 264-74.

20 一七八三年二月十七日的辯論，*Cobbett's Parliamentary History of England*, vol. 23 (London: T. C. Hansard, 1814), columns 452-53 (North), 460 (Mulgrave), 468 (Burke), 524 (Bootle), 481 (Sheridan), 492 (Lee).

21 一七八三年二月十七日的辯論，*Parliamentary History*, vol. 23, columns 503, 571. 起初的審查動議分為兩部分，第一部分質疑領土割讓，第二部分提出「本議院確實認為這個國家應該對那些冒著生命危險並犧牲了自己的財產來展示無盡忠誠之人給予應有的關懷。」第一個動議一經通過，第二個動議就撤回了。

22 一七八三年二月十七日的辯論，*Parliamentary History*, vol. 23, column 438.

23 一七八三年二月十七日的辯論，*Parliamentary History*, vol. 23, columns 564-70. 有時大家會把威爾莫特和他的父親，普通訴訟法院大法官 John Eardley Wilmot 閣下搞混，見，如 Simon Schama, *Rough Crossings: Britain, the Slaves, and the American Revolution* (London: BBC Books, 2005), p. 177. 一八一二年，威爾莫特得到王室許可，把「厄德利」加在了自己的姓中，變成了「約翰．厄德利．厄德利－威爾莫特」，他以此名出版了自己在效忠派賠償委員會工作的回憶錄。他的兒子約翰．厄德利．厄德利－威爾莫特閣下遵循家族事業軌跡，先後成為律師、議員和殖民地總督。見 "Sir John Eardley Wilmot," "John Eardley Eardley-Wilmot," "Sir John Eardley Eardley-Wilmot," q.v., *DNB*.

24 Norton, pp. 54-55, 111-15, 119; John Eardley-Wilmot, *Historical View of the Commission for Enquiring into the Losses, Services, and Claims of the American Loyalists*, intr. George Athan Billias (Boston: Gregg Press, 1972), pp. 15-22. Samuel Curwen 在一七八二年十月末的日記中描述了該程序：Curwen, II, pp. 864-66.

25 Francis Green 致 Ward Chipman，一七八三年二月七日，LAC: Ward Chipman Fonds, Reel C-1179, p. 608.

26《北美效忠派的案件和索賠，受其代理人之命印製的客觀陳述和考察》(London, 1783). 加洛韋在他的 *Observations on the Fifth Article of the Treaty with America, and on the Necessity of appointing a Judicial Enquiry into the Merits and Losses of the American Loyalists, Printed by Order of their Agents* 中提出了類似的觀點。(London: G. Wilkie, 1783)——因此我才提出他有可能參與撰寫了 *The Case and Claim.*

27 關於馬什的家庭，見 Linda Colley, *The Ordeal of Elizabeth Marsh: A Woman in World History*(London: HarperPress, 2007).

28 *The Parliamentary Register*, 112 vols. (London: J. Debrett, 1775-1813), vol. 10, pp. 204-5, pp. 308-9; Norton, p. 192; Eardley-Wilmot, p. 45.

29 H. T. Dickinson, "The Poor Palatines and the Parties," *English Historical Review* 82, no. 324 (July 1967): pp. 464-85; Daniel Statt, *Foreigners and Englishmen: The Controversy over Immigration and Population, 1660-1760* (Newark: University of Delaware Press, 1995), chapters 5-6.

30 George Chalmers, *Opinions on Interesting Subjects of Public Law and Commercial Policy, Arising from American Independence* (London, 1784), p. 8.

31 關於魯賓遜的地產：Peter Wilson Coldham, *American Migrations: The Lives, Times, and Families of Colonial Americans Who Remained Loyal to the British Crown* (Baltimore: Genealogical Publishing Company, 2000), p. 327. 該書是對效忠派索賠的寶貴索引。

32 貝弗利・魯賓遜致安・巴克利・魯賓遜，一七八四年二月二十四日，NBM: Robinson Family Papers, Folder 2.

33 瓊安娜・魯賓遜致小貝弗利・魯賓遜，一七八四年二月六日，NBM: Robinson Family Papers, Folder 7; 瓊安娜・魯賓遜致安・巴克利・魯賓遜，一七八四年三月九日，和十月二十九日【一七八四年】，NBM: Robinson Family Papers, Folder 10.

34 弗雷德里克・菲力浦斯・魯賓遜致小貝弗利・魯賓遜，無日期，NBM: Robinson Family Papers, Folder 14.

35 瓊安娜・魯賓遜致安・巴克利・魯賓遜，十月二十九日【一七八四年】，NBM: Robinson Family Papers, Folder 10.

36 瓊安娜・魯賓遜致小貝弗利・魯賓遜，一七八四年二月六日，NBM: Robinson Family Papers, Folder 7.

37 貝弗利・魯賓遜致安・巴克利・魯賓遜，一七八四年十一月二十九日，NBM: Robinson Family Papers, Folder 2.

38 瓊安娜・魯賓遜致小貝弗利・魯賓遜，一七八四年二月六日，NBM: Robinson Family Papers, Folder 7.

39 瓊安娜・魯賓遜致安・巴克利・魯賓遜，十月二十九日【一七八四年】，NBM: Robinson Family Papers, Folder 10.

40 見，例如 Bourdieu, Chollet, and Bourdieu 致 Alexander Wallace，一七八三年九月二十七日，LOC: Papers of Nicholas Low, Container 3.

41 休梅克日記，一七八四年一月三十日和二月十七日，NYHS, pp. 42, 55.

42 休梅克日記，一七八四年一月十七日，NYHS, p. 28. 另一位效忠派評論道「我們在狂暴的海風海浪中顛簸了六周才到達多弗，而現在我必須要說，自從來到這裡，我被政府部門推來搡去，所受的顛簸一點兒不比海上溫和，只有上帝知道我何時才能進入真正的安全港。」（Jonathan Mallet 致 Robert Watts，一七八四年七月十二日，NYHS: Robert Watts Papers, Box 2.)

43 以撒・洛致尼古拉斯・洛，一七八四年三月三日，LOC: Papers of Nicholas Low, Container 1.

44 以撒・洛致尼古拉斯・洛，一七八四年二月六日，LOC: Papers of Nicholas Low, Container 1.

45 以撒・洛致尼古拉斯・洛，一七八四年三月三日，LOC: Papers of Nicholas Low, Container 1.

46 以撒・洛致尼古拉斯・洛，一七八四年四月七日，LOC: Papers of Nicholas Low, Container 1.

47 以撒・洛致尼古拉斯・洛，一七八四年八月四日，LOC: Papers of Nicholas Low, Container 1.

48 以撒・洛致尼古拉斯・洛，一七八四年九月一日，LOC: Papers of Nicholas Low, Container 1.

49 以撒・洛致尼古拉斯・洛，一七八四年十一月三十日，LOC: Papers of Nicholas Low, Container 1.

50 以撒・洛致尼古拉斯・洛，一七八四年一月三十一日。小以撒在給叔叔尼古拉斯的一封信中炫耀了自己所受的出色教育——那封信用法語寫成。他說自己所在的那所菁英學校裡只有八個男孩，「其中兩個是北美人，我們在紐約時也是同班同學。」小以撒・洛致尼古拉斯・洛，一七八五年五月四日，LOC: Papers of Nicholas Low, Container 1.

51 Alicia Young 的請願書，一七八五年十二月二十三日，NA: AO 13/67, f. 633. Alicia Young 的索賠見 Coldham, p. 375.

52 Sarah Baker 的索賠見 Coldham, p. 46.

53 Donald McDougal 的索賠見 Coldham, p. 629.

54 Archibald McDonald 的索賠見 Coldham, p. 770.

55 Shadrack Furman 的備忘錄，NA: AO 13/59, ff. 658-59.

56 Benjamin Whitecuffe 的索賠見 Coldham, p. 368; Cassandra Pybus, *Epic Journeys of Freedom: Runaway Slaves of the American Revolution and Their Global Quest for Liberty* (Boston: Beacon Press, 2006), pp. 79-81; Schama, pp. 174-77.

57 引自 Schama, pp. 179-80.

58 Gilbert Francklyn, *Observations, Occasioned by the Attempts Made in England to Effect the Abolition of the Slave Trade, Shewing the Manner in which Negroes are Treated in the British Colonies, in the West Indies* (Kingston and Liverpool: A. Smith, 1788), p. vi.

59 Stephen J. Braidwood, *Black Poor and White Philanthropists: London's Blacks and the Foundation of the Sierra Leone Settlement, 1786-91* (Liverpool: University of Liverpool Press, 1994), pp. 64-66.

60 Braidwood, pp. 63-69.

61 Braidwood, pp. 70-93.

62 Braidwood, pp. 97-102.

63 Eardley-Wilmot, p. 50. 關於英鎊的價值換算，我使用了以下網站提供的購買力計算器 http://www.measuringworth.com/ppoweruk/，據它估計，一七八四年一英鎊的購買力相當於二〇〇七年的九十七點四四英鎊。

64 必須指出，關於效忠派索賠的總額，各個出處提供的數字不一定一致。三二二五這一數字來自委員會一七九〇年向議會提交的《截至一七九〇年三月二十五日北美效忠派的索賠和損失陳述》（Eardley-Wilmot, p. 90）。這一數字似乎符合一七八九年六月委員會的最後一份正式報告，其中提出共有三一五七份索賠。（Eardley-Wilmot, appendix VIII, pp. 196-97）。但一份提交委員會的索賠數目「綜述」列出了五千零七十二份「索賠，包括在新斯科舍和加拿大提出的索賠」，其中有九百五十四份被「撤回，或未繼續」（Eardley-Wilmot, appendix IX, p. 199）。Coldham 根據省份對索賠的總結指出十三殖民地共提交了五千六百五十六份索賠（Coldham, appendix IV, p. 834）。

65 完整分析請參見 Wallace Brown, *The King's Friends: The Composition and Motives of the American Loyalist Claimants* (Providence, R.I.: Brown University Press, 1965).

66 Eugene R. Fingerhut, "Uses and Abuses of the American Loyalists' Claims: A Critique of Quantitative Analysis," *William & Mary Quarterly* 25, no. 2 (April 1968): 245-58.

67 前往倫敦提交索賠成為一部關於美國革命的流浪冒險小說 *Adventures of Jonathan Corncob, loyal American refugee*

(London, 1787) 中的開篇故事。

68 Mary Beth Norton, "Eighteenth-Century American Women in Peace and War: The Case of the Loyalists," *William & Mary Quarterly*, 3rd ser., 33, no. 3 (1976): 388; Mary Beth Norton, "The Fate of Some Black Loyalists of the American Revolution," *Journal of Negro History* 58, no. 4 (October 1973): 417. Pybus 提出的黑人索賠者共有四十五人（Pybus, *Epic Journeys*, p. 81）。

69 我根據 Coldham 提供的索賠概要得出了二八一這個數字。

70 唐郡（County Down）的兩個人申請提交晚了，抗辯說他們不識字，而且住在「偏遠地區，很少能看到報紙。」Thomas Burns 和 William Henry 的索賠，見 Coldham, pp. 452-53, 464.

71 小路易斯・約翰斯頓的索賠，NA: AO 13/36A, ff. 82-89.

72 "A Loyalist," *Directions to the American Loyalists, in Order to Enable Them to State Their Cases, by Way of Memorial, to the Honourable the Commissioners Appointed (by Statute the 23. Geo. III. C. 80.) to Inquire into the Losses and Services of Those Persons Who Have Suffered, in Consequences of Their Loyalty to This Majesty, and Their Attachment to the British Government, by a Loyalist* (London: W. Flexney, 1783), pp. 22-24.

73 Eardley-Wilmot, pp. 45-49, 58. 他們的遊記見 Alexander Fraser, *Second Report of the Bureau of Archives for the Province of Ontario*, 2 parts (Toronto: L. K. Cameron, 1904-5).

74 William Smith, *The Diary and Selected Papers, 1784-1793*, ed. L. F. S. Upton, 2 vols. (Toronto: Champlain Society, 1963-65), I, pp. 34-35.

75 Thomas Coke, *A History of the West Indies*, 3 vols. (Liverpool: Nutter, Fishall, and Dixon, 1808), pp. 132, 246-47, 353-54.

76 Smith, I, p. 207.

77 休梅克的日記，一七八四年七月十六日，NYHS, p. 177.

78 休梅克的日記，一七八四年十二月九日，NYHS, 292; Coke, pp. 283-84.

79 William Jarvis 致 Munson Jarvis，一七八七年五月二十三日，NBM: Jarvis Family Collection, Folder 27.

80 根據一七八九年的報告，有九個這樣的案例 (Eardley-Wilmot, appendix VIII, p. 188). 一個明顯的欺詐是由 John Ferdinand Dalziel Smyth 提出的索賠，他是一七八四年《美利堅合眾國行紀》（*A Tour in the United States of America*）的作者，是出了名的性情誇張之人。Smyth 後來用 Stuart 為姓，自稱查理二世的後代。（"John Ferdinand Smyth Stuart," q.v., *DNB*; Coke, pp. 127-32.）休梅克的日記，一七八四年七月三十一日，p. 191.

81 以撒・洛致尼古拉斯・洛，一七八五年九月三日，LOC: Papers of Nicholas Low, Container 1.

82 休梅克的日記，一七八四年十二月九日，NYHS, p. 292.

83 Smith, II, pp. 36, 63-64.

84 William Cooper 的索賠，見 Coldham, p. 672.

85 Pybus, *Epic Journeys*, pp. 76-79.

86 Norton, "Eighteenth-Century American Women," pp. 396-97.

87 Coke, pp. 53-55; Jane Gibbes 的索賠，NYPL: Loyalist Transcripts, vol. 52, pp. 365-85.

88 Jane Stanhouse 的索賠，見 Coldham, p. 649.

89 John Watts 致 Robert 和 John Watts，一七八五年二月二日，NYHS: Robert Watts Papers, Box 2.

90 以撒・洛致尼古拉斯・洛，一七八五年九月三日，LOC: Papers of Nicholas Low, Container 1.

91 亞歷山大・華萊士致尼古拉斯・洛，一七八五年九月十五日，LOC: Papers of Nicholas Low, Container 2.

92 引自 Eardley-Wilmot, pp. 142-44.

93 John Watts 致 Robert Watts，一七八七年三月二十六日，NYHS: Robert Watts Papers, Box 2.

94 William Jarvis 致 Munson Jarvis，一七八七年七月九日，NBM: Jarvis Family Collection, Folder 27.

95 亞歷山大・華萊士致尼古拉斯・洛，一七八六年八月十八日，LOC: Papers of Nicholas Low, Container 2.

96 亞歷山大・華萊士致尼古拉斯・洛，一七八五年六月十四日，LOC: Papers of Nicholas Low, Container 2.

97 亞歷山大・華萊士致尼古拉斯・洛，一七八五年九月十五日，LOC: Papers of Nicholas Low, Container 2.

98 亞歷山大・華萊士致尼古拉斯・洛，一七八六年八月十七日，及一七八七年二月十六日，LOC: Papers of Nicholas

Low, Container 2.

99 亞歷山大・華萊士致尼古拉斯・洛，一七八七年十月二日，及一七八八年二月四日，LOC: Papers of Nicholas Low, Container 2.

100 以撒・洛致尼古拉斯・洛，一七八六年八月十五日和一七八六年十月三日，LOC: Papers of Nicholas Low, Container 1.

101 Coldham, p. 277.

102 以撒・洛致尼古拉斯・洛，一七八六年九月七日，LOC: Papers of Nicholas Low, Container 1.

103 以撒・洛致尼古拉斯・洛，一七八六年九月七日，LOC: Papers of Nicholas Low, Container 1.

104 以撒・洛致尼古拉斯・洛，一七九〇年六月二十八日，LOC: Papers of Nicholas Low, Container 1.

105 以撒・洛致尼古拉斯・洛，一七八七年十月十六日，LOC: Papers of Nicholas Low, Container 1.

106 小以撒・洛致尼古拉斯・洛，一七九一年九月五日，LOC: Papers of Nicholas Low, Container 1.

107 Eardley-Wilmot, pp. 90-91; Norton, *The British Americans*, pp. 227-29.

108 *The Trial of Warren Hastings, Late Governor-General of Bengal* (London, 1788), pp. 7-8.

109 *Parliamentary Register*, vol. 23, pp. 597-609.

110 關於與革命前帝國的延續，見 P. J. Marshall, *The Making and Unmaking of Empires: Britain, India, and America, c. 1750-1783* (Oxford: Oxford University Press, 2005)，特別是第十一章。我擴展了「道德之都」這一概念，它是由 Christopher Leslie Brown 提出的，見 *Moral Capital: Foundations of British Abolitionism* (Chapel Hill: University of North Carolina Press, 2006).

111 詹姆斯・馬里奧・馬特拉，《在新南威爾斯建立殖民地的建議》，BL: Add. Mss. 47,568, f. 244.

112 馬特拉，ff. 242-43. 關於馬特拉的生平，見 Alan Frost, *The Precarious Life of James Mario Matra: Voyager with Cook, American Loyalist, Servant of Empire* (Carlton, Victoria: Miegunyah Press, 1995).

113 Pybus 在 *Epic Journeys* 中關於效忠派在澳大利亞的待遇的深入分析是絕無僅有的。

114 *Parliamentary Register*, vol. 24, pp. 51, 55.

115 Eardley-Wilmot, pp. 98-99.

116 Kirsty Carpenter, *Refugees of the French Revolution: Emigrés in London, 1789-1802* (Basingstoke, U.K.: MacMillan, 1999), pp. 45-47. 該委員會特別為天主教神父提供了協助，這是上一代英國人極其懷疑的一群人，但此時的英國人擔心無神論的雅各賓派，反而覺得這些天主教神父是正面人物了。一七九八年起義之後由愛爾蘭議會建立的「受損效忠派救濟委員會」顯然引效忠派賠償委員會為範本。見 Thomas Bartlett, "Clemency and Compensation: The Treatment of Defeated Rebels and Suffering Loyalists after the 1798 Rebellion," in Jim Smyth, ed., *Revolution, Counter-Revolution, and Union: Ireland in the 1790s* (Cambridge, U.K.: Cambridge University Press, 2000), pp. 119-27.

117 第十二份索賠報告，即清償報告，NA: AO 12/109, ff. 112-13.

118 威廉・亨利・魯賓遜致小貝弗利・魯賓遜，一七八九年七月二十二日，NBM: Robinson Family Fonds, Box 1, Folder 6.

119 弗雷德里克・菲力浦斯・魯賓遜爵士的日記，無日期，RMC, pp. 17-22.

120 Sheila L. Skemp, *William Franklin: Son of a Patriot, Servant of a King* (New York: Oxford University Press, 1990), pp. 274-76.

121 Claire Brandt, *The Man in the Mirror: A Life of Benedict Arnold* (New York: Random House, 1994), pp. 259-64.

122 第十二份索賠報告，即清償報告，NA: AO 12/109, ff. 73-74, 79-80.

123 伊莉莎白・利希藤斯坦・約翰斯頓，*Recollections of a Georgia Loyalist* (New York: M. F. Mansfield and Company, 1901), pp. 78-80.

124 Johnston, p. 79.

125 伊莉莎白・約翰斯頓致威廉・約翰斯頓，一七八五年九月十一日，PANS: Almon Family Papers, reel 10362.

126 約翰斯頓，p. 80.

第五章：荒野世界

1 Charles Inglis, "Journal of Occurrences, beginning, Wednesday, October 12, 1785," October 16, 1787, LAC: 查爾斯・英格利斯及其家族全宗，Microfilm A-709.

2 致蓋伊・卡爾頓爵士的請願書，一七八三年七月二十二日，NYPL: Carleton Papers, Box 35, no. 8500. Neil MacKinnon, *This Unfriendly Soil: The Loyalist Experience in Nova Scotia, 1783-91* (Kingston, Ont.: McGill-Queen's University Press, 1986), pp. 87-88.

3 Brian Cuthbertson, *The First Bishop: A Biography of Charles Inglis* (Halifax, N.S.: Waegwoltic Press, 1987), pp. 15, 60-61.

4 Cuthbertson, p. 62.

5 英格利斯，「日記」，一七八六年五月三十日，LAC: 查爾斯・英格利斯及其家族全宗，Microfilm A-709.

6 Cuthbertson, pp. 79-89. Judith Fingard, *The Anglican Design in Loyalist Nova Scotia, 1783-1816* (London: SPCK, 1972), chapter 2.

7 英格利斯，「日記」，一七八七年十月十六日，LAC: 查爾斯・英格利斯及其家族全宗，Microfilm A-709.

8 英格利斯，「日記」，一七八七年十月二十七日和十一月五日，LAC: 查爾斯・英格利斯及其家族全宗，Microfilm A-709.

9 英格利斯，「日記」，一七八八年七月十六日，二十六日，二十七日，LAC: 查爾斯・英格利斯及其家族全宗，Microfilm A-709.

10 科妮莉亞的弟弟曾動情地寫道，「我親愛的姊姊德朗西被一位無情之人的喜怒所左右，他先是去了巴哈馬群島，後來又要跨越那寬闊的大西洋，我再也不想看到那個讓她傾注了全部感情的人，哦上帝啊，他怎麼能如此野蠻地鄙視她，又對她如此輕慢薄情。」安東尼・巴克萊致安・巴克萊・魯賓遜，一七九二年九月十五日，NBM: Robinson Papers, Folder 21.

11 英格利斯，「日記」，一七八八年七月二十八－二十九日，LAC: 查爾斯・英格利斯及其家族全宗，Microfilm A-709.

12 英格利斯，「日記」，一七八八年八月一－二日，LAC: 查爾斯・英格利斯及其家族全宗，Microfilm A-709.

13 對這一過程的經典敘述仍然是 William J. Cronon, *Changes in the Land: Indians, Colonists and the Ecology of New England* (New York: Hill and Wang, 1983).

14 John Mack Faragher, *A Great and Noble Scheme: The Tragic Story of the Expulsion of the French Acadians from Their American Homeland* (New York: W. W. Norton, 2005), p. 6.

15 這個名字是國王詹姆斯一世在一六二一年賜予其第一位（蘇格蘭裔）所有人威廉・亞歷山大爵士的。關於英法對阿卡迪亞之爭的最新視角，見 John G. Reid, Maurice Basque, Elizabeth Mancke, Barry Moody, Geoffrey Plank, and William Wicken, *The "Conquest" of Acadia, 1710: Imperial, Colonial, and Aboriginal Constructions* (Toronto: University of Toronto Press, 2004).

16 不過，John G. Reid 論證說直到十八世紀中期（晚於傳統上認為的時間），土著勢力始終是新斯科舍的一股不可低估的力量，效忠派湧入之後才算徹底掃清他們勢力。見 John G. Reid, "*Pax Britannica* or *Pax Indigena?* Planter Nova Scotia (1760-1782) and Competing Strategies of Pacification," *Canadian Historical Review* 85, no. 4 (December 2004): 669-92; and Emerson W. Baker and John G. Reid, "Amerindian Power in the Early Modern Northeast: A Reappraisal," *William & Mary Quarterly* 61, no. 1 (January 2004): 77-106.

17 Thomas B. Akins, *History of Halifax City* (Halifax, N.S.: n.p., 1895), pp. 5-11. Faragher, pp. 249-51.

18 Faragher, p. 252.

19 Faragher, p. 344.

20 Faragher, pp. 354, 359.

21 Faragher, p. 357.

22 John Bartlet Brebner, *The Neutral Yankees of Nova Scotia: A Marginal Colony during the Revolutionary Years* (New York: Columbia University Press, 1937), p. 94.

23 新斯科舍農園主是好幾本書討論的主題，例如 Margaret Conrad, ed., *Making Adjustments: Change and Continuity in*

Planter Nova Scotia, 1759-1800 (Fredericton, N.B.: Acadiensis Press, 1991).

24 John Robinson and Thomas Rispin, *Journey through Nova-Scotia* (Sackville, N.B.: Ralph Pickard Bell Library, Mount Allison University, 1981; repr. York, 1774).

25 據估計，一七八〇年米克馬克印第安人的人口為三千人。Philip K. Bock, "Micmac," in Bruce G. Trigger, ed., *Handbook of North American Indians* vol. 15, *The Northeast* (Washington, D.C.: Smithsonian Institution, 1978), p. 117.

26 雅各・貝利，「關於各類事件的日記」，一七七九年六月二十一日，PANS: Jacob Bailey Fonds, MG 1 (reel 14900), vol. IV, pp. 4-6, 19-30. 這部日記的一部分見 William S. Bartlet, *The Frontier Missionary: A Memoir of the Life of the Rev. Jacob Bailey, A.M.* (Boston: Ide and Dutton, 1853).

27 貝利，「關於各類事件的日記」，一七七九年六月二十一日，PANS: Jacob Bailey Fonds, MG 1 (reel 14900), vol. V, p. 10.

28 Bartlet, pp. 168-69.

29 雅各・貝利致 Benjamin Palmer，一七七九年六月二十四日，PANS: Jacob Bailey Fonds, MG 1 (reel 14900), item 26, pp. 9-10.

30 貝利致 Major Godwin，一七七九年六月二十五日，PANS: Jacob Bailey Fonds, MG 1 (reel 14900), item 26, p. 21.

31 Akins, pp. 75-76.

32 新斯科舍議會的會議紀錄，一七七六年十月九日至十二月二十三日，NA: CO 217/53, f. 94.

33 Samuel Rogers 致 Joseph Taylor，一七七六年六月二十七日，LOC: Lovering Taylor Papers, Box 1.

34 Elizabeth Mancke, *The Fault Lines of Empire: Political Differentiation in Massachusetts and Nova Scotia, 1760-1830* (New York, Routledge, 2005), pp. 87-94.

35 Mancke, p. 78.

36「一篇一七七九年康沃利斯行紀的片段」，一七七九年八月十六日，PANS: Jacob Bailey Fonds, MG 1 (reel 14900), item 27.

37 關於革命期間的新斯科舍，有三部主要的研究著作。Brebner 的 *The Neutral Yankees of Nova Scotia* 堪稱經典，其中強調該省位置相對孤立，與英國的商業聯繫緊密，是它中立的原因所在（尤見第十章）。Gordon Stewart 和 George Rawlyk 指出大覺醒運動（Great Awakening）在「洋基人」轉變為「新斯科舍人」的過程中發揮的重要意義：Gordon Stewart 和 George Rawlyk, *A People Highly Favored of God: The Nova Scotia Yankees and the American Revolution* (Toronto: Macmillan of Canada, 1972). Elizabeth Mancke 在 *Fault Lines of Empire* 中指出新斯科舍人的效忠立場就產生於新斯科舍和新英格蘭多有分歧的政治文化中（尤見第四章）。

38 MacKinnon, p. 11.

39 約翰．帕爾致 Charles Grey，引自 Brebner, p. 352, and MacKinnon, p. 12.

40 帕爾致 Townshend，一七八二年十月二十六日，NA: CO 217/56, f. 2.

41 帕爾致 Townshend，一七八三年二月二十日，NA: CO 217/56, f. 61.

42 帕爾致 Townshend，一七八三年一月十五日，NA: CO 217/56, f. 60.《羅斯韋港社團備忘錄》中列出共有一千五百零七位社團成員計畫一七八三年出發。LAC: Shelburne, Nova Scotia Collection, Microfilm H-984, pp. 3-23.

43 帕爾致雪梨勳爵，一七八三年六月六日和八月二十三日，一七八三年九月三十日，NA: CO 217/56, ff. 89, 93, 98.

44 帕爾致雪梨，一七八三年十一月二十日，NA: CO 217/56, f. 115.

45 "A General Description of the Province of Nova Scotia... done by Lieutenant Colonel Morse Chief Engineer in America, upon a Tour of the Province in the Autumn of the year 1783, and the summer 1784. Under the Orders and Instructions of His Excellency Sir Guy Carleton... Given at Head Quarters at New York the 28th Day of July 1783," LAC: Robert Morse Fonds, f. 44.

46 關於黑人移民的估計，見 James W. St. G. Walker, *The Black Loyalists: The Search for a Promised Land in Nova Scotia and Sierra Leone, 1783-1870* (London: Longman, 1976), pp. 32, 40. Walker 將自由黑人說成是「黑人效忠派」曾經遭到 Barry Cahill 的尖銳批評，見 "The Black Loyalist Myth in Atlantic Canada," *Acadiensis* 29, no. 1 (Autumn 1999): 76-87. 關於效忠派名下的奴隸，見 Harvey Amani Whitfield, "The American Background of Loyalist Slaves," *Left History*

14, no. 1 (Spring-Summer 2009): 58-87.

47 S. S. Blowers 致 Ward Chipman, 一七八三年九月二十三日，LAC: Chipman Fonds, Microfilm C-1179, p. 95.

48 Blowers 致 Chipman, 一七八三年十一月八日，LAC: Chipman Fonds, Microfilm C-1179, p. 102.

49 愛德華・溫斯洛致 Chipman, 一七八三年十一月十九日，LAC: Chipman Fonds, Microfilm C-1180, p. 1314.

50 愛德華・溫斯洛致 Chipman，一七八四年一月一日，LAC: Chipman Fonds, Microfilm C-1180, p. 1327.

51 "A General Description," LAC: Robert Morse Fonds, pp. 11-15, 26-32, 34-36.

52 引自 Bartlet, p. 193. 貝利估計他到達時，人口為一百二十人 (Bartlet, p. 192).

53 帕爾致諾斯勛爵，一七八三年十一月二十日，NA: CO 217/56, f. 115.

54 帕爾致雪梨，一七八四年七月二十六日，NA: CO 217/59, f. 193.

55 新斯科舍議會會議紀錄，一七七九年七月二日，到一七八〇年三月十一日，NA: CO 216/55, f. 20.

56 Samuel Seabury 致 Colonel North，倫敦，一七八三年七月二十一日，NA: CO 217/35, f. 333.

57 陸軍少將約翰・坎貝爾致諾斯勛爵，一七八四年一月一日，NA: CO 217/41, f. 35.

58 "General Return of all the Disbanded Troops and other Loyalists who have lately become Settlers in the Provinces of Nova Scotia and New Brunswick, made up from the Rolls taken by the several Muster Masters," Halifax, November 4, 1784, NA: CO 217/41, ff. 163-64.

59 坎貝爾致諾斯勛爵，一七八四年四月一日，NA: CO 217/41, ff. 63 and 65.

60 雪梨致坎貝爾，一七八四年六月七日，NA: CO 217/41, ff. 89-90.

61 帕爾致諾斯勛爵，一七八三年九月三十日，NA: CO 217/56, f. 98. 關於被沒收歸國有的清單，見帕爾致雪梨，一七八六年六月三日，NA: CO 217/58, f. 159.

62 溫特沃斯致 Lt. Jonathan Davidson，一七八三年十一月二十七日，PANS: Letterbook of Sir John Wentworth, 1783-1808, RG 1, vol. 49 (reel 15237), p. 17.

63 溫特沃斯致 Grey Elliott，一七八四年四月十日，以及溫特沃斯致海軍專員，一七八六年四月十六日 PANS:

Letterbook of Sir John Wentworth, 1783-1808, RG 1, vol. 49 (reel 15237), p. 32 and no page.

64 Faragher, pp. 288-90; Akins, p. 10.

65 MacKinnon, pp. 13-14, 21-23, 96.

66 貝利致 Dr. William Morice，一七八三年十一月六日，引自 Bartlet, p. 196.

67 Henry Nase 的日記，一七八三年十二月二十五日，NBM, p. 19.

68 "Hannah Ingraham Recalls the Snowy Reception at Fredericton," in Catherine S. Crary, ed., *The Price of Loyalty: Tory Writings from the Revolutionary Era* (New York: McGraw-Hill, 1973), p. 402.

69 D. G. Bell, *Early Loyalist Saint John: The Origin of New Brunswick Politics, 1783-1786* (Fredericton: New Ireland Press, 1983), p. 63.

70 哈利法克斯窮人監管員致帕爾總督，無日期，一七八四年，PANS: Phyllis R. Blakeley Fonds, MG 1, vol. 3030.

71 "A General Description," LAC: Robert Morse Fonds, pp. 41-44.

72 溫斯洛致 Chipman，一七八四年四月二十六日，LAC: Ward Chipman Fonds, pp. 1335-36.

73 布魯克·沃森致 Evan Nepean，一七八四年三月三日，NA: CO 217/56, f. 380.

74 關於該殖民地的歷史，最佳敘事見 Marion Robertson, *King's Bounty: A History of Early Shelburne Nova Scotia* (Halifax: Nova Scotia Museum, 1983). 還有一個很受歡迎的陳述是 Stephen Kimber, *Loyalists and Layabouts: The Rapid Rise and Faster Fall of Shelburne, Nova Scotia, 1783-1792* (Toronto: Doubleday Canada, 2008).

75 班傑明·馬斯頓的日記，一七七六年十一月二十四日，http://www.lib.unb.ca/Texts/marston/marston3.html，二〇〇九年十一月二十八日訪問。馬斯頓的整個日記都可以在網上查閱：上述電子副本為一七七八年以前的日記，從一七七八年以後的日記的圖像頁面，見 Winslow Papers, vols. 20-22: http://www.lib.unb.ca/winslow/browse.html，二〇〇九年十一月二十八日訪問。（以下簡稱馬斯頓日記。）

76 馬斯頓日記，一七八一年十二月十三－三十日，UNB: Winslow Papers, vol. 21, pp. 138-42.

77 馬斯頓日記，一七八二年九月八日，UNB: Winslow Papers, vol. 22, p. 57.

78 馬斯頓日記，一七八三年四月二十一－五月三日，UNB: Winslow Papers, vol. 22, pp. 70-72.

79 Joseph Durfee，與蓋伊．卡爾頓爵士會面的報告，一七八三年三月二十四日，LAC: Shelburne, Nova Scotia Collection, Microfilm H-984, pp. 94-95.

80 馬斯頓日記，一七八三年五月二十四日，UNB: Winslow Papers, vol. 22, pp. 81-82.

81 馬斯頓日記，一七八三年五月十六日，UNB: Winslow Papers, vol. 22, pp. 76-77.

82 馬斯頓日記，一七八三年五月十六日和六月九日，UNB: Winslow Papers, vol. 22, pp. 77, 89-90.

83 馬斯頓日記，一七八三年五月二十六日和六月四日，UNB: Winslow Papers, vol. 22, pp. 83, 87.

84 馬斯頓日記，一七八三年五月八日和一七八四年五月十八日，UNB: Winslow Papers, vol. 22, pp. 74, 153.

85 馬斯頓日記，一七八三年五月二十一日和五月二十九日，UNB: Winslow Papers, vol. 22, pp. 80, 84.

86 馬斯頓日記，一七八三年八月二日，UNB: Winslow Papers, vol. 22, p. 103.

87 班傑明．馬斯頓致愛德華．溫斯洛，一七八四年二月六日，見 William Odber Raymond, ed., *Winslow Papers, A.D. 1776-1826* (Boston: Gregg Press, 1972), p. 164.

88 馬斯頓日記，一七八三年七月二十二日和七月二十日，UNB: Winslow Papers, vol. 22, pp. 100-101.

89 一份一七九一年的人口普查顯示哈利法克斯的人口僅為四千八百九十七人，但這表明人口自一七八四年後有所下降 (Akins, p. 103)。好幾份人員名冊都顯示一七八四年謝爾本的人口大約為八千人，其中包括一千五百名自由黑人。

90 帕爾致謝爾本勛爵，一七八三年十二月十六日，NA: CO 217/56, f. 126.

91 馬斯頓日記，一七八四年一月十九日，UNB: Winslow Papers, vol. 22, p. 141.

92 “An Account of the Life of Mr. David George...,” in Vincent Carretta, ed., *Unchained Voices: An Anthology of Black Authors in the English-Speaking World of the Eighteenth Century* (Lexington: University Press of Kentucky, 1996), p. 337.

93 馬斯頓日記，一七八三年八月二十八日，UNB: Winslow Papers, vol. 22, p. 111.

94 “Persons Victualled at Shelburne the 8th January 1784,” PANS: Negro and Maroon Settlements, RG 1, vol. 419 (reel 15460),

p. 108. 一七八四年八月的人員名冊顯示謝爾本有一千五百二十一位「黑人」：“Those Mustered at Shelburne, NS in the Summer of 1784....,” LAC: Shelburne, Nova Scotia Collection, Microfilm H-984, vol. 3, p. 4.

95 “Memoirs of the Life of Boston King,” in Carretta, ed., p. 356.

96 馬斯頓日記，一七八三年六月十九日，UNB: Winslow Papers, vol. 22, p. 92.

97 Luke 8:5-8.

98 “Memoirs of the Life of Boston King,” in Carretta, ed., pp. 356-58.

99 帕爾致 Nepean，一七八三年一月二十二日，NA: CO 217/59, f. 14.

100 “An Account of the Life of Mr. David George,” in Carretta, ed., pp. 336-37.

101 “An Account of the Life of Mr. David George,” in Carretta, ed., p. 337.

102 Walker, p. 40.

103 “A General Description,” LAC: Robert Morse Fonds LAC: Robert Morse Fonds, p. 69.

104 “An Account of the Life of Mr. David George,” in Carretta, ed., p. 338.

105 帕爾致 Evan Nepean，一七八四年四月十一日，NA: CO 217/59, f. 105.

106 馬斯頓日記，一七八三年九月十九日，UNB: Winslow Papers, vol. 22, pp. 118-19.

107 馬斯頓日記，一七八四年七月二十六－二十七日和一七八四年八月四日，UNB: Winslow Papers, vol. 22, pp. 157-59.

第六章：保皇北美

1 雪梨勛爵致約翰・帕爾，一七八五年三月八日，NA: CO 217/57, ff. 28-29.

2 愛德華・溫斯洛致 Ward Chipman，一七八四年四月二十六日，AO: Ward Chipman Papers, Microfilm C-1180, ff. 1343-44. 溫斯洛所提到的一定是雪梨早期的一封信，其中使用了很多與上文引用過的一七八五年三月的文本相同的句式。The Winslow Papers 是在海洋省定居的效忠派個人文件中最為豐富的書藏，可以通過新不倫瑞克大學圖書館的網站線上閱讀：http://www.lib.unb.ca/winslow，二〇〇九年十二月二十四日訪問。

3 關於分裂運動，最佳論述見 Ann Gorman Condon, *The Envy of the American States: The Loyalist Dream for New Brunswick* (Fredericton, N.B.: New Ireland Press, 1984), pp. 97-120. 溫斯洛在上文引用過的一七八四年四月二十六日致 Chipman 的信中詳細闡述了該計畫。

4 Condon, pp. 112-19.

5 Cf. Seymour Martin Lipset, *Continental Divide: The Values and Institutions of the United States and Canada* (New York: Routledge, 1990), p. 1. 不過如下文所示，我不同意 Lipset 關於美國是「革命的國家，加拿大是反革命的國家」的簡化論理解。

6 這一關於加拿大歷史的很有影響的敘事，見 Ian McKay, "The Liberal Order Framework: A Prospectus for a Reconnaissance of Canadian History," *Canadian Historical Review* 81, no. 3 (December 2000): 617-45; 以及 Jean-François Constant 和 Michel Ducharme 編輯得很有價值的評論文集，*Liberalism and Hegemony: Debating the Canadian Liberal Revolution* (Toronto: University of Toronto Press, 2009). 關於效忠派對於開明自由秩序的奠基作用，見 Jerry Bannister 很有見地的撰文，"Canada as Counter-Revolution: The Loyalist Order Framework in Canadian History, 1750-1840," in Constant and Ducharme, eds., pp. 98-146.

7 溫斯洛致約翰·溫特沃斯爵士，一七八四年十二月二十六日，*Winslow Papers*, p. 260. 關於該城市的建設進度，見 D. G. Bell, *Early Loyalist Saint John: The Origin of New Brunswick Politics, 1783-1786* (Fredericton, N.B.: New Ireland Press, 1983), pp. 48-49.

8 引自 "Thomas Carleton," q.v., *Dictionary of Canadian Biography Online*, http://www.biographi.ca，二〇〇九年十二月二十四日訪問。

9 與他筆耕不輟且檔案豐富的哥哥相反，湯瑪斯·卡爾頓幾乎沒有留下過什麼文件紀錄（至少沒有多少留存至今）幫助我們充實他的個性和職業生涯。然而卡爾頓寫過一份關於自己軍旅生涯的短小梗概，刊登在 *New Brunswick Magazine*, vol. 2 (Saint John, N.B.: William Kilby Reynolds, 1899), pp. 75-76. 又見 "Thomas Carleton," q.v., *Dictionary of Canadian Biography Online*, http://www.biographi.ca，二〇〇九年十二月二十四日訪問。

10 這個職位最初的候選人是查爾斯・詹姆斯・福克斯的兄弟、新斯科舍分裂的主要支持者亨利・福克斯將軍，但福克斯因為個人原因和政治原因拒絕了這一任命。Esther Clark Wright, *The Loyalists of New Brunswick* (Fredericton, N.B.: n.p., 1955), p. 139.

11 William Odber Raymond, ed., *Winslow Papers, A.D. 1776-1826* (Boston: Gregg Press, 1972), p. 251; Beamish Murdoch, *A History of Nova Scotia, or Acadie*, 3 vols. (Halifax, N.S.: James Barnes, 1867), III, pp. 38-39; Bell, pp. 94-95.

12 溫斯洛致 Chipman，一七八三年七月七日，見 Raymond, ed., p. 100.

13 湯瑪斯・卡爾頓致雪梨，一七八五年二月十二日，PANB: Thomas Carleton Letterbook.

14 對湯瑪斯・卡爾頓的指令，無日期，NA: CO 188/1, f. 90.

15 馬斯頓日記，一七八五年一月十八日，UNB: Winslow Papers, vol. 22, p. 177.

16 "Hannah Ingraham Recalls the Snowy Reception at Fredericton," in Catherine S. Crary, ed., *Tory Writings from the Revolutionary Era* (New York: McGraw-Hill, 1973), p. 402.

17 湯瑪斯・卡爾頓致雪梨，一七八五年四月二十五日，PANB: Thomas Carleton Letterbook.

18 小貝弗利・魯賓遜，"Receipt and Memorandum Book begun 24th Dec. 1783," p. 75, NBM: Robinson Family Papers, Box 1, Folder 3.

19 見第五章注釋 2。關於新不倫瑞克的反應，見 Condon, pp. 89-90.

20 引自 Bell, p. 65.

21 引自 Bell, p. 74.

22 溫斯洛致溫特沃斯，一七八四年十二月二十六日，見 Raymond, ed., p. 260. 湯瑪斯・卡爾頓致雪梨，一七八五年六月二十五日，PANB: Thomas Carleton Letterbook.

23 湯瑪斯・卡爾頓致雪梨，一七八五年六月二十五日，PANB: Thomas Carleton Letterbook.

24 湯瑪斯・卡爾頓致雪梨，一七八五年十月二十五日，PANB: Thomas Carleton Letterbook; Bell, p. 57.

25 湯瑪斯・卡爾頓致雪梨，一七八五年十一月二十日，PANB: Thomas Carleton Letterbook.

26 馬斯頓日記，一七八五年七月二十四日和十一月十七日，UNB: Winslow Papers, vol. 22, pp. 189-90, 204-5.

27 Bell, pp. 104-5.

28 湯瑪斯・卡爾頓致雪梨，一七八五年十一月二十日，PANB: Thomas Carleton Letterbook.

29 Bell, p. 112.

30 Bell, pp. 113, 148-49.

31 Bell, p. 151.

32 Bell, p. 117.

33 雪梨致湯瑪斯・卡爾頓，一七八六年四月十九日，NA: CO 188/3, ff. 189-90.

34 湯瑪斯・卡爾頓致雪梨，一七八五年十一月二十日，PANB: Thomas Carleton Letterbook.

35 關於這一主題，見 Jack P. Greene, ed., *Exclusionary Empire: English Liberty Overseas, 1600-1900* (Cambridge, U.K.: Cambridge University Press, 2010), 尤其是 Philip Girard, "Liberty, Order, and Pluralism: The Canadian Experience," pp. 160-90.

36 *Cobbett's Weekly Political Pamphlet* 32, no. 36 (December 13, 1817): cols. 1148-50. 又見 Bell, pp. 130-31, 142-44.

37 Cobbett 眾所周知是一位極不可靠的自傳作家。見 David A. Wilson, *Paine and Cobbett: The Transatlantic Connection* (Kingston, Ont.: McGill-Queen's University Press, 1988), esp. (for New Brunswick) pp. 99-105.

38 *Alan Taylor, The Divided Ground: Indians, Settlers, and the Northern Borderland of the American Revolution* (New York: Knopf, 2006), pp. 112-13.

39 引自 Barbara Graymont, *The Iroquois in the American Revolution* (Syracuse, N.Y.: Syracuse University Press, 1972), p. 260.

40 引自 Taylor, p. 113.

41 該地點在一七八二年六月的原村名為「保皇聯盟谷」。Graymont, p. 254.

42 引自 Taylor, p. 113.

43 "Abstract of poor Refugee Loyalists that stand in need of Clothing," [1783] BL: Add. Mss. 21822, f. 62. 另一份文件估計，政府需要供應三千兩百零四雙襪子和「加拿大鞋」（每個效忠派一套），以及一萬六千碼亞麻布和羊毛為難民做衣服。"Estimate of clothing required to Clothe the above number of Refugees, agreeable to the Proportions heretofore granted," BL: Add. Mss. 21826, f. 103. On the travails of Quebec refugees, see Janice Potter-MacKinnon, *While the Women Only Wept: Loyalist Refugee Women* (Montreal: McGill-Queen's University Press, 1993).

44 Memorandum, Montreal, March 6, 1782, BL: Add. Mss. 21825, f. 5.

45 Robert Mathews 致 Abraham Cuyler，一七八二年十一月十八日，BL: Add. Mss. 21825, f. 25.

46 "His Majesty's Faithful Subjects Emigrated Under the Conduct of Captain Michael Grass from New York to this place" 的請願書 , Sorel, September 29, 1783, BL: Add. Mss. 21825, ff. 147-48.

47 Stephen Delancey 致 Mathews, 一七八四年四月二十六日和五月四日，BL: Add. Mss. 21825, ff. 233-35.

48 丹尼爾・克勞斯致哈爾迪曼德將軍，一七八三年十二月十五日，BL: Add. Mss. 21774, ff. 344-45.

49 哈爾迪曼德致克勞斯，一七八三年十二月十七日，BL: Add. Mss. 21774, f. 346.

50 "Return of disbanded Troops & Loyalists settled upon the King's Lands in the Province of Quebec in the Year 1784," BL: Add. Mss. 21828, f. 141.

51 哈爾迪曼德致約翰・詹森爵士，一七八三年五月二十六日，BL: Add. Mss. 21775, f. 122. Isabel Thompson Kelsay, *Joseph Brant, 1743-1807: Man of Two Worlds* (Syracuse, N.Y.: Syracuse University Press, 1984), p. 350.

52 Alan Taylor 認為莫霍克人是證明英國人忽略了印第安人同盟這一「規則的確存在的例外」（p. 120）。我覺得英國人把莫霍克人看成是效忠派可以解釋那一差別。

53 Kelsay, pp. 366-67; Stone, pp. 243-45.

54 Kelsay, pp. 345-46.

55 哈爾迪曼德贈地證書副本 , AO: Simcoe Family Papers, F-47-1-1 (MS 1797).

56 引自 William L. Stone, *Life of Joseph Brant (Thayendanegea)*, 2 vols. (Albany, N.Y.: J. Munsell, 1865), II, p. 253.

57 約瑟・布蘭特致雪梨，一七八六年一月四日，引自 Stone, II, pp. 252-53.

58 Stone, II, pp. 259-60.

59 雪梨致布蘭特，一七八六年四月六日，引自 Stone, II, pp. 255-56.

60 Kelsay, pp. 385-91.

61 約翰・斯圖亞特致 William White，一七八八年九月四日，LAC: John Stuart Papers, pp. 46-47.

62 斯圖亞特致 White，一七八八年九月四日，LAC: John Stuart Papers, pp. 46-47.

63 Isaac Weld, *Travels through the States of North America and the Provinces of Upper and Lower Canada, during the Years 1795, 1796, and 1797* (London: John Stockdale, 1800), pp. 485-89.

64 Taylor, p. 123; Kelsay, pp. 370-71.

65 布蘭特致 Samuel Kirkland，一七九一年三月八日，AO: Simcoe Family Papers, Series F-47-1-1.

66 Paul David Nelson, *General Sir Guy Carleton, Lord Dorchester: Soldier-Statesman of Early British Canada* (Madison, N.J.: Fairleigh Dickinson University Press, 2000), pp. 174-76.

67 引自 Nelson, p. 184.

68 Nelson, pp. 176-87; Condon, pp. 118-19. 他並未得到首席長官的頭銜，這反映了英國諸位大臣對於設立這樣一個強勢職位的審慎態度。

69 William Smith, *The Diaries and Selected Papers of Chief Justice William Smith*, ed. L. F. S. Upton, 2 vols. (Toronto: Champlain Society, 1963), II, p. 105.

70 William Smith 估計一七八八年魁北克的人口有十三萬人（Nelson, p. 209）。根據一七九〇年美國人口普查，紐約州有三十四萬零二百四十一位居民。

71 Nelson, pp. 208-9.

72 *Diaries of William Smith*, II, p. 163.

73 "Report of the Council Committee on Education," in *Diaries of William Smith*, II, p. 266; Nelson, p. 205.

74 關於這一時期英裔和法裔加拿大人關係的微觀討論，見 Donald Fyson, *Magistrates, Police, and People: Everyday Criminal Justice in Quebec and Lower Canada, 1764-1837* (Toronto: University of Toronto Press, 2006).

75 Gerald M. Craig, *Upper Canada: The Formative Years, 1784-1841* (Toronto: McClelland and Stewart, 1963), pp. 13-19. 該法案文本見 Adam Shortt and Arthur C. Doughty, eds., *Documents Relating to the Constitutional History of Canada, 1759-1791* (Ottawa: S. E. Dawson, 1907), pp. 694-708. 關於威權主義趨勢，見 C. A. Bayly, *Imperial Meridian: The British Empire and the World, 1780-1830* (London: Longman, 1989).

76 福克斯批評該法案創造了一種貴族制度，嘲笑伯克同情一種已經在法國被消滅的制度。伯克慷慨激昂地說他將誓死捍衛英國的憲政制度，「他最後的遺言將是『遠離法國憲法！』」有人聽到福克斯咕噥了一句「我們還是朋友，」伯克回應道：「不，我們不是朋友了……我們的友誼結束了。」福克斯起身說，「但他的精神如此痛苦，他的心靈因為伯克先生的言行而受到了如此重創，有幾分鐘，他竟說不出話來。淚水順著他的臉頰流下來。」一七九一年五月六日的辯論，*The Parliamentary History of England* (London: T. C. Hansard, 1817), vol. 29, columns 359-430, esp. 387-88.

77 即使有可能陷入一場關於語義的辯論，我仍應該指出我對該法案的理解符合以下人士提出的「反革命」的用法，Eliga Gould, "American Independence and Britain's Counter-Revolution," *Past & Present* 154 (February 1997): 107-41; Eliga Gould, "Revolution and Counter-Revolution," in David Armitage and Michael J. Braddick, eds., *The British Atlantic World, 1500-1800* (Basingstoke, U.K.: Palgrave Macmillan, 2002), pp. 196-213; and Bannister, "Canada as Counter-Revolution."

78 引自 Elizabeth Jane Errington, *The Lion, the Eagle, and Upper Canada: A Developing Colonial Ideology* (Kingston, Ont.: McGill-Queen's University Press, 1987), p. 30.

79 *Diaries of William Smith,* II, p. 163.

80 威廉・史密斯致多徹斯特勛爵，一七九〇年二月五日，見 *Diaries of William Smith*, II, pp. 270-76.

81 McKay, pp. 632-33. 又見 Phillip A. Buckner, *The Transition to Reponsible Government: British Policy in British North America,*

1815-1850 (Westport, Conn.: Greenwood Press, 1985). 作為對一八三七至一八三八年加拿大叛亂的回應，將上、下加拿大合併也很像一八〇一年大不列顛與愛爾蘭聯合，後者也是為了控制新教政體內最近叛亂之天主教人口的努力。

82 Nelson, pp. 211-15.

83 關於西姆科的政策的這一特徵，除其他外，見 Errington, chapter 2; Craig, pp. 20-22.

84 引自 Jeffrey L. McNairn, *The Capacity to Judge: Public Opinion and Deliberative Democracy in Upper Canada, 1791-1854* (Toronto: University of Toronto Press, 2000), p. 23.

85 Craig, pp. 20-22.

86 引自 Mary Beacock Fryer and Christopher Dracott, *John Graves Simcoe, 1752-1806: A Biography* (Toronto: Dundurn Press, 1998), p. 121. J. Ross Robertson, ed., *The Diary of Mrs. John Graves Simcoe* (Toronto: William Briggs, 1911), p. 180.

87 *Diary of Mrs. Simcoe,* pp. 121-63.

88 *Diary of Mrs. Simcoe,* pp. 180-84.

89 引自 Errington, p. 31.

90 Craig, p. 35; *Diary of Mrs. Simcoe*, pp. 184-200; Fryer and Dracott, pp. 162-63.

91 關於效忠的意義變化，見 David Mills, *The Idea of Loyalty in Upper Canada, 1784-1850* (Kingston, Ont.: McGill-Queen's University Press, 1988); Norman Knowles, *Inventing the Loyalists: The Ontario Loyalist Tradition and the Creation of Usable Pasts* (Toronto: University of Toronto Press, 1997).

92 Alan Taylor, "The Late Loyalists: Northern Reflections of the Early American Republic," *Journal of the Early Republic* 27, no. 1 (Spring 2007): 5.

93 Taylor, "Late Loyalists," pp. 5-6.

94 *Diary of Mrs. Simcoe,* pp. 136-39.

95 Elizabeth Jane Errington, "British Migration and British America," in Phillip Buckner, ed., *Canada and the British Empire* (Oxford: Oxford University Press, 2008), pp. 140-46. 直到美國內戰前，英國人移民北美的首要目的地一直是美利堅

合眾國。

96 英國遊客 Isaac Weld（一個鼓勵移民加拿大的熱心支持者）提到，「我們應該注意到一個事實，它打消了任何有關移民合眾國導致居民人數減少的疑慮，那就是事實上每年有大量人口移居加拿大，而那些完全有能力處理自己財產的加拿大人卻沒有移居美利堅合眾國，除了少數居住在城市的人。」(Weld, p. 287.) 與一七八四年的七千人（大多為難民）相比，到一七九一年，上加拿大的白人人口翻了一番，達到了一萬四千人，接著又在一七九一到一八一一年間增加了四倍，達到了七萬人。就效忠派難民搬回美利堅合眾國來看（我沒有發現任何證據表明其人數眾多），遷回者並沒有影響該省的發展。Taylor, "Late Loyalists," pp. 4, 19.

97 我對上加拿大作為「北美」外省的詮釋借鑑了 Elizabeth Jane Errington 富有啟發性的研究：尤見 *The Lion, the Eagle, and Upper Canada*, chapter 3. 關於帝國統治何以對一位典型的早期美國個人主義者有吸引力，見 J. I. Little, "American Sinner/Canadian Saint?" in *Journal of the Early Republic* 27, no. 2 (Summer 2007): 203-31.

98 斯圖亞特致 White，一七八八年九月八日，AO: John Stuart Papers, p. 46.

99 Taylor, "Late Loyalists," p. 7.

100 Egerton Ryerson, *The Loyalists of America and Their Times: From 1620 to 1816*, 2 vols. (Toronto: William Briggs, 1880), II, p. 474.

101 斯圖亞特致 White，一七八三年十月十四日，AO: John Stuart Papers, p. 18.

102 Craig, pp. 28-31.

103 對效忠立場和宗教文化的一個很有啟發性的研究，見 Christopher Adamson, "God's Divided Continent: Politics and Religion in Upper Canada and the Northern and Western United States, 1775 to 1841," *Comparative Studies in Society and History* 36, no. 2 (July 1994): 417-46.

104 Louis Hartz, *The Founding of New Societies: Studies in the History of the United States, Latin America, South Africa, Canada, and Australia* (New York: Harcourt, Brace, and World, 1964), p. 91; Gad Horowitz, "Conservatism, Liberalism, and Socialism in Canada: An Interpretation," *Canadian Journal of Economics and Political Science/Revue canadienne*

d'economique et de science politique 32, no. 2 (May 1966): 143-71.

105 Bannister, pp. 102, 126-27. 相關的批評又見 S. F. Wise, "Liberal Consensus or Ideological Battleground: Some Reflections on the Hartz Thesis," in S. F. Wise, *God's Peculiar Peoples: Essays on Political Culture in Nineteenth-Century Canada* (Ottawa: Carleton University Press, 1993), pp. 199-211; Janet Ajzenstat and Peter J. Smith, eds., *Canada's Origins: Liberal, Tory, or Republican?* (Ottawa: Carleton University Press, 1995).

第七章：風暴中的島嶼

1 約翰・克魯登致 Joseph Taylor，一七八六年十一月二十五日，LOC: Lovering Taylor Papers, Box 3.

2 [約翰・克魯登], "An Address to the Monarchial and Thinking Part of the British Empire," [1785], BL: North Papers, Add. Mss., 61864, f. 138; 克魯登致 Taylor, 一七八六年十一月二十五日，LOC: Lovering Taylor Papers, Box 3.

3 [約翰・克魯登], "An Address to the Monarchial and Thinking Part of the British Empire," [1785], BL: North Papers, Add. Mss., 61864, f. 139-47. Cf. John Cruden, *An Address to the Loyal Part of the British Empire, and the Friends of Monarchy Throughout the Globe* (London, 1785).

4 克魯登致威廉・克魯登牧師，一七八五年五月十六日，NA: PRO 30/11/7, Cornwallis Papers, Box 7, f. 52.

5 克魯登致 Taylor，一七八六年十一月二十五日，LOC: Lovering Taylor Papers, Box 3.

6 S. S. Blowers 致 Taylor，一七八六年十一月七日，LOC: Lovering Taylor Papers, Box 3.

7 克魯登致 Taylor，一七八六年十一月十一日和二十五日，LOC: Lovering Taylor Papers, Box 3. 不知是否為巧合，克魯登這封熱情洋溢信件的收件人，約瑟・泰勒（Joseph Taylor），後來也瘋了且終身未婚。Clifford K. Shipton, *Sibley's Harvard Graduates: Biographical Sketches of Those Who Attended Harvard College, 18 vols.* (Boston: Massachusetts Historical Society, 1972), XVI, p. 244. 感謝 Matthew Horovitz 提醒我注意這個細節。

8 約翰・克魯登致威廉・克魯登牧師，一七八五年五月十六日，NA: PRO 30/11/7, Cornwallis Papers, Box 7, f. 52.

9 約翰・克魯登，《致亞伯拉罕之子，涉及英屬美洲效忠派……關於猶太人復興預言的一些想法》（"An Address to

the Sons of Abraham, Containing thoughts on the Prophecys respecting the restoration of the Jews ... by a British American Royalist,”），一七八五年五月十六日，NA: PRO 30/11/7, Cornwallis Papers, Box 7, ff. 59-71.

10 Michael Craton, *A History of the Bahamas* (London: Collins, 1968), pp. 31-34. 關於哥倫布最先踏上的究竟是哪些島嶼，爭議很大，但普遍的看法是他的「聖薩爾瓦多」就是如今的瓦特林島（Watlings Island）。

11 Craton, pp. 56-64.

12 Sandra Riley, *Homeward Bound: A History of the Bahama Islands to 1850 with a Definitive Study of Abaco in the American Loyalist Plantation Period* (Miami: Island Research, 1983), pp. 42-43.

13 Craton, p. 166.

14 當時對巴哈馬群島的一個很好的描述，見 Johann David Schoepf, *Travels in the Confederation [1783-1784]*, trans. and ed. Alfred J. Morrison, 2 vols. (New York: Bergman Publishers, 1968), II, pp. 259-316.

15 引自 Riley, p. 101.

16 Craton, pp. 149-57; Riley, pp. 98-103.

17 引自 Riley, p. 131. 煽動動亂的效忠派上校 David Fanning 招募了三十人參加這次遠征，卻錯過了船隻，德沃拋下他啟航出海了。David Fanning, *The Adventures of David Fanning in the American Revolutionary War*, ed. A. W. Savary (Ottawa: Golden Dog Press, 1983), pp. 60-61.

18 引自 Riley, p. 132.

19 見 Craton, pp. 160-61; Riley, pp. 131-34; 安德魯・德沃致蓋伊・卡爾頓爵士，一七八三年六月六日，NYPL: Carleton Papers, Box 33, no. 7906.

20 Riley, p. 133.

21 這次出征及和平條款均在一七八三年五月三日的 *East Florida Gazette* 中有即時報導，又見派翠克・托寧致雪梨勛爵，一七八三年五月十五日，NA: CO 5/560, pp. 583-88.

22 德沃本人以身作則，率先在新普羅維登斯島上申領了二五〇英畝（一〇〇公頃）的優質土地（Craton, p. 161）。

23 統計顯示共有 1,458 位潛在的阿巴科殖民者：*Report on American Manuscripts in the Royal Institution of Great Britain*, 4 vols. (London: HMSO, 1904), IV, p. x.

24 托寧致卡爾頓，一七八三年五月十五日，NYPL: Carleton Papers, Box 32, no. 7691.

25 路易斯・約翰斯頓致無名收信人，一七八三年七月十四日，NA: CO 5/560, pp. 928-33. 蓋伊・卡爾頓爵士同時下令對諸島進行了一次調查，顯示的結果表明種植棉花還是有不錯的前景（Craton, p. 163）。

26 諾斯勛爵致托寧，一七八三年十二月四日，NA: CO 5/560, p. 724.

27 諾斯致托寧，一七八三年十二月四日，NA: CO 5/560, pp. 724-25; Craton, p. 163. 這次購買於一七八七年正式完成。

28 和帕爾及卡爾頓兄弟一樣，麥斯威爾也是愛爾蘭新教徒軍官。一七七九年他結婚近三年的富有妻子想跟他離婚，理由就是他從未跟她同房。A. P. W. Malcolmson, *In Pursuit of the Heiress: Aristocratic Marriage in Ireland, 1740-1840* (Belfast: Ulster Historical Foundation, 2006), pp. 74-75.

29 約翰・麥斯威爾致雪梨，一七八四年六月十九日，NA: CO 23/25, f. 139.

30 根據署期為一七八六年五月二日的「從東佛羅里達前往英國各個領地的統計」，除了前往阿巴科的一千四百五十八位紐約人外，還有一千零三十三位白人和二千二百一十四位黑人離開東佛羅里達前往巴哈馬群島，NA: CO 5/561, f. 407. See population table in Craton, p. 166.

31 James Powell 致托寧，一七八五年六月九日，以及托寧致 Powell，一七八五年八月二十五日，見 John Walton Caughey, ed., *East Florida, 1783-85: A File of Documents Assembled, and Many of Them Translated by Joseph Byrne Lockey* (Berkeley and Los Angeles: University of California Press, 1949), pp. 695-97.

32 克魯登致麥斯威爾，一七八四年十月二十八日，NA: CO 23/25, ff. 247-48. 麥斯威爾致克魯登，一七八四年十一月二十五日，NA: CO 23/25, ff. 247-49.

33 托寧致麥斯威爾，一七八四年五月十日，NA: CO 23/25, f. 133. 麥斯威爾致托寧，一七八四年五月五日，NA: CO 23/25, f. 135.

34 Schoepf, II, pp. 262-64.

35 Riley, p. 143.

36 Arthur McArthur 致雪梨，一七八四年三月一日，NA: CO 23/25, ff. 75-76.

37 麥斯威爾致雪梨，一七八四年三月二十九日，NA: CO 23/25, f. 83.

38 麥斯威爾致雪梨的信函附件，〈致巴哈馬群島總督和總指揮約翰・麥斯威爾閣下〉（"To His Excellency John Maxwell Esq. Captain General Governor and Commander in Chief of the Bahama Islands"），一七八四年五月十七日，NA: CO 23/25, ff. 113-14.

39 麥斯威爾致雪梨，一七八四年五月十七日，NA: CO 23/25, f. 111.

40 麥斯威爾致雪梨的信函附件，一七八四年六月四日，NA: CO 23/25, f. 117.

41 麥斯威爾致雪梨，一七八四年六月二十日，NA: CO 23/25, f. 143.

42 *Wilbur Henry Siebert, Loyalists in East Florida, 1774 to 1785: The Most Important Documents Pertaining Thereto, Edited with an Accompanying Narrative*, 2 vols. (Deland: Florida State Historical Society, 1929), I, p. 189.

43 麥斯威爾致雪梨的信函附件，一七八四年六月四日，NA: CO 23/25, f. 119.

44 麥斯威爾致雪梨，一七八四年九月四日，NA: CO 23/25, f. 172.

45 麥斯威爾致雪梨，一七八四年十一月二十日，NA: CO 23/25, f. 238.

46 麥斯威爾致雪梨，一七八四年五月十七日，NA: CO 23/25, f. 111.

47 麥斯威爾致 McArthur，一七八四年六月九日，NA: CO 23/25, f. 141; 麥斯威爾致雪梨，一七八四年六月四日，NA: CO 23/25, f. 115.

48 Gail Saunders, *Bahamian Loyalists and Their Slaves* (London: Macmillan Caribbean, 1983), p. 58.

49 該傳單連同其簽名者的身分說明一起，附於麥斯威爾致雪梨的信函之後，一七八四年七月二十九日，NA: CO 23/25, ff. 155, 210.

50 麥斯威爾致雪梨，一七八四年九月四日，NA: CO 23/25, f. 171. 關於律師們的申訴，除其他外，見 Stephen Haven 致托寧，一七八四年十二月六日，見 Caughey, ed., pp. 433-34; 麥斯威爾致雪梨，一七八四年九月四日，NA: CO

23/25, f. 171; Maxwell 致 Sydney, 一七八四年十一月二十日，NA: CO 23/25, f. 238.

51 麥斯威爾致雪梨，一七八四年九月七日，NA: CO 23/25, f. 178.

52 麥斯威爾致雪梨，一七八四年十月九日，NA: CO 23/25, f. 224.

53 麥斯威爾致雪梨，一七八四年八月二十六日，NA: CO 23/25, f. 165.

54 麥斯威爾致雪梨，一七八四年九月二十九日，NA: CO 23/25, f. 188.

55 在治安法官 George Bunch 面前所作的宣示證詞，一七八四年九月二十九日，NA: CO 23/25, ff. 211-12.

56 麥斯威爾致雪梨，一七八四年十月十五日，NA: CO 23/25, ff. 226-27.

57 [William Wylly], *A Short Account of the Bahamas Islands, Their Climate, Productions, &c....* (London, 1789), p. 13. Charles Colcock Jones, *The History of Georgia*, 2 vols. (Boston: Houghton Mifflin, 1883), II, p. 420.

58 鮑威爾致雪梨，一七八五年五月十一日，NA: CO 23/25, f. 318.

59 一七八五年四月四日的會刊，*Journal of the House of Assembly of the Bahamas, 12 May 1784 to 29 September 1794,* NAB, pp. 28-30.

60 一七八五年四月二十六日的會刊，*Journal of the House of Assembly of the Bahamas, 12 May 1784 to 29 September 1794,* NAB, pp. 42, 45.

61 效忠派致鮑威爾的備忘錄，一七八五年五月十八日，NA: CO 23/25, ff. 321-24.

62 雪梨致鮑威爾，一七八五年七月十八日，NA: CO 23/25, f. 331.

63 鮑威爾致效忠派，無日期，NA: CO 23/25, f. 325. 一七八五年五月十三日的會刊，*Journal of the House of Assembly of the Bahamas, 12 May 1784 to 29 September 1794*, NAB, pp. 50-60.

64 雪梨致麥斯威爾，一七八四年八月六日，NA: CO 23/25, ff. 162-63.

65 對於巴哈馬效忠派的個人創傷的後果的更完整闡述，見 Michael J. Prokopow, " 'To the Torrid Zones': The Fortunes and Misfortunes of American Loyalists in the Anglo-Caribbean Basin, 1774-1801" (Ph.D. dissertation, Harvard University, 1996), pp. 221-29. On Brown: Edward J. Cashin, *The King's Ranger: Thomas Brown and the American Revolution on the*

Southern Frontier (New York: Fordham University Press, 1999), p. 179.

66 Schoepf, II, p. 271.

67 J. Leitch Wright, "Dunmore's Loyalist Asylum in the Floridas," *Florida Historical Quarterly* 49, no. 4 (April 1971): 370-79.

68 雪梨致麥斯威爾，一七八六年六月，NA: CO 23/25, ff. 418-19.

69 "Plan of the Town of Nassau and Environs on the Island of New Providence Surveyed by Order of the General Assembly of the Bahamas, by Captain Andrew Skinner, 1788," NAB. 該城市在一七八五年又進行了重新測繪，將全部新居所考慮在內。*Journal of the House of Assembly of the Bahamas, 12 May 1784 to 29 September 1794*, p. 93.

70 Schoepf, II, p. 263.

71 乘坐威廉號（William）和鸚鵡螺號（Nautilus）前往阿巴科的八十位黑人的《黑人名冊》：http://www.blackloyalist.com/canadiandigitalcollection/documents/official/book_of_negroes.htm，二〇〇九年十二月三十日訪問。Riley, appendix D, pp. 266-69; Michael Craton and Gail Saunders, *Islanders in the Stream: A History of the Bahamian People*, 2 vols. (Athens: University of Georgia Press, 1999), I, pp. 183-84. On Brother Amos, see Whittington B. Johnson, *Race Relations in the Bahamas, 1784-1834: The Nonviolent Transformation from a Slave to a Free Society* (Fayetteville: University of Arkansas Press, 2000), pp. 56-58.

72 Saunders, p. 20; Cashin, *The King's Ranger*, pp. 174-79; Thelma Peters, "The American Loyalists and the Plantation Period in the Bahama Islands" (Ph.D. dissertation, University of Florida, 1960), pp. 69-70.

73 見贈地名單，NAB: Registrar General, Land Grants, Book C1 (1789-90).

74 Riley, pp. 180-85; [Wylly], p. 7.

75 [Wylly], p. 3.

76 G. Barry 致 Anthony Stokes，一七八六年六月三十日，NA: CO 23/26, f. 225.

77 約翰・克魯登的備忘錄，一七八六年一月十四日，*Journal of the House of Assembly of the Bahamas, 12 May 1784 to*

29 September 1794, NAB, pp. 110-11.

78 Siebert, p. 191. 我的這一比率來自 Wylly 的一七八八年人口估測，男性家長所代表的家庭算四口人。

79 “An Account of the present Situation of affairs in the Bahama Islands,” n.d., NA: CO 23/28, f. 150.

80 鄧莫爾勛爵致雪梨，一七八七年十一月二十八日，NA: CO 23/27, f. 75.

81 引自 Riley, p. 170.

82 “An Account of the present Situation of affairs in the Bahama Islands,” n.d., NA: CO 23/28, f. 151.

83 [Wylly], pp. 21-23, 40-41; Riley, pp. 169-70; Craton and Saunders, p. 187.

84 請願書轉載於 [Wylly], pp. 33-39; 原本見 NA: CO 23/26, ff. 102-21, 153-54.

85 這一事件的文件和書面證詞，見 NA: CO 23/28, ff. 105-6, 149-74.

86 鄧莫爾致雪梨，一七八八年二月二十九日，NA: CO 23/26, ff. 103-4.

87 引自 Riley, p. 172.

88 [Wylly], p. 16.

89 Craton, pp. 176-77; Craton and Saunders, p. 203.

90 [Wylly], pp. 30-31.

91 [Wylly], p. 24.

92 關於這一點，以及對鄧莫爾勛爵的整個職業生涯的全新詮釋，見 James Corbett David, “Dunmore’s New World: Political Culture in the British Empire, 1745-1796” (Ph.D. dissertation, College of William and Mary, 2010). 非常感謝 Jim David 在這部作品進行的過程中與我分享其中的某些章節。

93 關於克里克人的婚姻習俗和那些房屋，見 William Bartram, *Travels* (Philadelphia: James and Johnson, 1791), pp. 396-97, 514-15; Kathryn E. Holland Braund, *Deerskins and Duffels: The Creek Indian Trade with Anglo-America, 1685-1815*, 2nd ed. (Lincoln: University of Nebraska Press, 2008), pp. 12-13, 15-17.

94 鮑爾斯的權威傳記是 J. Leitch Wright, *William Augustus Bowles: Director General of the Creek Nation* (Athens: University

of Georgia Press, 1967). 又見 Elisha P. Douglass, "The Adventurer Bowles," *William & Mary Quarterly* 6, no. 1 (January 1949): 3-23; 當代人所寫的聖徒式傳記是 Benjamin Baynton, *Authentic Memoirs of William Augustus Bowles* (London, 1791).

95 Wright, p. 13; Cashin, p. 184; William S. Coker and Thomas D. Watson, *Indian Traders of the Southeastern Spanish Borderlands: Panton, Leslie & Company and John Forbes & Company, 1783-1847* (Pensacola: University of West Florida Press, 1986), p. 114.

96 Philip Waldeck Diary, transcribed and translated by Bruce E. Burgoyne, LOC, f. 217A.

97 札卡里・麥考利的日記，一七九八年五月二十八日，Zachary Macaulay Papers, Henry E. Huntington Library [Harvard College Library: Microfilm A 471, Reel 3]; Baynton, pp. 12-13.

98 其中最著名的還包括大衛・喬治曾經的主人和愛國者 George Galphin・，以及亞歷山大・麥克利夫雷的效忠派父親拉克倫。關於白人和種族混血人士在克里克文化中的地位，見 Andrew Frank, *Creeks and Southerners: Biculturalism on the Early American Frontier* (Lincoln: University of Nebraska Press, 2005), esp. pp. 26-45, 77-95; and Claudio Saunt, *A New Order of Things: Property, Power, and the Transformation of the Creek Indians, 1733-1816* (Cambridge, U.K.: Cambridge University Press, 1999), esp. pp. 2-3, 46-89.

99 Baynton, p. 29.

100 威廉・奧古斯塔斯・鮑爾斯的書面證詞，一七八八年四月九日，NA: CO 23/27, ff. 158-59. 不管鮑爾斯的證詞顯得有多可疑，他對克魯登信件的意譯的確與克魯登現存信件有明顯的呼應。話雖如此，沒有文件表明克魯登曾提議乾脆推翻巴哈馬政府。相反，他似乎還在一七八六年底和一七八七年初試圖說服約克公爵把某些島嶼納入王國殖民地，派「北部各州最勤勞的居民」前去殖民。見約翰・克魯登致 General R. Grenville，一七八六年八月八日，BL: Add. Mss. 70959, f. 89.

101 雖然克魯登的弟弟詹姆斯曾被指控在整個歐洲各國的宮廷支持約翰雄心勃勃的計畫，此後他一直在為自己家族喪失的四萬英鎊財產向效忠派賠償委員會索賠。詹姆斯・克魯登的索賠，NYPL: Loyalist Transcripts, vol. 48, pp. 528-

55.

102 Saunt, pp. 38-63.

103 Saunt, pp. 70-75, 83-88; Coker and Watson, pp. 115-16. 麥克利夫雷的內兄 Louis LeClerc de Milfort 曾說起過在倫敦，「鮑爾斯身著印第安人服飾，靠偽裝讓眾人相信他的故事。」Louis LeClerc de Milfort, *Memoir, or a Cursory Glance at My Different Travels & My Sojourn in the Creek Nation* (Chicago: Lakeside Press, 1956). 這幅肖像是湯瑪斯．哈代在鮑爾斯一七九一年出訪倫敦時所畫的；他的團隊的另一位成員請 William Hodges 為其畫像，也就是因創作了庫克船長的第二次航行的油畫而聲名大噪，繼而又前往印度旅行的那位畫家。

104 因為沒有為這次遠征招募到足夠的志願者，鄧莫爾從拿索監獄裡釋放了幾位犯人參加。「在鮑爾斯上校的指揮下從拿索出征的團隊後期參與成員」的請願書，一七八八年十一月二十四日，LOC: East Florida Papers, reel 82, bundle 195M15.

105 Wright, pp. 30-35; Coker and Watson, pp. 117-20. 比森特．曼努埃爾．德．澤斯彼得斯致亞歷山大．麥克利夫雷，聖奧古斯丁，一七八八年十月八日，引自 Caughey, *McGillivray*, pp. 202-3.

106 麥克利夫雷致約翰．萊斯利，一七八八年十一月二十日，引自 Caughey, *McGillivray*, p. 207；麥克利夫雷致威廉．潘頓，一七八九年二月一日，引自 Caughey, *McGillivray*, p. 217; Milfort, pp. xxxi-xxxiv, 82-83.

107 Baynton, p. 67; Wright, pp. 37-38.

108 帕爾為鮑爾斯的旅行和住宿提供了支助。見帕爾致哈利法克斯財長總監大人，一七九一年五月十日，PANS: RG1, vol. 221 (reel 15328), no. 164.

109 Douglas Brymner, ed., *Report on Canadian Archives* (Ottawa: Brown Chamberlin, 1891), pp. 255-56.

110 威廉．鮑爾斯的請願書，一七九一年一月三日，副本見 Frederick Jackson Turner, "English Policy toward America," *American Historical Review* 7, no. 4 (July 1902): 726-28.

111 克魯登致諾斯，一七八五年五月十六日，BL: North Papers, Add. Mss. 61864, ff. 133-34.

112 鮑爾斯致葛蘭維爾勛爵，一七九一年一月十九日，副本見 Turner, pp. 728-33.

113 葛蘭維爾致鄧莫爾，一七九一年四月一日，NA: CO 23/31, f. 7.
114 鮑爾斯致鄧莫爾，一七九二年二月六日，NA: CO 23/31, f. 153.
115 潘頓致印第安酋長，一七九二年二月十九日，見 Caughey, p. 309.
116 Wright, pp. 56-70; Coker and Watson, pp. 148-56.
117 Wright, pp. 71-92.
118 *Votes of the Honourable House of Assembly* (Nassau: John Wells, 1796); Craton and Saunders, pp. 203-11; David, chapter 5.
119 一位中產階級效忠派農園主的旅行在以下書籍中有很好的記述：Charles Farquharson, "A Relic of Slavery: Farquharson's Journal for 1831-32," typescript, NAB. 又見 Peters, pp. 148-54.
120 Cashin, *The King's Ranger*, p. 197.
121 Craton, pp. 176-78.

第八章：子虛烏有的避難天堂

1 Maria Nugent, *Lady Nugent's Journal of Her Residence in Jamaica from 1801 to 1805*, ed. Philip Wright (Kingston: Institute of Jamaica, 1966), p. 10.

2 William Beckford, *A Descriptive Account of the Island of Jamaica*, 2 vols. (London, 1790), I, pp. 21-22, 80; II, p. 401. 不要把這位 William Beckford (1744-1799) 與威廉．湯瑪斯．貝克福德（一七六〇至一八四四）混淆了，後者是牙買加最大的缺席地主之一，Fonthill Abbey 的建造者、哥特式小說 *Vathek* 的作者 Alderman William Beckford (1709-1770) 的兒子。歷史學家貝克福德是 Alderman Beckford 的侄子，他因欠債被關押在弗利特（Fleet）監獄期間寫下了自己的 *Descriptive Account*。

3 Bryan Edwards 解釋說，「整個景觀……絕美異常，語言本身（起碼是我能選擇的語言）根本無力表現。」Bryan Edwards, *The History Civil and Commercial of the British Colonies in the West Indies*, 2 vols. (London, 1793), I, pp. 180-83.

4 Louisa Susannah Wells, *The Journal of a Voyage from Charlestown to London* (New York: Arno Press, 1968 [1906]), pp. 48, 111-12.

5 尤見 Alexander X. Byrd, *Captives and Voyagers: Black Migrants Across the Eighteenth-Century British Atlantic World* (Baton Rouge: Louisiana State University Press, 2009).

6 關於艾克曼的職業發展，見 Frank Cundall, "The Early Press and Printers in Jamaica," *Proceedings of the American Antiquarian Society* 26 (April-October 1916): 290-354.

7 Richard S. Dunn, *Sugar and Slaves: The Rise of the Planter Class in the English West Indies, 1624-1713* (Chapel Hill: University of North Carolina Press, 1972), pp. 149-87. *Edward Ward, A Trip to Jamaica with a True Character of the People of the Island* (London, 1700), pp. 13, 16.

8 Sidney W. Mintz, *Sweetness and Power: The Place of Sugar in Modern History* (New York: Penguin, 1985), pp. 39, 67.

9 Beckford, I, pp. 50-51.

10 Trevor Burnard, *Mastery, Tyranny, and Desire: Thomas Thistlewood and his Slaves in the Anglo-Jamaican World* (Chapel Hill: University of North Carolina Press, 2004), pp. 13-16.

11 Mintz, pp. 46-52.

12 J. R. Ward, "The British West Indies, 1748-1815," in P. J. Marshall, ed., *The Oxford History of the British Empire*, vol. 2, *The Eighteenth Century* (Oxford: Oxford University Press, 1998), p. 433. 不過巴貝多的白人人口更多，也更安定，奴隸與白人的比例大約維持在 4:1。

13 Burnard, p. 156; Douglas Hall, *In Miserable Slavery: Thomas Thistlewood in Jamaica, 1750-1786* (London: MacMillan, 1989), p. 72.

14 Burnard, pp. 150-51; Vincent Brown, *The Reaper's Garden: Death and Power in the World of Atlantic Slavery* (Cambridge, Mass.: Harvard University Press, 2008), pp. 140-41.

15 Edwards, I, p. 230.

16 Burnard, pp. 16-18.

17 引自 Brown, p. 13. Burnard, p. 16.

18 Edwards, I, p. 227.

19 Kamau Brathwaite, *The Development of Creole Society in Jamaica, 1770-1820* (Oxford: Clarendon Press, 1971), p. 86; Lowell Ragatz, *The Fall of the Planter Class in the British Caribbean, 1763-1833: A Study in Social and Economic History* (New York: Octagon Books, 1963 [1928]), pp. 180-82, 189-90. Brown 提到奴隸死亡率的估計數字較高，讓農園主很方便解釋奴隸人口何以下降（p. 184）。

20 Beckford, I, pp. 103-4.

21 R. R. Palmer, *The Age of the Democratic Revolution: A Political History of Europe and America, 1760-1800,* 2 vols. (Princeton, N.J.: Princeton University Press, 1959-64).

22 感謝 Josiah Osgood 對該碑文的分析。

23 關於這一話題的全面討論，見 Andrew Jackson O'Shaughnessy, *An Empire Divided: The American Revolution and the British Caribbean* (Philadelphia: University of Pennsylvania Press, 2000).

24 O'Shaughnessy, pp. 151-54.

25 "Memoir Relative to the Island of Jamaica by Major General Archibald Campbell," 1782, NLJ: MS 16.

26 O'Shaughnessy, pp. 232-37.

27 Frank Cundall, "Sculpture in Jamaica," *Art Journal* (March 1907): 65-70. 關於英國的紀念活動，見 Holger Hoock, *Empires of the Imagination: Politics, War, and the Arts in the British World, 1750-1850* (London: Profile Books, 2010), pp. 67-71.

28 O'Shaughnessy, pp. 217-32; Ragatz, pp. 160-63.

29 Beckford 估計一七九〇年的人口為八千位白人，一千五百位自由有色人種和一萬四千位奴隸（Beckford, I, p. xxii）。一份由京斯敦教區委員會委託調查的報告指出，京斯敦的人口為六千五百三十九位白人，二千六百九十位自由有色人種（歸類為「棕色人種」），五百九十位自由黑人；及一萬六千六百五十九個奴隸。Kingston Vestry Minutes, February 28, 1788, NAJ: 2/6/6. (Edwards, I, p. 213 也引用了這些數字。）兩套數字的署期當然都是效忠派湧入之後。Edward Long 估計京斯敦的人口為五千位白人，一千二百位自由黑人和有色人種，五千個奴隸（見 Edward Long, *The History of Jamaica. Or, General Survey of the Antient and Modern State of That Island...*, 3 vols. [London: T. Lowndes, 1774], II, p. 103).

30 Long, II, pp. 102-18.

31 Kingston Vestry Minutes, November 5, 1784, NAJ: 2/6/6, f. 118.

32 引自 Michael John Prokopow, " 'To the Torrid Zones': The Fortunes and Misfortunes of American Loyalists in the Anglo-Caribbean Basin, 1774-1801" (Ph.D. dissertation, Harvard University, 1996), p. 29.

33 下議院日誌，一七八三年二月十一—十四日，NAJ: 1B/5/1/31.

34 下議院日誌，一七八三年十二月二日，NAJ: 1B/5/1/32.

35 見 "A List of Loyalists in Jamaica," NLJ: MS 1841. Prokopow 詳細分析了籍貫，pp. 32-33.

36 "A List of Loyalists in Jamaica," NLJ: MS 1841, pp. 9, 16, 24-25, 27, 31-32, 34.

37 "A List of Loyalists in Jamaica," NLJ: MS 1841, pp. 9-10, 14, 17, 25, 35, 40-41.

38 Kingston Vestry Minutes, March 11, 1783, NAJ: 2/6/6, f. 65; Kingston Vestry Minutes, October 11, 1784, NAJ: 2/6/6, f. 116.

39 Kingston Vestry Minutes, November 5, 1784, NAJ: 2/6/6, f. 118.

40 Kingston Vestry Minutes, November 28, 1785, NAJ: 2/6/6, ff. 156-57.

41 Ragatz, pp. 190-91.

42 提出這一論斷最著名的人是 Lowell Ragatz and Eric Williams, *Capitalism and Slavery* (Chapel Hill: University of North Carolina Press, 1944). Williams 近期又對該觀點進行了修正，同樣強調海地革命是農園主衰落的一個原因：David Beck Ryden, *West Indian Slavery and British Abolition, 1783-1807* (Cambridge, U.K.: Cambridge University Press, 2009), esp. chapter 9. 關於那場戰爭對一個大農園主家庭的影響，見 Michael Craton and James Walvin, *A Jamaican*

Plantation: The History of Worthy Park, 1670-1970* (London: W. H. Allen, 1970), pp. 154-79.

43 一七八三年的請願書引自 Prokopow, p. 36. 又見 *To the King's Most Excellent Majesty in Council, the Humble Memorial and Petition of the Council and Assembly of Jamaica* (Kingston, 1784).

44 引自 Prokopow, p. 61.

45 Prokopow, p. 69.

46 牙買加的效忠派致卡爾頓的請願書，一七八三年四月八日，NYPL: Carleton Papers, Box 31, no. 7357.

47 Brown, pp. 21-22. 西蒙・泰勒的莊園 Prospect Park 後來被亞歷山大・艾克曼購得，如今是牙買加首相府邸 (Cundall, "Early Press," p. 310).

48 西蒙・泰勒致 Chaloner Arcedeckne，一七八二年九月九日，Cambridge University Library: Vanneck Papers, 3A/1782/36. 感謝 Vince Brown 引用了泰勒的信件。

49 泰勒致 Arcedeckne，一七八七年九月三日，Cambridge University Library: Vanneck Papers, 3A/1787/14.「吃土」是西印度群島的奴隸們中間廣泛流傳的做法，雖然很少有人理解他們為什麼這麼做。Taylor 等十八世紀的觀察家認為這是個墮落的主動行為；近期的醫學見解（雖然尚未達成一致）指出這可能是礦物質缺乏的症狀。Sheridan, pp. 216-19.

50 一個大西洋奴隸貿易資料的可查詢資料庫見 http://www.slavevoyages.org/tast/index.faces，二〇〇九年十二月二十六日訪問。

51 Prokopow, pp. 62-63. 在從薩凡納運出的一〇二人中，有三十個新生兒，但只有七十六人活到了一七八六年被售，其中又只有二十五人被認為可以在查爾斯頓出售。Leland J. Bellot, *William Knox: The Life and Thought of an Eighteenth-Century Imperialist* (Austin: University of Texas Press, 1977), pp. 198-99.

52 Long, II, p. 189.

53 一七八四年十一月十三日的訴訟，*Journals of the Assembly of Jamaica* (Kingston: Alexander Aikman, 1804), VIII, p. 22.

54 一七八四年十二月二十一日的訴訟，*Journals of the Assembly of Jamaica*, VIII, pp. 82-83. 關於該計畫最完整的闡述見 Prokopow, pp. 65-100.「青蛙」作為俚語長期以來一直被用來指代「荷蘭人」，以及耶穌會會士和法國人。

55 Prokopow, pp. 87-88. 關於弗羅格，見 "A List of Loyalists in Jamaica," NLJ: MS 1841, p. 12. 他至少成功收到了部分官方救濟，一七八七年還受託為京斯敦鎮衛隊提供軍服 (Kingston Vestry Minutes, June 28, 1787, NAJ: 2/6/6).

56 "Return of Persons who Emigrated from East Florida to different parts of the British Dominions," signed by William Brown, May 2, 1786, NA: CO 5/561, f. 407. 來自佛羅里達的人中至少有五十位白人和兩百位黑人於一七八四年夏天途經牙買加去了蚊子海岸：Alured Clarke to Sydney, August 15, 1784, NA: CO 137/84, f. 157.

57 "Extract of a Letter from Governor Orde, to the Right Honble Lord Sydney, dated Dominica Novr. 25th 1784," NA: T1/610, f. 192.

58 Boyd Alexander, *England's Wealthiest Son: A Study of William Beckford* (London: Centaur Press, 1962), pp. 210-15. 貝克福德後來起訴懷爾德曼兄弟，希望收回位於瑪麗亞港附近的魁北克的農園。Alexander 提到詹姆斯・懷爾德曼的「信件和筆跡顯示，他幾乎是個文盲，無法用文字表達。」一七九四年返回英格蘭時，懷爾德曼用他的錢買下了肯特郡的齊勒姆城堡（Chilham Castle）。

59 Allan Karras, *Sojourners in the Sun: Scottish Migrants in Jamaica and the Chesapeake, 1740-1800* (Ithaca, N.Y.: Cornell University Press, 1992), pp. 55-56.

60 Brown, pp. 181-90; Sheridan, chapters 7-8, passim. 關於牙買加的改善努力，見 Christa Breault Dierksheide, "The Amelioration of Slavery in the Anglo-American Imagination, 1770-1840" (Ph.D. dissertation, University of Virginia, 2009), chapters 5-6.

61 Sheridan, p. 46-47, 83-95, 192, 295-312. 又見 Craton and Walvin, pp. 125-34.

62 Sheridan, pp. 9-11; Elizabeth Lichtenstein Johnston, *Recollections of a Georgia Loyalist* (New York: M. F. Mansfield and Company, 1901), pp. 82-83. 約翰斯頓醫生的前老師 Benjamin Rush 同年因在費城使用兩種治療方法治療黃熱病而聞名，但收效甚微。

63 Sheridan, pp. 250-63. 十年後，瑪麗亞・紐金特的女兒在西班牙鎮被從「一個漂亮的混血小姑娘」的胳臂接種疫苗，使用的就是詹納醫生更安全的牛痘病毒疫苗法 (p. 177).

64 Johnston, pp. 84-85.

65 Johnston, pp. 85, 89, 105. 約翰斯頓並沒有詳細解釋凱薩琳離開的細節。凱薩琳於一七八六年和母親一起來到牙買加 (p. 80)，但伊莉莎白後來哀嘆說路易斯・約翰斯頓「把她從我身邊奪走了，認為她能在愛丁堡獲得更多對她有利的東西，」那時凱薩琳十歲，也就是說那是一七九二至一七九三年的事 (p. 105).

66 Johnston, p. 90.

67 Johnston, pp. 85-86.

68 關於戰後牙買加的復興，見 Sylvia R. Frey and Betty Wood, *Come Shouting to Zion: African American Protestantism in the American South and British Caribbean to 1830* (Chapel Hill: University of North Carolina Press, 1998), chapter 5; Brown, chapter 6; Mary Turner, *Slaves and Missionaries: The Disintegration of Jamaican Slave Society, 1787-1834* (Chicago: University of Illinois Press, 1998), chapter 1.

69 "An Account of several Baptist Churches, consisting chiefly of Negro Slaves: particularly of one at Kingston, in Jamaica; and another at Savannah in Georgia," in "Letters Showing the Rise and Progress of the Early Negro Churches of Georgia and the West Indies," *Journal of Negro History 1*, no. 1 (1916): 71. 這和利勒的其他信件均首次出現在 *Baptist Annual Register* of 1790-93.

70 引語出自 "An Account of several Baptist Churches"，以及喬治・利勒致 John Rippon, 一七九一年五月十八日，in "Letters Showing the Rise," pp. 71-73, 81. 又見 Cox, II, p. 13. John W. Pulis, "Bridging Troubled Waters: Moses Baker, George Liele, and the African American Diaspora to Jamaica," in John W. Pulis, ed., *Moving On: Black Loyalists in the Afro-Atlantic World* (New York: Garland Publishing, 2002), pp. 183-222.

71 "An Account of several Baptist Churches," in "Letters Showing the Rise," pp. 73-74. 關於身為領袖和機構建立者的利勒，見 Frey and Wood, pp. 115-17.

72 "An Account of several Baptist Churches," in "Letters Showing the Rise," p. 71.

73 Stephen Cooke 致 Rippon, 一七九一年十一月二十六日，in "Letters Showing the Rise," pp. 75-76.

74 Julius Sherrard Scott III, "The Common Wind: Currents of Afro-American Communication in the Era of the Haitian Revolution" (Ph.D. dissertation, Duke University, 1986), pp. 209-12.

75 Scott, pp. 213-14.

76 Scott, pp. 51-58.

77 Scott, pp. 182-83.

78 R. C. Dallas, *The History of the Maroons*, 2 vols. (London, 1803); John N. Grant, *The Maroons in Nova Scotia* (Halifax, N.S.: Formac, 2002); Brathwaite, pp. 248-51.

79 Scott, p. 231. 一位名叫安娜．瑪麗亞．福爾肯布里奇的丈夫是一位廢奴主義者，參與過獅子山殖民計畫，不久後到達京斯敦，說他看到威爾伯福斯「被比作這樣一個煽動分子」讓「我十分痛心。」A. M. Falconbridge, *Narrative of Two Voyages to the River Sierra Leone during the Years 1791-1792-1793*, 2nd ed. (London: L. I. Higham, 1802), pp. 234-35.

80 Francis Augustus Cox, *History of the Baptist Missionary Society, from 1792 to 1842*, 2 vols. (London: T. Ward and Co., and G. J. Dyer, 1842), II, pp. 13-15; Brathwaite, p. 253.

81 Brathwaite, p. 255.

82 Clement Gayle, *George Liele: Pioneer Missionary to Jamaica* (Kingston: Jamaica Baptist Union, 1982), p. 19.

83 關於牙買加農園實施的專制，見 Byrd, pp. 78-85.

84 Thomas Coke, *A History of the West Indies*, 3 vols. (Liverpool: Nutter, Fishall, and Dixon, 1808), I, p. 445; Frey and Wood, p. 136.

85 Thomas Nicholas Swigle 致 [John Rippon], 一八〇二年五月一日，"Letters Showing the Rise," pp. 88-89.

86 關於十九世紀牙買加浸禮會的歷史，尤見 Catherine Hall, *Civilising Subjects: Colony and Metropole in the English*

Imagination, 1830-1867 (Chicago: University of Chicago Press, 2002).

87 Nugent, *Lady Nugent's Journal*, pp. 1, 10-11, 253.

88 Nugent, p. 184.

89 一八〇三年十月，紐金特寫道「約翰斯頓夫人和幾位小姐出席了今天的晚宴，」但沒有提及名字。(Nugent, p. 179.)

90 Nugent, p. 23.

91 Johnston, pp. 91-95, 105-7.

92 Johnston, p. 107.

93 Johnston, pp. 96-97.

94 Johnston, p. 108.

95 關於這一時期美國與加勒比海地區的商業，見 Michelle Craig MacDonald, "From Cultivation to Cup: Caribbean Coffee and the North American Economy, 1765-1805" (Ph.D. dissertation, University of Michigan, 2005), chapter 5.

96 Johnston, pp. 110-11.

97 關於貝里斯的效忠派，尤見 St. John Robinson 的著作，"Southern Loyalists in the Caribbean and Central America," *South Carolina Historical Magazine* 93, no. 3-4 (July-October 1992): 205-20; 以及 Prokopow, section III.

第九章：應許之地

1 "An Account of the Life of Mr. David George...," in Vincent Carretta, ed., *Unchained Voices: An Anthology of Black Authors in the English-Speaking World of the Eighteenth Century* (Lexington: University of Kentucky Press, 1996), pp. 338-40.

2 "An Account of the Life of David George," in Carretta, ed., pp. 340, 348 n. 48.

3 James W. St. G. Walker, *The Black Loyalists: The Search for a Promised Land in Nova Scotia and Sierra Leone, 1783-1870* (London: Longman, 1976), pp. 23-32; Ellen Gibson Wilson, *The Loyal Blacks* (New York: Capricorn, 1976), pp. 100-

102, 108-11 (Peters quote p. 109); Robin W. Winks, *The Blacks in Canada: A History*, 2nd ed. (Montreal: McGill-Queen's University Press, 1997), p. 36.

4 "Memoirs of the Life of Boston King," in Carretta, ed., p. 360.

5 Walker, pp. 40-41; Winks, pp. 37-38. 這樣的術語滑移讓我們很難了解在一七八四年謝爾本和伯奇敦的人員名冊中列出的那三百九十六位「僕人」中，究竟有多少是被奴役的。

6 約翰・克拉克森的備忘錄，BL: Add. Mss. 41626B, ff. 15-16. 該文件中包括許多新斯科舍黑人效忠派受虐待的紀錄。

7 Walker, pp. 50-51. 關於效忠派新斯科舍的奴隸制，見 Barry Cahill, "Habeas Corpus and Slavery in Nova Scotia: *R. v. Hecht, ex parte Rachel, 1798,*" *University of New Brunswick Law Journal* 44 (1995): pp. 179-209.

8 Wilson, pp. 95-96.

9 晚宴一事是湯瑪斯・克拉克森講述的，引自 Wilson, pp. 177-78.

10《湯瑪斯・彼得斯等人致國王陛下的重要國務大臣之一，尊敬的W・W・葛蘭威爾閣下的備忘錄》，NA: FO 4/1, ff. 421-23.

11 他從新斯科舍出發的時間一定與威廉・奧古斯塔斯・鮑爾斯從新斯科舍出發前往英國尋求對馬斯科吉國的支持的事件大致相當。這使得 Wilson 充滿想像力地提出，兩人一定是乘坐同一條船前往英國的。Wilson, pp. 179-80.

12 Wilson, pp. 149-50.

13 關於這一窮苦黑人專案，最完整的敘述見 Stephen J. Braidwood, *Black Poor and White Philanthropists: London's Blacks and the Foundation of the Sierra Leone Settlement, 1786-91* (Liverpool: University of Liverpool Press, 1994), pp. 129-60. 但又見 Wilson, pp. 144-53; Simon Schama, *Rough Crossings: Britain, the Slaves, and the American Revolution* (London: BBC Books, 2005), pp. 190-97; Cassandra Pybus, *Epic Journeys of Freedom: Runaway Slaves of the American Revolution and Their Global Quest for Liberty* (Boston: Beacon Press, 2006), pp. 111-19; Alexander X. Byrd, *Captives and Voyagers: Black Migrants across the Eighteenth-Century British Atlantic World* (Baton Rouge: Louisiana State University Press, 2008), pp. 139-53. 伊奎亞諾在其自傳中討論了這一計畫：Olaudah Equiano, *Interesting Narrative of the Life of*

Olaudah Equiano (New York: Penguin Books, 2003), pp. 226-31.

14 "Treaty for 1788," NASL.

15 Granville Sharp, *A Short Sketch of Temporary Regulations (Until Better Shall be Proposed) for the Intended Settlement on the Grain Coast of Africa, Near Sierra Leona,* 2nd ed. (London: H. Baldwin, 1786), p. 34.

16 David Hancock, *Citizens of the World: London Merchants and the Integration of the British Atlantic Community, 1735-1785* (Cambridge, U.K.: Cambridge University Press, 1995), pp. 1-2.

17 A. M. Falconbridge, *Narrative of Two Voyages to the River Sierra Leone during the Years 1791-1792-1793,* 2nd ed. (London: L. I. Higham, 1802), pp. 32-33.

18 Falconbridge, p. 64.

19 "Manuscript Orders from the Directors of the Sierra Leone Company," ca. 1791, NASL, p. 5.

20 亨利・克林頓爵士致 Evan Nepean，一七九〇年十二月二十六日，NA: FO 4/1, f. 416.

21 湯瑪斯・彼得斯致葛蘭威爾勛爵的備忘錄，一七九〇年十二月二十四日前後，NA: FO 4/1, ff. 419-20.

22 Henry Dundas 致湯瑪斯・卡爾頓，一七九一年八月六日，NA: CO 188/4, f. 215.

23 引自 Wilson, p. 186.

24 威廉・威爾伯福斯致約翰・克拉克森，一七九一年八月八日，BL: Add. Mss. 41262A, f. 5；湯瑪斯・克拉克森致約翰・克拉克森，一七九一年八月二十八日，f. 11; Henry Thornton 致約翰・克拉克森，一七九一年十二月三十日，f. 44; 湯瑪斯・克拉克森致約翰・克拉克森〔一七九二年一月〕，ff. 64-74.

25 卡爾頓致 Dundas，一七九一年十二月十三日，NA: CO 188/4, ff. 239-40.

26 克拉克森日記，一七九一年十月八日，NASL, p. 16. 克拉克森的日記原本散開，部分流失了。本書中一七九一年三月至十二月那部分日記的引文摘自獅子山國家檔案館的克拉克森日記手稿。一七九一年十二月至一七九二年三月的引文摘自紐約歷史學會以下書籍的微縮膠捲：Charles Bruce Fergusson, ed., *Clarkson's Mission to America, 1791-1792* (Halifax: Public Archives of Nova Scotia, 1971)；一七九二年三月至八月的引文摘自一份日記原本的微縮膠捲，也存於紐約歷史學會。克拉克森一七九二年八月至十一月的日記曾刊登於 *Sierra Leone Studies* 8 (1927): 1-114.

27 這份傳單的副本見 PANS: RG 1, vol. 419 (reel 15460), item 1.

28 "Memoirs of the Life of Boston King," in Carretta, ed., pp. 363-64.

29 Lorenzo Sabine, *Biographical Sketches of Loyalists of the American Revolution*, 2 vols., 2nd ed. (Boston: Little, Brown and Company, 1864), II, pp. 307-8.

30 斯蒂芬．斯金納致 Colonel William Shirriff，一七九一年十一月二日，NYHS: Stephen Skinner Letterbook.

31 約翰．克拉克森備忘錄，BL: Add. Mss. 41262B, f. 15.

32 "An Account of the Life of David George," in Carretta, ed., p. 340.

33 克拉克森日記，一七九一年十月二十五日，NASL, p. 32.

34 克拉克森日記，一七九一年十月二十六日，NASL, pp. 33-34.

35 克拉克森日記，一七九一年十月二十六日，NASL, p. 37.

36 克拉克森日記，一七九一年十一月二日，NASL, p. 41.

37 克拉克森日記，一七九一年十月二十八日，NASL, p. 38.

38 Byrd, pp. 177-99.

39 "Bill of fare—for Victualling the free Blacks to Sierra leone," PANS: RG 1, vol. 419 (reel 15460), item 18.

40 湯瑪斯．彼得斯和 David Edmons 致克拉克森，一七九一年十二月二十三日，BL: Add. Mss. 41262A, f. 24.

41 克拉克森日記，一七九一年十二月二十三日和二十六日，NYHS, pp. 115, 118.

42 Wilson, p. 225.

43 克拉克森日記，一七九一年十二月十三日，NYHS, p. 104.

44 "An Account of the Life of David George," in Carretta, ed., p. 340; "Memoirs of the Life of Boston King," in Carretta, ed., p. 364; Clarkson Diary, January 15 to March 6, 1792, NYHS, pp. 161-68.

45 "An Account of the Life of David George," in Carretta, ed., p. 340.

46 克拉克森日記，一七九二年三月十一日，NYHS, p. 171; "An Account of the Life of David George," in Carretta, ed., p. 340.

47 克拉克森日記，一七九二年三月六日，NYHS, p. 168.

48 克拉克森日記，一七九二年三月七日，NYHS, p. 169.

49 克拉克森日記，一七九二年三月十八日，NYHS, pp. 180-81.

50 地塊分別列於"Names of Settlers Located on the 1st Nova Scotian Allotment," NASL.

51 克拉克森日記，一七九二年三月二十日和二十七日，NYHS, pp. 8, 37. Anonymous Journal, March 15, 1792, BL: Add. Mss. 41264, f. 13. Falconbridge, p. 162.

52 Falconbridge, p. 148.

53 "Memoirs of the Life of Boston King," in Carretta, ed., p. 364.

54 克拉克森日記，一七九二年四月五日，NYHS, p. 74.

55 克拉克森日記，一七九二年五月四日，NYHS, p. 169.

56 克拉克森日記，一七九二年三月二十七日，NYHS, p. 43.

57 Wilson, pp. 240-44. 酒鬼是軍醫貝爾醫生和商業代理人亞歷山大・福爾肯布里奇。

58 克拉克森日記，一七九三年六月二十三日，NYHS, p. 312.

59 克拉克森日記，一七九二年三月二十二日，NYHS, pp. 20-21.

60 克拉克森日記，一七九二年六月十五日，NYHS, p. 293.

61 克拉克森日記，一七九二年四月八日，NYHS, p. 86.

62 克拉克森日記，一七九二年六月二十六日，NYHS, p. 324.

63 克拉克森日記，一七九二年五月十九日，NYHS, pp. 221-22.

64 克拉克森日記，一七九二年五月二十九日，NYHS, p. 248.

65 克拉克森日記，一七九二年四月八日，NYHS, pp. 81-84.
66 匿名日誌，一七九二年四月十一日，BL: Add. Mss. 41264, f. 27.
67 克拉克森日記，一七九二年七月二十五日，NYHS, pp. 388-89.
68 克拉克森日記，一七九二年七月三十日，NYHS, p. 400.
69 Walker, p. 181; Wilson, p. 293.
70 Falconbridge, p. 169.
71 祈禱文和禮物清單，BL: Add. Mss. 41262A, ff. 210-20；以撒．杜波依斯的日誌，BL: Add. Mss. 41263, f. 1.
72《告別請願》，一七九二年十一月二十八日，見 Christopher Fyfe, ed., *"Our Children Free and Happy": Letters from Black Settlers in Africa in the 1790s* (Edinburgh: Edinburgh University Press, 1991), pp. 30-31.
73 "An Account of the Life of David George," in Carretta, ed., p. 341.
74 札卡里．麥考利的日誌，一七九四年九月二十八日，Zachary Macaulay Papers, Henry E. Huntington Library [Harvard College Library: Microfilm A 471, reel 3]; Schama, pp. 368-71; Wilson, pp. 317-20; David George 致 John Rippon，一七九四年十一月十二日，in Carretta, ed., pp. 343-44.
75 Wilson, pp. 318, 21.
76 Luke Jordan, Moses Wilkinson et al., November 19, 1794, in Fyfe, ed., pp. 43-44.
77 Luke Jordan 和 Isaac Anderson 致克拉克森，一七九四年六月二十八日，見 Fyfe, ed., p. 42.
78 James Liaster 致克拉克森，一七九六年三月三十日，見 Fyfe, ed., pp. 49-50.
79 Christopher Fyfe, *A History of Sierra Leone* (Oxford: Oxford University Press, 1962), pp. 49-50; Walker, p. 176; Wilson, p. 288.
80 Falconbridge, p. 205.
81 Falconbridge, p. 210.
82 以撒．杜波依斯的日誌，一七九三年一月七日，BL: Add. Mss. 41263, f. 3. 這對夫婦生了一個兒子 Francis Blake

DuBois，他的一個兒子又被命名為約翰・克拉克森・杜波依斯。非裔美籍學者W・E・B・杜波依斯有一半血統來自巴哈馬白人，他猜想自己的祖先就是效忠派，曾好奇自己有無可能與以撒・杜波依斯有關係，他知道後者曾在巴哈馬群島上有分得土地。由於杜波依斯去世前最後幾年是在西非度過的，此間的聯繫就更令人好奇了，他前往西非是受到自己黑人祖先的吸引，卻幾乎不知道自己是不是也有白人祖先住在這片大陸上，如以撒・杜波依斯。W. E. B. DuBois, *Dusk of Dawn: An Essay Toward an Autobiography of a Race Concept* (New Brunswick, N.J.: Transaction Books, 1984), p. 105.

83 "Settlers' Petition," in Fyfe, ed., p. 38.

84 Falconbridge, p. 255.

85 Wilson, pp. 295-97.

86 Walker, pp. 178-80; Pybus, pp. 178-80.

87 Nathaniel Snowball 和 James Hutcherson 致克拉克森，一七九六年五月二十四日，見 Fyfe, ed., p. 52.

88 Walker, p. 205.

89 蓋伊・卡爾頓爵士致雪梨，一七八三年三月十五日，NYPL: Carleton Papers, Box 30, no. 7139. Walker, p. 219.

90 波士頓・金致克拉克森，一七九七年六月一日，BL: Add. Mss. 41263, f. 147.

91 Pybus, pp. 189-90.

92 該文件抄錄於 Fyfe, ed., pp. 63-64.

93 Walker, pp. 208-9.

94 Pybus, pp. 198-202; Walker, pp. 228-35; Wilson, pp. 393-95.

95 引自 Fyfe, p. 87.

96 到一八一一年，九百八十二位新斯科舍人裡已經有八百零七位馬龍人。「Columbine 總督下令進行的獅子山境內房屋和人口普查，一八一一年四月，」見 Liverpool 致 Maxwell，一八一一年十一月二十日，NASL: Secretary of State Despatches, 1809-[1811], pp. 155-56; Fyfe, pp. 114-15.

97 Philip Beaver, *African Memoranda: Relative to an Attempt to Establish a British Settlement on the Island of Bulama* (London: C. and R. Baldwin, 1805), pp. 115-16. *Deirdre Coleman, Romantic Colonization and British Anti-Slavery* (Cambridge, U.K.: Cambridge University Press, 2005), pp. 80-89.

98 關於黑人效忠立場的發展過程，見 Byrd, pp. 245-46.

99 "Memoir of the Life of Boston King," in Carretta, ed., pp. 365-66.

100 "Memoir of the Life of Boston King," in Carretta, ed., p. 360.

101 札卡里・麥考利的日誌，一七九八年五月二十八日，Henry E. Huntington Library [Harvard College Library: Microfilm A 471, reel 3]. 這是鮑爾斯向麥考利講述的事件版本，還有另一個故事提出，他乘坐的船隻受到了皇家海軍的襲擊。J. Leitch Wright, *William Augustus Bowles: Director General of the Creek Nation* (Athens: University of Georgia Press, 1967), pp. 93-94.

102 該圖片被當成以下書籍的扉頁插圖：Thomas Winterbottom, *Account of the Native Africans in the Neighbourhood of Sierra Leone*, 2 vols. (London: C. Whittingham, 1803).

第十章：自由帝國

1 關於莫里斯、約翰和菲爾・魯賓遜後來的事業發展，見 Julia Jarvis, *Three Centuries of Robinsons: The Story of a Family* (Toronto: T. H. Best, 1967), pp. 85-111. 威廉・亨利・魯賓遜的事業發展見 Catherine Skinner Robinson, *Lady Robinson's Recollections* (London: Barrett, Sons and Co., Printers, 1842).

2 F・P・魯賓遜致小貝弗利・魯賓遜，一七九九年十二月三日，NBM: Robinson Family Papers, Folder 14.

3 亨利・魯賓遜致小貝弗利・魯賓遜，一八〇一年十月十日，NBM: Robinson Family Papers, Folder 7.

4 F・P・魯賓遜致小貝弗利・魯賓遜，一八〇一年五月一日，NBM: Robinson Family Papers, Folder 14.

5 亨利・魯賓遜致小貝弗利・魯賓遜，一八〇二年四月二十一日，NBM: Robinson Family Papers, Folder 7.

6 亨利・魯賓遜致小貝弗利・魯賓遜，一八〇二年四月二十一日，NBM: Robinson Family Papers, Folder 7.

7 亨利・魯賓遜致安・巴克萊・魯賓遜，一八〇二年五月二十七日，NBM: Robinson Family Papers, Folder 8.

8 F・P・魯賓遜致小貝弗利・魯賓遜，無日期【一八〇四年秋】，NBM: Robinson Family Papers, Folder 14.

9 亨利・魯賓遜致小貝弗利・魯賓遜，一八〇三年六月一日，NBM: Robinson Family Papers, Folder 7.

10 亨利・魯賓遜致安・巴克萊・魯賓遜，一八〇四年六月十一日和八月二十二日，NBM: Robinson Family Papers, Folder 8.

11 R. Burnham Moffat, *The Barclays of New York: Who They Are, and Who They Are Not* (New York: Robert Grier Cooke, 1904), p. 106.

12 安・巴克萊・魯賓遜致蘇珊・魯賓遜，一八〇五年八月二十日，NBM: Robinson Family Papers, Folder 10.

13 F・P・魯賓遜致小貝弗利・魯賓遜，一八〇五年五月一日，NBM: Robinson Family Papers, Folder 14.

14 F・P・魯賓遜致小貝弗利・魯賓遜，一八〇五年七月三日，NBM: Robinson Family Papers, Folder 14.

15 貝弗利・魯賓遜三世致安・巴克萊・魯賓遜，【一七九六年】十月二十九日，NBM: Robinson Family Papers, Folder 5.

16 亨利・魯賓遜致安・巴克萊・魯賓遜，一八〇二年三月十二日，NBM: Robinson Family Papers, Folder 8.

17 Jonathan J. Bean, "Duer, William"; http://www.anb.org.ezp-prod1.hul.harvard.edu/articles/10/10-00470.html; *American National Biography Online*, February 2000，二〇一〇年三月十四日訪問。Craig Hanyan, "Duer, William Alexander"; http://www.anb.org.ezp-prod1.hul.harvard.edu/articles/11/11-00259.html; *American National Biography Online*, February 2000，二〇一〇年三月十四日訪問。出生於德文郡的 William Duer Sr. 在移民紐約之前，曾經在印度做過羅伯特・克萊夫的祕書。他們共同的祖父是 William Alexander, Lord Stirling.

18 貝弗利・魯賓遜三世致小貝弗利・魯賓遜，一八〇六年七月二十一日和八月六日，NBM: Robinson Family Papers, Folder 4.

19 沒有特別針對效忠派的暴力的另一個部分原因，是共和國早期整個國家充斥著暴力。見 Allan Kulikoff, "Revolutionary Violence and the Origins of American Democracy," *Journal of the Historical Society* 2, no. 2 (March 2002):

229-60.

20 James H. Kettner, *The Development of American Citizenship, 1608-1870* (Chapel Hill: University of North Carolina Press, 1978), pp. 173-209, 245-46.

21 Aaron Nathan Coleman, "Loyalists in War, Americans in Peace: The Reintegration of the Loyalists, 1775-1800" (Ph.D. dissertation, University of Kentucky, 2008), p. 90. 關於效忠派的重新融入，又見 David Edward Maas, "The Return of the Massachusetts Loyalists" (Ph.D. dissertation, University of Wisconsin, 1972), chapters 8-11; Robert M. Calhoon, "The Reintegration of the Loyalists and Disaffected," in Robert M. Calhoon, et al., *The Loyalist Perception and Other Essays* (Columbia: University of South Carolina Press, 1989), pp. 195-215; Rebecca Nathan Brannon, "Reconciling the Revolution: Resolving Conflict and Rebuilding Community in the Wake of Civil War in South Carolina, 1775-1860" (Ph.D. dissertation, University of Michigan, 2007).

22 Coleman, pp. 89-116.

23 Daniel J. Hulsebosch, *Constituting Empire: New York and the Transformation of Constitutionalism in the Atlantic World, 1664-1830* (Chapel Hill: University of North Carolina Press, 2005), p. 192.

24 Hulsebosch, pp. 192-202.

25 "Letters from Phocion," Letter II, in Alexander Hamilton, *The Works of Alexander Hamilton*, ed. Henry Cabot Lodge, 12 vols. (New York: G. P. Putnam's Sons, 1904), IV, p. 289.

26 喬治・華盛頓致 Charles Cotesworth Pinckney，一七九五年八月二十四日，見 George Washington, *The Writings of George Washington*, ed. Worthington Chauncey Ford, 14 vols. (New York: G. P. Putnam's Sons, 1892), XIII, p. 95.

27 關於債務，見 Kettner, pp. 186-87.

28 Robert W. Tucker and David C. Hendrickson, *Empire of Liberty: The Statecraft of Thomas Jefferson* (New York: Oxford University Press, 1990), p. 67.

29 Peter Silver, *Our Savage Neighbors: How Indian War Transformed Early America* (New York: W. W. Norton, 2009), chapter

9.

30 Isabel Thompson Kelsay, *Joseph Brant, 1743-1807: Man of Two Worlds* (Syracuse, N.Y.: Syracuse University Press, 1984), pp. 564, 601.

31 Alan Taylor, *The Divided Ground: Indians, Settlers, and the Northern Borderland of the American Revolution* (New York: Knopf, 2006), pp. 326-41.

32 委內瑞拉法蘭西斯科・德・米蘭達也再次去了倫敦，懇求美國和英國支持他在整個西屬美洲醞釀革命的計畫。亞歷山大・漢密爾頓（Alexander Hamilton）提議「一支大不列顛艦隊，一支美國軍隊」就能聯合協助米蘭達。(Alexander Hamilton to Francisco de Miranda, August 22, 1798, in Charles R. King, *The Life and Correspondence of Rufus King*, 6 vols. [New York: G. P. Putnam's Sons, 1894-1900], II, p. 659.) 當米蘭達最終開啟解放委內瑞拉的遠征時，他並非從倫敦而是從紐約出發，在前愛國者和效忠派中都招募到了志願者。James Biggs, *The History of Don Francisco de Miranda's Attempt to Effect a Revolution in South America, in a Series of Letters* (Boston: Edward Oliver, 1812)，指出許多參與者，包括約翰・亞當斯的外孫 William Steuben Smith，都充當起了米蘭達的副官，還有幾位效忠派也是一樣。又見 James Leitch Wright, *William Augustus Bowles, Director General of the Creek Nation* (Athens: University of Georgia Press, 1967), pp. 98-99.

33 Wright, pp. 96-106.

34 Claudio Saunt, *A New Order of Things: Property, Power, and the Transformation of the Creek Indians, 1733-1816* (Cambridge, U.K.: Cambridge University Press, 1999), p. 139.

35 關於這些大流散的對比，見我的 "Revolutionary Exiles: The American Loyalist and French Émigré Diasporas," in David Armitage and Sanjay Subrahmanyam, eds., *The Age of Revolutions in Global Context, c. 1760-1840* (Basingstoke, U.K.: Palgrave Macmillan, 2010), chapter 3.

36 Wright, pp. 124-41, 146-49.

37 Saunt, pp. 233-72.

38 引自 Jon Latimer, *1812: War with America* (Cambridge, Mass: Harvard University Press, 2007), p. 29; Jon Meacham, *American Lion: Andrew Jackson in the White House* (New York: Random House, 2008), p. 31. 又見 Anthony Wallace, *The Long, Bitter Trail: Andrew Jackson and the Indians* (New York: Hill and Wang, 1993).

39 Taylor, pp. 357-65; Kelsay, pp. 564, 601, 615-52.

40 關於帝國模式在早期美國政治思想中的中心地位，見 Hulsebosch, esp. pp. 213-19; David Hendrickson, *Peace Pact: The Lost World of the American Founding* (Lawrence: University Press of Kansas, 2003). 關於傑弗遜和帝國，見 Peter Onuf, *Jefferson's Empire: The Language of American Nationhood* (Charlottesville: University of Virginia Press, 2001), esp. chapter 2; Tucker and Hendrickson, esp. part III.

41 貝弗利・魯賓遜三世致小貝弗利・魯賓遜，一八〇九年十一月五日，NBM: Robinson Family Papers, Folder 4.

42 莫里斯・魯賓遜致小貝弗利・魯賓遜，一八〇六年二月十四日，NBM: Robinson Family Papers, Folder 13.

43 莫里斯・魯賓遜致小貝弗利・魯賓遜，一八〇六年四月五日，NBM: Robinson Family Papers, Folder 13.

44 Latimer, pp. 17, 32.

45 Latimer, p. 42.

46 Latimer, pp. 45-46.

47 J. I. Little, *Loyalties in Conflict: A Canadian Borderland in War and Rebellion, 1812-1840* (Toronto: University of Toronto Press, 2008).

48 Norman Knowles, *Inventing the Loyalists: The Ontario Loyalist Tradition and the Creation of Usable Pasts* (Toronto: University of Toronto Press, 1997), p. 21. 當初曾想把「United Empire」（聯合帝國）的縮寫字母「U・E・」放在他們的名字後面作為尊稱。各省土地管理局也開始列舉聯合帝國效忠派的名單，但這些做法都沒有全面保留下來。

49 Gerald M. Craig, *Upper Canada: The Formative Years, 1784-1841* (Toronto: McClelland and Stewart, 1963), pp. 57-70; Elizabeth Jane Errington, *The Lion, the Eagle, and Upper Canada: A Developing Colonial Ideology* (Kingston, Ont.: McGill-Queen's University Press, 1987), pp. 64-67; George Sheppard, *Plunder, Profits, and Paroles: A Social History of the*

War of 1812 in Upper Canada (Montreal: McGill-Queen's University Press, 1994), pp. 27-29, 41-42.

50 Sheppard, pp. 56-65; Latimer, p. 107.

51 Errington, pp. 70-80.

52 Craig, p. 72.

53 A. J. Langguth, *Union 1812: The Americans Who Fought the Second War of Independence* (New York: Simon and Schuster, 2006), p. 174.

54 Donald R. Hickey, *The War of 1812: A Forgotten Conflict* (Urbana: University of Illinois Press, 1989), pp. 80-90; Errington, p. 80; Latimer, pp. 51, 64-83.

55 Hickey, pp. 129-30; Latimer, pp. 131-33. 引自 Sheppard, *Plunder, Profit, and Paroles*, p. 102.

56 Duncan Andrew Campbell, *Unlikely Allies: Britain, America and the Victorian Origins of the Special Relationship* (London: Hambledon Continuum, 2007), p. 29.

57 Latimer, pp. 304-22.

58 Latimer, pp. 349-60. 關於魯賓遜參加戰爭記述節選，見 C. W. Robinson, "The Expedition to Plattsburg, Upon Lake Champlain, Canada, 1814," *Journal of the Royal United Service Institution* 61 (August 1916): 499-521. 這篇文章出版於第一次世界大戰中，那時大量加拿大志願兵加入英軍在西線鏖戰，它對後代加拿大人對一八一二年戰爭的反應有很好的陳述，他們認為那場戰爭是「那些將加拿大與母國凝結在一起的忠誠與獻身的紐帶通過鮮血得以鞏固」的時刻。(p. 499).

59 Latimer, pp. 386-87.

60 引自 Harvey Amani Whitfield, *Blacks on the Border: The Black Refugees in British North America, 1815-1860* (Burlington: University of Vermont Press, 2006), p. 33.

61 Whitfield, pp. 31-40; Robin W. Winks, *The Blacks in Canada: A History*, 2nd ed. (Montreal: McGill-Queen's University Press, 1997), pp. 114-16. 倫敦的 *Times* 說科克倫的公告「針對南部各州的黑人奴隸」，但事實上文本中根本沒有

提到奴隸。Malcolm Bell Jr., *Major Butler's Legacy: Five Generations of a Slaveholding Family* (Athens: University of Georgia Press, 1987), p. 171.

62 Winks, p. 115.

63 Richard White, *The Middle Ground: Indians, Empires, and Republics in the Great Lakes Region, 1650-1815* (Cambridge, U.K.: Cambridge University Press, 1991), esp. chapters 10-12; Taylor, passim. Jeremy Adelman and Stephen Aron 還將一八一二年戰爭詮釋為「對五大湖邊界的最後一次垂涎」(p. 823): Jeremy Adelman and Stephen Aron, "From Borderlands to Borders: Empires, Nation-States, and the Peoples in between in North American History," *American Historical Review* 104, no. 3 (June 1999): pp. 814-41.

64 William S. Coker and Thomas D. Watson, *Indian Traders of the Southeastern Borderlands: Panton, Leslie & Company and John Forbes & Company, 1784-1847* (Pensacola: University of West Florida Press, 1986), pp. 302-9; Saunt, pp. 273-90.

65 基的叔叔 Philip Barton Key 曾經是一位效忠派，是馬里蘭效忠派 Ensign Bowles 的指揮軍官中的一員。Philip Key 在他的效忠派索賠中提到，他的哥哥（法蘭西斯·基的父親）「是個堅定的叛軍。不建議兩位兄弟採取不同的立場。」他於一七八五年回到美國，後來成了一位聯邦黨人議員。Daniel Parker Coke, *The Royal Commission on the Losses and Services of American Loyalists, 1783-1785*, ed. Hugh Edward Egerton (New York: B. Franklin, 1971), pp. 387-88; "Philip Barton Key," q.v., Biographical Directory of the United States Congress, http://bioguide.congress.gov/scripts/biodisplay.pl?index=K000159，二〇〇九年七月二十二日訪問。

66 這不是說邊界沒有動盪，考量到一八三七至一八三八年的加拿大叛亂就包括從美國發動的襲擊，以及一八六六年和後來的芬尼亞突襲。在一九三〇年代以前，美國一直維持著周密完備的入侵加拿大的計畫：Latimer, pp. 407-8.

67 例如用 Egerton Ryerson 的話說，一八一二年戰爭「詮釋了效忠派的精神和加拿大人、法國人及英國人乃至真正的美國人的勇氣；因為除了少數例外，生活在加拿大的北美人是效忠派臣民，是像聯合帝國效忠派們本人一樣勇敢地捍衛其歸化國家的人。」Egerton Ryerson, *The Loyalists of America and Their Times: From 1620 to 1816*, 2 vols. (Toronto: William Briggs, 1880), II, p. 317.

68 雖然這場戰爭的奠基角色，已在大眾記憶中有廣泛的共識，關於它在十九世紀的具體影響，仍有很豐富的文獻資料。除其他外，見 David Mills, *The Idea of Loyalty in Upper Canada, 1784-1850* (Kingston, Ont.: McGill-Queen's University Press, 1988), esp. pp. 12-33; S. F. Wise, "The War of 1812 in Popular History," in S. F. Wise, *God's Peculiar Peoples: Essays on Political Culture in Nineteenth-Century Canada* (Ottawa: Carleton University Press, 1993), pp. 149-67; Errington, pp. 55-86; Little, pp. 11-56; Knowles, pp. 14-25.

69 Mills, pp. 34-51.

70 弗雷德里克・菲力浦斯・魯賓遜致約翰・貝弗利・魯賓遜，一八一六年一月四日，AO: Sir John Beverley Robinson Papers, MS 4, Reel One.

71 約翰・貝弗利・魯賓遜的日記，一八一五年十月三十一日，AO: Sir John Beverley Robinson Papers, MS 4, Reel Two, pp. 62-63.

72 Knowles, p. 14; S. F. Wise, "Upper Canada and the Conservative Tradition," in Wise, pp. 169-84. 關於效忠派傳統，又見 J. M. Bumsted, *Understanding the Loyalists* (Sackville, N.B.: Centre for Canadian Studies, Mount Allison University, 1986).

73 弗雷德里克・菲力浦斯・魯賓遜爵士的日記，RMC, pp. 278-79.

74 Catherine Skinner Robinson, *Lady Robinson's Recollections* (London: Barrett, Sons and Co., Printers, 1842), pp. 24-25.

75 Benson John Lossing, *The Pictorial Field Book of the Revolution*, 2 vols. (New York: Harper & Brothers, 1852), II, pp. 140-41. Charles A. Campbell, "Robinson's House in the Hudson Highlands: The Headquarters of Washington," *Magazine of American History* 4 (February 1880): 109-17. 那座房子後來歸紐約參議員 Hamilton Fish 所有，於一八九二年被毀。

76 弗雷德里克・菲力浦斯・魯賓遜爵士的日記，RMC, pp. 279-80.

77 威廉・亨利・魯賓遜致蘇珊・魯賓遜，一八一〇年二月六日，NBM: Robinson Family Papers, Folder 9.

78 這一時期服役的出生在美國各地的約二十位軍官名單，見 V. C. P. Hodson, *List of the Officers of the Bengal Army, 1758-1834*, 4 vols. (London: Constable, 1927-47).

79 Maria Nugent, *A Journal from the Year 1811 till the Year 1815, Including a Voyage to and Residence in India*, 2 vols. (London:

T. and W. Boone, 1839), I, p. 126. 幾位外甥分別是她的姊姊 Euphemia 的一個兒子 Cortlandt Skinner Barberie 和她大哥的一個兒子 Philip Kearny Skinner。關於他們的軍官學員檔案，見 APAC: L/MIL/10/25/255 and L/MIL/12/70/1.

80 Nugent, I, pp. 386-87.

81 貝內迪克特・阿諾德致 Jonathan Bliss，一八〇〇年九月十九日，NBM: Arnold Papers, Folder One.

82 他後來又想把那位可憐的女人打發到新不倫瑞克，那裡的「第一場暴風雪就會讓她一命嗚呼或者陷入麻煩。」威廉・亨利・魯賓遜致蘇珊・魯賓遜，一八一一年六月二十日，NBM: Robinson Family Papers, Folder 9.

83 索菲亞的丈夫 Pownall Phipps 有非同尋常的背景，他大部分童年和少年時期在法國度過，他在法國革命的好幾年裡事實上是被軟禁在家裡的；他的第一任妻子是法國人，他說英語也有法語口音，之所以被送到印度，是因為家人希望讓他「遠離法式幻想」（也就是不要轉向法國立場）。紐金特一八一二年見到索菲亞・阿諾德時，他已經與索菲亞訂婚了。Pownall William Phipps, *The Life of Colonel Pownall Phipps* (London: Richard Bentley and Son, 1894), pp. 43-44, 90.

84 關於這些關係，見 Durba Ghosh, *Sex and the Family in Colonial India: The Making of Empire* (Cambridge, U.K.: Cambridge University Press, 2006); William Dalrymple, *White Mughals: Love and Betrayal in Eighteenth-Century India* (New York: Viking, 2003); Maya Jasanoff, *Edge of Empire: Lives, Culture, and Conquest in the East, 1750-1850* (New York: Knopf, 2005), chapters 2-3.

85 Edward Shippen Arnold 中尉的遺囑，APAC: L/AG/34/29/26, Bengal Wills 1814, p. 193.

86 喬治・阿諾德中校的遺囑（1829），APAC: L/AG/34/29/44, Bengal Wills 1829, vol. 1, pp. 22-23. 這份遺囑在大法官法院引發一起訴訟 (Arnold v. Arnold, 1836-37)，也對路易莎的遺產提出了挑戰。

87 Phipps, pp. 152, 167. Phipps 沒有提到路易莎的印度母親。這個時期的父母往往擔心孩子在兩種文化下長大。比如說，大衛・奧克特洛尼就擔心「我的孩子們非常漂亮……但如果她們接受的是歐化教育，那麼不管她們的面容多麼姣好，大家仍然會說他們是『土著女人生養的奧克特洛尼的女兒』，那對她們不利。」（奧克特洛尼致 Hugh Sutherland 少校，約一八〇四年，APAC: Letterbook of Robert Sutherland, MS Eur D 547, f. 133.）

88 Dalrymple, pp. 23-24. "Sir David Ochterlony," q.v., DNB.

89 一八二八年進行了一次公開募捐，要在梅登公園（Calcutta Maidan）為奧克特洛尼建一座紀念碑。由於奧克特洛尼為穆斯林文化著迷，據說那座紀念碑就是以穆斯林的建築風格建造的：一座五十公尺高的凹槽立柱，頂上還有個小小的洋蔥形圓頂。奧克特洛尼紀念碑如今已經被更名為 Shahid Minar（意為「聖徒塔」），紀念為爭取印度獨立而戰的勇士們。

90 這些親戚關係中有加德納父母的表兄弟的女兒 Frances 和 Henrietta Duer，二人分別嫁給了菲爾的侄子貝夫和莫里斯・魯賓遜。

91 關於加德納在查爾斯頓的行動，見 *Independent Ledger* (Boston), June 19, 1779, p. 2.「第十六軍的加德納少校、他的妻子和家人」是一七七九年九月被帶往波士頓的俘虜：*New Jersey Gazette* (Burlington, N.J.), September 29, 1779, p. 2.（該報紙解釋說加德納「在喬治亞指揮坎貝爾上校軍隊的輕軍團，那裡更著名的叫法是短軍團，他是著名的人道主義指揮官。」）瓦倫丁獲得假釋之後，威廉・史密斯（他的妻子是利文斯頓家的人）一七七九年十二月底在紐約見到了瓦倫丁和阿莉達・加德納。史密斯後來派阿莉達・加德納前去試圖說服有效忠派傾向的利文斯頓一家「與大不列顛和解。」William Smith, *Historical Memoirs of William Smith, 1770-1783*, ed. William H. W. Sabine (New York: Arno Press, 1971), pp. 202, 258. NYPL Carleton Papers 中零星提到了 Valentine Gardner。

92 上述細節有助於表明，提到加德納早在一七七四年初就和母親一起去了法國 (Lionel J. Gardner, *The Sabre and the Spur: An Account of Colonel Gardner of Gardner's Horse [1770-1835]* [Chandigarh: Siddharth Publications, 1985], pp. 6-7) 以及 *DNB* 說他「在法國長大」都不對。加德納自己說，「和平之後我們都去了英格蘭，」確認了他們在紐約撤離之時離境的說法。Narinder Saroop, *Gardner of Gardner's Horse* (New Delhi: Palit and Palit, 1983), p. 11. On his Continental education: Saroop, pp. 14-15.

93 Fanny Parkes, *Wanderings of a Pilgrim in Search of the Picturesque*, 2 vols. (Karachi: Oxford University Press, 1975), I, pp. 417-18.

94 另一位在 Maratha 服役的美國人，麻塞諸塞的 John Parker Boyd 拋棄了自己有一半印度血統的女兒，回到美國後在蒂皮卡諾與特庫姆塞作戰，並在一八一二年戰爭中與英軍作戰。Ronald Rosner, "John Parker Boyd: The Yankee Mughal," *Asian Affairs* 34, no. 3 (November 2003): 297-309.

95 Saroop, p. 97.

96 Emma Roberts, *Scenes and Characters of Hindostan*, 3 vols. (London: William H. Allen and Co., 1835) III, p. 142. Parkes, I, p. 348. Roberts 的素描的早期版本出現在報紙上，加德納給 *Asiatic Journal and Monthly Register* 寫了一封信修改畫像中出現的錯誤，特別是指出，他的女性後代因為自己容貌的關係，會很難找到歐洲人當丈夫。*Asiatic Journal* 38 (1835): pp. 60-61.

97 Nugent, II, p. 9.

98 Parkes, I, pp. 185, 230.

99 Parkes, I, p. 185.

100 威廉·林內烏斯·加德納致愛德華·加德納，一八二一年八月二十一日，倫敦國家軍隊博物館：Gardner Papers, p. 241. William Dalrymple 把他的加德納信件抄本給我研究，我對此非常感激。

尾聲：所失與所得

1 關於這一時期，我同意 Jeremy Adelman 的詮釋，"An Age of Imperial Revolutions," *American Historical Review* 113, no. 2 (April 2008): 319-40，其中重新詮釋了 R. R. Palmer 提出的「民主革命時代」也是帝國革命時代，其鞏固帝國統治的作用至少和促成民族國家發展的力量一樣強大。又見 C. A. Bayly, *The Birth of the Modern World, 1780-1914: Global Connections and Comparisons* (Malden, Mass.: Blackwell, 2004), chapter 3.

2 關於這兩幅圖，見 Helmut von Erffa and Alan Staley, eds., *The Paintings of Benjamin West* (New Haven, Conn.: Yale University Press, 1986), pp. 219-22, 565-67.

3 Elizabeth Lichtenstein Johnston, *Recollections of a Georgia Loyalist* (New York: M. F. Mansfield and Company, 1901), p. 164. 雖然序言中說伊莉莎白·約翰斯頓的回憶錄是一八三六年寫作，但她在文本中提到了一個發生於一八三七年

的事件。伊莉莎白・約翰斯頓的女兒伊麗莎嫁給了入選新斯科舍議會的大律師 Thomas Ritchie。她的兒子約翰也是議會成員。她最小的兒子詹姆斯・威廉・約翰斯頓曾任新斯科舍保守黨的長期領袖和新斯科舍省長，還在一八七三年被任命為新斯科舍省督，不過還未上任就去世了。

4 例如，移民兩百周年紀念日前後發生的討論：J. M. Bumsted, *Understanding the Loyalists* (Sackville, N.B.: Centre for Canadian Studies, Mount Allison University, 1986); Wallace Brown and Hereward Senior, *Victorious in Defeat: The American Loyalists in Exile* (New York: Facts on File, 1984); Christopher Moore, *The Loyalists: Revolution, Exile, Settlement* (Toronto: Macmillan of Canada, 1984).

5 Michael Craton, *A History of the Bahamas* (London: Collins, 1968), pp. 194-96.

6 Mary Turner, *Slaves and Missionaries: The Disintegration of Jamaican Slave Society, 1787-1834* (Urbana: University of Illinois Press, 1982), chapter 6.

7 Ian McKay, "The Liberal Order Framework: A Prospectus for a Reconnaissance of Canadian History," *Canadian Historical Review* 81, no. 3 (December 2000): 632; Philip Girard, "Liberty, Order, and Pluralism: The Canadian Experience," in Jack P. Greene, ed., *Exclusionary Empire: English Liberty Overseas, 1600-1900* (Cambridge, U.K.: Cambridge University Press, 2010), pp. 177-81; Robin W. Winks, *The Relevance of Canadian History: U.S. and Imperial Perspectives* (Toronto: Macmillan of Canada, 1979).

8 James Corbett David, "Dunmore's New World: Political Culture in the British Empire, 1745-1796" (Ph.D. dissertation, College of William and Mary, 2010).

9 Isabel Kelsay, *Joseph Brant* (Syracuse, N.Y.: University of Syracuse Press, 1984), p. 658; Norman Knowles, *Inventing the Loyalists: The Ontario Loyalist Tradition and the Creation of Usable Pasts* (Toronto: University of Toronto Press, 1997), p. 119.

10 Marion Robertson, *King's Bounty: A History of Early Shelburne, Nova Scotia* (Halifax: Nova Scotia Museum, 1983), chapter 15. 對新斯科舍效忠派命運的負面評價，見 Neil MacKinnon, *This Unfriendly Soil: The Loyalist Experience in*

Nova Scotia, 1783-1791 (Montreal: McGill-Queen's University Press, 1986), chapter 10.

11 小貝弗利・魯賓遜致弗雷德里克・魯賓遜（兒子），一八一六年六月十七日・NBM: Robinson Family Papers, Folder 6. Charles A. Campbell, "Robinson's House in the Hudson Highlands: The Headquarters of Washington," *Magazine of American History* 4 (February 1880): 115.

附錄：計算出走人數

1 Mary Beth Norton, *The British-Americans: The Loyalist Exiles in England, 1774-1789* (London: Constable, 1974), p. 9 (60-80,000); Esmond Wright, ed., *Red, White, and True Blue: The Loyalists in the Revolution* (New York: AMS Press, 1976), p. 2 (80,000); Wallace Brown, *The Good Americans: The Loyalists in the American Revolution* (New York: Morrow, 1969), p. 2 (100,000); John Ferling, *A Leap in the Dark: The Struggle to Create the American Republic* (Oxford: Oxford University Press, 2003), p. 257 (100,000).

2 船運單保存於 NA: ADM 49/9.

3 和全書一樣，我在這裡使用了「黑人效忠派」一詞來指代那些聽到英國人承諾以自由而逃到其地盤上的奴隸，並不代表一種整齊畫一的意識形態立場。.

4 Cassandra Pybus, "Jefferson's Faulty Math," *William & Mary Quarterly* 62, no. 2 (April 2005): 243-64.

5 "Returns of Loyalists &c. gone from New York to Nova Scotia &c. p returns in the Commissary General's Office," New York, October 12, 1783, NA: CO 5/111, f. 118. "Return of Loyalists &c. gone from New York to Nova Scotia, Quebec & abbacoe as per Returns in the Commissary General's Office at New York," New York, November 24, 1783, NA: CO 5/111, f. 236.

6 "General Return of all the Disbanded Troops and other Loyalists who have lately become Settlers in the Provinces of Nova Scotia and New Brunswick, made up from the Rolls taken by the several Muster Masters," Halifax, November 4, 1784, NA: CO 217/41, ff. 163-64. 一七八三年十月紐約的紀錄顯示有一千三百二十八位難民前往魁北克 (NA: CO 5/111, f. 118).

這些名冊表明 Philip Ranlet 對紐約撤離數字的懷疑態度可能過於誇張了：Philip Ranlet, *The New York Loyalists* (Knoxville: University of Tennessee Press, 1986), pp. 193-94.

7 “A General Description of the Province of Nova Scotia... done by Lieutenant Colonel Morse Chief Engineer in America, upon a Tour of the Province in the Autumn of the year 1783, and the summer 1784. Under the Orders and Instructions of His Excellency Sir Guy Carleton... Given at Head Quarters at New York the 28th Day of July 1783,” LAC: Robert Morse Fonds, MG 21, p. 43.

8 約翰・帕爾致謝爾本勛爵，一七八三年十二月十六日，以及帕爾致雪梨勛爵，一七八四年八月十三日。NA: CO 217/56, f. 126 and f. 216.

9 “General Return of all the Disbanded Troops and other Loyalists settling in Nova Scotia and New Brunswick who are now receiving the Royal Bounty of Provisions,” Halifax, November 25, 1785, NA: CO 217/41, f. 238.

10 “Return of Persons who Emigrated from East Florida to different parts of the British Dominions,” signed by William Brown, Commissioner, London, May 2, 1786, NA: CO 5/561, f. 407.

11 “Muster-Book of Free Black Settlement of Birchtown 1784,” LAC: Shelburne, Nova Scotia Collection, MG 9, B 9-14, Microfilm Reel H-984, ff. 172-207.

12 “An Effective List of all the Loyalists in Canada receiving provisions from the King’s Store, that are not Charged for the same; with an exact accompt of the Number of their Families, their age, & Sex, & the quantity of provisions pr day, with remarks opposite their Respective Names,” July 1, 1779; “Return of Royalists & their families who receive provisions, not paying for the same at following places, Commencing the 25th day of September 1779 & Ending the 24th of October followg. Inclusive”; “Return of Families of Loyalists Receiving Provisions out of the Different magazines or Depots in the District of Montreal from the 25th of Octbr to the 24th of Novembr 1780”; “Return of Unincorporated Loyalists and Families who Received their Provisions gratis from Government from the 25th of Decembr. 1781 to the 24th Jan. 1782 Inclusive”; “Return of Unincorporated Refugee Loyalists in the Province of Quebec, exclusive of those at the upper Ports,”

November 3, 1783, BL: Haldimand Papers, Add. Mss. 21826, ff. 10-13, 24-30, 33-44, 62-69, 103.

13 "Return of disbanded Troops & Loyalists settled upon the King's Lands in the Province of Quebec in the Year 1784." BL: Haldimand Papers, Add. Mss. 21828, f. 141.

14 "Estimate of the Quantity of Lands that may be required to settle the K. R. R. New York, the Corps of Loyal, and King's Rangers, and Refugee Loyalists in the Province of Quebec, including those who have lately Arrived from New York," BL: Haldimand Papers, Add. Mss. 21829, f. 62.

15 Alan Taylor, *The Divided Ground: Indians, Settlers, and the Northern Borderland of the American Revolution* (New York: Knopf, 2006), pp. 122-23. J. M. Bumsted, *A History of the Canadian Peoples* (Toronto: Oxford University Press, 1998), p. 91.

16 一七七八年已經在那裡接受供給的有一百九十一位難民：“List of the Loyalists and their Families lodged at Machiche, 2d December 1778,” BL: Add. Mss. 21826, f. 3.

17 “A Return of Refugees and their Slaves arrived in the Province of East Florida from the Provinces of Georgia and South Carolina taken upon Oath to the 23rd December 1782,” NA: CO 5/560, f. 507.（參見“A Return of Refugees and their Slaves arrived in East Florida from Georgia and South Carolina taken upon Oath to the 14th November 1782,” NA: CO 5/560, f. 477 中關於有二千一百六十五位白人和二千二百四十位黑人的早期說法。）“A Return of Refugees & their Slaves arrived in this Province from Charlestown, at the time of the Evacuation thereof & not included in the last return, the 31st December 1783 [sic],” April 20, 1783, NYPL: Carleton Papers, Box 31, no. 7468. 我的數字與 W. H. Siebert 的數字有差異，他把一七八二年十一月十四日和十二月二十三日的名冊上的數字相加起來。我覺得沒有理由像 Siebert 那樣假定這些代表不同的人口而非累積數字。W. H. Siebert, *Loyalists in East Florida 1774 to 1785: The Most Important Documents Pertaining Thereto, Edited with an Accompanying Narrative*, 2 vols. (Deland: Florida State Historical Society, 1929), I, pp. 130-31.

18 Lord Hawke, “Observations on East Florida,” Bernardo del Campo 致 Conde del Floridablanca 的隨函附件，一七八

三年六月八日。John Walton Caughey, ed., *East Florida, 1783-85: A File of Documents Assembled, and Many of Them Translated by Joseph Byrne Lockey* (Berkeley and Los Angeles: University of California Press, 1949), pp. 120-21. 關於這些難民中擁有奴隸情況的詳細分析，見 Carole Watterson Troxler, "Refuge, Resistance, and Reward: The Southern Loyalists' Claim on East Florida," *Journal of Southern History* 55, no. 4 (November 1989): 580-85.

19 派翠克・托寧致雪梨，一七八三年五月十五日，NA: CO 5/560, f. 584.

20 托寧致 Digby 海軍上將，一七八三年九月十日，NA: CO 5/560, f. 698.

21 "Return of Persons who Emigrated from East Florida to different parts of the British Dominions," May 2, 1786, NA: CO 5/561, f. 407.

22 托寧致雪梨，一七八五年四月四日，引自 Caughey, ed., pp. 498-99.

23 "Return of Persons who Emigrated from East Florida to different parts of the British Dominions," May 2, 1786, NA: CO 5/561, f. 407.

24 Norton, *The British-Americans*, pp. 36-37; Mary Beth Norton, "Eighteenth-Century American Women in Peace and War: The Case of the Loyalists," *William & Mary Quarterly* 33, no. 3 (July 1976): 386-409. Mary Beth Norton, personal communication, January 5, 2010.

25 Pybus, "Jefferson's Faulty Math."

26 "Returns of Loyalists &c. gone from New York to Nova Scotia &c. p returns in the Commissary General's Office," New York, October 12, 1783, NA: CO 5/111, f. 118.

27 W. H. Siebert, "The Legacy of the American Revolution to the British West Indies and Bahamas," *Ohio State University Bulletin* 17, no. 27 (April 1913): 21. 這一數字來自 Carleton Papers 中的一份文件。The "Return of Loyalists &c. gone from New York to Nova Scotia, Quebec & abbacoe as per Returns in the Commissary General's Office at New York," New York, November 24, 1783, NA: CO 5/111, f. 236，紀錄受損，有關阿巴科的資料字跡不清。

28 "Return of Persons who Emigrated from East Florida to different parts of the British Dominions," May 2, 1786, NA: CO

5/561, f. 407.

29 *Journal of the House of Assembly of the Bahamas, April 28, 1789. Department of Archives, Nassau: Journal of the House of Assembly of the Bahamas, 12 May 1784 to 20 September 1794, p. 248. Cf. Michael Craton, A History of the Bahamas (London: Collins, 1968), pp. 165-66.*

30 [William Wylly], *A Short Account of the Bahamas Islands, Their Climate, Productions, &c. (London, 1789), p. 7.*

31 Craton, p. 164.

32 Siebert, "Legacy," p. 15.

33 "Return of Persons who Emigrated from East Florida to different parts of the British Dominions," May 2, 1786, NA: CO 5/561, f. 407.

34 Trevor Burnard, "European Migration to Jamaica, 1655-1780," *William & Mary Quarterly* 53, no. 4 (October 1996): 772.

35 Harvey Amani Whitfield, "Black Loyalists and Black Slaves in Maritime Canada," *History Compass* 5, no. 6 (October 2007): 1980-97.

36 As stated by Robert Morse, "A General Description of the Province of Nova Scotia," LAC: Robert Morse Fonds, MG 21, p. 43. 關於海洋省份的數字，見 James W. St. G. Walker, *The Black Loyalists: The Search for a Promised Land in Nova Scotia and Sierra Leone, 1783-1870* (London: Longman, 1976), pp. 11-12. 關於魁北克，見 Robin W. Winks, *The Blacks in Canada* (Montreal: McGill-Queen's University Press, 1997), pp. 33-34.

參考書目

已出版直接史料

Adams, John. *The Works of John Adams*. 10vols. Edited by Charles Francis Adams. Boston: Little, Brown and Company, 1856.

Adventures of Jonathan Corncob, loyal American refugee. London, 1787.

Bartlet, William S. *The Frontier Missionary: A Memoir of the Life of the Rev. Jacob Bailey, A.M.* Boston: Ide and Dutton, 1853.

Bartram, William. *Travels through North and South Carolina, Georgia, East and West Florida*. Philadelphia: James and Johnson, 1791.

Baynton, Benjamin. *Authentic Memoirs of William Augustus Bowles*. London, 1791.

Beaver, Philip. *African Memoranda: Relative to an Attempt to Establish a British Settlement on the Island of Bulama*. London: C. and R. Baldwin, 1805.

Beckford, William. *A Descriptive Account of the Island of Jamaica. 2vols*. London, 1790.

Brymner, Douglas, ed. *Report on Canadian Archives*. Ottawa: Brown Chamberlin, 1891.

Campbell, Archibald. *Journal of an Expedition against the Rebels of Georgia*. Edited by Colin Campbell. Darien, Ga.: Ashantilly Press, 1981.

Candler, Allen D., ed. *The Revolutionary Records of the State of Georgia*. Augusta, Ga.: Franklin-Turner Company, 1908.

Carretta, Vincent, ed. *Unchained Voices: An Anthology of Black Authors in the English-Speaking World of the Eighteenth Century*. Lexington: University of Kentucky Press, 1996.

The Case and Claim of the American Loyalists, Impartially Stated and Considered, Printed by Order of Their Agents. London, 1783.

Caughey, John Walton, ed. *East Florida, 1783-85: A File of Documents Assembled, and Many of Them Translated by Joseph Byrne Lockey.* Berkeley and Los Angeles: University of California Press, 1949.

Chalmers, George. *Opinions on Interesting Subjects of Public Law and Commercial Policy, Arising from American Independence.* London, 1784.

Chesney, Alexander. *The Journal of Alexander Chesney, a South Carolina Loyalist in the Revolution and After*. Edited by E. Alfred Jones. Columbus: Ohio State University Press, 1921.

Clark, Murtie June, ed. *Loyalists in the Southern Campaign of the Revolutionary War*. 3vols. Baltimore: Genealogical Publishing Company, 1981.

Clarkson, John. "Diary of Lieutenant J. Clarkson, R.N. (Governor, 1792)." *Sierra Leone Studies* 8(1927): 1-114.

Cobbett, William. *Parliamentary History of England.* 36vols. London, 1806-20.

Coke, Daniel Parker. *The Royal Commission on the Losses and Services of American Loyalists, 1783-1785.* Edited by Hugh Edward Egerton. New York: B. Franklin, 1971.

Coke, Thomas. *A History of the West Indies*. 3vols. Liverpool: Nutter, Fishall, and Dixon, 1808.

Coldham, Peter Wilson, ed. *American Migrations: The Lives, Times, and Families of Colonial Americans Who Remained Loyal to the British Crown.* Baltimore: Genealogical Publishing Company, 2000.

Cooper, Thomas, ed. *The Statutes at Large of South Carolina*. Columbia, S.C., 1838.

Cox, Francis Augustus. *History of the Baptist Missionary Society, From 1792to 1842*. 2vols. London: T. Ward and Co., and G. J. Dyer, 1842.

Crary, Catherine S., ed. *The Price of Loyalty: Tory Writings from the Revolutionary Era.* New York: McGraw-Hill, 1973.

Cruden, John. *An Address to the Loyal Part of the British Empire, and the Friends of Monarchy Throughout the Globe.* London,

1785.

____. *Report on the Management of the Estates Sequestered in South Carolina, by Order of Lord Cornwallis, in 1780-82.* Edited by Paul Leicester Ford. Brooklyn, N.Y.: Historical Printing Club, 1890.

Curwen, Samuel. *The Journal and Letters of Samuel Curwen, 1775-1783*. Edited by George Atkinson Ward. Boston: Little, Brown and Co., 1864.

Dallas, R. C. *The History of the Maroons*. 2vols. London, 1803.

Directions to the American Loyalists, in Order to Enable Them to State Their Cases ... to the Honourable the Commissioners Appointed ... to Inquire into the Losses and Services of Those Persons Who Have Suffered, in Consequences of Their Loyalty to This Majesty. London: W. Flexney, 1783.

Donne, W. Bodham, ed. *The Correspondence of King George the Third with Lord North from 1768to 1783. 2vols.* London: John Murray, 1867.

Eardley-Wilmot, John. *Historical View of the Commission for Enquiring into the Losses, Services, and Claims of the American Loyalists. Introduction by George Athan Billias.* Boston: Gregg Press, 1972[1815].

Edwards, Bryan. *The History Civil and Commercial of the British Colonies in the West Indies. 2vols.* London, 1793.

Equiano, Olaudah. *Interesting Narrative of the Life of Olaudah Equiano.* New York: Penguin, 2003.

Ewald, Johann. *Diary of the American War: A Hessian Journal*. Edited and translated by Joseph P. Tustin. New Haven: Yale University Press, 1979.

Falconbridge, A. M. *Narrative of Two Voyages to the River Sierra Leone during the Years 1791-1792-1793.* London: L. I. Higham, 1802.

Fanning, David. *The Adventures of David Fanning in the American Revolutionary War*. Edited by A. W. Savary. Ottawa: Golden Dog Press, 1983.

Fergusson, Charles Bruce, ed. *Clarkson's Mission to America, 1791-1792*. Halifax: Public Archives of Nova Scotia, 1971.

Ford, Worthington Chauncey, ed. *Journals of the Continental Congress, 1774-89*. 4vols. Washington, D.C.: Government Printing Office, 1904.

Francklyn, Gilbert. *Observations, Occasioned by the Attempts Made in England to Effect the Abolition of the Slave Trade, Shewing the Manner in which Negroes are Treated in the British Colonies, in the West Indies*. Kingston and Liverpool: A Smith, 1788.

Franklin, Benjamin. *Memoirs of Benjamin Franklin, Written by Himself and Continued by his Grandson*. 2vols. Philadelphia: McCarty and Davis, 1834.

_____. *The Works of Benjamin Franklin*. 10vols. Edited by Jared Sparks. Chicago: Townsend McCoun, 1882.

Fraser, Alexander. *Second Report of the Bureau of Archives for the Province of Ontario*. Toronto: L. K. Cameron, 1904-5.

Fyfe, Christopher, ed. *"Our Children Free and Happy": Letters from Black Settlers in Africa in the 1790s*. Edinburgh: Edinburgh University Press, 1991.

Galloway, Joseph. *Historical and Political Reflections on the Rise and Progress of the American Rebellion*. London, 1780.

_____. *Observations on the Fifth Article of the Treaty with America, and on the Necessity of Appointing a Judicial Enquiry into the Merits and Losses of the American Loyalists, Printed by Order of Their Agents*. London: G. Wilkie, 1783.

Gentz, Friedrich. *The Origin and Principles of the American Revolution, Compared with the Origin and Principles of the French Revolution*. Philadelphia: Asbury Dickins, 1800.

Hodges, Graham Russell, ed. *The Black Loyalist Directory: African Americans in Exile after the American Revolution*. New York: Garland Publications, 1995.

House of Assembly. *Journals of the Assembly of Jamaica*. Kingston: Alexander Aikman, 1804.

House of Assembly. *Votes of the Honourable House of Assembly*. Nassau, Bahamas, 1796.

[Inglis, Charles]. *The Deceiver Unmasked; or, Loyalty and Interest United: in Answer to a Pamphlet Called Common Sense*. New York: Samuel Loudon, 1776.

[_____]. *The True Interest of America, Impartially Stated, in Certain Strictures on a Pamphlet Called Common Sense.* Philadelphia: James Humphreys, 1776.

Jay, John. *John Jay: The Making of a Revolutionary; Unpublished Papers, 1745-1780.* Edited by Richard B. Morris. New York: Harper and Row, 1975.

_____. "The Peace Negotiations of 1782-1783." In *Narrative and Critical History of America*, edited by Justin Winsor. Boston: Houghton Mifflin, 1888.

Johnston, Elizabeth Lichtenstein. *Recollections of a Georgia Loyalist*. New York: M. F. Mansfield and Company, 1901.

Lesser, Charles H., ed. *The Sinews of Independence: Monthly Strength Reports of the Continental Army.* Chicago: University of Chicago Press, 1976.

"Letters Showing the Rise and Progress of the Early Negro Churches of Georgia and the West Indies." *Journal of Negro History* 1, no. 1(1916): 69-92.

Long, Edward. *The History of Jamaica. Or, General Survey of the Antient and Modern State of That Island.... 3vols.* London: T. Lowndes, 1774.

Lossing, Benson John. *The Pictorial Field Book of the Revolution*. 2vols. New York: Harper & Brothers, 1852.

McCall, Hugh. *The History of Georgia*. Atlanta: A. B. Caldwell, 1909[1784].

de Milfort, Louis LeClerc. *Memoir, or a Cursory Glance at My Different Travels & My Sojourn in the Creek Nation.* Chicago: Lakeside Press, 1956.

Moultrie, William. *Memoirs of the American Revolution: So Far as It Related to the States of North and South Carolina and Georgia. 2vols.* New York: David Longworth, 1802.

Nugent, Maria. *A Journal from the Year 1811till the Year 1815, Including a Voyage to and Residence in India. 2vols.* London: T. and W. Boone, 1839.

_____. *Lady Nugent's Journal of Her Residence in Jamaica from 1801to 1805.* Edited by Philip Wright. Kingston: Institute of

Jamaica, 1966.

Paine, Thomas. *Common Sense*. Edited by Isaac Kramnick. New York: Penguin, 1986.

Parkes, Fanny. *Wanderings of a Pilgrim in Search of the Picturesque*. 2vols. Karachi: Oxford University Press, 1975.

Raymond, William Odber, ed. *Winslow Papers, A.D. 1776-1826*. Boston: Gregg Press, 1972.

Roberts, Emma. *Scenes and Characters of Hindostan*. 3vols. London: William Allen and Co., 1835.

Robertson, J. Ross, ed. *The Diary of Mrs. John Graves Simcoe*. Toronto: William Briggs, 1911.

Robinson, Catherine Skinner. *Lady Robinson's Recollections*. London: Barrett, Sons and Co., Printers, 1842.

Robinson, C. W. "The Expedition to Plattsburg, Upon Lake Champlain, Canada, 1814." *Journal of the Royal United Service Institution* 61(August 1916): 499-521.

Robinson, John, and Thomas Rispin. *Journey through Nova-Scotia*. Sackville, N.B.: Ralph Pickard Bell Library, Mount Allison University, 1981[1774].

Royal Commission on Historical Manuscripts. *Report on American Manuscripts in the Royal Institution of Great Britain*. 4vols. London: HMSO, 1904.

Schoepf, Johann David. *Travels in the Confederation [1783-1784]*. Edited and translated by Alfred J. Morrison. 2vols. New York: Bergman Publishers, 1968.

Sharp, Granville. *A Short Sketch of Temporary Regulations ... for the Intended Settlement on the Grain Coast of Africa*. London: H. Baldwin, 1786.

Shortt, Adam, and Arthur C. Doughty, eds. *Documents Relating to the Constitutional History of Canada, 1759-1791*. Ottawa: S. E. Dawson, 1907.

Siebert, Wilbur Henry. *Loyalists in East Florida, 1774to 1785: The Most Important Documents Pertaining Thereto, Edited with an Accompanying Narrative. 2vols.* Deland: Florida State Historical Society, 1929.

Smith, William. *Diaries and Selected Papers of Chief Justice William Smith, 1784-1793*. Edited by L. F. S. Upton. 2vols.

Toronto: Champlain Society, 1963-65.

_____. *Historical Memoirs of William Smith, 1776-1778*. Edited by William H. W. Sabine. New York: Colburn & Tegg, 1958.

_____. *Historical Memoirs of William Smith, 1778-1783*. Edited by William H. W. Sabine. New York: New York Times and Arno Press, 1971.

Stone, William L. *Life of Joseph Brant* (*Thayendanegea*). 2vols. Albany, N.Y.: J. Munsell, 1865.

Talman, James J., ed. *Loyalist Narratives from Upper Canada*. Toronto: Champlain Society, 1946.

The Trial of Warren Hastings, Late Governor-General of Bengal. London, 1788.

To the King's Most Excellent Majesty in Council, the Humble Memorial and Petition of the Council and Assembly of Jamaica. Kingston, 1784.

Walpole, Horace. *Journal of the Reign of King George the Third from the Year 1771to 1783. 2vols.* London: Richard Bentley, 1859.

Ward, Edward. *A Trip to Jamaica with a True Character of the People of the Island.* London, 1700.

Washington, George. *The Writings of George Washington*. Edited by Worthington Chauncey Ford. 14vols. New York: G. P. Putnam's Sons, 1892.

Weld, Isaac. *Travels through the States of North America and the Provinces of Upper and Lower Canada, during the Years 1795, 1796, and 1797.* London: John Stockdale, 1800.

Wells, Louisa Susannah. *The Journal of a Voyage from Charlestown to London*. New York: Arno Press, 1968[1906].

Wells, William Charles. *Two Essays: One upon Single Vision with Two Eyes; the Other on Dew*. London: Printed for Archibald Constable and Co., 1818.

Williams, John. *An Enquiry into the Truth of the Tradition, Concerning the Discovery of America, by Prince Madog ab Owen Gwynedd, about the Year, 1170.* London: J. Brown, 1791.

Winterbottom, Thomas. *Account of the Native Africans in the Neighbourhood of Sierra Leone. 2vols.* London: C. Whittingham,

1803.

Wraxall, Nathaniel William. *Historical Memoirs of My Own Time*. London: Kegan, Paul, 1904.

[Wylly, William]. *A Short Account of the Bahamas Islands, Their Climate, Productions, &c.…* London, 1789.

間接研究著作

Adamson, Christopher. "God's Divided Continent: Politics and Religion in Upper Canada and the Northern and Western United States, 1775to 1841." *Comparative Studies in Society and History* 36, no. 2(1994): 417-46.

Adelman, Jeremy. "An Age of Imperial Revolutions." *American Historical Review* 113, no. 2(2008): 319-40.

Adelman, Jeremy, and Stephen Aron. "From Borderlands to Borders: Empires, Nation-States, and the Peoples in between in North American History." *American Historical Review* 104, no. 3(1999): 814-41.

Ajzenstat, Janet, and Peter J. Smith, eds. *Canada's Origins: Liberal, Tory, or Republican?* Ottawa: Carleton University Press, 1995.

Akins, Thomas B. *History of Halifax City*. Halifax, N.S., 1895.

Armitage, David. *The Declaration of Independence: A Global History*. Cambridge, Mass.: Harvard University Press, 2007.

Ashton, Rick J. The Loyalist Congressmen of New York." *New-York Historical Society Quarterly* 60, no. 1(January-April 1976): 95-106.

Bailyn, Bernard. *The Ideological Origins of the American Revolution*. Cambridge, Mass.: Harvard University Press, 1967.

_____. *The Ordeal of Thomas Hutchinson*. Cambridge, Mass.: Harvard University Press, 1974.

_____. *The Peopling of British North America: An Introduction*. New York: Knopf, 1986.

_____. *Voyagers to the West: A Passage in the Peopling of America on the Eve of the Revolution*. New York: Vintage, 1988.

Baker, Emerson W., and John G. Reid. "Amerindian Power in the Early Modern Northeast: A Reappraisal." *William & Mary Quarterly*, 3rd ser., 61, no. 1(2004): 77-106.

Bannister, Jerry, and Liam Riordan. "Loyalism and the British Atlantic, 1660-1840." In *The Loyal Atlantic: Remaking the British Atlantic in the Revolutionary Era*, edited by Jerry Bannister and Liam Riordan. Toronto: University of Toronto Press, forthcoming 2011.

Barnwell, Joseph W. "The Evacuation of Charleston by the British." *South Carolina Historical and Genealogical Magazine* 11, no. 1(1910): 1-26.

Bayly, C. A. *The Birth of the Modern World, 1780-1914: Global Connections and Comparisons.* Malden, Mass.: Blackwell, 2004.

_____. *Imperial Meridian: The British Empire and the World, 1780-1830. London: Longman, 1989.*

Bell, D. G. *Early Loyalist Saint John: The Origin of New Brunswick Politics, 1783-1786.* Fredericton, N.B.: New Ireland Press, 1983.

Bender, Thomas. *A Nation among Nations: America's Place in World History.* New York: Hill and Wang, 2006.

Berkin, Carol. *Jonathan Sewall: Odyssey of an American Loyalist*. New York: Columbia University Press, 1974.

Bethell, A. Talbot. *Early Settlers of the Bahamas and Colonists of North America*. Westminster, Md.: Heritage Books, 2008[1937].

Braidwood, Stephen J. *Black Poor and White Philanthropists: London's Blacks and the Foundation of the Sierra Leone Settlement, 1786-91.* Liverpool: University of Liverpool Press, 1994.

Brandt, Claire. *The Man in the Mirror: A Life of Benedict Arnold.* New York: Random House, 1994.

Brathwaite, Kamau. *The Development of Creole Society in Jamaica, 1770-1820.* Oxford: Clarendon Press, 1971.

Braund, Kathryn E. *Holland. Deerskins and Duffels: The Creek Indian Trade with Anglo-America, 1685-1815.* Lincoln: University of Nebraska Press, 2008.

Brebner, John Bartlet. *The Neutral Yankees of Nova Scotia: A Marginal Colony during the Revolutionary Years.* New York: Columbia University Press, 1937.

Breen, T. H. *American Insurgents, American Patriots: The Revolution of the People.* New York: Hill and Wang, 2010.

Brooks, Walter H. *The Silver Bluff Church: A History of Negro Baptist Churches in America.* Washington, D.C.: R. L. Pendleton, 1910.

Brown, Christopher Leslie. "Empire without Slaves: British Concepts of Emancipation in the Age of the American Revolution." *William & Mary Quarterly*, 3rd ser., 56, no. 2(1999): 273-306.

_____. *Moral Capital: Foundations of British Abolitionism*. Chapel Hill: University of North Carolina Press, 2006.

Brown, Vincent. *The Reaper's Garden: Death and Power in the World of Atlantic Slavery.* Cambridge, Mass.: Harvard University Press, 2008.

Brown, Wallace. *The Good Americans: The Loyalists in the American Revolution.* New York: Morrow, 1969.

_____. *The King's Friends: The Composition and Motives of the American Loyalist Claimants*. Providence, R.I.: Brown University Press, 1965.

Brown, Wallace, and Hereward Senior. *Victorious in Defeat: The American Loyalists in Exile*. New York: Facts on File, 1984.

Buckner, Phillip A. *The Transition to Responsible Government: British Policy in British North America, 1815-1850.* Westport, Conn.: Greenwood Press, 1985.

_____, ed. *Canada and the British Empire*. Oxford: Oxford University Press, 2008.

Bumsted, J. M. *A History of the Canadian Peoples*. Toronto: Oxford University Press, 1998.

_____. *Understanding the Loyalists*. Sackville, N.B.: Centre for Canadian Studies, Mount Allison University, 1986.

Burnard, Trevor. *Mastery, Tyranny, and Desire: Thomas Thistlewood and His Slaves in the Anglo-Jamaican World.* Chapel Hill: University of North Carolina Press, 2004.

Byrd, Alexander X. Captives and Voyagers: Black Migrants across the Eighteenth-Century British Atlantic World. Baton Rouge: Louisiana State University Press, 2009.

Cahill, Barry. "The Black Loyalist Myth in Atlantic Canada." *Acadiensis* 29(Autumn 1999): 76-87.

_____. "Habeas Corpus and Slavery in Nova Scotia: *R. v. Hecht, ex parte Rachel, 1798." University of New Brunswick Law Journal 44(1995): 179-209.*

Calhoon, Robert M. *The Loyalists in Revolutionary America, 1760-1781*. New York: Harcourt, Brace, Jovanovich, 1973.

Calhoon, Robert M., in collaboration with Timothy M. Barnes, Donald C. Lord, Janice Potter, and Robert M. Weir. *The Loyalist Perception and Other Essays*. Columbia: University of South Carolina Press, 1989.

Calhoon, Robert M., Timothy M. Barnes, and George A. Rawlyk, eds. *Loyalists and Community in North America*. Westport, Conn.: Greenwood Press, 1994.

Calloway, Colin G. *The American Revolution in Indian Country*. Cambridge, U.K.: Cambridge University Press, 1995.

Campbell, Charles A. "Robinson's House in the Hudson Highlands: The Headquarters of Washington." *Magazine of American History* 4(February 1880): 109-17.

Campbell, Duncan Andrew. *Unlikely Allies: Britain, America and the Victorian Origins of the Special Relationship.* London: Hambledon Continuum, 2007.

Cannon, John. *The Fox-North Coalition: Crisis of the Constitution, 1782-84.* London: Cambridge University Press, 1969.

Carp, Benjamin L. "The Night the Yankees Burned Broadway: The New York City Fire of 1776." *Early American Studies* 4, no. 2(Fall 2006): 471-511.

Cashin, Edward J. *The King's Ranger: Thomas Brown and the American Revolution on the Southern Frontier.* New York: Fordham University Press, 1999.

_____. *Lachlan McGillivray, Indian Trader: The Shaping of the Southern Colonial Frontier.* Athens: University of Georgia Press, 1992.

Caughey, John Walton. *McGillivray of the Creeks*. Norman: University of Oklahoma Press, 1938.

Christie, Ian R. *The End of Lord North's Ministry, 1780-82*. London: Macmillan, 1958.

Clark, J. C. D. "British America: What If There Had Been No American Revolution?" In *Virtual History: Alternatives and*

Counterfactuals, edited by Niall Ferguson. New York: Basic Books, 1997.

Coker, William S., and Thomas D. Watson. *Indian Traders of the Southeastern Spanish Borderlands: Panton, Leslie & Company and John Forbes & Company, 1783-1847.* Pensacola: University of West Florida Press, 1986.

Coleman, Deirdre. *Romantic Colonization and British Anti-Slavery*. Cambridge, U.K.: Cambridge University Press, 2005.

Colley, Linda. *Britons: Forging the Nation, 1707-1837*. New Haven, Conn.: Yale University Press, 1992.

_____. *Captives: Britain, Empire and the World, 1600-1850.* London: Jonathan Cape, 2002.

_____. *The Ordeal of Elizabeth Marsh: A Woman in World History.* London: HarperPress, 2007.

Condon, Ann Gorman. *The Envy of the American States: The Loyalist Dream for New Brunswick.* Fredericton, N.B.: New Ireland Press, 1984.

Conrad, Margaret, ed. *Making Adjustments: Change and Continuity in Planter Nova Scotia, 1759-1800.* Fredericton, N.B.: Acadiensis Press, 1991.

Constant, Jean-François, and Michel Ducharme, eds. *Liberalism and Hegemony: Debating the Canadian Liberal Revolution*. Toronto: University of Toronto Press, 2009.

Conway, Stephen. *The British Isles and the War of American Independence*. Oxford: Oxford University Press, 2000.

_____. "From Fellow Nationals to Foreigners: British Perceptions of the Americans, circa 1739-1783." *William & Mary Quarterly*, 3rd ser., 59, no. 1(2002): 65-100.

Craig, Gerald M. *Upper Canada: The Formative Years, 1784-1841*. Toronto: McClelland and Stewart, 1963.

Craton, Michael. *A History of the Bahamas*. London: Collins, 1968.

Craton, Michael, and Gail Saunders. *Islanders in the Stream: A History of the Bahamian People*. 2vols. Athens: University of Georgia Press, 1999.

Craton, Michael, and James Walvin. *A Jamaican Plantation: The History of Worthy Park, 1670-1970*. London: W. H. Allen, 1970.

Cronon, William J. *Changes in the Land: Indians, Colonists and the Ecology of New England.* New York: Hill and Wang, 1983.

Crow, Jeffrey J. "What Price Loyalism? The Case of John Cruden, Commissioner of Sequestered Estates." *North Carolina Historical Review* 58, no. 3(1981): 215-33.

Cundall, Frank. "The Early Press and Printers in Jamaica." *Proceedings of the American Antiquarian Society* (April-October 1916): 290-354.

_____. "Sculpture in Jamaica." *Art Journal* (March 1907): 65-70.

Cuthbertson, Brian. *The First Bishop: A Biography of Charles Inglis*. Halifax, N.S.: Waegwoltic Press, 1987.

Dalrymple, William. *White Mughals: Love and Betrayal in Eighteenth-Century India.* New York: Viking, 2003.

Davis, David Brion. "American Slavery and the American Revolution." In *Slavery and Freedom in the Age of the American Revolution*, edited by Ira Berlin and Ronald Hoffman. Charlottesville: University of Virginia Press, 1983.

DeMond, Robert O. *The Loyalists in North Carolina During the Revolution*. Durham, N.C.: Duke University Press, 1940.

Dickinson, H. T. ed. *Britain and the American Revolution*. Harlow, U.K.: Addison Wesley Longman, 1998.

_____. "The Poor Palatines and the Parties." *English Historical Review* 82, no. 324(1967): 464-85.

Douglass, Elisha P. "The Adventurer Bowles." *William & Mary Quarterly*, 3rd ser., 6, no. 1(1949): 3-23.

Dunn, Richard S. *Sugar and Slaves: The Rise of the Planter Class in the English West Indies, 1624-1713.* Chapel Hill: University of North Carolina Press, 1972.

Errington, Elizabeth Jane. *The Lion, the Eagle, and Upper Canada: A Developing Colonial Ideology*. Kingston, Ont.: McGill-Queen's University Press, 1987.

Faragher, John Mack. *A Great and Noble Scheme: The Tragic Story of the Expulsion of the French Acadians from their American Homeland.* New York: Norton, 2005.

Fenn, Elizabeth A. *Pox Americana: The Great Smallpox Epidemic of 1775-82.* New York: Hill and Wang, 2001.

Ferling, John E. *A Leap in the Dark: The Struggle to Create the American Republic.* New York: Oxford University Press, 2003.

_____. *The Loyalist Mind: Joseph Galloway and the American Revolution*. University Park: Pennsylvania State University Press, 1977.

Fingard, Judith. *The Anglican Design in Loyalist Nova Scotia, 1783-1816.* London: SPCK, 1972.

Fingerhut, Eugene R. "Uses and Abuses of the American Loyalists' Claims: A Critique of Quantitative Analysis." *William & Mary Quarterly*, 3rd ser., 25, no. 2(1968): 245-58.

Fischer, David Hackett. *Washington's Crossing*. New York: Oxford University Press, 2004.

Flick, Alexander C. *Loyalism in New York During the American Revolution*. New York: Columbia University Press, 1901.

Frank, Andrew. *Creeks and Southerners: Biculturalism on the Early American Frontier.* Lincoln: University of Nebraska Press, 2005.

Frey, Sylvia. *Water from the Rock: Black Resistance in a Revolutionary Age*. Princeton, N.J.: Princeton University Press, 1991.

Frey, Sylvia R., and Betty Wood. *Come Shouting to Zion: African American Protestantism in the American South and British Caribbean to 1830.* Chapel Hill: University of North Carolina Press, 1998.

Frost, Alan. *The Precarious Life of James Mario Matra: Voyager with Cook, American Loyalist, Servant of Empire.* Carlton, Victoria: Miegunyah Press, 1995.

Fryer, Mary Beacock, and Christopher Dracott. *John Graves Simcoe, 1752-1806: A Biography*. Toronto: Dundurn Press, 1998.

Fyfe, Christopher. *A History of Sierra Leone*. Oxford: Oxford University Press, 1962.

Gayle, Clement. *George Liele: Pioneer Missionary to Jamaica*. Kingston: Jamaica Baptist Union, 1982.

Ghosh, Durba. *Sex and the Family in Colonial India: The Making of Empire*. Cambridge, U.K.: Cambridge University Press, 2006.

Gould, Eliga H. "American Independence and Britain's Counter-Revolution." *Past & Present* 154(February 1997): 107-41.

_____. *The Persistence of Empire: British Political Culture in the Age of the American Revolution.* Chapel Hill: University of North Carolina Press, 2000.

_____. "Revolution and Counter-Revolution." In *The British Atlantic World, 1500-1800*, edited by David Armitage and Michael J. Braddick. Basingstoke, U.K.: Palgrave Macmillan, 2002.

Grant, John N. *The Maroons in Nova Scotia*. Halifax, N.S.: Formac, 2002.

Graymont, Barbara. *The Iroquois in the American Revolution*. Syracuse, N.Y.: Syracuse University Press, 1972.

Greene, Jack P. ed. *Exclusionary Empire: English Liberty Overseas, 1600-1900*. Cambridge, U.K.: Cambridge University Press, 2010.

_____. *Pursuits of Happiness: The Social Development of the Early Modern British Colonies and the Formation of American Culture.* Chapel Hill: University of North Carolina Press, 1988.

Griffin, Patrick. *American Leviathan: Empire, Nation, and Revolutionary Frontier.* New York: Hill and Wang, 2007.

Hall, Catherine. *Civilising Subjects: Colony and Metropole in the English Imagination, 1830-1867.* Chicago: University of Chicago Press, 2002.

Hall, Douglas. *In Miserable Slavery: Thomas Thistlewood in Jamaica, 1750-1786.* London: Macmillan, 1989.

Hancock, David. *Citizens of the World: London Merchants and the Integration of the British Atlantic Community, 1735-85.* Cambridge, U.K.: Cambridge University Press, 1995.

Hartz, Louis. *The Founding of New Societies: Studies in the History of the United States, Latin America, South Africa, Canada, and Australia.* New York: Harcourt, Brace, 1964.

Hendrickson, David C. *Peace Pact: The Lost World of the American Founding*. Lawrence: University Press of Kansas, 2003.

Hickey, Donald R. *The War of 1812: A Forgotten Conflict*. Urbana: University of Illinois Press, 1989.

Hoock, Holger. *Empires of the Imagination: Politics, War, and the Arts in the British World, 1750-1850.* London: Profile Books, 2010.

Hood, Clifton. "An Unusable Past: Urban Elites, New York City's Evacuation Day, and the Transformations of Memory Culture." *Journal of Social History* 37, no. 4(2004): 883-913.

Horowitz, Gad. "Conservatism, Liberalism, and Socialism in Canada: An Interpretation." *Canadian Journal of Economics and Political Science* 32, no. 2(1966): 143-71.

Hull, N. E. H., Peter C. Hoffer, and Steven L. Allen. "Choosing Sides: A Quantitative Study of the Personality Determinants of Loyalist and Revolutionary Political Affiliation in New York." *Journal of American History* 65, no. 2(1978): 344-66.

Hulsebosch, Daniel J. *Constituting Empire: New York and the Transformation of Constitutionalism in the Atlantic World, 1664-1830.* Chapel Hill: University of North Carolina Press, 2005.

Irvin, Benjamin H. "Tar, Feathers, and the Enemies of American Liberties, 1768-1776." *New England Quarterly* 76, no. 2(2003): 197-238.

Isaacson, Walter. *Benjamin Franklin: An American Life*. New York: Simon and Schuster, 2003.

Jarvis, Julia. *Three Centuries of Robinsons: The Story of a Family.* Toronto: T. H. Best, 1967.

Jasanoff, Maya. *Edge of Empire: Lives, Culture, and Conquest in the East, 1750-1850.* New York: Knopf, 2005.

_____. "Revolutionary Exiles: The American Loyalist and French Émigré Diasporas." In *The Age of Revolutions in Global Context, c. 1760-1840*, edited by David Armitage and Sanjay Subrahmanyam. Basingstoke, U.K.: Palgrave Macmillan, 2010.

Johnson, Whittington B. *Race Relations in the Bahamas, 1784-1834: The Nonviolent Transformation from a Slave to a Free Society.* Fayetteville: University of Arkansas Press, 2000.

Jones, Charles Colcock. *The History of Georgia*. 2vols. Boston: Houghton Mifflin, 1883.

Kammen, Michael. *A Season of Youth: The American Revolution in the Historical Imagination.* New York: Knopf, 1978.

Karras, Allan. *Sojourners in the Sun: Scottish Migrants in Jamaica and the Chesapeake, 1740-1800.* Ithaca, N.Y.: Cornell University Press, 1992.

Kelsay, Isabel Thompson. *Joseph Brant, 1743-1807: Man of Two Worlds*. Syracuse, N.Y.: Syracuse University Press, 1984.

Kettner, James H. *The Development of American Citizenship, 1608-1870*. Chapel Hill: University of North Carolina Press,

1978.

Kimber, Stephen. *Loyalists and Layabouts: The Rapid Rise and Faster Fall of Shelburne, Nova Scotia, 1783-1792.* Toronto: Doubleday Canada, 2008.

Kirk-Greene, Anthony. "David George: The Nova Scotian Experience." *Sierra Leone Studies* 14(1960): 93-120.

Knowles, Norman. *Inventing the Loyalists: The Ontario Loyalist Tradition and the Creation of Usable Pasts*. Toronto: University of Toronto Press, 1997.

Kulikoff, Allan. "Revolutionary Violence and the Origins of American Democracy." *Journal of the Historical Society* 2, no. 2(March 2002): 229-60.

LaCroix, Alison. *The Ideological Origins of American Federalism*. Cambridge, Mass.: Harvard University Press, 2010.

Lambert, Robert S. "The Confiscation of Loyalist Property in Georgia, 1782-1786." *William & Mary Quarterly*, 3rd ser., 20, no. 1(1963): 80-94.

Langguth, A. J. *Union 1812: The Americans Who Fought the Second War of Independence.* New York: Simon and Schuster, 2006.

Larkin, Edward. "What Is a Loyalist?" *Common-Place* 8, no. 1(2007), http://www.common-place.org/vol-08/no-01/larkin/.

Latimer, Jon. *1812: War with America*. Cambridge, Mass.: Harvard University Press, 2007.

Lawrence, Alexander A. *James Johnston: Georgia's First Printer*. Savannah: Pigeonhole Press, 1956.

Lawson, Philip. *The Imperial Challenge: Quebec and Britain in the Age of the American Revolution.* Montreal: McGill-Queen's University Press, 1989.

Leamon, James S. "The Parson, the Parson's Wife, and the Coming of the Revolution to Pownalborough, Maine." *New England Quarterly* 82, no. 3(2009): 514-28.

Lepore, Jill. *The Name of War: King Philip's War and the Origins of American Identity.* New York: Knopf, 1998.

Lipset, Seymour Martin. *Continental Divide: The Values and Institutions of the United States and Canada.* New York:

Routledge, 1990.

Little, J. I. "American Sinner/Canadian Saint?" *Journal of the Early Republic* 27, no. 2(2007): 203-31.

_____. *Loyalties in Conflict: A Canadian Borderland in War and Rebellion, 1812-1840.* Toronto: University of Toronto Press, 2008.

Loughran, Trish. *The Republic in Print: Print Culture in the Age of U.S. Nation-Building.* New York: Columbia University Press, 2007.

Lynn, Kenneth S. *A Divided People*. Westport, Conn.: Greenwood Press, 1977.

Mackesy, Piers. *The War for America, 1775-83*. Cambridge, Mass.: Harvard University Press, 1964.

MacKinnon, Neil. *This Unfriendly Soil: The Loyalist Experience in Nova Scotia, 1783-91*. Kingston, Ont.: McGill-Queen's University Press, 1986.

Magee, Joan. *Loyalist Mosaic: A Multi-Ethnic Heritage*. Toronto: Dundurn Press, 1984.

Mancke, Elizabeth. *The Fault Lines of Empire: Political Differentiation in Massachusetts and Nova Scotia, 1760-1830.* New York: Routledge, 2005.

Marshall, P. J. *The Making and Unmaking of Empires: Britain, India, and America, c. 1750-1783.* Oxford: Oxford University Press, 2005.

_____, *ed. The Oxford History of the British Empire, vol. 2, The Eighteenth Century. Oxford: Oxford University Press, 1998.*

Mason, Keith. "The American Loyalist Diaspora and the Reconfiguration of the British Atlantic World." In *Empire and Nation: The American Revolution in the Atlantic World*, edited by Peter Onuf and Eliga Gould. Baltimore: Johns Hopkins University Press, 2005.

McConville, Brendan. *The King's Three Faces: The Rise and Fall of Royal America, 1688-1776*. Chapel Hill: University of North Carolina Press, 2006.

McCullough, David. *1776*. New York: Simon and Schuster, 2005.

McKay, Ian. "The Liberal Order Framework: A Prospectus for a Reconnaissance of Canadian History." *Canadian Historical Review* 81, no. 3(2000): 617-45.

McNairn, Jeffrey L. *The Capacity to Judge: Public Opinion and Deliberative Democracy in Upper Canada, 1791-1854.* Toronto: University of Toronto Press, 2000.

Meacham, Jon. *American Lion: Andrew Jackson in the White House.* New York: Random House, 2008.

Mills, David. *The Idea of Loyalty in Upper Canada, 1784-1850*. Kingston, Ont.: McGill-Queen's University Press, 1988.

Mintz, Sidney W. *Sweetness and Power: The Place of Sugar in Modern History.* New York: Penguin, 1985.

Moore, Christopher. *The Loyalists: Revolution, Exile, Settlement*. Toronto: Macmillan of Canada, 1984.

Morgan, Philip, and Andrew Jackson O'Shaughnessy. "Arming Slaves in the American Revolution." In *Arming Slaves: From Classical Times to the Modern Age*, edited by Christopher Leslie Brown and Philip Morgan. New Haven, Conn.: Yale University Press, 2006.

Morris, Richard B. *The Peacemakers: The Great Powers and American Independence.* New York: Harper and Row, 1965.

Mowat, Charles Loch. *East Florida as a British Province, 1763-1784*. Berkeley: University of California Press, 1943.

Nash, Gary B. *The Unknown American Revolution: The Unruly Birth of Democracy and the Struggle to Create America.* New York: Viking, 2005.

Neatby, Hilda. *Quebec: The Revolutionary Age, 1760-1791*. Toronto: McClelland and Stewart, 1966.

Nelson, Paul David. *General Sir Guy Carleton, Lord Dorchester: Soldier-Statesman of Early British Canada.* Madison, N.J.: Fairleigh Dickinson University Press, 2000.

Nelson, William. *The American Tory*. Oxford: Oxford University Press, 1961.

Norton, Mary Beth. *The British-Americans: The Loyalist Exiles in England, 1774-1789.* London: Constable, 1974.

_____. "Eighteenth-Century American Women in Peace and War: The Case of the Loyalists." *William & Mary Quarterly*, 3rd ser., 33, no. 3(1976): 386-409.

_____. "The Fate of Some Black Loyalists of the American Revolution." *Journal of Negro History* 58, no. 4(1973): 402-26.

Onuf, Peter S. *Jefferson's Empire: The Language of American Nationhood.* Charlottesville: University of Virginia Press, 2001.

O'Shaughnessy, Andrew Jackson. *An Empire Divided: The American Revolution and the British Caribbean.* Philadelphia: University of Pennsylvania Press, 2000.

Palmer, R. R. *The Age of the Democratic Revolution: A Political History of Europe and America. 2vols.* Princeton, N.J.: Princeton University Press, 1959-64.

Pearsall, Sarah M. S. *Atlantic Families: Lives and Letters in the Later Eighteenth Century.* Oxford: Oxford University Press, 2008.

Phillips, Kevin. *The Cousins' Wars: Religion, Politics, and the Triumph of Anglo-America.* New York: Basic Books, 1999.

Piecuch, Jim. *Three Peoples, One King: Loyalists, Indians, and Slaves in the Revolutionary South, 1775-1782.* Columbia: University of South Carolina Press, 2008.

Potter-MacKinnon, Janice. *The Liberty We Seek: Loyalist Ideology in Colonial New York and Massachusetts.* Cambridge, Mass.: Harvard University Press, 1983.

_____. *While the Women Only Wept: Loyalist Refugee Women.* Montreal: McGill-Queen's University Press, 1993.

Pulis, John W., ed. *Moving On: Black Loyalists in the Afro-Atlantic World.* New York: Garland Publishing, 2002.

Pybus, Cassandra. *Epic Journeys of Freedom: Runaway Slaves of the American Revolution and their Global Quest for Liberty.* Boston: Beacon Press, 2006.

_____. "Jefferson's Faulty Math: The Question of Slave Defections in the American Revolution." *William & Mary Quarterly*, 3rd ser., 62, no. 2(April 2005): 243-64.

Ragatz, Lowell. *The Fall of the Planter Class in the British Caribbean, 1763-1833: A Study in Social and Economic History.* New York: Octagon Books, 1963.

Ranlet, Philip. *The New York Loyalists.* Knoxville: University of Tennessee Press, 1986.

Raphael, Ray. *A People's History of the American Revolution: How Common People Shaped the Fight for Independence.* New York: New Press, 2001.

Rediker, Marcus, and Peter Linebaugh. *The Many-Headed Hydra: Sailors, Slaves, Commoners, and the Hidden History of the Revolutionary Atlantic.* Boston: Beacon Press, 2000.

Reid, John G. "*Pax Britannica* or *Pax Indigena?* Planter Nova Scotia (1760-1782) and Competing Strategies of Pacification." *Canadian Historical Review* 85, no. 4(2004): 669-92.

Reid, John G., Maurice Basque, Elizabeth Mancke, Barry Moody, Geoffrey Plank, and William Wicken. *The "Conquest" of Acadia, 1710: Imperial, Colonial, and Aboriginal Constructions*. Toronto: University of Toronto Press, 2004.

Riker, James. *"Evacuation Day," 1783, Its Many Stirring Events: with Recollections of Capt. John Van Arsdale of the Veteran Corps of Artillery.* New York: Printed for the Author, 1883.

Riley, Sandra. *Homeward Bound: A History of the Bahama Islands to 1850with a Definitive Study of Abaco in the American Loyalist Plantation Period.* Miami: Island Research, 1983.

Robertson, Marion. *King's Bounty: A History of Early Shelburne, Nova Scotia.* Halifax: Nova Scotia Museum, 1983.

Robinson, St. John. "Southern Loyalists in the Caribbean and Central America." *South Carolina Historical Magazine* 93, no. 3-4(1992): 205-220.

Ryden, David Beck. *West Indian Slavery and British Abolition, 1783-1807*. Cambridge, U.K.: Cambridge University Press, 2009.

Ryerson, Egerton. *The Loyalists of America and Their Times: From 1620to 1816. 2vols.* Toronto: William Briggs, 1880.

Sabine, Lorenzo. *The American Loyalists, or, Biographical Sketches of Adherents to the British Crown in the War of Revolution.* Boston: Charles C. Little and James Brown, 1847.

Saroop, Narinder. *Gardner of Gardner's Horse*. New Delhi: Palit and Palit, 1983.

Saunders, Gail. *Bahamian Loyalists and Their Slaves*. London: Macmillan Caribbean, 1983.

Saunt, Claudio. *A New Order of Things: Property, Power and the Transformation of the Creek Indians, 1733-1816.* Cambridge, U.K.: Cambridge University Press, 1999.

Schama, Simon. *Rough Crossings: Britain, the Slaves, and the American Revolution.* London: BBC Books, 2005.

Sheppard, George. *Plunder, Profits, and Paroles: A Social History of the War of 1812in Upper Canada.* Montreal: McGill-Queen's University Press, 1994.

Shy, John. *A People Numerous and Armed: Reflections on the Military Struggle for American Independence.* Ann Arbor: University of Michigan Press, 1990.

Siebert, Wilbur. *The Legacy of the American Revolution to the British West Indies and Bahamas: A Chapter Out of the History of the American Loyalists.* Columbus: Ohio State University Press, 1913.

Silver, Peter. *Our Savage Neighbors: How Indian War Transformed Early America.* New York: Norton, 2008.

Skemp, Sheila L. *Benjamin and William Franklin: Father and Son, Patriot and Loyalist.* Boston: Bedford Books, 1994.

_____. *William Franklin: Son of a Patriot, Servant of a King. New York: Oxford University Press, 1990.*

Smith, Paul H. "The American Loyalists: Notes on Their Organization and Numerical Strength." *William & Mary Quarterly*, 3rd ser., 25, no. 2(1968): 259-77.

Statt, Daniel. *Foreigners and Englishmen: The Controversy over Immigration and Population, 1660-1760.* Newark: University of Delaware Press, 1995.

Stewart, Gordon and George Rawlyk. *A People Highly Favored of God: The Nova Scotia Yankees and the American Revolution.* Toronto: Macmillan of Canada, 1972.

Stone, William L. *Life of Joseph Brant* (*Thayendanegea*). 2vols. Albany, N.Y.: J. Munsell, 1865.

Swinehart, Kirk Davis. "Object Lessons: Indians, Objects, and Revolution." *Common-Place* 2, no. 3(2002), http://www.historycooperative.org/journals/cp/vol-02/no-03/lessons/.

Taylor, Alan. *The Divided Ground: Indians, Settlers, and the Northern Borderland of the American Revolution.* New York:

Knopf, 2006.

_____. "The Late Loyalists: Northern Reflections of the Early American Republic."
Journal of the Early *Republic* 27, no. 1(Spring 2007): 1-34.

Tiedemann, Joseph. *Reluctant Revolutionaries: New York City and the Road to Independence, 1763-1776.* Ithaca, N.Y.: Cornell University Press, 1997.

Tiedemann, Joseph S., Eugene R. Fingerhut, and Robert W. Venables, eds. *The Other Loyalists: Ordinary People, Royalism, and the Revolution in the Middle Colonies, 1763-1787.* Albany: State University of New York Press, 2009.

Tiro, Karim M. "The Dilemmas of Alliance: The Oneida Indian Nation in the American Revolution." In *War and Society in the American Revolution: Mobilization and Home Fronts*, edited by John Resch and Walter Sargent. DeKalb: Northern Illinois University Press, 2007.

Travers, Robert. *Ideology and Empire in Eighteenth-Century India: The British in Bengal.* Cambridge, U.K.: Cambridge University Press, 2007.

Troxler, Carole Watterson. "Refuge, Resistance, and Reward: The Southern Loyalists' Claim on East Florida." *Journal of Southern History* 55, no. 4(1989): 563-95.

Tucker, Robert W., and David C. Hendrickson. *Empire of Liberty: The Statecraft of Thomas Jefferson*. New York: Oxford University Press, 1990.

Turner, Frederick Jackson. "English Policy toward America." *American Historical Review* 7, no. 4(1902): 706-35.

Turner, Mary. *Slaves and Missionaries: The Disintegration of Jamaican Slave Society, 1787-1834.* Chicago: University of Illinois Press, 1998.

Vail, R. W. G. "The Loyalist Declaration of Dependence of November 28, 1776." *New-York Historical Society Quarterly* 31, no. 2(1947): 68-71.

Van Buskirk, Judith L. *Generous Enemies: Patriots and Loyalists in Revolutionary* New York. Philadelphia: University of

Pennsylvania Press, 2002.

Van Tyne, Claude Halstead. *The Loyalists in the American Revolution*. New York: Macmillan, 1902.

Von Erffa, Helmut, and Alan Staley, eds. *The Paintings of Benjamin West*. New Haven, Conn.: Yale University Press, 1986.

Wahrman, Dror. "The English Problem of Identity in the American Revolution." *American Historical Review* 106, no. 4(October 2001): 1236-62.

Walker, James W. St. G. *The Black Loyalists: The Search for a Promised Land in Nova Scotia and Sierra Leone, 1783-1870*. London: Longman, 1976.

_____. "Myth, History and Revisionism: The Black Loyalists Revised." *Acadiensis* 29, no. 1(Autumn 1999): 88-105.

Wells, Robert V. "Population and Family in Early America." In *A Companion to the American Revolution*, edited by Jack P. Greene and J. R. Pole. Malden, Mass.: Blackwell Publishing, 2000.

White, Richard. *The Middle Ground: Indians, Empires, and Republics in the Great Lakes Region, 1650-1815*. Cambridge, U.K.: Cambridge University Press, 1991.

Whitfield, Harvey Amani. "The American Background of Loyalist Slaves." *Left History* 14, no. 1(2009): 58-87.

_____. "Black Loyalists and Black Slaves in Maritime Canada." *History Compass* 5, no. 6(October 2007): 1980-97.

_____. *Blacks on the Border: The Black Refugees in British North America, 1815-1860*.

Burlington: University of Vermont Press, 2006.

Williams, Eric. *Capitalism and Slavery*. Chapel Hill: University of North Carolina Press, 1944.

Wilson, David A. *Paine and Cobbett: The Transatlantic Connection*. Kingston, Ont.: McGill-Queen's University Press, 1988.

Wilson, Ellen Gibson. *The Loyal Blacks*. New York: Capricorn, 1976.

Wilson, Kathleen. *The Sense of the People: Politics, Culture, and Imperialism in England, 1715-1785. Cambridge, U.K.: Cambridge University Press, 1995.*

Winks, Robin W. *The Blacks in Canada: A History*. Montreal: McGill-Queen's University Press, 1997.

_____. *The Relevance of Canadian History: U.S. and Imperial Perspectives. Toronto: Macmillan of Canada, 1979.*

Wise, S. F. *God's Peculiar Peoples: Essays on Political Culture in Nineteenth-Century Canada.* Ottawa: Carleton University Press, 1993.

Wood, Gordon S. *The Radicalism of the American Revolution.* New York: Knopf, 1991.

Wright, Esmond, ed. *Red, White, and True Blue: The Loyalists in the Revolution.* New York: AMS Press, 1976.

Wright, Esther Clark. *The Loyalists of New Brunswick*. Fredericton, N.B., 1955.

Wright, J. Leitch. "Dunmore's Loyalist Asylum in the Floridas." *Florida Historical Quarterly* 49, no. 4(April 1971): 370-79.

_____. *William Augustus Bowles: Director General of the Creek Nation.* Athens: University of Georgia Press, 1967.

未出版間接研究著作

Brannon, Rebecca Nathan. "Reconciling the Revolution: Resolving Conflict and Rebuilding Community in the Wake of Civil War in South Carolina, 1775-1860." Ph.D. dissertation, University of Michigan, 2007.

Chopra, Ruma. "New Yorkers' Vision of Reunion with the British Empire: 'Quicken Others by Our Example.' " Working Paper 08-02, International Seminar on the History of the Atlantic World: Harvard University, 2008.

Coleman, Aaron Nathan. "Loyalists in War, Americans in Peace: The Reintegration of the Loyalists, 1775-1800." Ph.D. dissertation, University of Kentucky, 2008.

David, James Corbett. "Dunmore's New World: Political Culture in the British Empire, 1745-1796." Ph.D. dissertation, College of William and Mary, 2010.

_____. "A Refugee's Revolution: Lord Dunmore and the Floating Town, 1775-1776." Working Paper 08-04, International Seminar on the History of the Atlantic World: Harvard University, 2008.

Dierksheide, Christa Breault. "The Amelioration of Slavery in the Anglo-American Imagination, 1770-1840." Ph.D. dissertation, University of Virginia, 2009.

Liveley, Susan Lindsey. "Going Home: Americans in Britain, 1740-1776." Ph.D. dissertation, Harvard University, 1996.

Maas, David Edward. "The Return of the Massachusetts Loyalists." Ph.D. dissertation, University of Wisconsin, 1972.

MacDonald, Michelle Craig. "From Cultivation to Cup: Caribbean Coffee and the North American Economy, 1765-1805." Ph.D. dissertation, University of Michigan, 2005.

O'Shaughnessy, Andrew Jackson. "Lord North and Conciliation with America." Unpublished manuscript.

Prokopow, Michael John. " 'To the Torrid Zones': The Fortunes and Misfortunes of American Loyalists in the Anglo-Caribbean Basin, 1774-1801." Ph.D. dissertation, Harvard University, 1996.

Scott, Julius Sherrard. "The Common Wind: Currents of Afro-American Communication in the Era of the Haitian Revolution." Ph.D. dissertation, Duke University, 1986.

Swinehart, Kirk Davis. "This Wild Place: Sir William Johnson Among the Mohawks, 1715-1783." Ph.D. dissertation, Yale University, 2002.

彩圖版權

彩圖一 貝弗利・魯賓遜宅邸。哈佛大學懷德納圖書館，US 13.5 (V.4, 1880)。

彩圖二 喬治・羅姆尼所繪約瑟・布蘭特肖像。加拿大安大略省渥太華，加拿大國立美術館／布里奇曼藝術圖書館（The Bridgeman Art Library）。

彩圖三 伊莉莎白・利希滕斯坦・約翰斯頓肖像。哈佛大學懷德納圖書館，US 4503.72.

彩圖四 鄧莫爾公告，國會圖書館善本及特藏部。

彩圖五 蓋伊・卡爾頓爵士肖像。加拿大國家圖書館暨檔案館／版權：Mabel B. Messer/Mabel Messer collection/C-002833.

彩圖六 黑人效忠派證書／新斯科舍檔案館和記錄管理處（NSARM）。

彩圖七 威廉・布思，〈一個黑人木工在謝爾本〉，一七八八年。加拿大國家圖書館暨檔案館／版權：W. H. Booth/W. H. Coverdale collection of Canadiana, Manoir Richelieu collection/C-040162.

彩圖八 威廉・布思，〈謝爾本城中一景〉，一七八九年。加拿大國家圖書館暨檔案館／版權：

William Booth/William Booth collection/ C-010548.

彩圖九　詹姆斯・皮奇，〈效忠派在位於加拿大聖羅倫斯河兩岸的新定居點約翰斯敦紮營〉，一七八五年。加拿大國家圖書館暨檔案館／版權：James Peachey/James Peachey collection/C-002001.

彩圖十　伊莉莎白・西姆科，〈格蘭德河的莫霍克村莊〉，約一七九三年。安大略省檔案館，F 47-11-1-0-109.

彩圖十一　布蘭特福德的莫霍克教堂。作者攝影。

彩圖十二　湯瑪斯・哈代繪威廉・奧古斯塔斯・鮑爾斯肖像。© NTPL/Angelo Hornak.

彩圖十三　西班牙鎮的羅德尼紀念碑。作者攝影。

彩圖十四　獅子山公司的小廣告。新斯科舍檔案館和記錄管理處。

彩圖十五　自由城素描圖。哈佛大學懷德納圖書館，Afr 6143.16.2A.

彩圖十六　加德納家族墓地。作者攝影。

彩圖十七　班傑明・韋斯特，〈大不列顛接收美洲效忠派〉，哈佛大學懷德納圖書館，US 4503.22.1.

地圖

頁六十　摘自湯瑪斯．波納爾，《美國中部的英屬殖民地一覽圖》，一七七六年，及伯納德．羅曼斯，《美國南部的英屬殖民地一覽圖》，一七七六年。國會圖書館，照片和地圖部。

頁一〇〇　《維吉尼亞的約克敦和格洛斯特平面圖。顯示了一七八一年在法國人和叛軍聯合軍隊的進攻下，尊敬的康沃利斯伯爵中將閣下修築的防禦工事》。國會圖書館，照片和地圖部。

頁一〇四　威廉．法登，《南卡羅萊納和部分喬治亞地圖》，一七八〇年。國會圖書館，照片和地圖部。

頁一四〇至一四一　威廉．法登，《根據一七八三年條約，內有英國和西班牙領土的美利堅合眾國》，國會圖書館，照片和地圖部。

頁一七四　湯瑪斯．基欽，《不列顛諸島完整地圖》，一七八八年。David Rumsey，www.davidrumsey.com。

頁二一八　傑迪代亞．莫爾斯，《新斯科舍、新不倫瑞克和布雷頓角的新地圖》，一七九四年。

David Rumsey 地圖收藏，www.davidrumsey.com。

頁二四五 霍蘭船長，《羅斯韋港港口平面圖》，一七九八年。新斯科舍檔案館和記錄管理處。

頁二五八 羅伯特・坎貝爾，《大聖約翰河及附近水域地圖》，一七八八年。加拿大國家圖書館暨檔案館／版權：Robert Campbell, Surveyor/n0000254.

頁三〇二至三〇三 G・H・范科伊倫，《經更正的全新東佛羅里達海岸海圖》（細節圖），一七八四年。感謝布朗大學約翰・卡特爾・布朗圖書館。

頁三四四 湯瑪斯・傑佛瑞斯，《牙買加最新測繪地圖》，一七七五年。David Rumsey 地圖收藏，www.davidrumsey.com。

頁三八八 威廉・道斯，《獅子山河平面圖》，一八〇三年。哈佛大學懷德納圖書館，Afr 6143.16。

頁四三〇至四三一 薩姆爾・路易士，《正確的戰場地圖》，一八一五年。國會圖書館，照片和地圖部。

頁四六〇至四六一 詹姆斯・倫內爾，《孟加拉、巴哈爾、阿瓦德和安拉阿巴德地圖》，一七八六年。David Rumsey 地圖收藏，www.davidrumsey.com。

索引

人名

二至三畫

四畫

五畫

六畫

七至八畫

九畫

十畫

十一至十二畫

十三畫

十四畫

地名

三至五畫

六至八畫

九至十一畫

十二至十四畫

十五畫以上

文獻

其他

貓頭鷹書房 460

新世界的流亡者：
美國獨立戰爭中的輸家，如何促成大英帝國重拾霸權

作　　者　瑪雅・加薩諾夫（Maya Jasanoff）
譯　　者　馬睿
選書責編　張瑞芳
編輯協力　曾時君
專業校對　林昌榮
版面構成　張靜怡
封面設計　徐睿紳

行銷統籌　張瑞芳
行銷專員　何郁庭
總 編 輯　謝宜英
出 版 者　貓頭鷹出版

發 行 人　凃玉雲
發　　行　英屬蓋曼群島商家庭傳媒股份有限公司城邦分公司
　　　　　104 台北市中山區民生東路二段 141 號 11 樓
　　　　　劃撥帳號：19863813；戶名：書虫股份有限公司
城邦讀書花園：www.cite.com.tw　購書服務信箱：service@readingclub.com.tw
購書服務專線：02-2500-7718~9（周一至周五上午 09:30-12:00；下午 13:30-17:00）
24 小時傳真專線：02-2500-1990；2500-1991
香港發行所　城邦（香港）出版集團／電話：852-2877-8606 ／傳真：852-2578-9337
馬新發行所　城邦（馬新）出版集團／電話：603-9056-3833 ／傳真：603-9057-6622
印 製 廠　中原造像股份有限公司
初　　版　2020 年 10 月
定　　價　新台幣 799 元／港幣 266 元
I S B N　978-986-262-440-1

讀者意見信箱　owl@cph.com.tw
投稿信箱　owl.book@gmail.com
貓頭鷹臉書　facebook.com/owlpublishing

【大量採購，請洽專線】(02) 2500-1919

國家圖書館出版品預行編目資料

新世界的流亡者：美國獨立戰爭中的輸家，如何促成大英帝國重拾霸權／瑪雅・加薩諾夫（Maya Jasanoff）著；馬睿譯. -- 初版. -- 臺北市：貓頭鷹出版：家庭傳媒城邦分公司發行, 2020.10
面；　公分. --（貓頭鷹書房；460）
譯自：Liberty's exiles: American loyalists in the revolutionary world
ISBN 978-986-262-440-1（平裝）

1. 難民　2. 移民史　3. 西洋史
4. 美國獨立戰爭　5. 美國　6. 英國

542.277　　　109013675